PEDRO LUIZ CÔRTES

ADMINISTRAÇÃO DE SISTEMAS DE INFORMAÇÃO

saraiva uni

ISBN 978-85-02-06450-8

CIP-BRASIL. CATALOGAÇÃO NA FONTE
SINDICATO NACIONAL DOS EDITORES DE LIVROS, RJ.

C857a

Côrtes, Pedro Luiz, 1960-
Administração de sistemas de informação/Pedro Luiz Côrtes. - São Paulo : Saraiva, 2008.

Inclui bibliografia
ISBN 978-85-02-06450-8

1. Sistemas de informação gerencial. 2. Gerenciamento de recursos da informação. 3. Tecnologia da informação - Administração. I. Título.

07-3042. CDD: 658.40388CDU-000
CDU: 65.012.4:061.66

saraiva EDUCAÇÃO | saraiva uni

Av. Doutora Ruth Cardoso, 7221, 1º Andar
Pinheiros – São Paulo – SP – CEP: 05425-902

SAC | Dúvidas referente a conteúdo editorial, material de apoio e reclamações:
sac.sets@somoseducacao.com.br

Direção executiva Flávia Alves Bravin
Direção editorial Renata Pascual Müller
Gerência editorial Rita de Cássia S. Puoço
Coordenação editorial Fernando Alves
Edição Ana Laura Valerio
Neto Bach
Thiago Fraga
Produção editorial Daniela Nogueira Secondo
Serviços editoriais Juliana Bojczuk Fermino

Produção editorial Casa de ideias
Capa Casa de ideias
Adaptação da 6ª tiragem Daniela Nogueira Secondo
Impressão e acabamento Nonono

ERP 356.225.001.006

1ª edição
1ª tiragem: 2008
2ª tiragem: 2010
3ª tiragem: 2011
4ª tiragem: 2014
5ª tiragem: 2014
6ª tiragem: 2016

COD. OBRA 13075 CL 650530 CAE 573495

A Eliana, João Pedro e Luiz Fernando.

AGRADECIMENTOS

A confecção de um livro não é obra isolada do autor, mas o resultado da colaboração — direta ou indireta — de uma série de pessoas. Nomear a todas é tarefa arriscada, pois há que se considerar a possibilidade concreta de que nomes sejam esquecidos. Mas esse é um risco que não posso me furtar a correr, uma vez que sem esse auxílio este livro não seria viabilizado.

Inicialmente, gostaria de agradecer ao amigo Rodolfo Ohl que há alguns anos me levou ao desenvolvimento de um curso de Gestão de Tecnologia de Informação que, de certa forma, foi a semente inicial que deu origem a este livro. Em seguida, gostaria de agradecer ao professor Ivam Ricardo Peleias, amigo e colega do Mestrado em Ciências Contábeis da Fecap, pela sugestão do meu nome à Editora Saraiva.

Agradecimentos especiais aos amigos Dário Henrique Alliprandini e Marcelo Novaes de Rezende, coordenadores da Faculdade ETAPA, pela revisão dos capítulos

7 (ERP — Sistemas Integrados de Gestão) e 9 (Gerenciamento de Projetos de Sistemas e Tecnologia da Informação), respectivamente.

Ao amigo Anisio Candido Pereira, coordenador do Mestrado em Ciências Contábeis da FECAP, pela sua fundamental participação no desenvolvimento do Capítulo 10 (Auditoria de Sistemas, Tecnologia e Segurança da Informação).

À equipe da Editora Saraiva, em especial ao Marcio Coelho (editor) e Viviane Rodrigues Nepomuceno (produção editorial), e a Daniel Rampazzo, Sheila Fahl, Raquel Coelho e Marilu Tassetto da Casa de idéias, pelo excelente trabalho de produção deste livro.

Aos demais amigos e companheiros de trabalho é impossível quantificar a colaboração prestada, sob as mais diversas formas, no dia-a-dia profissional. A eles, que cito nominalmente a seguir, meus mais sinceros agradecimentos.

Alexandre Ambrogi, Álvaro Toshio Takei, Amanda Chirotto, Antonio Benedito Silva de Oliveira, Antonio Luiz Ferrador Filho, Antonio Marco Vicari Cipelli, Benedito Felipe de Souza, Brasilina Passarelli, Carlos Antonio José Oliviero, Moacyr Rosochansky (*in memoriam*), Cecília Carmen Cunha Pontes, Cláudio Antonio Tordino, Cláudio Parisi, Cristiane Terovydes de Oliveira, Daisy Pires Noronha, Deborah Pimenta Ferreira, Dinah Aguiar Población, Dirceu da Silva, Edílson Martins Gama Junior, Edson Antonio dos Santos, Elionor Farah Jreige Weffort, Eolo Marques Pagnani, Fernando Modesto, Fernando Reis de Abreu, Guilherme Breithaupt, Horácio Berlinck Neto, João Bosco Segreti, João Carlos Passoni, João Roberto Cordeiro Duarte, José Antonio Gouvêa Galhardo, José Carlos Avelino, José Roberto do Rego, Juarez Ferreira, Katia Livia Zambon, Leandro Peres Lessa, Luiz Guilherme Brom, Marcelo Esteves Alves, Marcelo Freitas Camargo, Muro Lemos, Napoleão Galegale, Paulo Eduardo Derenne Borges, Paulo Roberto Alves, Renato Cecconello, Renato Cruz, Renato Papaléo, Ricardo Ranieri, Roberto Coda, Roberto Uchôa Alves Lima, Rogério Gustavo Pereira da Silva, Ronaldo Araújo Pinto, Rosana Arruda da Silva, Rubens Carneiro Ulbanere, Sérgio de Gouvêa Franco, Valter Beraldo, Waldir João Sandrini, Waldomiro de Castro Santos Vergueiro e William Pereira Alves.

SOBRE O AUTOR

Doutor em Ciências da Comunicação pela Universidade de São Paulo. Mestre em Administração de Empresas pela Fundação Escola de Comércio Álvares Penteado. Fez Pós-Doutorado na Escola de Comunicações e Artes da USP.

É Professor Pesquisador do Programa de Mestrado em Ciências Contábeis da Fundação Escola de Comércio Álvares Penteado e professor dos cursos de graduação em Sistemas de Informação, Administração de Empresas e Engenharia de Produção da Faculdade ETAPA.

Atua como consultor em projetos de desenvolvimento, implantação e gerenciamento de Sistemas Integrados de Gestão (ERP) e Segurança de Informações.

PREFÁCIO

O escritor americano Bruce Sterling, que surgiu com o movimento *cyberpunk*, disse certa vez que "se informação fosse poder, o mundo seria dominado pelos bibliotecários". Ele está certo. A revolução da eletrônica, que começou em 1906 com a invenção da válvula a vácuo por Lee DeForest, transformou a escassez de informação em abundância. Hoje, mais importante que produzir ou armazenar informações é saber usá-las.

Daí a importância deste livro que você tem em mãos. Pedro Luiz Côrtes apresenta de forma simples e precisa conceitos complexos dos mundos da administração, da informática e das telecomunicações. O autor vai ajudá-lo a enfrentar o labirinto de acrônimos que forma essas disciplinas para que possa utilizar a seu favor o volume massivo de informações que sua empresa produz e acumula no dia-a-dia.

A bibliografia deste livro traz textos do inventor americano Douglas Engelbart, inventor do mouse e precursor da interface gráfica do usuário (GUI, na sigla em inglês). Ele desenvolveu seu trabalho pioneiro nas décadas de 1960 e 1970 no Centro de Pesquisas de Palo Alto, da Xerox. Apesar disso, as empresas que se beneficiaram das inovações foram outras, como Apple, Microsoft e IBM. A companhia em que trabalhava, no entanto, pensava na época que a vida se resumia a fotocópias. O caso, relatado algumas páginas à frente, mostra que produzir ou deter informação não é sinônimo de sucesso.

Existem mais de 1 bilhão de internautas no mundo. No Brasil, somos mais de 40 milhões. Cada consumidor tem na ponta de seus dedos a possibilidade de acessar dados de todo o globo, para tomar decisões cada vez mais embasadas. E, não se iluda, o mesmo acontece com seu concorrente. O bom ou mau desempenho de uma empresa depende, cada vez mais, de sua capacidade de administrar as informações.

Conheci o Pedro em 2003, quando cursávamos o doutorado na Escola de Comunicações e Artes da Universidade de São Paulo. Desde então, não deixo de admirar a sua capacidade de produção intelectual, em grande quantidade e, principalmente, com alta qualidade. Você tem em mãos, leitor, um trabalho que com certeza o ajudará a fazer com que o excesso de informações que enfrentamos em nosso cotidiano seja utilizado em benefício à sua vida empresarial.

Boa leitura!

RENATO CRUZ
Jornalista especializado em tecnologia

APRESENTAÇÃO

Nos últimos anos presenciamos um aumento da competição entre as empresas, situação essa potencializada pelo surgimento de novas tecnologias, pelos acordos comerciais entre países ou blocos econômicos e pelo grande fluxo internacional de capitais.

Há apenas algumas décadas, as empresas conheciam seus principais concorrentes, pois geralmente eles operavam na mesma região e disputavam o mesmo grupo de consumidores. Não eram necessariamente tempos fáceis, mas eram mais previsíveis, pois era possível divisar o inimigo no horizonte, avaliando seus movimentos e estratégias.

Atualmente, as empresas concorrentes nem sempre estão ao alcance dos olhos. Situam-se, não raro, do *outro lado do mundo*, mas podem fornecer produtos e serviços a preços competitivos em qualquer lugar. Pior do que isso, talvez os inimigos utilizem tecnologias inovadoras e adotem padrões de qualidade mais elevados.

Por outro lado, o fluxo internacional de capitais poderia dar a falsa impressão de que *dinheiro barato* está facilmente disponível, facilitando às empresas o desenvolvimento de novas tecnologias e a implantação de programas de redução de custos e aumento da qualidade. Mas a realidade é *um pouco* diferente. Os investidores estão cada vez mais exigentes.

Houve uma época em que bastava a uma empresa superar a si mesma, ampliando seu faturamento ano após ano, para que a sua gestão fosse considerada eficiente. Mas os investidores começaram a exigir que o desempenho de uma empresa fosse comparado a outras do mesmo segmento.

Hoje, os investidores não mais se contentam em comparar uma empresa a outras similares. No que se refere ao quesito "retorno sobre o investimento" é necessário que ela se saia bem no confronto com empresas de outros setores. Essa é uma realidade não apenas para as grandes empresas com ações comercializadas nas bolsas de valores. É uma tendência que se espalha até mesmo pelas médias empresas, pois talvez seus controladores resolvam não mais investir no próprio negócio, caso o retorno seja baixo, optando por comprar ações de grandes companhias.

Esse cenário, cada vez mais competitivo, tem levado as empresas a adotarem programas de inovação, redução de custos, melhoria da qualidade, maior atenção às necessidades dos consumidores e a um uso crescente dos sistemas e tecnologias da informação.

A integração dos sistemas tem ascendido a patamares cada vez maiores, com o uso intensivo de bancos de dados, levando à ampliação das redes de troca de dados e informações.

Entretanto, os sistemas e tecnologias da informação podem cumprir um papel muito mais amplo do que apenas servir como suporte ao desenvolvimento de novos processos empresariais e de negócios, assumindo um caráter cada vez mais ativo. Mostrar como isso pode ser feito é, fundamentalmente, a proposta deste livro.

Ao profissional da área de sistemas não basta apenas prover as organizações com bons *softwares*, bancos de dados e redes de troca de dados e informações. É necessário que ele conheça o *business* da empresa, com uma ampla visão dos negócios, principais concorrentes e mercados de atuação. Somente assim, ele poderá desenvolver soluções que contribuam para a obtenção de vantagens competitivas efetivas e sustentáveis.

Dentro desse enfoque, o **Capítulo 1**, ao discorrer sobre a evolução dos computadores, chama a atenção para a revisão de processos e práticas organizacionais propiciada pelos avanços obtidos na produção dos computadores. Além disso, traz algumas reflexões sobre a revolução da informação, a evolução do pensamento estratégico e do pensamento administrativo.

O **Capítulo 2**, por sua vez, ao apresentar os conceitos sobre Sistemas de Informação, fala sobre a transformação dos dados em informações, avançando para a geração de conhecimento e o desenvolvimento da inteligência, criando as bases para a compreensão do papel mais amplo que os sistemas de informação podem assumir.

O desenvolvimento da inteligência coletiva nas empresas é tratado no **Capítulo 3**, utilizando conceitos do filósofo francês Pierre Lévy. Nesse capítulo, são apresentadas algumas estratégias para o desenvolvimento do conhecimento e da inteligência empresarial, tendo como base conceitos dos pesquisadores Michael Polanyi, Ikujiro Nonaka e Hirotaka Takeuchi.

Dessa forma, os três capítulos iniciais cumprem a missão de estabelecer um novo entendimento sobre os sistemas de informação, ampliando suas potencialidades e mostrando o quão estratégico eles podem ser. Para isso, buscaram-se os fundamentos que, ao mesmo tempo, subsidiam e ampliam a transformação de dados em informação, informação em conhecimento e conhecimento em inteligência.

Uma vez estabelecida essa rota inicial, é possível partir para aspectos mais pragmáticos do uso dos sistemas de informação. O **Capítulo 4** discorre sobre os tipos de sistemas de informação, discute conceitos formulados por pesquisadores consagrados como Kenneth Laudon e Jane Laudon, James O'Brien, Efraim Turban, R. Kelly Rainer e Richard Potter, formulando uma visão dos sistemas de informação para os níveis estratégico, tático e operacional. Complementando esse capítulo, exemplos são apresentados e discutidos para melhor compreensão dos conceitos formulados.

O **Capítulo 5** discorre sobre a empresa em rede, apresentando os conceitos sobre abrangência, topologia e organização lógica. Tendo um caráter mais prático, esse capítulo apresenta questões tais como uso de tecnologias Wi-Fi, InfraRed, Bluetooth, Wi-Max e Wi-Mesh, interconexão de redes cabeadas e redes wireless, compartilhamento do acesso à Internet em redes locais, identificação por radiofreqüência (RFID), telefonia via Internet (VoIP) etc. Com isso, são discutidos aspectos relacionados à Tecnologia da Informação (TI), facilitando o entendimento e a compreensão estratégica de questões apresentadas nos capítulos seguintes.

Os dados e informações constituem um dos principais ativos de uma empresa, sendo de vital importância para o correto planejamento, desenvolvimento e operação de atividades nos níveis operacionais, táticos e estratégicos. O **Capítulo 6** trata desse assunto, discorrendo sobre os principais tipos de bancos de dados, conceitos básicos sobre tabelas, campos e registros, relacionamento de tabelas, chave primária, chave estrangeira, integridade referencial, *Stored Procedures*, *Views* e *Triggers*. Além disso, apresenta diversos exemplos de utilização da linguagem SQL. Discorre também sobre aspectos estratégicos do uso de bancos de dados em redes LAN, MAN ou WAN e a utilização de Data Centers. Dessa forma, são apresentados tanto aspectos relacionados a área de TI quanto tópicos estratégicos vinculados à administração de sistemas de informação.

No **Capítulo 7** são discutidos os sistemas do tipo ERP (Enterprise Resource Planning ou Sistemas Integrados de Gestão). Buscando uma melhor compreensão, é feita uma análise de condições e perspectivas históricas ligadas à sua origem. Para isso, são considerados o ambiente e os conceitos envolvidos na concepção e evolução dos Sistemas Integrados de Gestão, desde os seus primórdios, verificando tópicos ligados à Administração da Produção e Operações.

Nesse capítulo, também são apresentados os esquemas básicos de processamento de um ERP, discutidas as vantagens do uso desses sistemas e questões relacionadas à sua escolha e implantação.

Buscando ampliar o uso dos Sistemas Integrados de Gestão, o **Capítulo 8** trata de soluções e sistemas de Business Intelligence (BI), CRM, OLAP, Datamining, Data Warehouse e Data Mart e sua integração com processos de Balanced Scorecard (BSC). Dessa forma, complementa os conceitos e técnicas apresentados no **Capítulo 3** (no qual discorreu-se sobre o papel dos sistemas de informação no desenvolvimento da inteligência coletiva nas empresas). Estudos de caso são apresentados para exemplificar ações que podem ser desenvolvidas com o auxílio desses sistemas.

O **Capítulo 8**, portanto, fecha o ciclo iniciado pelos **Capítulo 1**, **2** e **3** (que convidam o leitor a refletir sobre o papel dos Sistemas de Informação nas organizações). Em seguida, o **Capítulo 4** teve como missão apresentar conceitos mais práticos ligados aos Sistemas de Informação, preparando o terreno para os **Capítulos 5** e **6** abordarem aspectos relacionados à área de TI. O uso integrados dos sistemas teve no **Capítulo 7** seu principal *fórum* de discussão neste livro. No **Capítulo 8**, por sua vez, os conceitos inicialmente discutidos, as tecnologias apresentadas e o uso de sistemas integrados de gestão são complementados, mostrando como é possível extrair conhecimento e desenvolver inteligência empresarial com o auxílio de sistemas específicos.

Freqüentemente, o administrador de sistemas de informação terá de lidar com gerenciamento de projetos, assunto esse abordado pelo **Capítulo 9**, tendo como objetivo fornecer elementos que facilitem o planejamento de atividades relacionadas à essa área. São apresentados e discutidos tópicos tais como ciclo de vida de um projeto, tipos de projeto, concepção, constituição da equipe, documentação, planejamento, encadeamento de tarefas, execução e encerramento do projeto

Complementando este livro foi desenvolvido o **Capítulo 10** sobre Auditoria de Sistemas, Tecnologia e Segurança da Informação, assunto que ganha cada vez mais importância com o uso de sistemas integrados e acessíveis por redes de diferentes tipos. Esse capítulo contou com a fundamental colaboração dos professores Anisio Candido Pereira e Benedito Felipe de Souza, especialistas em auditoria, que deram a fundamentação científica necessária.

No **Capítulo 10**, foram discutidos os conceitos de auditoria, as diferenças entre a auditoria interna e externa, a segurança de sistemas, tecnologia e segurança da informação e avaliados os recursos físicos, lógicos e humanos, com a indicação de pontos necessários à elaboração de um plano de contingência. Complementando esse capítulo, são disponibilizados questionários na Internet para avaliação de riscos, fornecendo subsídios para o trabalho dos administrados de sistemas de informação.

Com essa seqüência de capítulos, buscou-se apresentar um amplo panorama sobre a administração de sistemas de informação, levando os leitores não apenas a considerar a correta utilização dos recursos tecnológicos disponíveis, mas buscando despertar a reflexão sobre como os sistemas de informação podem colaborar efetivamente para a melhoria das organizações.

PEDRO LUIZ CÔRTES

SUMÁRIO

CAPÍTULO 1: A EVOLUÇÃO DOS COMPUTADORES

CAPÍTULO 2: SISTEMAS DE INFORMAÇÃO: CONCEITOS, DEFINIÇÕES E EXEMPLOS

CAPÍTULO 3: O PAPEL DOS SISTEMAS DE INFORMAÇÃO NO DESENVOLVIMENTO DA INTELIGÊNCIA COLETIVA NAS EMPRESAS

CAPÍTULO 7: ERP — SISTEMAS INTEGRADOS DE GESTÃO

CAPÍTULO 8: BUSINESS INTELLIGENCE, CRM, OLAP, DATAMINING, DATA WAREHOUSE E DATA MART

CAPÍTULO 1

A EVOLUÇÃO DOS COMPUTADORES

1.1 INTRODUÇÃO

A substituição de pessoas por máquinas, procurando agilizar a execução de tarefas e a automação de processos, vem ocorrendo de maneira acentuada desde a Revolução Industrial (Inglaterra, século XVIII). Até então, predominavam os processos artesanais, nos quais a capacidade de produção estava diretamente atrelada à capacidade física e destreza de cada pessoa ou à força e resistência de animais utilizados em determinadas atividades.

No século XVIII, diversos experimentos foram realizados com máquinas a vapor, que conseguiam gerar força motriz a partir de vapores de água injetados em cilindros. Coube a James Watt a primazia de aperfeiçoar essas máquinas, inclusive desenvolvendo um regulador de velocidade para esse tipo de equipamento.

Ao produzir força motriz controlável e com baixo custo, a máquina a vapor passou a ser utilizada para substituir a força física, ampliando a capacidade de produção. Com isso, diversos processos produtivos foram repensados e adaptados às novas possibilidades propiciadas por essa máquina, dando início à atividade industrial (FERREIRA, REIS e PEREIRA, 1997; BATEMAN e SNELL, 1998; SILVA, 2001; MAXIMIANO, 2004).

É certo que a concepção, o planejamento, a execução e o gerenciamento de atividades já eram praticados de longa data, seja na movimentação de exércitos, na construção de grandes monumentos, seja no dia-a-dia de pequenas propriedades rurais. Desde muito cedo, os seres humanos perceberam que era necessário desenvolver processos logísticos para abastecer exércitos numerosos ou planejar as atividades produtivas (quando e o que plantar, por exemplo) para garantir a disponibilidade de alimento quando o inverno rigoroso chegasse. Conforme menciona Maximiano (2004, p. 49) "muitas das teorias e técnicas para administrar as organizações da atualidade são idéias que evoluíram de práticas do passado". Prosseguindo, ele complementa afirmando que "países, exércitos e organizações religiosas vêm há muito tempo criando soluções para lidar com recursos e realizar objetivos". Mas foi com a Revolução Industrial que a administração ganhou urgência, pois diversas tarefas que antes eram executadas com lentidão e com baixa produtividade, poderiam ser desenvolvidas com velocidade e escala nunca imaginadas. Conforme menciona Daft (2005, p. 31) "a prática administrativa pode ser traçada desde 3.000 a.C. para as primeiras organizações desenvolvidas pelos sumérios e egípcios, mas o estudo formal de administração é relativamente recente".

Com o crescimento da atividade industrial, passou-se a repensar processos ou a conceber novas possibilidades sempre em busca de um aumento da capacidade produtiva e de uma maior eficiência. Por exemplo, em 1801, o tecelão francês Joseph-Marie Jacquard construiu uma máquina de tear comandada por cartões (ou placas) perfurados e enfileirados. Por meio dessas placas, era possível controlar teares, que passavam a fazer desenhos preestabelecidos. Dessa forma, foi criado o que pode ter sido o primeiro sistema de armazenamento de informações para automação de funções. É interessante ressaltar que esse processo gerou grande revolta popular, pois havia o temor de que isso gerasse desemprego nas tecelagens.

Em 1834, Charles Babbage, professor de matemática, em Cambridge, projetou a máquina analítica. Essa máquina foi concebida com dispositivos de entrada para ler cartões perfurados com instruções a serem executadas. Além disso, seu projeto previa uma unidade de memória na qual se guardavam informações para uso futuro, e também um dispositivo de impressão de cartões com resultados das operações realizadas. Apesar de o projeto nunca ter sido concluído por Babbage, devido às constantes inovações introduzidas, ele é considerado, por muitos, o "pai do computador", pois foi a primeira pessoa a projetar um equipamento que continha os requisitos ou unidades fundamentais para processamento de dados.

Posteriormente, Herman Hollerith, nos Estados Unidos, utilizando conceitos de Babbage, desenvolveu uma máquina para auxiliar na tabulação dos dados do censo americano de 1890 e que também utilizava o conceito de cartões perfurados. Com essa máquina, os dados do censo americano puderam ser processados em apenas seis semanas enquanto o anterior, utilizando o método tradicional, havia consumido sete anos.

A história de Herman Hollerith é muito interessante por diversos motivos. Em 1896, apenas alguns anos depois da automação do processo de tabulação do censo americano, Hollerith fundou a Tabulating Machine Company, que foi um dos embriões da International Business Machines — ou IBM.

Embora o nome IBM esteja relacionado à produção de computadores eletrônicos, é importante ressaltar que durante muitos anos a empresa comercializou equipamentos eletromecânicos de processamento de dados armazenados em cartões perfurados. Esses equipamentos, também denominados de máquinas Hollerith, foram desenvolvidos para automatizar processos antes realizados manualmente nas empresas e escritórios, tais como a elaboração de folhas de pagamento. É por essa razão que o demonstrativo do salário pago e dos descontos efetuados recebe o nome de Hollerith (CÔRTES, 2003).

Essas máquinas constituíram a primeira iniciativa, razoavelmente disseminada, de automação de funções nas empresas, sendo aperfeiçoadas e utilizadas até meados dos anos 1970.

É interessante ressaltar que essas máquinas eletromecânicas aceitavam algum tipo básico de programação ou alteração de parâmetros. Apesar disso, elas não poderiam ser chamadas de computadores, uma vez que eram dedicadas a tarefas específicas e predefinidas.

1.2 OS PRIMEIROS INSTRUMENTOS DE CÁLCULO

Referências sobre os primeiros instrumentos de cálculo são tão diversas quanto as iniciativas empreendidas na busca por maior agilidade na realização de cálculos.

A verdade é que há muito tempo a humanidade tem procurado soluções que facilitem a realização de cálculos mais complexos. Algumas das soluções desenvolvidas, conforme poderá ser constatado, foram tão efetivas — tanto no plano conceitual quanto em termos mais práticos — que chegaram a ser utilizadas até recentemente ou ainda hoje são utilizadas. Historicamente, a busca por ferramentas que agilizassem a realização de cálculos é muito anterior à automação de tarefas e procedimentos.

Há muitos anos, ábacos, como o asiático Soroban, já eram utilizados pelos mais diversos povos. No início do século XVII, John Napier (matemático e astrônomo escocês, inventor dos logaritmos e do conceito de ponto decimal) desenvolveu um dispositivo com bastões para a realização de multiplicações. Por volta de 1620, o sacerdote inglês William Oughtred desenvolvia os "círculos de proporção", construídos em escalas de madeira ou marfim, para facilitar a representação e o cálculo dos logaritmos. Posteriormente, esse dispositivo deu origem à régua de cálculo que, uma vez aperfeiçoada, foi utilizada intensamente nos antigos cursos ginasial e científico (hoje ensino fundamental e médio), até os anos 1970 (FEDELI, POLLONI e PERES, 2003).

Antes disso, porém, em 1603, uma máquina de calcular muito primitiva foi elaborada por Wilhelm Schickard, matemático e astrônomo inglês. Em 1642, Blaise Pascal, cientista francês, construiu a primeira máquina mecânica de calcular. Com a rotação de engrenagens, ela permitia a realização de somas e subtrações. Anos depois, em 1671, o cientista alemão Leibnitz (Gottfried Wilhelm von Leibniz) construiu uma calculadora com multiplicação e subtração, aprimorando o projeto de Pascal.

Durante vários anos, o desenvolvimento desse tipo de dispositivo foi realizado por cientistas, que procuravam meios para agilizar a realização de cálculos, por vezes complexos. Assim, a história desses equipamentos está ligada a nomes como Napier, Schickard, Pascal e Leibnitz.

Com o tempo, os dispositivos mecânicos para a realização de cálculos foram aprimorados e modelos produzidos industrialmente passaram a ser comercializados. O declínio desse tipo de equipamento — que chegou a ser utilizado com bastante freqüência até a década de 1980 — ocorreu justamente com o lançamento de modelos eletrônicos, a partir da década de 1970.

1.3 OS PRIMEIROS COMPUTADORES E AS APLICAÇÕES MILITARES

Ao longo dos anos, o desenvolvimento de equipamentos para realização de cálculos ou automação de tarefas foi objeto de pesquisas empreendidas por diversos cientistas e pesquisadores, estando ligadas a atividades científicas, automação de tarefas industriais ou agilização de levantamentos governamentais.

Em meados do século XX, entretanto, ocorreria uma mudança de foco nessas pesquisas, que passaram a ser orientadas para fins militares. Na Primeira Guerra Mundial e no período que antecedeu a Segunda Guerra Mundial, uma série de novas tecnologias ensaiou sua estréia ou demonstrou o seu potencial. O avião, por exemplo, criava possibilidades antes insuspeitadas, ampliando as perspectivas militares. O radar e o helicóptero permitiam a adoção de novas estratégias, demonstrando que os investimentos em tecnologia poderiam representar avanços significativos em termos geopolíticos.

Dessa forma, o cenário de possíveis conflitos militares incentivava a realização de pesquisas, sendo a computação um dos focos merecedores de atenção. Com isso, se o desenvolvimento de máquinas para facilitar a realização de cálculos e dispositivos de automação tinha finalidades exclusivamente civis, a pesquisa para o desenvolvimento de computadores revestia-se quase que exclusivamente de objetivos militares, no intermeio entre a Primeira e a Segunda Guerra Mundial (CÔRTES, 2003).

Com avanço das pesquisas e o surgimento das válvulas a vácuo e outros componentes, o desenvolvimento de equipamentos eletrônicos tornou-se viável, permitindo a construção de rádios comunicadores e radares, assim como a transmissão remota de imagens (TV).

Em função disso, começaram a ganhar corpo idéias sobre o desenvolvimento de equipamentos eletrônicos que agilizassem tarefas militares, como o cálculo balístico ou a decodificação de mensagens cifradas, como uma forma de resposta aos esforços alemães no desenvolvimento de foguetes militares e na criptografia de mensagens.

Durante os anos 1920, havia surgido na Alemanha a máquina Enigma, destinada à codificação de mensagens. Seu funcionamento se dava por meio de rotores que ampliavam as possibilidades de cripitografia de mensagens. Essas máquinas foram aperfeiçoadas ao longo dos anos, dificultando o entendimento de mensagens interceptadas pelos serviços de inteligência de países como a Inglaterra, que investiam permanentemente em sistemas de decodificação, contratando profissionais altamente especializados para essa finalidade.

Com o advento e popularização do rádio como instrumento de comunicação entre tropas, a codificação de mensagens passou a ser de vital importância ante a possibilidade de as transmissões serem interceptadas com muito mais facilidade. Estabeleceu-se uma verdadeira guerra entre codificadores e decodificadores, sendo que cada lado investia tanto em equipes de matemáticos quanto em tecnologia, ampliando suas possibilidades de codificação ou decodificação de mensagens.

Em 1943, Alan Mathison Turing, matemático inglês, coordenou o desenvolvimento de uma máquina para decifrar o código secreto das máquinas alemãs Enigma. O Colossus, resultado desse projeto, foi o primeiro equipamento digital desenvolvido para decodificar mensagens.

A esse respeito, vale ressaltar a importância de Alan Turing para a computação. Alguns anos antes do desenvolvimento do Colossus, ele projetou conceitualmente o que viria a ser chamado de Máquina de Turing, capaz de resolver os mais diversos tipos de problemas, incluindo conceitos como entrada e saída de dados, memória, programação, interpretadores e compilação. Por esse trabalho conceitual, Alan Turing é considerado por muitos o pai da computação moderna.

Adicionalmente, outra atividade que demandava velocidade e precisão era a realização de cálculos balísticos, que requeriam o trabalho de numerosas equipes. Pensando em uma solução para esse tipo de problema, Herman H. Goldstine, capitão do exército americano, John W. Mauchly e J. Presper Eckert Jr., pesquisadores da Escola de Engenharia Elétrica da Universidade da Pensilvânia, propuseram o desenvolvimento de um equipamento destinado à realização desse tipo de cálculo. Surgia em 1946, na Universidade da Pensilvânia, o ENIAC — Eletronic Numeric Integrator Analyser and Computer, pesando cerca de 30 toneladas e contando com aproximadamente 18 mil válvulas e milhares de outros componentes. Com todo esse porte, o ENIAC consumia energia elétrica suficiente para abastecer uma pequena cidade.

Dentre as inúmeras histórias que circundam os grandes projetos, comenta-se que, com o forte calor e luz gerados pelas suas válvulas, o ENIAC atraía muitos insetos (*bugs*, em inglês) que acabavam sendo literalmente fritos devido à elevada temperatura de seus circuitos. Com isso, eram usuais as paradas causadas pelos insetos, o que explicaria o uso do termo *bug* como sinônimo de problema em um computador.

Uma questão interessante que merece ser mencionada é que o ENIAC não possuía sistema operacional ou linguagem de programação. Para que ele executasse as tarefas para as quais havia sido projetado, era necessário interligar cabos e acionar chaves, numa operação que lembrava aquela realizada pelas telefonistas que operavam antigas mesas telefônicas.

Em resumo, o ENIAC poderia ser considerado uma gigantesca calculadora eletrônica, o que — longe de diminuir a importância desse projeto — demonstra como foram difíceis os primeiros tempos da computação eletrônica. Criteriosamente falando, caberia questionar se o ENIAC seria mesmo um computador ou um precursor dos computadores. Por estar voltado à automação de um mesmo procedimento (no caso, cálculos balísticos) não seria ele uma máquina que, em termos conceituais, estaria no mesmo patamar daquelas desenvolvidas por Herman Hollerith (destinadas à automação de tarefas nas empresas)?

Embora essa discussão seja plausível, conceitualmente o ENIAC está em um patamar muito mais próximo dos computadores atuais do que as máquinas Hollerith. Um dos fatores determinantes para isso foi o uso de componentes eletrônicos, enquanto as máquinas Hollerith tinham um funcionamento exclusivamente mecânico, com o auxílio de alguns componentes elétricos. Dessa forma, o resultado de uma operação não era obtido em função da posição de engrenagens ou alavancas, mas sim em função de processamento eletrônico.

Alguns anos antes do surgimento do ENIAC, o professor Howard Aiken coordenara a construção do Mark I, na Universidade de Harvard, em Cambridge, um computador eletromecânico com aproximadamente 3.000 engrenagens e peso de aproximadamente 5 toneladas. Sua operação teve início em 1944 e já contava com a cooperação da IBM. Em termos conceituais, essa máquina poderia ser considerada o elo de transição entre o conceito adotado pelas máquinas Hollerith e os computadores eletrônicos, tais como o ENIAC. Três anos depois era lançado o Mark II, uma versão totalmente eletrônica, em um projeto também coordenado por Howard Aiken.

1.4 FACILITANDO E DIVERSIFICANDO O USO

Nos primórdios da computação, quando equipamentos eletromecânicos e eletrônicos exploravam o potencial do processamento de dados, a operação desses protótipos era difícil e requeria, por vezes, a participação de uma equipe numerosa. Nessa época, os computadores não possuíam sistema operacional nem linguagem de programação, sendo necessário que cientistas e técnicos interligassem circuitos para a realização de operações razoavelmente simples, do ponto de vista teórico.

Em 1945, o matemático húngaro John von Neumann desenvolveu o que pode ser considerado o primeiro programa de computador para ser armazenado na memória do equipamento (KNUTH, 1970). A idéia era simples: em lugar de interligar circuitos e acionar chaves, os computadores seriam construídos para compreender um conjunto resumido de instruções que, uma vez arranjadas segundo uma estrutura lógica, permitiriam a execução de tarefas ou cálculos razoavelmente complexos. Na época, o programa, escrito para o computador EDVAC, não pôde ser testado, pois o equipamento ainda estava em fase de desenvolvimento.

Para isso, von Neumann sugeria que as instruções que formavam a linguagem de programação fossem armazenadas em uma espécie de unidade eletrônica de memória, fazendo com que o seu processamento fosse agilizado. Dessa forma, um novo horizonte se abria para que outros usuários, não tão especializados, utilizassem os computadores, pois, em lugar de interligar circuitos e acionar chaves, haveria uma linguagem que facilitaria esse uso. Atualmente, essas linguagens formam — em diversos casos — um conjunto de instruções em inglês que, organizadas segundo uma lógica preestabelecida, constituem um idioma de uso comum entre o programador e o computador. Sobre isso, ver o Capítulo 9 (*Gerenciamento de projetos de sistemas e tecnologia da informação*).

Em 1947, era lançado o EDVAC — Eletronic Discrete Variable Automatic Computer —, que foi o primeiro computador a utilizar o conceito de armazenamento de programas na memória desenvolvido por von Neumann. Seu projeto havia sido concebido antes mesmo de o ENIAC tornar-se operacional e buscava corrigir alguns problemas nele verificados.

Tanto o desenvolvimento do ENIAC quanto do EDVAC foram coordenados pelo Laboratório de Pesquisas Balísticas do Exército dos EUA, que tinha como um de seus objetivos a elaboração de tabelas de tiro, a fim de orientar a correta manipulação e ajuste de armas para lançamento de projéteis de grosso calibre. Essas tabelas levavam em conta uma série de fatores, além da distância relativa do alvo, que podem influenciar na trajetória de um projétil.

Pouco tempo depois do lançamento do EDVAC, entre os anos de 1947 e 1948, pesquisadores dos laboratórios Bell desenvolviam o transistor, um componente eletrônico que substituía as válvulas a vácuo. Devido a sua natureza e constituição, esses componentes apresentavam vantagens importantes em relação às válvulas eletrônicas, pois consumiam menos energia, geravam uma quantidade menor de calor e, em sua versão comercial, apresentavam resistência mecânica superior e ocupavam espaço bastante reduzido.

Essa evolução tornaria possível, a partir dos anos 1960, o lançamento de computadores com tamanho reduzido e maior capacidade de processamento, tornando o seu uso ainda mais interessante para as empresas.

Conforme foi visto, após a Segunda Guerra Mundial foram incrementadas as pesquisas militares envolvendo o uso de computadores, mas paralelamente havia um interesse crescente sobre a possibilidade do uso comercial desses equipamentos. Um dos marcos dessa expansão foi o lançamento, em 1951, do modelo 701 da IBM. Embora tenha sido um equipamento originalmente destinado ao departamento de defesa americano, ele passaria a ser empregado também em empresas e universidades. Sua primeira unidade foi instalada na Universidade da Califórnia, em Los Alamos, para o uso no desenvolvimento de bombas atômicas. Posteriormente, empresas de aviação como a Lockheed, Douglas e Boeing utilizaram o modelo 701 na solução de problemas ligados à performance e estabilidade aerodinâmica e análise estrutural (CÔRTES, 2003).

Adicionalmente, ele foi utilizado por empresas como General Motors, General Eletric, National Security Agency, num total de 19 companhias entre os anos de 1952 e 1955. Ainda nos anos 1950, foi lançado o LEO, primeiro computador comercial inglês, que era utilizado pela Lyons Tea Co. no equacionamento e solução de questões logísticas envolvidas na produção e entrega diária de chá para diversas lojas e revendedores.

Buscando facilitar o uso desses equipamentos em aplicações técnicas, científicas ou comerciais, foram desenvolvidas algumas linguagens de programação, tendo como base os conceitos de John von Neumann. No final da década de 1950, surgia o Fortran (**For**mula **Tran**slator), linguagem de programação para uso científico, desenvolvida por John Backus, da IBM. Alguns anos depois, no início dos anos 1960, a IBM desenvolvia o COBOL (**CO**mmon **B**usiness **O**riented **L**anguage), uma linguagem de programação voltada para a área de negócios. Seu sucesso foi tão grande que, mesmo depois de 40 anos, ela continua sendo utilizada (especialmente em computadores de grande porte).

Em que pese o desenvolvimento de linguagens de programação que facilitavam a interação com os computadores, ainda era necessária uma série de intervenções humanas durante a execução dos programas. Por exemplo: como a capacidade dos primeiros computadores era reduzida, por vezes, um programa tinha de ser dividido em diversas sub-rotinas, cada qual carregada em um momento correto. Isso demandava a presença de um operador que ficava acompanhando a máquina, carregando as novas rotinas sempre que necessário.

Nessa época, surge a idéia de automatizar alguns procedimentos, reduzindo essa necessidade de intervenção e, ao mesmo tempo, agilizando o processamento de dados. Essa técnica passou a ser possível a partir dos **Batch Systems**, nos quais eram colocadas instruções que reduziam — ou mesmo eliminavam — a necessidade de acompanhamento de um técnico ou operador.

Para que um **Batch Systems** pudesse ser executado, era necessária a presença de um programa **monitor** que ficava residente na memória e acompanhava cada etapa executada, verificando as instruções contidas nesse **Batch Systems**. Surgia assim, de maneira embrionária, o conceito de sistema operacional, o qual evoluiria ao longo dos anos 1960 e 1970. A presença desses sistemas facilitaria a automação de procedimentos e funções, viabilizando ainda mais o uso de computadores nas empresas, conforme será discutido no próximo tópico.

Para informações adicionais: **Capítulo 7, *ERP — Sistemas Integrados de Gestão*; Item "Consideração sobre a informatização das empresas".**

1.5 A DIFUSÃO DO USO DOS COMPUTADORES

Os anos 1960 foram de grande importância para os sistemas de grande porte, não apenas pela evolução dos protótipos dos sistemas operacionais e das linguagens de programação, mas também pelo surgimento dos primeiros computadores totalmente transistorizados.

Coube à IBM essa primazia, com o lançamento da série 360 (ou System/360), considerada um clássico da história da computação comercial. Lançada em 1964, essa série compunha-se de diversos modelos, dos mais diversos portes e finalidades. O número 360 está relacionado aos 360º de uma circunferência, dando uma noção de uso diversificado e perspectivas diferenciadas.

Como a série 360 dispunha de vários modelos, com diferentes níveis de preço, era possível a uma empresa começar com um modelo mais acessível (360/20 ou 360/30, por exemplo) e migrar, posteriormente, para outros modelos como o 360/67 (um dos mais avançados). Nesse *upgrade*, a empresa poderia, em grande parte, preservar sistemas em uso, sem a necessidade de desenvolver novos aplicativos ou adquirir novos programas.

A preocupação com a portabilidade foi, sem dúvida, um item de fundamental importância para o sucesso comercial da série 360. Tanto que ela se manifestava não apenas para os computadores da mesma série, pois em outros casos, modelos como o 360/30 emulavam sistemas mais antigos como o IBM 1401 ou 1620.

Adicionalmente, como o modelo 360/40 já utilizava circuitos integrados, tendo sido o pioneiro da IBM com essa tecnologia, de certa forma, a série 360 já permitia vislumbrar um futuro ainda mais promissor. Esses circuitos continham diversos transistores agrupados em uma única pastilha, reduzindo ainda mais o consumo de energia e a geração de calor, ao mesmo tempo que ampliavam a capacidade de processamento e a resistência mecânica.

Dessa forma, com a evolução da capacidade de processamento, o uso de linguagens de programação, o aprimoramento dos sistemas dos operacionais e a possibilidade de migração para outros equipamentos da série (preservando investimentos realizados em desenvolvimento ou aquisição de sistemas), crescia o interesse de grandes empresas por esse tipo de solução. Com isso, além de grandes indústrias ou grupos como General Eletric, General Motors, Lockheed, Douglas e Boeing, os computadores começaram a ser utilizados em grandes bancos, companhias de seguro e empresas de mineração.

Nessa época, o uso de computadores nas áreas de projetos ocorria de maneira bastante pontual com o desenvolvimento de programas para a solução de problemas específicos. Para isso, a equipe de engenheiros e técnicos ligados a um determinado projeto desenvolvia um programa (em Fortran, por exemplo) destinado à solução de um problema em particular. É certo que, com o passar do tempo e o acúmulo de experiências, essas empresas constituíam espécies de bibliotecas de programas e rotinas que podiam ser aproveitados em outras ocasiões ou adaptados para a solução de problemas similares. É importante ressaltar que, salvo raras exceções, não havia qualquer integração desses programas — destinados à resolução de questões específicas na área de projetos — com outros programas eventualmente em uso na área administrativa da empresa.

Para os grandes bancos e empresas de seguros, os computadores passaram a ser utilizados no armazenamento e processamento de dados cadastrais e movimentações financeiras (seja na conta corrente de um cliente, no recebimento do prêmio de um seguro, seja na cobertura de um sinistro), facilitando a realização dos levantamentos contábeis e provisão de recursos financeiros. Além disso, grandes empresas e o serviço público também passaram a utilizar computadores no processamento da folha de pagamento, reduzindo falhas e o tempo necessário à sua elaboração.

Companhias de mineração e empresas petrolíferas também buscaram nos computadores a solução para problemas ligados à avaliação de reservas minerais, de gás ou petróleo, além de otimizar os cálculos relacionados à exploração desses recursos. Como esses cálculos são efetuados, em muitos casos, de maneira recorrente (em que uma rotina é repetida diversas vezes com algumas alterações de parâmetros até que um resultado otimizado tenha sido obtido), o uso dos computadores mostrou-se bastante adequado.

Embora nessas empresas o uso dos computadores tenha sido iniciado especialmente para as etapas de pesquisa (quantificação de reservas), planejamento e exploração, demoraria alguns anos até que ocorresse uma integração de sistemas com unidades de beneficiamento mineral ou transporte e refino de petróleo.

1.6 A REVOLUÇÃO DOS MICROCOMPUTADORES

Conforme foi visto, o uso de circuitos integrados já se verificava em computadores fabricados a partir de meados da década de 1960, levando a um aumento na capacidade de processamento e a uma redução de tamanho, peso e consumo de energia elétrica.

Nessa mesma época, a Nasa buscava soluções que permitissem levar o homem à Lua antes do final da década de 1960, cumprindo uma promessa feita pelo presidente John Kennedy, em setembro de 1962, na Rice University, Texas. Nessa ocasião, Kennedy proferiu um discurso em resposta às conquistas soviéticas na área espacial, citando que o desafio de levar a primeira missão tripulada à Lua era o único que realmente interessava aos americanos.

No final dos anos 1950 e início dos anos 1960, a União Soviética havia obtido significativos avanços na construção de foguetes, tendo sido a primeira a colocar em órbita o primeiro satélite artificial e o primeiro astronauta. Em outubro de 1957, o mundo se surpreendia com o lançamento do Sputnik, primeiro satélite artificial a orbitar a Terra. No mês seguinte, o Sputnik 2 levava a cadela Laika ao espaço, constituindo o primeiro ser vivo e realizar esse feito. Posteriormente, em 12 de abril de 1961 o russo Yuri Gagarin seria o primeiro ser humano a orbitar a Terra, realizando sua missão histórica em 1h 48min.

Após a Segunda Guerra Mundial, o mundo se dividiu em dois grandes blocos, o capitalista, liderado pelos Estados Unidos, e o comunista, sob o domínio da ex-União Soviética. A disputa entre esses dois grandes blocos transcendia em muito o terreno da teoria e se manifestava sob as mais diversas formas, dentre elas a tecnologia espacial (chamada de *Corrida Espacial*). Para esses grandes países era de fundamental importância demonstrar domínio de tecnologia espacial, seja sob a forma de foguetes mais possantes e confiáveis, seja obtendo conquistas significativas, tais como colocar satélites em órbita, enviar pessoas ao espaço etc.

Mais do que uma simples propaganda de sistemas político-econômicos divergentes, essas conquistas representavam uma demonstração clara do poderio militar de cada uma dessas potências. Dessa forma, em que pese a propaganda política envolvida no fato de colocar em órbita um satélite artificial, com a realização desse feito a União Soviética demonstrava ter desenvolvido competências tecnológicas que poderiam ser facilmente utilizadas para fins militares. Por exemplo, um satélite poderia ser utilizado para facilitar comunicações militares a longa distância, assim como um foguete poderia ser adaptado para levar um artefato nuclear.

A *Corrida Espacial* nada mais era do que uma demonstração clara do desenvolvimento tecnológico que, em última análise, poderia ser utilizado para fins militares. Foi nessa mesma época que a União Soviética e os Estados Unidos desenvolveram mísseis de longo alcance e bombas atômicas cada vez mais destrutivas, pois os desafios de se construir mísseis não eram muito diversos dos envolvidos na construção de foguetes. Fundamentalmente, mudava apenas o objeto transportado: um satélite ou uma bomba atômica.

No início dos anos 1960, os resultados preliminares da *Corrida Espacial* eram desfavoráveis aos Estados Unidos, em vista das sucessivas conquistas obtidas pela União Soviética. Por isso, restava àquele país apenas um grande desafio, conforme as palavras de John Kennedy: "Nós escolhemos ir até a Lua... porque essa conquista servirá para organizar e mensurar o melhor de nossas energias e dificuldades".

Para atingir esse objetivo os desafios eram enormes. Um dos principais estava ligado à redução do peso dos equipamentos, pois isso tinha impacto imediato na capacidade de propulsão do foguete a ser utilizado: quanto menor o peso, menor o foguete, reduzindo os desafios inerentes à resistência de materiais, controle de queima de combustível, dentre outros aspectos.

Além disso, era de fundamental importância que a nave espacial tivesse autonomia para tomar decisões. Uma nave que orbita a Terra pode ser conduzida remotamente, sem que o piloto ou a tripulação tenham, necessariamente, de tomar decisões ou assumir o controle do equipamento. Uma nave que orbitasse a Lua nem sempre estaria acessível a comandos disparados da Terra pois, em determinados períodos, ela passaria por trás do satélite terrestre.

Adicionalmente, a operação de descida na Lua era complexa, demandando capacidade de decisão imediata por parte da tripulação, que necessitaria de equipamentos com razoável capacidade de processamento. Em resumo, seria necessário ao menos um computador de bordo para processar os dados e fornecer informações à tripulação.

Por isso, havia uma necessidade premente de ampliar a capacidade de processamento aliada a uma redução de tamanho e consumo de energia elétrica. Com o uso de circuitos integrados, vislumbrava-se o caminho a ser trilhado. Porém, havia a necessidade de ampliar ainda mais o nível de integração desses componentes, o que se resumia em aumentar a quantidade de transistores em um mesmo *chip*.

Os estudos realizados pela Nasa e por fornecedores escolhidos fizeram com que a capacidade de processamento dos circuitos integrados crescesse muito na segunda metade dos anos 1960. Como conseqüência disso, ao final dos anos 1960 e início dos anos 1970, diversos equipamentos começaram a surgir em função da disponibilidade de novos circuitos integrados, incluindo prosaicos relógios digitais e calculadoras eletrônicas.

Uma das empresas envolvidas nesse tipo de produção foi a MITS — Micro Instrumentation and Telemetry Systems, fundada em 1968, em Albuquerque, Novo México (Estados Unidos), que produziu calculadoras eletrônicas de baixo custo até 1972, quando a Texas Instruments passou a dominar esse segmento. Adicionalmente, a MITS também desenvolvera *kits* de instrumentação para foguetes-modelo e rádio-controle, para modelos em escala. Em meados dos anos 1970, buscando uma saída para problemas financeiros, a MITS teve a iniciativa de desenvolver um *kit* para a montagem de um então chamado minicomputador.

Em 1975, era anunciado o Altair 8800, disponível em um conjunto para montagem por um preço aproximado de US$ 400. Em sua concepção original, o Altair 8800 era similar aos primeiros computadores eletrônicos de grande porte desenvolvidos no pós-Guerra, uma vez que ele não possuía sistema operacional ou teclado. Sua "programação" era efetuada a partir de chaves disponíveis no painel frontal, e os resultados eram apresentados por LEDs disponíveis nesse mesmo painel.

Embora o Altair tenha feito grande sucesso, não foi o primeiro microcomputador (ou minicomputador, como era chamado àquela época). Em 1974, foram lançados o Scelbi-8H (produzido pela Computer Consulting Company, de Midford, Connecticut) e o Mark 8 (desenvolvido pelo estudante de pós-graduação Jonathan Titus e divulgado pela revista Radio-Eletronics).

Apesar desses modelos precedentes, a história do Altair tem especial importância por dois motivos. O primeiro deles foi o sucesso comercial conquistado, suplantando os modelos Scelbi-8H e Mark 8. O segundo está diretamente relacionado à criação da Microsoft. Como a MITS precisava desenvolver uma linguagem de programação para facilitar o uso do Altair 8800 (de certa forma, repetindo o que ocorrera com os primeiros computadores eletrônicos), Bill Gates e Paul Allen entraram em contato com Ed Roberts (então proprietário da MITS) e se prontificaram a criar uma versão da linguagem Basic para esse equipamento.

Após fecharem acordo com a MITS e fundarem a Microsoft, Gates e Allen passaram a desenvolver linguagens de programação para diversos outros fabricantes de microcomputadores que surgiram na segunda metade dos anos 1970. Dentre seus clientes, destaque especial deve ser dado à Apple, que surgira na Califórnia, em 1976, um ano após a abertura da Microsoft (WALLACE & ERICKSON, 1992).

Nessa época, na Califórnia, Stephen Wozniak projetou um microcomputador com características inovadoras: ele possuía teclado e uma pequena TV que funcionava como monitor de vídeo. Esses itens, que hoje são essenciais para qualquer computador, eram uma novidade naquela época. É importante considerar que equipamentos como o Altair 8800 tinham como interface apenas chaves que acionavam circuitos eletrônicos e pequenas luzes (LEDs). Dessa forma, um equipamento que permitia ao usuário digitar comandos e, ao mesmo tempo, visualizar as respostas em um monitor de vídeo era algo muito revolucionário.

Em pouco tempo, a Apple atraiu investidores externos que capitalizaram a empresa e transformaram os modelos artesanais, produzidos na garagem da casa de Steve Jobs (sócio de Wozniak e que cuidava da comercialização dos primeiros Apples), em algo produzido industrialmente com grande sucesso comercial.

Na esteira da MITS e da Apple, vieram diversas outras empresas, conquistando uma legião de aficionados. Apesar disso, os microcomputadores eram considerados algo similar aos minimodelos ou "brinquedos de adulto", não sendo encarados com seriedade pelas grandes empresas.

Mesmo assim, ou exatamente por ser um "brinquedo de adulto", esse segmento apresentava um crescimento intenso, atraindo a atenção e os recursos de investidores mais arrojados. Não tardou para que grandes empresas começassem a prestar mais atenção a esses "brinquedos", considerando-os sob a perspectiva comercial.

Cabe ressaltar que, em 1975, a IBM lançou o modelo 5100, sua primeira iniciativa no segmento de microcomputadores. Mesmo possuindo teclado e monitor de vídeo, além de *tape drive*, sistema operacional APL e linguagem de programação Basic, o IBM 5100 teve pouca aceitação por ser demasiadamente caro para a época. Seu preço girava em torno de US$ 9,000 em sua versão mais acessível, estando muito acima de *kits* para montagem que custavam menos de US$ 500.

Apesar dessa iniciativa, o verdadeiro movimento da IBM no segmento de microcomputadores ocorreria com o lançamento do IBM PC, em 1981. Para evitar os erros cometidos com o projeto 5100, a IBM constituiu uma equipe independente em Boca Raton, Flórida, para o desenvolvimento de seu Personal Computer. Embora até àquela época a IBM trabalhasse com arquitetura fechada, produzindo seus computadores e utilizando componentes exclusivos, a equipe de projetistas convenceu o *board* da empresa a utilizar componentes disponíveis no mercado, o que reduziria o tempo de desenvolvimento.

Adicionalmente, em uma outra atitude arrojada, a IBM procurou a Microsoft para que desenvolvesse uma versão da linguagem de programação Basic para o PC e também o sistema operacional. A Microsoft aceitou o projeto da linguagem de programação, mas indicou a Digital Research, da Califórnia, que tinha como sócio Gary Kildall (criador do sistema operacional CP/M) para o desenvolvimento do sistema operacional. Diante da dificuldade da IBM em fechar um acordo com a Digital Research, a Microsoft também aceitou o desafio de desenvolver um sistema operacional para o processador Intel 8088, que a IBM estava utilizando (WALLACE & ERICKSON, 1992).

Para reduzir o tempo de desenvolvimento, a Microsoft comprou por US$ 50 mil o QDOS — Quick and Dirty Operating System, um sistema operacional que estava sendo desenvolvido por Tim Patterson, da Seattle Computer Products, rebatizando-o de MS DOS. Além disso, em lugar de simplesmente vender o sistema operacional à IBM, a Microsoft propôs que ele fosse apenas licenciado, recebendo *royalties* sobre a cópia instalada em cada PC vendido (CÔRTES, 2003). Com essa iniciativa, a Microsoft se capitalizou rapidamente, incrementando o seu crescimento e, adicionalmente, investindo em linhas adicionais de programas como processadores de textos e planilhas eletrônicas (CÔRTES, 2003; WALLACE & ERICKSON, 1992).

Com a entrada da IBM nesse segmento, diversas empresas começaram a encarar os microcomputadores como uma solução viável para determinados problemas ou simplesmente para agilizar a execução de tarefas usuais, como redação de propostas e relatórios ou efetuar um controle básico de custos.

Para informações adicionais: **Capítulo 5, *Administrando a Empresa em Rede*; Item "Uma breve retrospectiva histórica".**

1.7 A REVOLUÇÃO INDUSTRIAL E A REVOLUÇÃO DA INFORMAÇÃO

Até o advento da Revolução Industrial, os processos de produção eram essencialmente artesanais, sendo resultado da perícia, do conhecimento e da habilidade dos artesãos em desenvolver suas atividades. A invenção e o posterior aprimoramento da máquina a vapor, conforme mencionado, teve especial importância para o advento da Revolução Industrial porque permitiu o desenvolvimento de uma série de máquinas que substituíram os processos artesanais até então em uso. Ao longo dos anos, as máquinas foram sendo aprimoradas e os processos refinados, tornando possível a produção em linhas de montagem (como aquelas desenvolvidas por Henry Ford, no início do século XX).

Assim, a Revolução Industrial viabilizou a substituição de um processo artesanal pela fabricação de produtos em linhas de produção, reduzindo custos, gerando empregos e criando grandes mercados consumidores.

De maneira similar, o surgimento dos computadores teve especial impacto no modo como as empresas passaram a trabalhar com a informação, permitindo que formas artesanais fossem substituídas por meios mais efetivos e colaborativos de trabalho.

Por exemplo, quando verificamos a contabilidade das empresas e sua evolução no decorrer das últimas décadas, é possível perceber o impacto dos processos de informatização. Antigamente, um contador era chamado de guarda-livros, exatamente porque uma de suas tarefas era efetuar os lançamentos de registros contábeis em livros que ficavam sob sua responsabilidade.

Em muitos casos, essa era uma tarefa que demandava um longo tempo, tornando-a quase que meramente operacional. Com a informatização de processos contábeis, os lançamentos e cálculos foram agilizados de tal maneira que a função do contador sofreu um grande — e positivo — impacto. Em lugar de ficar restrito a atividades operacionais, o contador agora pode transformar todos aqueles registros em informações úteis à estratégia da empresa, colaborando de maneira proativa no estabelecimento, desenvolvimento e acompanhamento de metas.

Equipes passaram a trabalhar de maneira muito mais integrada, seja por meio de sistemas específicos, seja mesmo com o simples uso de *e-mail* e do compartilhamento de arquivos e planilhas. A informação pôde fluir de maneira muito mais eficiente dentro das empresas, contribuindo para a otimização de processos e redução de custos.

O ganho de velocidade e flexibilidade em processos e negócios teve um impacto muito grande nas atividades empresariais como um todo. Se antes os concorrentes estavam ao alcance dos olhos, hoje uma empresa pode ser surpreendida por um concorrente cuja existência nem supunha. Pior do que isso, uma empresa pode ser vítima de uma nova tecnologia que redefine os competidores, modificando segmentos inteiros. Isso ocorreu, por exemplo, com os correios, que sofreram um grande impacto com o advento do *e-mail*. Hoje, os correios passaram a atuar muito mais com encomendas expressas do que com o envio de cartas pessoais. Para referências adicionais sobre estratégias, vide Quadro 1.1.

A Revolução da Informação é fato e este livro tem o objetivo de auxiliar os executivos e administradores, dos mais variados segmentos, no correto uso dos sistemas de informação, buscando não apenas maior eficiência, mas também uma maior eficácia.

Quadro 1.1 Reflexões sobre a evolução do pensamento estratégico e do pensamento administrativo.

Embora seja possível atribuir significados um pouco diversos, considera-se que a **estratégia** seja a arte ou técnica de aplicar com eficácia os meios e recursos disponíveis, explorando condições eventualmente favoráveis, tendo em vista alcançar objetivos específicos. Por sua vez, a **administração estratégica** é, segundo Daft (2005, p. 172-173), "um conjunto de decisões e ações usadas para formular e implementar as estratégias que proporcionarão uma adequação competitivamente superior entre organização e seu ambiente, para ela poder alcançar as metas organizacionais".

Diversos trabalhos têm relacionado os primeiros estudos sobre administração, tal qual a conhecemos hoje, ao surgimento das primeiras indústrias (FERREIRA, REIS e PEREIRA, 1997; BATEMAN e SNELL, 1998; SILVA, 2001; MAXIMIANO, 2004; DAFT, 2005). Entre aqueles que estudam as teorias gerais da administração, há um senso comum de que a evolução do pensamento ou comportamento estratégico das organizações está intimamente ligada à evolução do pensamento administrativo, sendo que ambos — o pensamento estratégico e o pensamento administrativo — teriam ganhado substância a partir da Revolução Industrial, ocorrida no século XVIII.

É necessário considerar, entretanto, que nem todos os pesquisadores pensam dessa maneira, razão pela qual é importante refletir, ainda que brevemente, sobre a importância da evolução industrial para o pensamento estratégico. Isso ajudará a configurar o pano de fundo para o estudo do papel do desenvolvimento das ciências e das tecnologias da informação.

Segundo Ghemawat (2000, p.16) "a Primeira Revolução Industrial (que se estendeu de meados do século XVIII até meados do século XIX) não produziu muito em termos de pensamento ou comportamento estratégico". Segundo ele, "este fracasso pode ser atribuído ao fato de, apesar de tratar-se de um período marcado por intensa concorrência entre as empresas industriais, praticamente nenhuma delas tinha poder para influenciar os resultados do mercado de forma significativa". Prosseguindo, o autor justifica que "como a Primeira Revolução Industrial foi, em grande parte, movida pelo desenvolvimento do comércio internacional de umas poucas commodities (em especial, o algodão), as empresas, em sua maioria, tendiam a permanecer pequenas e empregar o mínimo possível de capital fixo". Em razão disso, ele conclui que "as pequenas empresas comerciais da época precisavam de pouca ou nenhuma estratégia". Embora essa seja uma colocação que pode suscitar controvérsias, é importante prosseguir na análise do pensamento de Ghemawat, aprofundando um pouco mais essa proposição.

A estratégica, como forma de moldar o mercado, começou com a Segunda Revolução Industrial nos Estados Unidos, a partir de meados do século XIX. Depois de 1850, com a construção de ferrovias, tem início a formação do mercado de massa que, aliado à oferta de capital e crédito, levou à realização de grandes investimentos em produção e distribuição, explorando economias de escala. Com isso, no final do século XIX, surgiam nos Estados Unidos, e posteriormente na Europa, empresas verticalmente integradas, desenvolvendo hierarquias gerenciais, a fim de coordenar funções relacionadas às diversas etapas produtivas e de comercialização. Não por acaso, a partir da Segunda Revolução Industrial surgiram, nos Estados Unidos, algumas das principais escolas de administração como a Wharton School (1881) e a Harvard Business School (1908), esta última sendo uma das primeiras a promover a idéia de que os gerentes deveriam desenvolver o pensamento estratégico em vez de atuarem apenas como administradores funcionais (GHEMAWAT, 2000).

Durante a Segunda Guerra Mundial, com a escassez de recursos perante as necessidades crescentes, o pensamento estratégico desenvolveu-se muito nos âmbitos empresarial e militar, levando ao surgimento de novas técnicas de análise e sua aplicação às decisões gerenciais. Mas, enquanto no pós-guerra a administração estratégica servia como base à reestruturação do Japão, a forte demanda interna e as ofertas de recursos verificadas nos Estados Unidos fizeram com que esse pensamento fosse "esquecido" nesse país. Por sua vez, na Europa do pós-guerra, a presença e o controle do governo em setores industriais-chave fizeram com que a administração estratégica empresarial ficasse relegada a uma segunda instância, com alguns setores perdendo competitividade e ficando dependentes de incentivos e subsídios oficiais.

Particularmente no Japão, o pensamento estratégico frutificou e serviu de base à reformulação de indústrias, em especial àquelas ligadas ao setor automobilístico, o que é discutido um pouco mais extensamente no **Capítulo 3**, ***O papel dos sistemas de informação no desenvolvimento da inteligência coletiva nas empresas.*** Com o advento das crises do petróleo nos anos 1970, com altas pronunciadas nas cotações internacionais desse produto, os japoneses passaram a fornecer aos Estados Unidos automóveis modernos, compactos, confortáveis e principalmente econômicos a um preço inferior aos praticados pelas montadoras americanas.

Em conseqüência disso, a reformulação de processos produtivos e práticas administrativas, tendo em vista concepções e análises estratégicas, tornou-se premente, tanto para as indústrias européias — acomodadas com o intervencionismo e protecionismo governamentais — quanto para as indústrias americanas — acostumadas com o desperdício de recursos e, até então, a uma forte demanda.

Aliada à revisão de processos e práticas, a informatização crescente, propiciada pelos avanços obtidos na produção de microcomputadores, a partir de meados dos anos 1970, veio colaborar de maneira significativa com o planejamento estratégico. Se o surgimento de computadores eletrônicos, nos anos 1940 e 1950, serviu, num primeiro momento, à agilização de procedimentos mecânicos, a evolução tecnológica empreendida ao longo das décadas de 1960 e 1970 permitiu a prospecção de novas e instigantes possibilidades. Aos poucos, a utilização de sistemas de informação serviu não apenas ao atendimento de questões operacionais ou táticas, mas organizou o fluxo de informações nas empresas, facilitando a geração de conhecimento e o desenvolvimento de estratégias empresariais potencializadas pelo uso cada vez mais intensivo de sistemas e soluções de BI (Business Inteligence), CRM, OLAP e Datamining, conforme tratado no **Capítulo 8.**

1.8 CONCLUSÕES

A evolução dos computadores e tecnologias associadas tem propiciado uma ampla reconfiguração de setores produtivos e de prestação de serviços. A automação bancária, o surgimento dos sistemas de comunicação *on-line*, a venda de produtos pela Internet, a oferta de cursos a distância, a integração de cadeias produtivas e de comercialização, a logística cada vez mais integrada, o gerenciamento de estoques, a agilização dos caixas em supermercados, dentre outras inúmeras inovações, demonstram os ganhos advindos com o uso cada vez mais intenso dos sistemas de informação.

A correta administração dos sistemas e das tecnologias de informação é condição necessária ao uso eficaz dos recursos disponíveis, possibilitando às empresas otimizar processos, reduzir tempos de execução, eliminar o desperdício e melhorar o retorno sobre o investimento realizado.

REFERÊNCIAS

BATEMAN, T.; SNELL, S. A. *Administração:* construindo vantagem competitiva. São Paulo: Atlas, 1998.

CÔRTES, P. L. *Sistemas operacionais:* fundamentos. 2. ed. São Paulo: Érica, 2003.

DAFT, R. L. *Administração*. São Paulo: Thomson Pioneira, 2005.

FEDELI, R. D.; POLLONI, E. G. F.; PERES, F. E. *Introdução à ciência da computação*. São Paulo: Thomson Pioneira, 2003.

FERREIRA, A. A.; REIS, A. C. F.; PEREIRA, M. I. *Gestão empresarial:* de Taylor aos nossos dias. Evolução e tendências da moderna administração de empresas. São Paulo: Thomson Pioneira, 1997.

GHEMAWAT, P. *A estratégia e o cenário dos negócios*: Textos e casos. Porto Alegre: Bookman, 2000.

KNUTH, D.E. Von Neumann's First Computer Program. Computing Surveys, 2(4):247-260, dez. 1970.

MAXIMIANO, A. C. A. *Introdução à administração*. 6. ed. São Paulo: Atlas, 2004.

SILVA, R. O. *Teorias da administração*. São Paulo: Thomson Pioneira, 2001.

WALLACE, J.; ERICKSON, J. *Hard Drive*: Bill Gates and the making of the Microsoft Empire. New York: John Wiley & Sons, 1992.

CAPÍTULO 2

SISTEMAS DE INFORMAÇÃO: CONCEITOS, DEFINIÇÕES E EXEMPLOS

2.1 INTRODUÇÃO

Para compreender melhor o funcionamento dos sistemas de informação, serão apresentadas algumas definições, discutidos alguns conceitos, e também serão analisadas questões de ordem teórica que ajudarão no entendimento de aspectos mais práticos e operacionais.

Além disso, serão apresentados exemplos que mostrarão usos de sistemas de informação, ilustrando na prática os conceitos apresentados.

2.2 DEFININDO SISTEMAS DE INFORMAÇÃO

Como será possível perceber ao longo deste capítulo, o termo **sistemas de informação** é bastante amplo, dando margem até mesmo a certas dúvidas. Buscando uma melhor compreensão inicial, será interessante verificar o que alguns autores e pesquisadores entendem por sistemas de informação, procurando um núcleo comum a todos eles. Para isso, nas transcrições apresentadas a seguir, foram destacados alguns termos para uso em uma definição posterior.

Laudon & Laudon (2001, p. 4) consideram que "sistema de informação pode ser definido tecnicamente como um conjunto de **componentes inter-relacionados** que **coleta** (ou recupera), **processa**, **armazena** e **distribui** informação para dar suporte à **tomada de decisão** e ao **controle da organização**". Adicionalmente, os autores indicam que "além de apoiar, coordenar e controlar a tomada de decisão, os sistemas de informação também podem ajudar os gerentes e trabalhadores a analisar problemas, visualizar assuntos complexos e criar novos produtos".

O'Brien (2002, p. 17), num primeiro momento, define sistema de um ponto de vista mais universal e, posteriormente, efetua considerações mais sintéticas e aplicáveis à área de informações. Para ele "sistema pode ser definido simplesmente como um grupo de **elementos inter-relacionados**, ou em interação, que formam um todo unificado". Ele observa que "muitos exemplos de sistemas podem ser encontrados nas ciências físicas e biológicas, na tecnologia moderna e na sociedade humana". Prosseguindo, O'Brien apresenta uma definição genérica, porém apontando para componentes essenciais aos sistemas de informação: "um sistema é um **grupo de componentes inter-relacionados** que trabalham juntos rumo a uma meta comum **recebendo insumos** e **produzindo resultados** em um **processo organizado de transformação**", indicando que um sistema dessa ordem possui três componentes ou funções básicas de interação: **entrada**, **processamento** e **saída**.

Para Albertão (2005, p. 67), um sistema de informação "é uma série de **elementos ou componentes inter-relacionados**, numa ordem específica, que **coletam** (entrada), **manipulam** (processamento), **disseminam** (saída) os **dados** e **informações** e fornecem um mecanismo de **feedback** (retroalimentação). Essas informações são então utilizadas pelos usuários para a **tomada de decisões**".

Polloni (2000, p. 29) inicialmente define sistema como "um conjunto de ***partes* coordenadas** que concorrem para a realização de um conjunto de objetivos, segundo um plano". Para ele, "qualquer sistema pode ser encarado como um subsistema de um outro maior, sendo isso denominado hierarquia de sistemas". Prosseguindo, o autor define sistemas de informação (SI): "SI é qualquer sistema usado para **prover informações** (incluindo seu processamento), qualquer que seja sua utilização".

De acordo com Mattos (2005, p. 5-6), um sistema de informação "é um sistema especializado no **processamento** e na **comunicação de dados** (máquinas) ou de **informações** (organismos vivos)" sendo constituído por "um conjunto de módulos (objetos) de comunicação, de controle, de memórias e de processadores, interligados entre si por meio de uma rede com protocolo comum". O autor ainda observa que "as relações lógicas entre esses módulos são definidas pelos programas executados pelo sistema de informação".

Zwass (1997, p. 5), por sua vez, define sistema de informação como um conjunto de **componentes organizados** que realizam a **coleta**, **transmissão**, **armazenamento** e **processamento de dados**, fornecendo **informações para o desenvolvimento de ações**. Segundo ele, nas empresas e organizações, essa informação é necessária tanto para a área operacional quanto para o gerenciamento.

Turban, Rainer Jr. e Potter (2003, p. 17) observam que um sistema de informação "**coleta**, **processa**, **armazena**, **analisa** e **dissemina** informações com um propósito específico". Adicionalmente, observam que "como qualquer outro sistema, um sistema de informação abrange **entradas** (dados) e **saídas** (relatórios, cálculos), processa essas entradas e gera saídas que são enviadas para o usuário ou outros sistemas". Também consideram que "é possível incluir um mecanismo de resposta — **feedback** — que controle a operação".

Nesta obra, sistema de informação será considerado o conjunto de componentes ou módulos inter-relacionados que possibilitam a entrada ou coleta de dados, seu processamento e a geração de informações necessárias à tomada de decisões voltadas ao planejamento, desenvolvimento e acompanhamento de ações. Adicionalmente, é necessário considerar a existência de mecanismos de retroalimentação (*feedback*), possibilitando que o sistema seja realimentado com informações anteriormente geradas (ou em função delas), permitindo o refinamento dos resultados obtidos ou a análise de outras situações e possibilidades.

2.3 DEFININDO DADO, INFORMAÇÃO, CONHECIMENTO, INTELIGÊNCIA E SABEDORIA

Conforme explicitado no tópico anterior, um **sistema de informação** envolve "a entrada ou coleta de **dados**, seu processamento e a geração de **informações**".

Dessa forma, é possível verificar — ainda que de maneira introdutória — que **dado** e **informação** podem não ser a mesma coisa (e realmente não são), uma vez que — de acordo com a definição adotada — a **informação** é obtida a partir do processamento de **dados**. Dessa forma, é possível supor uma certa hierarquia, com as **informações** estando em um nível mais elevado (ou posterior) àquele ocupado pelos **dados**.

É provável, num primeiro momento, que isso possa causar uma certa confusão, uma vez que, em geral, os termos **dado** e **informação** são tomados como sinônimos, sem maiores problemas. Mesmo assim, é necessário que seja feita uma distinção entre esses termos, o que será fundamental para a compreensão de como se desenvolvem o conhecimento, a inteligência e a sabedoria.

2.3.1 DADOS

São sucessões de fatos brutos, que não foram organizados, processados, relacionados, avaliados ou interpretados, representando apenas partes isoladas de eventos, situações ou ocorrências. Constituem as unidades básicas, a partir das quais informações poderão ser elaboradas ou obtidas.

- ✓ **Exemplo:** 24ºC. A temperatura, sem qualquer outro atributo ou complemento, constitui um exemplo de dado. Para que ela tenha significado, outros dados complementares precisam ser obtidos e relacionados.
- ✓ **Analogia:** um dado representa um tijolo isolado. Nessa situação, ele não tem um valor significativo, necessitando estar associado a outros dados (tijolos) para que algo maior possa ser concebido.

2.3.2 INFORMAÇÃO

Quando os dados passam por algum tipo de relacionamento, avaliação, interpretação ou organização, tem-se a geração de informação (Figura 2.1). A partir do momento que os dados são transformados em informações, decisões podem ser tomadas.

É necessário ressaltar, entretanto, que a qualidade dessas decisões dependerá da quantidade e qualidade dos dados disponíveis e do relacionamento efetuado. Um mesmo conjunto de dados, quando processado por sistemas diversos, poderá gerar informações **qualitativamente** diferentes. Para referências adicionais, vide Quadro 2.1.

Figura 2.1 Esquema básico de funcionamento de um sistema de processamento de dados.

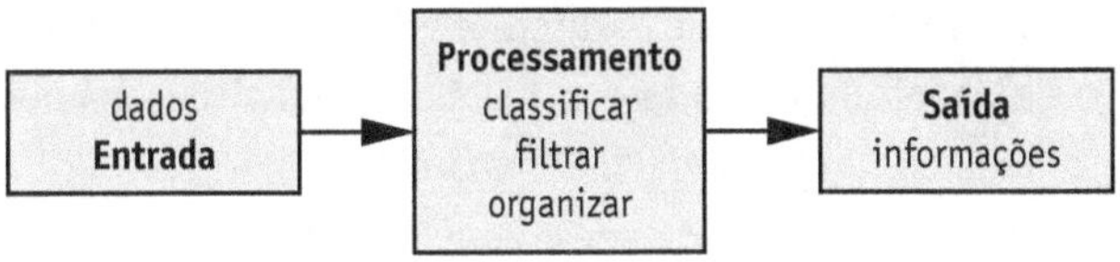

Ao se analisar diferentes tipos de sistema de informação, verifica-se que — em muitos casos — eles atuam até esse nível, transformando dados em informações. Conforme será discuto mais adiante, sistemas que atuam para além desse nível são mais especializados, sendo o seu desenvolvimento e operação, por vezes, mais onerosos.

- ✓ **Exemplo:** a temperatura mencionada no exemplo anterior (quando da definição do termo **dado**) poderá ser relacionada a outros dados. Um deles poderá ser de origem geográfica: **cidade de Santos**. Outros dados poderão ser de origem temporal: **28 de setembro** e **10h17min**. Dessa forma, relacionando-se a temperatura (**24°C**) ao local (**cidade de Santos**), à data (**28 de setembro**) e ao horário (**10h17min**), tem-se a **informação** de que **em Santos, no dia 28 de setembro, às 10h17min, estava fazendo 24°C** (Figura 2.2). A partir dessa informação, será possível decidir, portanto, que roupa usar nesse dia.
- ✓ **Analogia:** uma informação é obtida a partir do relacionamento de diversos dados. Assim como uma pilha de tijolos não constitui uma parede, um simples agrupamento de dados não constitui uma informação. É preciso que esses dados estejam classificados, filtrados e organizados para que tenhamos uma informação.

Figura 2.2 Dados isolados são agrupados e ganham consistência ao se transformarem em uma informação.

Quadro 2.1 Atributos da informação.

É sempre importante considerar que "diferentes sistemas de informação podem fornecer informações **qualitativamente** diferentes", mesmo quando processando um mesmo conjunto de dados. Isso ocorre especialmente em situações mais complexas, envolvendo um grande conjunto de dados e parâmetros diversos.

Dessa forma, é necessário estabelecer alguns critérios que permitam analisar as informações sob diferentes aspectos, verificando não apenas o seu potencial de utilização em determinadas circunstâncias, mas também efetuando comparações que ajudarão a analisar tanto a pertinência dos dados originais quanto o sistema de informações que os processou, assim como o resultado obtido (informação).

Para isso, acredita-se que, para o usuário final, seja mais fácil avaliar o produto gerado (informação), sem adentrar em análises exaustivas quanto à obtenção dos dados e seu processamento. Tendo em vista que os sistemas podem ser diversos, assim como os seus propósitos, a análise da informação obtida poderá simplificar o processo de avaliação, fornecendo subsídios para avaliar o sistema que a gerou.

Sendo assim, dentre os diversos atributos que podem ser utilizados para qualificar uma informação, alguns parecem mais pertinentes ao ambiente dos sistemas de informação. São eles:

- ✓ **Nível de utilização** – atributo que indica a quantidade de vezes que uma informação é utilizada. Possibilita prospectar as necessidades do público-alvo (usuários) em relação àquele tipo de informação.
- ✓ **Facilidade de acesso** – qual a facilidade de encontrar uma determinada informação. Uma baixa facilidade de acesso pode comprometer a velocidade com que uma decisão é tomada ou mesmo tornar a informação inútil. Embora não seja a mesma coisa, esse atributo está relacionado à velocidade com que uma informação é obtida (ver próximo item). Por exemplo, uma baixa facilidade de acesso pode ser compensada por um usuário com bons conhecimentos sobre o sistema em uso. Nessas condições, embora o acesso seja difícil, ele poderá obter a informação com uma velocidade superior àquela obtida por um usuário com menor grau de conhecimento técnico.
- ✓ **Velocidade** – a informação deverá ser fornecida na velocidade necessária à resolução de um problema ou tomada de decisão. De pouco ou nada adianta uma informação que seja verídica, exata, precisa e reprodutível (vide próximos itens), se ela chegar quando não há mais tempo para que um problema seja resolvido. Esse atributo está relacionado com a facilidade de acesso.
- ✓ **Qualidade** – característica superior ou atributo distintivo positivo que faz uma informação ou um sistema de informações se sobressair em relação a

outros. Embora seja um atributo por vezes subjetivo, é de fundamental importância que a opinião dos usuários de sistemas de informação sobre a qualidade (dos sistemas ou da informação) seja considerada, fornecendo subsídios à melhoria dos processos de geração e processamento de informações.

- ✓ **Atualidade** – a informação apresentada é atual ou condizente com o momento presente. Mesmo uma informação gerada há algum tempo pode ser atual na medida que fornece subsídios ao entendimento de certos contextos ou situações (ou seja, ela é condizente com o momento presente).
- ✓ **Fidedignidade** – as informações apresentadas são merecedoras de crédito, de confiança, de fé. Em geral, esse atributo se refere mais a aspectos qualitativos do que quantitativos da informação (por exemplo, um relatório que avalie as condições para execução de um projeto pode ser fidedigno em sua análise, sendo, portanto, merecedor de crédito).
- ✓ **Veracidade** – capacidade de ser verdadeira ou de representar a verdade. Isso está relacionado à origem dos dados (sua veracidade) e ao seu processamento. Por exemplo, quando um relatório informa que uma aplicação financeira resultou em lucro, obviamente essa informação deverá ser verdadeira.
- ✓ **Exatidão** – que não contém erro, transmitindo fatos com rigor. Por exemplo, quando o sistema calcula o valor de uma dívida, esse valor deverá ser correto. Dados deverão ser apresentados exatamente da maneira (valor, conteúdo) como foram obtidos. "Santos" (município localizado no litoral paulista) não pode ser tomado como sinônimo de "litoral paulista" (que engloba outros municípios) ou vice-versa.
- ✓ **Precisão** – capacidade de lidar com valores numéricos tais como eles se apresentam originalmente. Por exemplo, 24,5°C é diferente de 24°C ou 18,45 não é igual a 18,5. Alguns sistemas de informação promovem o arredondamento (18,458 vira 18,5) ou truncamento (18,458 vira 18,4) de números, seja para facilitar operações de digitação, seja para melhorar a apresentação de relatórios. Nesses casos, é necessário verificar o quanto essas operações (arredondamento ou truncamento) podem comprometer a qualidade da informação apresentada. Para uma análise desse tipo de problema, sugere-se pesquisar a teoria dos erros, que analisa questões como quantidade de casas decimais, arredondamento e truncamento, dentre outras.
- ✓ **Reprodutibilidade** – sob as mesmas circunstâncias de processamento e com o mesmo conjunto original de dados, a informação gerada deverá ser sempre a mesma. Por exemplo, o resultado de uma operação contábil deverá ser sempre igual, para um mesmo conjunto de dados processados da mesma maneira.

- ✓ **Economia** – a informação deverá conter apenas o que for importante, suprimindo o que for desnecessário (ver próximo item).
- ✓ **Integralidade** – (qualidade do que é integral) a informação deverá conter tudo o que for necessário à tomada de uma decisão. Nessa relação de atributos, os termos economia e integralidade podem parecer antagônicos, mas — na verdade — acabam sendo complementares. Muitos sistemas de informação confundem quantidade com qualidade, fornecendo aos usuários mais informações do que o necessário ao entendimento de um problema ou à tomada de uma decisão. Uma informação fornecida de maneira integral (com integralidade) deverá conter tudo o que for necessário ao entendimento ou solução de um problema, mas **apenas** isso (economia).
- ✓ **Inteligibilidade** – uma informação deverá ser compreensível ao usuário. Na concessão de crédito, por exemplo, uma pessoa que atue no atendimento ao consumidor deverá ser informada de maneira simples se o crédito deverá ou não ser concedido a um cliente. É mais inteligível informar "o crédito não foi aprovado, pois o cliente não quitou um financiamento anterior" do que "o cliente encontra-se com saldo devedor além do prazo admitido pelo departamento financeiro".
- ✓ **Orientação** – informar ao usuário a que se destina a informação apresentada, facilitando a sua compreensão e uso.

Outros atributos podem ser utilizados a fim de qualificar a informação, tais como validade, confiabilidade, novidade, significado através do tempo, abrangência, modo, formato, redundância, eficiência (FREITAS e KLADIS, 1995; PAIM, NEHMY e GUIMARÃES, 1996).

2.3.3 METADADOS

Em diversas situações, pode ser necessário o uso de um dado para explicar um outro dado (*dado sobre dado* ou *explicação sobre um dado*) ou mesmo agregar um maior significado a uma informação, como uma espécie de rótulo (metadado) que antecipa o conteúdo (ou tipo de conteúdo) a ser disponível. Metadados também são considerados dicionários de dados.

Segundo Ikematu (2001) "as pessoas que têm algum contato com alguma ferramenta de Tecnologia da Informação, provavelmente, utilizam alguma forma de metadados, mesmo sem saber que as usa ou o seu significado. Isto é normal até porque a sua própria definição não é um consenso, gerando alguma confusão. A definição mais comum de metadados é dados sobre dados". Prosseguindo, ele menciona outras definições mais usuais sobre o que se entende por metadados, dentre elas, "metadados são dados que descrevem atributos de um recurso" ou "metadados é dado associado com objetos que ajuda seus usuários potenciais a ter vantagem completa do conhecimento da sua existência ou características".

Para compreender o significado e a utilidade dos metadados, é necessário retomar e ampliar conceitos já abordados. Quando o termo **dado** foi explicado, utilizou-se o exemplo de uma temperatura. Ao ser armazenado em um banco de dados, geralmente o valor de 24°C (mencionado anteriormente) seria gravado apenas como 24 (o que pode ser uma série de coisas ou um valor ligado a diversos assuntos). Dessa forma, o uso do termo **temperatura** permitira saber que 24, na verdade, é um valor de temperatura, mas não especificaria a escala em que essa temperatura se situa (o que é necessário para dar a devida noção de grandeza: "24 é muito ou pouco?" ou "24 é quente ou frio?"). Como existem diferentes escalas de temperatura (Celsius ou Fahrenheit, por exemplo), apesar de o rótulo **temperatura** fornecer alguma dimensão ou significado ao número 24, faltaria uma explicação adicional. Nesse caso, poderia ser utilizado o rótulo **temperatura (°C)**, indicando do que se trata e qual a escala adotada. Essa explicação adicional, ou rótulo, é um **metadado**, sendo muito comum o seu uso em interfaces com o usuário, em sistemas de busca na Internet ou em processos de troca de informações.

Bibliotecas utilizam sistemas para catalogar as publicações disponíveis (livros, periódicos etc.), sendo comum o uso de metadados para explicar um dado apresentado (seja na tela de um sistema eletrônico de consulta, seja nas antigas fichas impressas ou manuscritas).

Na Figura 2.3 tem-se um exemplo de ficha catalográfica obtida em um sistema eletrônico de gerenciamento de bibliotecas. Nesse caso, os metadados indicam a natureza e explicam os dados apresentados.

Embora não seja um conceito novo, a importância dos metadados tem crescido por causa da web. Em páginas da Internet é comum o uso de marcadores que orientam os sistemas automáticos de busca em relação à natureza do conteúdo disponível em um determinado *site*, ajudando a restringir os resultados de uma pesquisa sobre determinado tema.

Na Figura 2.4, tem-se um exemplo do uso de metadado em uma página na Internet. Essas informações são acrescentadas no código que compõe a estrutura de uma determinada página, mas não são visíveis aos usuários. Neste caso específico,

Figura 2.3 Ficha catalográfica de um livro: os metadados auxiliam no entendimento dos dados apresentados.

Número de Chamada	658.4038 013s 9.ed.-2003
Autor Principal	O'Brien, James A
Título Principal	Sistemas de informação e as decisões gerenciais na era da internet/**James A. O'Brien**
Edição	9.ed.
Publicação	São Paulo: Saraiva, 2003
Descrição Física	436 p.
ISBN	8502032763
Assuntos	Administração De Empresas - Sistema De Informação Comércio Eletrônico - Administração De Empresas

Metadados
(o significado dos dados apresentados)

Figura 2.4 Exemplo do uso de metadado em página na web.

Metadados — Dados

```
<meta name="keywords" content="gestão de negócios,administração de empresas
propaganda, publicidade, secretariado executivo, contabilidade, ciências da
informação,informática, hotelaria, comércio exterior e finanças. Ensino médio
graduação, pós-graduação, MBA executivo, Executive MBA, mestrado">
```

o metadado **keywords** (ou palavras-chave) indica o tipo de conteúdo apresentado em um determinado *site*, funcionando de maneira similar às palavras-chave usualmente disponíveis em publicações científicas (mas, aqui, com a finalidade exclusiva de orientar os sistemas de busca).

Dessa forma, é possível considerar que um dado associado, ou explicado, por um metadado assume uma posição intermediária entre o dado (que está em um nível mais básico) propriamente dito e a informação (que está em um nível mais elevado).

Essas "etiquetas explicativas", que representam uma forma de metadados, podem ser utilizadas para facilitar a recuperação ou troca automática de dados em sistemas eletrônicos de intercâmbio de dados ou informações. Por exemplo, imagine que um banco emita relatórios diários sobre o panorama do mercado financeiro, incluindo taxas de câmbio (para diferentes moedas), cotação de ações, taxas de juros, rentabilidade etc. Em seu relatório *on-line* (disponível na Internet, por exemplo), o banco poderá utilizar metadados para indicar a localização de cada dado disponível. Esses metadados são etiquetas (ou *tags*, no jargão técnico) que identificam um dado apresentado. Com isso, empresas que mantenham contas de investimentos nesse banco podem recuperar automaticamente apenas os dados de seu interesse (a rentabilidade de um fundo específico ou a cotação de uma determinada ação), obtendo um relatório resumido ou uma espécie de extrato dos dados desejados. A Figura 2.5 explica de maneira esquemática essa seleção.

Para viabilizar esse intercâmbio, no final dos anos 1990, foi desenvolvida uma linguagem denominada XML (E**X**tensible **M**arkup **L**anguage), ampliando a possibilidade do uso de marcadores (ou metadados) em páginas da web. A Figura 2.6

Figura 2.5 Um banco pode gerar um informe diário com o uso de metadados que indicam a natureza de cada dado apresentado, funcionando como rótulos. A partir desses rótulos, uma empresa poderá gerar automaticamente um sumário executivo que reúna apenas os dados de seu interesse imediato.

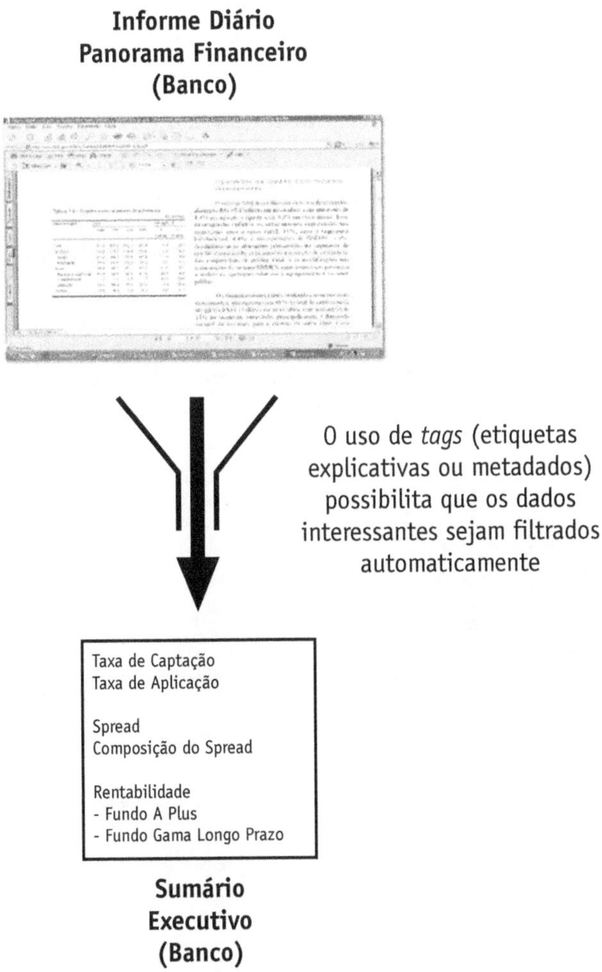

mostra um trecho de código em XML, exemplificando o nível de detalhe que pode ser estabelecido na apresentação de uma receita de bolo.

Para melhor verificar as possibilidades da linguagem XML, e tomando a Figura 2.6 como referência, suponha que um dispositivo automático, conectado à Internet, possa compreender receitas de pães e bolos disponíveis em *sites* específicos. Esse dispositivo poderia providenciar a mistura de ingredientes e sua cocção, fazendo o bolo sem a necessidade de interferência ou participação de uma pessoa. Ao analisar receitas, é possível constatar que embora elas sejam relativamente sucintas e fáceis de seguir, são elaboradas para serem compreendidas por pessoas e não por máquinas. Para contornar esse "problema", é necessário delimitar — dentro da receita que será utilizada por um dispositivo automático — quais são os dados referentes aos ingredientes e as respectivas quantidades. Além disso, é fundamental indicar como esses ingredientes serão utilizados e o tempo final de preparo (quanto tempo deverá ficar no forno, por exemplo).

Sendo assim, dentro do texto da receita será necessário colocar indicadores ou etiquetas (*tags*) que permitirão a um equipamento entender o que deve ser feito. Para efeitos gerais, esses indicadores, ou *tags*, nada mais são do que metadados que explicam os dados apresentados.

Esses *tags* não são apresentados na tela do computador, mas estão lá disponíveis para que um equipamento possa ler a receita de maneira a compreender o que deve ser feito.

Figura 2.6 Trecho de página da web construída com a linguagem XML. Os marcadores são metadados que explicam os dados apresentados.

```
<?xml version="1.0" encoding="UTF-8"?>

<Receita produto="bolo" preparo="10 minutos" cozimento="1 hora">

  <título>Bolo Simples - Receita Genérica</título>
Metadado            Dado

  <ingrediente quantidade="10" unidade="xícaras">Farinha</ingredientes>
  <ingrediente quantidade="2"  unidade="xícaras">Leite</ingredientes>
  <ingrediente quantidade="2"  unidade="colheres de sobremesa">Fermento</ingredientes>
  <ingrediente quantidade="1"  unidade="colheres de sobremesa">Açúcar</ingredientes>

                          Metadado                 Dado
  <Instruções>
    <passo>Misture bem todos os ingredientes.</passo>
    <passo>Coloque em uma fôrma e asse num forno pelo tempo indicado.</passo>
  </Instruções>

</Receita>
```

2.3.4 *FEEDBACK* OU RETROALIMENTAÇÃO

Embora o esquema apresentado nas figuras 2.1 e 2.2 seja adequado do ponto de vista teórico, na prática, ocorre uma realimentação de sistemas a fim de gerar informações adicionais, melhorando a qualidade das decisões, permitindo a análise de outras possibilidades e a prospecção de cenários futuros.

Em muitos casos, o simples processamento de dados (abrangendo tarefas, tais como classificação, filtragem e organização) e a geração de informações podem não ser suficientes para avaliar uma situação. A partir de uma contexto inicial, o sistema pode ser realimentado em busca de novas opções, o que é muito comum. Por exemplo, quando uma pessoa vai contratar um financiamento, as taxas de juros podem variar de acordo com o prazo e o montante contratado. Inicialmente, a pessoa verifica uma situação: R$ 3.000 em 12 meses, o que pode ser feito diretamente no *site* do banco ou com o gerente (que estará consultando um sistema de informações). A partir dessa primeira análise, ela obtém uma taxa de juros e o valor da prestação mensal. Utilizando essa informação, ela pode realimentar o sistema (diretamente no *site* do banco ou com a ajuda do gerente) e verificar outras possibilidades, por exemplo: R$ 3.500 em 12 meses e R$ 2.000 em 6 meses, buscando a opção que melhor se encaixe em seu orçamento mensal.

A Figura 2.7 apresenta o esquema básico de realimentação de um sistema de informações. Essa realimentação poderá ser feita manualmente (com o usuário interagindo com o sistema) ou de maneira automática (com o próprio sistema se realimentando e tomando decisões para atingir determinados cenários, ou atuando dentro de parâmetros especificados com antecedência).

Figura 2.7 Retroalimentação de um sistema de informação.

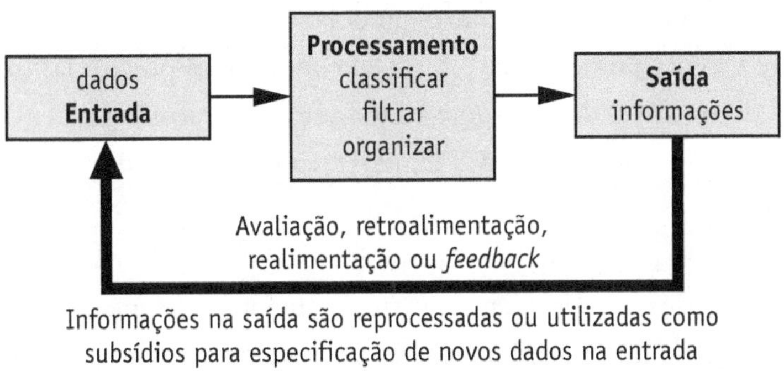

Laudon e Laudon (2001) manifestam que os sistemas de informação requerem uma avaliação ou *feedback* (realimentação), que consiste na informação devolvida aos usuários para a correta avaliação e correção da fase de saída. Por sua vez, O'Brien (2002), junto com o *feedback*, introduz o controle que envolveria a sua avaliação, a fim de verificar se um sistema se dirige para a realização de uma meta, procedendo aos ajustes necessários nas etapas de entrada e processamento. Esse autor admite, porém, que o controle está contido no *feedback*, sendo parte necessária à sua operação. Em resumo, para ele, o papel da realimentação é garantir que o sistema transforme corretamente os insumos (dados e/ou informações) em produtos (novas informações), atingindo uma meta preestabelecida.

Para Albertão (2005), analisando a implantação de sistemas integrados de gestão, o *feedback* é fundamental para o sucesso de operação de um sistema de informações. Por sua vez, Olson e Torrance (2000) consideram que a simples realimentação (ou retroalimentação) pode levar ao surgimento de estruturas elaboradas e formalmente elegantes, mesmo a partir de origens mal-formadas ou caóticas. Para eles, isso ocorre dento tendo como base quatro diretrizes:

1. o processo deve repetir-se com certa freqüência;
2. o processo deve incluir um ciclo de realimentação;
3. existem restrições internas que moldam o sistema;
4. existem restrições externas que limitam e moldam a auto-organização real que ocorre.

Para exemplificar a necessidade ou importância dos processos de realimentação, vamos supor que um determinado produto é fabricado a partir de três matérias-primas (A, B e C), sendo uma delas cotada em real (A), outra em dólar (B) e outra em real (C), mas sofrendo com a variação da cotação do dólar. Adicionalmente, há que se considerar o custo do preço do transporte para dois trechos distintos (A e B) sendo um deles cotado em real e outro em dólar.

Com base na cotação do dólar, é possível conhecer os preços das matérias-primas B e C e do trecho B do transporte. Dessa forma, é possível saber o custo final do produto em Los Angeles (Estados Unidos) para o distribuidor ou representante local (Figura 2.8).

É necessário considerar, porém, a possibilidade de variação da cotação do dólar, prospectando cenários futuros. Num primeiro momento, essa cotação influenciará diretamente o preço da matéria-prima B, com um impacto menor na matéria-prima C.

Figura 2.8 Estágio inicial de um sistema utilizado para o cálculo do preço final de um produto.

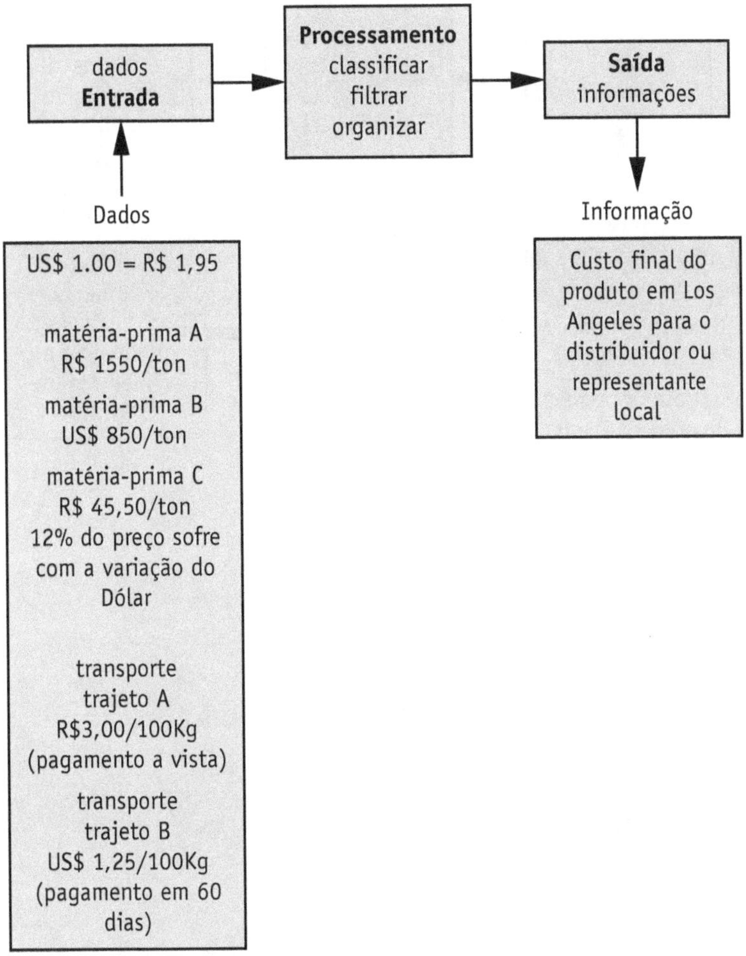

Além disso, o custo do transporte para o trecho B será afetado. Como o pagamento para esse trecho é efetuado com um prazo de 60 dias, é importante considerar a taxa de juros, uma vez que o valor devido para a transportadora poderá ser aplicado no mercado financeiro, gerando rendimentos adicionais.

Assim, o sistema poderá ser realimentado (de maneira automática ou manual) demonstrando o impacto da variação do dólar no preço final do produto (Figura 2.9). Em uma situação ideal, pode-se determinar que o sistema trabalhe simulando situações até que o preço final atinja determinado valor (impedindo sua comercialização ou mostrando qual cotação do dólar torna o negócio mais rentável, por exemplo).

Figura 2.9 Retroalimentação (*feedback* ou realimentação): prospectando novas possibilidades em função de variações na cotação do dólar e da taxa de juros.

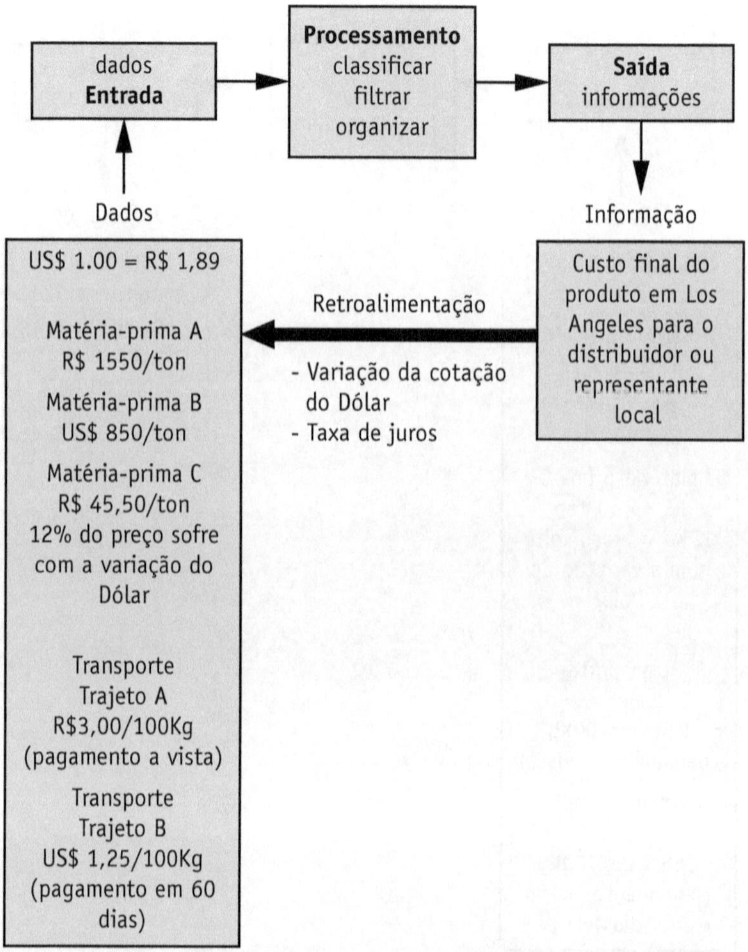

Nesse caso, uma informação (cotação do dólar em queda, por exemplo) pode ser utilizada para determinar uma realimentação do sistema, gerando novos cenários. Conceitualmente falando, pode-se considerar que, nesse estágio, o sistema não está mais sendo abastecido com dados realistas (a cotação do dólar daquele momento), mas traz pelo menos uma informação (preço final), para determinar uma variação simulada de dados.

Na prática, os sistemas de informação não recebem apenas dados e geram informações. Em muitos casos, eles são realimentados com informações, ou a partir delas, levando a uma variação de parâmetros iniciais.

É claro que a situação apresentada na Figura 2.9 é apenas um modelo simplificado. Em situações reais e, portanto, potencialmente mais complexas, além da variação de preço para a matéria-prima há a possibilidade de considerar outros fornecedores com insumos similares e custos diferenciados. Em certos casos, esses insumos podem ter algum impacto no processo produtivo, requerendo alguns ajustes e alterações que devem ser analisados, pois podem influir na qualidade final ou mesmo no índice de não-conformidade de itens produzidos.

É importante ressaltar que a qualidade da informação oferecida por um sistema de informação depende não apenas da classificação, filtragem e processamento de dados, mas também da capacidade de reprocessamento de dados com base em informações obtidas. Esse poder de refinamento é um dos fatores determinantes para a qualidade da informação obtida, exercendo impacto nas decisões que podem ser tomadas.

2.3.5 A GERAÇÃO DE CONHECIMENTO

Conforme mencionado anteriormente, muitos sistemas de informação não conseguem ir além da etapa em que dados são processados e informações são obtidas. Talvez, por isso, sejam chamados genericamente apenas de sistemas de informação, uma vez que não conseguem ascender a etapas posteriores, tais como a geração de conhecimento.

É claro que não é possível nivelar todos os sistemas de informação em um mesmo patamar, uma vez que a qualidade da informação obtida poderá ser muito diferente. Além disso, a capacidade de reprocessamento (realimentação) poderá influir — de maneira significativa — na qualidade das informações obtidas.

Mas é necessário considerar que, por meio do relacionamento de diferentes informações, é possível ampliar o nível de entendimento sobre um determinado tema, situação ou problema, permitindo inferir probabilidades e avaliar a perspectiva de sucesso de ações. Nesse estágio, a tomada de decisões é efetuada com maior propriedade e certeza.

Não são muitos os sistemas capazes de **gerar conhecimento** devido à complexidade das relações que precisam ser efetuadas para isso. Nesses relacionamentos, o peso da **qualidade** da informação e a **pertinência** de sua aplicação exercem papel preponderante no resultado final e em seu potencial de utilização. Ou seja, embora os processos de *feedback* ou realimentação possam melhorar a qualidade da informação obtida, os sistemas de informação não têm como atribuir pesos diferenciados a cada informação em função de sua qualidade.

Nesse caso, têm-se atributos qualitativos de difícil mensuração. Isso exige um maior grau de sofisticação desses sistemas, o que nem sempre é contemplado durante o seu desenvolvimento. Além disso, é necessário abastecer permanentemente sistemas desse tipo com dados e informações atualizadas e com boa qualidade, sem o que a geração de conhecimento não será possível.

Exemplo: ao dispormos de diferentes informações relacionadas a um tema, é possível ascender ao estágio de conhecimento, no qual a tomada de decisões pode ser efetuada com maior adequação e em longo prazo. Dessa forma, à informação apresentada anteriormente (**em Santos, no dia 28 de setembro, às 10h17, estava fazendo 24°C**) poderemos acrescentar outras, tais como:

- ✓ não está chovendo em Santos;
- ✓ nessa época do ano é pouco comum chover em Santos;
- ✓ nessa época do ano é reduzida a incidência de frentes frias;
- ✓ historicamente, nessa época do ano, a temperatura máxima fica em torno de 26°C e a mínima ao redor de 18°C.

Essas informações permitem considerar que é elevada a possibilidade de o tempo permanecer estável e agradável em Santos. Esse nível de conhecimento pôde ser obtido a partir de informações de dois tipos:

- ✓ De ordem histórica:
  - nessa época do ano é pouco comum chover em Santos;
  - nessa época do ano é reduzida a incidência de frentes frias;
  - historicamente, nessa época do ano, a temperatura máxima fica em torno de 26°C e a mínima ao redor de 18°C.
- ✓ Constatações que reafirmam as informações de ordem histórica:
  - Em Santos, às 10h17, estava fazendo 24°C;
  - Não está chovendo em Santos.

Sendo assim, se contarmos apenas com a informação **em Santos, às 10h17, estava fazendo 24°C,** poderemos considerar a pertinência (ou não) de utilizarmos um casaco no dia em que a informação foi recebida. Com informações complementares (inclusive de ordem histórica), é possível planejar que roupas poderão ser utilizadas durante uma determinada época do ano e não apenas para um dia específico.

Analogia: o dado é um tijolo, a informação é uma parede construída por vários tijolos e o conhecimento é um ou mais cômodos construídos a partir da organização e correto relacionamento de várias paredes.

Note que, nesse caso, cresce a quantidade de cimento utilizado para unir os diversos tijolos (dados) e as paredes (informação). Nessa analogia, o cimento pode ser considerado a experiência por meio da qual é possível atribuir maior qualidade a uma informação ou verificar até que ponto ela é pertinente.

2.3.6 DESENVOLVIMENTO DE INTELIGÊNCIA

Ao falar sobre inteligência, abre-se um amplo espectro de teorias, incluindo considerações e abordagens, por vezes polêmicas, e que têm levado à publicação de inúmeros artigos científicos e livros. De acordo com Machado (2000), verificam-se, recentemente, transformações na concepção de inteligência, incluindo o deslocamento dos indivíduos para os sistemas. Conseqüentemente, já não parece absoluto o entendimento da inteligência como "uma competência, uma capacidade de compreender, de raciocinar, comprometida não diretamente com a ação, mas sim com aspectos lógico-matemático-linguísticos de sua representação" (MACHADO, 2000, p. 82).

Ainda de acordo com Machado (Ibidem, p. 82), "É cada vez mais perceptível certa tendência em adjetivar-se como 'inteligentes' não mais indivíduos considerados isoladamente, mas sistemas capazes de exibir determinadas competências, a primeira das quais talvez seja a capacidade de mobilizar-se tendo em vista a realização de seus projetos".

Para Olson e Torrance (2000), a inteligência socialmente distribuída torna-se cada vez mais central para o sucesso da sociedade, sendo um reflexo dos talentos disponíveis na população e das formas de interação existentes. Além disso, os autores consideram que a inteligência humana é também um sistema auto-organizado no nível individual.

Sobre isso, Becker (2003) considera que um indivíduo que retira informações de um meio e as reconstrói, tendo como base a sua própria história, desenvolve novidades em relação ao conteúdo e à estrutura. Adicionalmente, Olson e Torrance (2000) ponderam que a natureza socialmente compartilhada de grande parte da atividade cognitiva implica relacionamentos e competências sociais, sendo que o uso da natureza social do conhecimento pode ser determinante para o sucesso de um grupo.

Deve-se considerar, portanto, como ponto de partida para o entendimento da inteligência, a importância e a necessidade de interação com o grupo social para o desenvolvimento da cognição. A importância do grupo e de como um indivíduo interage com ele, abastecendo seu meio social com informações e por ele sendo abastecido, oferecendo e obtendo opiniões, relatando e conhecendo diferentes experiências, permite inferir — ao menos num primeiro momento — a possível existência de uma inteligência coletiva como um substrato capaz de fomentar o desenvolvimento de competências individuais.

Dessa forma, a inteligência seria não apenas um atributo de ordem pessoal, mas poderia influenciar o coletivo, o grupo social e por ele ser influenciada. Esse assunto será tratado com maior propriedade no Capítulo 3 (*O papel dos sistemas de informação no desenvolvimento da inteligência coletiva nas empresas*).

Para informações adicionais: **Capítulo 3, *O papel dos sistemas de informação no desenvolvimento da inteligência coletiva nas empresas.***

2.3.7 SUPERANDO DEFICIÊNCIAS

Durante a construção ou o desenvolvimento de um conhecimento sobre determinado assunto, podem ocorrer situações em que as informações são incompletas (faltam tijolos suficientes) ou deficientes (tijolos de qualidade duvidosa). Nesses casos, é possível compensar essas deficiências com informações complementares e originalmente não previstas, estabelecendo relacionamentos mais amplos que compensem (ao menos em parte) as carências existentes.

Mesmo quando as informações disponíveis são de boa qualidade e há um bom nível de conhecimento sobre determinado tema, é possível complementar o quadro existente com informações adicionais, considerando novas situações e possibilidades que auxiliem na tomada de decisões mais efetivas e consistentes.

Exemplo: caso não estejam disponíveis informações sobre a previsão do tempo para a cidade de Santos ao longo dos últimos anos, as informações de ordem histórica não poderiam ser utilizadas para uma tomada de decisão que envolva um prazo mais extenso. Para compensar essa deficiência, poderiam ser utilizadas informações sobre regiões próximas (como as que se referem à cidade de São Paulo), suprindo as informações ausentes.

É claro que, nesse caso, considerações adicionais precisariam ser efetuadas. A cidade de São Paulo está localizada a cerca de 60 km de Santos e, enquanto esta última é uma cidade litorânea, São Paulo está situada em um planalto que tem como limite a leste a serra do Mar. Ao norte, parte da cidade é margeada pela serra da Cantareira. Dessa forma, embora a freqüência de frentes frias seja igual para as duas cidades, seus efeitos podem ser bastante distintos.

Sendo assim, a ausência de informações sobre a previsão do tempo para Santos foi compensada com o mesmo tipo de informação para São Paulo. Informações adicionais permitiram adequar essa informação suplementar à realidade (condição geográfica) da cidade de Santos. Com isso, é possível tomar uma decisão sobre o tipo de roupa a ser usada, ainda que o nível de incerteza seja um pouco maior.

A experiência é um atributo importante no desenvolvimento da inteligência, pois permite alocar recursos (conhecimentos e informações) que complementem conhecimentos disponíveis ou compensem informações deficientes ou ausentes.

Analogia: os dados são os tijolos que compõem as paredes (informação) que constituirão os cômodos (conhecimento), que serão arranjados com maior ou menor propriedade (maior ou menor inteligência). Em resumo, a organização desses cômodos dará a conformação final de uma casa (inteligência). Caso não haja paredes suficientes para fazer um determinado cômodo, a planta da casa poderá ser refeita a fim de suprir essa deficiência. A inteligência é essa capacidade de organizar o conhecimento disponível (cômodos), suprindo determinadas deficiências existentes. Isso foi o que ocorreu com a ausência de previsão do tempo para a cidade de Santos, sendo compensada com o uso do mesmo tipo de informação de uma cidade próxima (São Paulo).

Por outro lado, o conhecimento existente pode ser suficiente para uma tomada de decisão, mas ele é complementado com informações ou conhecimentos adicionais melhorando a qualidade da decisão tomada. Embora os cômodos existentes sejam adequados à construção de uma casa, cômodos (conhecimentos) adicionais podem ser acrescentados, melhorando o resultado final. Nesse caso, a inteligência é a capacidade de organizar de maneira otimizada o conhecimento disponível, a partir da adição de informações ou conhecimentos antes não previstos.

A experiência, analogamente ao que foi comentado, funciona como o cimento que une adequadamente partes distintas, conferindo solidez ao conjunto. Sem ela — ou quando ela é insuficiente — o arranjo efetuado perde rigidez e, conseqüentemente, confiabilidade.

2.3.8 SABEDORIA

É o estágio superior no qual a inteligência disponível sobre determinado tema é ampliada, ocorrendo a geração de conhecimento adicional pelo acúmulo seletivo de informações complementares que são cruzadas, inter-relacionadas e complementadas pela experiência acumulada. As decisões são tomadas com uma possibilidade reduzida de erro, pois a percepção do todo e a experiência acumulada fazem com que diversas alternativas sejam consideradas com as respectivas possibilidades de erro e acerto.

Exemplo: todo o conhecimento acumulado sobre a cidade de Santos e o Litoral Paulista, aliado à inteligência desenvolvida e à experiência acumulada sobre assuntos ligados a essa região, permite tomar decisões não apenas voltadas a uma simples viagem, mas também relacionadas à realização de negócios ou projetos de médio e longo prazos (compra e venda de imóveis, construção de empreendimentos voltados ao turismo etc.).

Analogia: com os dados (tijolos) são construídas as informações (paredes), e com elas, o conhecimento (cômodos). Com organização coerente das informações e seu inter-relacionamento e eventual complementação, têm-se a inteligência (casa). Com a sabedoria, dá-se o uso pleno da inteligência desenvolvida, ou seja, a casa anteriormente construída é ocupada e usufruída e os recursos necessários à sua manutenção (informações adicionais e atualização de conhecimentos) são alocados. Em muitos casos, a experiência acumulada leva a uma reorganização mais funcional dos cômodos, permitindo que o pensamento flua mais livremente pela casa construída (inteligência).

Em resumo, a sabedoria é a capacidade de utilizar adequadamente e de maneira ampla a inteligência disponível sobre determinado assunto.

2.4 RELACIONAMENTO HIERÁRQUICO, EXPERIÊNCIA, SABEDORIA E CAPACIDADE DE TRANSMISSÃO

Conforme verificado, existe uma hierarquia natural entre os diversos conceitos apresentados anteriormente. Paralela a essa hierarquia, a experiência age como o cimento que une as diversas partes, solidificando os elementos e tendo sua importância ampliada enquanto a estrutura vai ganhando corpo (Figura 2.10). A estrutura piramidal apresentada por essa figura tem dois propósitos:

1. indicar que na medida que cresce a importância (ou posição hierárquica) de um conceito, ele necessita do suporte ou subsídio do conceito imediatamente anterior;
2. a quantidade de sistemas ou de pessoas aptas a desenvolver cada uma das etapas vai diminuindo da base (dados) ao topo (sabedoria), na medida que aumentam os requisitos necessários ao estabelecimento das etapas superiores.

Na literatura, a pirâmide apresentada na Figura 2.10 encontra similar em Barreto (2005), que propõe esse tipo de estrutura como forma de ilustrar fluxos (conhecimento e inteligência) e estoque (fatos, idéias, sensibilidade e informação). Para ele, a base da pirâmide é composta por fatos, idéias e produtos da sensibilidade humana, que se transformam em estoque de informação (nível imediatamente superior na pirâmide).

Prosseguindo, o autor entende o conhecimento como o fluxo de acontecimentos que se realiza fora do estoque (acima dos fatos, idéias, sensibilidade e informação). Essa realização ocorreria na mente de algum ser pensante ou em um espaço social, configurando um caminho específico para cada pessoa. Para ele, a inteligência vem logo acima do conhecimento, constituindo uma ação dinâmica de um conhecimento assimilado na realidade, representando um conjunto de atos voluntários pelo qual o indivíduo reelabora seu mundo e modifica o seu espaço.

Quanto ao saber, colocado no topo da pirâmide, Barreto considera que é um estoque individual de conhecimento e que pode ser chamado para reelaborar idéias e conceitos. Apesar dessa visão do saber como algo pessoal, o autor também considera que "em uma comunidade, o saber se adiciona, implicitamente, para dar sinais do estado de aprimoramento ou desenvolvimento social e cultural atingido" (BARRETO, 2005, p. 6).

Além da importância natural da experiência na consolidação e transformação de informações em conhecimento, inteligência e sabedoria, ela pode influenciar na capacidade de transmissão ou assimilação desses atributos. Em um sistema didático

Figura 2.10 Hierarquia entre dado, informação, conhecimento, inteligência e sabedoria.

convencional (como uma sala de aula, por exemplo), é possível ensinar as pessoas a organizarem dados, gerando informações. Em um segundo momento, informações podem ser transmitidas, assim como o conhecimento. Mas será que é possível transmitir inteligência ou mesmo a sabedoria? Será que a capacidade de transmissão não decresceria na medida que a experiência tem sua importância ampliada?

Em uma análise preliminar, parece que sistemas didáticos convencionais estão limitados à transmissão de conhecimentos, sendo mais comum aterem-se apenas à apresentação de informações. Dessa forma, é correto supor que a inteligência e a sabedoria não podem ser transmitidas de uma forma convencional (em sala de aula), em razão da necessidade da experiência, que funcionará como cimento de toda a estrutura mental arquitetada.

Pelo exposto, é possível que a experiência seja considerada, ao menos em uma primeira análise, um atributo de natureza pessoal. Ela seria gerada e moldada na medida que uma pessoa acumula ações e interações ao longo de sua vida. Ela não poderia ser transmitida de pessoa a pessoa de uma maneira simples, porque envolve uma percepção pessoal acerca do ambiente, das pessoas, das ações e reações, das expectativas e dos resultados.

Por outro lado, não seria também correto supor que, havendo empatia entre as pessoas e dentro de uma convivência mais prolongada, seja possível que ocorra alguma troca de experiências no que se refere a determinados assuntos ou temas? Se isso realmente ocorrer, poderia haver, de alguma forma, a transmissão de elementos que agilizem o desenvolvimento ou ampliem a inteligência de uma pessoa sobre determinado assunto? Poderia isso afetar progressivamente a sabedoria de uma pessoa?

Caso essas questões sejam aceitas, então é possível oferecer condições para que a inteligência e até mesmo a sabedoria sobre um determinado tema sejam desenvolvidas. Embora haja limitações nos sistemas de ensino convencionais, é possível desenvolver condições para que também ocorra a transmissão de experiência com impacto no desenvolvimento de inteligência ou mesmo geração de sabedoria sobre determinados assuntos. Não é de hoje, por exemplo, que aprendizes são acompanhados de pessoas mais velhas (mais experientes) como forma de acelerar a progressão ao longo dessas fases.

Dessa forma, se em ambientes convencionais de ensino seria factível apenas a transmissão de informações e de conhecimento (fundamentais para uma ascensão à etapas posteriores), possivelmente em outros ambientes, poderia ocorrer a transmissão de experiências, ampliando o processo de aprendizagem. É por isso que os laboratórios ou as pesquisas de ordem prática desempenham papel fundamental para o entendimento e assimilação de algumas disciplinas.

É possível vislumbrar, portanto, que uma empresa pode ter um papel importante nesse sentido. Mas é necessário notar também a existência de empresas com maior ou menor experiência em determinados assuntos ou operações. É claro que a cultura organizacional é influenciada pelas pessoas que nela trabalham e, ao mesmo tempo, a empresa as influencia, em uma relação de causa e efeito.

Portanto, parece lógico considerar que a experiência de uma empresa poderá ser mais do que o somatório das experiências das pessoas que nela trabalham, uma vez que elas poderão reforçar seus atributos pessoais com a experiência percebida no ambiente corporativo e, posteriormente, realimentar a própria empresa. Sendo assim, é necessário pensar em mecanismos ou formas de desenvolver e incrementar o conhecimento, a inteligência e a sabedoria dentro das empresas.

Para informações adicionais: **Capítulo 3, *O papel dos sistemas de informação no desenvolvimento da inteligência coletiva nas empresas.***

2.5 ALGUNS EXEMPLOS

Para compreender o quão abrangente podem ser os sistemas de informação, é importante considerar os exemplos a seguir.

O primeiro exemplo mostra que o uso de metadados na Internet tem se mostrado cada vez mais importante, em função de novas diretrizes que procuram disciplinar informes e relatórios financeiros e contábeis. As empresas multinacionais têm buscado linguagens originadas a partir do XML, para facilitar o uso automático de dados gerados pelas filiais e unidades espalhadas pelo mundo.

O segundo exemplo mostra o uso de sistemas de informação pela central de reservas de uma companhia aérea. Como se sabe, esse segmento é caracterizado por forte concorrência de preços, que reduz ainda mais a receita das companhias. Paralelamente, é importante considerar que o custo operacional dessas empresas é elevado, especialmente no que se refere à manutenção de equipamentos e preços de combustíveis. Adicione-se a isso o custo de aquisição (ou *leasing*) de aeronaves e se tem uma mistura que leva, não raro, ao prejuízo. Numa tentativa de reduzir esses problemas, empresas aéreas passaram a adotar a prática de aceitar reservas em um número maior do que a capacidade de seus aviões (o chamado *overbooking*), sempre contando com a possibilidade de desistências ou alterações de horário por parte de seus passageiros. Para gerenciar essa forma de operação, as companhias utilizam sistemas que coletam dados e informações de diversas fontes, além de manter um histórico de operações em seus bancos de dados.

O terceiro exemplo mostra como companhias de seguro utilizam levantamentos estatísticos para determinar qual a probabilidade de ocorrência de algum problema (acidente ou furto, por exemplo) com determinados modelos de automóvel. Além disso, essas empresas acompanham os índices de criminalidade em diversas regiões, arbitrando o risco associado ao seguro de residências, por exemplo. Dessa forma, o que poderia ser apenas uma simples estimativa assume o caráter de um levantamento prático, verificado com base em dados históricos que permitem calcular os custos de uma determinada apólice e quais os descontos que podem ser oferecidos pela sua não-utilização.

Os dois exemplos finais mostram situações bem específicas, mas que servem para mostrar o quão abrangentes podem ser os sistemas de informação. Pelos exemplos mostrados anteriormente, talvez tenha ficado a impressão de que os sistemas de informação necessitam — ou funcionam — sempre com alguma forma de interação humana. Em geral, acredita-se que essa forma de interação ocorra com o usuário manipulando um teclado em frente a um terminal ou monitor de vídeo. É necessário considerar, entretanto, que em muitos casos o processamento de dados e informações pode contar com outras formas de interação humana. Por exemplo, nos automóveis que possuem sistemas de injeção eletrônica de combustível, a forma básica de interação ocorre quando o motorista aciona o acelerador, determinando a quantidade de combustível que deverá ser administrada ao motor. Associado a isso, há um sistema que opera eletronicamente e coleta dados, como a temperatura do motor e a emissão de gases poluentes, decidindo sobre outros parâmetros que possibilitarão uma melhor resposta do motor com maior economia. Sistemas automáticos desse tipo estão presentes no dia-a-dia com freqüência cada vez maior em todos os setores.

O último exemplo é, sem dúvida, o mais complexo, pois apresenta uma situação enfrentada por empresas de mineração para o melhor aproveitamento de matérias-primas. Seu objetivo é evidenciar como podem ser abrangentes e, ao mesmo tempo, dinâmicas as decisões de um sistema de informações, lidando com diversas variáveis em tempo real, reprocessando dados e informações em busca de resultados otimizados, dentro de parâmetros previamente estabelecidos. Nesse caso, a interação com os usuários ocorre inclusive arbitrando a velocidade de operação de equipamentos utilizados na extração mineral.

2.5.1 RELATÓRIOS FINANCEIROS E CONTÁBEIS NA WEB: USO DE METADADOS NA INTERNET

O uso de metadados na web tem possibilitado a automação de procedimentos, seja facilitando o acesso dos sistemas de busca a conteúdos específicos, seja na extração eletrônica de dados de documentos disponíveis na Internet. As áreas financeiras e contábeis das empresas constituem um dos setores que mais têm avançado no uso de metadados na web com o XML e, em particular, com o XBRL (conforme detalhado a seguir).

Empresas que atuam em diversos locais, com unidades produtivas ou escritórios espalhados em diversos continentes, têm de se submeter e adequar a normas e legislações específicas, pertinentes a cada país onde possuem representação. Isso se aplica à geração de relatórios, informes contábeis e balanços, o que pode acarretar problemas para a matriz no que se refere ao entendimento, utilização ou mesmo à compatibilização e consolidação de dados e informações geradas por unidades localizadas em diferentes países.

Além disso, é necessário considerar que empresas que atuam nos Estados Unidos têm de obedecer às diretrizes do Sarbanes-Oxley Act, editado em 2002, que estabelece padrões e normas mais rigorosas para os demonstrativos contábeis e financeiros, imputando sérias penalidades aos executivos em caso de fraudes ou irregularidades (FARIAS, 2004). O Sarbanes-Oxley Act (também chamado de Sabox ou apenas Sox) foi promulgado como uma resposta aos escândalos da Enron e da WorldCom, a fim de reduzir a ocorrência de novos problemas desse tipo.

Para atender às determinações do Sarbanes-Oxley Act, uma das possibilidades é o uso da linguagem XML, possibilitando que dados e informações contidos em um relatório regional possam ser aproveitados de maneira automatizada e organizada na geração de outros relatórios e informes pela matriz. Embora a linguagem XML possa ser bastante útil nesse sentido, é necessário considerar que sua flexibilidade é tão grande que em determinados casos foi necessário definir um dicionário comum de marcadores ou *tags*, criando um padrão que possa ser utilizado internacionalmente para o intercâmbio de informações específicas em diversas áreas do conhecimento (MOREIRA, 2005).

Dessa forma, para as áreas financeira e contábil foi desenvolvido o padrão XBRL (E**X**tensible **B**usiness **R**eporting **L**anguage), uma extensão da linguagem

XML, que facilita a extração de dados — de maneira uniforme, organizada e padronizada — de relatórios financeiros, informes e balanços contábeis. Conforme mencionam Silva e Alves (2001, p. 24) "o XBRL poderá ser o elo que falta no relato financeiro, para que a distribuição da informação financeira seja possível de forma fácil, rápida e eficiente". A Figura 2.11 mostra um esquema de utilização da linguagem XBRL.

Com a adoção do XBRL, os ganhos serão múltiplos. Segundo Silva e Alves (2001), seu uso permitirá uma redução do tempo e custo de acesso e preparação de documentos, facilitará o acesso e distribuição de informações, possibilitará uma atualização mais dinâmica das informações, beneficiando os processos de auditoria e permitindo o uso de técnicas mais sofisticadas no processo de seleção e amostragens estatísticas.

Figura 2.11 Esquema de utilização da linguagem XBRL na consolidação de dados e informações oriundos de diferentes fontes.

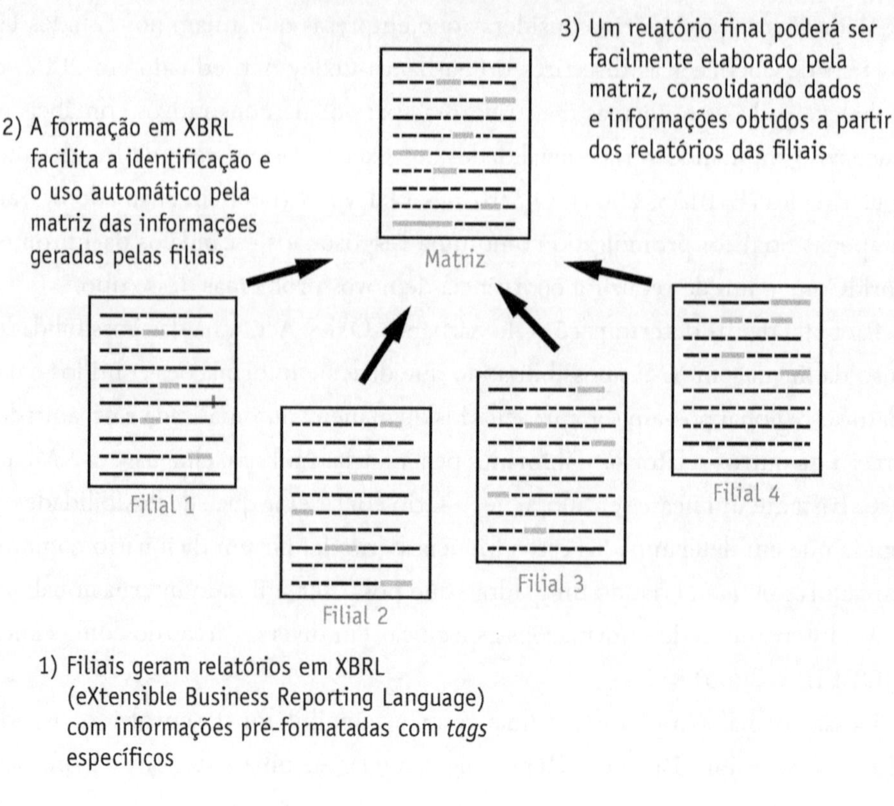

Assim, o uso da linguagem de marcadores XBRL mostra-se muito promissor, resolvendo alguns problemas de intercâmbio de dados e informações. É necessário considerar, entretanto, que sua implantação pode envolver custos devido aos investimentos necessários em materiais e recursos humanos, além do desenvolvimento de uma classificação própria de termos para sua área de atuação (MOREIRA, 2005).

A perspectiva é de que o uso dessa linguagem se amplie nos próximos anos, abrindo diversas oportunidades profissionais para aqueles que desejem especializar-se no uso prático de metadados, além de abrir novas frentes, tanto para a pesquisa acadêmica quanto para a realização de negócios.

Para informações adicionais:	**Capítulo 8, *Business Intelligence, CRM, OLAP, Datamining, Data Warehouse e Data Mart*, Item "Contrapondo Data Mart, XML e XBRL".**

2.5.2 COMPANHIA AÉREA: CENTRAL DE RESERVAS

Entre as companhias aéreas tem-se estabelecido uma forte concorrência nas últimas décadas, provocando até mudanças de foco de atuação e transporte de passageiros e cargas. Além dessa intensa movimentação e concorrência entre os competidores, há uma verdadeira guerra de tarifas para certas rotas, demandando uma análise criteriosa de custos operacionais e de como eles podem ser reduzidos.

Diante desse contexto, as empresas necessitam não só de informações precisas sobre questões operacionais de caráter mais imediato, mas também de uma análise histórica de rotas e da ocupação dos vôos.

Não é de hoje que as companhias aéreas trabalham com o chamado *overbooking*. Historicamente, sempre ocorrem desistências ou remanejamentos de última hora, fazendo com que surjam alguns lugares disponíveis em vôos que, tecnicamente, estavam lotados. Em rotas muito concorridas, nas quais a competição manifesta-se principalmente com base no preço, a existência de lugares ociosos acaba por onerar ainda mais a companhia, podendo levar a uma operação deficitária.

Buscando preencher esses lugares, as companhias aéreas estimam — para cada rota e horário — uma certa porcentagem de pessoas que não comparecerão, abrindo espaço para outros passageiros. É importante considerar, entretanto, que esse cálculo é apenas uma estimativa que — em certas ocasiões — não funciona. Podem ocorrer situações em que, apesar do *overbooking*, o vôo parta com lugares ociosos. Outra possibilidade é quando todos os passageiros aparecem, mas não há assentos disponíveis para todos. Essas duas situações podem gerar custos adicionais, reduzindo — ou eliminando — a margem de lucro.

Na primeira delas, quando há lugares disponíveis, o custo operacional será rateado por um número menor de passageiros, reduzindo o lucro sobre cada passagem emitida para aquele vôo (ou mesmo levando a uma operação deficitária). Na segunda possibilidade, será necessário remanejar os passageiros para outro vôo (ou para outra companhia), o que pode implicar acomodá-los em um hotel enquanto esperam (gerando custos adicionais).

Dessa forma, trabalhando com margens apertadas, em que o limite entre o lucro e o prejuízo é muito tênue, o *overbooking* precisa ser bem planejado e administrado, sendo que o histórico de operações representa fator de grande importância nesse cálculo. Para um sistema de informações, esse histórico de operações pode ser considerado a experiência acumulada. É claro que não basta apenas ter uma série de dados e informações sobre a taxa de ocupação de determinados vôos para que a experiência esteja estabelecida. Em um sistema de informações, é importante considerar como essas informações serão agrupadas e relacionadas, gerando conhecimento sobre o *overbooking*.

Em muitos casos, caberá ao sistema decidir automaticamente — com base na experiência/informações acumuladas — qual será o *overbooking* aceito, além de fornecer elementos para o remanejamento de passageiros excedentes. A experiência disponível para esse processamento poderá advir do próprio banco de dados (operações anteriormente realizadas) e das equipes de planejamento e operações, que fornecerão as premissas e diretrizes que deverão ser adotadas pelo sistema no processamento de informações e tomada de decisões (Figura 2.12).

A quantidade de dados acumulados sobre operações anteriores e a qualidade das premissas e diretrizes informadas ao sistema serão determinantes para o sucesso das operações de *overbooking*. Dessa forma, companhias mais antigas podem ter uma vantagem adicional, pois com a maior quantidade de dados de operações anteriores, seu processamento ganha em confiabilidade. É uma questão estatística: quanto maior o número de amostras (obtidas com critérios científicos) menor será o erro em uma estimativa. Em termos práticos, trata-se da aplicação da "Lei dos Grandes Números Para Provas de Bernoulli", que, resumidamente, afirma que, para um mesmo evento repetido um grande número de vezes, as ocorrências possíveis se aproximarão da respectiva probabilidade matemática (SPIEGEL, 1978).

Figura 2.12 Conjugação de dados históricos e operacionais com a experiência acumulada pelas equipes de planejamento e operações.

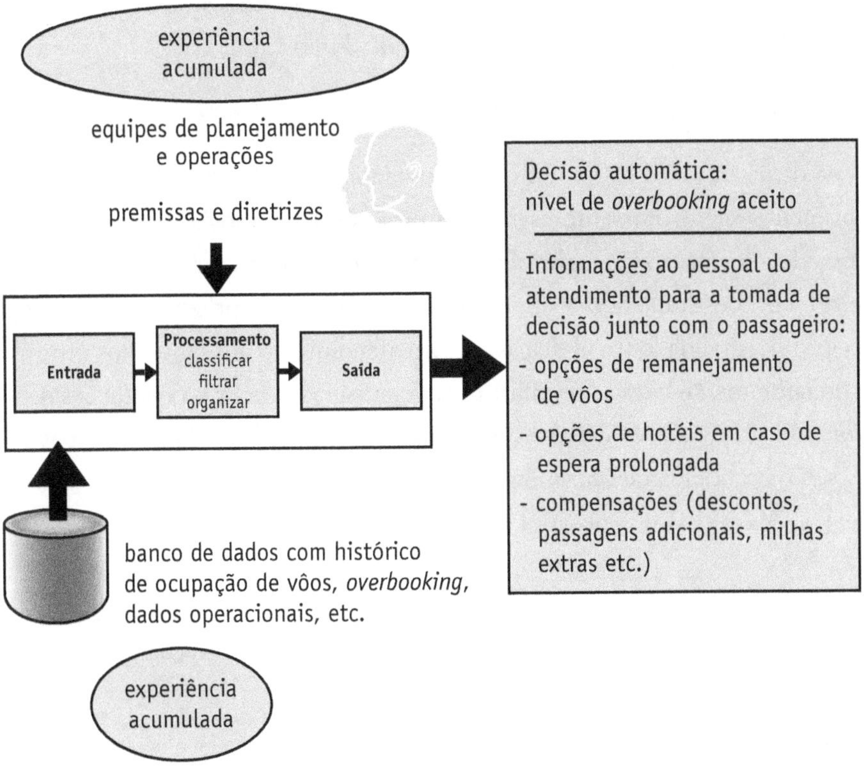

Adicionalmente, a experiência das equipes de planejamento e operações será determinante para o sucesso das decisões tomadas pelo sistema e para a qualidade das informações oferecidas para as equipes de atendimento. Essas experiências podem ser transmitidas ao sistema de duas maneiras:

- ✓ durante a programação (como as decisões devem ser tomadas);
- ✓ por meio do fornecimento de parâmetros (qual o peso de cada tipo de dado disponível). Por exemplo, será que um dado de uma operação de *overbooking* de dez anos terá o mesmo peso de outra efetuada no ano anterior? Em caso de pesos diferentes, como "dosar" essa diferença?

Novas empresas poderão ter dificuldade em relação aos dados históricos, pois sua base de dados ainda é recente. Nesse caso, parte dessa experiência não disponível (dados históricos ausentes pela reduzida idade da empresa) poderá ser substituída pela experiência de consultores (internos ou externos) que ajudarão no estabelecimento das premissas e diretrizes e na parametrização do sistema (Figura 2.13). O exemplo do *overbooking* será retomado e ampliado no Capítulo 4.

2.5.3 COMPANHIAS DE SEGURO

Data da década de 1960 o uso de computadores pelas companhias de seguros, um dos primeiros segmentos empresariais a utilizar essa tecnologia. Para essas empresas, sistemas de informação são especialmente úteis no armazenamento de dados para efeitos históricos, possibilitando analisar com muito maior propriedade, por exemplo, os índices de sinistralidade (total de gastos com atendimento aos segurados dividido pelo total do faturamento com as receitas) para determinados bens ou condições de uso.

Por meio de análises estatísticas é possível determinar, dentre outros fatores, quais são os modelos de automóvel mais visados por ladrões ou mais suscetíveis a acidentes. Além disso, é possível verificar que determinados veículos apresentam

Figura 2.13 A superação da falta de dados históricos sobre operações.

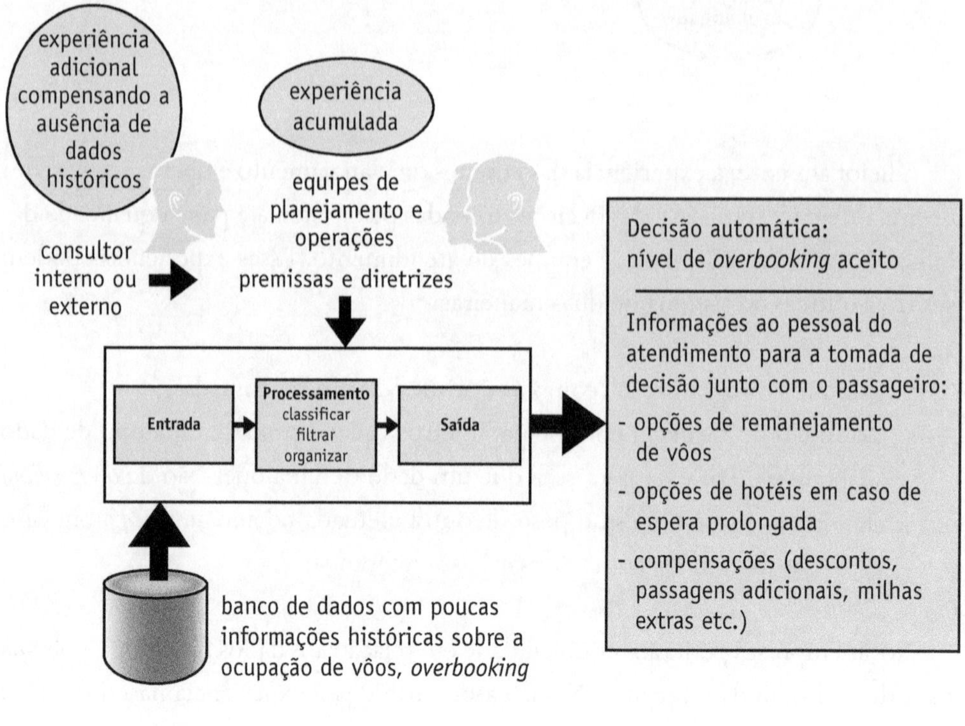

custo de reparo superior a modelos similares. Dentro dessas análises, pode-se confirmar ou não a percepção de que jovens motoristas estão mais sujeitos a acidentes do que pessoas mais velhas, por exemplo. Mas será que isso é verdade? Em sendo verdade, quais as faixas etárias mais envolvidas em acidentes?

De maneira similar, também existe a suposição de que modelos esportivos são mais visados por ladrões. Mas será que essa suposição é verdadeira? Em caso afirmativo, quais os modelos mais suscetíveis?

Por vezes, duas casas semelhantes têm prêmio (valor pago para a companhia de seguros) diferenciado. Com os índices de criminalidade variam conforme os bairros, uma casa situada em um bairro onde a criminalidade é maior vai apresentar maior probabilidade de enfrentar algum tipo de problema como roubo ou furto. Como resultado disso, casas situadas em bairros diferentes poderão demandar o pagamento de prêmios diferentes.

Companhias de seguros mantêm históricos que permitem a realização desse tipo de pesquisa para os mais diversos bens e áreas de atividade, permitindo inclusive supor o nível de risco para um automóvel recém-lançado, simplesmente com base em modelos semelhantes.

Esses dados são constantemente reprocessados, a fim de verificar se houve um aumento da quantidade de sinistros ou furtos para um determinado veículo ou analisar se os índices de criminalidade foram alterados para uma determinada região. Além disso, as companhias de seguro acompanham a variação de preços dos veículos, peças e serviços, realimentando o sistema com esses dados e informações e reavaliando os custos envolvidos em reparos e indenizações.

Além desses levantamentos históricos e do acompanhamento dos custos de reparo, essas empresas realizam outros tipos de levantamento, inclusive com análise de danos em colisões reais realizadas em testes controlados. Por exemplo, qual o dano sofrido por um veículo em uma colisão frontal a 40 km/h. O custo de reparo será considerado na composição do preço (prêmio) a ser pago pelo segurado para contar com essa proteção.

As companhias que trabalham com seguro saúde também precisam verificar permanentemente a evolução dos preços dos serviços médico-hospitalares, assim como dos insumos e medicamentos utilizados. Sem um sistema de informações que armazene esses dados e que tenha condições de processá-los (ou reprocessá-los) rapidamente, seria inviável manter um serviço desse tipo em condições sustentáveis e competitivas.

2.5.4 SISTEMAS DE INJEÇÃO ELETRÔNICA

Embora sistemas automatizados possam ser considerados fora do esocpo mais estrito dos Sistemas de informação, o exemplo mostrado a seguir tem como objetivo suscitar a discussção sobre o uso da realimentalção de dados no ajuste de processos.

Há alguns anos, os veículos têm saído de fábrica com sistemas de injeção eletrônica de combustível. As vantagens desse tipo de sistema são várias, provendo uma redução da emissão de poluentes, menor consumo de combustível, resposta mais rápida e uniforme dos motores, redução da quantidade de componentes mecânicos sujeitos a desgaste, dentre outros aspectos.

Em termos bastante reduzidos, o sistema de injeção eletrônica controla a quantidade de combustível misturado com ar que é injetado no motor, mistura essa que influi na velocidade desenvolvida, na temperatura e também na geração de poluentes. Para que esse processo seja eficiente, gastando menos combustível e reduzindo a quantidade de poluentes, há uma série de sensores coletando dados que são processados, a fim de indicar qual a mistura ideal (combustível e ar) e em que quantidade ela deve ser injetada no motor. Essa análise leva em consideração não apenas a aceleração indicada pelo motorista, mas também o ar que está sendo admitido no motor, o tipo de combustível, qual a temperatura do motor, quais os gases que estão sendo eliminados e a rotação obtida naquele momento (Figura 2.14).

Essa verificação é efetuada a cada instante, possibilitando ao sistema efetuar correções em virtude da alteração de parâmetros externos (maior ou menor aceleração determinada pelo motorista) ou internos (aumento da temperatura do motor ou dos gases emitidos, por exemplo).

Figura 2.14 Diagrama do funcionamento de um sistema de injeção eletrônica em um automóvel.

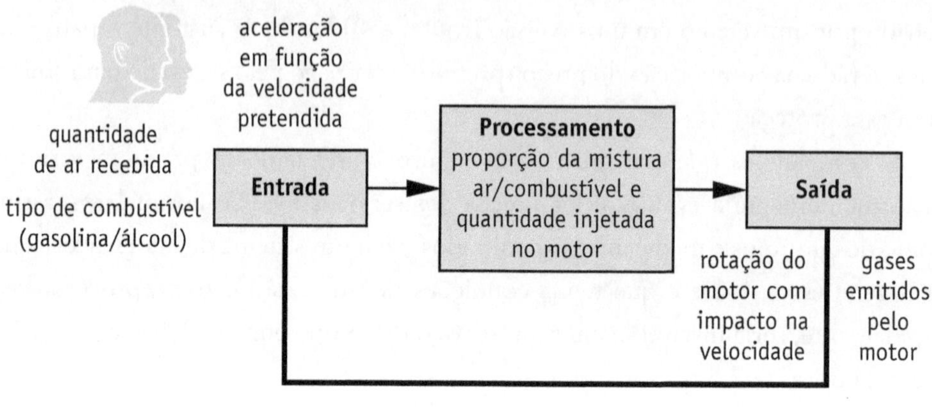

Embora a pessoa que esteja dirigindo o veículo tenha o controle da velocidade que está sendo desenvolvida, o sistema monitora e intervém em outros parâmetros de maneira automática (obedecendo a uma programação realizada pela fábrica). Nesse ponto, a situação não é muito diversa daquela promovida por um *software* convencional, no qual o usuário insere no sistema alguns dados que serão processados de acordo com um algoritmo desenvolvido pelos programadores desse mesmo *software*.

Um sistema de injeção eletrônica não possui um banco de dados, contendo apenas a programação efetuada pelo fabricante. Com isso, ele não tem capacidade de fornecer subsídios ao motorista sobre a qualidade dos combustíveis utilizados em períodos diferentes.

Da mesma forma, por não conter um banco de dados, ele não pode fornecer relatórios sobre desempenho, velocidades, consumo em diferentes situações ou para diferentes usos, impossibilitando ao proprietário qualquer tomada de decisão pela não apresentação de informações. Apesar disso, os dados existem e são utilizados para realimentar automaticamente o sistema. Quando o conjunto de injeção eletrônica detecta um aumento excessivo da temperatura do motor, ele poderá decidir por modificar a mistura de ar-combustível como forma de ajudar o sistema a reduzir essa temperatura.

Situação similar ocorre em relação à emissão de poluentes. Sensores especiais detectam níveis de alguns gases no escape, alimentando o sistema de injeção eletrônica com dados específicos. Alterando a mistura ar-combustível e outros parâmetros, o sistema tem como reduzir a poluição gerada pelo motor.

Sendo assim, constata-se que o sistema coleta e processa dados. Embora nem todos sejam apresentados ao motorista, eles existem e são utilizados para realimentar o sistema, reajustando parâmetros em busca de uma melhor performance com economia de combustível e redução de poluentes.

2.5.5 MISTURA DE MATÉRIAS-PRIMAS EM MINERAÇÃO

Uma área em que o processamento de dados é utilizado há um bom tempo são as empresas de mineração, especialmente aquelas de grande porte. Isso se explica por uma série de motivos:

- ✓ A exploração mineral (minério de ferro, minério de alumínio, calcário para a fabricação de cimento, por exemplo) é uma atividade desenvolvida ao longo de décadas em um mesmo local, sendo muito comum minas que estão em operação há 30, 40 ou 50 anos. A exploração de petróleo, que é um ramo mais específico da geologia e mineração, constitui um exemplo de uma área onde um mesmo campo (ou reserva) pode ser explorado por dezenas de anos.

- ✓ Os custos desse tipo de operação são bastante elevados, requerendo um bom tempo de amortização. Por isso é que as jazidas têm de durar dezenas de anos, a fim de tornar o empreendimento rentável. Dessa forma, quanto maior for o período de exploração, maior será o retorno sobre o capital investido. Assim, existe todo um planejamento de longo prazo para viabilizar não apenas o dia-a-dia da empresa, como também garantir o seu futuro nos próximos 10 ou 20 anos, por exemplo.
- ✓ Como se trata de recursos naturais (geralmente, no subsolo), o exato dimensionamento das reservas minerais pode ser bastante complexo. Para realizá-lo, na prática, são retiradas amostras superficiais e em profundidade (a partir de sondagens) e efetuados estudos estatísticos bastante específicos. Para isso, são realizadas diversas simulações em computadores, procurando ampliar o grau de conhecimento sobre as reservas disponíveis e reduzir o grau de incerteza.
- ✓ Outra conseqüência do fato de serem recursos naturais é que geralmente em uma mesma jazida tem-se minério de boa e de má qualidade. Em muitos casos, o acesso ao minério de boa qualidade somente é possível com a retirada de minério ruim.
- ✓ O minério não é constituído apenas de uma substância química. Por exemplo, no minério de ferro encontram-se outros componentes químicos, tais como magnésio, silício etc. De maneira semelhante, o minério de alumínio não é composto exclusivamente por esse elemento químico. Dessa forma, os processos industriais levam em consideração esse "grau de impureza". Por vezes, um minério considerado ruim (pouco adequado ao processo industrial) poderá ser misturado a um minério bom, fazendo com que o resultado obtido seja adequado ao processo industrial. A vantagem disso é que é possível aproveitar minérios ruins, evitando que eles sejam descartados. Isso amplia a vida útil de uma jazida (Figura 2.15).

Figura 2.15 Mistura de minérios de qualidades diferentes permite a exploração de material que seria descartado, ampliando as reservas disponíveis.

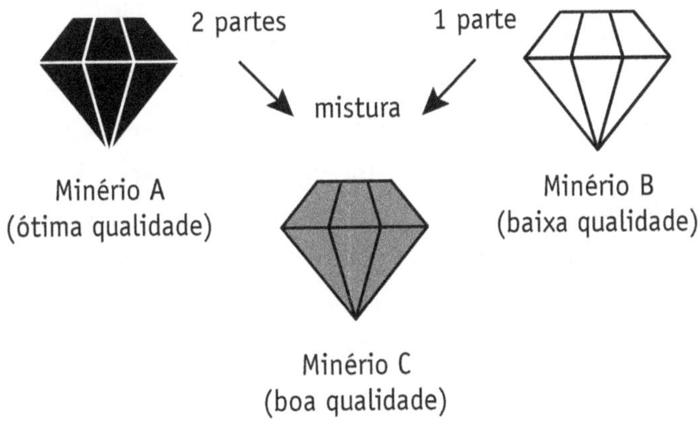

Em termos práticos, quando se fala sobre a mistura (*blend*) de minérios, isso é traduzido como a proporção de caminhões que farão o transporte da matéria-prima até a área de beneficiamento e processamento (onde o processo industrial começa). Dessa forma, quando se pretende misturar duas partes do minério A com uma parte do minério B, pode-se dizer que para cada dois caminhões transportando minério A haverá um caminhão transportando minério B (Figura 2.16). Esse material de procedência diferente deverá chegar praticamente junto ao processamento.

Figura 2.16 Traduzindo as proporções de minério em caminhões que farão o transporte.

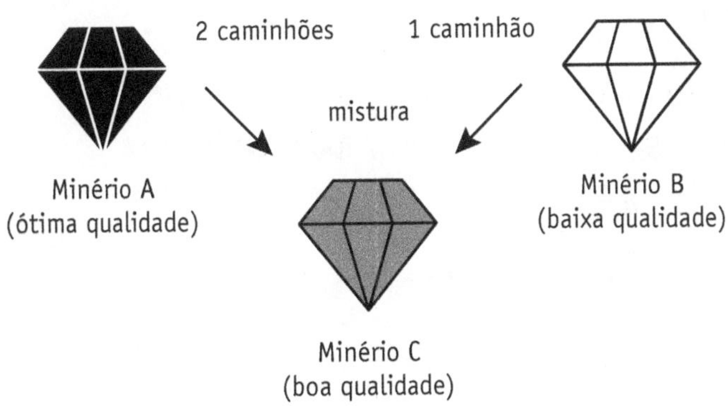

Em princípio esse conceito é simples. Porém, há que se considerar que nem sempre as duas fontes de minério (A e B) estão próximas. Na Figura 2.16 foi indicado que seriam utilizados dois caminhões para o minério A e um para o minério B. Com isso, se todos os caminhões mantiverem a mesma velocidade, será possível obter um fluxo constante de material composto pela mistura de duas partes de A e uma de B.

Caso essas distâncias sejam diferentes, seria necessário aumentar a velocidade dos caminhões que trabalham com o minério mais distante, buscando manter a mesma proporção de duas partes de A para uma de B. Mas é importante considerar que os caminhões que operam em grandes minas têm uma capacidade limitada de velocidade. Como transportam dezenas de toneladas de material, além de eles mesmos serem muito pesados, não é possível aumentar muito a sua velocidade de operação. Dessa forma, quando as fontes de minério A e B estiverem localizadas a distâncias diferentes, nem sempre será possível compensar essa diferença com um simples aumento de velocidade.

Analisando a Figura 2.17, é possível perceber que, para cada viagem feita para o minério B, cada um dos caminhões que opera com o minério A fará um número maior de viagens (pois o trajeto é menor). Com isso, a proporção passaria de 2:1 para 4:1 (4 partes de A para 1 de B).

Figura 2.17 Minérios localizados a distâncias diferentes podem interferir nas proporções da mistura.

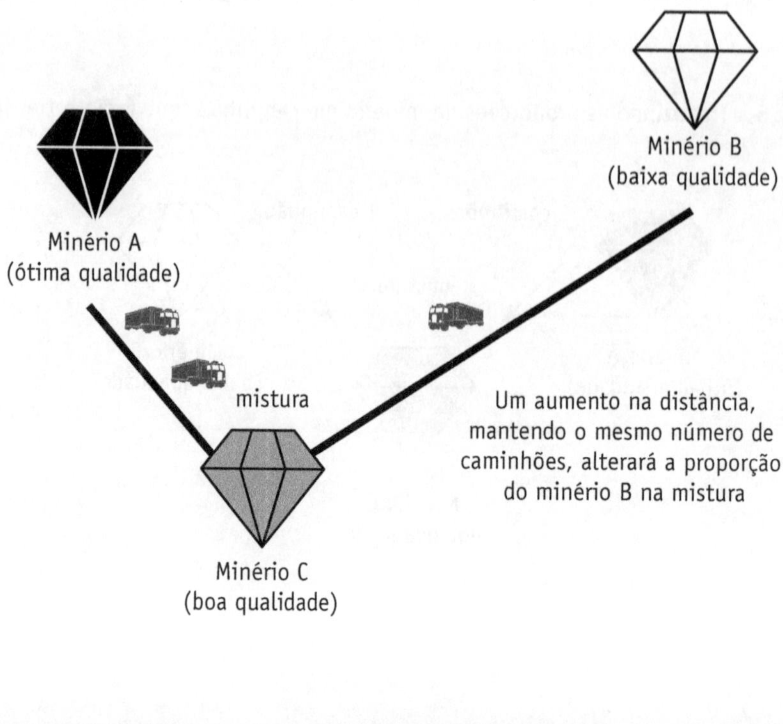

Como a velocidade de cada caminhão não pode ser ampliada, será necessário aumentar a quantidade de caminhões que operam com o minério B. Se for colocado o mesmo número de caminhões operando em A e B, a distância a ser percorrida será o fator determinante na proporção desses minérios na mistura final (Figura 2.18).

Ampliando um pouco mais o exemplo, imagine um sistema que analise dinamicamente a qualidade da mistura obtida. Quando essa mistura estiver saindo de um padrão preestabelecido, o sistema indicará quais caminhões devam ser remanejados de um trajeto para outro ou que um motorista dirija um pouco mais lentamente. Complicando um pouco mais esse tipo de sistema, é necessário considerar não apenas a capacidade de carga de cada caminhão (pois modelos diferentes podem estar em uso), mas também a velocidade que cada um pode manter (dentro de parâmetros fornecidos pelos fabricantes em função do peso transportado e da presença de subidas ou descidas).

Tudo isso é processado e reprocessado dinamicamente, com o sistema tomando decisões automáticas, distribuindo caminhões e fornecendo aos funcionários informações necessárias à correta operação dos equipamentos. O sistema recebe dados, gera informações, e essas informações realimentam o sistema para o processamento de novos dados, gerando novas informações.

Figura 2.18 Ajuste no número de caminhões em razão da distância.

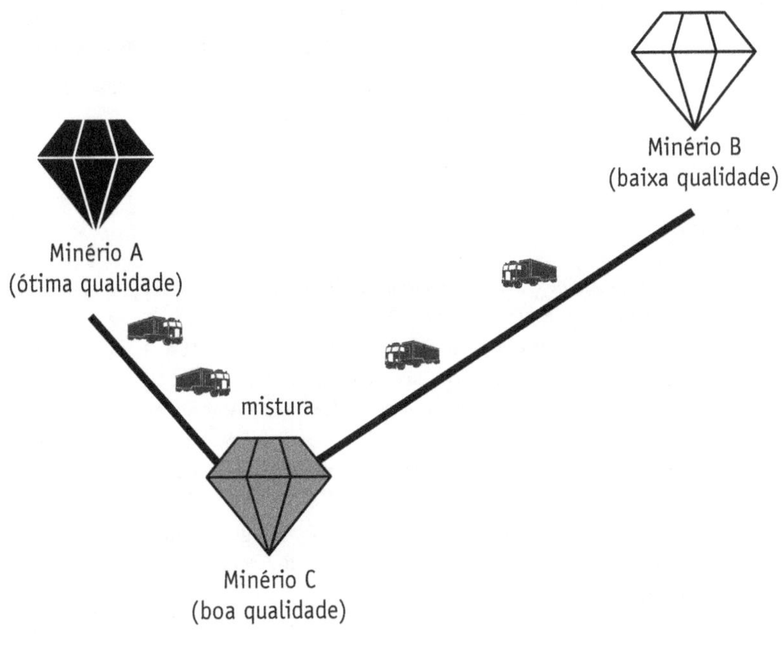

De certa forma, esse processamento encontra similar em sistemas de controle de tráfego em algumas cidades de médio e grande porte. Para evitar que determinadas vias fiquem (muito) congestionadas, sistemas de informação podem coletar dados sobre o fluxo de veículos nas principais ruas e avenidas. Com isso, é possível controlar os semáforos, buscando aliviar o tráfego em determinadas vias e promovendo um aumento (ainda que discreto) na velocidade média dos veículos.

2.6 CONCLUSÃO

Como foi possível verificar, existe uma hierarquia entre dado, informação, conhecimento e sabedoria. Esse entendimento é necessário à compreensão de como é possível utilizar cada um desses conceitos de maneira proativa nas empresas.

Certamente que essa discussão está apenas no início. Em capítulos posteriores, esses conceitos serão retomados — e até mesmo ampliados —, mostrando novas facetas de utilização dos sistemas de informação nas empresas.

Isso se justifica porque os sistemas de informação podem assumir características as mais diversas possíveis, ajudando de maneira consistente as empresas nos processos de tomada de decisões e até mesmo na geração de conhecimento, inteligência e sabedoria.

Para informações adicionais:	**Capítulo 4, *Tipos de sistemas de informação*; Capítulo 6, *Bancos de dados e informações*; e Capítulo 8, *Business Intelligence, CRM, OLAP, Datamining, Data Warehouse e Data Mart*.**

REFERÊNCIAS

ALBERTÃO, S. E. *ERP – Sistema de gestão empresarial*: metodologia para avaliação, seleção e implantação. 2. ed. São Paulo: Iglu, 2005.
BARRETO, A. A. "A Condição da Informação". In: STAREC, C.; GOMES, E. B. P.; CHAVES, J. B. L. (Org.). *Gestão estratégica da informação e inteligência competitiva*. São Paulo: Editora Saraiva, 2005.
BECKER, F. *A origem do conhecimento e a aprendizagem escolar*. Porto Alegre: Artmed, 2003.
FARIAS, F. "Principais impactos da Sarbanes-Oxley Act". *ConTexto*, v. 4 (n. 6), 2004.
FREITAS H.; KLADIS, C. M. *Da informação à política informacional das organizações*: um quadro conceitual. São Paulo: *RAP*, v. 29, n. 3, jun./set. 1995. p. 73-86.
IKEMATU, R. S. "Gestão de metadados: sua evolução na tecnologia da informação". IASI – Instituto de Adaptação e Inserção na Sociedade da Informação, *DataGramaZero*. Revista de Ciência da Informação, v. 2 (n. 6), 2001.

LAUDON, K. C.; LAUDON, J. P. *Gerenciamento de sistemas de informação*. 3. ed. Rio de Janeiro: LTC, 2001.
MACHADO, N. J. *Epistemologia e didática*: as concepções de conhecimento e inteligência e a prática docente. 4. ed. São Paulo: Cortez, 2000.
MATTOS, A. C. M. *Sistemas de informação*: uma visão executiva. São Paulo: Saraiva, 2005.
MOREIRA, O. *O XBRL no Brasil*: um estudo empírico com as empresas de capital aberto. Dissertação de Mestrado. FEA-USP, São Paulo, 2005.
O'BRIEN, J. A. *Sistemas de informação e as decisões gerenciais na era da internet*. São Paulo: Saraiva, 2002.
OLSON, D. R.; TORRANCE, N. *Educação e desenvolvimento humano*: novos modelos de aprendizagem, ensino e escolarização. Porto Alegre: Artes médicas, 2000.
PAIM, I.; NEHMY, R. M Q.; GUIMARÃES, C. G. "Problematização do conceito qualidade da informação". Belo Horizonte: *Perpect. Ci. Inf.*, v. 1, n. 1, jan./jun. 1996.
p. 111-119.
POLLONI, E. G. F. *Sistemas de informação*: estudo de viabilidade. São Paulo: Futura, 2000.
SILVA, P. A. G.; ALVES, P. A. P. "As novas tecnologias como veículo de transmissão da informação financeira". São Paulo: FIPECAFI/FEA – USP. *Revista Contabilidade & Finanças*, v. 16, n. 27, 2001.
SPIEGEL, M. R. *Probabilidade e estatística*. São Paulo: McGraw-Hill, 1978.
TURBAN, E., RAINER, Jr., R.K.; POTTER, R. E. *Administração de tecnologia da informação*. Rio de Janeiro: Campus, 2003.
ZWASS, V. *Foundations of Information Systems*. Boston: Irwin / McGraw-Hill, 1997.

CAPÍTULO 3

O PAPEL DOS SISTEMAS DE INFORMAÇÃO NO DESENVOLVIMENTO DA INTELIGÊNCIA COLETIVA NAS EMPRESAS

3.1 INTRODUÇÃO

Há quase um consenso sobre a importância das tecnologias e dos sistemas de informação para o desempenho competitivo das empresas. Os diretores e gerentes de TI são unânimes em defender investimentos em novos *softwares* e bancos de dados, novos servidores e linhas de comunicação mais rápidas.

Mas, ao mesmo tempo que os sistemas tornam-se mais rápidos e a convergência tecnológica aproxima as pessoas — seja via *e-mail*, sistemas de troca instantânea de mensagens e outros equivalentes —, cumpre perguntar: até que ponto esses novos sistemas e tecnologias têm contribuído para algo mais do que simplesmente transformar dados em informações?

Conforme mencionado no Capítulo 2, muitos dos sistemas de informação restringem-se unicamente a transformar dados em informações, pouco colaborando para a geração de conhecimento ou desenvolvimento de inteligência coletiva nas empresas, etapas posteriores à geração de informações e que contribuem para o desenvolvimento da sabedoria em um contexto empresarial.

O Capítulo 8 (*Business Intelligence, CRM, OLAP, Datamining, Data Warehouse e Data Mart)* apresenta uma longa discussão sobre o uso de ferramentas e processos de Business Intelligence (BI), habilitando as empresas a extraírem conhecimento de bases de dados. Conforme poderá ser visto nesse capítulo, a utilização da BI nas organizações depende de um aporte de tecnologias e infra-estrutura, demandando um entendimento sobre aspectos diversos, tais como redes, bancos de dados e sistemas integrados de gestão.

Entretanto, é possível — ou mesmo necessário — considerar o desenvolvimento da inteligência coletiva nas organizações, tendo para isso a contribuição de tecnologias de baixo custo e serviços facilmente acessíveis. Assim, a intenção deste capítulo é de chamar a atenção para questões que podem agregar valor e importância aos sistemas dentro das empresas. Para isso, serão apresentadas algumas idéias de autores e pesquisadores que trabalham com mudanças e inovações organizacionais, além de outros envolvidos com pesquisas mais cognitivas.

Adicionalmente, serão apresentadas algumas sugestões práticas que têm a intenção (ou seria a pretensão?) de ajudar os administradores de sistemas a ir além de suas funções originais, contribuindo não apenas para o seu progresso profissional, mas indicando que a área de sistemas pode assumir um papel de grande importância no processo de transformação das organizações.

Considera-se, portanto, que este capítulo começa a abrir o caminho que leva ao desenvolvimento da inteligência empresarial, fornecendo alguns dos fundamentos teóricos necessários e discutindo aspectos relacionados. Mas, longe de ser um capítulo excessivamente teórico, aqui também serão apresentadas algumas sugestões sobre como desenvolver a inteligência coletiva nas empresas.

Para informações adicionais:	**Capítulo 2, *Sistemas de informação: conceitos, definições e exemplos;*** **Capítulo 8, *Business Intelligence, CRM, OLAP, Datamining, Data Warehouse e Data Mart.***

3.2 ALGUMAS CONSIDERAÇÕES PRELIMINARES

A aprendizagem e o desenvolvimento do conhecimento e da inteligência empresarial é um assunto que tem suscitado a realização de diversos estudos e pesquisas, sendo considerado estratégico para o estabelecimento e manutenção de vantagem competitiva. Em um sistema em que o fluxo internacional de bens e capital é muito intenso, a superação ocorre não apenas com base em uma vantagem específica, como preço mais baixo, há também que considerar uma tecnologia específica ou acesso facilitado a determinadas matérias-primas, por exemplo. É necessário que a empresa desenvolva competências em uma série de áreas, consolidando posições e desenvolvendo novas perspectivas.

Segundo Hamel (2000, p. 120-121), "as empresas fracassam na criação do futuro não porque sejam incapazes de predizê-lo, mas porque não conseguem imaginá-lo". Conforme esse autor, "sem a ampla capacidade de imaginar e projetar novos conceitos de negócio radicais, a empresa não conseguirá escapar das estratégias decadentes".

Senge (1998, p. 51) comenta que "na maioria das empresas que 'desaparecem', há indícios prévios da existência de problemas. Entretanto, esses indícios são ignorados, mesmo quando alguns gerentes têm ciência deles". Para ele, as organizações têm dificuldades em reconhecer as ameaças iminentes e buscar alternativas. Adicionalmente, questiona "e se até as empresas bem-sucedidas são incapazes de aprender e apenas sobrevivem sem jamais explorar todo o seu potencial? E se, à luz do que as organizações poderiam ser, ' excelência' for, na verdade, 'mediocridade'?".

Prosseguindo, Senge comenta que "não é por acaso que a maioria das organizações têm dificuldades de aprendizagem. A forma como são projetadas e gerenciadas, a maneira como os cargos são definidos e, mais importante, o modo como todos fomos ensinados a pensar e interagir (não só nas organizações, mas em uma perspectiva mais ampla), tudo isso cria deficiências cruciais de aprendizagem".

Embora uma nova tecnologia possa representar determinadas vantagens que, apesar de não serem necessariamente sustentáveis em longo prazo, podem sobrepujar condições favoráveis de outros competidores, nem sempre isso é suficiente para garantir algo mais do que a sua simples sobrevivência.

Por exemplo, um novo sistema de produção poderá não apenas resultar em produtos melhores como também em redução de preço. Da mesma forma, o conhecimento sobre novos materiais poderá levar ao uso de matérias-primas inovadoras, reduzindo — ou mesmo eliminando — vantagens de outros competidores. Mas cabe perguntar: até que ponto um novo sistema de produção, o uso de novas matérias-primas, ou avanços semelhantes serão suficientes para converter uma empresa em inovadora de conceito de negócio?

Para Hamel (op. cit., p. 122), "os pretensos revolucionários em busca de espaços competitivos incontestes pensam no futuro de maneira muito diferente dos prognosticadores e planejadores de cenários". Segundo ele, os revolucionários dos negócios exploram "territórios onde a velocidade de mudança se acelera", buscando "pontos de inflexão que sinalizam descontinuidades significativas". Por exemplo, quando em meados dos anos 1970, os circuitos integrados (ou *chips*) passaram a contar com uma maior capacidade de processamento, ao mesmo tempo que tornavam-se mais acessíveis, alguns aficionados ou interessados em eletrônica tiveram a ousadia de pensar que esses componentes poderiam ser utilizados na produção de pequenos computadores. Eles logo perceberam que a capacidade de processamento dos *chips* estava crescendo de tal forma que logo seria possível produzir pequenos computadores que rivalizariam — em capacidade de processamento — com outros de grande porte (*mainframes*) produzidos apenas alguns anos antes. Com isso, eles exploraram territórios onde a velocidade de mudança se acelerava, e encontraram um ponto de inflexão que sinalizava uma descontinuidade significativa, ou seja, seria possível produzir um computador de pequeno porte, com capacidade de processamento bastante adequada para os padrões da época, a baixo custo e para uso pessoal. As grandes companhias não haviam pensado nisso antes. Mais do que isso, algumas chegaram a descartar projetos que lhes foram apresentados por alguns desses aficionados.

É claro que as grandes empresas que descartaram essas idéias não o fizeram por falta de competência administrativa. A verdade é que, se essas empresas fossem mal administradas, elas não teriam chegado ao patamar que chegaram uma IBM ou HP. A Xerox, não muito tempo antes, havia dado um grande empuxo ao segmento de copiadoras a ponto de seu nome tornar-se um sinônimo de fotocópia. A verdade é que faltou a essas empresas a visão do novo e a percepção do ponto de inflexão onde surgem não apenas novos produtos, mas surge todo um novo segmento de negócio.

E a Xerox persistia na busca de inovações, ao ponto de fomentar um centro de pesquisas em Palo Alto, Califórnia (Palo Alto Research Center — PARC), onde o conceito de interface gráfica para computadores foi aprimorado, onde o mouse projetado e construído nos anos 1960, por Douglas Engelbart (ENGELBART, 1962; ENGELBART & ENGLISH, 1968; KEEP, MCLAUGHLIN & PARMAR, 2000; e MAISEL, 2002) foi aprimorado, e a rede Ethernet foi desenvolvida, dentre diversos outros avanços. Mas os executivos da Xerox não sabiam o que fazer com toda essa tecnologia. Eles haviam se acostumado a alugar copiadoras e a ganhar pelo número de cópias tiradas por mês.

Para compreender um pouco mais os problemas e as resistências verificadas nas empresas e que impedem esse explorar de "territórios onde a velocidade de mudança se acelera" e se verificam os "pontos de inflexão que sinalizam descontinuidades significativas", é conveniente lançar mão da "Alegoria da Caverna", narrada por Sócrates, no Livro VII da República, de Platão.

De uma maneira sucinta, o mito da caverna pode ser assim resumido: em uma caverna, encontram-se pessoas acorrentadas, de costas para a entrada, tendo como única alternativa olhar para uma grande parede. Atrás dessas pessoas, há uma fogueira que ilumina o interior da caverna e que projeta, naquela enorme parede, sombras de objetos e pessoas que passam defronte à fogueira.

Como não conseguem ver a fogueira que ilumina a caverna, as pessoas acorrentadas não percebem a origem das sombras, tomando-as como única realidade. Portanto, essa caverna e sua realidade projetada constituem o mundo dessas pessoas, pela ausência de outras referências.

Uma pessoa que saísse da caverna, poderia verificar que as sombras são projetadas pela fogueira e a realidade é muito mais complexa e instigante do que as pessoas acorrentadas conseguem imaginar. Caso essa pessoa tentasse compartilhar sua descoberta com as pessoas acorrentadas, dificilmente obteria sucesso. Para elas, a parede e suas sombras têm muito maior importância e significado do que qualquer concepção que lhes seja apresentada. Com isso, a pessoa que descobriu uma nova e complexa realidade talvez fosse considerada inadequada, diante de sua incapacidade de aceitar a parede e suas sombras como a realidade.

Segundo Morgan (1996), por meio da "Alegoria da Caverna", Sócrates analisa um mundo de visões e aparências distorcidas, em que as pessoas, em seu dia-a-dia, enxergam o mundo de maneira imperfeita e parcial. Aqueles que se aventuram para fora da caverna e descobrem uma nova realidade, tendem a ser rejeitados pelo grupo original, devido à sua incapacidade de continuar aceitando os antigos valores. Diante dessa possibilidade de exclusão, muitas pessoas relutam em abandonar essas amarras, mantendo-se fiéis às velhas crenças.

Sobre esse tipo de comportamento, Hamel considera que a maioria das pessoas que trabalha em um mesmo setor apresenta o que ele chama "o mesmo tipo de cegueira", pois todas estão atentas e desatentas aos mesmos assuntos. Hamel comenta que "não existem informações patenteadas sobre o futuro. Qualquer coisa que você saiba sobre o que está mudando no mundo será do conhecimento público". Segundo ele, "é preciso olhar para o que os outros não estão vendo", sugerindo que "da próxima vez que você for a um seminário setorial ou folhear uma revista especializada, pergunte-se sobre o que ninguém está falando... procure assuntos ausentes" (Hamel, 2000, p. 127).

Segundo Côrtes e Rosochansky (2001, p. 232) "a inércia pode ser um lento e gradual veneno que mina as forças de uma empresa, fazendo com que ela perca competitividade, sem que qualquer capacidade de reação seja iniciada". Prosseguindo, eles consideram que, ao ter atingido — em itens considerados relevantes — um ponto de reconhecida competência, uma empresa pode acomodar-se. Com isso, ela deixa de investir na melhoria de processos e mudanças organizacionais, assim como em novas e potenciais tecnologias.

Para Hamel e Prahalad (1995), ao assumir a liderança, uma empresa precisa redefinir seus objetivos ou mesmo o significado dessa liderança, buscando novos objetivos que a afastem do declínio.

Dessa forma, cumpre perguntar: como uma empresa pode canalizar as informações obtidas para gerar conhecimento e inteligência, habilitando-a a repensar constantemente seus objetivos e métodos, trabalhando de maneira criativa?

Talvez essa seja a verdadeira vantagem competitiva plenamente sustentável.

3.3 ONDE OS SISTEMAS DE INFORMAÇÃO FALHAM?

Conforme mencionado anteriormente, empresas dos mais diversos portes utilizam ferramentas de TI na resolução de seus problemas administrativos. Apesar disso, muitos dos sistemas de informação em uso apenas transformam dados em informações, contando com algum nível de realimentação. As informações geradas, embora possam ser utilizadas na tomada de decisão, são geralmente para uso imediato, não permitindo prospectar cenários de longo prazo nem avaliar possibilidades diversas.

Em resumo, muitos desses sistemas não permitem a evolução dentro da cadeia hierárquica que tem início no dado e vai até a sabedoria, ficando apenas com a informação imediata, similarmente a muitos concorrentes, fazendo com que ocorra um nivelamento por baixo.

Quando uma empresa rompe essa forma de trabalho, ela poderá obter ganhos expressivos com o desenvolvimento de novas tecnologias ou novos serviços, reformulando seu segmento de atuação ou até mesmo passando a atuar em um segmento totalmente novo.

É claro que a inovação pode ser obtida sem a participação de sistemas de informação. Algumas empresas lançam mão dos *skunk works*, que nada mais são do que equipes de trabalho especialmente concebidas para desenvolver determinadas tecnologias ou produtos, sem que as operações normais da empresa sejam afetadas (MATTOS e GUIMARÃES, 2005).

Skunk works são núcleos independentes que uma empresa cria para desenvolver um determinado produto, com uma estrutura autônoma de funcionamento, reportando-se, geralmente, apenas à alta administração da empresa. Dessa forma, evita-se que o desenvolvimento de um novo produto seja "contaminado" pela estrutura ou equipe atual. Com isso, os *skunk works* constituem verdadeiros núcleos de inovação, como se fossem incubadoras de tecnologia. Exemplos não faltam, sendo alguns bastante interessantes. Muitos acreditam que o PC tenha sido a primeira incursão da IBM no segmento dos microcomputadores. Em 1975, ela lançava o modelo 5100, com teclado e monitor de 5" incorporados ao gabinete. O sistema operacional era o APL, contendo como opção a linguagem de programação Basic. O 5100 surgiu apenas oito meses após o lançamento do Altair 8800, o primeiro microcomputador a ter sucesso comercial. O seu preço elevado (US$ 9,000) inibia sua comercialização, fazendo com que ele fosse descontinuado. Para evitar um problema semelhante, e tendo verificado todo o potencial do segmento de microcomputadores, a IBM montou uma unidade autônoma em Boca Raton — Flórida, para o desenvolvimento do PC. Com isso, ela procurava evitar que o desenvolvimento do Personal Computer sofresse algum tipo de influência da cultura do restante da empresa, voltada especificamente para grandes computadores destinados ao segmento corporativo (CÔRTES, 2003).

Para facilitar o desenvolvimento de novas tecnologias, a Xerox montou o Palo Alto Research Center (PARC), em Palo Alto, Califórnia. De acordo com o que foi comentado anteriormente, o PARC foi o ambiente dentro do qual foram concebidas ou aprimoradas algumas das tecnologias mais inovadoras em uso até hoje (como por exemplo, a interface gráfica, o conceito de editoração eletrônica e as redes locais padrão Ethernet).

O grande mérito das novas tecnologias em comunicação talvez seja o fato de aproximar as pessoas, estabelecendo um fluxo de comunicação sem precedentes na história humana. Essa facilidade tem criado situações inusitadas, mudando conceitos e a forma como as pessoas trabalham. Há apenas algumas décadas, as pessoas, usualmente, trabalhavam em um escritório, com horários predeterminados. Algumas pessoas, eventualmente, levavam trabalho para casa, mas a verdade é que — uma vez fora do escritório — as pessoas estavam livres para descansar ou fazer o que bem entendessem com o seu tempo. Hoje, com celular, *e-mail*, sistemas instantâneos de troca de mensagens, fóruns, *orkut*, grupos de discussão, e diversos outros sistemas de comunicação, o tempo outrora dedicado ao descanso e ao lazer passou a ser dedicado também ao trabalho. Não é raro encontrar pessoas que, em tese, estariam descansando, mas têm de atender telefonemas para resolver algum problema de trabalho ou verificam seu *e-mail* corporativo em casa.

Embora a tecnologia possa gerar esse tipo de estresse, ela também pode ser utilizada em favor das pessoas, agilizando a resolução de problemas e a tomada de decisões. Para isso, o papel da Tecnologia da Informação precisa ser discutido e ampliado, mostrando como pode contribuir de maneira decisiva para o desenvolvimento do conhecimento e da inteligência empresarial.

A fim de buscar elementos que subsidiem a discussão sobre o papel da TI no desenvolvimento do conhecimento e da inteligência empresarial, é interessante verificar e analisar algumas considerações de pesquisadores que têm estudado esse assunto, prospectando novas tendências e possibilidades.

Muitos sistemas são particularmente bons no processamento de dados e na geração de informações. Da mesma forma, eles provêm condições de realimentação, permitindo que o processamento seja refinado ou que outras possibilidades sejam testadas. Mas, geralmente, os sistemas de informação ficam restritos a essa etapa, não avançando e não possibilitando a criação ou o desenvolvimento do conhecimento e da inteligência corporativa.

Conseqüentemente, seria correto perguntar por que os sistemas de informação não avançam para etapas posteriores? Não seria, em última análise, uma grande oportunidade de negócio, uma vez que ajudariam as empresas na obtenção de algo tão desejado como o conhecimento ou a inteligência corporativa? Enfim, por que os sistemas de informação não superam essa barreira?

Para compreender isso, é interessante verificar algumas considerações de Nonaka (1994) sobre a natureza do conhecimento humano. Uma das possibilidades para essa análise é feita a partir da distinção entre dois tipos de conhecimento: **explicito** e **tácito**. Para isso, o autor utiliza conceitos definidos pelo filósofo húngaro Michael Polanyi, segundo o qual o conhecimento **explícito** (de naruteza formal) é aquele que pode ser codificado, sendo passível de transmissão por meio de uma linguagem formal e sistematizada. Já o conhecimento **tácito** (de naruteza prática) é aquele que envolve qualidades pessoais, sendo de transmissão mais difícil (POLANYI, 1962).

Prosseguindo em sua análise, Nonaka (op. cit.) observa que o conhecimento **tácito** apresenta fortes vínculos com um contexto específico, possuindo elementos **cognitivos** e **técnicos**. Os elementos **cognitivos** estariam relacionados à capacidade de realização de analogias e incluiriam paradigmas, crenças pessoais, pontos de vista, constituindo o conjunto de elementos que ajudam as pessoas na compreensão de seu mundo. Esses elementos referem-se a imagens que as pessoas têm da realidade, imagens do futuro e como ele deveria ser. Por sua vez, os elementos **técnicos** englobam o conhecimento concreto, as concepções e as habilidades, sempre aplicadas a contextos específicos.

Segundo esse autor, o **conhecimento tácito** é aquele utilizado, por exemplo, na comunicação entre pessoas, em que ocorre o compartilhamento necessário ao mútuo entendimento, envolvendo uma espécie de processamento paralelo de diferentes assuntos e dimensões de um determinado problema. Por outro lado, o **conhecimento explícito** é "digital" e armazenado em bibliotecas, arquivos e bancos de dados, sendo acessado de maneira seqüencial (NONAKA, 1994).

Diversas empresas têm empregado avançadas tecnologias na área da informação em busca de um conjunto de ferramentas adequadas ao gerenciamento estratégico do conhecimento corporativo. Essa é uma tendência natural, tendo em vista que o conhecimento é considerado uma importante fonte de inovação, sendo necessário para a obtenção de vantagens competitivas para as empresas, o que também foi objeto de considerações anteriores.

Como os sistemas de informação geralmente processam apenas **informações explícitas** (*que é "digital" e que pode ser armazenada em bibliotecas, arquivos e bancos de dados*), residiria aí a dificuldade encontrada por muitas empresas em compartilhar e desenvolver conhecimento e inteligência, uma vez que isso geralmente é feito via **conhecimento tácito** (*utilizado, por exemplo, na comunicação entre pessoas*). Como resultado, a produtividade dos trabalhadores do conhecimento não parece ter aumentado significativamente, segundo Nonaka, Reinmöller e Toyama (2001). Para eles, a Tecnologia da Informação não está sendo utilizada para facilitar ou despertar a criação de novo conhecimento, uma vez que os sistemas são geralmente avaliados pela sua eficiência no processamento de **informações já existentes** (**conheci-**

mento explícito), falhando em auxiliar as pessoas a olharem a empresa como uma organização de desenvolvimento de conhecimento.

Segundo Davenport (1998, p. 45), "os computadores cada vez mais capturam, acessam e manipulam todos os tipos de informação sob alguma forma específica (mesmo que essa forma seja inadequada ou não agregue valor)". Embora considere que as estruturas e os processos têm sido integrados, argumenta que a verdadeira integração ocorreria a partir de mudanças na abordagem do gerenciamento e na estrutura organizacional.

Seguindo a mesma linha de raciocínio, Davenport & Prusak (2000, p. 156) afirmam que "uma vez que é o valor agregado pelas pessoas — contexto, experiências e interpretação — que transforma dados e informações em conhecimento, é a capacidade de captar e gerir esses incrementos humanos que torna as tecnologias da informação particularmente apropriadas para lidar com o conhecimento". Para eles, o volume de dados é inimigo da gestão do conhecimento, uma vez que as pessoas precisam filtrar uma grande quantidade de dados e informações para gerar conhecimento.

Ainda segundo Nonaka, Reinmöller e Toyama (2001), sistemas de gerenciamento de conhecimento têm sido projetados para extrair benefícios a partir do reprocessamento de conhecimento já existente, e não para criar conhecimento novo. Em geral, esses sistemas são implantados com o objetivo de conectar conhecimento já disponível, compensando falhas do grupo de trabalho.

Levantadas essas considerações, seria correto perguntar como essa situação poderia ser transformada. Seria necessário repensar os sistemas de informação como um todo ou poderiam ser desenvolvidas ações mais pontuais ou localizadas, que permitissem avançar pelas etapas seguintes rumo ao conhecimento e à inteligência corporativa?

A resposta a essas questões pode ser prospectada em Davenport e Prusak (op. cit., p. 156), que observam que os computadores podem processar grandes quantidades de dados sem que seja necessária a intervenção humana, ao passo que as chamadas tecnologias do conhecimento são geralmente empregadas de maneira interativa, reforçando o papel das pessoas como parte necessária ao sucesso dessas tecnologias.

Para compreender isso, será necessário retroceder um pouco no tempo e verificar, ainda que rapidamente, a evolução do pensamento administrativo no que se refere à participação das pessoas nas empresas. Isso fornecerá alguns subsídios importantes para compreender como os sistemas de informação podem ser utilizados proativamente para o desenvolvimento do conhecimento e da inteligência empresariais.

3.4 ANALISANDO RETROSPECTIVAMENTE

Ao longo dos anos, as empresas e os empreendimentos dos mais diversos tipos têm evoluído não apenas na forma como o trabalho é organizado, mas também no que se refere à participação das pessoas. Especialmente após a Revolução Industrial e o início das modernas formas de produção, a necessidade de estudos formais que organizassem o conhecimento sobre a administração de empresas passou a ser imprescindível.

Ao longo dos anos, diversas pesquisas foram desenvolvidas e teorias elaboradas buscando não apenas o aumento contínuo da produtividade, mas especialmente o aumento do retorno pelo capital investido. Quando um sistema de informação é implantado em uma empresa, em muitos casos, ele tem de adaptar-se à realidade existente, aos processos já implantados e às rotinas em uso. É certo que o contrário também se verifica, sendo que as empresas têm de adaptar-se aos sistemas, por vezes, modificando processos ou até mesmo adotando novas metodologias de trabalho.

Por isso, um entendimento mínimo sobre algumas teorias da administração será necessário, para buscar elementos que possibilitem uma melhora não apenas do funcionamento dos sistemas de informação, mas também sobre a forma como eles são percebidos e utilizados pela empresa. É sempre oportuno lembrar que, como essa é uma discussão bastante ampla e que pode abrigar diversas considerações de ordem teórica e prática, serão verificados apenas os aspectos que se referem mais explicitamente ao conhecimento e à inteligência empresarial.

3.4.1 TAYLOR E FAYOL

Na transição do século XIX para o século XX, o americano Frederick Taylor elaborava a Teoria da Administração Científica, procurando estabelecer parâmetros para que a máxima produção pudesse ser obtida com um mínimo custo. Para isso, desenvolveu estudos em busca de uma organização científica do trabalho, com destaque para os seguintes pontos (FERREIRA, REIS e PEREIRA, 1997; BATEMAN e SNELL, 1998; SILVA, 2001; MAXIMIANO, 2004):

- ✓ Planejamento e execução
  Cabe exclusivamente aos gerentes efetuar o planejamento e aos operários à execução do que foi planejado.

✓ Divisão do trabalho

Em busca de produtividade, quanto maior a subdivisão de tarefas (tornando-as mais simples) maior será a facilidade do operário em executá-las. Segundo esse princípio, tarefas simples e repetitivas poderiam ser executadas com maior rapidez e eficiência.

✓ Supervisão

É necessário controlar o trabalho dos operários, acompanhando diretamente a produção (por exemplo, número de peças produzidas em função do tempo). A supervisão deverá ser efetuada por áreas específicas.

Embora tenha como objetivo organizar a produção em fábricas, servindo com adequação para a época em que foram formuladas, as proposições de Taylor despertam mais do que uma simples curiosidade histórica ou simplesmente acadêmica, pois são aplicadas ainda hoje — ao menos em parte — em diversas organizações.

Ao conceber que o planejamento deve ser função exclusiva dos gerentes, Taylor estabelece uma linha de mão única que pode **não resultar** na adoção da melhor prática ou na formulação do melhor processo. As decisões são tomadas de cima para baixo, ao longo da cadeia hierárquica, sem considerar que os operários podem fornecer indicadores que auxiliem na concepção do melhor método. Busca-se a eficiência sem obter a necessária eficácia.

A divisão do trabalho em tarefas simples e repetitivas faz com que o operário não tenha a dimensão do processo, minimizando sua compreensão do todo e tornando seu trabalho enfadonho e pouco criativo. Ao não possuir essa compreensão, o operário sente-se tolhido em sua criatividade e capacidade de colaboração, deixando de fornecer indicadores ou sugestões que auxiliem na melhor concepção e execução do processo. Adicionalmente, a supervisão executada por áreas específicas limita a capacidade de intervenção dos supervisores, reduzindo sua possibilidade de contribuir para a melhoria de processos.

Contemporâneo de Taylor, o francês Henri Fayol desenvolveu os Princípios Gerais da Administração, sobre as características da administração, a divisão do trabalho, autoridade, responsabilidade, unidades de comando e direção, hierarquia e remuneração — dentre outros. Enquanto o estudo de Taylor fora elaborado para o chão de fábrica, preconizando a máxima divisão do trabalho e a adoção de métodos padronizados de trabalho, Fayol trabalhou com a gerência administrativa no desenvolvimento de uma estrutura formal da empresa, assim como no estabelecimento de princípios administrativos pela alta administração. Dessa forma, enquanto Frederick Taylor é considerado o pai da Administração Científica (pela busca de métodos racionais e otimizados de produção), Fayol é denominado pai da Administração Clássica, por enfatizar a estrutura formal e hierárquica da organização (FERREIRA, REIS e PEREIRA, 1997; BATEMAN e SNELL, 1998; SILVA, 2001; MAXIMIANO, 2004).

É importante considerar que as idéias de Taylor e Fayol não são necessariamente antagônicas, funcionando — em diversos aspectos — de maneira complementar. Enquanto Taylor observava a empresa a partir de sua unidade produtiva (chão de fábrica), Fayol analisava a organização a partir da alta gerência, com especial atenção às tarefas administrativas.

Considerando que interação é uma ação que se exerce mutuamente, nessa forma de organização do trabalho, o nível de interação entre os diversos níveis hierárquicos é praticamente inexistente, tendo em vista que são poucas as oportunidades que se apresentam para que um funcionário de um escalão inferior apresente sugestões aos seus superiores. Num sistema de informação utilizado sob a ótica taylorista, a realimentação existiria simplesmente como forma de subsidiar a execução de tarefas previamente estabelecidas, e não como forma de a pessoa alimentar o processo com informações ou algum tipo de conhecimento que pudesse ser útil ao aprimoramento do processo ou importante a outros setores.

O exemplo mostrado a seguir procura traduzir em termos práticos esse tipo de situação (baseada em um caso real):

✓ Em uma indústria de processamento de alimentos, um produto destinado à nutrição de crianças de até três anos era oferecido em uma embalagem de vidro difícil de ser manuseada, especialmente no que se referia à sua abertura. Além disso, caso apenas uma parte do conteúdo fosse aproveitada em uma refeição, o fechamento dessa embalagem era praticamente impossível, o que impedia seu aproveitamento posterior.

- Visão taylorista com baixo nível de interatividade: os operários percebem essa dificuldade, mesmo porque alguns utilizam esse produto na alimentação de seus filhos. Apesar disso, eles nada podiam fazer devido à inexistência de um canal de comunicação que possibilitasse esse tipo de realimentação.
- Visão mais abrangente com maior nível de interatividade: os operários percebem essa dificuldade e informam a empresa, seja por meio de canais

específicos, seja diretamente via supervisão imediata, previamente instruída para isso. O projeto da embalagem é reavaliado e as modificações, quando pertinentes, são executadas.

Em uma grande empresa alimentícia, essa situação realmente ocorreu. Nesse caso, a embalagem foi modificada apenas quando nasceu o filho de um executivo da empresa e ele passou a usar esse produto. Durante vários anos, utilizou-se uma embalagem pouco funcional, exatamente pela inexistência de canais eficientes que realimentassem e melhorassem o processo.

É importante ressaltar que a interação ou a realimentação não é um atributo ou função disponível apenas em sistemas de informação, podendo manifestar-se em outros tipos de sistemas. Mesmo quando a realimentação está disponível em sistemas de informação, isso não significa que se tenha estabelecido um ganho expressivo para o conhecimento e a inteligência empresarial. Em muitos casos, a realimentação é apenas voltada para a tomada de decisões pontuais, sem fornecer às pessoas elementos que ampliem o seu conhecimento sobre determinado assunto ou permitam que decisões sejam tomadas com muito maior abrangência.

Por exemplo, o sistema de cálculo de empréstimos de um banco ou uma financeira para aquisição de automóveis permite a realização de simulações envolvendo o valor contratado, taxas de juros e prazos, possibilitando a tomada de decisões imediatas. Um sistema com maior qualidade nas interações poderia fornecer todas essas opções e, adicionalmente, apresentar as tendências de aumento ou redução de taxas de juros, indicar os modelos (dentro de uma determinada faixa de preço) que possuem seguro mais baixo ou até mesmo custo de manutenção reduzido, melhorando a qualidade final da decisão tomada. Nesse caso, o sistema seria realimentado periodicamente com informações que, embora nem sempre sejam consideradas no momento da aquisição, acabam tendo efeito relevante no dia-a-dia dos clientes. Assim, percebe-se a importância que têm a possibilidade de interação e de realimentação dos sistemas para a melhoria da qualidade das informações obtidas e das decisões tomadas.

3.4.2 DE HENRY FORD AO MODELO JAPONÊS: CONSIDERAÇÕES SOBRE A INTERAÇÃO

No início do século passado, Henry Ford reuniu um grupo de investidores e fundou a Ford Motor Company. Em 1908, ele lançava o modelo T, considerado o primeiro carro popular americano, desenvolvendo princípios e métodos que possibilitavam a produção em série. Embora existam semelhanças entre o pensamento de Ford e Taylor, são suas diferenças que mais chamam a atenção. Na concepção de Taylor, o operário deveria executar uma tarefa em um tempo padronizado, ao passo que, na linha de montagem da Ford, o operário deveria adaptar-se à velocidade de produção (FERREIRA, REIS e PEREIRA, 1997; SILVA, 2001).

Por outro lado, enquanto Taylor desenvolvera estudos para economizar trabalho humano, Ford preocupava-se com a economia de material, buscando reduzir o volume de matéria-prima em estoque. Adicionalmente, ele buscava elevar a produtividade, diminuir custos e vender carros a um preço bastante reduzido, fazendo com que o automóvel fosse comercializado antes mesmo que a matéria-prima e os salários fossem pagos.

Embora o pioneirismo de Henry Ford mereça destaque na moderna administração de empresas, é necessário considerar que, na sua evolução, a indústria automobilística americana desviou-se desses preceitos. Nos anos posteriores, a indústria automobilística americana passou a trabalhar com estoques consideráveis, onerando os custos de produção e gerando ineficiência.

Após a Segunda Guerra Mundial, muitas indústrias no Japão estavam completamente desestruturadas e sem condições de efetuar investimentos em matéria-prima para reativar a produção. Preocupados com isso, engenheiros da Toyota visitaram montadoras americanas, para analisar o seu sistema de produção em massa, procurando conhecê-lo melhor.

Nessas visitas, constataram que o nível de desperdiço era muito elevado ao trabalharem com grandes estoques de matéria-prima, imobilizando capital e aumentando a necessidade de amplos espaços para armazenagem de peças e componentes. Além disso, os carros demoravam a ser produzidos, onerando ainda mais a empresa e aumentando o preço final. Outro problema que surgia era o excessivo retrabalho com o reparo de automóveis recém-produzidos, para que defeitos de fabricação fossem eliminados antes de sua comercialização. Mais um item a considerar nos custos da empresa e no preço final do veículo.

Adicionalmente a essas circunstâncias, o elevado número de peças em estoque gerava um outro problema. Por vezes, um lote de peças apresentava um mesmo defeito, o que demandava um trabalho a mais para efetuar reparos ou ajustes necessários. Como essas peças ficavam longos períodos em estoque, muitas vezes, descobria-se que havia algo de errado com um fornecedor apenas depois de ele ter produzido vários lotes de peças defeituosas. Apesar disso, a indústria americana do pós-guerra estava em franco crescimento, sendo que a forte demanda compensava esse desperdício.

Os japoneses, carentes de recursos e de matéria-prima, procuraram desenvolver um sistema produtivo que viria a ser chamado de produção enxuta. Seu princípio era baseado na diminuição drástica ou mesmo eliminação de estoques, reduzindo o respectivo custo financeiro. Ao trabalharem com lotes pequenos as falhas poderiam ser descobertas rapidamente, evitando que outros lotes defeituosos fossem produzidos. Com isso, a necessidade de retrabalho (a manutenção antes da venda) também foi reduzida.

Entretanto, era necessário que os fornecedores de autopeças passassem a atuar de maneira integrada ao processo produtivo das montadoras japonesas, trabalhando com lotes pequenos e que eram produzidos "momentos antes" da sua entrega e utilização na linha de montagem. Cabe lembrar que esses fornecedores também padeciam com problemas como falta de matéria-prima e de recursos, não tendo condições de investir em estoque a fim de suprir as montadoras. Esse movimento, portanto, foi sendo estendido ao longo da cadeia produtiva.

Isso demandava mais do que um compromisso por parte dos fornecedores. Era necessário que eles repensassem sua forma de produzir, não apenas reduzindo o tempo de fabricação, mas também buscando uma diminuição de falhas no processo. Se não fosse assim, a entrega de peças defeituosas poderia paralisar uma linha de produção pela ausência de sobressalentes em estoque.

Com uma cadeia produtiva tão justa, era necessário repensar os projetos, buscando facilitar a montagem dos veículos, reduzindo os custos envolvidos na sua produção. Em vista disso, os fornecedores de autopeças foram convidados a opinar, ainda na fase de projeto, sobre a melhor maneira de produzir determinados componentes. Dessa forma, a cadeia de produção passou a trabalhar de maneira ainda mais integrada, porém com uma mudança fundamental: se antes um fornecedor buscava reduzir falhas e otimizar recursos na produção de uma peça encomendada, agora ele tinha condições de opinar sobre como essa peça deveria ser projetava — e, conseqüentemente, como ela deveria ser produzida — para manter a mesma funcionalidade, com redução dos custos de produção e do tempo gasto em sua produção.

Por exemplo, em lugar de simplesmente projetar um sistema de freios e encomendá-lo a um fornecedor pré-contratado, a empresa convidava esse fornecedor a opinar sobre como o sistema deveria ser projetado. Dessa forma, mantendo a eficiência e seguranças necessárias, o fabricante poderia indicar que medidas deveriam ser tomadas para facilitar a sua produção e, ao mesmo tempo, reduzir o custo final.

Posteriormente, as montadoras passaram a encomendar o projeto ao fabricante. Essa evolução foi possível devido ao elevado índice de integração e comprometimento entre fornecedor e montadora (e vice-versa), reduzindo ainda mais os custos e falhas, agilizando o desenvolvimento de novos modelos. Para isso, a montadora encomendava, por exemplo, um sistema de freio com determinadas características técnicas, por um preço específico, para ser entregue à razão de *tantas unidades* por dia. Caberia ao fornecedor desenvolver esse sistema, fabricá-lo e entregá-lo à montadora.

Com essa integração crescente, a indústria automobilística americana foi surpreendida, nos anos 1980, por uma série de modelos mais baratos e mais econômicos do que os similares locais. O que os japoneses fizeram foi, ao longo dos anos, investir em interatividade dentro da cadeia produtiva. Em lugar de adotar uma visão analogamente taylorista em relação aos seus fornecedores (nós projetamos/decidimos e vocês fabricam/obedecem), as montadoras japonesas ampliaram os participantes no processo decisório, coletando informações com maior qualidade, realimentando todo o sistema com esses *inputs*.

Fundamentalmente, eles estabeleceram um processo de realimentação qualitativa do sistema, obtendo informações não apenas para uso imediato, mas desenvolvendo conhecimento e inteligência empresarial. Essa foi a verdadeira vantagem competitiva estabelecida pelos japoneses. Algo que para ser copiado demandava não somente algum tempo, mas, fundamentalmente, uma mudança de mentalidade por parte dos concorrentes americanos e europeus.

Todo esse processo foi muito bem estudado e avaliado por uma pesquisa do MIT — Massachusetts Institute of Technology, e está sintetizado no livro *A máquina que mudou o mundo* (WOMACK, JONES e ROOS, 1992).

3.4.3 INTELIGÊNCIA COLETIVA

O pensamento administrativo desenvolvido com a Administração Científica (Frederick Taylor) e a Administração Clássica (Henri Fayol) previa uma cadeia de comando hierarquizada, na qual competia a alguns o ato de pensar e a muitos outros o ato de executar. A atomização de funções era especialmente indicada pela Administração Científica e encontrava correspondente na linha de produção adotada por

Henry Ford, fazendo com que os operários não desenvolvessem uma percepção de processo como um todo, conforme já comentado.

Certamente que esse tipo de ambiente tendia a ser enfadonho, seja pela repetição contínua de tarefas, seja pela falta de perspectiva de fazer algo mais do que as mesmas coisas no dia-a-dia profissional, sem a possibilidade de apresentar uma contribuição mais efetiva. Nessa situação, mesmo que operários nas linhas de produção percebessem falhas no sistema produtivo ou verificassem possibilidades de melhoria, eram raros os canais de comunicação com a supervisão que estivessem receptivos a essas contribuições.

E, mesmo que a supervisão demonstrasse mais receptividade, nem sempre caberia a ela apresentar à gerência imediata as sugestões que pudessem tratar de melhorias nos processos produtivos. Conforme mencionado, uns eram contratados para pensar e outros para executar. Havia uma distinção clara de tarefas (Figura 3.1).

Quando os japoneses, por força da carência de recursos no pós-guerra, foram obrigados a repensar os processos produtivos, logo perceberam que a opinião de pessoas envolvidas poderia ser de grande valor. Mais do que isso, os fornecedores, em geral, apenas executores de uma tarefa, passaram a ser consultados em busca de otimização de processos, redução de falhas e de custos.

Aquele sistema em que o pensamento fluía em uma via de mão única passou a ser realimentado com as considerações, sugestões e informações de pessoas ou empresas antes envolvidas apenas nas etapas produtivas (Figura 3.2).

Figura 3.1 Comunicação na Administração Científica e Administração Clássica.

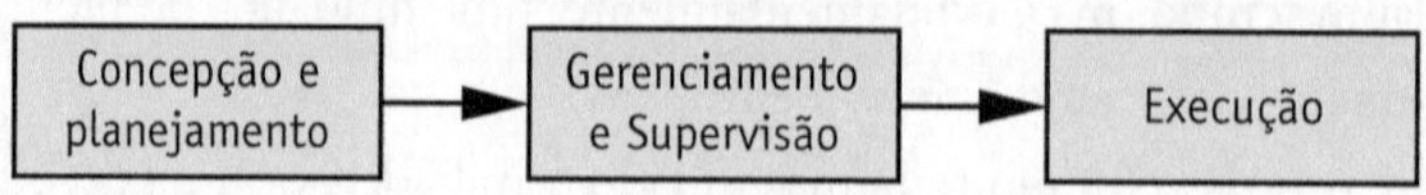

Figura 3.2 Comunicação na produção enxuta.

Nesse processo, com novas informações realimentando o sistema, há uma geração de conhecimento, que amplia o nível de entendimento sobre um determinado problema ou situação, possibilita inferir novas possibilidades e avaliar a perspectiva de sucesso de ações. Conseqüentemente, a tomada de decisões é efetuada com maior propriedade e certeza.

Assim, o que a produção enxuta fez foi levar em consideração as opiniões das pessoas e empresas envolvidas nos processos produtivos, buscando uma otimização de recursos e uma maior racionalidade no processo produtivo, reduzindo o retrabalho em itens recém-produzidos, para sanar falhas de produção. O desenvolvimento e a disseminação de inteligência ao longo da cadeia produtiva foi (e tem sido) de fundamental importância para a obtenção de ganhos sustentáveis.

A inteligência socialmente distribuída é, para Olson e Torrance (2000), um tema cada vez mais central para o sucesso da sociedade, sendo um reflexo dos talentos disponíveis na população e das **formas de interação existentes**, configurando-se como unidades de aprendizagem. Para eles, as diferenças de uso da natureza social do conhecimento podem determinar a efetividade com que se constroem economias bem-sucedidas com base na inovação.

Adicionalmente, esses autores consideram que estruturas elaboradas e formalmente elegantes podem surgir de processos simples de retroalimentação, operando ao longo do tempo. Isso surge de quatro referenciais dinâmicos, dois deles descrevendo funções e dois outros descrevendo o contexto operacional:

1. o processo deve repetir-se rotineiramente;
2. o processo deve ter um ciclo de retroalimentação;
3. o contexto inclui restrições internas que moldaram o sistema;
4. o contexto estabelece restrições externas que limitam e moldam a auto-organização real que ocorre.

Para os autores, "torna-se cada vez mais claro que o conhecimento de todos os tipos — prático, científico, teórico — é sempre um produto social e cultural. À medida que tecnologias avançadas de informação se difundem, a natureza social do conhecimento torna-se ainda mais aparente" (OLSON & TORRANCE, 2000, p. 393).

Como forma de subsidiar essa discussão sobre a natureza social do conhecimento, é adequado verificar algumas considerações sobre emissores e receptores no estudo do conceito de inteligência coletiva, conforme mostrado a seguir a partir de idéias do filósofo francês Pierre Lévy.

3.5 A RELAÇÃO ENTRE EMISSORES E RECEPTORES

Tanto na Administração Científica quanto na Administração Clássica, o processo de comunicação entre a alta administração e os operários ocorre de uma forma similar ao *broadcast*, onde um único transmissor atinge vários receptores, em uma via de mão única (Figura 3.3).

Na medida que ocorre a realimentação, o sistema se altera e surgem diversos transmissores (os participantes do processo), com um aumento do fluxo de informações e geração de conhecimento (Figura 3.4).

Com o passar do tempo, amplia-se a experiência acumulada e ocorre a geração de inteligência socialmente distribuída. Esse processo está diretamente relacionado ao que o filósofo francês Pierre Lévy chama de inteligência coletiva, situação essa em que a interação entre emissores e receptores é modificada em relação àquela representada pela Figura 3.3. Essa modificação ocorre especialmente pelo fato de que a comunicação deixa de ser efetuada em uma via de mão única, com um emissor e vários receptores, assumindo novas perspectivas, em que as pessoas atuam como receptoras e emissoras simultaneamente, recebendo e repassando informações, agregando valor ou conteúdo, transmitindo suas próprias experiências e conhecimento e colhendo no manancial coletivo aquelas informações, conhecimentos e experiências

Figura 3.3 O fluxo de comunicação na Administração Científica e na Administração Clássica se assemelha ao sistema *broadcast*.

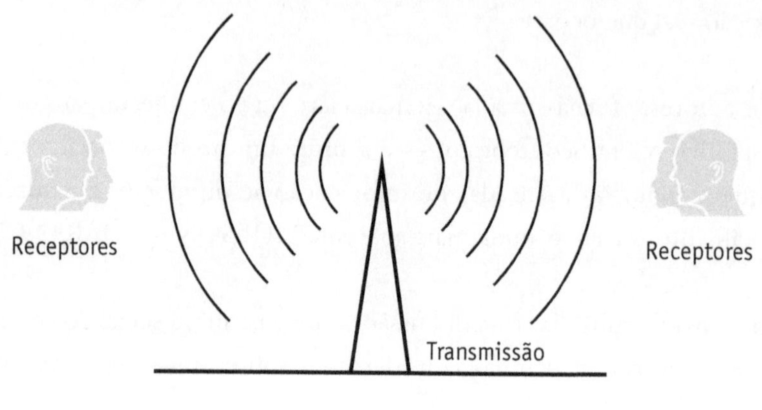

Figura 3.4 Na Internet, diversos são os sistemas que permitem a interação entre pessoas e grupos distintos.

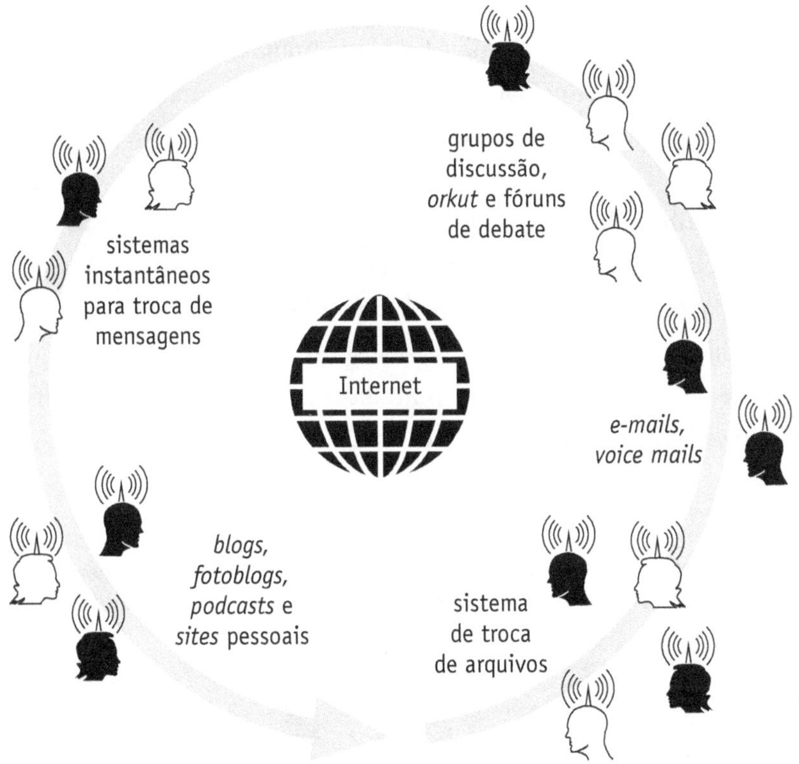

que buscam, para suprir suas necessidades pessoais ou profissionais. Não é utopia: a Internet vem se consolidando como o grande repositório de informações, conhecimento e inteligência coletiva da humanidade.

É certo que, como um grande repositório, nem tudo que nela se encontra é verdadeiro ou útil, mas certamente é o melhor espaço para interações e trocas cognitivas entre os povos.

Para ampliar as possibilidades de compreensão e aprofundar a discussão sobre a inteligência coletiva, é conveniente analisar parte da obra de Pierre Lévy, particularmente o livro *Conexão planetária* (LÉVY, 2001). Nessa publicação, o autor faz comentários sobre o que denomina de centros e periferias. Os primeiros são locais geográficos ou virtuais onde tudo é próximo e acessível, constituindo-se em nós de fluxos. Em contrapartida, uma periferia é um local onde as interações são de curto alcance ou de frágil densidade, na qual os contatos de longa distância são difíceis e caros.

Prosseguindo, ele oferece um índice de centralidade ao mesmo tempo curioso e instigante; ao considerar que a multiplicação do número de computadores pelo número de tomadas de telefone é um forte indicador do nível de centralidade. Conseqüentemente, indica ele, a ilha de Manhattan tem um peso muito maior do que a África subsaariana, pois a interconexão dos computadores mede de forma precisa um potencial de alta densidade de inteligência coletiva, em tempo real (Figura 3.5).

Adicionalmente, sobre esse índice de centralidade, Lévy comenta que se verifica o mesmo número ou até mesmo um número superior de receptores de televisão nas favelas do México do que em bairros de grandes cidades européias. Segundo ele, essa concentração de aparelhos de TV pode ser tomada como um indicador de que o local apresenta um baixo índice de centralidade, pois um **aparelho de TV é um receptor passivo, uma extremidade da rede, uma periferia**. Um **compu-**

Figura 3.5 Na medida em que se afastam desse centro, as pessoas reduzem sua interação e atuam apenas como receptores.

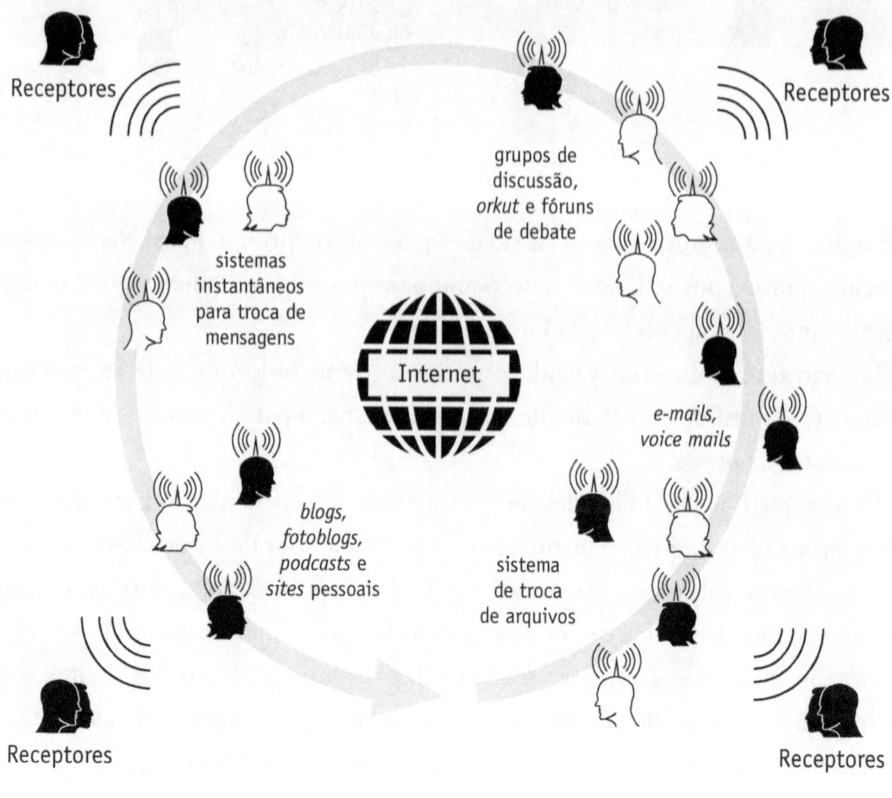

tador é uma **ferramenta de produção, troca** e **estocagem de informação**, pois, quando conectado, ele canaliza e entrelaça um grande fluxo de informações. Torna-se, portanto, um centro virtual e um instrumento de poder.

Ao criar mecanismos de retroalimentação, os processos de transmissão de conhecimento por meio da Internet têm contribuído para o crescimento da inteligência coletiva, fazendo com que os fluxos de informações e conhecimento em determinados grupos seja bastante ampliado. Isso ocorre especialmente por intermédio das páginas da World Wide Web, dos fóruns eletrônicos, *e-mail*, *orkut*, grupos de discussão, *blogs*, *fotoblogs*, *podcasts* e de todas as demais ferramentas e serviços de comunicação síncrona e assíncrona, reproduzindo de maneira intensa e dinâmica a prática antiga da comunicação, tanto oral quanto escrita, estabelecida ao longo da história da humanidade (LÉVY, 2002).

Na medida que uma pessoa deixa de ser um receptor passivo, dentro de um sistema de *broadcast*, contando com a possibilidade de apresentar sua opinião e influir, ainda que de maneira reduzida, na tomada de decisões de seu grupo ou comunidade, ela passa a contribuir para a geração da inteligência coletiva.

Em ambientes empresariais, é necessário considerar que não basta apenas a conexão ao sistema de informações da empresa para fomentar a geração de inteligência coletiva, duas possibilidades também devem ser consideradas:

1. ampliar a qualidade das interações das pessoas com o sistema de informações, permitindo que elas obtenham informações com maior qualidade e abrangência;
2. criar condições para que as pessoas tenham como apresentar suas considerações, opiniões, propostas e projetos, ampliando a interatividade com o sistema administrativo e/ou produtivo.

Geralmente, quando se discute a interatividade de um sistema de informação, verificam-se os recursos que ele oferece para o estabelecimento de um diálogo homem-computador, que permita a transmissão de um conteúdo específico. Em muitos casos, essa análise considera apenas a oferta de conteúdos adicionais e a capacidade de o usuário formatar alguma informação específica sob a forma de relatórios ou a presença de opções adicionais (nem sempre importantes). Presume-se que a maior oferta de informações é melhor (ou mais facilmente perceptível) do que a respectiva qualidade dessas informações. Explica-se isso pelo fato de a quantidade ser mais facilmente mensurável do que a qualidade, que é um conceito relativo.

Essa discussão deve ser complementada por uma mais ampla e que analise os sistemas de informações de um ponto de vista mais conceitual, verificando como ele poderia servir como facilitador em um processo de aproximação das periferias (setores operacionais da empresa) em relação aos centros difusores da informação e do conhecimento (setores de pesquisa, projeto, planejamento e gestão).

Possivelmente, essa é a grande questão e o desafio que se apresentam para a geração e difusão de conhecimento nos sistemas de informação. Por meio de redes locais (presentes na maioria das empresas) ou remotas (especialmente via Internet), é possível estabelecer comunicação síncrona, pelos *softwares* de troca de mensagens ou em salas de bate-papo, ou assíncrona, em fóruns de debate, *blogs* ou por *e-mail*, por exemplo. Apesar disso, constata-se que muitos sistemas de informação descartam essas possibilidades, fazendo simplesmente uma comunicação de cima para baixo e reproduzindo, de certa forma, as concepções de Taylor e Fayol sobre o fluxo de informações dentro de uma empresa. As interações (ou realimentações), quando disponíveis, são de pouca profundidade, impossibilitando análises mais abrangentes.

Essa forma de difusão, em que a interatividade de fato — aqui entendida como a possibilidade de uma pessoa efetivamente contribuir para melhorar a informação que circula em sua comunidade, departamento ou setor — é reduzida ou até mesmo suprimida, gera o estabelecimento de uma hierarquia quase que absoluta, transformando os sistemas de informação em centros difusores no formato *broadcast*, levando a grande maioria dos usuários a assumir uma posição periférica de simples receptores.

3.6 ESTRATÉGIAS PARA O DESENVOLVIMENTO DO CONHECIMENTO E DA INTELIGÊNCIA EMPRESARIAL

Conforme verificado anteriormente, a partir de idéias de Nonaka (1994) e Polanyi (1966), há duas formas de conhecimento: o **explícito** e o **tácito.** Ampliando essa discussão, Nonaka e Takeuchi (1997) propõem quatro modos de conversão de conhecimento, conforme sintetizado a seguir:

- ✓ **Socialização**: conhecimento tático em conhecimento tácito.
  Tácito ▶ Tácito
  O conhecimento tácito é aquele utilizado na comunicação entre pessoas. Para Nonaka e Takeuchi, a experiência consiste em ingrediente fundamental para aquisição desse tipo de conhecimento. Sem ela, segundo os autores, é difícil

a uma pessoa projetar-se no processo de raciocínio de outra pessoa. Nesse caso, a simples transferência de informações fará pouco sentido.

Em diversos casos, a socialização envolve tarefas práticas. Um executivo que necessite conhecer melhor a área de logística poderá passar algum tempo na área de expedição e transporte, verificando os problemas e soluções práticas desenvolvidas no dia-a-dia. Exemplo: o processo de socialização ocorre quando dois amigos conversam sobre um *game*, trocando informações sobre comandos específicos.

✓ **Externalização**: conhecimento tácito em conhecimento explícito.

Tácito ► Explícito

A transformação de conhecimento tácito em explícito é, segundo Nonaka e Takeuchi, um processo de criação de conhecimento perfeito. Isso ocorre porque o conhecimento tácito passa a ser expresso sob a forma de analogias, metáforas, conceitos, hipóteses ou modelos. Para os autores, "a externalização é a chave para a criação do conhecimento, pois cria conceitos novos e explícitos a partir do conhecimento tácito" o que ocorre pelo "uso seqüencial da metáfora, analogia e modelo" (NONAKA e TAKEUCHI, 1997, p. 73). Assim, a metáfora constitui uma ferramenta importante na criação de uma rede de novos conceitos.

Prosseguindo com o exemplo anterior: uma das pessoas resolve sistematizar os conhecimentos tácitos obtidos e escreve um manual sobre como operar o *game* (trasformando conhecimento tácito em explícito).

✓ **Combinação**: conhecimento explícito em conhecimento explícito.

Explícito ► Explícito

Esse é um processo que envolve a sistematização de conceitos em um sistema de conhecimento. Segundo os autores, as pessoas trocam conhecimentos por meio de documentos, reuniões, telefonemas e sistemas de comunicação via redes de computadores.

Exemplo: pessoas lêem o manual anteriormente escrito e acrescentam novos comandos ou sugestões, adicionando novos conhecimentos ao texto anterior.

Para eles, a reconfiguração das informações existentes em bancos de dados, por meio da classificação, acréscimo, categorização e combinação do conhecimento explícito pode gerar novos conhecimentos.

✓ **Internalização**: conhecimento explícito em conhecimento tácito.

Explícito ► Tácito

Para que o conhecimento explícito seja transformado em tácito, segundo Nonaka e Takeuchi (op. cit., p. 78), é necessária a "verbalização e diagramação do conhecimento sob a forma de documentos, manuais ou histórias orais".

> A documentação de experiências ajuda as pessoas a internalizarem suas experiências, ampliando o seu conhecimento tácito: "... documentos ou manuais facilitam a transferência do conhecimento explícito para outras pessoas, ajudando-as a vivenciar indiretamente as experiências dos outros (ou seja, 'reexperimentá-las')" (Ibidem, p. 78).

Exemplo: uma pessoa lê o manual sobre o *game* e utiliza na prática suas sugestões para avançar em determinadas fases ou superar problemas específicos. Com isso, ao ler o texto e aplicar suas sugestões na operação do *game*, ela está transformando conhecimento explícito (que está escrito no manual) em conhecimento tácito (voltando à operação do *game*).

Conforme foi visto com o modelo de produção japonês, o conhecimento e a inteligência foram difundidos e ampliados em meio à cadeia produtiva com uma atitude simples: ouvir as pessoas e empresas envolvidas.

A troca de informações, realimentando todo o sistema de produção, tornou-o interativo de fato. A comunicação entre os participantes viabilizou a transmissão dos conhecimentos tácito e explícito, gerando e alimentando um ciclo virtuoso que permitiu o estabelecimento de vantagens competitivas importantes. Esse ciclo virtuoso é estabelecido a partir de uma interação dinâmica e permanente entre os conhecimentos tático e explícito, dentro de uma espiral do conhecimento (NONAKA e TAKEUCHI, 1997), representada na Figura 3.6.

Figura 3.6 Espiral do conhecimento.

Fonte: Adaptado de Nonaka e Takeuchi (1997).

É necessário considerar que, embora novas tecnologias ou processos produtivos tenham surgido a partir dessa forma de proceder em relação às diversas equipes e pessoas envolvidas, esse não é um modelo de gestão tecnológica, mas sim um modelo de gestão de conhecimento. Portanto, ele pode servir de *benchmark* para diversas áreas, inclusive para aquelas que utilizam sistemas de informação de maneira intensa. Dessa forma, constata-se que foi uma mudança de atitude — em última análise, ouvir as pessoas — que levou ao estabelecimento de vantagens competitivas, independente de suportes tecnológicos específicos.

Por contraditório que pareça, essa independência de tecnologia cria uma série de possibilidades para que os sistemas de informação facilitem o desenvolvimento de conhecimento e a criação e o desenvolvimento de inteligência coletiva em ambiente empresarial. Conforme mencionado anteriormente, a capacidade de as pessoas interagirem em seu meio de trabalho, apresentando sugestões e soluções, tem sido o núcleo dessa questão e isso pode ser obtido por meio de diversas formas.

A seguir, são apresentados alguns exemplos que ajudarão o leitor a identificar algumas formas de uso de sistemas de comunicação em rede, possibilitando informações e transmissão de conhecimento **explícito** e até mesmo **tácito**.

✓ **Fóruns de debate** — podem ser utilizados para a discussão de **temas** específicos, tais como melhoria de atendimento ao consumidor, melhoria em processos, sugestão no desenvolvimento de projetos, melhoria da qualidade, dentre outros. As discussões são mais amplas, voltadas para aspectos diversos de um determinado tema. Nem sempre são voltadas para a solução de problemas imediatos, pois geralmente envolvem uma ampla gama de pessoas. Havendo disciplina quanto à participação das pessoas (que devem ser orientadas a usar o fórum para discussão de assuntos específicos), não há necessidade de estabelecer um mediador. As discussões antigas devem ser mantidas para consulta, pois podem conter sugestões ou idéias muito úteis e que não foram utilizadas anteriormente. Na medida que o fórum vai crescendo, é útil contar com algum mecanismo de busca, facilitando a localização de assuntos.
Ao sistematizar idéias para que elas possam ser escritas nos fóruns, uma pessoa executa o processo de **externalização** (Tácito ▶ Explícito). Por outro lado, quando uma pessoas consulta o fórum, ela pode empreender o processo de **internalização** (Explícito ▶ Tácito).

- ✓ ***Blogs* (incluindo *fotoblogs*, *podcasts*)** — podem ser utilizados para auxiliar grupos alocados em **projetos** específicos. Ao contrário dos fóruns, onde a discussão é mais livre e abrangente, o *blog* pode ser utilizado, por exemplo, em uma agenda coletiva de trabalho (com as tarefas que devem ser cumpridas em determinados períodos), problemas que precisam ser resolvidos, soluções obtidas etc. Podem ser utilizados também em projetos, tais como: desenvolvimento de um novo serviço, aumento dos níveis de segurança em transações eletrônicas, desenvolvimento de um novo curso de capacitação profissional, obtenção de certificações ambientais e da série ISO, elaboração de um novo *design* para um produto específico, melhoria da facilidade de uso de uma interface, dentre outros.

  Os *blogs* (e sistemas similares), por funcionarem mais como uma área de relato de informações, experiências ou necessidades, facilitam o processo de **combinação**, em que o conhecimento explícito é sistematizado, acrescido e (re)combinado, podendo gerar novos conhecimentos.
- ✓ **Grupos de *e-mail*** — são muito úteis na disseminação e recepção de novas idéias, possibilitando conhecer novidades dos mais diversos segmentos. É útil considerar e incentivar a participação de pelo menos alguns funcionários em grupos de discussão de assuntos diversos, possibilitando que essas pessoas coletem em outros setores informações potencialmente úteis à empresa. Por exemplo, fabricantes de materiais esportivos podem incentivar funcionários a participarem de grupos de *e-mail* de praticantes ou interessados em determinadas modalidades esportivas. Lojas de departamentos poderiam solicitar a funcionários que integrem grupos de aficionados por fotografia digital, tecnologia, beleza e saúde, cinema, dentre outros, coletando tendências e informações, que podem subsidiar o desenvolvimento de promoções ou criação de áreas específicas para atender a demandas emergentes, potencialmente interessantes do ponto de vista comercial (ou institucional).

  É necessário considerar que a interação com esses grupos requer disciplina, evitando que o acúmulo de mensagens acabe por atrapalhar o trabalho no dia-a-dia.

  Grupos de *e-mail* são espaços voltados para a socialização, especialmente devido a sua forma dinâmica de atuação, pois os usuários geralmente têm liberdade de tratar de uma ampla gama de assuntos relacionados a um mesmo tema. As pessoas podem enviar questionamentos, relatos, enquetes, convites (*Quem conhece tal tema? O que vocês pensam desse ou daquele assunto? Quem leu o livro sobre tal assunto? Convite para o lançamento do produto XYZ*). Isso contribui para que conhecimentos tácitos sejam transmitidos, sendo um instrumento muito útil no processo de **socialização**.

✓ ***Sites*** — aqui não se trata do *site* da empresa (o endereço público dela na web), mas sim de soluções específicas (e, por vezes, com acesso restrito) para grupos de trabalho, projetos, times de colaboradores, dentre outras possibilidades. Exemplo baseado em um caso real: uma empresa, distribuidora nacional na área de alimentos, mantém dezenas de escritórios regionais. Todos os meses, cada um desses escritórios precisa elaborar relatórios e informes contábeis, dentro de procedimentos e parâmetros bem definidos pela matriz. Como a rotatividade nesses escritórios regionais é elevada (um problema que o RH teria de acompanhar mais atentamente), é muito comum novos funcionários ficarem incumbidos da elaboração desses documentos. Sempre que isso ocorre, eles sobrecarregavam o departamento de contabilidade da matriz em busca de soluções para dúvidas específicas. Para resolver esse problema, a matriz elaborou um *site* com um FAQ — (Frequently Asked Questions — Questões Freqüentemente Formuladas), com respostas às dúvidas mais usuais. Dessa forma, o funcionário é orientado a buscar soluções no FAQ, antes de entrar em contato direto com a matriz. Esse tipo de solução tem reduzido bastante o nível de solicitações ao departamento de contabilidade, além de agilizar os serviços dos novos funcionários.

O FAQ funciona não apenas na transmissão de informações, mas também de conhecimento consolidado sobre determinados temas. Quando bem formulado, pode colaborar de maneira significativa para a geração de conhecimento e inteligência empresarial, facilitando a transmissão de experiências aos novos funcionários.

Dependendo da forma como esses *sites* são elaborados e dos recursos oferecidos, eles podem atuar em diversos processos de transformação do conhecimento. Quando a informação está sistematizada para consulta de membros de um grupo de trabalho, equipe, departamento ou de toda a empresa, tem-se potencialmente a possibilidade de transformar conhecimento explícito em tácito, dentro do processo de **internalização**. Com isso, a pessoa verifica o conhecimento já disponível e sistematizado e, somando-o à sua própria experiência, amplia o seu conhecimento pessoal sobre determinado assunto.

A Figura 3.7 sintetiza as ferramentas mencionadas dentro do processo de difusão e conversão do conhecimento em uma empresa. Novas idéias e possibilidades, por exemplo, podem ser prospectadas em grupos de discussão por *e-mail*. Mas é sempre importante considerar a natureza do grupo, pois conforme menciona Hamel (2000), a maioria das pessoas que trabalha em um mesmo setor estão atentas e desatentas aos mesmos assuntos, apresentando o mesmo tipo de cegueira. Dessa forma, é importante participar de grupos que possam sinalizar mudanças importantes para o segmento em que se esteja atuando. Trata-se de uma forma de compartilhar conhecimentos pela **socialização**.

✓ **Exemplo:** uma empresa que trabalha com novas tecnologias em comunicação (uma provedora de acesso rápido à Internet, uma empresa de telefonia celular ou um fabricante de dispositivos móveis) poderá colher frutos substanciosos em grupos de discussão sobre tendências no jornalismo (ou algo similar).
Por quê? Jornalistas transitam em diversas áreas, sendo que muitos — por força de sua profissão — têm acesso a novas tendências, notícias, tecnologias e lançamentos algum tempo antes de essas novidades se tornarem públicas.

Figura 3.7 Aplicação prática de algumas ferramentas de comunicação on-line.

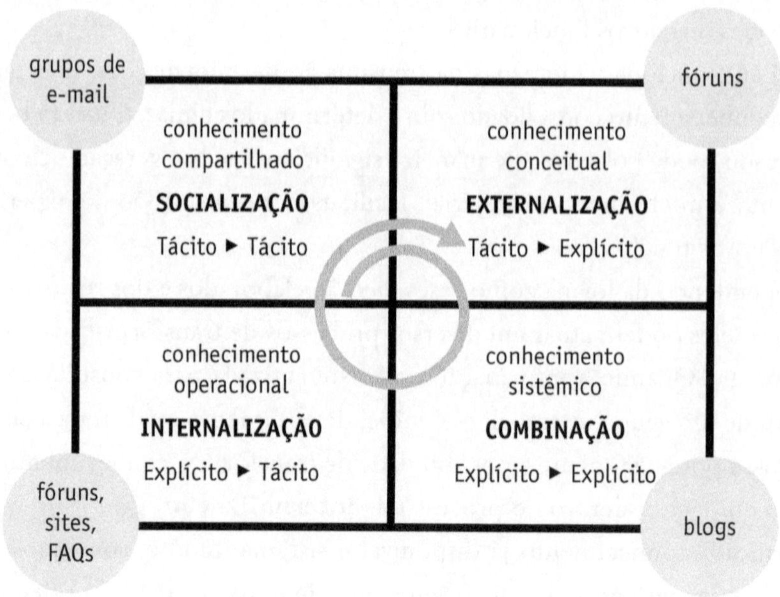

Fonte: modificado a partir de Nonaka e Takeuchi (1997).

Aqueles profissionais mais ligados às tendências do jornalismo (como uso de *blogs*, *podecasts*, Internet móvel, convergência digital) poderão comentar no grupo de *e-mail* essas novidades, colocando em discussão a utilidade, a versatilidade ou mesmo a necessidade dessas possibilidades.

✓ **Exemplo:** uma indústria que trabalhe com plásticos industriais (utilizados em painéis de automóveis, carcaças de eletrodomésticos e de equipamentos eletrônicos) poderá coletar tendências em grupos de discussão sobre *design*.

Por quê? Plásticos industriais são moldados em máquinas específicas e, por vezes, podem requerer equipamentos com novas tecnologias e materiais inovadores. Quando determinadas tendências de *design* são detectadas, podem sinalizar para a empresa a necessidade de aquisição de novas tecnologias ou novos conhecimentos sobre materiais. Ao perceber isso, a empresa pode preparar-se com a devida antecedência para futuros desafios que serão propostos pelos seus clientes (como grandes montadoras de automóveis, fabricantes de eletrodomésticos). Quando surgiu o i-Mac, com seu gabinete translúcido, ele apenas sinalizava uma tendência que seria adotada por outros fabricantes de equipamentos.

Uma vez que algumas pessoas da empresa tenham prospectado idéias potencialmente interessantes em grupos de discussão, elas obtiveram e desenvolveram — por meio da **socialização** — conhecimento **tácito** sobre esse assunto. Na etapa seguinte, será efetuada a **externalização** desse conhecimento (ele será repassado a outras pessoas na empresa). Nesse momento, ocorre a transformação do conhecimento **tácito,** anteriormente obtido, em conhecimento **explícito**. Isso pode ser feito em fóruns de debate, onde o conhecimento **tácito** dos diversos participantes é contraposto e sistematizado, criando conceitos novos e explícitos.

No fórum, idéias potencialmente boas podem ser amadurecidas ou descartadas. Caso ocorra o amadurecimento, um grupo de trabalho poderá ser constituído para que ela seja viabilizada, o que pode resultar em um novo produto, serviço ou tecnologia, por exemplo. Esse grupo de trabalho poderá utilizar como suporte um *blog*, para facilitar a **combinação** de conhecimentos **explícitos**. Conforme mencionado, nesse processo, as pessoas podem trocar conhecimentos por meio de documentos, sistemas de comunicação e redes de computadores. Nessa etapa, os conhecimentos **explícitos** são categorizados, classificados e combinados, gerando novos conhecimentos.

Com isso, o projeto pode avançar rumo à etapa operacional, na qual um novo produto será fabricado, um novo serviço implementado ou uma nova tecnologia viabilizada. Tem-se aqui a **internalização**, pois o conhecimento **explícito** é transformado em **tácito** (sob a forma de manuais ou documentos). Para isso, podem ser utilizados FAQs, *sites* específicos (para armazenar informações e diretrizes operacionais, por exemplo) e fóruns de debate (para a discussão de questões operacionais, indicações de melhoria em processos, alertas sobre problemas na linha de produção, no atendimento ou nas especificações).

Realimentando o sistema, essas experiências — desde que não comprometam a competitividade da empresa ou divulguem segredos à concorrência — podem ser compartilhadas em grupos de discussão, nos quais opiniões, sugestões e novas possibilidades poderão ser obtidas. A Figura 3.8 sintetiza essas etapas.

Figura 3.8 Fluxo de informações nos processos de socialização, externalização, combinação e internalização utilizando ferramentas de comunicação on-line.

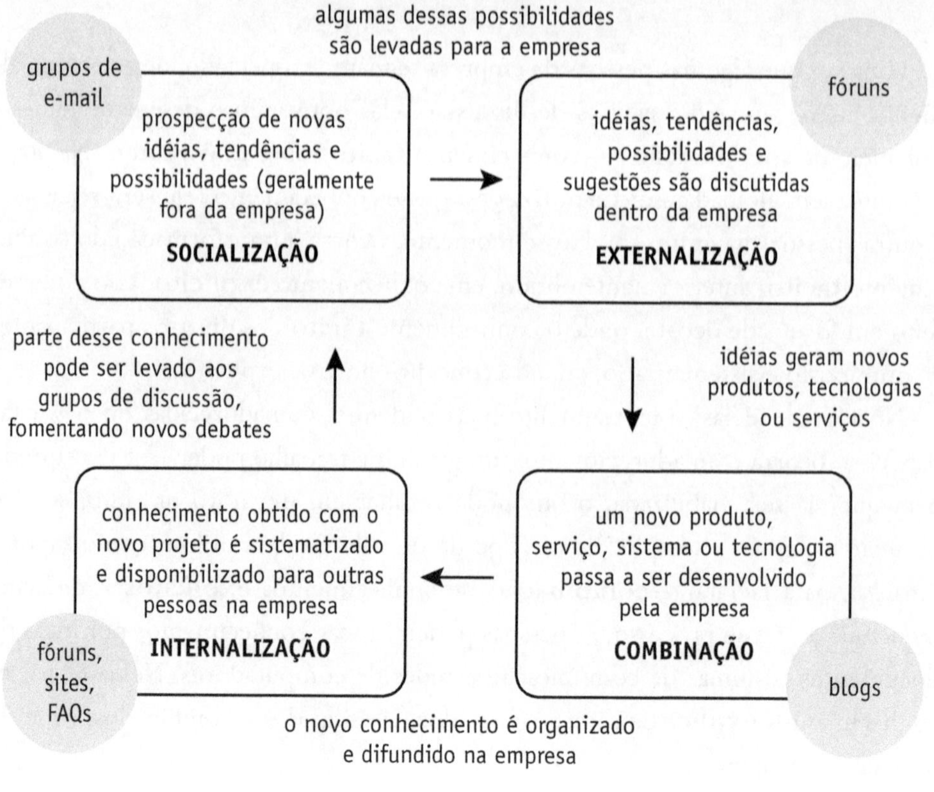

Na medida que o conhecimento flui entre os diversos departamentos e setores de uma empresa, com a participação ativa de funcionários e colaboradores, vai sendo desenvolvida uma inteligência coletiva, pois cada unidade ou pessoa participante deixa de ser apenas um receptor de informações e passa a colaborar proativamente em todo o processo criativo.

3.7 APLICANDO CONCEITOS E TÉCNICAS NO AMBIENTE EMPRESARIAL

Os conceitos e técnicas apresentados anteriormente, assim como as sugestões para a geração de conhecimento e inteligência empresarial, são sintetizados em um modelo que ajudará a demonstrar algumas situações de ordem prática (Figura 3.9).

Figura 3.9 Modelo esquemático do envolvimento de diversos setores e departamentos nas etapas de socialização, externalização, combinação e internalização.

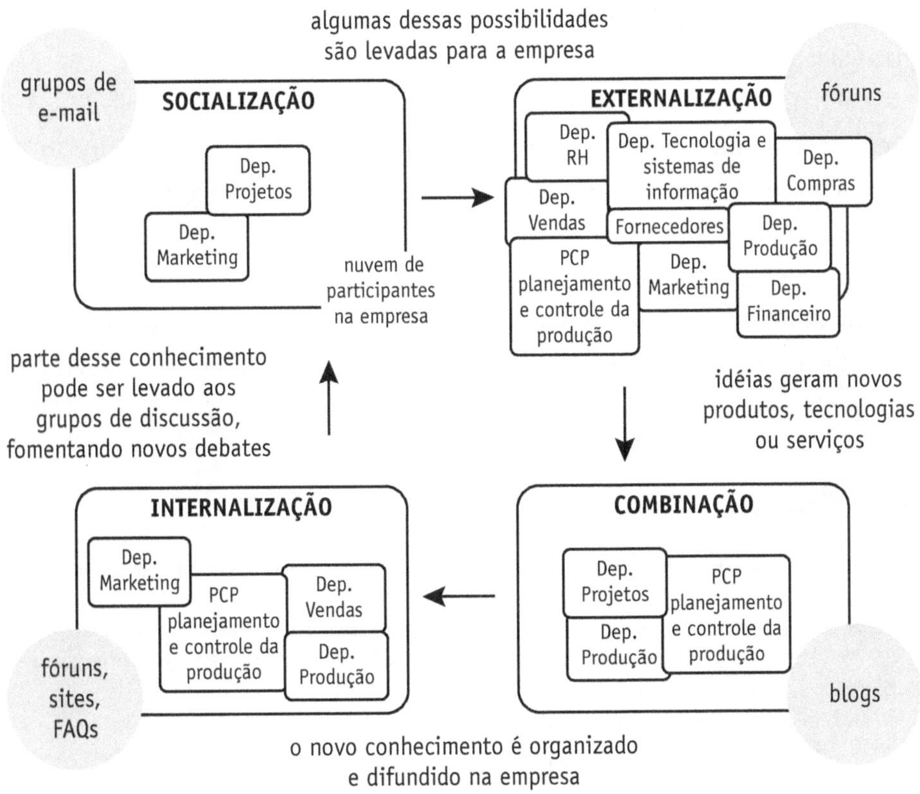

As novas idéias prospectadas na etapa inicial são levadas à discussão no fórum de debates. É importante ressaltar que novas idéias não deverão ser uma primazia ou exclusividade dos departamentos oficialmente alocados ou designados para a etapa inicial. O fórum deverá permitir que outros colaboradores apresentem suas sugestões e idéias, pois isso tornará o fluxo ainda mais dinâmico. Essa fase se aproxima daquela em que um projeto começa a ser concebido. Posteriormente, caso a execução de um projeto seja considerada viável, seguem-se o planejamento, execução e conclusão.

Para informações adicionais:	**Capítulo 8, *Business Intelligence, CRM, OLAP, Data-mining, Data Warehouse e Data Mart.*** **Capítulo 9, *Gerenciamento de Projetos de Sistemas e Tecnologia da Informação.***

3.8 CONCLUSÃO

Para concluir este capítulo, talvez seja adequado reproduzir duas breves citações de obras que tratam de questões relacionadas ao uso de novas tecnologias. Elas sintetizam adequadamente o que foi exposto nos itens anteriores:

"Tenho uma crença simples mas forte: a maneira mais significativa de diferenciar sua empresa da concorrência, o único modo de você se distanciar da multidão, é fazer um trabalho destacado com a informação. O modo como você reúne, administra e usa a informação determina se vencerá e perderá" (GATES, 1999, p. 21).

"Tenha em cada funcionário, em cada colaborador um elo importante que amplia o fluxo de informações. Cada pessoa é um elo importante, que pode detectar um problema antes que ele se torne insuperável" (CÔRTES e ROSOCHANSKY 2001, p. 229).

REFERÊNCIAS

BATEMAN, T.; SNELL, S. A. *Administração*: construindo vantagem competitiva. São Paulo: Atlas, 1998.

CÔRTES, P. L. *Sistemas operacionais* — Fundamentos. São Paulo: Érica, 2003.

________; ROSOCHANSKY, M. *Webmarketing* — estabelecendo vantagens competitivas na Internet. São Paulo: Érica, 2001.

DAFT, R. L. *Administração*. São Paulo: Pioneira-Thomson Learning, 2005.

DAVENPORT, T. *Ecologia da informação*: por que só a tecnologia não basta para o sucesso na era da informação. São Paulo: Futura, 1998.

__________; PRUSAK, L. *Conhecimento empresarial*: como as organizações gerenciam o seu capital intelectual. 2. ed. São Paulo: Campus, 2000.
ENGELBART, Douglas. C. *Augmenting human intellect*: a conceptual framework. Stanford Research Institute, Menlo Park, Calif. Summary Report, Contract AF 49(638) 1024, SRI Project 3578, October 1962. Acesso: 24 fev. 2004. Disponível em: http://sloan.stanford.edu/mousesite/EngelbartPapers/B5_F18_ConceptFrameworkInd.html.
__________; ENGLISH, William K. A. *Research center for augmenting human intellect*. AFIPS Conference Proceedings of the Fall Joint Computer Conference, San Francisco, CA, dec.1968, v. 33, p. 395-410. Acesso: 24 nov. 2002. Disponível em: http://sloan.stanford.edu/mousesite/Archive/ResearchCenter1968/ResearchCenter1968.html.
FERREIRA, A. A.; REIS, A. C. F.; PEREIRA, M. I. *Gestão empresarial*: de Taylor aos nossos dias — evolução e tendências da moderna administração de empresas. São Paulo: Pioneira-Thomson Learning, 1997.
GATES, W. H. *A empresa na velocidade do pensamento* — com um sistema nervoso digital. São Paulo: Companhia das Letras, 1999.
HAMEL, G. *Liderando a revolução*. Rio de Janeiro: Campus, 2000.
__________; PRAHALAD, C. K. *Competindo pelo futuro*: estratégias inovadoras para obter o controle do seu setor e criar os mercados de amanhã. Rio de Janeiro: Campus, 1995.
KEEP, Christopher; McLAUGHLIN, Tim; PARMAR, Robin. *The electronic labyrinth* — Intermedia. University of Virginia. The Institute for Advanced Technology in the Humanities. Acesso: 24 fev. 2004. Disponível em: http://www.iath.virginia.edu/elab/hfl0032.html. 2000.
LÉVY, Pierre. *A conexão planetária*: o mercado, o ciberespaço, a consciência. São Paulo: Editora 34, 2001.
__________; *As inteligências coletivas*. Transcrição de palestra proferida no SESC-SP, em outubro de 2002. Acesso: 27 fev. 2004. Disponível em: http://www.sescsp.com.br/sesc/hotsites/pierre_levy/_Toc18915604.
MAISEL, Andrew. *Doug Engelbart*: Father of the mouse. Acesso: 24 nov. 2002. Disponível em: http://www.superkids.com/aweb/pages/features/mouse/mouse.html.
MATTOS, J. R. L.; GUIMARÃES, l. S. *Gestão da tecnologia e informação*: uma abordagem prática. São Paulo: Saraiva, 2005.
MAXIMIANO, A. C. A. *Introdução à administração*. 6. ed. São Paulo: Atlas, 2004.
MORGAN, Gareth. *Imagens da organização*. São Paulo: Atlas, 1996.
NONAKA, I. "A dynamic theory of organizational knowledge creation". *Organization Science*, v. 5, n. 1, 1994.
__________; TAKEUCHI, H. *Criação do conhecimento na empresa* — como as empresas japonesas geram a dinâmica da inovação. Rio de Janeiro: Campus, 1997.
__________; REINMÖLLER, P.; TOYAMA, R. "Integrated information technology systemas for knowledge creation". In: DIERKES, M.; BERTHOIN ANTAL, A.; CHILD, J.; NONAKA, I. (Org.) *Handbook of organizational learning & knowledge*. New York: Oxford, 2001.
OLSON, D. R.; TORRANCE, N. *Educação e desenvolvimento humano*: novos modelos de aprendizagem, ensino e escolarização. Porto Alegre: Artes médicas, 2000.
POLANYI, M. *Personal knowledge*. Chicago: The University of Chicago Press, 1962.
SENGE, P. M. A quinta disciplina. São Paulo: Best Seller, 1998.
SILVA, R. O. Teorias da administração. São Paulo: Pioneira-Thomson Learning, 2001.
WOMACK, J. P.; JONES, D.T.; ROOS, D. *A máquina que mudou o mundo*. São Paulo: Campus, 1992.

CAPÍTULO 4

TIPOS DE SISTEMAS DE INFORMAÇÃO

4.1 INTRODUÇÃO

Em uma empresa, parece correto supor que nem todos os departamentos têm as mesmas necessidades de informações. No dia-a-dia, alguns setores têm necessidades de informações pontuais, voltadas à tomada de decisões mais imediatas, ao passo que outros precisam de informações para que decisões de longo prazo possam ser tomadas.

Por exemplo, em uma companhia aérea, bastam **dados** como quantidade de passageiros, peso da carga transportada e distância a ser percorrida para se obter a **informação** sobre quantos litros de combustível devem ser colocados na aeronave para percorrer o trecho pretendido, dentro das condições existentes. Essa é uma informação nitidamente operacional, necessária à resolução de um problema específico e imediato (a quantidade de combustível necessária para percorrer determinado trecho).

Por outro lado, a direção da empresa precisará de uma série de **informações** antes de se decidir pela exploração de uma determinada rota aérea. Nesse caso, serão necessárias previsões sobre a quantidade de passageiros que poderão ser transportados, que tipo de aeronave poderá ser usada, seu custo operacional e de manutenção, a possibilidade de estabelecer conexões com outras rotas, a situação da concorrência nesse mesmo trecho, dentre uma série de outras **informações**. Tudo isso para que uma decisão seja tomada e um projeto desenvolvido. Essa é uma questão estratégica para a empresa, na qual uma decisão de longo prazo deverá ser desenvolvida.

Além das características de cada decisão, há que se considerar a necessidade de informações com diferentes níveis de elaboração. Na questão do combustível, foram processados **dados** para que uma simples **informação** fosse obtida para uso no curto prazo. Na decisão por uma nova rota, foram reunidas e processadas **informações mais elaboradas**, a fim de subsidiar uma decisão mais abrangente e com repercussões a médio e longo prazos.

Em uma empresa, a estrutura hierárquica distribui-se em camadas que explicam a natureza, abrangência e profundidade das decisões e ações desenvolvidas. No topo dessa camada, são tomadas as decisões de caráter estratégico, envolvendo tanto questões internas quanto externas e de médio e longo prazos (por exemplo, onde investir, avaliação de segmentos e/ou concorrentes, prospecção de novos negócios, definição de novos produtos e/ou serviços). No nível intermediário, são tomadas as decisões táticas que, embora utilizem parâmetros externos, são voltadas para a implantação e o desenvolvimento de decisões estratégicas (por exemplo, projetar um produto ou desenvolver um novo serviço, cuidar de sua produção ou implementação, alocando não apenas os recursos necessários, mas também estabelecendo e configurando as ações necessárias à sua viabilização). No nível inferior, tem-se as decisões operacionais, que envolvem questões de ordem prática (por exemplo, programação de atividades, escalonamento de equipamentos ou turnos, requisição de materiais), e cujo organograma está demonstrado na Figura 4.1.

É claro que, mesmo em um nível onde as decisões estratégicas são concebidas, situações específicas podem demandar decisões táticas ou mesmo operacionais. Isso ocorre, geralmente, quando determinadas contingências são verificadas.

Figura 4.1 Organograma simplificado e tipos de decisões associadas.

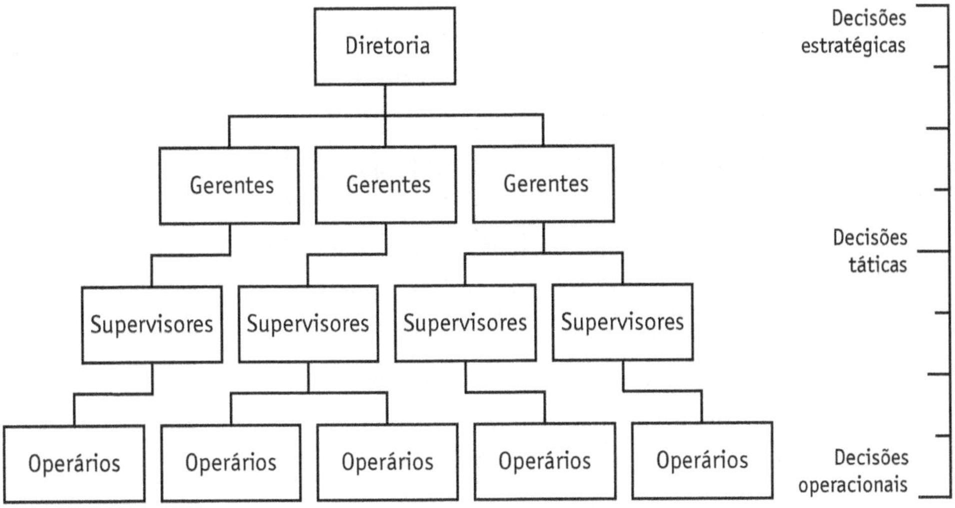

No que se refere aos sistemas de informação, em uma empresa, verificam-se desde aqueles destinados à resolução de problemas operacionais básicos (o cadastro de uma conta a pagar, por exemplo) até sistemas mais complexos que permitem a análise de cenários, e são utilizados na tomada de decisões estratégicas (qual a demanda projetada para um determinado produto *versus* a capacidade de produção pela empresa, por exemplo).

Anteriormente, no Capítulo 2 (*Sistemas de informação: conceitos, definições e exemplos*), foi apresentado como alguns autores e pesquisadores entendem o termo **sistema de informação**. Adicionalmente, foi proposta uma definição considerada dentro do escopo deste livro. Apesar disso, é importante reconhecer que as definições apresentadas são um tanto genéricas, sendo que deixam alguns pontos ainda a esclarecer, apesar de permitirem vislumbrar algumas possibilidades.

Uma questão que costuma ser levantada é se programas (ou *softwares*), tais como planilhas eletrônicas, editores de textos ou aplicativos utilizados em correio eletrônico, podem ser considerados parte integrante do sistema de informação de uma empresa.

Além disso, por vezes, as pessoas se questionam como um sistema de informação trabalha com dados e informações para os diferentes níveis hierárquicos, em que diferentes necessidades são verificadas.

Para compreender melhor as possibilidades e a abrangência dos sistemas de informação, é importante considerar o ponto de vista de alguns autores e pesquisadores. Com isso, será possível verificar a existência de diferentes tipos de sistema de informação, cada qual relacionado a diferentes níveis de necessidade.

4.2 TIPOS DE SISTEMAS DE INFORMAÇÃO

Conforme mencionado, os níveis hierárquicos requerem diferentes tipos de informação, com impacto direto na maneira como os sistemas de informação trabalham e são utilizados. Por exemplo, quando um produto está sendo vendido, é necessário verificar se ele está disponível no estoque na quantidade pretendida pelo consumidor. Essa é uma informação **operacional** que será repassada ao cliente no momento que uma transação é efetuada. Por outro lado, o giro de um determinado produto em estoque será importante para decidir as quantidades a serem adquiridas para comercialização futura. Essa decisão é mais **tática** do que operacional, embora ela repercuta na venda de um produto. Por exemplo, um cliente talvez precise do produto para entrega imediata, necessitando que esteja disponível no estoque. Além disso, a evolução dos estoques, o histórico da demanda para cada produto, as pesquisas realizadas com os consumidores e as decisões tomadas pelos concorrentes serão úteis na tomada de uma decisão **estratégica**, como se vale à pena ou não investir em uma linha nova de produtos.

É importante notar que a operação de venda, a decisão de quanto comprar para repor estoques e o investimento em novos produtos trabalham com informações oriundas da movimentação dos estoques. Dessa forma, um sistema de controle de estoques poderá ter diferentes abordagens, o que condicionará seu uso pelos diversos níveis hierárquicos.

Para melhor compreender esses aspectos, será conveniente imaginar diferentes limites (ou níveis de abrangência) para um sistema de controle de estoques e suas repercussões:

✓ **Sistema de controle exclusivamente operacional:** controle apenas das posições atuais dos itens em estoque. Seu banco de dados pode até armazenar dados cronológicos, mas eles não são utilizados na geração de relatórios com um histórico mais abrangente, possibilitando um uso tático. Um sistema desse tipo (ou apenas com esse nível de abrangência) serve apenas ao dia-a-dia das movimentações de itens em estoque.

- **Sistema de controle operacional e tático:** contempla não apenas as questões operacionais, mas também gera relatórios sobre o giro de produtos em estoque. Seu banco de dados contém dados históricos (pelo menos com os lançamentos efetuados nos últimos meses), possibilitando verificar — além do giro de mercadorias — comportamentos sazonais para determinados produtos, e permitindo decidir com maior propriedade as quantidades a serem adquiridas para comercialização futura.

  Os relatórios gerados, em diversos casos, contam com o suporte de informações gráficas, indicando — por exemplo — a variação dos estoques de determinados produtos ao longo do tempo. Com o uso de gráficos, a realização de analogias fica facilitada, auxiliando na tomada de decisões.
- **Sistema de controle operacional, tático e estratégico:** além da variação histórica de determinados itens, auxilia na identificação de tendências (questões sazonais, por exemplo). Caso o sistema de controle de estoques esteja integrado a outros aplicativos dentro da empresa, é possível analisar qual o impacto de determinadas ações (promoções, políticas de preços, por exemplo) no giro de mercadorias.

  Com isso, decisões estratégicas serão factíveis, possibilitando à alta administração da empresa decidir pelo maior investimento em certas linhas de produtos ao longo do ano (procurando atender a eventos, datas ou festas como Dia das Mães, Carnaval, festas de fim de ano etc.).

  Além disso, é possível detectar mais facilmente as preferências regionais (estados do Sul preferem a linha Y, ao passo que os estados do Centro-Oeste preferem a linha X). Isso poderá ser determinante, por exemplo, na decisão de se descentralizar o estoque, abrindo centros regionais que ampliem a agilidade da empresa e promovam uma redução de custos operacionais, com aumento da margem de lucro e/ou com a redução de preços para o consumidor.

  Dessa forma, além de uma concepção mais abrangente (com mais informações de qualidade em seu banco de dados, por exemplo), um sistema de controle de estoques, que atenda tanto às necessidades operacionais e táticas da empresa quanto à demanda por informações para uso estratégico, deverá trabalhar de maneira integrada com outros aplicativos (sistema de contas a pagar e a receber, sistema financeiro, sistema contábil etc.).

  Para uso estratégico, as informações apresentadas deverão ser de alta qualidade, porém sucintas e objetivas, utilizando prioritariamente gráficos comparativos. Dverá incluir a variação de preço e a indicação de eventos, datas ou festas importantes (Figura 4.2). Nela, é possível verificar a evolução dos estoques ao longo do ano, juntamente com a evolução das vendas e o preço de venda ao consumidor. Adicionalmente a esse gráfico, informações sobre o custo financeiro e o retorno conseguido poderiam ser fornecidas, subsidiando a tomada de decisões estratégicas (quanto comprar desse produto ao longo do ano seguinte, que ações devem ser tomadas a fim de promover o produto em determinadas épocas etc.).

Devido a essas diferentes necessidades demandadas pelos diversos setores e níveis hierárquicos, os sistemas de informações podem ser entendidos de diferentes maneiras, como será visto a seguir.

Para informações adicionais: **Capítulo 8, *Business Intelligence, CRM, OLAP, Datamining, Data Warehouse e Data Mart.***

Figura 4.2 Exemplo de informação estratégica mostrando a evolução dos estoques em comparação às vendas e ao preço ao consumidor.

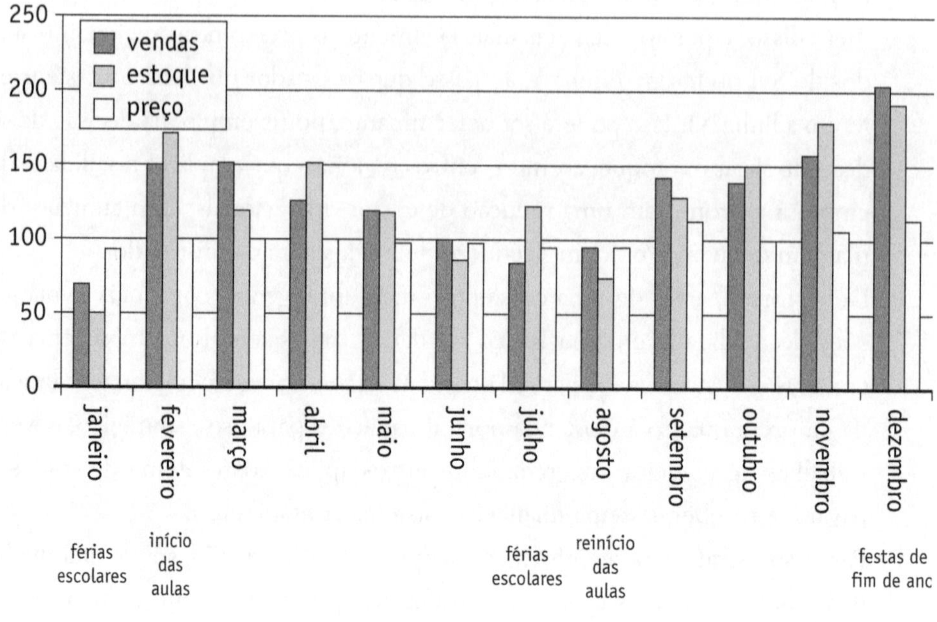

Laudon e Laudon (2001, p. 28-29), por exemplo, dividem os tipos de sistemas de informação em quatro tipos principais:

- ✓ **Sistemas de nível operacional:** utilizados pelos gerentes operacionais no suporte a transações elementares da organização (realização de vendas, elaboração de folha de pagamento, concessão de crédito, controle de materiais em estoque, por exemplo).
- ✓ **Sistemas de nível de conhecimento:** permitem à empresa integrar novos conhecimentos e controlar o fluxo de documentos.
- ✓ **Sistemas de nível gerencial:** são utilizados na tomada de decisões e no monitoramento de atividades e processos.
- ✓ **Sistemas de nível estratégico:** subsidiam a direção da empresa quanto às questões de longo prazo.

Complementando e detalhando essa classificação, Laudon e Laudon (2001, p. 30-37) descrevem os seis principais tipos de sistemas, que atendem a diferentes níveis organizacionais:

- ✓ **Sistemas de Processamento de Transações (SPT):** atendem às equipes operacionais e supervisores, sendo que as tarefas, os procedimentos e as metas são predefinidos e muito estruturados. Como exemplo, têm-se pedidos de venda, expedição de produtos, reservas de passagens e hotéis, folha de pagamento.
- ✓ **Sistemas de Trabalho do Conhecimento (STC):** fornecem subsídios aos trabalhadores do conhecimento que, segundo a concepção dos autores, são profissionais com formação universitária, tais como engenheiros e advogados. Dessa forma, os STCs são utilizados pelas equipes técnicas, envolvidas em projetos, ou profissionais liberais a serviço de empresas.
  Segundo Laudon e Laudon (2001, p. 31-32), os STCs promovem a geração de conhecimento, facilitando sua integração ao negócio.
- ✓ **Sistemas de Automação de Escritório (SAE):** são sistemas utilizados especialmente pelos trabalhadores de dados, que autam mais com processamento de dados e menos com a geração de informações, segundo os autores. São destinados e utilizados pelos trabalhadores de escritório e pessoal administrativo.

Os SAEs manipulam documentos, agendas e comunicações, sendo constituídos por processadores de textos, calendários corporativos, sistemas de *e-mail* e outras formas eletrônicas de envio de mensagens.

✓ **Sistemas de Informações Gerenciais (SIG):** utilizados pelos gerentes de nível médio, os SIGs subsidiam o planejamento e o controle, possibilitando a tomada de decisões. De acordo com os autores, os SIGs são voltados para as questões internas da empresa, tendo como usuários os gerentes preocupados com questões menos imediatas (que demandam decisões ou orientações semanais, mensais ou anuais).

É interessante notar que Laudon e Laudon (2001, p. 34) chamam a atenção para o fato de que, para alguns pesquisadores, o termo SIG é utilizado para englobar os chamados "sistemas funcionais" de uma empresa.

✓ **Sistemas de Suporte de Decisões (SSD):** são sistemas também utilizados pelos gerentes, facilitando a sua tomada de decisão semi-estruturada.

Para os autores, os SSDs têm mais poder analítico do que outros sistemas em uso na empresa, trabalhando também com dados externos. Como exemplo, pode ser mencionado um sistema de apoio a decisões logísticas, que leva em consideração as rotas, a capacidade de carga dos veículos disponíveis, os valores de frete, prazos de entrega, dentre uma série de outros fatores. Sistemas desse tipo possibilitam ao usuário a realização de interações e simulações, a fim de verificar quais as melhores alternativas ou soluções para um determinado problema.

Em alguns casos, dependendo da sofisticação do sistema e estando o processo bem delimitado sob o ponto de vista analítico ou matemático, o sistema poderá efetuar automaticamente simulações e interações, buscando as melhores alternativas para um determinado problema.

✓ **Sistemas de Suporte Executivo (SSE):** dão suporte ao alto escalão da empresa, onde as decisões estratégicas são tomadas. Muitas vezes, os SSEs geram gráficos a partir do processamento e filtragem de dados oriundos de fontes diversas.

Ao contrário do que possa parecer, os SSEs enfocam problemas específicos, procurando fornecer um panorama suficientemente amplo e consolidado, destinado à tomada de decisões de caráter estratégico.

Como exemplo, podem ser apresentadas informações sobre a competitividade de concorrentes, evolução dos preços de suas ações, projeção do consumo e oferta de energia para os próximos anos.

Por sua vez, O'Brien (2002, p. 28-29) observa que, em termos conceituais, os sistemas de informação são passíveis de classificação por diferentes formas, sendo possível agrupá-los — por exemplo — em **Sistemas de Apoio às Operações** e **Sistemas de Apoio Gerencial**.

- ✓ **Sistemas de Apoio às Operações:** atuam no processamento de transações e controle de processos industriais, mas sem fornecer informações (ou produtos de informação, como o autor menciona) específicas para uso adequado pelos gerentes. Nesse caso, é necessário um processamento adicional pelos sistemas de informação gerencial.

  Como exemplo, O'Brien (2002, p. 29) cita os **sistemas de processamento de transações** como aqueles utilizados em pontos-de-venda. O autor menciona também os **sistemas de controle de processos**. Sistemas desse tipo são utilizados em refinarias para o controle de processos químicos, por exemplo.

  Outro exemplo que o autor menciona é relativo aos **sistemas colaborativos** (como o correio eletrônico ou sistema de videoconferência) utilizados no aumento da produtividade de equipes, times ou grupos de trabalho.

  É necessário, entretanto, fazer algumas considerações em virtude do que é mencionado no Capítulo 3, quando foram apresentadas algumas possibilidades para o desenvolvimento do conhecimento e da inteligência empresarial.

  Embora os sistemas colaborativos possam ser considerados apenas no âmbito dos sistemas de apoio às operações, eles podem constituir importantes ferramentas em processos que busquem ampliar o fluxo de informações e transmissão de conhecimentos nas empresas.

  Conforme visto no Capítulo 3, ferramentas, tais como *e-mail* (e grupos de discussão por *e-mail*), fóruns de debate, *blogs*, dentre outras, podem gerar fluxos interativos que, uma vez organizados, atuam de maneira determinante no desenvolvimento da inteligência coletiva nas empresas.
- ✓ **Sistemas de Apoio Gerencial:** são sistemas que fornecem informações para a tomada de decisões desde os escalões superiores até gerentes de nível médio e supervisores. Segundo O'Brien (2002, p. 29), esses sistemas podem ser subdivididos em:

- **Sistemas de Informação Gerencial** — geram relatórios sobre resultados de processos ou atividades (vendas, compras, quantidade de produtos em estoque, rendimento de aplicações etc.).
- **Sistemas de Apoio à Decisão** — possibilitam a realização de simulações, como o impacto que processos ou custos podem ter no preço final de um determinado produto.
- **Sistemas de Informação Executiva (EIS — Executive Information Systems)** — fornecem, de maneira simples e rápida, informações sobre determinadas áreas da empresa e seu desempenho competitivo.

Bio (1985, p. 34-38) classifica os sistemas de informação em dois grupos principais e respectivas subclasses, em função de seus propósitos fundamentais:

✓ **Sistemas de Apoio às Operações:** são dedicados ao processamento de transações ou procedimentos rotineiros, podendo ser divididos em duas subclasses **não mutuamente excludentes**:

- **Sistemas Processadores de Transações** — nessa subclasse (considerada de **menor** significado gerencial, segundo o autor), enquadram-se sistemas de processamento de folha de pagamento, compras, faturamento, contas a pagar e a receber, por exemplo.
- **Sistemas de Tomada de Decisões Operacionais** — essa subclasse (considerada detentora de **maior** significado gerencial) envolve sistemas voltados à tomada de decisões (ou passíveis de utilização nesse contexto). Como exemplo, podem ser mencionados os sistemas contábeis e de processamento de custos.

✓ **Sistemas de Apoio à Gestão:** destinam-se a auxiliar o processo decisório, tais como sistemas de previsão de vendas, sistemas de análise financeira, dentre outros.

Rezende e Abreu (2001, p. 133) comentam que "não existe uma classificação rígida, permitindo aos autores, e principalmente às empresas, classificar seus sistemas de diversas maneiras". Segundo os autores, "genericamente, os sistemas de informação podem ser classificados em operacional, gerencial e estratégico", atendendo aos diferentes níveis dentro de uma organização.

Adicionalmente, os autores indicam que a classificação dos Sistemas de Informação pode ser feita conforme esquematizado a seguir:

- ✓ **Segundo o Suporte a Decisões:** nesse grupo, Rezende e Abreu (2001, p. 133) identificam três subgrupos, conforme apresentados a seguir:
  - **Sistemas de Informação Operacionais (SIO)** — envolvem o processamento de operações rotineiras, controlando dados de operações e auxiliando o corpo técnico da empresa na tomada de decisões. Como exemplos, mencionam o **planejamento e controle da produção** (envolvendo o nome e a data de produção de determinado item), **contas a pagar e a receber** (o valor e a data de vencimento), **estoque** (o código e o tipo de material), **folha de pagamento** (nome do funcionário e o respectivo salário) e **contabilidade fiscal** (o valor e a natureza do lançamento).
  - **Sistemas de Informação Gerenciais (SIG)** — são sistemas de apoio à gestão empresarial que trabalham com o processamento de dados operacionais, os quais são agrupados e transformados em informações úteis à gestão. Tendo como base os exemplos mencionados no item anterior, os autores indicam a mudança de foco para cada área: **planejamento e controle da produção** (total da quantidade produzida), **contas a pagar e a receber** (títulos a pagar no dia, total de inadimplentes), **estoque** (percentuais de estoque distribuídos por grupos de materiais), **folha de pagamento** (valores acumulados de salários e encargos sociais) e **contabilidade fiscal** (acumulados de impostos a recolher por mês e ano).
  - **Sistemas de Informação Estratégicos (SIE)** — são também denominados Sistemas de Informação Executivos ou Sistemas de Suporte à Decisão Estratégica. Agrupam e sintetizam informações operacionais e gerenciais, fornecendo informações estratégicas.
    Segundo os autores, esses sistemas trabalham no nível macro, considerando também o meio ambiente externo, gerando informações gráficas.
    Como exemplo, são mencionados itens, tais como quantidade produzida com pedidos em negociação, previsão de faturamento, estudo sobre a receita da empresa comparativamente à dos concorrentes, histórico e previsão de custos, dentre outros.
- ✓ **Segundo a Abrangência da Organização:** — para os autores, é possível conceber e organizar os sistemas de informação de acordo com a estrutura hierárquica da organização, dividindo-os em sistemas para divisões específicas, departamentos, unidades de produção e até mesmo indivíduos. Esses

sistemas podem operar de maneira independente ou interconectados entre si ou a outros sistemas, sendo passíveis de divisão em três subníveis:

- **Sistema de Informação Pessoal** — como o nome indica, são sistemas usados para facilitar o trabalho pessoal, englobando processadores de texto, planilhas eletrônicas, sistemas de correio eletrônico, pacotes estatísticos, agenda eletrônica, dentre diversos outros (REZENDE e ABREU, 2001, p. 136-138).
- **Sistema de Informação Grupal** — de acordo com os autores, um grupo é um sistema organizado de duas ou mais pessoas que trabalham juntas buscando um mesmo objetivo.

  A tônica envolvida nos Sistemas de Informação Grupal é o compartilhamento de recursos, sem que ocorra uma interferência entre as atividades desenvolvidas paralelamente.

  Sistemas desse tipo englobam o compartilhamento de *hardware* (impressoras, por exemplo), sistemas de comunicação (tais como correio eletrônico ou videoconferência), aplicações para análise (planilhas eletrônicas e sistemas de apoio a decisão), sistemas para acesso múltiplo a bancos de dados (com vários usuários acionando na mesma base simultaneamente), *softwares* para controle de documentos, dentre outros (Ibidem, p. 138-142).
- **Sistema de Informação Organizacional** — envolvem tanto os sistemas de informação pessoal quanto aqueles voltados para a informação grupal, ampliando e interconectando esses sistemas.

  Para isso, em muitos casos, ocorre o uso de uma base de dados centralizada que passa a ser utilizada pelos mais diversos setores e departamentos. Essas bases armazenam e gerenciam um volume muito superior de dados, os quais assumem características mais heterogêneas e complexas.
- **Sistemas de Informação Interorganizacionais** — cada vez mais ocorre o compartilhamento e a transferência de informações entre organizações diversas. As montadoras de automóveis, por exemplo, transmitem pedidos de forma eletrônica e automática aos seus fornecedores. Instituições bancárias diferentes trocam arquivos com informações sobre transferência de recursos entre contas-correntes, aplicações e resgates.

Essas trocas envolvem o uso de sistemas e padrões de informações interorganizacionais, que — em última análise — compatibilizam sistemas diferentes, possibilitando que determinados tipos de dados ou informações sejam compartilhados.

- **Sistemas de Informação Globais** — empresas transnacionais, com linhas de produção operando em diferentes países, necessitam distribuir o processamento de dados e as informações, buscando atender tanto a necessidades quanto a demandas específicas da alta administração.
  Isso é possível a partir da integração de redes locais (que atendem a unidades específicas) em redes de longo alcance, com o compartilhamento de diferentes bancos de dados e, em muitos casos, de diferentes plataformas tecnológicas.
  Em muitos aspectos, os Sistemas de Informação Globais são similares aos Sistemas de Informação Interorganizacionais.

Albertão (2005, p. 71-92) divide os Sistemas de Informação em quatro diferentes tipos: Sistemas de Processamento de Transações, Sistemas de Informações Gerenciais, Sistemas de Apoio à Decisão e Sistemas Especialistas. O interessante da classificação proposta pelo autor é que ele associa cada tipo de sistema de informação a um período específico na história da informatização de sistemas. Sua divisão é apresentada a seguir:

- ✓ **Sistemas de Processamento de Transações (SPT):** segundo o autor, esses sistemas surgiram com os computadores de primeira geração (na década de 1950), sendo voltados para a automação pura e simples de rotinas de trabalho existentes àquela época. Como exemplo, são mencionados os processamentos de folha de pagamento, faturamento e controle de estoque.
- ✓ **Sistemas de Informações Gerenciais (SIG):** esses sistemas surgiram entre os anos de 1960 e 1970, como uma evolução dos **SPTs**, sendo destinados à tomada de decisões estruturadas a partir da geração de relatórios de diferentes tipos.
- ✓ **Sistemas de Apoio à Decisão (SAD):** tendo surgido entre os anos de 1970 e 1980, esses sistemas dão suporte à tomada de decisões mais complexas do que aquelas atendidas pelos SIGs, trabalhando com problemas não estruturados.

✓ **Sistemas Especialistas (SE):** sistemas especialistas podem ser utilizados para a resolução de problemas específicos, tendo como referência um conjunto de informações heurísticas e sua relação com regras usadas para a tomada de decisões adequadas. Segundo Albertão (2005, p. 92), os Sistemas Especialistas têm como objetivo "formular conclusões, fornecer pareceres especializados, fazer sugestões, imitando o procedimento de profissionais especializados".

Conforme comentado anteriormente, verifica-se a existência de uma ampla gama de divisões, subdivisões e definições sobre sistemas de informação e suas variáveis, sendo importante relembrar que — conforme mencionam Rezende e Abreu (2001) — não existe uma classificação rígida.

A seguir, será apresentada uma classificação dos sistemas de informação, segundo o nível de utilização, ou seja, nível operacional, nível tático e nível estratégico.

4.2.1 CLASSIFICAÇÃO SEGUNDO O NÍVEL DE UTILIZAÇÃO

Um mesmo sistema de informação poderá atender a diferentes níveis dentro de uma empresa. É necessário considerar, entretanto, que muitos sistemas em uso atendem especialmente às necessidades operacionais ou táticas, porém nem sempre conseguem gerar subsídios de maneira simples e efetiva à tomada de decisões estratégicas.

Em muitos casos, essa deficiência em relação ao atendimento de necessidades estratégicas prende-se ao fato de que o volume de dados é um inimigo potencial da gestão do conhecimento, tendo em vista que as pessoas precisam filtrar uma grande quantidade de dados e informações para gerar conhecimento (DAVENPORT e PRUSAK, 2000). A incapacidade de sintetizar adequadamente um conjunto de informações não permite a geração de cenários e a respectiva prospecção de alternativas. Sem ferramentas adequadas, não há como tratar grandes volumes de dados e informações. No Capítulo 8, discutem-se técnicas e sistemas utilizados para a extração de conhecimento de grandes repositórios de dados, facilitando a geração de Inteligência Empresarial.

Para informações adicionais: **Capítulo 8, *Business Intelligence, CRM, OLAP, Datamining, Data Warehouse e Data Mart.***

Prosseguindo, a classificação por níveis (operacional, tático e estratégico), proposta nesta obra, possibilita identificar as diferentes exigências no tocante a essas áreas. Ela encontra ressonância em Turban, Rainer e Potter (2003) que propõem uma classificação por níveis organizacionais, relacionando os níveis administrativo, operacional, de gerência (relacionado às decisões de ordem tática) e o estratégico.

Além disso, é tido como pressuposto básico a um sistema que ele somente poderá atender adequadamente a um nível superior se possuir dados e informações suficientes do nível imediatamente inferior. Sendo assim, um sistema que trabalhe em nível tático somente poderá funcionar adequadamente se contar com dados e informações operacionais adequadas.

Da mesma forma, um sistema que gere informações estratégicas somente poderá operar corretamente se for subsidiado com dados e informações táticas e operacionais. Conseqüentemente, a classificação apresentada a seguir servirá não apenas para identificar as necessidades de cada nível, mas também para constatar como um nível poderá subsidiar outros, facilitando o fluxo de dados e informações qualificadas, assim como a integração de processos e sistemas.

A proposição de que um sistema somente poderá atender adequadamente a um nível superior da hierarquia, se possuir dados e informações suficientes do nível imediatamente inferior, está intimamente relacionada à questão dos fluxos de informação e, por conseqüência, da transmissão do conhecimento e geração de inteligência empresarial, conforme abordado no Capítulo 3.

Se a informação fluísse apenas do topo para a base hierárquica, em um fluxo de mão única, faltariam aos sistemas de nível tático e estratégico informações suficientes e que os subsidiassem. Com isso, decisões seriam tomadas sem que detalhes ou questões operacionais fossem consideradas, comprometendo (ou mesmo inviabilizando) alguns processos.

Para informações adicionais:	**Capítulo 3, *O Papel dos Sistemas de Informação no Desenvolvimento da Inteligência Coletiva nas Empresas.***

4.2.2 SISTEMAS DE NÍVEL OPERACIONAL

Conforme relatado anteriormente, os assuntos e decisões operacionais envolvem questões de ordem prática, necessárias ao dia-a-dia das empresas. Nesse nível, em geral, trabalha-se com dados brutos que, uma vez processados, darão origem a informações elementares e pontuais. Como exemplo, podem ser mencionados os seguintes sistemas:

- ✓ **Cadastro de pedidos:** possibilita apenas o cadastro de pedidos no banco de dados, informando a outros setores o que e quando deve ser entregue e qual o preço acertado. Gera relatórios específicos, como a quantidade de itens cadastrados por um vendedor em um determinado período (semana ou mês). Do ponto de vista estritamente operacional, o sistema de cadastro de pedidos funciona como um receptor de dados primários e um processador de informações básicas que serão utilizadas por outros setores ou departamentos.
- ✓ **Controle de estoque:** para o nível operacional, o sistema de controle de estoque permite o cadastro de novos itens (ou lotes) e a saída de produtos (com a respectiva anotação do número do pedido, data etc). Gera informações pontuais (como a quantidade de itens em estoque) ou de curto prazo (previsão de movimentação de cargas nos dias subseqüentes em função de pedidos recebidos).
- ✓ **Controle de ponto e anotação de horas trabalhadas:** permite o registro de horas trabalhadas ao longo do mês, seja coletando dados diretamente dos sistemas de ponto eletrônico seja por meio de digitação de dados. Sistemas desse tipo têm como função básica subsidiar outros sistemas, como a geração de folha de pagamento. Muitas vezes, os relatórios gerados são pontuais ou de curto alcance: o horário de entrada de um determinado funcionário em um dia específico ou a quantidade de horas trabalhadas ao longo do mês, entre outros.
- ✓ **Folha de pagamento:** a geração de folha de pagamento é efetuada com base nos registros de horas trabalhadas (via controle de ponto ou sistema de anotação de horas trabalhadas) e parâmetros informados ao sistema (tais como valor a ser pago para cada funcionário ou cargo, descontos determinados pela legislação, quantidade de dependentes, adicionais por hora extra etc.).

  As saídas básicas no nível operacional podem ser constituídas por:

  - Relatório geral informando quanto deverá ser pago a cada funcionário, tributos e encargos que devem ser recolhidos (Imposto de Renda, FGTS, Previdência Social, por exemplo) e o valor total da folha de pagamento.
  - Relatório individual (demonstrativo de pagamento ou holerite) informando a quantidade de horas trabalhadas, eventuais faltas ou atrasos, descontos e o valor final pago.
  - Geração de arquivos eletrônicos para processamento bancário dos depósitos a serem efetuados em cada conta corrente ou para recolhimento dos descontos efetuados em folha.

- ✓ **Contas a pagar e a receber:** esses sistemas são utilizados, do ponto de vista operacional, para o cadastro de contas e o acompanhamento dos respectivos vencimentos. Quando atuando de maneira mais abrangente, sistemas de contas a pagar e a receber subsidiam sistemas financeiros e contábeis, possibilitando — além do controle de simples operações — um controle tático e até mesmo estratégico.
- ✓ **Controle de requisições em almoxarifados:** para atividades operacionais, o controle de requisições apenas requer o registro do que foi solicitado e qual a pessoa (ou departamento) que efetuou a solicitação.
  Adicionalmente, é possível verificar os itens disponíveis em estoque e respectivas quantidades. Quando o material solicitado não estiver disponível, poderá ser providenciada a sua requisição ao departamento de compras. Relatórios simples podem ser gerados, tais como o que deverá ser entregue (insumo x solicitante), o que precisa ser adquirido e itens em estoque.
- ✓ **Controle de consumo de energia elétrica ou combustível:** para boa parte das indústrias, a energia elétrica e/ou combustível (diesel, óleo, gás etc.) representam um custo importante e devem ser utilizados de maneira ainda mais racional. Em vista disso, tem crescido a oferta de sistemas que monitoram o consumo de combustível e/ou energia elétrica, para evitar desperdícios.
  Por exemplo, indústrias contratam junto às concessionárias de energia elétrica uma cota mensal de fornecimento, incluindo valores máximos para consumo imediato (valores de pico). Caso os valores contratos sejam ultrapassados, a empresa deverá pagar uma multa à concessionária de energia elétrica.
  Para ajudar nesse controle, sistemas automáticos — atuando em nível operacional — podem monitorar o consumo de energia elétrica, evitando que os limites contratados sejam ultrapassados. Em casos específicos, equipamentos elétricos podem ser automaticamente desligados, procurando compatibilizar produção e consumo.
  Decisões táticas, por sua vez, podem levar à contratação de um adicional de energia, por tempo determinado, buscando atender a uma demanda sazonal. No nível estratégico são contempladas situações de longo prazo, como a necessidade de ampliar o suprimento permanente de energia elétrica após um projeto de expansão industrial.
- ✓ **Controle de empréstimo de livros:** sistemas operacionais podem atender a diversas funções dentro de uma empresa, instituição ou entidade. Escolas,

faculdades e universidades utilizam, por exemplo, sistemas para controle de empréstimo de livros. Do ponto de vista operacional, um sistema desse tipo é utilizado em bibliotecas apenas para verificar o que está emprestado e para quem (quais livros estão com um aluno ou professor e qual a data prevista para sua devolução).

4.2.3 SISTEMAS DE NÍVEL TÁTICO

Os sistemas de nível tático são voltados para o desenvolvimento e implantação de decisões estratégicas tomadas pelos níveis hierárquicos superiores da organização, como diretores, vice-presidentes ou presidentes, e envolvem, por exemplo, o projeto de novos produtos, o desenvolvimento de novos serviços ou a utilização de novas tecnologias. Para isso, são necessárias decisões relacionadas à execução da estratégia anteriormente definida, buscando alocar os recursos e estabelecendo ou configurando ações adequadas ao desenvolvimento da estratégia definida.

Dessa forma, o nível tático funciona como um intermediário que traduz as decisões estratégicas em ações que serão desenvolvidas no nível operacional.

Conforme será visto a seguir, no desenvolvimento de ações táticas trabalha-se com uma dimensão um pouco mais ampliada de tempo. Poderão ser utilizados dados e informações históricas de curto ou médio alcance em busca de uma tendência futura (por exemplo: evolução da qualidade de insumos produzidos por determinados fornecedores, histórico de pagamentos efetuados por um grande cliente, pedidos efetuados no segundo semestre dos últimos anos) ou dados do "futuro ainda incerto" (pedidos em aberto, encomendas a confirmar etc.). Tudo isso poderá ser utilizado para escolher um fornecedor de matéria-prima, identificar a tendência de um grande cliente vir a apresentar problemas ou prospectar o quanto deverá ser produzido em determinadas épocas do ano, entre outros subsídios.

Adicionalmente, o fluxo de informações amplia-se horizontalmente, obtendo *inputs* de outros sistemas ou módulos localizados no mesmo nível hierárquico:

- ✓ **Cadastro de pedidos:** para o nível tático, o cadastro de pedidos é de fundamental importância para o planejamento e a programação de atividades, propiciando a correta adequação de recursos e aquisição de insumos. Para esse nível, o ideal é que o sistema mantenha um histórico dos pedidos realizados, possibilitando a geração de relatórios que facilitem a elaboração de projeções para os meses seguintes.

Além disso, levantamentos históricos permitirão detectar sazonalidades em relação a produtos ou serviços, proporcionando uma adequação da estrutura de produção ou de atendimento em determinadas épocas do ano.

- ✓ **Controle de estoque:** quando bem gerenciado, o estoque de uma empresa poderá garantir os insumos necessários à produção de determinado item ou à prestação de um serviço em tempo ágil. Por outro lado, quando administrado de maneira incorreta, o estoque poderá gerar custos para a empresa, reduzindo o retorno sobre o capital investido.

  Sendo assim, é fundamental a empresa ter um amplo conhecimento não apenas sobre o que está disponível em estoque para consumo imediato, mas também fazer previsões com base em levantamentos históricos e pedidos registrados. Com isso, será possível verificar tendências com maior propriedade, alocando insumos necessários à produção ou prestação de serviço dentro de um prazo adequado de giro de produtos no estoque, promovendo uma redução de custos, entre outras avaliações.

- ✓ **Controle de ponto e anotação de horas trabalhadas:** sistemas como esses possibilitam administrar custos de produção no que se refere, por exemplo, à quantidade de horas extras, possibilitando uma programação mais racional de atividades ou turnos. Para isso, será necessário verificar os pedidos cadastrados e a produção projetada.

  Note-se que, para o desenvolvimento de uma visão ou ação tática, pode ser necessário o uso de mais de um sistema. A programação de turnos, por exemplo, poderá levar em consideração não apenas o controle de ponto e anotações de horas trabalhadas, mas também a produção prevista, pedidos confirmados, materiais disponíveis etc.

  Outra característica referente ao nível tático é que ele trabalha com uma dimensão ampliada de tempo, verificando dados históricos e prospectando necessidades futuras. Nesse aspecto, em relação ao controle de ponto e anotação de horas trabalhadas, é possível verificar dados históricos sobre atrasos ou necessidade de horas extras, analisando custos pertinentes e prospectando ações corretivas.

- ✓ **Folha de pagamento:** informações geradas a partir do processamento da folha de pagamento permitem fazer uma previsão de recursos para o pagamento de salários e encargos, ao longo do ano, inclusive considerando variáveis externas (como a perspectiva do índice de reajuste para a categoria).

Além disso, favorecem a tomada de decisões em situações diversas do na empresa, como uma demanda sazonal, que envolve contratações temporárias e suas conseqüências.

- ✓ **Contas a pagar e a receber:** possibilitam aos gerentes verificar o fluxo de caixa, reprogramando — conforme o caso — determinados desembolsos ou investimentos para épocas em que o aporte de recursos será maior.

  Sistemas desse tipo, ao manterem um histórico de dados e informações em bancos de dados, permitem verificar índices de inadimplência (que auxiliarão no planejamento financeiro), relação de clientes com problemas de crédito (determinando a adoção de medidas corretivas), clientes com bom histórico, dentre outras possibilidades.
- ✓ **Controle de requisições em almoxarifados:** poderá oferecer aos gerentes relatórios sobre as demandas de diversos setores ou departamentos ao longo do ano, permitindo planejar a aquisição de insumos, programação de manutenção de equipamentos, planejamento de despesas, entre outros.

  Por meio da análise desses relatórios, será possível verificar se as demandas de um determinado setor ou departamento são compatíveis com os níveis de atividades por ele desenvolvidas, possibilitando um controle maior sobre gastos.
- **Controle de consumo de energia elétrica ou combustível:** a partir da produção prevista (ou já programada) para os meses seguintes, será possível verificar qual a quantidade de energia elétrica (ou combustível) a ser adquirida ou contratada (incluindo picos de demanda).

  Será possível racionalizar o uso de equipamentos, realocando a produção de determinados itens para horários menos críticos (reduzindo a possibilidade da ocorrência de picos de consumo de energia elétrica e o conseqüente pagamento de multas, conforme explicado anteriormente).

  A partir do histórico de consumo de energia elétrica ou combustível para determinados equipamentos ou atividades, será possível promover alterações que levem a uma redução ou maior racionalização de custos (como troca de equipamentos, reconfiguração de linhas de produção, adoção de novos horários ou turnos etc.).
- ✓ **Controle de empréstimo de livros:** voltando a um exemplo fora da indústria, o sistema utilizado por uma biblioteca poderá gerar histórico sobre títulos ou assuntos mais procurados, levando a uma maior aquisição de obras dentro das áreas de maior interesse.

Além disso, ao fornecer informações sobre os títulos mais procurados, poderá orientar uma reordenação do espaço físico, facilitando o acesso aos livros mais requisitados.

4.2.3.1 Exemplos de decisões de nível tático

Em muitos casos, as informações oferecidas aos gerentes requerem uma maior integração entre sistemas. Por exemplo, quando se menciona a adoção de novos turnos de trabalho para reduzir a possibilidade de ocorrência de picos no consumo de energia, será necessário considerar os custos trabalhistas desse novo turno (serão admitidos novos funcionários ou serão pagas horas extras àqueles já contratados), questões relacionadas à logística (armazenamento e transporte do que foi produzido no turno adicional, por exemplo), questões financeiras, entre outras.

A Figura 4.3 apresenta um diagrama em que uma decisão operacional e uma decisão tática são comparadas, tendo em vista a solução de um mesmo problema. Conforme pode ser visto, a decisão operacional é mais rápida (pois demanda um conjunto menor de informações e segue parâmetros previamente estruturados). Mas, apesar de resolver o problema, ela não evita que ele ocorra novamente. Por outro lado, uma decisão tática demanda um tempo maior para ser concebida e executada, pois envolve uma quantidade maior de informações (oriundas de setores diversos). Uma vez executada, ela evitará (ou reduzirá) as chances de o problema voltar a ocorrer.

Em diversas situações, uma decisão tática dependerá do suporte de decisões estratégicas. Um exemplo disso é apresentado na Figura 4.4, que traz a análise de alternativas a um problema de *overbooking*. Será interessante retomar um exemplo visto no Capítulo 2 e que trata dessa questão. Naquela oportunidade, o *overbooking* foi utilizado para compreender o quão abrangente podem ser os sistemas de informação e fornecer uma idéia do fluxo básico de dados e informações dentro de um sistema dedicado ao equacionamento da ocupação de assentos em aviões comerciais.

Agora, esse exemplo será retomado sob uma abordagem mais complexa, a fim de fornecer subsídios que permitam um melhor entendimento sobre como ocorrem decisões de natureza operacional, tática e estratégica, sua repercussão e abrangência.

Sobre *overbooking*, é importante ressaltar que há uma norma operacional adotada pelas companhias aéreas relacionada às reservas para vôos. Ao contrário do que geralmente ocorre com outros meios de transporte, como o valor das passagens

Figura 4.3 Esquema comparativo entre uma decisão de natureza operacional e outra de natureza tática.

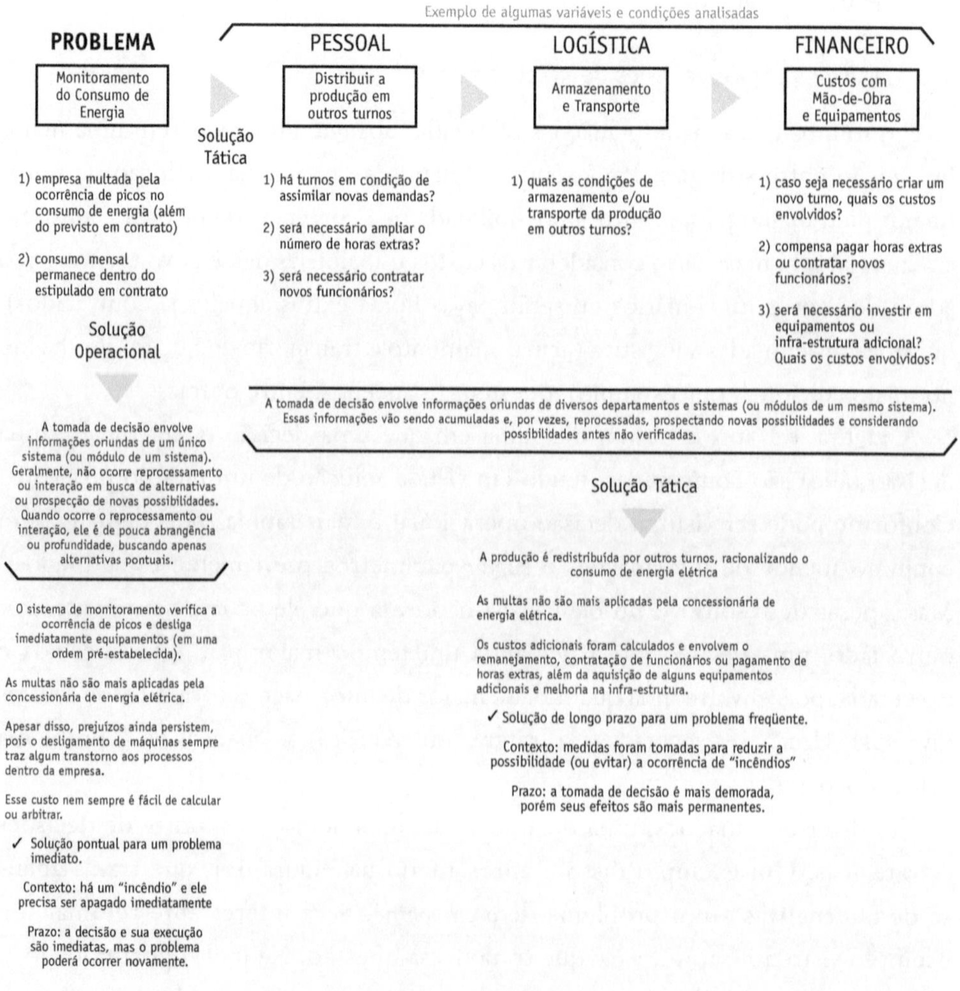

aéreas é elevado, uma pessoa que perde um vôo, habitualmente, não tem o seu bilhete invalidado. Ela poderá reutilizá-lo em outra oportunidade, desde que obedeça a determinadas condições preestabelecidas.

Esse sistema, entretanto, gera problemas para as empresas, pois nem sempre os passageiros comparecem ao vôo marcado, fazendo com que o avião decole com assentos vazios. Para reduzir esse problema — que tem impacto direto nos custos operacionais da empresa —, as companhias aéreas aceitam reservas em número superior à capacidade do avião, prevendo que alguns passageiros não comparecerão.

Figura 4.4 Esquema comparativo entre uma decisão de natureza operacional e outra de natureza tática e estratégica.

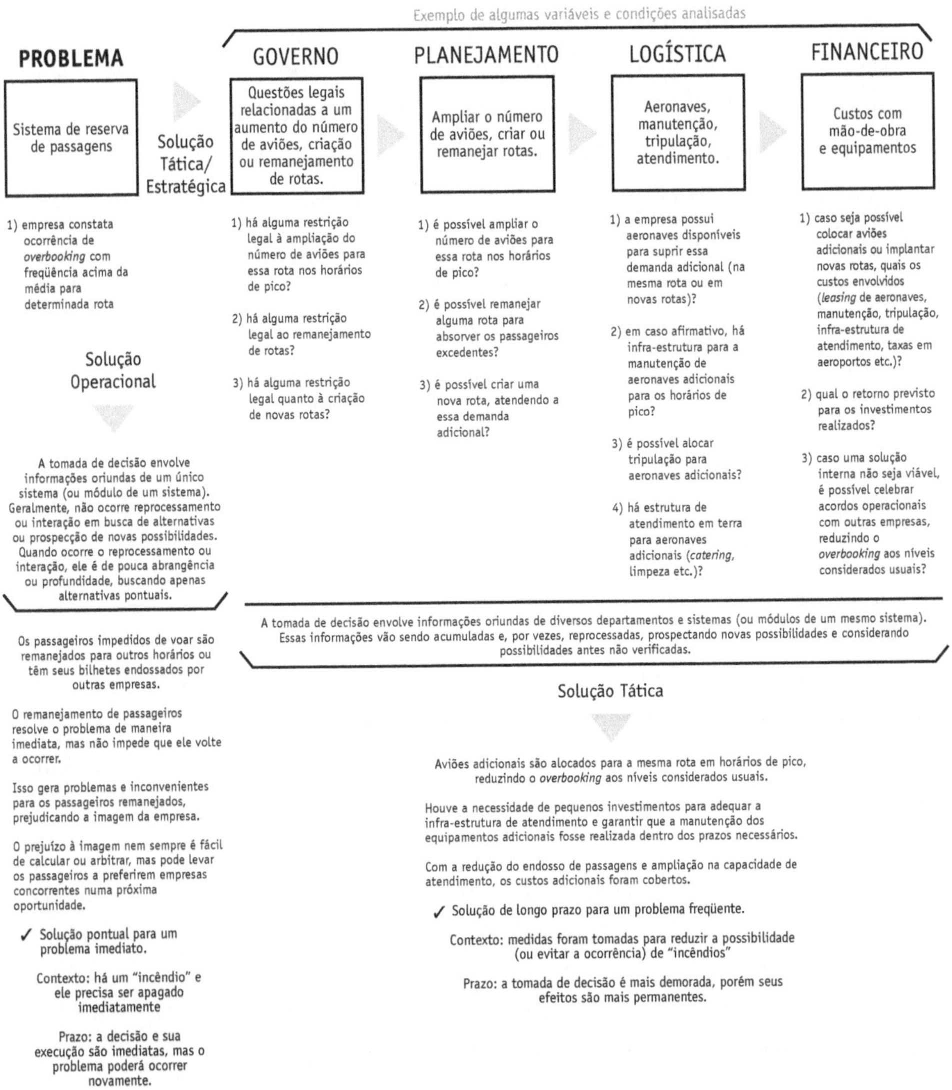

Caso haja um comparecimento maior do que a capacidade do avião, a empresa oferece algumas alternativas: alocar o passageiro em outro vôo, remanejá-lo para uma rota alternativa que passe pelo destino pretendido, dentre outras possibilidades. Muitas vezes, procurando reduzir a insatisfação do cliente, a empresa oferece milhas adicionais em seu programa de milhagem, passagens adicionais (além daquela já contratada) ou descontos. Mesmo assim, o *overbooking* gera insatisfação, especialmente quando ocorre com freqüência. A remarcação do bilhete ou seu endosso por outra companhia aérea constituem soluções operacionais que procuram minimizar o problema, mas não promovem uma solução de longo prazo.

Quando esse problema ocorre freqüentemente, a empresa aérea poderá analisar algumas decisões táticas que tenham por objetivo resolver o problema de maneira permanente. **Resolver o problema,** nesse caso, significa trabalhar com taxas convencionais de remanejamento de passageiros. Não se trata de eliminar o *overbooking* de uma determinada rota, pois isso nem sempre é possível (ou viável) do ponto de vista operacional ou mesmo financeiro.

Algumas soluções podem ser analisadas, por exemplo:

- ✓ ampliação do número de aeronaves em horários de pico;
- ✓ remanejamento de rotas, procurando absorver os passageiros extras;
- ✓ criação de uma nova rota que sirva para absorver os passageiros extras;
- ✓ celebração de acordo com outra empresa facilitando o remanejamento de passageiros em horários de pico.

Conforme pode ser visto na Figura 4.4, algumas dessas decisões devem ter como ponto de partida uma análise legal, considerando as normas regulatórias aplicadas pelo governo. Por exemplo, uma nova rota somente poderá ser implementada caso haja autorização para isso. Da mesma forma, o remanejamento de rotas (incluindo uma nova escala) somente poderá ser efetuada com autorização prévia.

Não havendo restrições legais, deverá ser efetuada uma análise que envolva, por exemplo, a disponibilidade de aviões adicionais e respectivas tripulações, condições de manutenção desses aviões, capacidade da estrutura de atendimento em terra, dentre diversas outras possibilidades.

4.2.4 SISTEMAS DE NÍVEL ESTRATÉGICO

Nesse nível, as decisões são mais abrangentes e de longo prazo, sendo que as suas conseqüências têm um impacto maior para a empresa. Geralmente, as decisões são bem menos estruturadas e levam em consideração uma série de fatores — tanto internos quanto externos — procurando estabelecer um panorama ou cenário e facilitando o equacionamento de questões.

Apesar de o conjunto de informações ser muito amplo, é necessário que sua apresentação seja sintética e resumida, facilitando a reunião de elementos e sua comparação. Para isso, freqüentemente são utilizados gráficos e diagramas, que possibilitam não apenas a apresentação rápida de informações importantes, mas também sua comparação. Na Figura 4.5, tem-se um gráfico utilizado para a tomada de decisões estratégicas. Nesse exemplo hipotético, são apresentadas as relações entre vendas de CDs convencionais de música, crescimento das rádios on-line, vendas de MP3 players e de música pela Internet.

Com base nessas informações, é possível verificar uma redução constante na quantidade de CDs vendidos, contrastando com o crescimento de novas formas de difusão, como as rádios on-line e a compra de músicas pela Internet. Pelo que é possível verificar neste gráfico, o crescimento das vendas de músicas na Internet parece estar relacionado ao aumento da quantidade de MP3 players comercializados.

O gráfico apresentado na Figura 4.5 possibilita prospectar um cenário em que a venda de CDs convencionais declinará ainda mais, ao passo que a venda de músicas pela Internet, acompanhada pelo crescimento das vendas de MP3 players, crescerá progressivamente. Adicionalmente, a quantidade de rádios on-line será ampliada, embora a taxas mais modestas.

Com base nisso, uma gravadora pode analisar algumas possibilidades em relação ao CD convencional. Ela pode optar pela prensagem de CDs com MP3, por

Figura 4.5 Relação hipotética entre diversas formas de difusão de músicas e vendas de MP3 players.

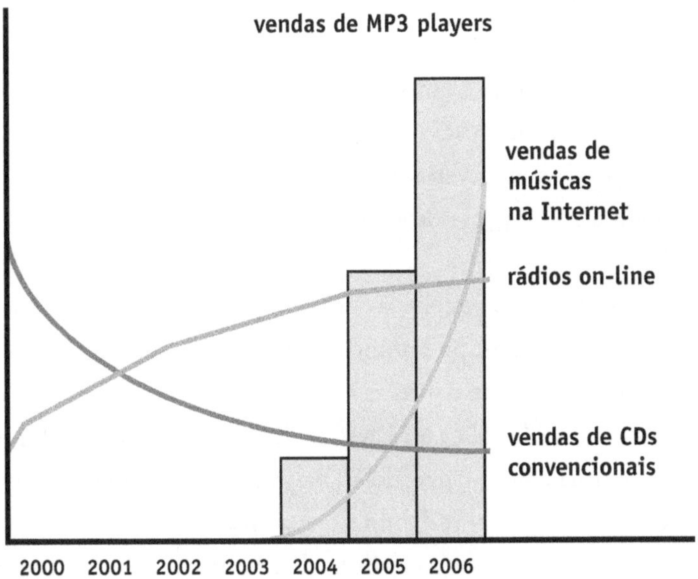

exemplo, ou analisar a possibilidade de vender músicas pela Internet. É claro que isso exigirá informações adicionais, incluindo análises financeiras mais apuradas e pesquisas com consumidores. Mas o exemplo apresentado serve para verificar que, embora as informações necessárias à elaboração desse cenário e à tomada de decisão sejam complexas, elas foram resumidas de maneira a facilitar a comparação.

Adicionalmente, é importante considerar que muitas vezes são apresentadas informações internas (por exemplo, a evolução da capacidade de produção da empresa ou a sua margem de lucro sobre um produto ou serviço) em conjunto com informações externas (a evolução de um segmento, a posição dos concorrentes etc.). Muitas vezes, essa conjugação de informações de diferentes origens é um sério obstáculo ao uso de sistemas de informação em nível estratégico. Em geral, os sistemas param no nível tático, sendo que a direção da empresa tem de recorrer a estudos adicionais ou consultorias externas para reunir as informações necessárias à prospecção de novos cenários.

Como os sistemas de informação comumente são desenvolvidos para lidar com questões internas, sendo abastecidos com dados e informações externas na medida exata e necessária à resolução de problemas táticos e operacionais, apresentam dificuldades em produzir (ou reunir) informações para o nível estratégico, especialmente pela necessidade de propiciar informações sintéticas, porém com elevado grau de conhecimento agregado.

Laudon e Laudon (2001, p. 36) apresentam algumas perguntas que os Sistemas de Suporte Executivo (destinados à tomada de decisões estratégicas) ajudam a responder:

- ✓ Qual o negócio em que a empresa deveria estar?
- ✓ O que os concorrentes estão fazendo?
- ✓ Que novas aquisições deveriam ser efetuadas?
- ✓ Quais unidades a empresa deveria vender?

Para compreender a abrangência das decisões estratégicas e a necessidade de informações internas e externas, poderemos retomar o exemplo apresentado na Figura 4.3, em que uma decisão de natureza operacional era contraposta a uma decisão tática. Nos dois casos, as decisões buscavam solucionar um mesmo problema (picos no consumo de energia elétrica levando ao pagamento de multas pela empresa). No nível estratégico, porém, é possível ampliar essa discussão e analisar a possibilidade de implantação de uma nova planta industrial em outro estado ou região.

Para isso, será necessário contrapor algumas informações, tais como projeção da oferta e do consumo de energia elétrica para os próximos anos (na região considerada), evolução projetada da matriz energética da empresa e sua dependência da energia elétrica, além de uma análise de outras alternativas, como óleo combustível e gás.

Na Figura 4.6, há uma síntese dessas informações, considerando as regiões Sudeste (onde a fábrica está instalada) e a região Sul (onde uma nova planta industrial poderá ser construída).

É importante notar que as informações disponíveis na Figura 4.6 levam em consideração não apenas questões internas (dependência de diversas fontes de energia), mas também a evolução da oferta *versus* demanda e a possibilidade de racionamento de energia elétrica e/ou gás.

Embora informações apresentados na Figura 4.6 sejam hipotéticos, o seu estudo permite prospectar algumas possibilidades interessantes. Analisando o gráfico superior (região Sudeste), que corresponde à fábrica atual, verifica-se que a demanda de energia elétrica projetada para os próximos anos crescerá até atingir o limite da oferta, aumentando os riscos de racionamento. Piorando o cenário, contata-se que a dependência de energia elétrica externa será ampliada, saindo de 80% e chegando a 95%. Outras fontes de energia ou modificações no processo produtivo têm sido prospectadas a fim de reduzir essa dependência para 70% (alternativa A) ou 60% (alternativa B). Ambos os casos envolvem o uso de geradores movidos a óleo combustível.

De qualquer forma, essas alternativas — embora reduzam o problema — não conseguem diminuir a probabilidade de a empresa ter de reduzir sua produção em face à possibilidade de racionamento de energia. Adicionalmente, deve-se considerar que modificações mais amplas na planta atual demandariam investimentos maiores do que abrir uma nova fábrica em local mais apropriado.

Por outro lado, a região Sul apresenta uma oferta projetada maior do que a demanda prevista para os próximos anos, embora a folga não seja muito ampla a ponto de eliminar a possibilidade de racionamento de energia em caso de ausência prolongada de chuvas (que levariam a uma redução nos níveis das represas). Apesar disso, caso se opte pela construção de uma nova planta, surge a possibilidade de que ela adote uma forma diferenciada de produção, reduzindo a dependência em relação à energia elétrica. Verifica-se que, embora a eletricidade corresponda à 60% da matriz energética dessa nova fábrica em seu momento inicial, seu consumo proporcional poderá ser reduzido ao longo dos anos. Ao cabo de cinco anos, a matriz energética

Figura 4.6 Estudo comparativo sobre oferta e consumo de energia (*informações hipotéticas*).

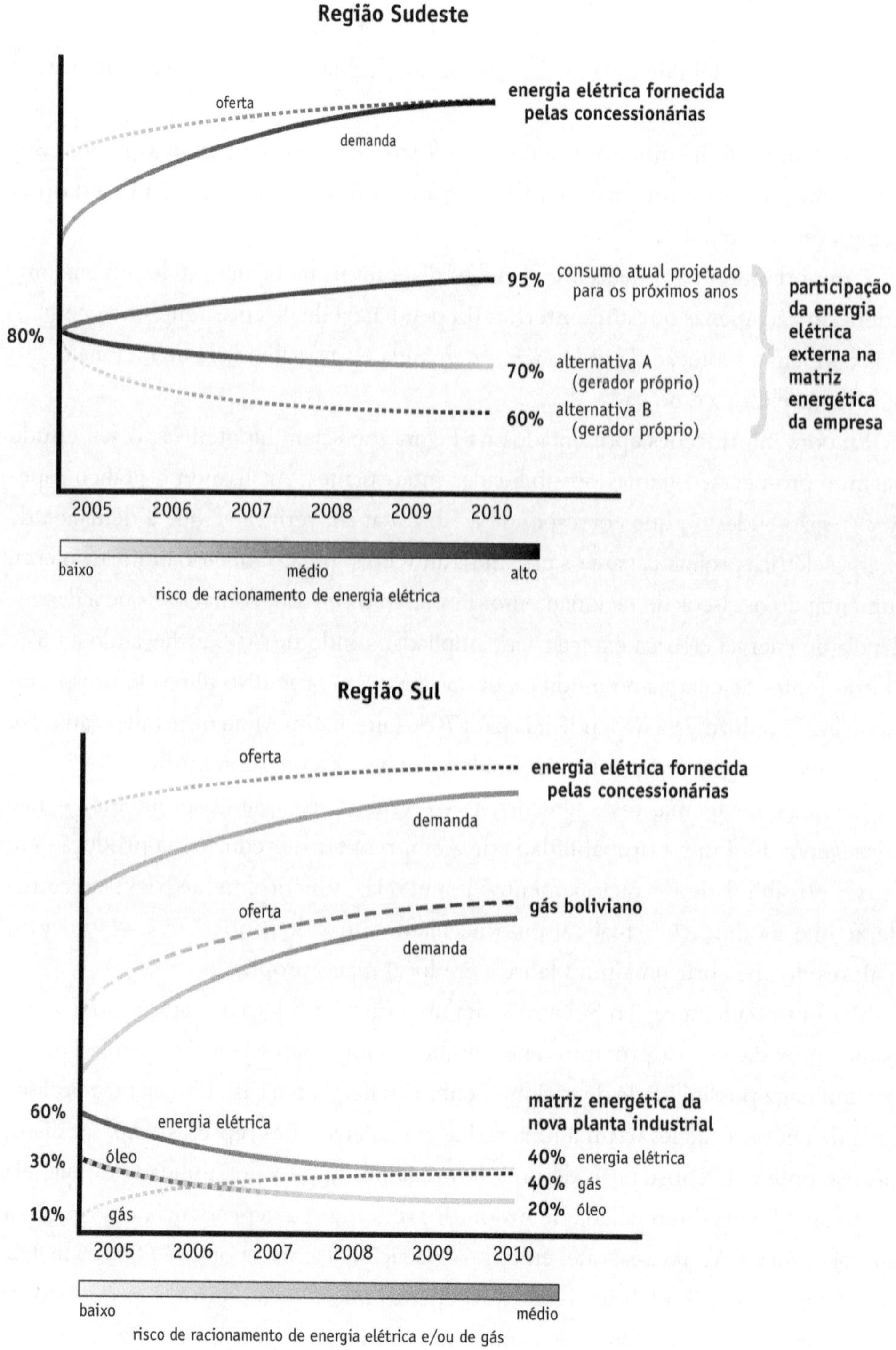

dessa unidade estaria mais diversificada, ficando 40% com a energia elétrica, outros 40% com gás e os 20% restantes com óleo combustível.

Deve-se levar em consideração também a oferta e a demanda de gás, pois nos últimos anos verifica-se um consumo crescente, além de problemas políticos internacionais, o que poderá comprometer a oferta. A projeção do consumo e da oferta de gás também é considerada para o gráfico da região Sul.

Além do que foi exposto, poderiam ser efetuadas considerações sobre o aumento da participação do óleo combustível, uma vez que o seu fornecimento tende a ser mais estável (embora o preço do petróleo possa sofrer influências internacionais). Para o processo industrial considerado para essa nova planta, o óleo só poderia ser utilizado até o limite de 20%. Valores adicionais somente poderiam ser verificados caso se utilizasse o óleo em geradores, mas — nesse caso — a energia elétrica seria obtida a um custo superior àquele cobrado pelas concessionárias de energia elétrica. Há que se ponderar, também, que existe um excedente na oferta de energia elétrica para a região, não compensando o uso de geradores em situação normal de consumo.

Essas são apenas algumas informações necessárias para que uma decisão estratégica possa ser tomada, seja modificando a fábrica atual, seja construindo uma nova planta industrial em outra região. Pelas informações apresentadas, verifica-se que a segunda opção é — em princípio — viável. É necessário analisar o custo dessa nova planta, a existência de recursos em caixa (ou ofertados por bancos ou órgãos de fomento à produção industrial), infra-estrutura disponível (água, acomodações para os funcionários, transporte, comunicação etc), custo final de produção, dentre diversos outros fatores e condições.

Dessa forma, enquanto o nível operacional desligou máquinas para reduzir o consumo em um determinado momento e o nível tático redistribuiu a produção em novos turnos, o nível estratégico preocupa-se com a possibilidade de abrir uma nova fábrica em região mais favorável. Cada decisão tem o seu mérito e o seu *timing*. Um pico de consumo precisa ser controlado (evitando o pagamento de multas). Quando essa ocorrência (ou sua perspectiva) é muito freqüente, é preciso uma decisão tática, buscando reduzir ou mesmo eliminar essa possibilidade. Apesar desses esforços, quando se verifica que a oferta de energia poderá ser um grave problema para os próximos anos, uma decisão estratégica torna-se necessária.

Conforme mencionado, muitos sistemas não têm a capacidade de lidar com informações necessárias ao nível estratégico exatamente pela dificuldade de sintetizar uma grande quantidade de informações internas e contrapô-las às externas.

No capítulo referente aos sistemas de *Business Inteligente*, esses três níveis serão retomados de uma maneira mais pragmática, indicando a aplicação de informações geradas por alguns sistemas específicos.

Para informações adicionais:	**Capítulo 8, *Business Intelligence, CRM, OLAP, Datamining, Data Warehouse e Data Mart.***

4.3 ALGUNS EXEMPLOS DE SISTEMAS DE INFORMAÇÃO

Os sistemas de informação podem ter os mais diversos graus de complexidade, de acordo com as necessidades de cada nível hierárquico, contemplando uma ampla matriz de decisões estratégicas, táticas e operacionais.

Embora seja previsível que muitos dos leitores atuem em áreas administrativas de empresas dos mais variados tamanhos, é importante verificar algumas possibilidades que, certamente, ajudarão no desenvolvimento de um olhar diferente sobre os sistemas de informação.

No primeiro exemplo, será verificado, em linhas gerais (e, portanto, de maneira resumida), o funcionamento de um hospital, tendo como foco a troca de dados e informações em diferentes níveis hierárquicos e em diferentes áreas.

O segundo exemplo mostrará, também em linhas gerais, diferentes possibilidades para sistemas de informações acadêmicas, agilizando procedimentos operacionais e oferecendo informações de qualidade para que decisões de ordem tática ou estratégica sejam desenvolvidas por professores e gestores acadêmicos.

4.3.1 SISTEMA DE INFORMAÇÕES HOSPITALAR

Ao analisarmos os sistemas e procedimentos necessários ao funcionamento de um hospital, é importante considerar que, internamente, ele possui três grandes áreas, conforme relatado a seguir:

✓ **Médica:** envolve toda a parte relativa à atuação de médicos, enfermagem, nutricionistas, fisioterapeutas, fonoaudiólogos, psicólogos, abrangendo desde simples consultas (previamente marcadas), procedimentos eletivos (como cirurgias agendadas) até situações emergenciais (começando com simples curativos e suturas no pronto-socorro até o atendimento a casos mais graves) e outros assuntos relacionados.

- ✓ **Administrativa:** engloba atividades de cadastro de pacientes, agendamento de consultas, compras de materiais diversos, controle de estoque de materiais hospitalares, ações junto a planos e empresas de seguro-saúde, cobrança, setor financeiro, contabilidade etc.
- ✓ **Hotelaria:** abrange toda a parte de atendimento não médico aos pacientes internados, envolvendo o fornecimento de refeições, troca e lavagem de roupas, limpeza e arrumação de quartos e questões afins. Essa área poderia ser englobada na parte administrativa, mas como ela é bastante significativa para o bom funcionamento de um hospital, será considerada individualmente. Inclusive, é importante notar que alguns hospitais têm aprimorado essa área a fim de agregar valor ao atendimento oferecidos aos pacientes.

Embora a percepção geral indique o contrário, a verdade é que poucos hospitais — mesmo aqueles detentores de padrões de excelência — são amplamente informatizados. Em geral, o uso de sistemas de informação é restrito às áreas e aos procedimentos administrativos e de hotelaria, que nem sempre funcionam de maneira plenamente integrada.

No que se refere à área médica, são poucos os hospitais que adotam o prontuário eletrônico, com informações sobre doenças, internações, intercorrências, tratamentos e medicamentos em uso para cada um de seus pacientes. Em geral, as anotações médicas (histórico, prescrições, avaliações) são feitas em prontuário de papel. Por outro lado, o resultado de exames (especialmente aqueles que não envolvem a obtenção de imagens) podem ser armazenados em bancos de dados, dependendo do grau de sofisticação do laboratório de análises clínicas, tendo em vista que — em determinados casos — essa atividade é terceirizada.

Dessa forma, resultados de alguns exames até podem ser verificados via terminais eletrônicos ou pela Internet, mas as anotações e prescrições médicas são feitas em papel. Caso o prontuário eletrônico fosse adotado, seria possível efetuar tarefas em diferentes níveis:

- ✓ **Operacional: relacionado a enfermagem e auxiliares** — facilita o controle de medicações prescritas e administradas a pacientes (o medicamento a ser administrado, a dosagem e os horários).

  Quando integrado aos sistemas em uso pelo laboratório de análises clínicas, permite que os resultados sejam relacionados ao prontuário eletrônico do paciente, facilitando a consulta e a tomada de decisões mais simples por parte da enfermagem. Por exemplo, em pacientes com diabetes, o médico pode deixar prescritas algumas alternativas de medicamento (quando aplicar e qual dosagem) em função do resultado do exame de glicemia (quantidade de açúcar no sangue).

Em uma situação não informatizada, esses procedimentos são anotados no prontuário do paciente, sendo acompanhados pela enfermagem e equipe de auxiliares.

Sistemas informatizados poderiam avisar o horário em que exames devem ser realizados ou medicamentos administrados, montando uma agenda de trabalho para cada unidade dentro do hospital (pediatria, berçário, ortopedia etc.).

Adicionalmente, quando informatizado, o sistema facilitaria o registro dos materiais hospitalares utilizados em determinados procedimentos, facilitando o fechamento da conta a ser apresentada ao seguro-saúde ou ao paciente.

Os relatórios gerados pela enfermagem e equipe auxiliar seriam registrados em banco de dados e informações, possibilitando o acompanhamento — mesmo a distância — da evolução de pacientes por meio de sistemas on-line.

- ✓ **Operacional: relacionado à área administrativa** — os dados do paciente disponibilizados no sistema de informações, assim com as respectivas despesas (internação, medicamentos, materiais, procedimentos etc.), agilizam a operação de fechamento de contas (quando os gastos do paciente são computados e a conta enviada ao paciente ou seguro-saúde). Reduz as glosas (quando o plano ou seguro-saúde não concorda com algum item da conta e abate o respectivo valor da total a ser pago) e ainda torna o fluxo de caixa mais uniforme e previsível.

  É necessário considerar que diversos procedimentos hospitalares, especialmente exames mais caros e cirurgias eletivas (que podem ser agendadas), requerem autorização prévia dos planos ou seguros-saúde (uma operação chamada de “pré-análise” pelos profissionais da área). Sistemas informatizados podem auxiliar na execução dessa fase, agilizando a liberação de autorizações e repercutindo positivamente na opinião do paciente em relação ao hospital.

- ✓ **Operacional: relacionado à hotelaria** — facilita a programação do dia-a-dia (refeições, limpeza de apartamentos, lavagem de roupas).

Para cada paciente internado, permite o controle de ligações telefônicas não inclusas na diária, refeições adicionais para acompanhantes etc.

- ✓ **Tático: relacionado à área médica** — o prontuário eletrônico facilitaria o compartilhamento de informações, possibilitando à obtenção de opiniões de médicos, mesmo quando não presentes fisicamente. Em sistemas informatizados, a consulta entre profissionais pode ser feita a distância. Essa forma de colaboração facilitaria a geração e disseminação de conhecimento e inteligência corporativa entre a equipe médica do hospital.
  Levantamentos estatísticos podem ser efetuados, buscando identificar qual o tratamento mais recomendável para determinadas doenças, também colaborando para a geração e disseminação de conhecimento entre a equipe médica do hospital.
  Análises estatísticas poderiam ser efetuadas em busca de soluções para problemas de infecção hospitalar, identificando as bactérias mais freqüentes e as áreas mais suscetíveis, possibilitando a adoção de medidas preventivas mais eficazes.
- ✓ **Tático: relacionado à área administrativa** — possibilita identificar quais os medicamentos e materiais utilizados, incluindo a sua freqüência e eventuais sazonalidades (por exemplo, doenças respiratórias são mais comuns no inverno, gerando uma demanda maior por determinados medicamentos).
  Facilita a administração estratégica de estoques, determinando as quantidades mínimas necessárias de materiais hospitalares, o tempo de reposição e o custo de armazenamento.
- ✓ **Tático: relacionado à hotelaria** — com base em históricos de ocupação, facilita a programação de manutenção preventiva em épocas em que a demanda por leitos é usualmente mais baixa. Por exemplo, nas férias de janeiro e julho ocorre um aumento na quantidade de procedimentos eletivos (cirurgias que podem ser programadas com antecedência, não necessitando ser executadas em caráter de urgência). Por outro lado, durante o Natal e o Ano Novo e na semana do Carnaval, há uma redução nesses procedimentos que podem ser previamente agendados.
- ✓ **Estratégico:** permite detectar tendências relacionadas ao crescimento de determinadas doenças (ampliando ou adequando a capacidade de atendimento do hospital). Por exemplo, com o aumento da prática esportiva, é possível que esteja ocorrendo um número maior de lesões em articulações

e problemas musculares, demandando uma ampliação (ou capacitação) em medicina esportiva, a fim de melhor orientar os atletas amadores.

De maneira similar — e até mesmo em conseqüência dessa maior prática esportiva e preocupação com a saúde —, muitas pessoas têm efetuado *checkups* anuais, procurando garantir uma melhor qualidade de vida. Ao detectar essa tendência, o hospital poderá ampliar a quantidade de serviços em medicina preventiva, eventualmente entrando em acordo com planos e seguros-saúde (mesmo porque, diz o bom senso, os gastos com prevenção são menores do que com a cura).

Adicionalmente, com o processamento estatístico de dados e informações armazenados em suas bases, o corpo clínico do hospital poderá desenvolver trabalhos científicos sobre a eficácia de determinadas terapias, os resultados obtidos com novas práticas cirúrgicas etc. Esses trabalhos, quando publicados em revistas e jornais científicos ou apresentados em congressos e simpósios, ajudariam, de maneira substancial, a firmar um conceito de excelência perante a comunidade médica, sendo muito bom para o marketing do hospital.

A Figura 4.7 apresenta uma síntese dos itens anteriores. Nela, é possível verificar que existe um fluxo horizontal entre os **níveis operacionais** das áreas médica, administrativa e de hotelaria, possibilitando o funcionamento do hospital em seu dia-a-dia. Por meio desse intercâmbio, ocorre o controle de estoques de materiais hospitalares e medicamentos (o que foi administrado ou utilizado em cada paciente), o controle da quantidade de dias que ele ficou internado, o fechamento de contas e o seu envio para as empresas de seguro-saúde ou aos planos de saúde (contas a receber). Além disso, é feito o controle de leitos disponíveis com base nas informações médicas (pacientes que receberam alta) e nas informações da área de hotelaria (apartamentos eventualmente indisponíveis devido à manutenção).

Subindo para o **nível tático**, ocorre uma redução dos intercâmbios horizontais entre as áreas médica, administrativa e de hotelaria. Em contrapartida, verifica-se um adensamento nas informações necessárias à tomada de decisão. Posteriormente, essa maior densidade de informações será importante no fomento do **nível estratégico**, abastecendo-o com informações altamente qualificadas, necessárias à tomada de decisões de longo prazo e maior impacto na organização como um todo.

Como pode ser visto, em um hospital, os fluxos de dados e informações têm uma densidade menor no nível operacional. O nível tático recebe informações do nível

Figura 4.7 Diagrama esquemático do relacionamento entre os níveis operacional, tático e estratégico nas áreas médica, administrativa e de hotelaria em um hospital.

operacional, agrega conteúdo (processo de adensamento) e repassa ao nível estratégico que vai determinar políticas de investimento, promoção científica e direcionamento clínico. Nesse último caso, o nível estratégico poderá definir em quais áreas o hospital poderá atuar (doenças cardíacas, ortopedia ou maternidade, por exemplo). Isso poderá ser feito a partir de dados históricos que indiquem uma maior ocorrência de determinadas doenças.

4.3.1.1 O sistema de informação hospitalar sob a perspectiva dos usuários internos

É certo que em um hospital, assim como em diversas empresas, a quantidade de cargos e funções pode ser bastante extensa. Por essa razão, este exemplo vai concentrar-se em apenas alguns tipos de usuários, para evidenciar como pode ser útil esse tipo de análise.

Existem diversas especialidades médicas, sendo correto supor que as necessidades de informação de um neurocirurgião sejam diferentes de um ortopedista. Mesmo assim, é possível considerar uma situação em que a qualidade e agilidade do atendimento pode ser afetada pela rápida disponibilidade de informações. Quando um paciente dá entrada em um pronto-socorro, o médico necessitará de informações complementares além das imediatas sobre os sintomas do paciente. Por exemplo, talvez o médico necessite saber se o paciente é alérgico a determinado medicamento ou se está fazendo algum tratamento. Se o hospital possuir um prontuário eletrônico — e, obviamente, tendo aquele paciente utilizado esse mesmo hospital anteriormente —, essas informações poderão ser obtidas sem necessidade de requerer ao paciente, que muitas vezes está impossibilitado de fornecê-las.

Prontuários em papel têm de ser requisitados ao setor de arquivo, demandando tempo precioso nos casos de atendimento de urgência. Freqüentemente, a consulta a informações prévias nem sempre é viável, quando não disponíveis em sistemas eletrônicos, o que pode comprometer a qualidade do atendimento prestado.

Em um atendimento em um pronto-socorro, o médico poderia ter o seu trabalho facilitado caso pudesse ter acesso rápido ao histórico do paciente, constando de tratamentos, cirurgias, internações etc., principalmente em versão eletrônica. Por exemplo, para um cardiologista é importante saber que um paciente faz tratamento para diabetes. É claro que essas informações podem ser obtidas diretamente com o paciente, seu acompanhante ou mesmo pelo prontuário. Mas um sistema de informações agilizaria a consulta (ao permitir a pesquisa por palavras-chave, por exemplo) e aumentaria a qualidade do atendimento, pois não dependeria de informações nem sempre precisas, fornecidas pelo próprio paciente. Além disso, possibilitaria a pesquisa de resultados de exames anteriores, permitindo ao médico compará-los com os atuais, por exemplo. Adicionalmente, fatos importantes (tais como internações, cirurgias, atendimentos de urgência, doenças crônicas) poderiam ser ressaltados, propiciando ao médico estabelecer um panorama mais preciso sobre o paciente.

Nesse caso, um sistema de informações estaria cruzando dados oriundos de diversas áreas, consolidando tudo em relatórios facilmente analisáveis. Além disso, um médico poderia consultar um banco de dados sobre os resultados de tratamentos de outros pacientes com a mesma doença, verificando quais os procedimentos têm demonstrado maior eficácia.

As enfermeiras e auxiliares necessitam de informações precisas sobre prescrições de medicamentos, realização de exames e demais procedimentos. Um sistema de informações facilitaria a rotina hospitalar desses profissionais, na medida em que facultaria a montagem de uma agenda de trabalho (o que deve ser feito, quando deve ser feito e para qual paciente), permitindo, inclusive, a anotação de materiais gastos com cada paciente.

Para as equipes administrativas, um dos procedimentos mais importantes é o fechamento de conta de cada paciente, com o envio de relatório para o seguro-saúde. É necessário fornecer informações exatas (advindas da área médica, enfermagem e hotelaria), sem as quais o seguro-saúde poderá não concordar com a conta final. Nesses casos, eventuais divergências são discutidas entre o auditor interno do hospital e o auditor do seguro-saúde, o que poderá ampliar o prazo de recebimento e prejudicar o fluxo de caixa.

Isso tem impacto no controle de custos, o que é de fundamental importância para qualquer empresa e, em especial, para hospitais onde o investimento em equipamentos e infra-estrutura tende a ser muito elevado. Sem um bom sistema de informações, a área administrativa não terá condições de controlar adequadamente os custos envolvidos nos diversos procedimentos e atividades, combater o desperdício, coibir o desvio de recursos materiais e otimizar a utilização da infra-estrutura disponível. Dessa forma, a saúde financeira de um hospital poderia ficar comprometida, fazendo com que operasse deficitariamente, com repercussões claras e imediatas na qualidade dos serviços oferecidos aos seus pacientes.

4.3.2 SISTEMA DE INFORMAÇÕES ACADÊMICAS

Um exemplo envolvendo um sistema de informações acadêmicas parece bastante adequado, tendo em vista que o ambiente de cursos de graduação e/ou pós-graduação é bastante familiar para a grande maioria dos leitores. Além disso, encerra algumas particularidades que ajudarão a compreender o quão abrangente pode ser um sistema de informações.

4.3.2.1 Considerações sobre o organograma de instituições de ensino

Como acontece com qualquer empresa, não existe um organograma padrão para as instituições de ensino, havendo variações significativas em função da própria natureza da escola (pública ou privada), da quantidade de cursos e dos níveis existentes (ensino fundamental, ensino médio, ensino superior, pós-graduação *lato sensu*, mestrado, doutorado, pós-doutorado) e do número de alunos. Dentre as escolas públicas, encontram-se escolas federais, estaduais e municipais, e dentre as privadas há instituições com fins lucrativos, particulares em sentido estrito e instituições sem fins lucrativos (que podem ser comunitárias, confessionais ou filantrópicas).

Em que pesem essas e outras possibilidades, para efeitos didáticos é possível adotar um organograma simplificado, o que é feito na Figura 4.8 para uma instituição de ensino superior. Nessa figura, verifica-se que o nível estratégico é ocupado pela direção da instituição, auxiliado pelos conselhos (como o conselho de ensino, pesquisa e extensão e o conselho superior). Logo abaixo, tem-se duas grandes áreas, sendo uma delas a administrativa, com departamentos como RH, financeiro, contabilidade, secretaria de alunos. A outra grande área é a acadêmica, com o coordenador (ou coordenadores) de curso, professores e alunos.

Os diversos departamentos da área administrativa exercem funções táticas e operacionais, pois lidam não apenas com questões mais simples (emissão de documentos, pagamentos e recebimentos), mas fornecem o suporte necessário à implantação de políticas estratégicas definidas pela direção da instituição.

Quanto à área acadêmica, coordenadores de cursos têm uma função mais tática do que operacional, embora não raro tenham que atuar na linha de frente, a

Figura 4.8 Organograma simplificado de uma instituição de ensino superior.

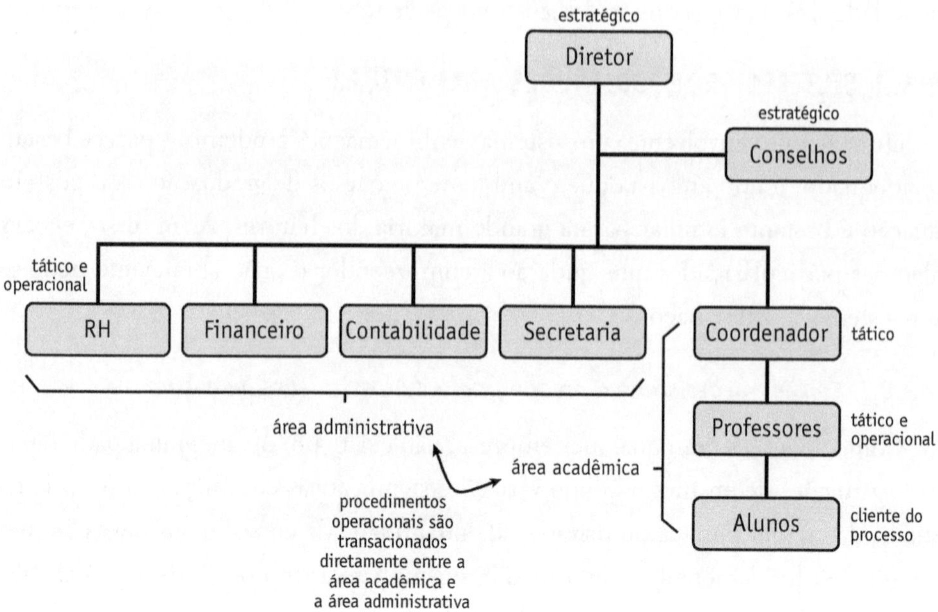

fim de resolver determinadas contingências. Por sua vez, os professores ocupam uma posição tática (ao promover a implantação de decisões estratégicas tomadas pela coordenação do curso ou pela direção da instituição) e também operacional (cuidando de tarefas mais simples, como lançamento de notas e faltas, por exemplo). Em relação aos professores, ocorrem situações em que eles assumem um papel estratégico pela experiência acumulada, podendo colaborar diretamente com a coordenação do curso no desenvolvimento de projetos ou reformulação da grade curricular.

Quanto ao aluno, embora isso possa ser objeto de polêmica, no organograma apresentado, ele é considerado cliente do processo. É importante ponderar, entretanto, que o termo cliente não deve ser tomado aqui como em uma relação habitual de consumo ou de compra e venda, tendo em vista que a relação estabelecida entre instituição e aluno é de educação e transmissão de conhecimentos. No organograma adotado, o termo cliente é destinado a indicar que o aluno é quem se beneficia de todo o processo.

É importante ressaltar que, em termos operacionais, a área acadêmica e a área administrativa trocam dados e informações diretamente, sem a necessidade de passar pelos níveis hierárquicos superiores. Quando um professor lança notas e faltas, por exemplo, ele está interagindo diretamente com a secretaria de alunos.

Os sistemas de informação têm propiciado às instituições de ensino uma série de benefícios, facilitando o gerenciamento da vida acadêmica. Atualmente, seu uso é cada vez mais freqüente, pois permite não apenas o lançamento de faltas e notas, mas também automatiza procedimentos de secretaria, como a emissão de comprovantes de matrícula e certificados e históricos escolares, por exemplo. Se esses recursos estiverem disponíveis on-line para os alunos, eles também podem ter acesso a comprovantes de matrícula, históricos, impressão de segunda via de boleto bancário e outros serviços. Adicionalmente, alguns desses sistemas possibilitam ainda um eficiente controle financeiro, agilizando procedimentos contábeis.

O prazo de empréstimos na biblioteca poderia ser monitorado on-line, com o usuário sendo avisado automaticamente por *e-mail* quando estivesse para vencer o prazo de devolução de livros, ou quando publicações reservadas estivessem disponíveis para empréstimo.

As Figuras 4.9, 4.10, 4.11, 4.12 e 4.13, exemplificam objetivamente como podem ser úteis os sistemas de informação para alunos e gestores de instituições acadêmicas.

Figura 4.9 Análise do desempenho do aluno em relação aos outros alunos do curso em que está matriculado (*dados hipotéticos*).

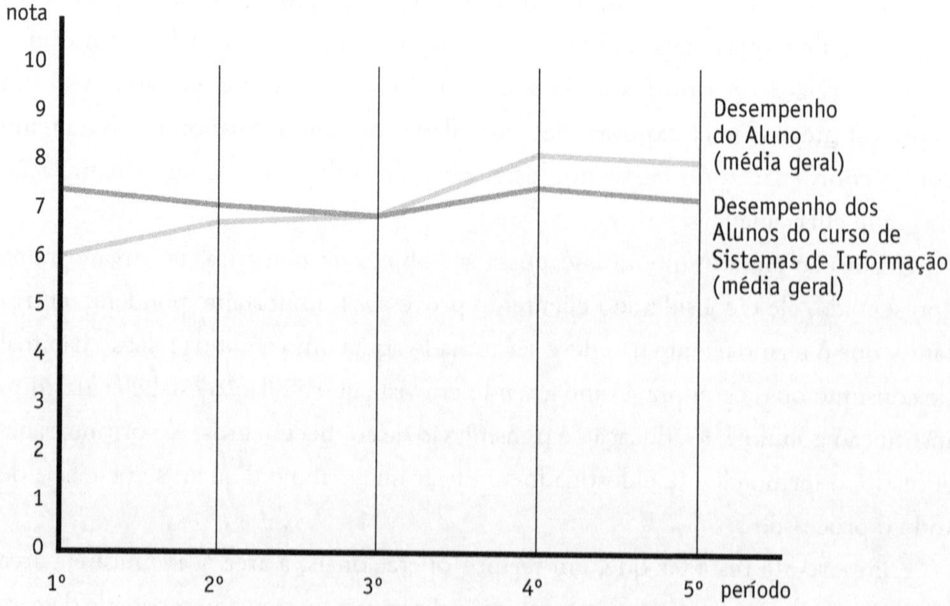

Figura 4.10 Análise comparativa das notas de três disciplinas ao longo de cinco períodos diferentes (*dados hipotéticos*).

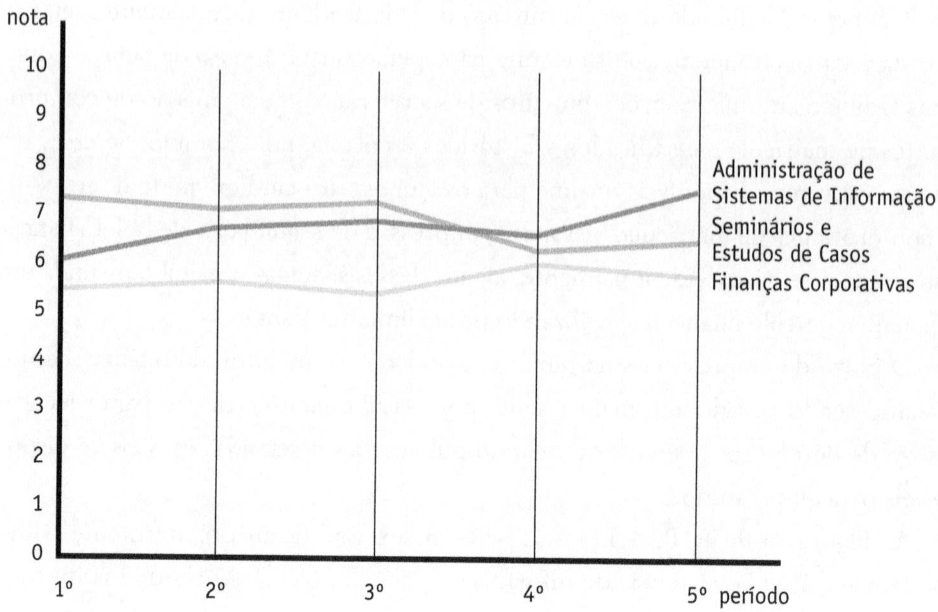

Figura 4.11 Evolução da média geral das notas de uma determinada turma ao longo de quatro períodos (*dados hipotéticos*).

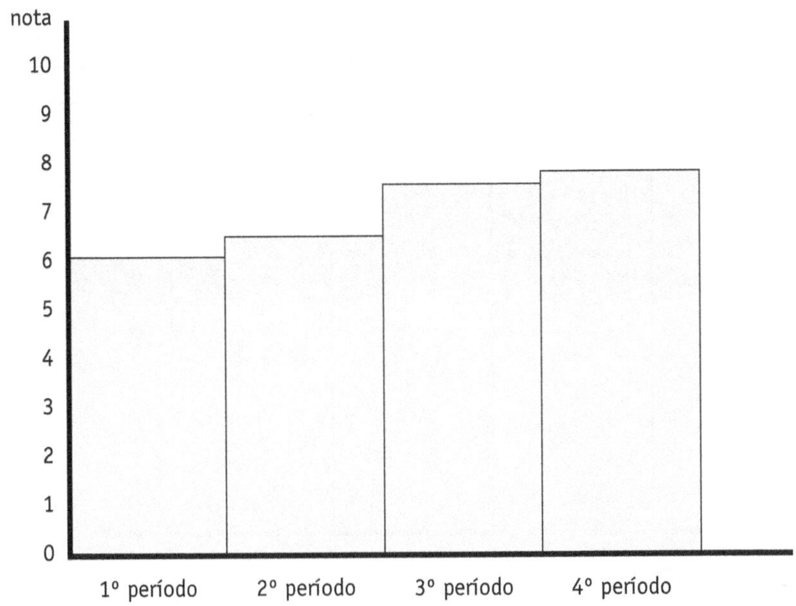

Figura 4.12 Gráficos podem ser utilizados para indicar o resultado de pesquisas de opinião realizadas com os alunos, subsidiando os professores com informações que levem a um aprimoramento didático.

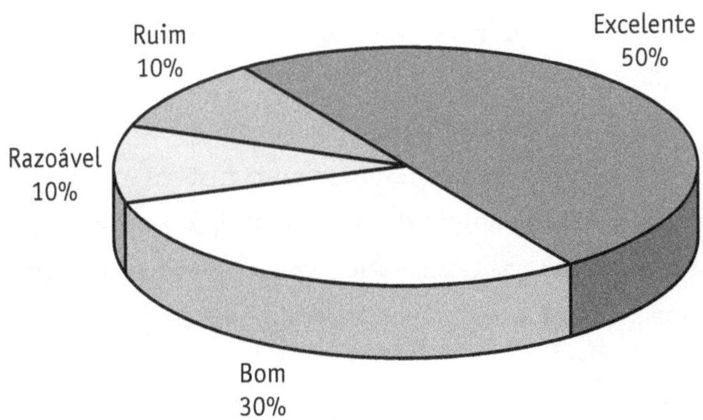

Figura 4.13 Evolução da presença de alunos em três disciplinas ao longo de um semestre letivo (*dados hipotéticos*).

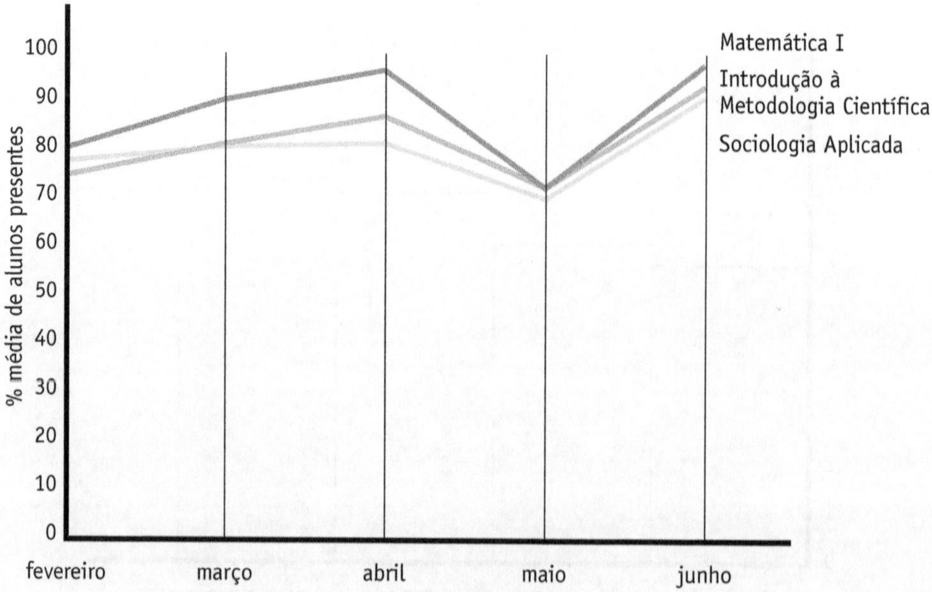

Para os administradores acadêmicos, informações comparativas sobre desempenho, faltas e índices de evasão podem ser efetivamente úteis. Isso possibilitaria avaliar disciplinas em que, historicamente, os alunos têm maior dificuldade, permitindo que medidas compensadoras sejam aplicadas (como aulas de reforço, plantões de dúvida ou auxílio de monitores).

Ações corretivas de cunho estratégico podem ser concebidas a fim de reduzir índices de evasão. Por meio de um levantamento histórico, é possível verificar o grau de satisfação dos alunos com determinadas disciplinas. Na medida do possível, essas disciplinas poderiam ser alocadas para aqueles períodos em que os índices de evasão são maiores, ajudando a reter os alunos ao apresentar conteúdos de maior interesse.

Prosseguindo, o uso de ferramentas específicas podem ser de grande auxílio aos gestores acadêmicos. Projetos usualmente considerados complexos, envolvendo diversas etapas ao longo do tempo (como a reformulação de currículos, por exemplo), podem ser gerenciados com o uso de diagramas PERT e Gantt (Figura 4.14), que permite o acompanhamento da evolução das diversas etapas. Adicionalmente, sistemas de *blogs* ou grupos de discussão podem ser utilizados para facilitar a comunicação entre pessoas envolvidas em projetos específicos, criando uma memória do que foi discutido e deliberado anteriormente. Adicionalmente, sistemas de comunicação on-line reduzem a quantidade de reuniões presenciais, que nem sempre podem contar com a participação de todos os envolvidos.

O uso de diagramas ou gráficos de Gantt também pode ser aplicado ao gerenciamento das etapas dos trabalhos de conclusão de curso (TCC), dissertações de mestrado ou teses de doutorado (Figura 4.15). Cada etapa do projeto seria previamente cadastrada e contaria com uma data específica para a sua conclusão. Na medida que o trabalho fosse executado, o aluno alimentaria o sistema e indicaria o progresso obtido. Adicionalmente, o aluno geraria um relatório para cada etapa, demonstrando o que foi efetivamente realizado, podendo ser validado pelo orientador.

Sistemas de informação acadêmica podem ajudar de maneira eficiente o gerenciamento de atividades, fornecendo soluções on-line que reduzam a burocracia, diminuam

Figura 4.14 Projetos acadêmicos podem ser gerenciados por meio de diagramas Gantt, facilitando a visualização do progresso das diversas etapas.

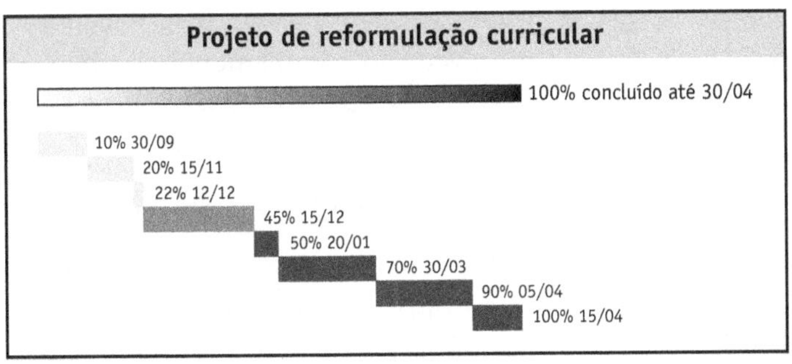

Figura 4.15 TCCs, dissertações e teses podem ser acompanhados com o uso de gráficos de Gantt, facilitando o controle da execução de etapas previamente cadastradas.

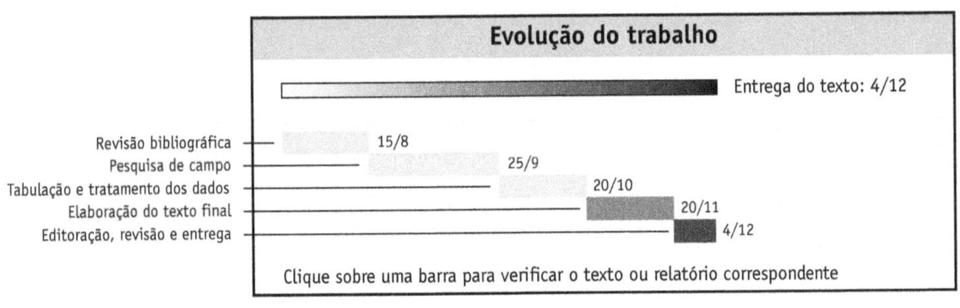

a necessidade de reuniões, otimizem o trabalho das pessoas, promovam redução de custos e agreguem valor e qualidade ao trabalho prestado pela instituição de ensino.

Podem simplificar procedimentos operacionais, como emissão de certificados, atestados ou históricos escolares, fornecer informações táticas e estratégicas aos professores e gestores acadêmicos, agregando valor aos serviços prestados e possibilitando que medidas corretivas possam ser implementadas rapidamente, melhorando a qualidade do ensino oferecido e a performance didática dos alunos.

Para informações adicionais: **Capítulo 9, *Gerenciamento de projetos de sistemas e tecnologia da informação.***

4.4 CONCLUSÃO

Conforme foi visto ao longo deste capítulo, sistemas de informação podem servir a diferentes níveis hierárquicos em uma organização, agilizando processos e melhorando a qualidade das informações necessárias para a tomada de decisões táticas e estratégicas.

As necessidades dos diferentes níveis são complementares, envolvendo uma comunicação intensa e um fluxo contínuo de dados e informações. Para que isso ocorra, é necessário que os sistemas parciais em uso em cada setor, departamento, nível hierárquico ou processo estejam integrados em um grande sistema de informação. É importante ressaltar que essa integração não ocorre apenas conceitualmente, requerendo suporte físico efetivo, que é viabilizado por meio de redes locais ou remotas.

REFERÊNCIAS

ALBERTÃO, S. E. *ERP — Sistema de gestão empresarial*: metodologia para avaliação, seleção e implantação. 2. ed. São Paulo: Iglu, 2005.

BIO, S. R. *Sistemas de informação*: um enfoque gerencial. São Paulo: Atlas, 1985.

DAVENPORT, T.; PRUSAK, L. *Conhecimento empresarial*: como as organizações gerenciam o seu capital intelectual. 2. ed. São Paulo: Campus, 2000.

LAUDON, K. C.; LAUDON, J. P. *Gerenciamento de sistemas de informação*. Rio de Janeiro: LTC, 2001.

O'BRIEN, J. A. *Sistemas de informação e as decisões gerenciais na era da Internet*. São Paulo: Saraiva, 2002.

REZENDE, A. D.; ABREU, A. F. *Tecnologia da informação aplicada a sistemas de informação empresariais*. 2. ed. São Paulo: Atlas, 2001.

TURBAN, E.; RAINER, Jr., R. K.; POTTER, R. E. *Administração de tecnologia da informação*. Rio de Janeiro: Campus, 2003.

CAPÍTULO 5

ADMINISTRANDO A EMPRESA EM REDE

5.1 INTRODUÇÃO

Houve um tempo em que os computadores trabalhavam de maneira isolada e as trocas de dados ou informações, quando ocorriam, eram efetuadas de maneira quase artesanal. Atualmente, empresas dos mais diversos portes contam com redes interligando seus equipamentos, o que facilita não apenas o simples intercâmbio de dados ou informações, mas também a integração de sistemas diversos.

Além disso, cada vez mais essas redes se interligam à Internet, possibilitando o acesso on-line aos mais diversos serviços, criando facilidades não imaginadas até há poucos anos. Mas, adicionalmente a essas facilidades, surgem problemas e questões de segurança que requerem cada vez mais atenção dos administradores, tendo em vista a possibilidade de fraudes e furtos de informações.

Atualmente, diversas empresas têm na informação seu principal ativo. O uso de redes locais ou remotas potencializa o uso desse ativo, multiplicando o seu valor pela quantidade de pessoas capacitadas a fazerem um bom uso dessas informações. Por isso, a adoção de redes torna-se cada vez mais importante, para agilizar o fluxo de dados e informações, promovendo os adensamentos necessários à tomada de decisões de ordem operacional, tática ou estratégica.

Dessa forma, é fundamental desenvolver conhecimento sobre esse assunto, para possibilitar não apenas o uso adequado do que já está disponível, mas também efetuar corretamente a previsão de novos recursos e possibilidades.

5.2 UMA BREVE RETROSPECTIVA HISTÓRICA

Quando os primeiros microcomputadores surgiram, ainda nos anos 1970, eram considerados apenas uma novidade para aficionados em eletrônica ou um brinquedo sofisticado.

Aos poucos, esse segmento foi conquistando cada vez mais pessoas e passou a movimentar quantias mais significativas, atraindo investidores e chamando a atenção de empresas de grande porte. Quando, no início dos anos 1980, a IBM lançou o seu PC, as empresas começaram a utilizar esses equipamentos para a geração de relatórios, planilhas para o controle de despesas, elaboração de propostas comerciais, dentre outras possibilidades.

Naquela época, devido à carência de programas, os computadores vinham acompanhados de uma linguagem de programação (usualmente alguma versão do Basic), que possibilitava aos usuários o desenvolvimento de pequenos aplicativos para solucionar problemas mais específicos.

Em muitos casos, o início foi tímido e lento devido aos seguintes fatores:

- ✓ preço dos equipamentos;
- ✓ baixa disponibilidade de *softwares* para fins específicos;
- ✓ falta de cultura organizacional voltada para informatização de processos;
- ✓ falta de integração do computador aos processos na empresa.

Apesar dessas dificuldades, aos poucos, os computadores foram sendo adquiridos pelas empresas. Com isso, surgiram grupos de usuários mais avançados, congregando pessoas com maior interesse pelas novas tecnologias. Esses pioneiros, ao utilizarem os computadores para agilizar e melhorar algumas de suas tarefas, ajudaram a quebrar resistências, fazendo com que outras pessoas se interessassem por esses equipamentos.

Essa informatização incipiente acontecia, geralmente, sem um planejamento específico, e a troca de dados e informações, quando ocorria, era efetuada via disquetes. Não era incomum situações em que a troca de dados ou informações não era possível, devido à incompatibilidade de programas ou plataformas. Nesse caso, restava aos usuário o processo de redigitação de dados, o que sempre podia levar à geração de erros e inconsistências.

Freqüentemente, verificava-se uma falta de padronização de aplicativos dentro de uma mesma empresa. Enquanto um departamento utilizava o processador de textos WordStar, outro talvez estivesse usando o Microsoft Word. Da mesma forma, enquanto uma pessoa preferia a planilha Lotus, outras utilizavam a Quattro Pro. É certo que entre alguns aplicativos existia alguma compatibilidade, sendo possível a um processador de textos abrir arquivos gerados por um produto concorrente. Mesmo assim, nem sempre essa compatibilidade — quando disponível — era total.

Isso aconteceu entre o início da década de 1980 e o início dos anos 1990, uma época em que o sistema operacional mais utilizado era o DOS, produzido pela Microsoft, que apresentava algumas limitações:

- ✓ **Executava apenas um programa de cada vez**. Quando uma pessoa solicitava a impressão de um documento, o computador ficava dedicado a essa tarefa, impedindo o seu uso para outras funções. Em alguns casos, textos mais longos poderiam demandar algumas dezenas de minutos para serem impressos na íntegra.
- ✓ **Possuía interface em modo texto**. O usuário era obrigado a decorar dezenas de comandos para abrir programas, copiar ou transferir arquivos, criar pastas ou diretórios etc. Isso dificultava o uso dos computadores pelos não iniciados ou pelo funcionário mais leigo. Outro problema que ocorria com freqüência era a dificuldade de localizar arquivos em meio a diretórios e subdiretórios.
- ✓ **Baixa capacidade de memória.** O DOS conseguia trabalhar apenas com 640 Kbytes de memória (ou seja, pouco mais do que 0,5 Mbyte), espaço esse que tinha de ser compartilhado pelo sistema operacional (o próprio DOS) e

pelo programa em uso. Apenas como referência, um PC convencional tem 256 ou 512 Mbytes de memória, o que representa uma capacidade entre 400 a 800 vezes superior ao dos PCs disponíveis em meados da década de 1980. A baixa quantidade de memória limitava o uso de programas maiores, muitas vezes, causando transtornos aos usuários. Por sua vez, os programadores eram obrigados a lançar mão de soluções criativas, tais como dividir um mesmo programa em pequenos módulos, para que um sistema mais amplo pudesse ser utilizado. Isso demandava um tempo maior de desenvolvimento e encarecia o produto final.

✓ **Cada programa comunicava-se diretamente com a impressora.** Na prática, cada programa deveria possuir rotinas (*drivers*) para cada modelo de impressora. Não raro, um usuário possuía uma impressora não totalmente compatível com o processador de textos disponível. Isso trazia transtornos e impossibilitava, em casos mais extremos, o uso de caracteres acentuados.

Apesar desses problemas, o DOS era um sucesso, pois seu uso era similar ao sistema operacional CP/M, que fora muito utilizado por diversas marcas e modelos de microcomputadores na segunda metade dos anos 1970.

Em 1984, a Apple lançou o Macintosh, computador com interface gráfica e *mouse*, possibilitando um uso mais amigável. Bastava o usuário apontar um ícone com o cursor do *mouse* e clicar, para que determinadas tarefas ou programas fossem executados. Nas primeiras versões, apesar de o sistema operacional do Macintosh não permitir a execução de dois programas simultaneamente, possibilitava que o computador continuasse a ser utilizado mesmo quando a impressora estivesse em uso. Em termos práticos, o Macintosh foi uma simplificação brilhante de um microcomputador denominado Lisa, também produzido pela Apple, que foi o primeiro projeto comercial daquela empresa envolvendo o uso de *mouse* e interface gráfica. O seu preço elevado fez com que apresentasse baixo desempenho comercial, demandando uma revisão e simplificação do projeto, o que resultou no desenvolvimento do Macintosh.

O conceito de interface gráfica como facilitadora da ação humana surgiu na década de 1960, como parte das pesquisas desenvolvidas por Douglas Engelbart, no Augmentation Research Center, da Universidade de Stanford (ver Quadro 5.1).

Quadro 5.1 Surgimento da interface gráfica.

Por volta dos anos 1940, o pesquisador Vannevar Bush escreveu o artigo *As we may think* (BUSH, 1945), no qual pensava em uma forma mais ágil de armazenar documentos, facilitando a sua localização e inter-relacionamento. Ele propôs o desenvolvimento de uma máquina chamada Memex (Memory Extension), que pode ser considerada precursora do conceito de hipertexto. Em seu projeto, a Memex fora concebida como uma máquina foto-eletromecânica capaz de armazenar informações em microfilmes, criando referências cruzadas que facilitassem a recuperação e o inter-relacionamento de informações entre documentos diferentes (CÔRTES, 2003).

As idéias de Vannevar Bush serviram de grande inspiração para uma série de estudiosos que, posteriormente, pensaram em utilizar computadores para facilitar o manuseio de documentos e ampliar a capacidade de trabalho intelectual das pessoas.

Em 1960, Theodor Holm Nelson (ou Ted Nelson, como é mais conhecido) cursava pós-graduação em Sociologia na Universidade de Harvard. Ao freqüentar um curso de computação para ciências humanas, Nelson teve a idéia de utilizar o computador para organizar informações por meio de um sistema que permitiria a manipulação de arquivos de texto, de maneira que pudessem ser revisados, comparados e retrabalhados com maior rapidez e facilidade. Esse sistema, desenvolvido em linguagem de máquina (Assembly), preocupava-se com o armazenamento e a manipulação de textos, quando o conceito de processador de textos sequer existia, o que poderia ser considerado bastante revolucionário para a época. Em 1965, Nelson publicou um artigo na conferência anual da Association of Computing Machinery (ACM), no qual apresentava publicamente o termo hipertexto.

Ainda nos anos 1960, um dos primeiros projetos a viabilizar na prática os conceitos e propostas de Bush e Nelson foi desenvolvido, fomentado pela Agência de Pesquisas e Projetos Avançados do Departamento de Defesa dos EUA (DARPA). Seu objetivo era desenvolver tecnologia que ampliasse a capacidade de uso dos computadores pelas pessoas, sendo conduzido no Augmentation Research Center, da Universidade de Stanford.

Um dos expoentes desse projeto foi Douglas Engelbart, que estava interessado em sistemas de colaboração assíncrona entre grupos distribuídos geograficamente (KEEP, MCLAUGHLIN e PARMAR, 2000). Em termos práticos, no Augmentation Research Center foi desenvolvido o On-line System (NLS), primeiro sistema a utilizar o conceito de hipertexto. Além desse recurso, segundo Engelbart e English (1968), Keep, McLaughlin e Parmar (op. cit.) e Maisel (2002), o NLS oferecia as seguintes facilidades:

- processador de textos;
- sistema de teleconferência, por meio do compartilhamento de telas (monitores de vídeo) entre pessoas situadas em locais diferentes, incluindo interfaces de áudio e vídeo;
- sistema de *e-mail*;
- possibilidade de configuração do sistema pelos usuários;
- *mouse* como dispositivo de indicação e seleção de recursos em monitores de vídeo;
- um sistema de interface gráfica com o uso de janelas;
- sistema de ajuda on-line.

É interessante notar que para a interação direta do usuário com a tela, por meio da indicação e seleção de opções, outros dispositivos foram cogitados, tais como uma *light pen* e *joystick* (ENGLISH, ENGELBART e BERMAN, 1967), porém testes demonstraram que os usuários tinham mais agilidade com o *mouse* do que com outros dispositivos apontadores (MAISEL, 2002).

Posteriormente, em 1973, o laboratório de pesquisas de Palo Alto da Xerox (Palo Alto Research Center — PARC), em busca de soluções que permitissem a editoração eletrônica de jornais e revistas, utilizou os conceitos de Douglas Engelbart no desenvolvimento do Alto, primeira proposta comercial de um computador com interface gráfica e *mouse*. Naquela época, a direção da Xerox não compreendeu o que tinha em mãos e, não sabendo como comercializar esse equipamento, não se empenhou em vendê-lo. Algumas unidades foram, então, doadas a universidades americanas, fazendo com que o conceito de interface gráfica fosse aos poucos sendo disseminado em nichos mais específicos.

A facilidade do uso de interfaces gráficas também seduziu a equipe da Microsoft, que logo se dedicou ao lançamento, na segunda metade da década de 1980, de um produto similar batizado de Windows. Em suas versões iniciais, o Windows nada mais era do que uma interface gráfica que trabalhava apoiada no DOS, sofrendo com a limitada capacidade de processamento dos PCs daquela época. Esse baixo desempenho constitui um dos obstáculos ao seu maior uso, situação essa que seria revertida alguns anos depois. Com isso, em seus primeiros anos de vida, o Windows não passava de uma curiosidade ou um ensaio realizado pela Microsoft.

Com uma escala maior de vendas, o preço dos microcomputadores foi decrescendo ao mesmo tempo que sua capacidade de processamento era ampliada, tornando ainda mais atrativo o seu uso nas empresas. Paralelamente a isso, em 1990, a Microsoft lançava a versão 3.0 do Windows que, aproveitando essa maior capacidade de processamento, resolvia alguns dos problemas originais e permitia, sem grandes problemas, o uso simultâneo de alguns programas, além de facilitar a transferência de dados e informações entre aplicativos. Adicionalmente, sua interface gráfica com ícones, possibilitava o acesso a recursos sem a necessidade de o usuário decorar comandos extensos.

Apesar de não constituir um sistema operacional (ainda necessitava do suporte do DOS), a versão 3.0 do Windows já conseguia gerenciar uma quantidade maior de memória, possibilitando o uso de programas maiores. Outra vantagem do Windows em relação ao DOS era que ele permita que o computador continuasse em uso mesmo quando um documento extenso estivesse sendo impresso. Um recurso adicional que se revelava era que as impressões eram coordenadas pelo próprio Windows, não sendo mais necessário que cada programa tivesse de contar com seus próprios *drivers* para lidar com diferentes marcas e modelos de impressora.

Esse conjunto de atributos, aliado ao menor custo de equipamentos com boa capacidade de processamento, fez com que o Windows 3.0 fosse amplamente utilizado pelos usuários do DOS, apresentando volumes crescentes de vendas. Com isso, o Windows passou a ser utilizado como uma ferramenta capaz de aumentar a capacidade de trabalho de pessoas e departamentos, colaborando no processo de informatização de uma série de empresas.

Paralelamente a esse uso crescente, nas empresas crescia o problema com a transferência de dados e informações entre computadores (para referência sobre aspectos históricos da conexão de computadores, vide Quadro 5.2). Como já foi dito, com o uso exclusivo do DOS, essa transferência era feita por meio de disquetes. Com o Windows, entretanto, esse recurso nem sempre funcionava, pois o tamanho dos arquivos, em diversos casos, havia crescido para além da capacidade de armazenamento dessas mídias. Alguns programas possibilitavam a compactação de arquivos, distribuindo-os em vários disquetes quando necessário. Mesmo assim, isso era um mero paliativo, pois o processo poderia consumir um tempo bastante longo.

Outro problema enfrentado em ambientes corporativos era que uma impressora podia atender apenas a um computador específico, gerando problemas quanto à otimização dos recursos de impressão. Um relatório mais extenso, por exemplo, quando gerado em um equipamento sem impressora, tinha de ser compactado e armazenado em alguns disquetes. Posteriormente, esse material deveria ser descompactado no equipamento conectado à impressora para ser finalmente impresso. É possível imaginar os problemas que isso acarretava no dia-a-dia de uma empresa.

Para resolver esses problemas foram desenvolvidas algumas soluções criativas. Por exemplo, existiam caixas comutadoras, fazendo com que uma mesma impressora pudesse ser utilizada por diferentes computadores. Em termos práticos, era como se o cabo da impressora fosse retirado de um computador e conectado a uma segunda máquina. Era uma forma incipiente de compartilhar recursos de impressão em equipamentos que operavam de maneira isolada.

Por sua vez, equipes de trabalho enfrentavam problemas com a geração de diferentes partes — ou versões — de um mesmo documento. Nesse caso, vários disquetes precisavam ser manipulados por uma mesma pessoa a fim de gerar uma versão final unificada. Situações como essa acabavam por diminuir a produtividade dos sistemas utilizados nas empresas.

Foi então que o uso de redes locais passou a ser considerado por algumas empresas, que vislumbraram a possibilidade de transferir arquivos mais rapidamente e compartilhar recursos de impressão de uma maneira mais racional. Apesar disso, em suas versões iniciais, o sistema operacional DOS não dava suporte ao uso em redes, recurso esse que foi adicionado a partir da versão 3.1. É importante ressaltar que não bastava ter apenas a versão 3.1 do DOS para montar uma rede local. Além do *hardware* (placas de rede, cabos etc.), era necessário contar com um *software* apropriado que, trabalhando com o DOS, tornava possível implantar uma rede.

Quadro 5.2 O surgimento do padrão Ethernet.

O padrão Ethernet é um conjunto de tecnologias desenvolvidas para conectar computadores em redes locais, sendo mundialmente utilizado. Desde 1985, a Ethernet vem sendo formalizada como padrão, em sucessivas e aperfeiçoadas versões, pelo Institute of Electrical and Electronics Engineers, por meio das normas da série IEEEs 802.3.

Atualmente, o padrão Ethernet é o mais utilizado na elaboração de redes locais, sendo uma tecnologia que define não apenas o tipo de placa de rede, mas também outros equipamentos associados (tais como *hubs* e *switches*, por exemplo).

Sua história começa com Bob Metcalfe, engenheiro elétrico formado pelo MIT (Massachusetts Institute of Technology), que possuía uma boa experiência com a conexão de computadores quando foi convidado a trabalhar no PARC — (Palo Alto Research Center), centro de pesquisas da Xerox localizado em Palo Alto, Califórnia.

Metcalfe havia trabalhado no desenvolvimento do *hardware* necessário à conexão do MIT com a Arpanet (uma das redes antecessoras da Internet) e também havia ajudado a aprimorar a Aloha network (ou Alohanet), uma rede acadêmica na Universidade do Havaí, que utilizava conexões por rádio em lugar de transmissões telefônicas, a fim de conectar computadores. A Alohanet acabou sendo objeto da tese de doutorado de Metcalfe e serviria como base teórica e prática ao desenvolvimento de seu mais importante trabalho no PARC, a rede Ethernet.

Nos anos 1970, o PARC procurava um meio de interligar os computadores Alto (vide Quadro 5.1), facilitando a troca de arquivos entre os equipamentos. Aproveitando seu *expertise*, Bob Metcalfe adaptou o trabalho desenvolvido na Alohanet, fazendo com que as conexões pudessem ser estabelecidas por meio de cabos em lugar de ondas de rádio. Adicionou outros melhoramentos e criou a Ethernet, que é padrão de rede mais utilizado hoje em dia.

Naquela época, a Xerox não conseguiu êxito na comercialização da Ethernet, mas Metcalfe acreditava em sua solução para a conexão de computadores. Por isso, ele saiu do PARC e, em 1979, fundou a 3Com — que significa *computers, communication, compatibility* — atualmente, um dos maiores fabricantes mundiais de equipamentos e soluções para conexão de equipamentos.

Pensando nisso, em 1992, a Microsoft lançou a versão Windows 3.11 for Workgroups, com o qual era possível montar uma pequena rede local. É importante ressaltar que essa versão adicional do Windows também requeria o suporte do DOS. Entre 1992 e 1995, a Microsoft comercializou a versão 3.1 do Windows (sem suporte nativo ao uso de redes locais) e a versão 3.11 for Workgroups (com *software* de rede incorporado). Paralelamente a isso, surgia o Windows NT para redes de grandes empresas, contendo recursos mais sofisticados de segurança.

Em 1995, o lançamento do Windows 95 — que substituía as versões 3.1 e 3.11 — trazia como uma das novidades a possibilidade de montagem de uma rede local sem a necessidade de *softwares* adicionais. Isso fez com que o uso de redes fosse disseminado pelas empresas dos mais diversos tamanhos, possibilitando que rotinas de trabalho fossem distribuídas e fluxos redirecionados, ampliando a capacidade de processamento e otimizando recursos. Dentre os ganhos obtidos, além da transferência de arquivos, passou a ser possível compartilhar impressoras, com um mesmo equipamento atendendo a diversos computadores, acesso a banco de dados ou à Internet.

Atualmente, redes locais são encontradas até mesmo em residências, com o acesso à Internet distribuído pelos equipamentos, além de contar com o compartilhamento de recursos de impressão. Ademais, a conexão sem fio tem ganhado cada vez mais espaço, possibilitando o acesso à Internet em cafés, aeroportos, hotéis, escolas, *shopping centers* e diversos outros locais, facilitando o acesso uma crescente gama de serviços on-line.

Com o uso de redes cada vez mais disseminado, para uma adequada administração de sistemas de informação, é de fundamental importância conhecer diversos aspectos relacionados às redes de comunicação, envolvendo desde a parte física até questões de segurança.

5.3 DEFINIÇÃO E TIPOS DE REDES

Uma rede de computadores é um sistema físico que permite a comunicação dinâmica e síncrona entre dois ou mais computadores (ou seja, com os computadores conectados em tempo real), possibilitando que transmitam dados e informações, compartilhem arquivos, programas e recursos diversos (banco de dados, impressoras, serviços de fax, acesso à Internet e dispositivos de segurança, por exemplo).

Existem diferentes tipos de redes, no que se refere ao seu alcance, configuração física ou lógica, cada qual apresentando características peculiares, que precisam ser compreendidas, em busca de uma melhor administração de recursos existentes. Embora existam outras possibilidades, neste livro serão analisadas três características básicas das redes de comunicação entre computadores:

- alcance geográfico ou abrangência;
- topologia ou organização física;
- organização lógica (para redes locais).

Inicialmente, será estudado o alcance geográfico ou abrangência, englobando desde redes para comunicações a curtíssima distância até aquelas de longo alcance, passando pelas redes metropolitanas, conforme apresentado a seguir.

5.3.1 ALCANCE GEOGRÁFICO OU ABRANGÊNCIA

5.3.1.1 PAN (Personal Area Network) e WPAN (Wireless Personal Area Network) — Redes de Alcance Pessoal

Em relação à sua abrangência, até há poucos anos as redes eram agrupadas em redes locais (LAN), redes de alcance metropolitano (MAN) e redes de longo alcance (WAN). Com a proliferação de sistemas de conexão sem fio (*wireless*), surgiram as redes de alcance pessoal (PAN — Personal Area Network).

Esse tipo de rede é utilizado para conexões de curta distância (em geral, de alguns poucos centímetros até alguns metros) e apresentam um caráter usualmente temporário, apenas destinado à resolução de um problema específico (transferência de arquivo, impressão de documento ou conexão com a Internet).

São usuais em equipamentos tais como PDAs (Personal Digital Assistants), na comunicação sem fio entre computadores e dispositivos como impressoras, na troca de dados e informações entre computadores portáteis não conectados fisicamente. Para isso, utilizam tecnologias *wireless*, tais como Bluetooth, InfraRed ou mesmo Wi-Fi, padrões esses que serão analisados posteriormente. Pelo uso de sistemas *wireless*, essas redes também são chamadas de WPAN (Wireless Personal Area Network).

É necessário notar que, embora a tecnologia Wi-Fi possa ser utilizada em PANs (ou WPANs), é mais usual em redes locais (LAN).

5.3.1.2 LAN (Local Area Network) — Redes de alcance local ou simplesmente redes locais

São redes cuja extensão pode variar de alguns poucos metros até centenas de metros, conforme a dimensão física do ambiente onde está instalada. Em geral, a comunicação física é feita via cabo, embora esteja em amplo crescimento o uso de sistemas de comunicação sem fio (Figura 5.1).

5.3.1.3 MAN (Metropolitan Area Network) — Redes de alcance metropolitano

São redes maiores do que uma LAN, podendo atingir alguns quilômetros, sendo geralmente utilizadas para interligar redes de diferentes unidades de uma mesma empresa (situadas em uma mesma região metropolitana). Em geral, as MANs são compostas por diversas LANs, conforme apresentado na Figura 5.2.

Figura 5.1 Exemplo de LAN (Local Area Network) interligando diferentes departamentos dentro de uma mesma empresa.

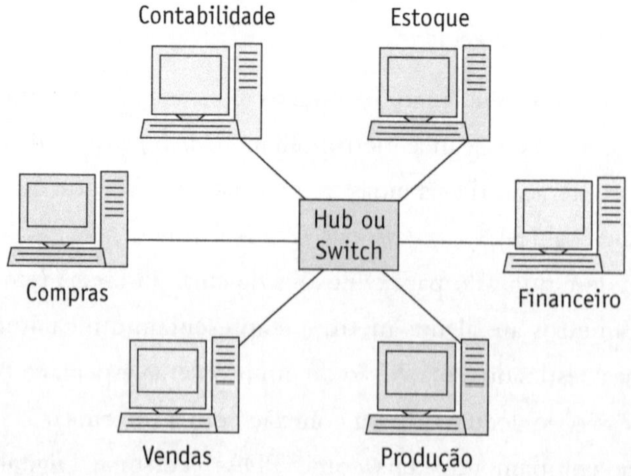

Figura 5.2 Exemplo de MAN (Metropolitan Area Network), com diferentes LANs (A, B, C e D), conectadas por linha dedicada, rádio ou Internet.

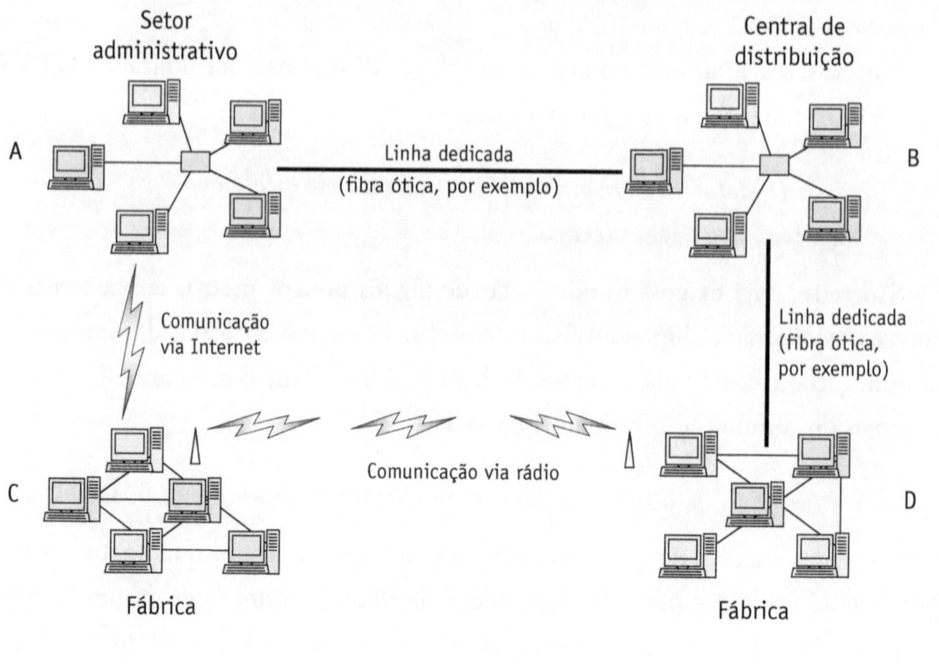

Em uma MAN, a conexão pode ser feita por linha dedicada (com fibra óptica, por exemplo), conexão direta via rádio ou mesmo via Internet. É importante ressaltar que em uma MAN não é necessário que todas as LANs estejam mutuamente conectados entre si para que a comunicação seja possível entre todos esses pontos. Em diversos casos, algumas LANs podem servir também de ponto de passagem. Por exemplo, na Figura 5.2, verifica-se que a unidade A (setor administrativo) não possui conexão direta com a unidade D (fábrica). Apesar disso, essas duas unidades podem estabelecer uma conexão via unidade C ou B, que serviriam de intermediárias.

Esse tipo de solução dependerá de como a rede foi implantada e dos recursos de comunicação disponíveis. Embora pontos da MAN possam servir de intermediários, é possível configurar a rede para bloquear essa facilidade.

5.3.1.4 WAN (Wide Area Network) — Rede de longo alcance

São redes de tamanho ampliado, podendo conectar diferentes LANs ou mesmo MANs situadas em cidades ou estados diferentes. Seu tamanho pode variar de dezenas a milhares de quilômetros, conforme apresentado pela Figura 5.3.

Figura 5.3 Exemplo de WAN (Wide Area Network), por meio da qual uma empresa conecta suas filiais ou representantes espalhados em várias cidades no Brasil.

Em redes do tipo WAN, a comunicação poderá ser efetuada por uma linha dedicada ou via Internet. No primeiro caso, contrata-se com a operadoras de telecomunicações uma linha de transmissão de dados, havendo diversas opções de velocidade. No segundo caso, é possível conectar uma LAN à Internet e, utilizando *softwares* específicos, permitir a interligação de redes diferentes.

No caso da linha dedicada, a comunicação tende a ser mais eficiente e rápida, pois utiliza-se uma banda específica com garantia de desempenho, sem que um eventual aumento de tráfego na Internet reduza sua performance. É necessário considerar, entretanto, que essa opção envolve custos maiores, mas que podem ser equacionados diante da oferta crescente desse tipo de linha em diversas operadoras de telecomunicação.

Por outro lado, com o uso da Internet, embora o custo seja menor, o desempenho tenderá a ser reduzido comparativamente à primeira opção. Há sempre o risco de que um acesso à Internet apresente-se particularmente congestionado em determinados períodos, degradando o desempenho dessa forma de comunicação.

Devido às distâncias envolvidas, geralmente, a comunicação via rádio não é considerada, a não ser no caso de conexões envolvendo duas cidades próximas e dentro de condições geográficas favoráveis (como relevo e distância).

Similarmente a uma rede metropolitana (MAN), em uma WAN é possível estabelecer conexão entre dois pontos não interligados diretamente. Para isso, pode ser utilizado um terceiro ponto que servirá de ponte entre os dois primeiros. No exemplo mostrado na Figura 5.3, a comunicação de São Paulo com o Rio de Janeiro é feita diretamente. Por outro lado, caso São Paulo deseje se comunicar com Manaus, essa conexão deverá passar pelos pontos intermediários de Belo Horizonte e Brasília. Assim como foi comentado para a MAN, embora um ponto possa servir como intermediário físico entre dois outros pontos (por exemplo, Belo Horizonte servindo como intermediário entre São Paulo e Brasília), é possível configurar a rede para que essa intermediação não seja possível.

Por outro lado, dependendo da distribuição dos pontos (cidades) e conexões, rotas alternativas podem ser consideradas em caso de problemas. Se a conexão direta entre Salvador e Belo Horizonte não for possível, a conexão poderá ser redirecionada para Recife e Brasília, chegando a Belo Horizonte por uma rota alternativa, desde que a rede tenha sido configurada para isso. Essa solução é utilizada pela Internet, com rotas alternativas sendo alocadas sempre que algum problema (falta de conexão ou excesso de tráfego) é verificado.

Apesar disso, a busca por rotas alternativas nem sempre é possível. Na Figura 5.4, verifica-se que Belo Horizonte é um ponto-chave para a WAN, conectando as redes "sul–sudeste" e "norte–nordeste". Caso Belo Horizonte enfrente algum problema, as duas redes não poderão trocar dados e informações, mas se fosse implantada uma linha alternativa entre Rio de Janeiro e Salvador (Figura 5.5), esse problema poderia ser contornado. Nesse caso, a linha alternativa poderia ser utilizada até mesmo para desafogar o tráfego, evitando que as conexões passassem obrigatoriamente por Belo Horizonte.

Redes do tipo WAN têm permitido que ligações telefônicas de longa distância sejam efetuadas com a utilização dessa infra-estrutura, levando a uma economia importante de recursos financeiros. Por exemplo, uma empresa que tenha a sua sede administrativa em São Paulo, uma fábrica no Paraná e escritórios regionais em diversos estados, ao dispor de uma WAN interligando essas

Figura 5.4 Dependendo de como as conexões de uma WAN estão configuradas, se um ponto da rede enfrentar um problema, toda a rede poderá ser prejudicada. No exemplo acima, caso Belo Horizonte fique off-line, a "rede sul–sudeste" ficará isolada da rede "norte–nordeste".

Figura 5.5 Uma linha adicional entre Rio de Janeiro e Salvador poderia servir de alternativa, caso Belo Horizonte estivesse off-line ou para desafogar eventuais excessos de tráfego.

diferentes unidades, poderá utilizar o recurso de Voz sobre IP (VoIP — *Voice over* IP), transformando a voz em pacotes de dados, transmitindo-os via rede de longa distância e, posteriormente, transformando novamente esses dados em voz (MORAES, 2006). Esse recurso será detalhado posteriormente.

Desse modo, a comunicação entre diferentes cidades e estados seria feita a baixo custo, em tempo real (como em uma ligação convencional), com uma qualidade muito boa (especialmente no caso de a empresa utilizar linhas dedicadas) a um custo bastante reduzido comparativamente à telefonia convencional.

O uso de WANs também poderá servir à implantação de sistemas de videoconferência, ampliando as possibilidades de comunicação entre diferentes unidades e reduzindo despesas com viagens.

5.3.2 TOPOLOGIA OU ORGANIZAÇÃO FÍSICA (PARA REDES LOCAIS OU LAN)

No que se refere à forma como as redes são organizadas ou configuradas, o primeiro ponto que deve ser mencionado é o que diz respeito à conexão física dos equipamentos, o que poderá ser determinante em relação à flexibilidade e à capacidade de expansão das redes. Neste tópico, serão analisadas as três topologias clássicas, que são: **anel**, ***bus*** ou **linear** e **estrela**, conforme apresentados a seguir:

5.3.2.1 Anel

Essa topologia, que foi bastante utilizada antigamente, consiste em um mesmo cabo que interliga todos os computadores ou terminais, fazendo uma espécie de laço ou anel conforme apresentado pela Figura 5.6. Para o correto funcionamento dessa rede, é fundamental que esse anel esteja fechado pois, do contrário, a conexão de todas as máquinas ficará prejudicada.

Em algumas soluções do tipo anel (como a Token Ring, desenvolvida nos anos 1980 pela IBM), uma espécie de sinal circulava pela rede e se encarregava do transporte de dados entre os equipamentos ou terminais. Somente quando uma solicitação era atendida é que a próxima solicitação da fila poderia ser processada, degradando a performance da rede (GASPARINI, 2004).

Em caso de algum problema físico com o cabo (mau contato ou ruptura, por exemplo), poderia ser gasto um tempo considerável na sua manutenção (ou substituição), com prejuízo para toda a rede.

Figura 5.6 Esquema básico de uma topologia em anel, com um mesmo cabo conectando os computadores ou terminais.

Topologia em anel

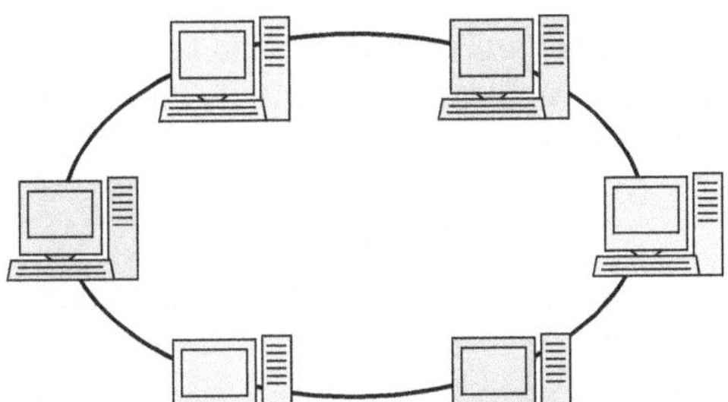

É importante ressaltar que atualmente, na grande maioria das empresas a topologia em anel não é mais utilizada, a não ser em situações bem específicas.

5.3.2.2 Barramento linear ou bus

Do ponto de vista físico, essa topologia é similar a um laço aberto da topologia em anel. Um mesmo cabo interliga todos os equipamentos, mas as pontas desse cabo não estão unidas em sua extremidade (Figura 5.7). No jargão técnico, todas as máquinas ficam *penduradas em um mesmo varal* à semelhança de roupas colocadas para secar. Essa analogia permite compreender um problema muito recorrente nesse tipo de rede. Caso o cabo sofra algum problema físico (uma ruptura ou mau contato, por exemplo) todos os equipamentos nele "pendurados" poderão ser afetados.

Esse tipo de problema, muitas vezes, não é facilmente detectável, uma vez que em caso de mau contato poderia ser necessário verificar a conexão com cada um dos equipamentos, consumindo, geralmente, muito tempo de manutenção, com prejuízos para toda a rede.

Antigamente, devido ao seu baixo preço e facilidade de montagem, essa rede foi muito utilizada na conexão de microcomputadores, utilizando os sistemas operacionais Windows for Workgroups, Windows 95 e 98 (embora esses sistemas também possam trabalhar com a topologia em estrela, mostrada mais adiante.

Esse tipo de rede pode ainda ser encontrado em algumas empresas de pequeno porte, mas, devido à redução de preços de sistemas mais modernos, vem sendo substituída pela topologia em estrela.

5.3.2.3 Estrela

Nas duas topologias verificadas anteriormente (anel e *bus*), um mesmo cabo conectava todos os equipamentos, o que poderia gerar problemas de estabilidade da rede caso esse cabo se rompesse ou apresentasse problemas de conexão.

Figura 5.7 Topologia linear ou *bus*, com um mesmo cabo interligando todos os computadores ou terminais. Diferente do que ocorre com a topologia em anel, as extremidades desse cabo não estão unidas.

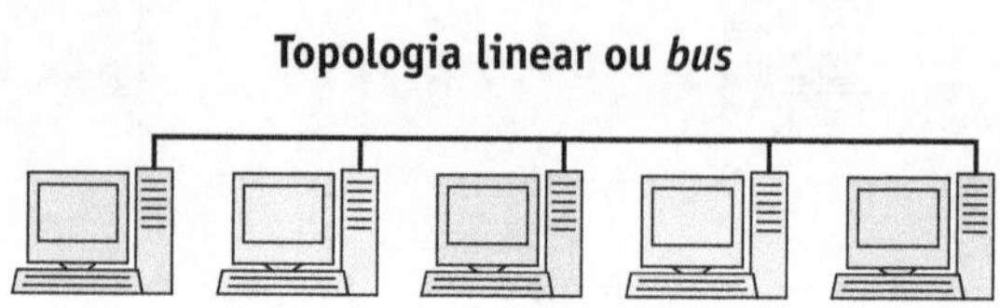

Por sua vez, na topologia em estrela, cada equipamento possui o seu próprio cabo, que está ligado a uma caixa de distribuição (que pode ser um *hub* ou *switch* — ver Quadro 5.3), formando uma espécie de estrela, conforme apresentado na Figura 5.8. Os *hubs* ou *switchs* possuem portas às quais os cabos são conectados, sendo comum equipamentos com 16 ou 24 portas. É sempre importante contar com *hubs* ou *switchs* com capacidade (número de portas) maior do que o número de equipamentos em uso, para facilitar o acréscimo de mais equipamentos à rede, além de constituírem uma reserva para emergências (em caso de queima de uma porta, por exemplo).

A vantagem dessa rede é que, caso um desses cabos apresente algum problema (ruptura, mau contato etc.), somente o equipamento ao qual ele está conectado ficará prejudicado. O restante da rede continua operando sem problemas.

Embora não seja comum, há que se considerar a possibilidade de uma falha generalizada com o *hub* ou *switch*, que poderá prejudicar toda a rede. O usual é que alguma porta do *hub* ou *switch* apresente um problema, o que prejudicará o equipamento que a utiliza. Nesse caso, basta conectar o equipamento em outra porta para que essa dificuldade seja resolvida, justificando a recomendação de uso de *hubs* ou *switchs* com um número de portas maior do que a quantidade de equipamentos (computadores ou impressoras, por exemplo) diretamente conectados à rede.

Devido à redução de preços dos equipamentos e sua maior confiabilidade, a topologia em estrela é utilizada na grande maioria das redes de empresas dos mais diversos portes.

Mais adiante, será mostrado como essa rede pode ser ampliada, com a utilização de múltiplos *hubs*, formando uma topologia estrela multinodal na concepção de Gasparini (2004).

Figura 5.8 Topologia em estrela, com todos os equipamentos ligados a uma mesma "caixa de concentração" que pode ser um *hub* ou *switch*.

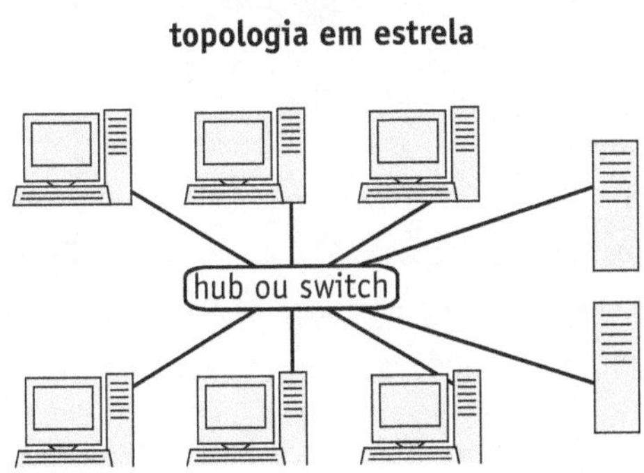

Quadro 5.3 *Hub*, *switch* e roteador.

Ao trabalhar com redes, seja em seu projeto e implementação, seja na simples utilização, será freqüente o uso de termos como *hub*, *switch*, roteador (*router*, em inglês) ou *bridge*. Cabe perguntar: o que significa cada um desses termos e qual seu uso em uma rede?

***Hub*:** em uma rede de topologia estrela os cabos de comunicação passam por um dispositivo centralizador — que pode ser um *hub* — que serve como ponto de passagem (ou conexão) entre diferentes equipamentos. Fazendo uma analogia, o *hub* é como um cruzamento que liga diferentes ruas, possibilitando que um veículo saia de uma determinada região e siga em direção a outro local. Em uma rede, o *hub* permite que um pacote de dados (que representa, por exemplo, um arquivo transmitido de um equipamento a outro) originado de uma máquina siga em direção a outra.

Para que diversos equipamentos transmitam pacotes de dados uns para os outros, o *hub* faz um *broadcasting* na rede. Em termos práticos, isso significa que, quando um computador deseja se comunicar com outro, o pacote de dados é enviado a **todos** os equipamentos da rede (sendo que apenas um deles utilizará, efetivamente, esse pacote). Tecnicamente, diz-se que o *hub* trabalha na camada física da comunicação, sem conhecer o endereço das placas de rede utilizadas.

Por exemplo, em uma rede com 8 equipamentos, se o computador 1 envia um pacote de dados (um arquivo, por exemplo) para o computador 5, **todos** os demais computadores (2, 3, 4, 6, 7 e 8) receberão esse pacote (mas o rejeitarão, pois ele foi endereçado ao equipamento 5). Com isso, a performance da rede cai, o que faz com que o *hub* seja indicado para pequenas redes e/ou redes com pequeno tráfego. Além disso, a velocidade nominal da rede é dividida pelas diversas portas de conexão existentes em um *hub*, o que também degrada o desempenho da rede como um todo.

Hub

***Switch*:** tem um papel similar ao de um *hub*, servindo de ponto de conexão entre diferentes equipamentos. A diferença é que o *switch* não utiliza a técnica de *broadcasting* (que espalha o mesmo sinal para todos os equipamentos da rede), mas estabelece uma comunicação direta apenas entre os equipamentos que estão trocando pacotes de dados.

Retomando o exemplo mencionado anteriormente para o *hub*, em uma rede com 8 equipamentos, se o computador 1 envia um pacote de dados (um arquivo, por exemplo) para o computador 5, é estabelecido um "canal exclusivo" de comunicação entre essas duas máquinas, sem que as demais sejam afetadas. Dessa forma, o tráfego — por ser direcionado — acaba sendo menor na rede, otimizando seu desempenho. Em relação à velocidade, devido à capacidade de estabelecer um "canal exclusivo" entre dois computadores que estejam trocando dados, cada "canal exclusivo" mantém a velocidade nominal da rede (em vez de dividir a velocidade pelos diversos equipamentos conectados). Isso resulta em um desempenho melhor do que o de um *hub*.

Tecnicamente, o *switch* lê o endereço de destino e envia os dados para o caminho específico, habilitando a conexão virtual micro a micro, não utilizando o formato *broadcast* adotado pelo *hub*.

Switch

Roteador: equipamento utilizado na conexão de diferentes redes (LAN, MAN ou WAN). Sua característica é escolher o caminho mais apropriado para o envio de pacotes de dados de um equipamento a outro na rede. Essa escolha pode ser feita com a identificação do caminho menos congestionado (roteadores dinâmicos) ou a escolha do caminho mais curto (roteadores estáticos).

Roteador

Bridge: é similar a um *switch*. Permite a conexão de duas LANs, não importando se são do mesmo tipo ou não. Dessa forma, esse dispositivo pode conectar duas redes padrão Ethernet ou uma rede Ethernet a uma Token Ring, por exemplo.

5.3.2.4 Redes Wireless

Em termos práticos, freqüentemente, a topologia de uma rede *wireless* (sem — fio) é similar à topologia estrela, sendo que o *hub* ou *switch* é substituído por um *access point* ou um roteador que suporta conexões *wireless*. O *access point* ou o roteador recebe e distribui as comunicações via rádio para os diversos computadores ou dispositivos conectados.

Há que se considerar, entretanto, que a comunicação pode ser efetuada diretamente entre dispositivos, sem a necessidade de intermediação de um *access point*.

O tópico 5.8.1 – utilizando Rede Wireless detalha melhor esse tipo de rede.

5.4 ORGANIZAÇÃO LÓGICA (PARA REDES LOCAIS OU LAN)

Em uma análise preliminar, pode parecer que basta apenas os computadores estarem de alguma forma conectados para que, com algum *software* ou sistema operacional específico, tenhamos uma rede local (LAN).

Apesar dessa simplificação não estar longe de ser correta, ela reduz em muito os aspectos envolvidos, especialmente no que se refere à forma como esses computadores estabelecerão uma comunicação, quais os níveis de segurança, as permissões de acesso e outros aspectos relacionados à segurança.

Na prática, além da forma física da conexão, existem diferentes formas de organizar a rede do ponto de vista lógico. No que se refere a isso, as redes mais comuns são do tipo **ponto-a-ponto**, **cliente–servidor** ou **mistas**. Embora isso pareça inicialmente um tanto abstrato, será fácil compreender a partir das definições e explicações que se seguem.

5.4.1 PONTO-A-PONTO

Essa forma de organização lógica foi desenvolvida nos anos 1970, sendo aperfeiçoada durante a década seguinte. Nos anos 1990, tornou-se muito popular, pois era a forma utilizada pelo Windows for Workgroups, Windows 95 e 98, sendo comum em empresas de pequeno porte.

Em termos práticos, basta um sistema operacional (como o Windows, por exemplo), uma placa de rede em cada computador e uma conexão física entre eles. Com isso, é possível efetuar a transferência de arquivos, compartilhar impressoras ou o acesso à Internet (neste caso, com o auxílio de *softwares* específicos).

Seu *layout* básico e mais usual é apresentado na Figura 5.9, com as topologias em estrela ou *bus*.

Principais características:

- ✓ são utilizadas, geralmente, para conectar um pequeno número de computadores (usualmente até 10 equipamentos);
- ✓ podem ser implementadas em topologias *bus* ou estrela, sendo esta última mais freqüente;

Figura 5.9 Redes ponto-a-ponto com topologia em estrela (à esquerda) e *bus* ou linear (à direita).

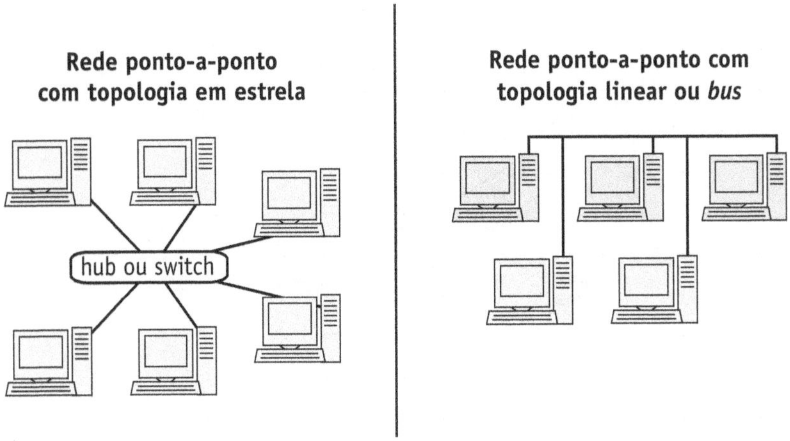

- ✓ é a rede básica fornecida anteriormente com os sistemas operacionais da Microsoft como Windows for Workgroups, 95 e 98;
- ✓ as atribuições de segurança são feitas em cada computador, sendo que cada usuário define os recursos, arquivos ou pastas que deseja compartilhar. Isso reduz as possibilidades de controle por parte do administrador de rede.

5.4.2 CLIENTE-SERVIDOR

Grandes empresas logo perceberam que redes do tipo ponto-a-ponto permitiam um reduzido controle sobre o compartilhamento de arquivos, pastas e recursos. Nessas redes, os usuários podiam definir seus próprios critérios de segurança, decidindo pelo compartilhamento de recursos conforme sua conveniência ou necessidade, o que nem sempre coincidia com as perspectivas da empresa.

Adicionalmente, como as redes ponto-a-ponto do tipo Windows permitiam a conexão de um número reduzido de equipamentos, não atendiam a grandes corporações, com um parque considerável de PCs. Além disso, havia a necessidade de racionalizar e, em especial, controlar os recursos de impressão e acesso a outros recursos e dispositivos.

Buscando suprir esses problemas, foi desenvolvida uma arquitetura de rede em que um servidor (uma máquina conectada à rede) poderia gerenciar permissões dos usuários (quais recursos estariam disponíveis para cada usuário e em que período) e ainda o acesso a bancos de dados e impressão (Figura 5.10), entre outros recursos.

Figura 5.10 Rede cliente-servidor.

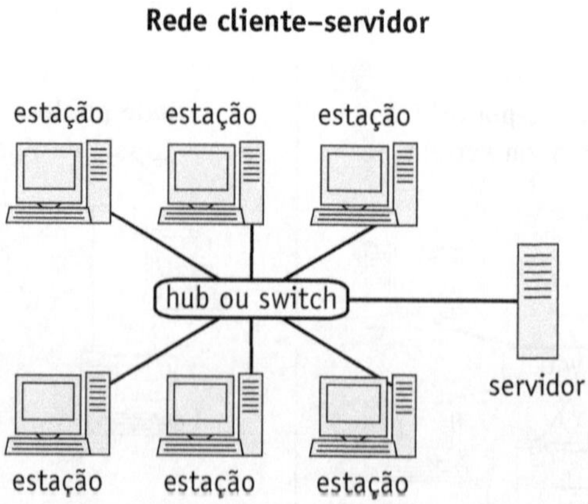

Nessas redes, toda a atividade do usuário é certificada, acompanhada e controlada pelo servidor, tornando muito mais fácil a tarefa do administrador da rede, uma vez que ele pode fazer isso a partir de uma única máquina (servidor) e não em cada computador individualmente.

Características:

- ✓ Usualmente, as redes cliente–servidor possibilitam a conexão de uma quantidade maior de equipamentos (dezenas ou mesmo centenas).
- ✓ As permissões atribuídas aos usuários assim como o nível de segurança é controlado pelo servidor.
- ✓ O administrador da rede pode atribuir direitos específicos para um usuário isolado ou definir grupos de usuários com os mesmos direitos. Ao cadastrar uma pessoa na rede, o administrador poderá enquadrá-la em um dos grupos existentes, facilitando a administração geral da rede.
- ✓ Alguns sistemas permitem o controle dos dias e horários em que um grupo (ou usuário isolado) terá acesso a recursos da rede.
- ✓ O administrador da rede poderá indicar que determinada pasta ou arquivo somente poderá ser consultado por um grupo (ou usuário individual), sem possibilidade de alteração. Outro grupo, entretanto, poderá ter acesso irrestrito a essa mesma pasta, tendo permissão para alterar o seu conteúdo.
- ✓ Usuários podem ter prazo de validade previamente estipulado, facilitando o controle de visitantes ou funcionários temporários. Adicionalmente, pode-se

adotar um prazo de validade para senhas, fazendo com que periodicamente os usuários efetuem a troca.

- ✓ Em uma mesma rede, dois ou mais servidores podem coexistir, sem problemas. Por exemplo, um servidor cuida da administração de rede, enquanto o outro hospeda o banco de dados corporativo para uso pelos equipamentos conectados à rede.
- ✓ O compartilhamento de recursos de impressão, acesso à Internet, banco de dados ou pastas de arquivos poderá ser definido para cada grupo de usuários (ou pessoas individualmente), inclusive com a definição de dias e horários. Por exemplo, o acesso ao banco de dados poderá ser feito apenas de 2ª a 6ª, dentro do horário comercial.
- ✓ Em situações específicas, parte do processamento de dados pode ser feita no servidor em vez de ficar concentrado nas estações. Isso é particularmente útil em bancos de dados. Nos capítulos 6 (Banco de Dados e Informações) e 7 (ERP – Sistemas Integrados de Gestão) essa possibilidade é mais bem explorada.
- ✓ O servidor poderá fazer um *backup* (cópia de segurança) dos arquivos ou bancos de dados, assim como verificar a presença de vírus. Em caso de algum problema, os arquivos poderão ser recuperados a partir da cópia de segurança existente.

Os sistemas operacionais para redes cliente–servidor mais utilizados são: Windows NT, 2000, 2003 ou Vista, Linux, Novell e Unix.

5.4.3 MISTAS

Em geral, o processo de implantação de redes em pequenas e médias empresas tem início a partir de uma rede ponto-a-ponto, com a posterior adoção de um servidor, conforme a rede cresce e surgem novas demandas.

Nesses casos, apesar da adoção de um servidor, a rede ainda guarda elementos de uma rede ponto-a-ponto (como a possibilidade de cada usuário definir o compartilhamento de pastas ou arquivos que estão em seu computador) e outros de redes cliente–servidor (como o controle de acesso à rede como um todo).

Esse modelo híbrido ou misto (Figura 5.11) ocorre com redes Microsoft quando a empresa conecta, inicialmente, alguns computadores utilizando o Windows 95, 98 ou XP. Depois, com o crescimento da rede, a empresa adquire um servidor com Windows (NT, 2000, 2003 ou Vista) ou Linux, utilizando-o para armazenar arquivos mais críticos, controlar e racionalizar o acesso a determinados recursos.

Figura 5.11 Rede mista ponto-a-ponto e cliente–servidor. As estações podem compartilhar recursos diretamente, mas outras tarefas podem ser centralizadas ou coordenadas pelo servidor.

Rede cliente–servidor

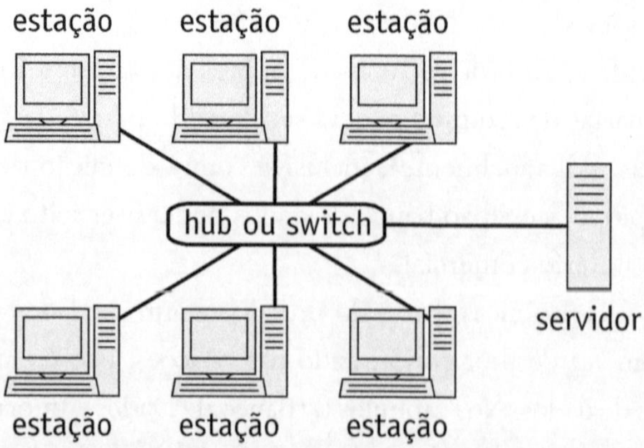

Em redes mistas, alguns problemas de segurança ainda persistem, pois os usuários têm a possibilidade de indicar — em suas máquinas — quais arquivos e pastas desejam compartilhar. Por exemplo, uma pessoa está trabalhando em uma planilha de custos e deseja compartilhar esse arquivo com outro colega dentro da empresa. Para facilitar o acesso, o autor da planilha determina que ela esteja acessível via rede local da empresa. Ao fazer isso sem um controle mais efetivo de usuário ou senha, feito pelo servidor, o arquivo estará acessível a outros funcionários, comprometendo a segurança de informações.

5.5 PROTOCOLO: PADRONIZANDO A COMUNICAÇÃO ENTRE EQUIPAMENTOS E REDES

A conexão de equipamentos via PAN (WPAN), LAN, MAN ou WAN é possível devido ao uso de protocolos que padronizam a comunicação entre equipamentos ou redes dos mais diversos tipos. Esses protocolos permitem a troca de dados e informações mesmo entre equipamentos que utilizem diferentes sistemas operacionais.

É interessante notar, entretanto, que a existência ou utilização de protocolos de comunicação não é algo restrito aos ambientes eletrônicos ou computacionais. No dia-a-dia, a existência desses protocolos é verificada nos mais diversos segmentos.

Por exemplo, quando uma carta convencional é enviada pelo correio, ela obedece a uma série de normas que constituem um protocolo de comunicação e que envolvem quesitos como dimensões do envelope, locais apropriados para os endereços do destinatário e do remetente, colocação do selo e/ou carimbo de autenticação, dentre outros detalhes. Esses critérios garantem que a correspondência poderá ser processada não apenas pelo serviço local de correio, mas também pelos serviços de outros estados ou países, que reconhecem aquele padrão e sabem como lidar com aquelas informações.

5.5.1 TCP/IP

Quando em uma rede, dois computadores trocam dados ou informações, é necessário que ambos adotem um mesmo padrão (ou protocolo) de comunicação para que essa troca seja possível (Figura 5.12). Ao longo da história dos computadores e das redes, diversos padrões foram estabelecidos, tornando potencialmente longa e técnica qualquer discussão sobre esse tema. Atualmente, o protocolo TCP/IP é o mais utilizado, sendo, na verdade, composto pelos protocolos TCP (*Transmission Control Protocol*) e IP (*Internet Protocol*). O primeiro deles garante a entrega dos dados e informações enviados, possuindo recursos para recuperação de pacotes perdidos, eliminação de dados duplicados e restabelecimento de comunicações interrompidas.

O *Internet Protocol*, por sua vez, fornece um endereço (temporário ou permanente) para cada máquina conectada à rede (LAN, MAN ou WAN), promovendo o envio de pacotes de dados entre as máquinas envolvidas em uma conexão. Como o protocolo IP adota uma forma mais simplificada de comunicação, o envio de dados pode ocorrer sem maiores garantias, ocasionando falhas, duplicidades ou perdas.

Figura 5.12 O protocolo de comunicação permite a conexão de computadores diferentes dentro de uma mesma rede, seja ela LAN, MAN ou WAN.

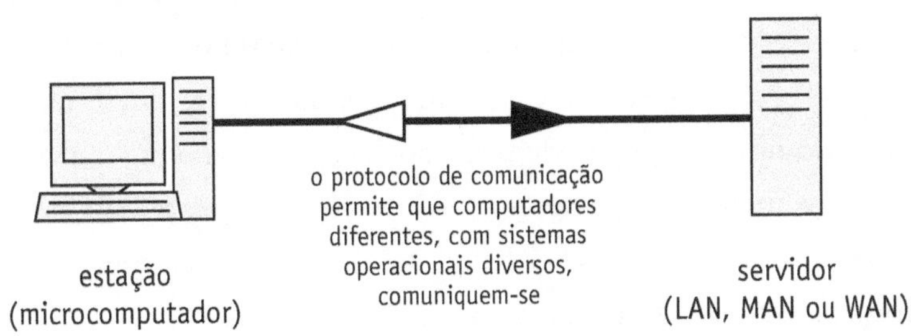

Para assegurar uma maior confiabilidade à conexão, é adotado em conjunto o protocolo TCP, daí o termo TCP/IP. De maneira resumida, enquanto o protocolo IP simplifica a forma de comunicação, o TCP efetua o transporte e garante a confiabilidade dos dados transportados.

Isso torna possível que equipamentos e sistemas operacionais diferentes troquem dados e informações sem maiores dificuldades. Quando um usuário com seu PC com Windows ou Linux acessa um determinado site, na prática ele está efetuando uma conexão entre uma máquina e outro sistema operacional (Unix, por exemplo), recebendo os dados solicitados sem qualquer dificuldade. De maneira similar, quando um servidor Linux passa a trabalhar com equipamentos em uma rede Windows, é o protocolo TCP/IP que permite essa comunicação.

É bom observar que o protocolo é a embalagem que envolve os dados que estão sendo enviados entre equipamentos distintos, similarmente ao que ocorre com uma carta em um correio convencional. Uma vez que esse "envelope" tenha sido entregue corretamente ao destinatário, caberá a este interpretar e fazer o uso correto dos dados e informações recebidos (LAUDON e LAUDON, 2001; O'BRIEN, 2004; SOUSA, 2004; MORAES, 2006).

5.5.2 OSI

OSI, ou *Open System Interconnection*, é um modelo de interconexão desenvolvido pela International Organization for Standardization (ISO) constituindo um padrão para interconexão de redes que independe do fabricante dos equipamentos envolvidos, possibilitando a troca de informações, com grandes volumes de transações (SOARES, LEMOS e COLCHER, 1995; LAUDON e LAUDON, 2001; O'BRIEN, 2004).

5.6 AMPLIANDO OU INTERCONECTANDO REDES

Nas empresas, não raro, os administradores de sistemas de informação deparam-se com a necessidade de ampliar redes, acrescentando mais equipamentos. Isso pode acontecer, por exemplo, em departamentos ou setores que estão sendo ampliados ou quando novas unidades de trabalho estão sendo configuradas. Em outras situações, duas ou mais redes precisam ser interconectadas, possibilitando a troca de dados entre elas. Felizmente, essa é uma tarefa simples (ao menos do ponto de vista conceitual) e que será tratada a seguir.

5.6.1 TOPOLOGIA EM ESTRELA

5.6.1.1 Anexando computadores

Conforme mencionado, a topologia em estrela é a mais utilizada atualmente. Para anexar novos computadores a uma rede com essa configuração, basta ligá-lo ao *hub* ou *switch* e proceder às configurações necessárias no sistema operacional utilizado.

É importante ressaltar que, em relação à distância física dos equipamentos, não é adequado que um computador fique muito longe do *hub* ou *switch*, pois poderá ocorrer redução de sinal elétrico, levando a uma perda de dados. Como solução, podem ser instalados equipamentos para reforçar o sinal, eliminando esse problema e permitindo o aumento da distância entre as máquinas. Para dirimir dúvidas, é sempre importante consultar o manual do fabricante do produto utilizado, verificando as sugestões apresentadas para vencer grandes distâncias.

5.6.1.2 Interconectando redes

Apesar da facilidade de ligar um ou mais computadores ao *hub* ou *switch*, chega um determinando momento em que não há mais portas ociosas disponíveis. Nesse caso, será necessário utilizar um segundo *hub* ou *switch* (formando uma segunda rede) e promover sua interconexão com o primeiro (Figura 5.13). Esse procedimento também é válido para duas ou mais redes preexistentes e que necessitem ser conectadas.

É possível que, ao realizar a conexão de redes, surjam conflitos entre os equipamentos. Por exemplo: dois equipamentos com as mesmas configurações (endereço

Figura 5.13 Exemplo de interconexão de três redes na topologia estrela, formando uma topologia em estrela multinodal.

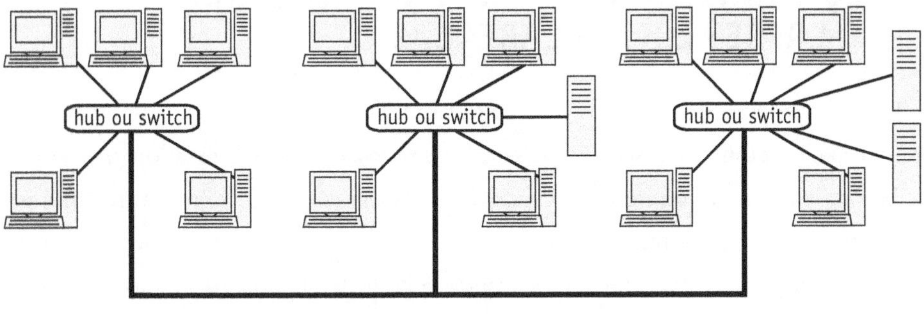

IP), originalmente pertencentes a redes diferentes, passam a trabalhar na rede unificada. Analogamente, é como se duas pessoas com o mesmo nome, RG e CPF trabalhassem na mesma empresa. Entretanto, nas redes, esse tipo de conflito é facilmente solucionável.

5.6.2 TOPOLOGIA BUS OU LINEAR

Nessa topologia, para anexar um computador, basta prolongar o cabo (*varal*) que conecta os diversos equipamentos, ligando-o ao novo computador (Figura 5.14 — parte superior).

5.6.2.1 *Interconectando redes*

De maneira similar, na interconexão de duas redes com essa topologia, basta interligar as duas extremidades das redes (Figura 5.14 — parte inferior). Nesse caso, é importante verificar e eliminar possíveis conflitos em relação aos protocolos de rede utilizados, compatibilizando as duas redes.

5.6.3 TOPOLOGIA EM ANEL

5.6.3.1 *Anexando computadores*

Nessa topologia, basta ampliar o laço (anel) que conecta todos os equipamentos, envolvendo os equipamentos adicionais (Figura 5.15).

5.6.3.2 *Interconectando redes*

A conexão de duas ou mais redes com topologia em anel não é muito diferente. Os laços originais são rompidos e passam a formar um único anel, conforme pode ser visto na Figura 5.16.

5.7 COMPARTILHANDO O ACESSO À INTERNET EM REDES LOCAIS CABEADAS

Com o aumento dos serviços on-line disponibilizados por meio da Internet, as empresas estão distribuindo esses recursos em suas redes, havendo diversas opções para isso. Embora seja um assunto referente à Tecnologia da Informação, não raro um administrador de Sistemas de Informação deverá prever ou indicar o uso de facilidades ou serviços específicos disponíveis na Internet, buscando agilizar determinados processamentos.

Figura 5.14 Na parte superior da figura, anexando um novo computador a uma rede com topologia *bus* ou linear. Na inferior, interconexão de duas redes com essa mesma topologia.

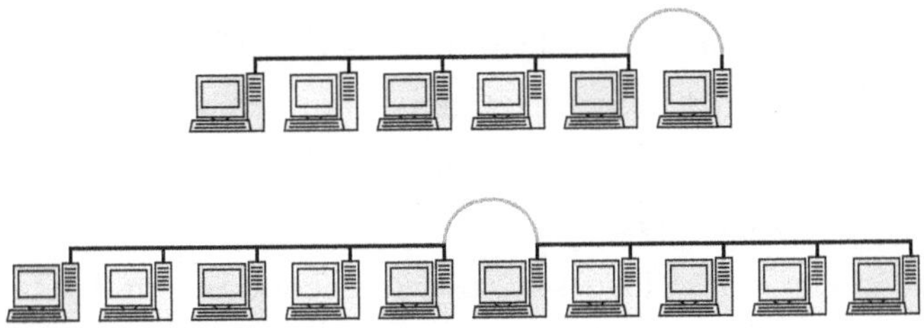

Figura 5.15 Anexando computadores a uma rede com topologia em anel.

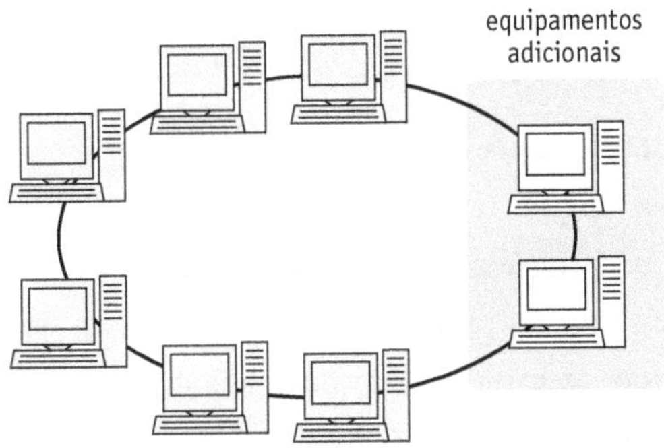

Figura 5.16 Conectando duas redes com topologia em anel. Os dois laços (anéis) originais (parte superior) são rompidos e passam a formar um único laço (ou anel).

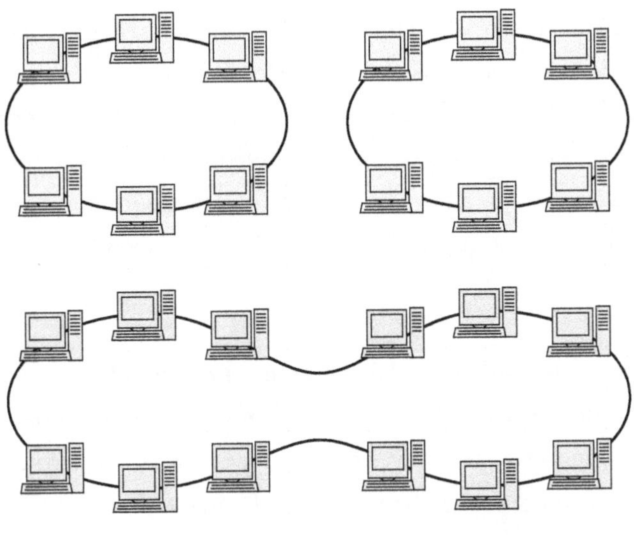

5.7.1 ESCOLHENDO O TIPO DE CONEXÃO

Inicialmente, é necessário verificar o tipo de conexão que será utilizado, existindo diversas alternativas disponíveis. Por exemplo, companhias telefônicas têm oferecido conexões de banda larga denominadas DSL (Digital Subscriber Line) ou ADSL (Assymetrical Digital Subscriber Line), com várias opções de velocidade, o mesmo ocorrendo com o *cable modem* (conexões de banda larga disponíveis a partir da infra-estrutura de TV a cabo).

Além disso, em grandes cidades é possível encontrar empresas que fornecem o serviço de acesso à Internet via linha dedicada (por rádio ou fibra óptica, por exemplo), constituindo também boas opções. Para locais distantes, é possível contar com o acesso via satélite, o que pode ser interessante para empresas que atuem no segmento de agronegócio.

✓ **Quais as velocidades oferecidas?**

Existem diversas opções de velocidades, que podem atender desde às necessidades de um usuário doméstico que utilize a Internet esporadicamente até grandes empresas e corporações. Em geral, o custo do acesso cresce com a velocidade, sendo necessário verificar qual a intensidade de uso na empresa. Como forma de subsidiar a escolha, são apresentadas as Tabelas 5.1 e 5.2, tendo como base velocidades de conexão usualmente disponibilizadas pelas empresas que fornecem serviços de acesso via conexões de banda larga.

Determinados ramos de atividade lidam com grandes arquivos, demandando maior velocidade de acesso à Internet. Agências de publicidade, *bureaus* de impressão, produtoras de vídeo, editoras, empresas de projeto que trabalham com arquivos CAD são exemplos de organizações que, geralmente, possuem perfil diferenciado quanto ao tráfego. Esses casos podem requerer que alguns computadores tenham acesso individualizado e de alta velocidade à Internet, sem compartilhar sua linha com o restante da rede, o que poderia degradar a velocidade e o desempenho da comunicação.

✓ **Quais as velocidades de *downstream* e *upstream*?**

É importante verificar que a velocidade oferecida, em certos casos, refere-se apenas ao que está disponível para o recebimento de arquivos (*download*). No jargão técnico, isso é chamado de velocidade *downstream*. Nesses casos, o

Tabela 5.1 Número de computadores na rede em função da velocidade disponível, tendo como base um uso moderado a intenso da Internet em uma empresa.

Velocidade (em *bits* por segundo)*	Quantidade de equipamentos com acesso à Internet (uso moderado a intenso)**
128K — 150K	1
250K — 300K	2
500K — 600K	3 a 4
750K	5
1M — 1,2M	6 a 8
2M	8 a 12

*Dependendo da arquitetura do computador, 8 *bits* equivalem a 1 *byte* (que é a unidade que indica o tamanho dos arquivos). Dessa forma, para se ter uma idéia da velocidade de transmissão ou recepção, basta dividir a velocidade indicada por oito. Por exemplo: velocidade de transmissão de 300 Kbps = 300 000 *bits* por segundo. Dividindo 300000 por 8 tem-se 37500 *bytes* por segundo. Isso significa que um arquivo com 1 *Mbyte* (ou 1000000 *bytes*) será transmitido em 26,6 segundos (em uma situação ideal, pois nem sempre a velocidade máxima será atingida).
Por uso moderado a intenso, entende-se que cada computador **receberá por mês algo entre 1000 e 2000 *Mbytes* entre *download* de arquivos, *e-mails* recebidos, sites visitados, dentre outras atividades.
Nota: é importante considerar que essa é uma indicação média com a linha de acesso operando com alguma folga. Mesmo assim, é possível que em determinados momentos, quando diversos equipamentos na rede gerarem uma forte demanda (por exemplo, baixando *e-mails* com grandes anexos ou efetuando o *download* de arquivos mais extensos), o *link* apresente-se lento. Essa indicação é feita apenas com base na quantidade de *bytes* recebidos. Em situações mais específicas, quando uma grande quantidade de arquivos for enviada (via *e-mail* ou por FTP, por exemplo), esses valores precisarão ser revistos.

Tabela 5.2 Número de computadores na rede em função da velocidade disponível, tendo como base uma baixa utilização da Internet em uma empresa.

Velocidade (em *bits* por segundo)*	Quantidade de equipamentos com acesso à Internet (baixa intensidade de utilização)**
128K — 150K	2
250K — 300K	4
500K — 600K	5 a 8
750K	9 a 10
1M — 1,2M	12 a 16
2M	17 a 25

* Valem as observações da Tabela 5.1.
Por baixa intensidade de utilização, entende-se que cada computador **receberá por mês menos de 1000 *Mbytes* entre *download* de arquivos, *e-mails* recebidos, sites visitados, dentre outras atividades. Vale a **Nota** da Tabela 5.1.

envio de arquivos (*upload*) é mais lento (velocidade *upstream*). Por exemplo, uma empresa pode oferecer uma conexão a 250 Kbps (*kilo bits* por segundo) para o recebimento de arquivos (*downstream*), mas limitar a velocidade de envio a 128 Kbps (*upstream*).

Em geral, boa parte do tráfego refere-se a arquivos recebidos (visitas a sites, *e-mails* recebidos ou *download* de arquivos). Apesar disso, é necessário considerar que num ambiente empresarial o envio de arquivos também pode ser intenso, seja via *e-mails* ou arquivos enviados a fornecedores, clientes e representantes por meio de sistemas específicos.

Sendo assim, é sempre importante analisar se o uso é convencional ou se a empresa possui demandas específicas que podem gerar um grande tráfego de saída (*upstream*).

✓ **Existe limite de horário para as velocidades oferecidas?**

É importante verificar se existe alguma limitação para as velocidades oferecidas. Algumas empresas garantem velocidades maiores em determinados horários (em geral, à noite), o que nem sempre pode estar de acordo com o perfil de utilização do cliente.

✓ **Existe a possibilidade de expandir essa velocidade, ao menos em determinados períodos?**

Alguns fornecedores de linhas de comunicação permitem que a velocidade de conexão seja ampliada por algum tempo, o que pode ser especialmente útil para atender a certas demandas da empresa.

✓ **Existe alguma garantia de performance do *link* contratado?**

A velocidade oferecida nem sempre pode ser obtida, muitas vezes por fatores que independem da empresa fornecedora do serviço de conexão. Por exemplo, quando um site está sobrecarregado com visitantes, uma pessoa encontrará dificuldades, mesmo que conte com um *link* de alta velocidade.

Apesar disso, é importante verificar se existe alguma garantia contratual sobre desempenho mínimo. Se isso não for possível, é importante conversar com pessoas ou empresas que utilizem esse serviço, a fim de verificar se o desempenho contratado está sendo realmente obtido e se a ocorrência de problemas (serviço indisponível, por exemplo) não está sendo muito freqüente.

✓ **Existe alguma limitação mensal em relação ao tráfego? Em caso afirmativo, qual esse limite, como ele é contabilizado e como o tráfego adicional é cobrado?**

É importante verificar se existe alguma limitação para o recebimento e/ou envio de arquivos (quantidade de *bytes* recebidos ou enviados) por mês. Em caso afirmativo, é necessário analizar se essa quantidade atende à demanda da empresa e, caso ela seja excedida, como será cobrado o tráfego adicional.

✓ **A conexão será com IP fixo ou dinâmico?**

Sempre que um equipamento conecta-se à Internet, recebe um número IP. Esse IP é exclusivo para cada máquina, funcionando como um número de identidade. Geralmente, esse número é provisório, variando sempre que uma nova conexão for efetuada (IP dinâmico). Em casos específicos, a empresa que fornece a linha de conexão de banda larga poderá oferecer um IP fixo para aquela linha. Nessa situação, o equipamento conectado será identificado na Internet sempre pelo mesmo IP, o que poderá ser útil (ou mesmo necessário) para a operação de *softwares* ou serviços específicos.

É importante avaliar se a empresa possui algum *software* específico que precise ser operado sempre com o mesmo IP. Se essa demanda existir, será necessário verificar se a empresa que fornece a linha de banda larga oferece essa possibilidade.

✓ **Poderão ser utilizados serviços como FTP (File Transfer Protocol ou Protocolo de Transferência de Arquivos), servidores de *e-mail*, *softwares* para troca de mensagens, dentre outros?**

O protocolo TCP/IP possui diversas portas de comunicação, sendo que algumas empresas provedoras de linhas de banda larga podem liberar apenas as portas mais usuais, utilizadas para navegação por sites, envio e recebimento de *e-mails*.

Caso a empresa possua necessidades mais específicas, como a transferência de arquivos via FTP, instalação de servidores de *e-mail*, comunicação on-line utilizando portas específicas, dentre outras possibilidades, é importante consultar a empresa a fim de verificar se as portas necessárias estão liberadas.

✓ **A conexão poderá ser distribuída na rede da empresa ou existe alguma limitação de ordem técnica ou legal para isso?**

Em geral, as prestadoras de serviço de acesso permitem que a conexão seja distribuída pela rede local da empresa. Apesar disso, é importante verificar se não existe alguma restrição de ordem técnica ou de ordem legal (impedimento contratual) a essa distribuição.

Caso haja uma limitação técnica, isso poderá restringir o número de usuários simultâneos na Internet, prejudicando o acesso a serviços on-line.

- ✓ **Equipamentos utilizados (como *modem*) estão inclusos no preço ou são cobrados a parte?**

  É necessário saber se os equipamentos necessários à conexão estão inclusos na assinatura mensal ou são fornecidos com o pagamento de taxas adicionais, e se a manutenção ou eventual substituição desses equipamentos está prevista nessa mensalidade ou será cobrada a parte.

- ✓ **Em caso de "pacotes promocionais", qual o preço após o término da promoção?**

  Para facilitar a adesão de novos clientes, muitas empresas oferecem pacotes promocionais em condições muito atraentes. Geralmente, esse preço tem caráter temporário, sendo cobrada a tarifa cheia alguns meses depois, por isso é necessário avaliar de quanto será essa tarifa.

  Além disso, é importante confirmar a existência (ou não) de um período de carência para a assinatura, o que leva ao pagamento de taxas adicionais, caso o cliente resolva rescindir o contrato antes de um determinado período.

- ✓ **Qual a política de instalação?**

  É importante saber se a instalação da linha está inclusa no preço da assinatura ou se será cobrada separadamente. Caso sejam cobrados valores adicionais, é preciso analisar como isso é orçado, pois existem casos em que a instalação da linha dentro da empresa demanda um esforço adicional (passagem de cabos por dutos, fixação de suportes externos, antenas etc.) que poderá onerar o serviço.

- ✓ **Qual a política de suporte, disponibilidade, prazo de atendimento e custo?**

  Quando a empresa instala uma linha de comunicação de banda larga, as pessoas esperam que ela esteja sempre disponível. Em certos casos, problemas poderão ocorrer deixando a empresa off-line. É fundamental analisar qual o programa de manutenção e suporte (inclusive verificando no contrato a existência de prazos de atendimento), além de verificar se ele está incluso na assinatura mensal ou será cobrado a parte.

5.7.2 COMPARTILHAMENTO VIA *PROXY*

Conforme mencionado anteriormente, as redes ponto-a-ponto ainda são muito utilizadas em pequenas empresas, sendo que o compartilhamento de uma conexão com a Internet pode ser implementado de maneira bastante simples.

No computador que está conectado à Internet, basta instalar um programa denominado *proxy*, que passará a atuar como um servidor de Internet na rede local. Em termos práticos, os outros computadores da rede são configurados para acessar a Internet via *proxy*, que recebe as solicitações e as repassa à linha utilizada, atuando como um intermediário para os equipamentos da rede (Figura 5.17).

É importante ressaltar que esse tipo de configuração poderá ser utilizada com conexões discadas (via telefone convencional), linhas do tipo DSL ou ADSL, *cable modem*, acesso via rádio, via satélite e linhas de comunicação de dados dos mais diversos tipos. Em geral, não existem restrições de ordem técnica quanto ao uso desse tipo de solução em redes ponto-a-ponto, mas é muito importante consultar a operadora de acesso à Internet quanto a eventuais restrições contratuais em relação ao compartilhamento em rede de conexões com a Internet.

Adicionalmente, considere que alguns programas podem não trabalhar adequadamente com essa forma de distribuição de acesso via *proxy*. Nesses casos, alguns

Figura 5.17 Distribuindo o acesso à Internet em uma rede ponto-a-ponto com a utilização de um *proxy*.

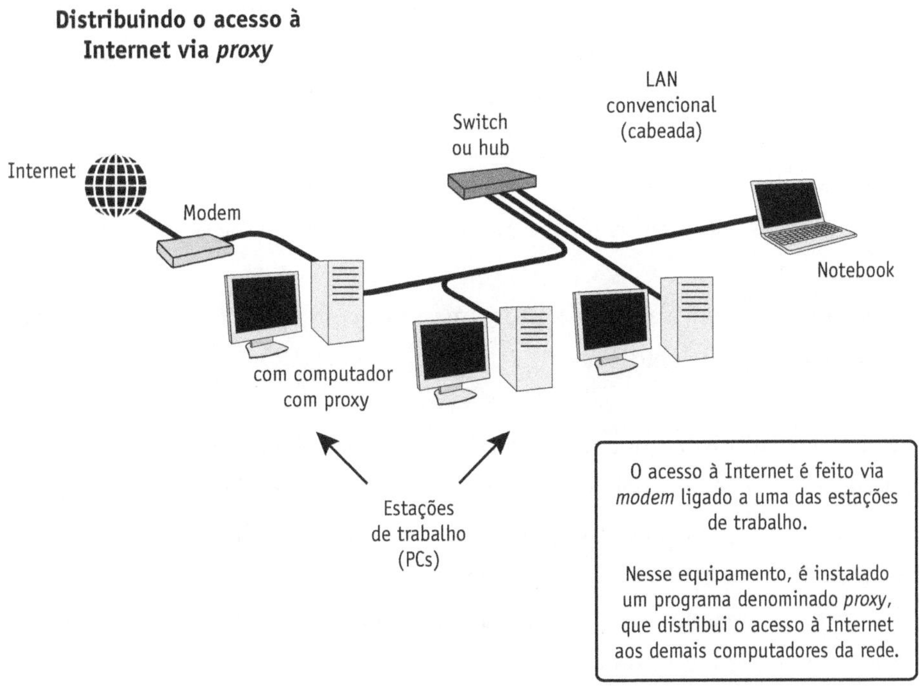

programas requerem que a máquina que os abriga tenha acesso direto à Internet. Geralmente, esse tipo de problema não ocorre com os navegadores para a Internet e programas de *e-mail*. Para elucidar esses casos mais específicos, é importante consultar a documentação ou manual do *software*.

O computador conectado à Internet (no qual o *proxy* está instalado) não precisa ser uma máquina dedicada a essa tarefa. Embora atue como um servidor de Internet, em redes ponto-a-ponto com um pequeno número de equipamentos, ele poderá ser utilizado para outras tarefas (como um servidor de impressão, por exemplo), desde que tenha desempenho compatível com todas as demandas a que estará sujeito.

Além disso, é fundamental considerar que será necessário adicionar alguns recursos de segurança para que a rede não fique vulnerável a invasões ou a ações de *hackers*.

A utilização do *proxy* é adotada também em redes cliente–servidor ou mistas (cliente–servidor com algumas características de rede ponto-a-ponto). Nesses casos, o usual é a instalação do *proxy* no servidor da rede ou mesmo contar com um servidor exclusivo para controlar o acesso à Internet.

Nesses dois tipos de rede, o *proxy* também não precisa ser instalado em um computador exclusivamente dedicado a essa tarefa. É possível continuar utilizando esse equipamento para outras finalidades. Em redes maiores, onde vários equipamentos poderão acessar a Internet simultaneamente, é interessante contar com um servidor exclusivamente dedicado à Internet, por uma série de fatores:

1. o desempenho dessa solução poderá ser otimizado, incluindo a utilização de *proxys* mais sofisticados e com maior controle sobre as ações dos usuários na Internet;
2. será possível instalar outros programas, tais como *firewall*, sistemas antivírus, *softwares* de *e-mail* etc.

A Figura 5.18 traz o esquema básico desse tipo de solução, na qual dois servidores atuam na rede. O primeiro deles administra a rede e pode servir como repositório de arquivos. O segundo servidor coordena o acesso à Internet, centralizando programas de segurança e envio e recebimento de *e-mails*.

Em diversas organizações, o sistema operacional Linux tem sido adotado em servidores de Internet, mesmo em redes Windows, devido:

Figura 5.18 Distribuindo o acesso à Internet em uma rede cliente-servidor ou mista.

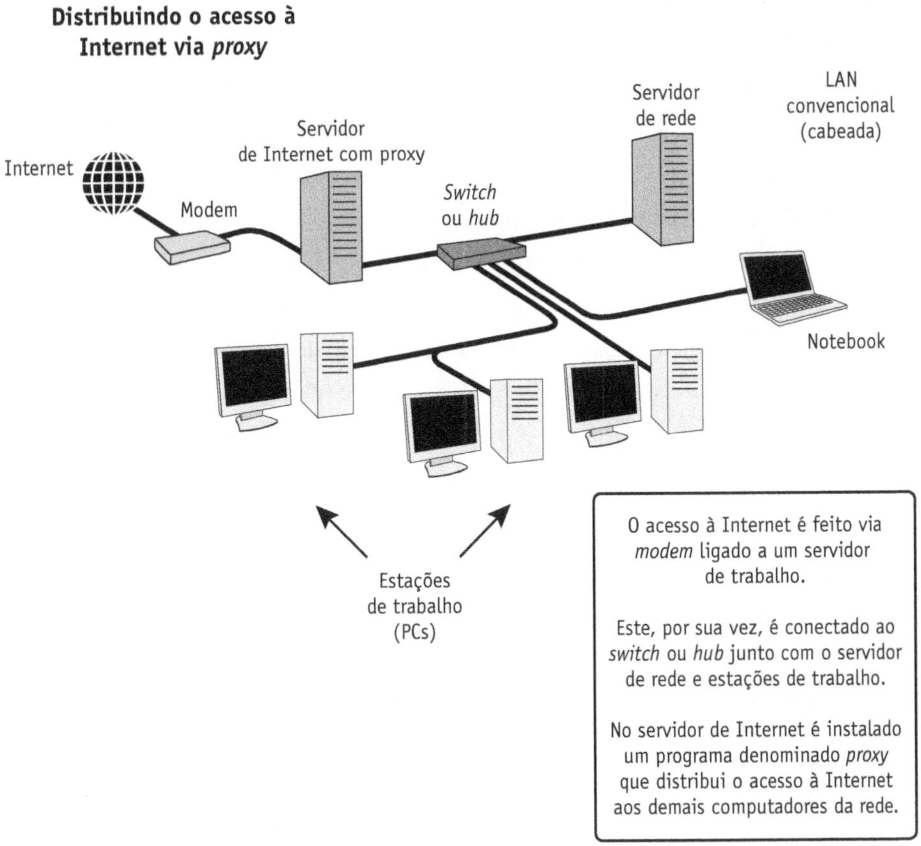

- ✓ ao baixo custo de aquisição comparativamente ao Windows, pois o Linux não requer o pagamento de licenças;
- ✓ à disponibilidade de programas de uso livre como *proxys*, *firewalls*, sistema antivírus, dentre outros, facilitando a configuração de sistemas completos de acesso à Internet e segurança sem custo de licenciamento;
- ✓ ao fato de apresentar bom desempenho, mesmo em equipamentos com configurações mais modestas.

5.7.3 COMPARTILHAMENTO VIA ROTEADOR

É uma opção cada vez mais utilizada, tendo em vista o aumento das ofertas de conexões banda-larga (DLS ou *cable modem*). Nessa conexão, um roteador é conectado ao *modem*, em uma solução que prescinde de um servidor específico de Internet. Conforme pode ser visto na Figura 5.19, o roteador é conectado ao *switch*, distribuindo o acesso à Internet aos demais equipamentos conectados à rede.

Existem diversas opções de roteadores, não sendo difícil encontrar modelos que incorporam funções de *firewall*, permitindo a programação de funções que incluem liberação ou bloqueio de endereços IP e portas do protocolo TCP/IP (com indicação de horário em que cada regra deve ser aplicada).

Outra possibilidade, apresentada na Figura 5.20, é a conexão dos equipamentos diretamente ao roteador, que se comportaria também como um *hub* ou *switch*. Geralmente, os roteadores possuem um número reduzido de portas para a conexão física de cabos. Sendo assim, soluções como a apresentada na Figura 5.20 têm sido utilizadas em redes com um número pequeno de computadores, tais como pequenas lojas ou unidades de negócio, utilizando cerca de quatro computadores.

Figura 5.19 Distribuindo o acesso à Internet em uma rede do tipo LAN com o uso de um roteador associado a um *switch*.

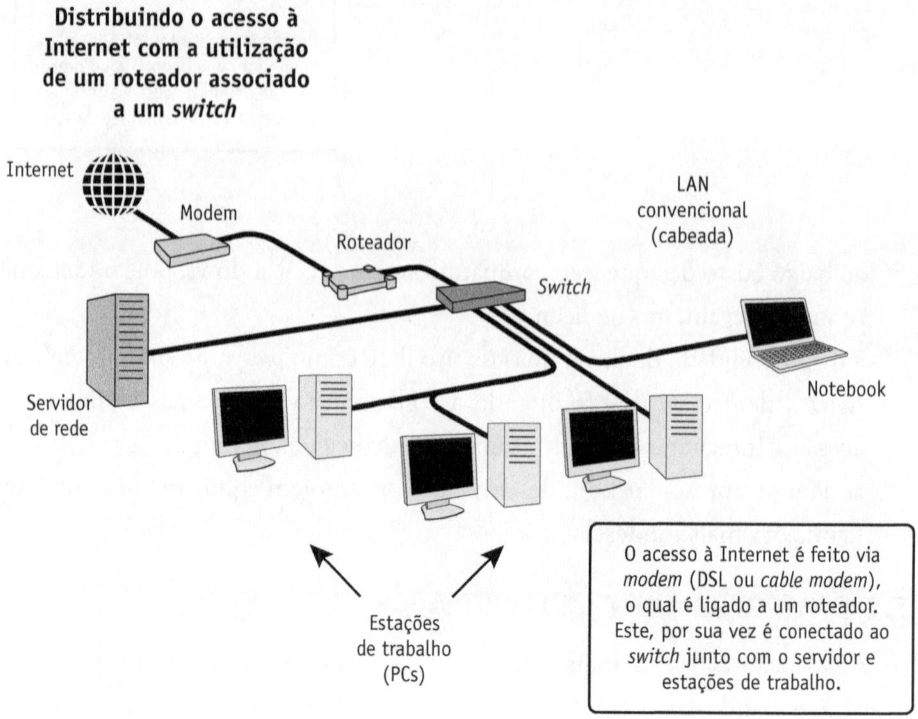

Figura 5.20 Distribuindo o acesso à Internet em uma rede do tipo LAN com o uso exclusivo de um roteador.

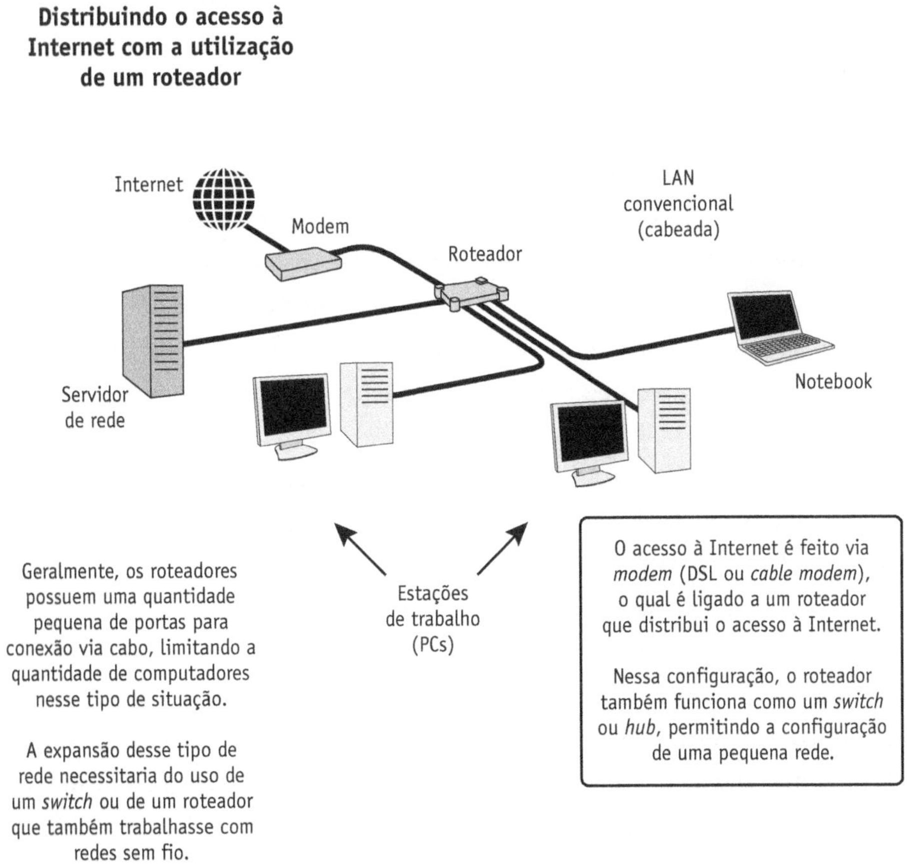

5.8 OTIMIZANDO O ACESSO À INTERNET

Empresas que demandam um acesso intenso à Internet podem adotar algumas soluções a fim de otimizar os recursos disponíveis. Mesmo contando com um bom *link* de acesso, em determinados momentos, o uso poderá ser excessivo, causando demora em algumas operações.

Um exemplo dessa situação é o início do expediente em uma empresa. Quando os funcionários chegam, entre 8 e 9 horas da manhã, muitos vão acionar o sistema de *e-mails*, verificando as mensagens disponíveis e baixando arquivos anexados. Certamente, isso causará um certo congestionamento no *link* de acesso, situação que provavelmente se repetirá logo após o almoço.

Se forem analisadas as mensagens recebidas logo pela manhã, será possível verificar que muitas delas foram enviadas no dia anterior, no final do expediente. Dessa forma, elas já estavam disponíveis para leitura há algumas horas, mas somente serão acessadas quando o destinatário chegar à empresa. De maneira similar, as mensagens lidas logo após o almoço foram enviadas — possivelmente — ainda no final da manhã.

Caso a empresa tenha um servidor de *e-mail* instalado em seu próprio computador que controla o acesso à Internet, poderá receber as mensagens externas assim que elas forem enviadas, armazenando-as dentro da empresa. Com isso, quando os funcionários verificarem as mensagens recebidas, estarão utilizando apenas a rede interna da empresa, uma vez que esse material já estará disponível no servidor. A vantagem dessa solução é que reduz o congestionamento do *link* de acesso à Internet, evitando picos.

Adicionalmente, a empresa poderá manter uma rotina de *backup* para as mensagens enviadas e recebidas, facilitando a recuperação de material apagado acidentalmente. Também poderá implementar regras de segurança otimizadas para as suas necessidades, incluindo a verificação automática de anexos de *e-mail* por sistemas antivírus.

Uma outra possibilidade no que se refere ao servidor de acesso é que *proxys* mais completos permitem dividir o *link* de acesso, destinando — por exemplo — 20% para serviços de transferência de arquivos via FTP, 50% para serviços de *e-mail* e os 30% restantes para acesso a sites (serviço web). Dessa forma, mesmo que um determinado serviço gere um grande tráfego, a limitação da banda utilizada impedirá que outros sejam prejudicados. Por exemplo, caso seja necessário efetuar uma grande transferência de arquivos via FTP, isso não prejudicará o envio ou recebimento de *e-mails*, uma vez que cada serviço utilizará uma porção exclusiva da banda de acesso.

Alguns *proxys* geram estatísticas mostrando quando alguns serviços são mais utilizados e, conseqüentemente, quando há uma maior utilização do *link* de acesso. Isso permite programar tarefas, aproveitando a capacidade ociosa do sistema em determinados horários. Por exemplo, uma empresa necessita enviar arquivos aos seus clientes (material editorado, impressos, projetos desenvolvidos em CAD etc.), o que pode ser feito em horários em que o uso da Internet é menos intenso.

Para que essas decisões possam ser tomadas, é fundamental que seja feita uma análise dos serviços utilizados, do tráfego ao longo do dia e das necessidades dos diversos departamentos. Feito isso, é possível constatar que, por vezes, um *link* com banda mais larga (e mais oneroso) pode não ser necessário, bastando adotar algumas medidas para racionalizar o uso dos recursos disponíveis.

5.8.1 UTILIZANDO REDES WIRELESS

O uso de dispositivos sem fio (*wireless*) para conexão com redes locais ou com a Internet tem crescido substancialmente, atendendo ao uso cada vez maior de equipamentos móveis (especialmente *notebooks* e assistentes pessoais do tipo *hand-held*). Além disso, as redes sem fio vêm resolver um problema verificado em muitas empresas, onde a capacidade de expansão de redes convencionais (que utilizam cabos) nem sempre é viável devido a limitações físicas, quanto a passagem de cabos adicionais pelos dutos.

A instalação e configuração de uma rede sem fio é bastante simples, bastando que cada computador possua uma placa específica (semelhante a uma placa de rede convencional) com antena. Segundo Moraes (2006) são possíveis duas topologias para as redes *wireless*: *ad hoc* (Figura 5.21a) e estruturada, ou infra-estrutura (Figura 5.21b).

Apesar de ser possível montar uma rede exclusivamente sem fio, o mais comum é a existência de uma rede mista, na qual os equipamentos sem fio conectam-se a uma rede convencional por meio de um ponto de acesso (*access point*), conforme pode ser visto na Figura 5.22. É importante ressaltar que outras formas de conexão são possíveis, levando à integração de redes sem-fio com redes cabeadas.

Embora o acesso sem fio tenha uma boa versatilidade e alcance, em grandes empresas ou edifícios com vários andares, um único *access point* não será suficiente para fornecer acesso a todos os locais, devido à existência de obstáculos físicos. Nesse

Figura 5.21a Uma das topologias disponíveis para redes sem fio é a *ad hoc*, caracterizando-se pela ausência de um ponto central de controle, com os equipamentos conectando-se diretamente.

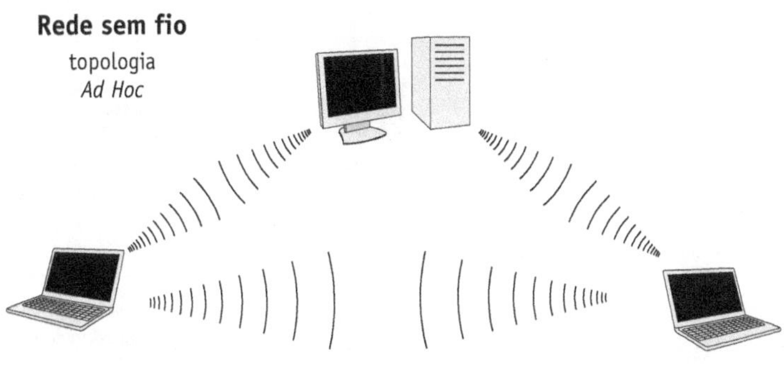

Figura 5.21b A topologia estruturada (também chamada de infra-estrutura) é uma outra opção disponível para redes sem fio. Nela, a comunicação entre os equipamentos é controlada por meio de um *access point* que funciona como uma espécie de *hub* ou *switch*.

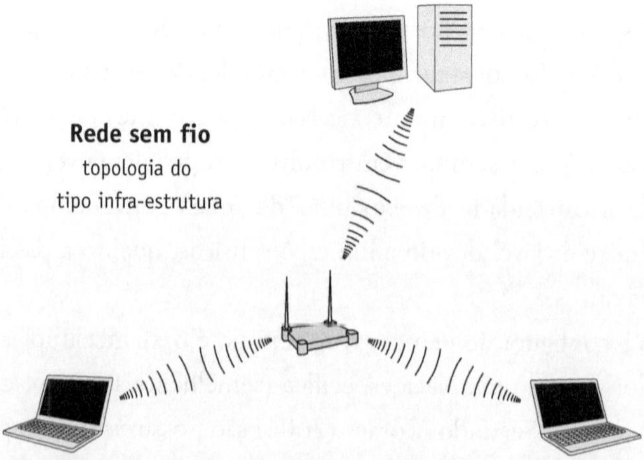

Figura 5.22 Conexão entre equipamentos sem fio e uma rede cabeada convencional. O *access point* é conectado ao *switch*, interligando as duas redes.

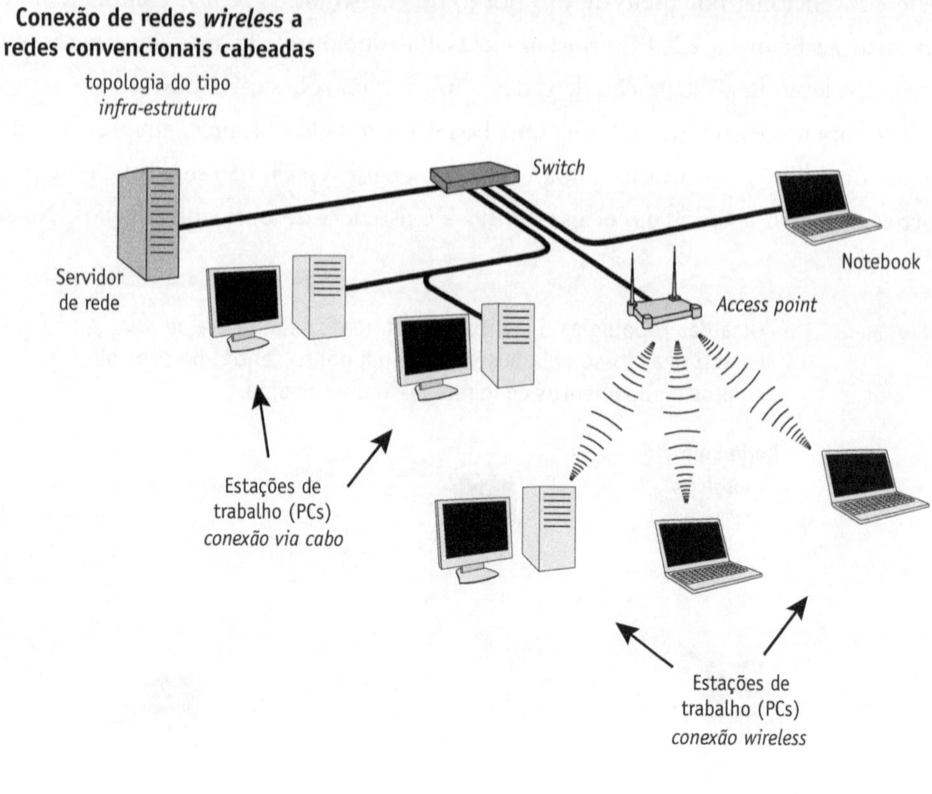

caso, será necessário utilizar vários *access points* a fim de garantir uma maior abrangência e alcance do sinal.

Caso haja mais de um *access point* disponível, o equipamento móvel escolherá automaticamente aquele com melhor qualidade de sinal. Ao movimentar-se pela empresa, o equipamento móvel poderá efetuar um *roaming*, abandonando o sinal de um ponto de acesso e passando a utilizar o sinal proveniente de outro. Esse procedimento é feito automaticamente, sem que o usuário da rede perceba (o que, evidentemente, dependerá da qualidade do sinal disponível). Essa é uma situação análoga a de um telefone celular quando em movimento, com a ligação sendo repassada automaticamente de uma estação rádio-base para outra.

5.8.1.1 Acesso a Internet em redes wireless

Em redes sem fio, o acesso à Internet pode ser conseguido facilmente, existindo diversas possibilidades para isso. Uma alternativa é o uso de um roteador que trabalhe com sistema *wireless* (Figura 5.23a), que teria uma dupla função: servir de *access*

Figura 5.23a Acesso à Internet em rede sem fio com o uso de um roteador em topologia estruturada.

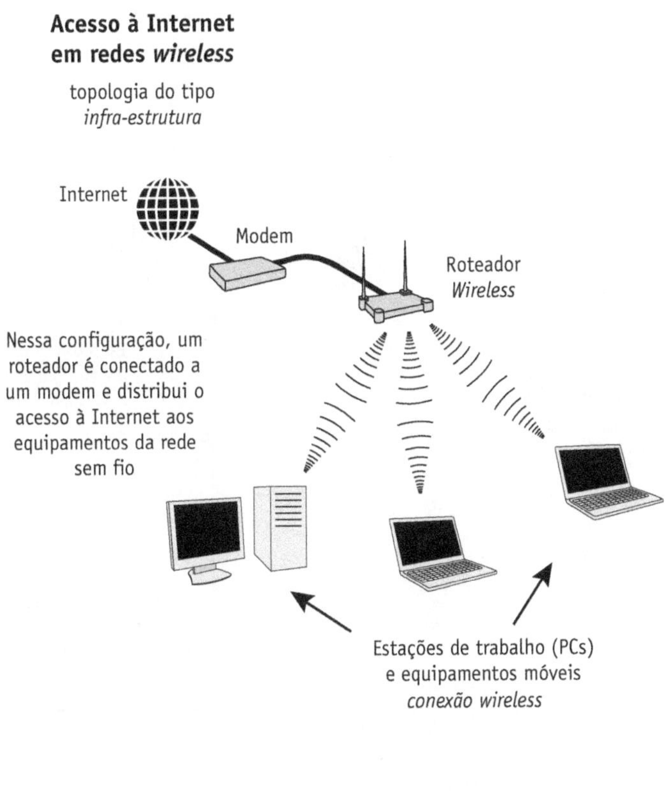

point (conectando os equipamentos sem fio) e receber a conexão de Internet de um *modem* (linha DSL ou *cable modem*, por exemplo), fazendo a distribuição do acesso aos equipamentos da rede.

Geralmente, roteadores sem fio também possuem portas para a conexão de computadores e equipamentos via cabo. Dessa forma, a rede apresentada na Figura 5.23a poderá agregar alguns computadores conectados com a utilização de cabos, conforme pode ser visto na Figura 5.23b.

Figura 5.23b Acesso à Internet em rede sem fio com o uso de um roteador em topologia estruturada e configuração de rede cabeada adicional.

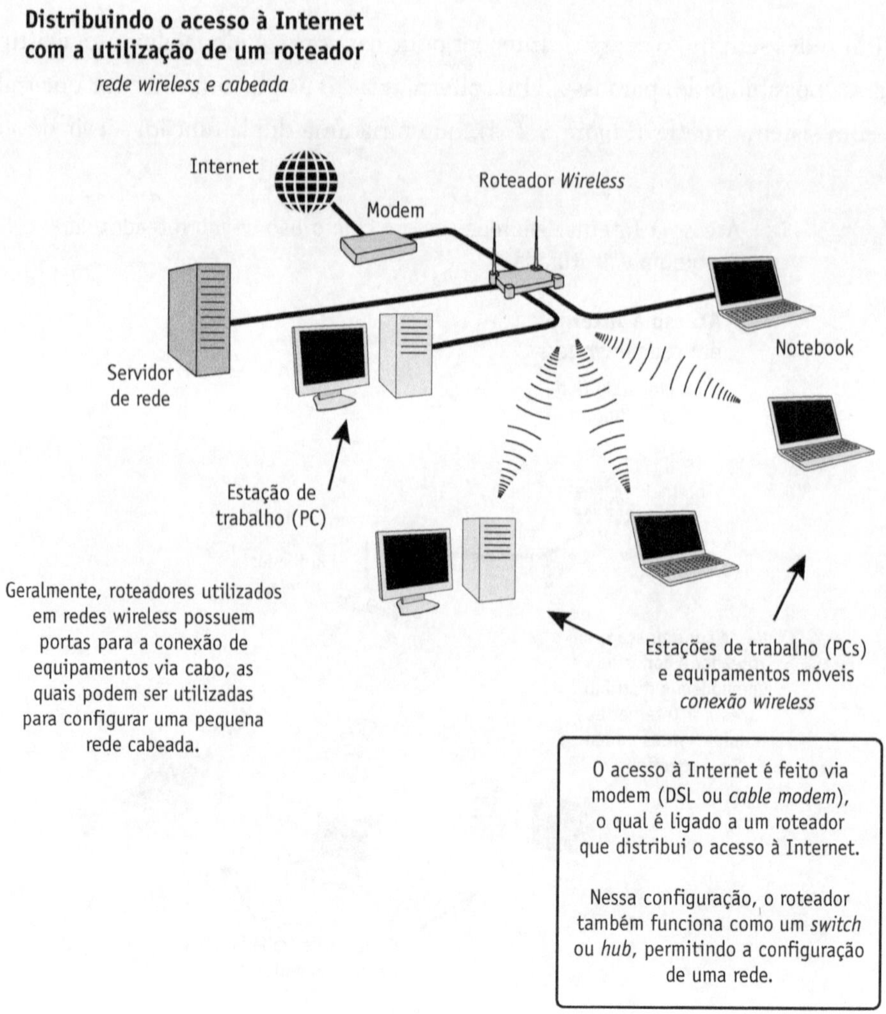

Outra alternativa, mais usual, é associar a rede *wireless* a uma rede cabeada convencional que tenha acesso à Internet com a utilização de um servidor específico para isso (Figura 5.24). Nesse caso, um *proxy* será instalado em um servidor de Internet, distribuindo o acesso a toda a rede. O *access point* é ligado por cabo ao *switch*, fazendo a ponte entre as duas redes. A vantagem da utilização do *switch* é a maior facilidade de expansão da rede cabeada com um único equipamento, pois é possível encontrar *switchs* com 8, 16, 24 e 48 portas, por exemplo. Além disso, é admissível o uso de mais de um desses equipamentos em uma mesma rede, ampliando ainda mais o número de equipamentos conectados.

Figura 5.24 Acesso à Internet em rede mista (cabeada e sem fio) com o uso de servidor de Internet específico.

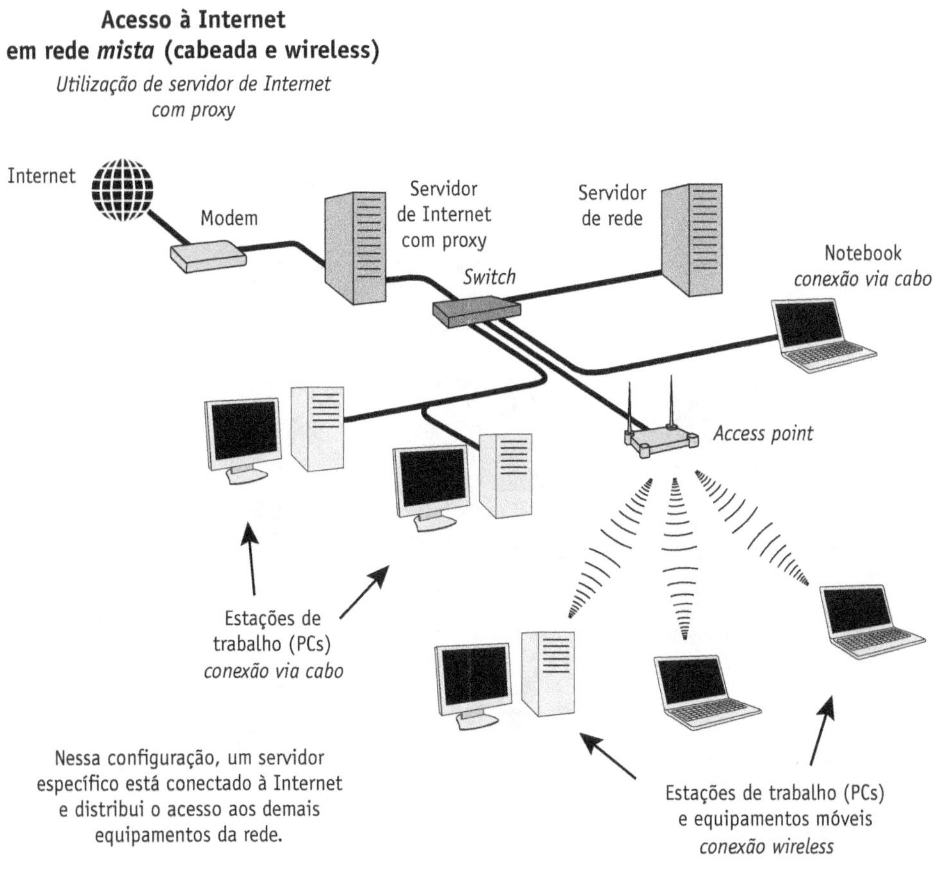

Outra possibilidade, também muito freqüente nas organizações, é a supressão do servidor de Internet e a ligação do *modem* diretamente a um roteador. Em seguida, o roteador é conectado ao *switch*, conforme pode ser visto na Figura 5.25.

Embora a rede apresentada na Figura 5.25 seja semelhante àquela disponível na Figura 5.23b, há uma diferença importante entre as duas, relacionada ao uso do *switch* que permite uma maior expansão da rede local cabeada.

Soluções *wireless* tendem a se tornar cada vez mais freqüentes nas organizações, não apenas pela facilidade de agregar novos equipamentos, sem a necessidade de passagem de cabos, mas também por oferecer soluções interessantes para problemas tais como interconexão de redes, compartilhamento e acesso remoto a impressoras e configuração de redes em grandes áreas.

Figura 5.25 Acesso à Internet em rede do tipo infra-estrutura (cabeada e sem fio) com uso de roteador ligado diretamente a um *switch*.

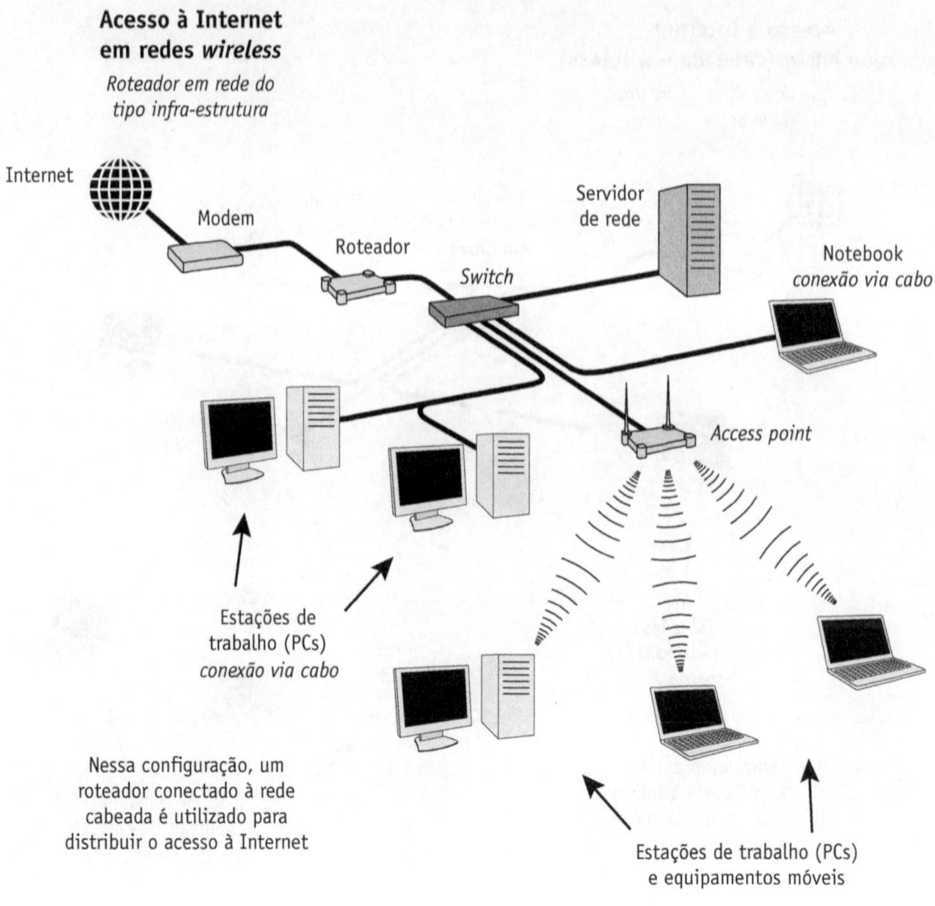

5.8.1.2 *Wireless bridge: interligando e expandindo redes sem fio*

Ao expandir seus negócios, comumente, uma empresa precisa ampliar suas instalações e sua infra-estrutura de rede. Para isso, o uso de conexões *wireless* pode ser de grande utilidade, possibilitando que diferentes redes sejam interligadas, além de facilitar a superação de obstáculos.

Na Figura 5.26, estão disponíveis algumas opções de conexão ou expansão de redes utilizando sistemas *wireless*. Na primeira delas, as redes são interligadas utili-

Figura 5.26 Conexões *wireless* podem ser utilizadas como *bridge* (ponte), interligando redes cabeadas.

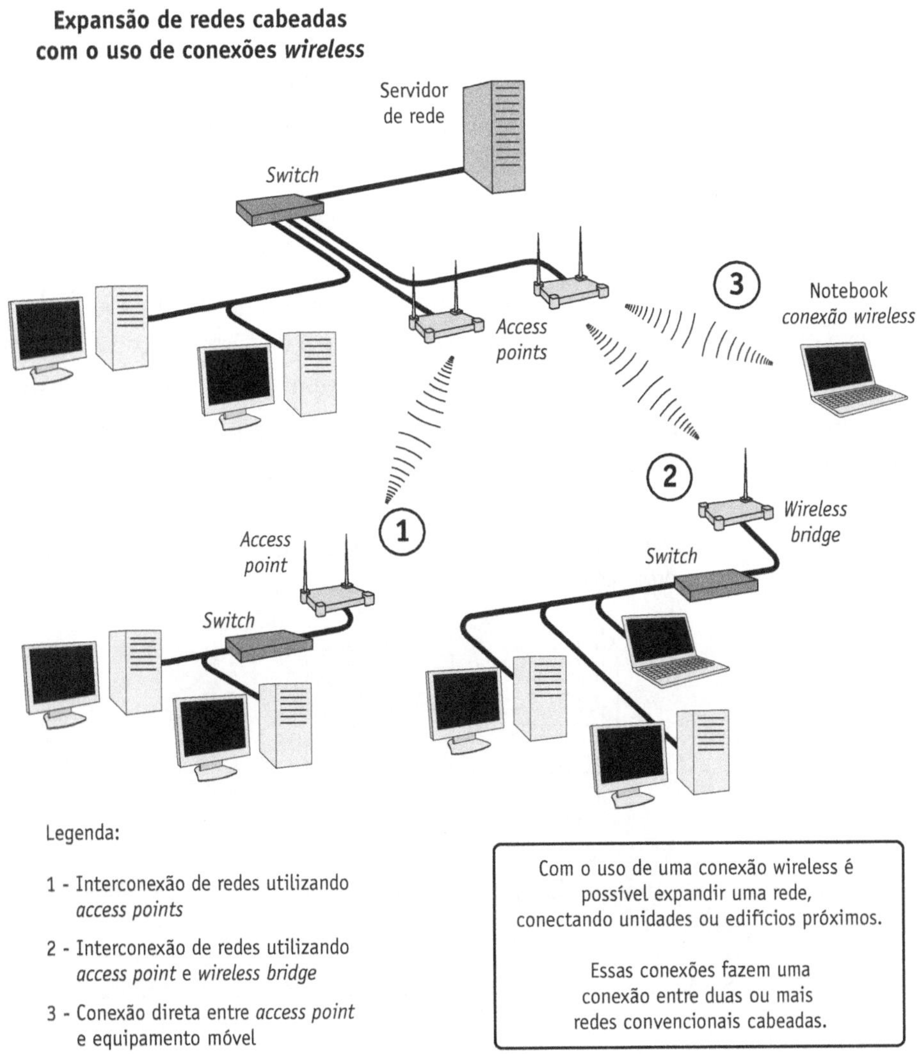

zando *access points* conectados aos respectivos *switches* de cada rede. Na opção dois, a conexão é feita entre um *access point* e um *wireless bridge*. A vantagem do *wireless bridge* é que ele pode conectar dispositivos com fio (padrão Ethernet) a uma rede sem fio, que facilita não apenas a interconexão entre computadores, mas também permite a utilização remota de impressoras, por exemplo (desde que os dispositivos tenham portas para conexões cabeadas). Vale a pena ressaltar que um *wireless bridge* não precisa atuar, necessariamente, como um *access point* (que permitiria o uso da rede cabeada por dispositivos móveis). A terceira opção é uma conseqüência natural do uso de um *access point*, possibilitando que dispositivos móveis sejam *capturados* por uma das redes, estando aptos — do ponto de vista da disponibilidade de conexão — a utilizar as outras redes interligadas

Com as possibilidades oferecidas pelas conexões *wireless*, é possível interligar redes situadas em edifícios próximos, conforme exemplificado na Figura 5.27. Esse tipo de solução pode ser muito útil em áreas industriais, evitando que cabos tenham de ser passados em ambientes adversos.

5.8.2 UTILIZANDO IMPRESSORAS EM REDE

O uso de impressoras compartilhadas em rede é cada vez mais necessário tendo em vista a otimização dos recursos de impressão dentro das organizações. Pequenas impressoras para uso pessoal, conectadas a alguns computadores, têm sido substituídas por modelos em rede com maior capacidade e melhor qualidade, possibilitando o acesso de diversos funcionários e colaboradores a um mesmo equipamento.

Figura 5.27 Uma *wireless bridge* pode ser utilizada para conectar redes localizadas em edifícios próximos.

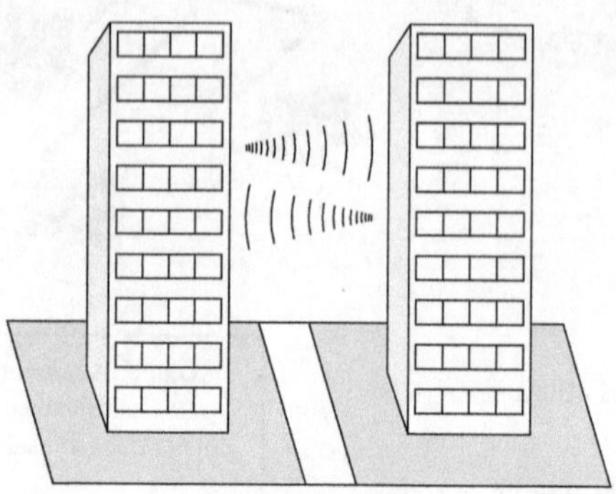

Na Figura 5.28 são apresentadas três possibilidades, conforme detalhado a seguir:

Figura 5.28 Impressoras em rede local: algumas possibilidades de conexão.

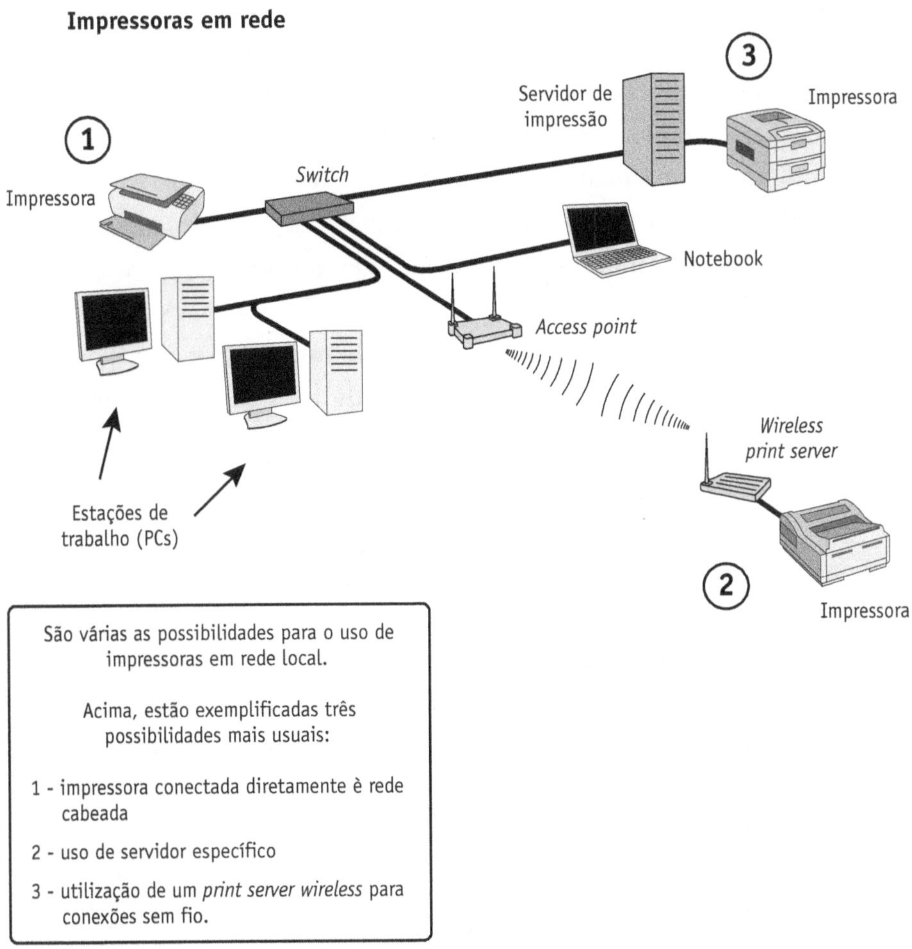

1. **Impressora conectada diretamente à rede cabeada:** alguns modelos de impressora possuem porta padrão Ethernet, possibilitando sua conexão direta à rede. Geralmente, essa solução está disponível para equipamentos destinados a um grande volume de impressões, tais como instituições de ensino, laboratórios de análises clínicas, hospitais, bancos e instituições financeiras. É necessário considerar, entretanto, que esse tipo de solução pode ser aplicada a impressoras convencionais. Para isso, basta utilizar um *print server*, dispositivo que é conectado à rede e que tem uma saída específica — via porta USB ou porta paralela — para a impressora. Dessa forma, uma impressora

destinada à impressão de notas fiscais — por exemplo — pode ser instalada na rede e acessada por diversos funcionários.

2. **Impressora acessível via conexão *wireless*:** é possível instalar uma impressora remotamente, com a utilização de conexão *wireless*. Existem dispositivos denominados *wireless print servers* (servidores de impressão sem fio) que podem ser utilizados em impressoras convencionais, habilitando seu acesso remoto. Instalações industriais, depósitos de produtos ou materiais e atividades que dependem da emissão de ordens de serviço constituem exemplos de situações em que a impressão de um documento pode requerer o uso de uma impressora instalada remotamente, sendo acionada via conexão sem fio.
3. **Impressora conectada a um servidor de impressão:** os dispositivos do tipo *print server* e as impressoras com portas de acesso direto a redes cabeadas podem ser onerosos para algumas empresas ou departamentos. Uma solução possível é conectar a impressora a um computador (que pode ser um servidor de impressão específico ou mesmo o servidor de rede), compartilhando-a com os outros computadores da rede.

Para os casos em que o servidor de rede opera sem ociosidade, não é recomendável ocupá-lo com serviços de impressão. Em casos como esse, equipamentos específicos (servidores de impressão) podem ser utilizados. Dependendo do material e do volume a ser impresso, equipamentos com uma configuração mais modesta (e mais acessíveis) podem ser utilizados como servidor de impressão.

É importante considerar que determinadas atividades requerem serviços específicos de impressão, gerando arquivos que podem consumir alguns *megabytes*. Por exemplo, agências de publicidade, *bureau* de impressão e serviços de tratamento de imagens trabalham com arquivos muito maiores do que simples relatórios ou planilhas comerciais. Nesses casos, é fundamental que as impressoras utilizadas tenham memória suficiente para o tipo de arquivo a ser impresso. Da mesma forma, a rede deve estar apta a transferir rapidamente os arquivos das estações para a impressora, dando conta do tráfego gerado.

5.8.3 WI-FI, INFRARED, BLUETOOTH, WI-MAX E WI-MESH: ALGUMAS CONSIDERAÇÕES

Nos últimos anos, em especial a partir de meados dos anos 1990, surgiram uma série de novas tecnologias e padrões que têm promovido diversas modificações na forma como os equipamentos se interconectam, com repercussões quanto a sua mobilidade.

Até o início da década de 1990, as redes eram divididas em **LAN** (Local Area Network ou Redes de Alcance Local), **MAN** (Metropolitan Area Network ou Redes de Alcance Metropolitano) e **WAN** (Wide Area Network ou Rede de Longo Alcance), basicamente envolvendo computadores fixos ou móveis conectados às redes cabeadas convencionais.

Com a proliferação de equipamentos pessoais como os PDAs (Personal Digital Assistants) e telefones celulares que agregam funções e serviços diferenciados (como o envio de *e-mail* e acesso a outros serviços na Internet), novas formas de organização passaram a ser possíveis.

Surgiram as redes **PAN** (Personal Area Network), envolvendo a comunicação a partir do uso de equipamentos móveis, permitindo a executivos a troca de anotações, arquivos e programas via PDAs, possibilitando que jovens troquem arquivos MP3 entre os seus celulares, que motoristas conectem seus telefones móveis aos sistemas viva-voz de seus automóveis ou que um dispositivo móvel utilize uma impressora sem estar fisicamente conectado a ela.

Aos poucos, tecnologias como **Wi-Fi**, **InfraRed**, **Bluetooth** e **Wi-Max** passaram a ser usuais, permeando o dia-a-dia com novas possibilidades, envolvendo não apenas a conexão de redes pessoais mas também o acesso sem fio a redes LAN ou mesmo à Internet.

5.8.3.1 Wi-Fi

É a abreviatura de Wireless Fidelity, sendo a denominação comercial dada à norma IEEE 802.11, organizada pelo Institute of Eletrical and Eletronics Engineers e adotada pela grande maioria dos fabricantes de *hardwares* e *softwares* para redes sem fio. Usualmente, os locais que possuem pontos de acesso que seguem esse padrão ostentam o logo apresentado na Figura 5.29.

Figura 5.29 Logo que identifica redes sem fio padrão Wi-Fi, sendo utilizado para indicar locais onde esse tipo de acesso está disponível.

Dentro desse padrão encontram-se, atualmente, quatro especificações que envolvem velocidade de transmissão de dados e largura de banda, conforme apresentado na Tabela 5.3.

Embora existam outras formas e padrões de conexão sem fio, o termo Wi-Fi tem sido utilizado como sinônimo de redes *wireless*.

Tabela 5.3 Especificações do padrão IEEE 802.11 para redes sem fio.

Wi-Fi			
Especificação	**Velocidade de transmissão de dados**	**Banda**	**Compatibilidade**
802.11b	11 Mb/s	2.4 GHz	b
802.11a	54 Mb/s	5 GHz	a
802.11g	54 Mb/s	2.4 GHz	b, g
802.11n	100 Mb/s	2.4 GHz	b, g, n

5.8.3.2 InfraRed

A radiação infravermelha (*infrared*) tem sido utilizada para a obtenção de conexão sem fio de curta distância para os mais diversos dispositivos, tais como assistentes pessoais (PDAs — Personal Digital Assistants). Nesses equipamentos, por exemplo, o infravermelho é utilizado para transmissão de dados e conexão de periféricos (como teclados e impressoras).

O Infrared Data Association (IrDA) é uma organização não-governamental fundada em 1994, que procura estabelecer padrões internacionais para a comunicação sem fio por infravermelho. Dentre seus membros, constam empresas como Casio, Citizen, Nokia, Sharp, Siemens, Sony Ericsson Mobile Communications e Toshiba.

5.8.3.3 Bluetooth

É o nome dado a uma especificação industrial originalmente desenvolvida pela Ericson e formalizada pelo SIG — Bluetooth Special Interest Group (composto inicialmente pela Sony Ericsson, Intel, Nokia, IBM e Toshiba). Posteriormente, diversas outras empresas passaram a integrar o SIG, que foi transformado no padrão 802.15.1 pelo Institute of Eletrical and Eletronics Engineers dos Estados Unidos. Os dispositivos que oferecem esse padrão de comunicação exibem o logotipo apresentado na Figura 5.30.

Figura 5.30 Logo que identifica redes ou dispositivos Bluetooth.

Esse padrão trata da comunicação e troca de dados e informações entre dispositivos como telefones celulares, *notebooks*, PCs, assistentes pessoais (PDAs — Personal Digital Assistants), impressoras, câmeras digitais, entre outros, por meio de radiofreqüência, independente de eles estarem fisicamente no mesmo local. As distâncias de comunicação podem variar de 10 cm até 100 m, conforme a Tabela 5.4.

Tabela 5.4 Classes do Bluetooth e respectivas distâncias de comunicação.

Classe	Distância de comunicação
1	Até 100 metros
2	10 metros
3	0,10 a 1 metro

5.8.3.4 Wi-Max

É o acrônimo para **W**orldwide **I**nteroperability for **M**icrowave **A**ccess, uma certificação para produtos e tecnologias que seguem o padrão de transmissão IEEE 802.16 do Institute of Eletrical and Eletronics Engineers (Estados Unidos) de comunicação sem fio, contando com a adesão de empresas como Intel, Siemens, Fujitsu, Motorola, IBM, AT&T, Nortel e Ericsson. Seu logotipo pode ser visto na Figura 5.31.

Seu princípio de funcionamento é similar ao Wi-Fi, porém o seu alcance, velocidade e número de usuários são maiores, podendo interconectar diversas redes menores (e que adotem outras tecnologias) incluindo Wi-Fi e telefonia celular. Tem potencial para fornecer acesso à Internet para áreas rurais ou periferias dos grandes centros que não contem com infra-estrutura de linhas ADSL ou *cable modem*.

Figura 5.31 Logo que identifica redes ou dispositivos Wi-Max.

A velocidade de acesso é de 75 Mb/s (*megabits* por segundo), contrastando com os 54 Mb/s das redes Wi-Fi (especificações 802.11a,g). O alcance é de até 40 km, enquanto o Wi-Fi atinge cerca de uma centena de metros. Dessa forma, o acesso à Internet em banda larga poderá ser distribuído por grandes áreas, possibilitando aos equipamentos móveis ou fixos uma interoperabilidade muito grande.

Com a implantação de redes Wi-Max, o *download* de filmes (com padrão equivalente ao de um DVD) e ligações telefônicas a baixo custo via Internet serão possíveis, podendo revolucionar diversos segmentos em poucos anos.

5.8.3.5 Wi-Mesh

As redes Wi-Fi promovem uma redução significativa no uso de cabos de rede, aumentando a acessibilidade. Entretanto, cada *access point* ou roteador deverá ser conectado a um *switch*, conforme demonstra a Figura 5.32a.

Há situações, por outro lado, em que a passagem de cabos não é tão simples, demandando obras para adaptar (ou mesmo criar) a infra-estrutura existente. Por exemplo, cidades históricas geralmente têm restrições à passagem de cabos (de qualquer espécie), que devem ficar abaixo da superfície. Em grandes propriedades rurais a passagem de cabos pode demandar a implantação de uma infra-estrutura específica

Figura 5.32a Esquema básico de funcionamento de uma rede Wi-Fi.

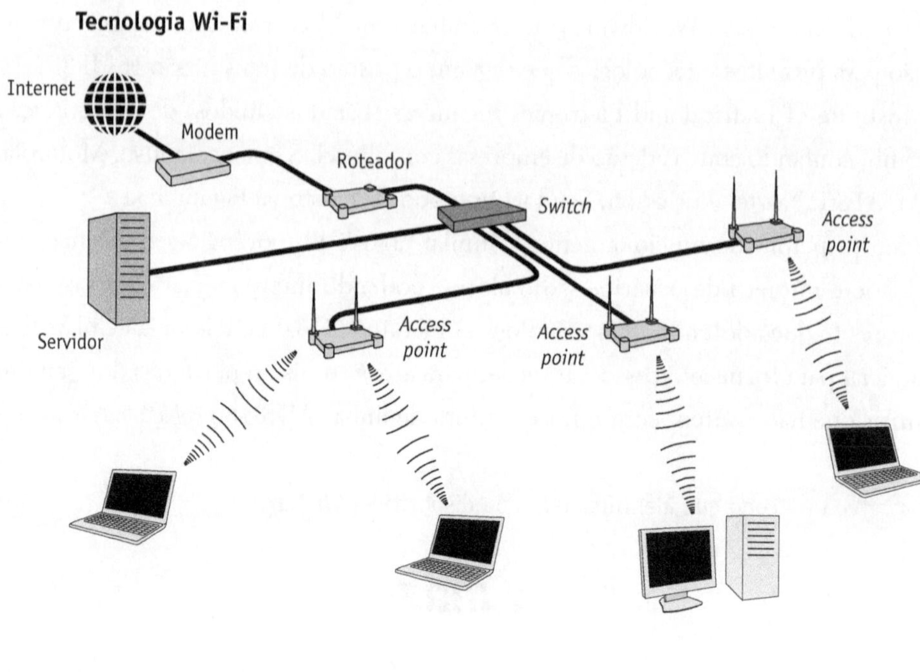

e onerosa. Para situações como essas existe uma solução — denominada de Wi-Mesh, que, aproveitando os recursos e tecnologia Wi-Fi, permite o uso de *access points* sem a utilização de cabos conectados a um *switch* (Figura 5.32b). É interessante notar que o termo **Wi**-Mesh deriva de **Wi**-Fi e **Mesh** (malha ou estrutura entrelaçada).

Figura 5.32b Esquemas básicos representativos do funcionamento de uma rede Wi-Mesh.

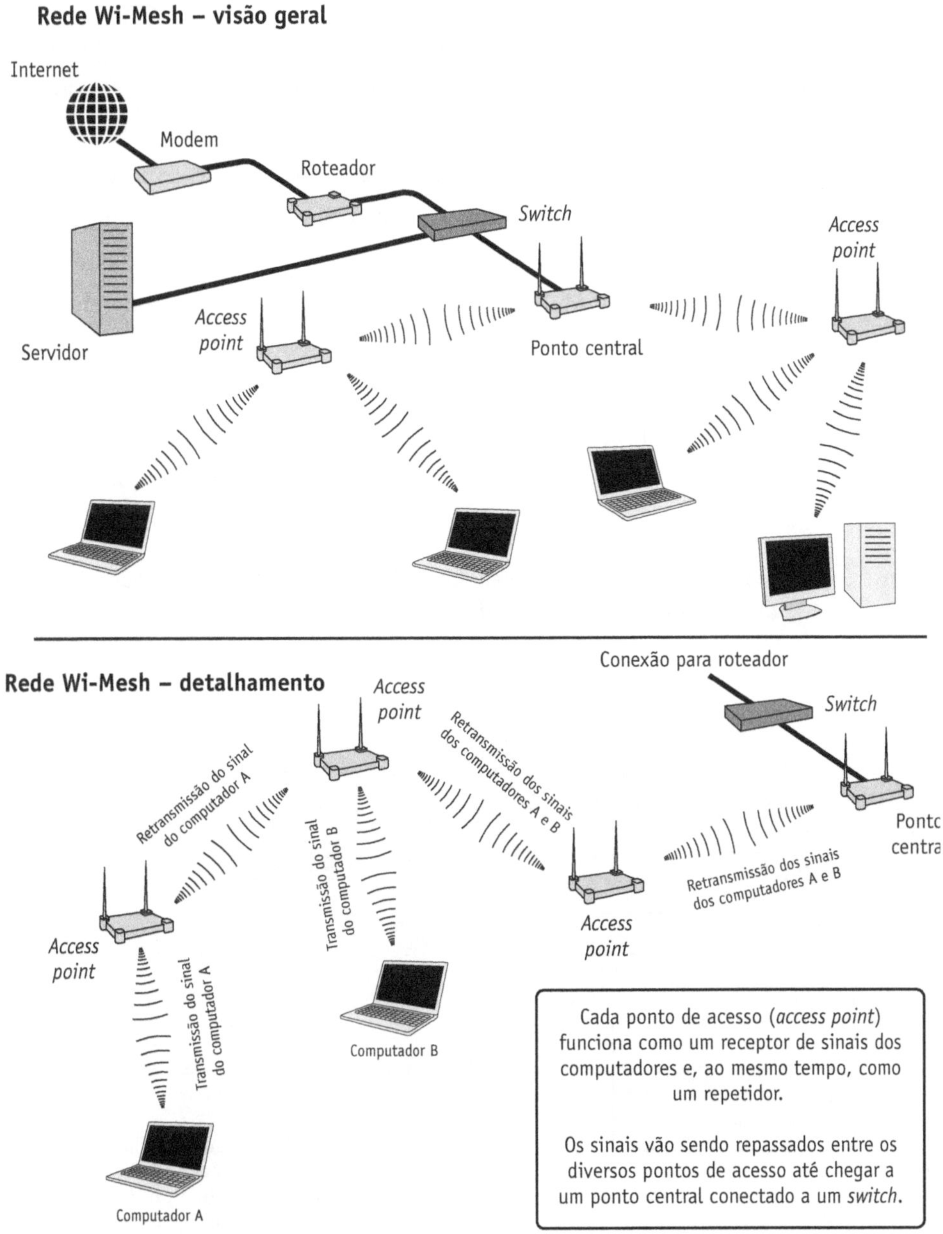

No Wi-Mesh cada *access point* funciona como um repetidor, repassando os sinais recebidos a um novo ponto de acesso ou diretamente a um ponto central (este sim conectado a um *switch*), conforme pode ser visto na Figura 5.32b. Dessa forma, é possível montar uma malha de pontos de acesso sem a necessidade de um cabo para cada um deles. Isso permite distribuir o acesso à Internet em amplas áreas (Figura 5.33).

5.8.3.6 RFID — Radio frequency identification

Não raro, novas tecnologias vão sendo incorporadas ao dia-a-dia das pessoas de maneira quase natural. Até há pouco tempo, ao passar em um pedágio rodoviário, um motorista contava com duas opções básicas: pagar a tarifa a um operador ou depositar fichas específicas em dispositivos especiais. Atualmente, um número cada vez maior de veículos utiliza um pequeno dispositivo que permite a passagem direta por uma série de pedágios, sem que o pagamento (ou o depósito de fichas) tenha de ser efetuado na hora. Ao final de um período preestabelecido, a conta é enviada ao proprietário do veículo, podendo ser debitada diretamente em sua conta bancária ou paga por cartão de crédito.

Esses veículos estão utilizando uma tecnologia denominada RFID (acrônimo de **r**adio frequency **id**entification ou identificação por radiofreqüência), que possibilita

Figura 5.33 Amplas áreas podem ser beneficiadas com o acesso à Internet disponibilizado por redes Wi-Mesh.

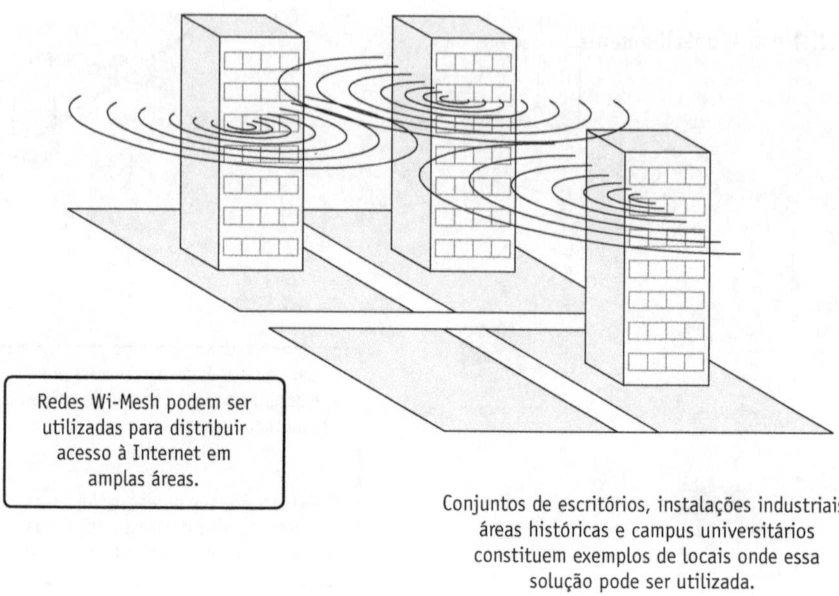

a sua identificação a distância, sem que eles tenham de parar ou reduzir substancialmente a velocidade (Figura 5.34). Para que a identificação ocorra, um transmissor emite um sinal que é recebido por um pequeno dispositivo que devolve outro sinal específico contendo uma identificação. Esses dispositivos, usualmente denominados de *tags* (ou etiquetas, em inglês), são estimulados por uma radiofreqüência e devolvem um sinal específico, pré-programado, permitindo a identificação do *tag* utilizado. Existem dois tipos de RFID *tags*: os passivos e os ativos.

Basicamente, a diferença entre eles reside no fato de que os passivos não possuem fonte própria de energia elétrica ao passo que os ativos são alimentados com o uso de pequenas baterias. Os *tags* passivos funcionam com a energia elétrica enviada pelas antenas transmissoras, são mais baratos e menores, sendo mais suscetíveis a erros e funcionando apenas em distâncias mais curtas. Já os *tags* ativos são maiores e mais caros, mas podem trabalhar a distâncias maiores e são menos suscetíveis a falhas de transmissão.

Dessa forma, os *tags* ativos são preferencialmente utilizados em processos de identificação para distâncias maiores (envolvendo, em termos práticos, algumas dezenas de metros), por exemplo, em veículos em movimento. Por sua vez, os *tags* passivos são utilizados em processos de identificação realizados a curtas distâncias (de algumas dezenas de centímetros), sendo indicados para verificação de mercadorias em supermercados, por exemplo.

Em relação aos leitores de código de barra, as vantagens do RFID são as seguintes:

- ✓ **Maior dificuldade de serem fraudados:** códigos de barra podem ser facilmente copiáveis com a utilização de máquinas do tipo xerox ou *scanners* convencionais, ao passo que os *tags* de RFID são elaborados a partir de cir-

Figura 5.34 O uso do RFID tem possibilitado a rápida identificação de veículos em pedágios.

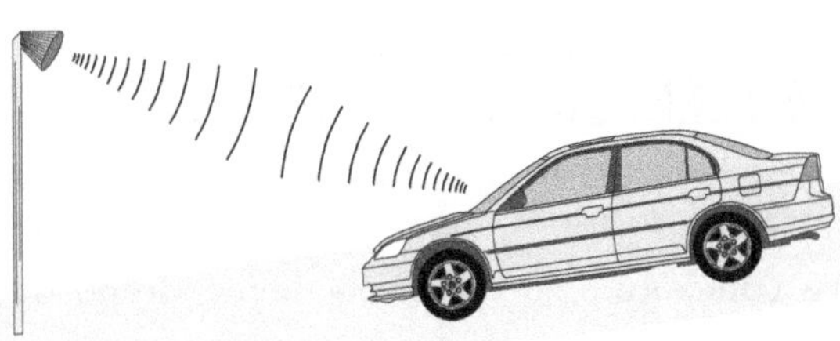

cuitos eletrônicos que podem conter códigos criptografados, dificultando a realização de fraudes.

- ✓ **Uso em processos de identificação automatizados:** utilizando códigos de barra é possível identificar produtos em apresentações individuais ou em lotes, facilitando o processo de controle e conferência de estoques. Entretanto, o uso de códigos de barra exige uma aproximação direta do produto ou mesmo sua manipulação. Com o uso de *tags* de RFID essa identificação e controle podem ser efetuados a distância, com o produto em uma prateleira ou um *palette*. A Figura 5.35 mostra, de maneira esquemática, como isso pode ser feito. Não raro, produtos ou materiais podem ficar *perdidos* em grandes depósitos (serem colocados em local errado, dificultando sua localização posterior). Com o uso do RFID é possível saber se o produto ou material de fato está no depósito. Para localizá-los, *scanners* manuais podem ser utilizados, sem a necessidade de deslocar mercadorias.

Quando lojas e supermercados passaram a utilizar o código de barras na identificação dos produtos, o processo de finalização de uma compra foi bastante agilizado. Com o uso do RFID, será possível passar as compras pelo caixa sem ter de retirá-las do carrinho. Um *scanner* fará a identificação automática dos produtos e emitirá o cupom fiscal, aumentando a velocidade de atendimento e reduzindo ainda mais a possibilidade de fraude. Algumas iniciativas têm sido empreendidas para mapear o trajeto feito pelos consumidores nos supermercados e verificar a seqüência com que os produtos são comprados. Isso permitirá um melhor planejamento do *layout* das lojas e da distribuição dos produtos, melhorando o atendimento pela ligação a um sistema de Business Intelligence (BI).

Para informações adicionais:	**Capítulo 8, *Business Intelligence, CRM, OLAP, Datamining, Data Warehouse e Data Mart.***

5.9 VoIP E TELEFONIA VIA INTERNET

Com a ampliação do uso da Internet, aliada a uma melhoria na qualidade e na velocidade das conexões e ao desenvolvimento de novos *softwares*, tem crescido a possibilidade de transmissão de voz sobre redes IP (VoIP) e também da telefonia via Internet. Embora o VoIP (Voice over Internet Protocol ou Voz sobre o Protocolo

Figura 5.35 O RFID pode ser utilizado no controle de estoques.

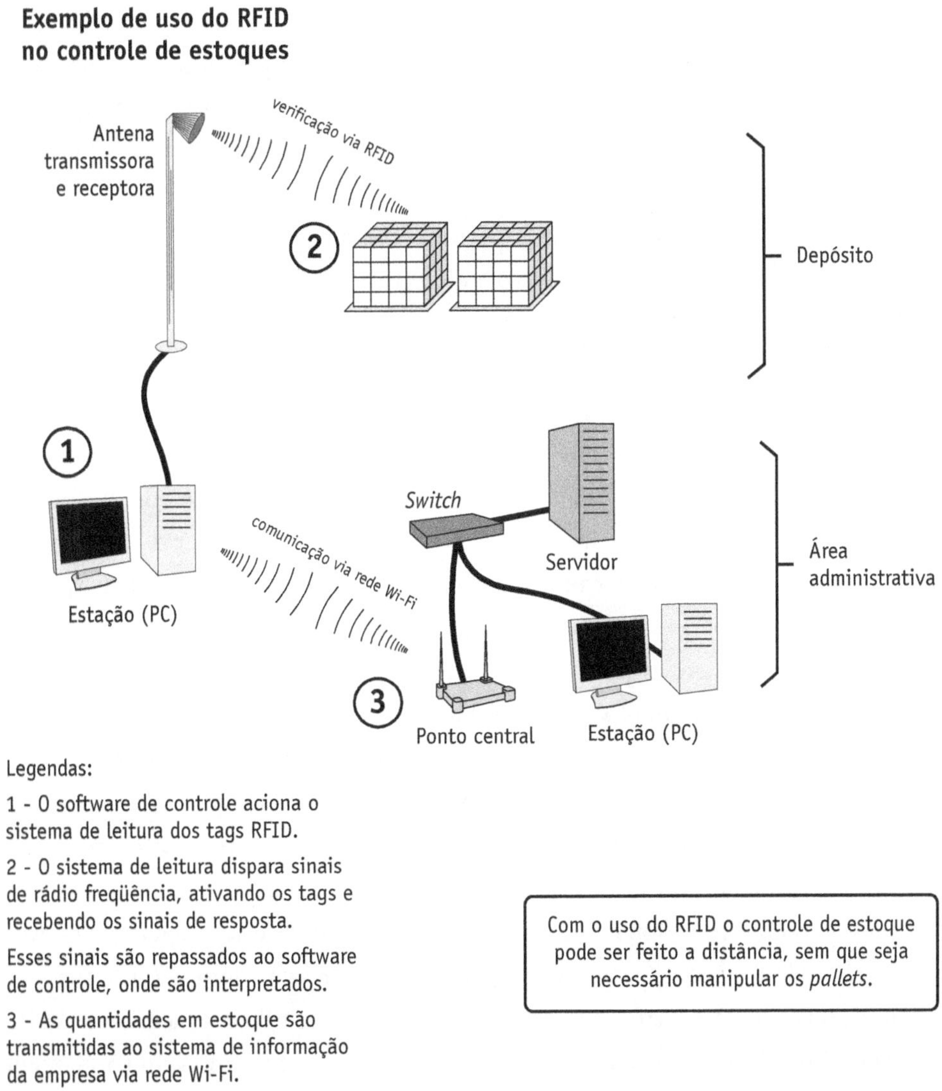

Internet) e a telefonia via Internet sejam usualmente tomados como sinônimos, é importante esclarecer que representam soluções um pouco diferentes.

Conforme pode ser visto na Figura 5.36, existem três formas básicas de transmissão síncrona (em tempo real) de voz na Internet. A primeira delas, aqui denominada de **VoIP direta** pode ser estabelecida quando se conhece os endereços IP dos computadores envolvidos na comunicação. Cabe lembrar que cada equipamento conectado à Internet recebe um número de identificação denominado IP (abreviatura de Internet Protocol ou Protocolo Internet). Esse número consiste no endereço virtual do equipamento na rede. Em algumas situações, o endereço IP é fixo, permanecendo sempre o mesmo (independente de o equipamento ser desconectado e, depois, voltar a se reconectar à Internet). Em outros casos (mais freqüentes), ao se conectar à Internet, cada equipamento recebe um número IP temporário, que valerá enquanto durar aquela conexão.

Como esse número é exclusivo, ele permite que cada equipamento seja localizado em meio à rede. Dessa forma, quando o endereço IP é conhecido (ou fixo), é possível estabelecer uma comunicação direta entre computadores, transmitindo mensagens de texto e arquivos dos mais diversos tipos. Nesse caso, a voz dos usuários pode ser convertida em pacotes de dados e transmitida em tempo real para outro equipamento.

Entretanto, isso implica que todas as pessoas envolvidas na comunicação conheçam os endereços IP dos equipamentos utilizados pelos seus amigos, o que nem sempre é viável ou está ao alcance do usuário médio. Para facilitar a comunicação, nesses casos, é possível utilizar um tipo de comunicação aqui denominada de **VoIP intermediada**. A pessoa se conecta a um servidor remoto, fornecendo um nome de usuário e senha previamente cadastrados e pode contatar outras pessoas que também utilizam o sistema. Nesse caso, também é possível transmitir arquivos dos mais diversos tipos, mensagens de texto e voz (convertida automaticamente em pacotes de dados). Esse sistema é utilizado pela maioria dos sistemas de comunicação instantânea (como o Yahoo! Messenger, o MSN Messenger e diversos outros).

Outra modalidade que vem ganhando cada vez mais adeptos é a Telefonia via Internet, geralmente propiciando tarifas reduzidas em relação à telefonia convencional, além de permitir ligações para qualquer número de telefone (tanto nacional quanto internacional). Embora a telefonia via Internet utilize a técnica de VoIP, a diferença é que a tecnologia adotada procura simular ao máximo o funcionamento de um sistema telefônico convencional. Enquanto nas comunicações VoIP direta e intermediada é necessário o uso de um computador, a telefonia via Internet pode ser utilizada sem a necessidade desse equipamento.

Conforme demonstra a Figura 5.36, um aparelho convencional (A) é conectado a um roteador VoIP que, por sua vez, é ligado a um *modem* com acesso à Internet. Um aparelho telefônico convencional transforma as palavras em sinais elétricos analógicos. Em seguida, o roteador VoIP converte esses sinais analógicos em sinais digitais e os repassa ao *modem* (que se encarrega de transmiti-los à Internet sob a forma de pacotes digitais).

Posteriormente, esses pacotes são repassados a um provedor de serviço telefônico via Internet e, de lá, a um telefone que opera via Internet (B, na Figura 5.36) ou é encaminhado a uma linha convencional (C). No primeiro caso, os pacotes digitais serão recebidos por um *modem* e repassados ao roteador VoIP sob a forma de sinais digitais. O roteador VoIP converte esses sinais digitais em analógicos e os envia a um telefone convencional.

É interessante notar que os pacotes digitais trafegam pela Internet como se fossem qualquer outro tipo de arquivo. Dessa forma, uma conexão utilizada para telefonia via Internet também poderá ser empregada, concomitantemente, para o envio e recebimento de *e-mail*, visitas a sites da web, dentre outras possibilidades. Portanto, quando as ligações são efetuadas entre telefones que operam via Internet (ligação A — B, Figura 5.36), a tendência é que o custo seja reduzido, tendo em vista que a infra-estrutura utilizada será a mesma da Internet e compartilhada com demais serviços disponibilizados por uma série de empresas.

No segundo caso (ligação A — C, Figura 5.36), os pacotes digitais são reagrupados pelo provedor de serviço de telefonia via Internet, transformados em sinais analógicos e repassados a uma central telefônica convencional. Nesse caso, existe uma tendência de redução de custo — comparativamente à telefonia convencional, tendo em vista que parte da infra-estrutura utilizada será aquela disponibilizada pela Internet.

O esquema apresentado pela Figura 5.36 é uma simplificação, especialmente no que se refere à conexão entre *modem*, roteador e aparelho telefônico. Conforme pode ser visto na Figura 5.37 (parte 1), a utilização de um roteador VoIP ligado a um *modem* (DSL ou *cable modem*) representa uma das alternativas. Dependendo do modelo do roteador VoIP, mais de uma linha telefônica estará disponível (com a ligação de mais de um aparelho telefônico), conforme pode ser visto na Figura 5.37 (parte 2). Outra possibilidade é a utilização de um aparelho específico conectado a uma porta USB de um computador (Figura 5.37 — parte 3). Nesse caso, o computador deverá contar com um *software* específico para permitir o acesso ao provedor de serviço de telefonia via Internet.

Além disso, conforme demonstra a Figura 5.37 (parte 4), alguns modelos de *modems* possuem conexão direta para aparelhos de telefone, não requerendo a utilização de um roteador VoIP (na verdade, há uma espécie de roteador interno ao *modem*). Esse tipo de solução é utilizada em residências ou pequenas empresas.

Uma alternativa é a conexão da saída telefônica do roteador VoIP para uma central específica, habilitando o uso de diversos aparelhos telefônicos (que compartilhariam o número de linhas fornecidas pelo roteador VoIP), conforme pode ser visto na Figura 5.37 (parte 5).

Nos casos apresentados pela Figura 5.37, o uso do serviço de telefonia ocorre de maneira concomitante ao acesso à Internet, pois a comunicação por voz é trans-

Figura 5.36 Três formas básicas de transmissão síncrona de voz na Internet: voz sobre IP (direta e intermediada) e telefonia via Internet.

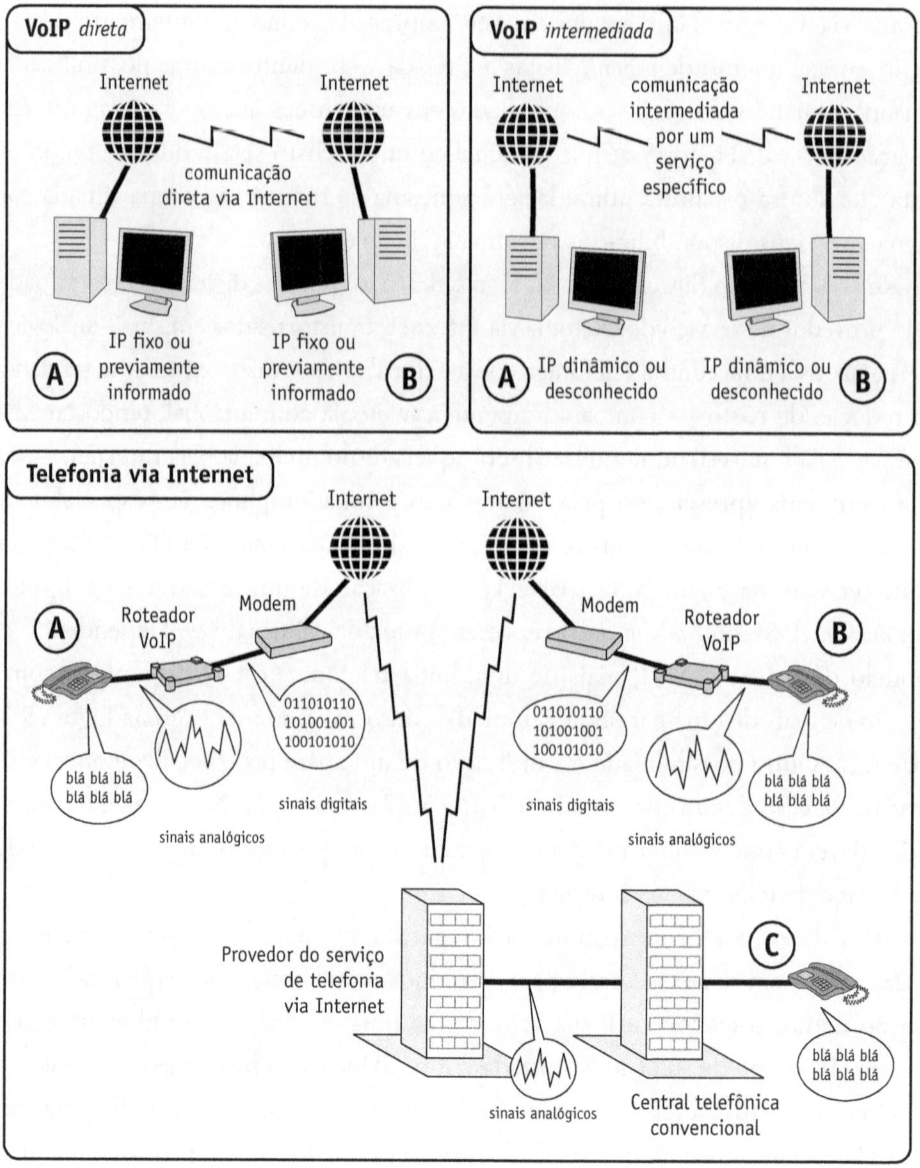

formada em pacotes digitais que trafegam na mesma banda com serviços de *e-mail*, transferência de arquivos e visitas a sites da web.

Para empresas que atuam em diferentes cidades, estados ou países, integrando escritórios regionais, representantes, fábricas e centros de distribuição, o uso da telefonia via Internet poderá levar a uma redução importante das despesas de comunicação. Em termos práticos, se a comunicação ocorre totalmente via Internet, tanto faz se os telefones estão na mesma cidade, em estados ou países diferentes, gerando uma economia significativa em ligações interurbanas.

Figura 5.37 Exemplos de conexão de equipamentos de telefonia em rede IP.

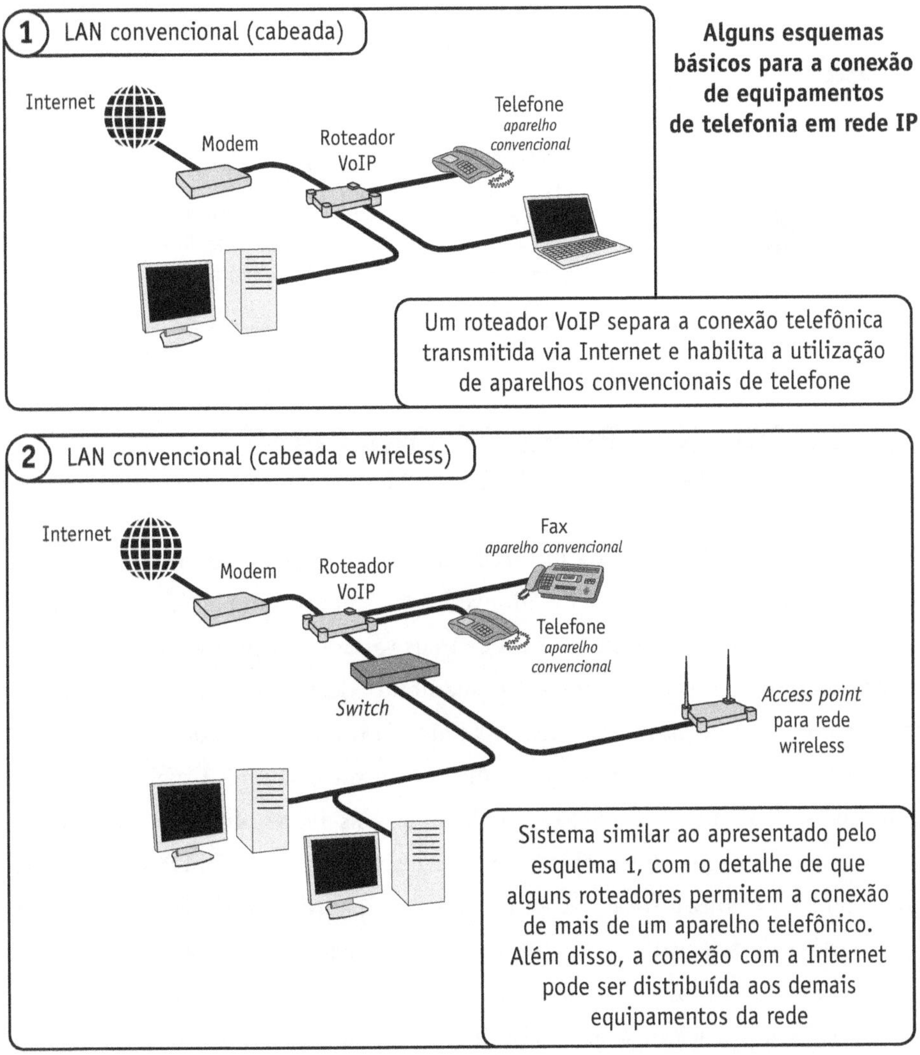

Figura 5.37 *Continuação.*

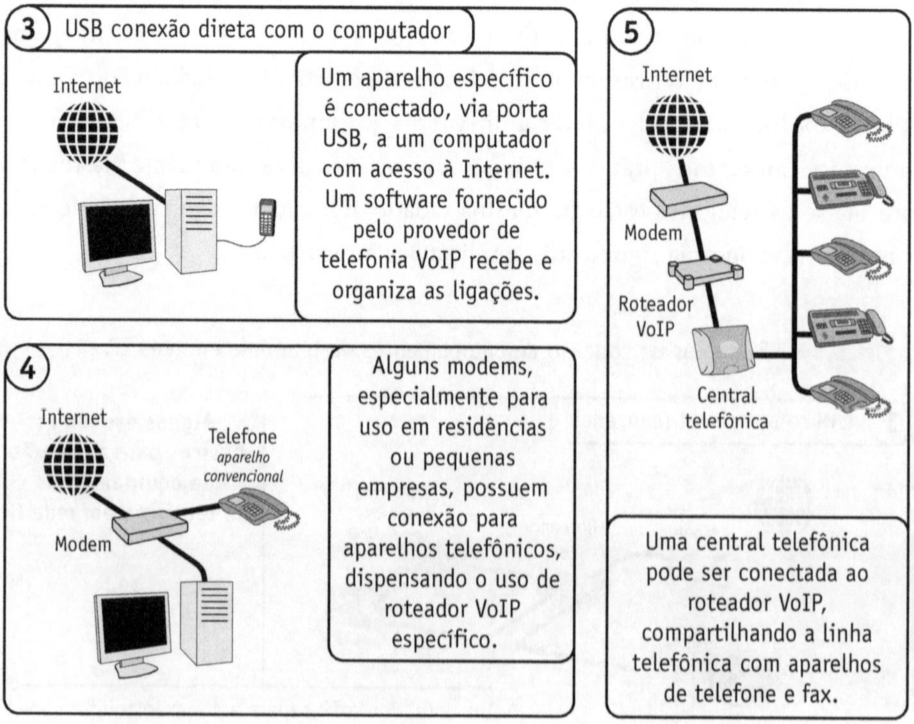

5.10 INTEGRANDO REDES E TECNOLOGIAS NO AMBIENTE EMPRESARIAL

Atualmente, verifica-se uma interconexão cada vez maior entre redes dos mais diversos tipos. Conforme mencionado, redes e sistemas sem fio têm possibilitado o acesso à Internet e a outras redes para os mais variados dispositivos.

Para melhor explicar o inter-relacionamento dessas diversas redes e padrões tecnológicos, é interessante verificar a Figura 5.38. Nela, a rede fundamental é a PAN (Personal Area Network), que tem como exemplo mais usual a troca direta de arquivos entre PDAs e telefones celulares. Nas PANs ainda se enquadram as comunicações sem fio, entre outros equipamentos, tais como PDAs e periféricos, como teclados e impressoras, predominando os padrões InfraRed e Bluetooth. A contrapartida desses sistemas *wireless* seriam as conexões cabeadas via USB e similares, que permitem formar uma pequena rede pessoal temporária para finalidades específicas, como troca de arquivos ou impressão de relatórios.

Figura 5.38 Diagrama comparativo entre tecnologias convencionais (via cabo) e tecnologias sem fio (*wireless*) para redes PAN, LAN, MAN e WAN.

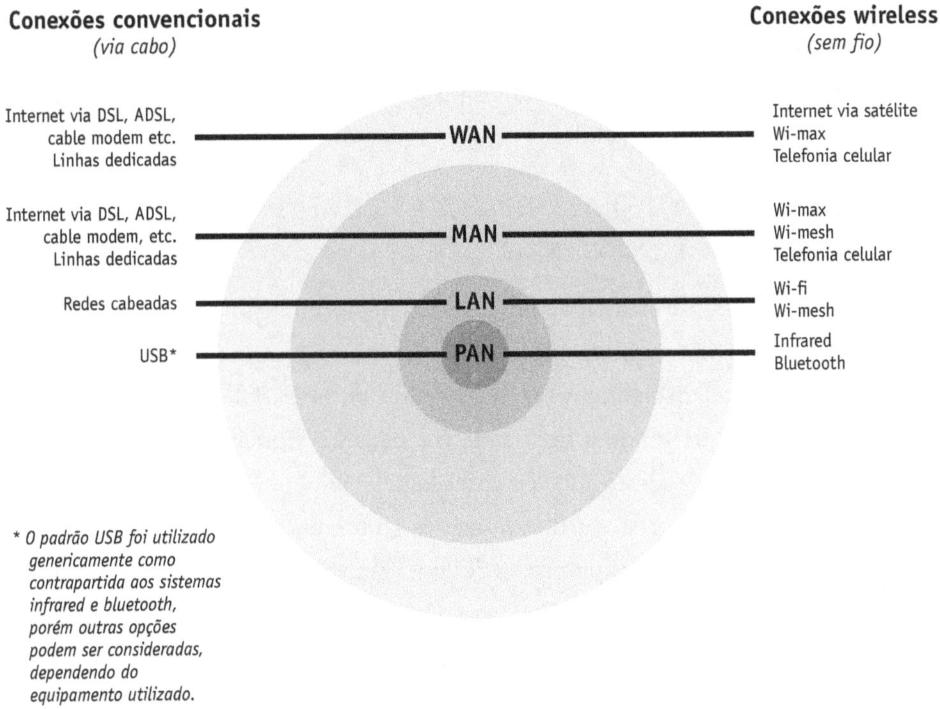

Hierarquicamente acima das redes PAN, encontramos as redes convencionais do tipo LAN (Local Area Network). Usualmente, essas redes são estabelecidas a partir de conexões cabeadas, embora cresça o uso de sistemas sem fio, especialmente com a tecnologia Wi-Fi. Em situações mais específicas, em que há dificuldade ou restrições ao uso de cabos, o Wi-Mesh deverá ter seu uso incrementado.

As redes MAN (Metropolitan Area Network) podem ser estabelecidas via linhas dedicadas (fibra óptica ou comunicação via rádio, por exemplo) ou por meio da Internet (sendo comum o uso de linhas DSL, ADSL e *cable modem*). Cresce o uso de acesso a Internet via telefonia celular (inclusive para equipamentos móveis, como PDAs e *notebooks*). Para as MANs, o Wi-Max e o Wi-Mesh apresentam-se como soluções altamente promissoras, sendo que o seu uso deverá ser ampliando nos próximos anos.

No topo dessa hierarquia, temos as WANs (Wide Area Network) que podem ser estabelecidas via Internet (a partir de conexões banda larga) ou linhas de transmissão de dados (linhas dedicadas). Cresce, ainda que timidamente, o uso de opções sem fio como Internet via satélite (apesar dos custos elevados), acesso via telefonia celular, para dispositivos móveis (em conexões convencionais de baixa velocidade ou banda média ou larga). Para essas redes, o Wi-Max mostra-se promissor não apenas em função da velocidade mas também do preço, que tende a ser reduzido em relação ao satélite e ao telefone celular.

5.10.1 EXEMPLO PRÁTICO DE INTEGRAÇÃO DE REDES EM AMBIENTE EMPRESARIAL

Em uma empresa, diversas tecnologias de rede se sobrepõem, permitindo que diferentes dispositivos troquem dados e informações, possibilitando a difusão do conhecimento e o desenvolvimento de inteligência empresarial. A Figura 5.39 apresenta uma situação que tende a ficar cada vez mais corriqueira, envolvendo redes com diferentes níveis de abrangência e tecnologia.

Inicialmente, tem-se a troca de anotações (informações) entre dois executivos que, utilizando assistentes pessoais (PDAs), estabelecem uma WPAN (Wireless Personal Area Network) via InfraRed. Posteriormente, um deles transmite essas anotações via Wi-Fi para a rede local da empresa (LAN). A essas informações são anexados relatórios e planilhas e passam a ser armazenados no servidor principal da empresa.

Posteriormente, o sistema de informações da empresa processa essas informações, agregando valor, tais como novas informações e conhecimento, gerando saídas que podem ser compartilhadas com uma unidade produtiva ou um cliente (especificações de um novo produto ou uma proposta comercial, por exemplo).

5.11 INTRANETS E EXTRANETS

Os termos intranet e extranets têm permeado o ambiente de negócios, sendo tomados por vezes como sinônimos. Tecnicamente falando, intranet é um conjunto de serviços disponíveis em uma rede local tendo como interface uma página similar àquelas utilizadas em sites na web. Dessa forma, verifica-se a utilização de recursos da Internet (como servidor e clientes ou estações) em uma rede local, geralmente, com acesso restrito aos funcionários de uma empresa ou membros de uma instituição, a fim de oferecer serviços e facilidades administrativas em uma interface unificada.

Figura 5.39 Integração de diferentes tecnologias e redes em um ambiente empresarial.

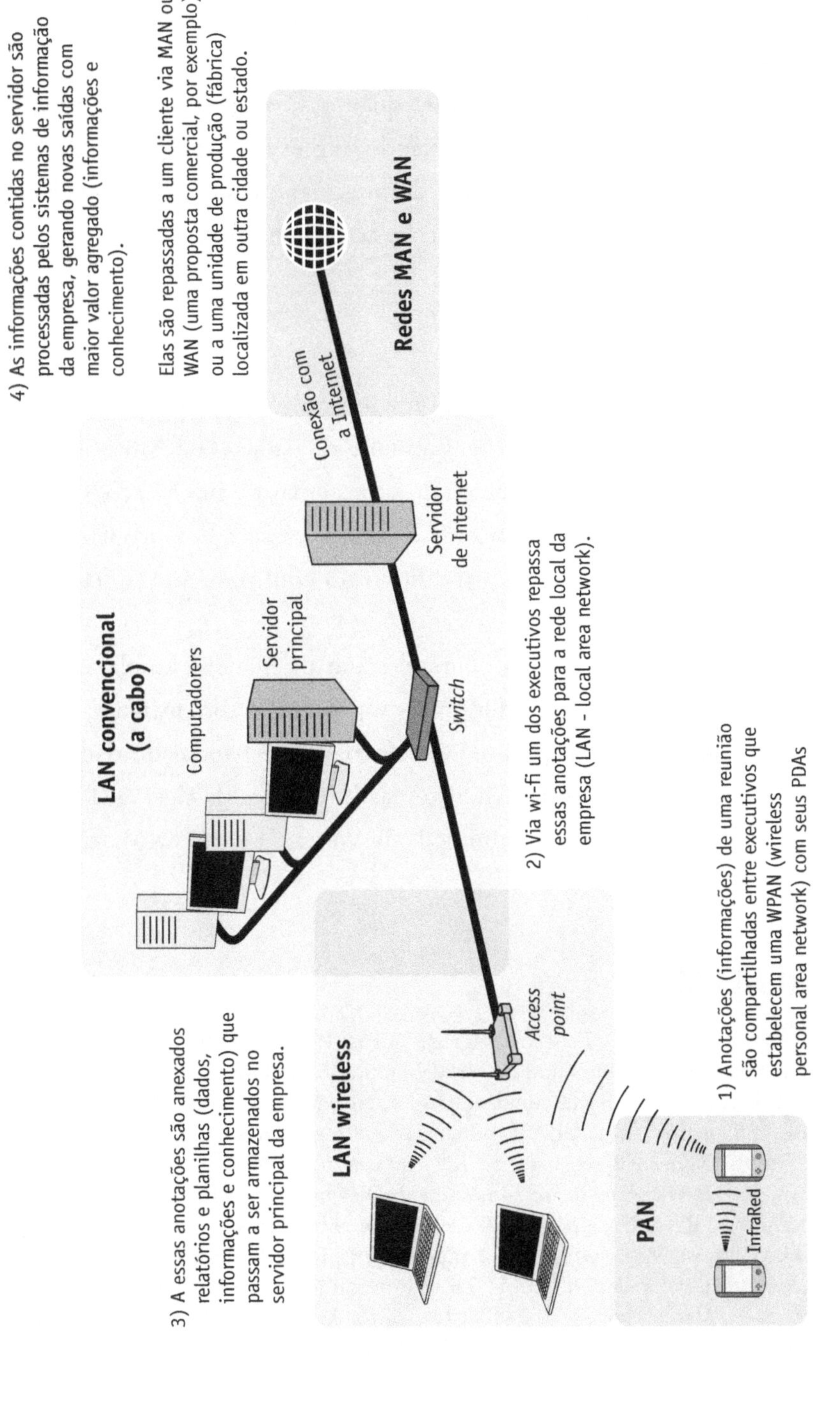

Por sua vez, extranet é a disponibilização remota de serviços e recursos em uma rede local, contando com acesso restrito e utilizando a estrutura da Internet para esse fim, oferecendo aos seus usuários uma interface gráfica similar àquelas disponíveis na web.

Em termos práticos, tanto a intranet quanto a extranet utilizam uma interface web (um site ou uma *home page*), propiciando os mesmos serviços. A diferença é que a intranet oferece isso internamente à empresa, enquanto a extranet disponibiliza esses serviços na Internet, geralmente com acesso restrito.

5.12 CONCLUSÕES

As redes de comunicação entre computadores vêm se constituindo em parte fundamental da infra-estrutura de processamento de dados e informações nas empresas, sendo a base sobre a qual funcionam os sistemas de informações corporativos. Além disso, as redes de computadores e serviços associados propiciam o suporte necessário à geração de informação, difusão do conhecimento e desenvolvimento da inteligência corporativa.

Embora este capítulo tenha procurado tratar de maneira ampla as questões relacionadas ao uso de redes, em diferentes topologias e abrangências, este estudo é complementando com os capítulos específicos sobre bancos de dados (incluindo seu uso em redes locais e remotas), Sistemas Integrados de Gestão (ERP), Business Intelligence, CRM, OLAP, Datamining, Data Warehouse e Data Mart, apresentados na seqüência deste livro.

REFERÊNCIAS

BUSH, V. "As we may think". *The Atlantic Monthly*, 176.1 (July 1945): 101-108. Disponível em: http://www.theatlantic.com/unbound/flashbks/computer/bushf.htm.

CÔRTES, P. L. *Sistemas operacionais*: fundamentos. 2. ed. São Paulo: Érica, 2003.

ENGELBART, Douglas. C.; ENGLISH, William K. A. "Research center for augmenting human intellect". *AFIPS Conference Proceedings of the Fall Joint Computer Conference*. San Francisco-CA. Dec. 1968, v. 33, p. 395-410. Acesso em: 24 nov. 2002. Disponível em: http://sloan.stanford.edu/mousesite/Archive/ResearchCenter1968/ResearchCenter1968.html.

ENGLISH, William K. A; ENGELBART, Douglas. C.; BERMAN, Melvyn L. "Display-selection techniques for text manipulation". IEEE Transactions on Human Factors in Electronics. *Augment*,133184. March 1967, v. HFE-8, n. 1, p. 5-15. Acesso em: 24 fev. 2004. Disponível em: http://sloan.stanford.edu/mousesite/Archive/AugmentingHumanIntellect62/Display1967.html.

GASPARINI, A. F. L. *Infra-estrutura, protocolos e sistemas operacionais de LANs*: redes locais. São Paulo: Érica, 2004.

KEEP, Christopher; McLAUGHLIN, Tim; PARMAR, Robin. *The electronic labyrinth intermedia*. University of Virginia. The Institute for Advanced Technology in the Humanities. Acesso em: 24 fev. 2004. Disponível em: http://www.iath.virginia.edu/elab/hfl0032.html. 2000.

LAUDON, K. C.; LAUDON, J. P. *Gerenciamento de sistemas de informação*. Rio de Janeiro: LTC, 2001.

MAISEL, Andrew. *Doug Engelbart*: father of the mouse. Acesso em: 24 nov. 2002. Disponível em: http://www.superkids.com/aweb/pages/features/mouse/mouse.html.

MORAES, A. F. *Redes de computadores*: fundamentos. 2. ed. São Paulo: Érica, 2006.

O'BRIEN, J. A. *Sistemas de informação e as decisões gerenciais na era da Internet*. 2. ed. São Paulo: Saraiva, 2004.

SOARES, L. F. G.; LEMOS, G.; COLCHER, S. *Redes de computadores*: das LANs, MANs e WANs às redes ATM. Rio de Janeiro: Campus, 1995.

SOUSA, L. B. *TCP/IP básico & conectividade em redes*. 2. ed. São Paulo: Érica, 2004.

CAPÍTULO

6

BANCOS DE DADOS E INFORMAÇÕES

6.1 INTRODUÇÃO

Os dados e informações constituem um dos principais ativos de uma empresa, sendo de vital importância para o correto planejamento, desenvolvimento e operação de atividades nos níveis operacionais, táticos e estratégicos. Na medida que as empresas investem em sistemas de informação, a importância dos bancos de dados vem crescendo, demandando o lançamento de novos produtos e soluções por parte dos fornecedores de *software*.

Assim como a infra-estrutura de *hardware* e rede apresenta-se como fundamental ao correto funcionamento dos *softwares* e sistemas integrados disponíveis, os bancos de dados formam quase um universo paralelo que, utilizando essa mesma infra-estrutura, compõem a memória da organização.

Compreender esse novo universo é tarefa relevante para os administradores de sistemas de informação, porque fornece subsídios para que possam prospectar tecnologias, assim como efetuar o planejamento e implementação de soluções que garantam a eficácia dos sistemas em uso pela empresa.

6.2 DEFINIÇÕES

Para o correto uso do termo "banco de dados" é importante conhecer a opinião de alguns autores, por meio das quais será possível estabelecer um panorama sobre o tema e, ao mesmo tempo, servir de base à constituição de uma definição única e adequada aos propósitos deste capítulo. Nas transcrições apresentadas a seguir, foram destacados alguns termos para uso em uma definição posterior.

Segundo Laudon e Laudon (2001, p. 158) "uma definição muito rigorosa de um banco de dados é uma coleta de **dados** organizados para **servir a muitas aplicações eficientemente pela centralização dos dados** e pela minimização de dados redundantes". Prosseguindo, acrescentam que "em vez de armazenar os dados em arquivos separados para cada aplicação, os dados são armazenados fisicamente para aparecerem aos usuários como sendo armazenados em um único local".

O'Brien (2004, p. 136) define banco de dados como "um conjunto integrado de elementos de **dados relacionados logicamente**". Por sua vez, Mattos (2005, p. 43) considera que um banco de dados "é um conjunto de **dados logicamente organizados**, no sentido de que sabemos como encontrar, com rapidez, qualquer dado lá armazenado".

Para Alves (2004, p. 25) "falando de forma bastante genérica, um banco de dados é um conjunto de **dados** com um significado implícito". O autor alerta para o fato de que o uso do termo banco de dados é mais restrito, apontando características tais como "um **banco de dados representa uma porção do mundo real**, o qual chamamos de minimundo ou Universo de Discurso" sendo que "qualquer alteração nesse minimundo deve ser refletida no banco de dados". Adicionalmente, Alves argumenta que "um banco de dados é um conjunto lógico e ordenado de **dados** que possuem algum significado, e não uma coleção aleatória", contendo um objetivo específico.

Silva (2001, p. 3) argumenta que banco de dados "é um conjunto de **informações** manipuláveis de mesma natureza, inseridas em um mesmo local, obedecendo a um padrão de armazenamento".

Côrtes (2005) define banco de dados como "um sistema de **armazenamento e organização lógica e física de dados**, que permite que eles sejam **lidos, edi-**

tados, **complementados** ou **excluídos** com a utilização de sistemas manuais ou automáticos, incorporados ao banco de dados ou externos a ele".

Para Date (2000, p. 4), "um sistema de banco de dados é basicamente um sistema computadorizado de armazenamento de **registros**; isto é, um sistema computadorizado cujo propósito geral é **armazenar informações** e permitir ao usuário buscar e atualizar essas informações quando solicitado".

Haag, Cummings e Dawkins (1998) consideram que o termo "banco de dados" é, provavelmente, um dos mais exageradamente utilizados e mal compreendidos em ambiente de negócios. Para eles, muitas das pessoas que acreditam ter um banco de dados, na verdade, possuem apenas arquivos. Os autores propõem a seguinte definição de banco de dados: um **conjunto de informações** que você organiza e acessa de acordo com a **estrutura lógica** dessa informação.

Turban, Rainer Jr. e Potter (2003, p. 132), após discorrerem sobre caracteres, campos, registros e arquivos, definem banco de dados como "um **agrupamento lógico** de **arquivos relacionados**".

Pelas definições anteriores, de imediato um problema pode ser verificado: embora tratem da definição de **banco de dados**, alguns autores mencionados citam explicitamente o termo **informação** (HAAG, CUMMINGS e DAWKINS, 1998; DATE, 2000; SILVA, 2001). Por outro lado, alguns autores utilizam o termo **dado** (LAUDON e LAUDON, 2001; O'BRIEN, 2004; ALVES, 2004 ; CÔRTES, 2005). Turban, Rainer Jr. e Potter (2003, p. 132) vão por uma terceira via ao mencionarem "**agrupamento lógico de arquivos relacionados**".

Conforme visto no Capítulo 2, existe uma distinção clara entre os termos **dado** e **informação**. Dados são sucessões de fatos brutos, que não foram organizados, processados, relacionados, avaliados ou interpretados. Eles representam apenas partes isoladas de eventos, situações ou ocorrências. Por sua vez, a informação compreende o relacionamento, avaliação, interpretação ou organização de dados, estando em um patamar imediatamente, e hierarquicamente, superior.

Em termos práticos, tanto os **dados** tomados isoladamente quanto as **informações** (que representam dados relacionados) podem ser armazenados em meios eletrônicos ou em bases estruturadas de maneira lógica. Para compreender como isso ocorre em termos práticos, é interessante verificar alguns exemplos que subsidiarão uma definição posterior.

✓ **Instituições bancárias** armazenam **dados** referentes a transações bancárias (como valores creditados ou debitados e respectivas datas) em bancos de dados para utilização posterior, seja na emissão de demonstrativos, seja para o recolhimento de tributos específicos (como CPMF, por exemplo).

✓ **Portais de notícias e jornais on-line** armazenam textos, artigos, reportagens e demais **conteúdos informativos** em repositórios usualmente denominados bancos de dados (embora constituam **informações**).

Dessa forma, verifica-se que uma base eletrônica estruturada (comumente chamada de banco de dados) pode armazenar tanto **dados** (como em um sistema bancário) quanto **informações** (como nos portais de notícias e jornais on-line). Conseqüentemente, parece correto adotar o termo **banco de dados e informações**, o que estaria mais afinado com as possibilidades verificadas no dia-a-dia.

Posto isso, neste livro será adotada a definição de **banco de dados** apresentada no Quadro 6.1:

Quadro 6.1 Predefinição de Banco de Dados.

Banco de Dados e Informações é um sistema de armazenamento e organização lógica e física de **dados e informações**, que permite que eles sejam lidos, editados, complementados, excluídos e relacionados, com a utilização de sistemas manuais ou automáticos próprios ou externos.

O termo **banco de dados** surgiu numa época em que o espaço disponível para armazenamento em computadores de grande porte (*mainframes*) era muito exíguo. Dessa forma, era viável apenas o armazenamento de dados, uma vez que constituem unidades básicas e ocupam menos espaço do que as informações, que são unidades mais estruturadas e que demandam maior espaço de armazenamento.

Atualmente, com a maior disponibilidade de espaço, os chamados bancos de dados têm condições de armazenar muito mais do que apenas dados, embora o nome persista até mesmo por uma questão de costume.

6.3 BIT, BYTE E VARIÁVEIS

Conforme mencionado, o dado constitui a unidade básica a partir da qual informações poderão ser elaboradas ou obtidas. Embora essa afirmação continue válida, é necessário aprofundar essa discussão, evidenciando como um dado ou uma informação pode ser armazenado, compatibilizando-o, num primeiro momento, com a estrutura básica dos computadores e, posteriormente, com a estrutura de um banco de dados e informações. Para isso, é importante tecer algumas considerações de ordem histórica, a começar por uma explicação sobre por que os computadores são digitais.

Resumidamente, um computador nada mais faz do que trabalhar de maneira organizada e estruturada com fluxos elétricos distribuídos em seus diversos circuitos. Conforme menciona Tanenbaum (2001, p. 33) "Às vezes, se ouve falar que os computadores usam a aritmética binária por causa da 'eficiência'. O que se que quer dizer com isso (embora aqueles que o dizem não imaginem) é que um sistema de armazenamento de informação digital é baseado na distinção entre dois valores diferentes de alguma grandeza física, como corrente ou tensão. Quanto mais valores houver a serem identificados, menor será a separação entre valores adjacentes, e como conseqüência o sistema de memória será menos confiável. No sistema de numeração binário só há a necessidade de se distinguir entre dois valores. Conseqüentemente, o método de codificação de informação digital em binário é o mais confiável de todos".

Dessa forma, a fim de evitar que erros e imprecisões ocorressem, optou-se pelo desenvolvimento de computadores digitais, que trabalham com apenas dois estados possíveis: **há** corrente ou **não há** corrente em um circuito (em outras palavras, o circuito está **ligado** ou **desligado**).

Se por um lado essa simplificação eliminava o problema de ter de arbitrar estados intermediários (corrente elétrica menor ou maior, por exemplo), gerava outro. Na natureza, a grande maioria dos fenômenos são claramente analógicos, podendo assumir estados ou valores dentro de uma ampla gama de possibilidades. Um carro pode estar parado ou em movimento. Uma vez em movimento, pode assumir diferentes velocidades, até mesmo com uma variação mínima. De maneira similar, um som pode ter diferentes freqüências (mais grave ou mais agudo) e assumir diferentes intensidades. A temperatura para uma mesma região pode variar dentro de um amplo intervalo, seja ao longo de um ano seja em apenas algumas horas.

Sendo assim, como é que um computador cujos circuitos trabalham com apenas dois estados (ligado ou desligado) poderá representar valores analógicos? Como ele poderá representar uma velocidade de 63 km/h ou 91 km/h? Como ele poderá processar um som de 1000 Hz? Como ele armazenará uma temperatura de 22°C?

Apesar dessa aparente incongruência, mesmo utilizando a notação binária ou dígito binário (que adota apenas os números 0 e 1, sendo 0 o equivalente a desligado e 1 o equivalente a ligado), é possível representar números oriundos de um universo analógico. A Tabela 6.1 apresenta um comparativo entre números em notação decimal e binária, demonstrando que é possível transformar valores analógicos (em notação decimal) em valores binários.

Esse dígito binário é denominado de **bit** (do inglês **bi**nary digi**t**), podendo assumir um entre dois valores (0 ou 1) e constituindo a unidade básica de armazenamento físico em um computador. Posto isso, é importante considerar que a representação de um número pode envolver diversos bits, conforme pôde ser visto na Tabela 6.1. Os bits, quando agrupados, formam unidades denominadas **bytes**. Embora possa haver diferenças, geralmente, um byte representa um grupo de oito bits, o que está relacionado à arquitetura da grande maioria dos computadores em uso e à representação de caracteres.

Sendo assim, em lugar de considerar que um número demanda x bits e outro número demanda y bits para serem representados, tem-se esse espaço mais bem especificado sob a forma de bytes. Além disso, a idéia de utilizar bytes facilita a representação de caracteres. Para isso, o artifício utilizado foi atribuir a cada letra (ou caractere especial) um número decimal e, a partir daí, fazer a conversão para notação binária, conforme pode ser visto na Tabela 6.2. Nessa tabela, cada caractere consome 8 bits, o que corresponde a 1 byte.

Tabela 6.1 Comparativo de valores em notação decimal e binária.

Velocidade (km/h) (notação decimal)	Notação binária
0	0
21	10101
38	100110
63	111111
91	1011011
120	1111000
131	10000011
180	10110100
210	11010010

Tabela 6.2 Tabela ASCII com os códigos decimais e binário para cada caractere.

Caractere	Decimal	Binário	Caractere	Decimal	Binário	Caractere	Decimal	Binário
	32	00100000	@	64	01000000	`	96	01100000
!	33	00100001	A	65	01000001	a	97	01100001
“	34	00100010	B	66	01000010	b	98	01100010
#	35	00100011	C	67	01000011	c	99	01100011
$	36	00100100	D	68	01000100	d	100	01100100
%	37	00100101	E	69	01000101	e	101	01100101
&	38	00100110	F	70	01000110	f	102	01100110
‘	39	00100111	G	71	01000111	g	103	01100111
(	40	00101000	H	72	01001000	h	104	01101000
)	41	00101001	I	73	01001001	I	105	01101001
*	42	00101010	J	74	01001010	j	106	01101010
+	43	00101011	K	75	01001011	k	107	01101011
,	44	00101100	L	76	01001100	l	108	01101100
-	45	00101101	M	77	01001101	m	109	01101101
.	46	00101110	N	78	01001110	n	110	01101110
/	47	00101111	O	79	01001111	o	111	01101111
0	48	00110000	P	80	01010000	p	112	01110000
1	49	00110001	Q	81	01010001	q	113	01110001
2	50	00110010	R	82	01010010	r	114	01110010
3	51	00110011	S	83	01010011	s	115	01110011
4	52	00110100	T	84	01010100	t	116	01110100
5	53	00110101	U	85	01010101	u	117	01110101
6	54	00110110	V	86	01010110	v	118	01110110
7	55	00110111	W	87	01010111	w	119	01110111
8	56	00111000	X	88	01011000	x	120	01111000
9	57	00111001	Y	89	01011001	y	121	01111001
:	58	00111010	Z	90	01011010	z	122	01111010
;	59	00111011	[	91	01011011	{	123	01111011
<	60	00111100	\	92	01011100	|	124	01111100
=	61	00111101	]	93	01011101	}	125	01111101
>	62	00111110	^	94	01011110	~	126	01111110
?	63	00111111	_	95	01011111			

Nota: ASCII é o acrônimo de American Standard Code for Information Interchange. É uma tabela para codificação de caracteres surgida durante os anos 1960, sendo especialmente utilizada para a representação de textos e números em computadores e na comunicação entre esses equipamentos.

Prosseguindo, é importante verificar a Figura 6.1, que mostra o relacionamento entre o nível físico (sistemas de armazenamento) e o abstrato (campo das idéias). No esquema apresentado pela Figura 6.1, verifica-se, dentro do nível físico, que a unidade básica de trabalho é o bit, sendo que logo acima tem-se o byte (um agrupamento de 8 bits, embora esse número possa variar para algumas plataformas de computadores).

Figura 6.1 Esquema básico do relacionamento dos níveis físico (armazenamento) e abstrato (campo das idéias) com os níveis intermediários.

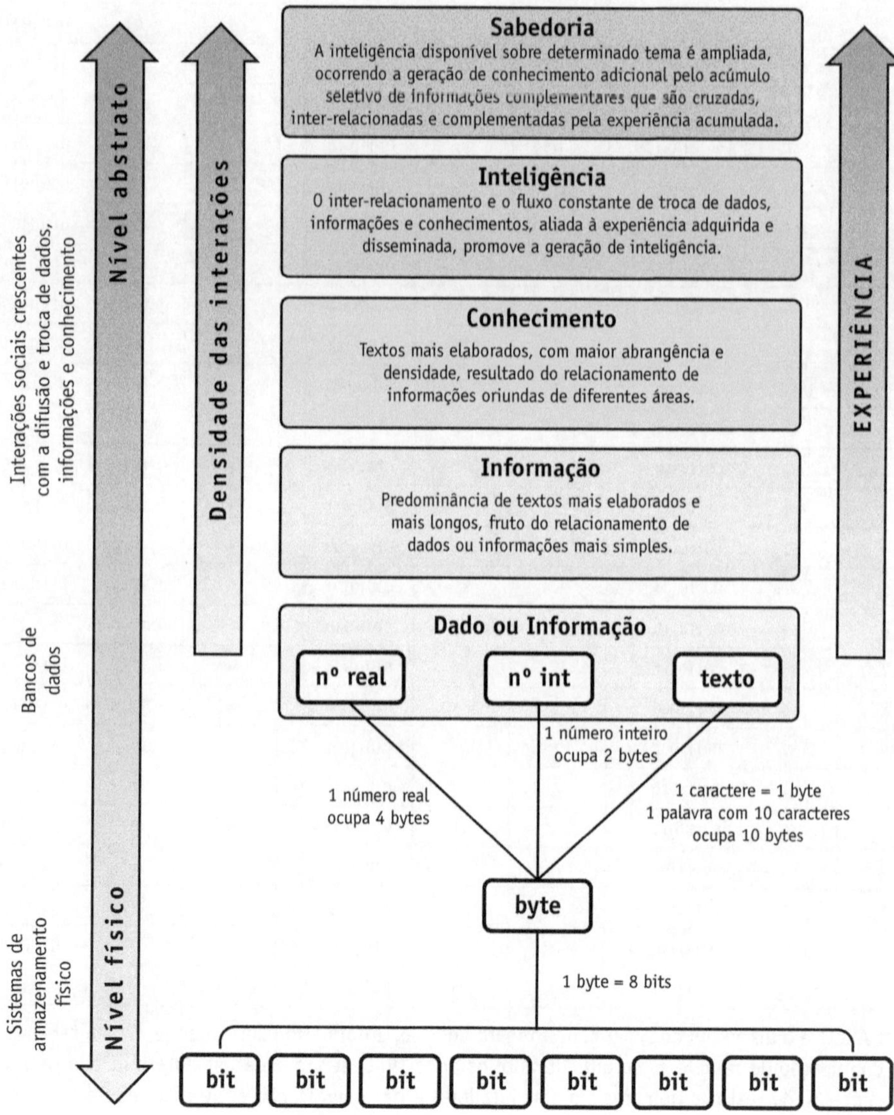

Cada tipo de dado ou informação ocupa um determinado espaço na memória do computador. Por exemplo, um caractere ocupa 1 byte. Verificando a Tabela 6.2, tem-se que o primeiro caractere comum, correspondente ao decimal 32, é representado em binário por 00100000 (8 bits ou 1 byte). O último caractere comum, correspondente ao decimal 126 é representado em binário por 01111110 (8 bits ou 1 byte).

Um número inteiro, por outro lado, ocupa 2 bytes (ou 16 bits). Há que se considerar, entretanto, que o intervalo admitido para números inteiros vai de –32.768 a 32.767, para processadores de 16 ou 32 bits da Intel (ou similares). Por sua vez, um número real ocupa 4 bytes (32 bits), sendo que os valores admitidos estão dentro do intervalo $3{,}4 \times 10^{-38}$ a $3.4 \times 10^{+38}$, aproximadamente. As quantidades de bytes indicadas e os intervalos mencionados são fornecidos como referência inicial. Conforme será visto mais adiante, os bancos de dados podem consumir uma quantidade diferente de bytes para os tipos inteiro, real, caractere e suas variações.

Adicionalmente, é importante considerar que, dependendo da natureza do dado, ele poderá ser armazenado como um conjunto de caracteres, como número inteiro ou mesmo como número real. Tomando como exemplo um sistema que controle a velocidade de veículos, como os radares utilizados em ruas e estradas, suponha-se que esse sistema esteja ajustado para fotografar veículos que estejam acima de 80 km/h. A tendência é que esse valor seja processado como número inteiro, consumindo 2 bytes. Uma alternativa é que ele seja processado como número real (4 bytes), o que permitiria ajustar valores decimais como 80,5 km/h. Uma outra possibilidade é que essa velocidade seja tratada como texto, com dois caracteres ou 2 bytes. Nesse caso, embora a velocidade seja a mesma (80), como foi considerada texto, ela não poderá ser processada matematicamente sem antes passar por uma conversão (de texto para número real ou de texto para número inteiro, por exemplo).

Em uma primeira análise, o tamanho que uma variável ocupa pode não ser aparentemente importante, tendo em vista que os computadores atuais possuem uma boa quantidade de memória disponível para o processamento de dados e informações temporárias e espaço em disco para seu armazenamento. É necessário considerar, entretanto, algumas implicações que merecem ser destacadas quanto ao uso de variáveis. A primeira delas — e certamente a mais imediata — é que variáveis maiores (que ocupam mais bytes) implicam um espaço maior de armazenamento em meio físico (discos rígidos, disquetes, CDs ou DVDs, por exemplo), o que poderá ser de vital importância para grandes bancos de dados. Além disso, consomem mais memória para o seu armazenamento temporário durante o processamento. Com o acúmulo de programas sendo executados ao mesmo tempo, o que era, em princípio, um problema de alguns bytes a mais, acaba tomando grandes proporções, chegando a prejudicar a performance do sistema ou mesmo inviabilizar a execução de programas.

Outra questão importante reflete-se na velocidade de processamento. Um computador que utilize um processador de 16 bits teria capacidade de processar facilmente um caractere (8 bits ou 1 byte) ou um número inteiro (16 bits ou 2 bytes). Porém, não teria condições imediatas de processar um número real (32 bits ou 4 bytes). Para isso, consumiria duas vezes mais tempo de processamento, pois precisaria *quebrar* os 32 bits em dois pacotes de 16 bits, processando-os individualmente.

Algumas situações corriqueiras poderão ajudar numa maior compreensão desse assunto:

- ✓ O total de aulas de um curso é indicado sob a forma de um número inteiro (por exemplo, 32 aulas). Da mesma forma, a quantidade de aulas que um aluno assistiu é indicada por um número inteiro (p. ex. 28 aulas). Sendo assim, é natural que esses números sejam processados e armazenados como números inteiros (que consomem apenas 2 bytes) em lugar de serem tratados como números reais (que consomem 4 bytes). Afinal, que vantagem haveria em indicar que o total de aulas é 32,0000 e o número de aulas que um aluno assistiu foi igual a 28,0000?
- ✓ Determinados tipos de dados, embora envolvam *apenas* números, devem ser tratados como texto. Um exemplo é o número de telefone que, usualmente, possui um hífen entre grupos de números para facilitar a leitura. Além disso, é necessário considerar o código do DDD (discagem direta a distância), muitas vezes, indicado entre parênteses. Dessa forma, (11)1234-5678 é mais fácil de ler do que 1112345678. Com a presença dos parênteses e do hífen, o telefone deve ser tratado como texto.
- ✓ O ISBN, abreviatura de International Standard Book Number, é um identificador único utilizado para livros, para facilitar a localização de obras, assim como sua comercialização. Ele é composto por quatro blocos de números, separados por hífens (o que justificaria seu tratamento como texto). É interessante notar que, para uma mesma editora, os dois blocos iniciais são constantes, variando apenas os dois blocos finais. Dessa forma, ao desenvolver um

sistema de cadastro de obras **para uma mesma editora**, pode-se economizar espaço armazenando apenas os dois últimos blocos (que são específicos para cada livro). Caso o sistema de cadastro seja utilizado para uma livraria (que trabalha com livros de diferentes editoras), será necessário contemplar todo o ISBN.

Voltando à Figura 6.1, verifica-se que o armazenamento de dados e informações ascende a um nível mais abstrato. Em geral, os dados e informações são gravados em discos rígidos sob a forma de arquivos. Estes, por sua vez, são divididos em pequenas partes que vão sendo distribuídas pelos espaços disponíveis na mídia. Resumidamente, um arquivo nada mais é do que uma série de pequenos blocos de bits distribuídos no espaço disponível na mídia utilizada.

O que permite abstrair sua existência é o fato de que essa série de blocos de bits está organizada de uma maneira lógica, possibilitando a recuperação dos dados e informações originais.

6.4 PRINCIPAIS CARACTERÍSTICAS DOS BANCOS DE DADOS E INFORMAÇÕES

Conforme visto anteriormente, um banco de dados e informações é um sistema de armazenamento e organização lógica e física de **dados e informações**, que permite que eles sejam lidos, editados, complementados, excluídos, organizados e relacionados, com a utilização de sistemas manuais ou automáticos, próprios ou externos.

O que diferencia um banco de dados (e informações) de um simples conjunto de arquivos são algumas características que, embora nem sempre estejam presentes como um todo, são encontradas em muitos dos bancos modernos:

- ✓ **Controle de redundância:** sistema ou técnica que possibilita que uma mesma informação seja armazenada diversas vezes.
- ✓ **Escalabilidade:** possibilidade de crescimento do banco de dados sem perda significativa de performance, o que pode envolver a mudança do esquema físico de armazenamento e/ou de plataforma.
- ✓ **Garantia de integridade dos dados e informações:** sistema de controle e recuperação de falhas que garante a integridade de dados e informações ou a possibilidade de sua recuperação em caso de problemas.

- ✓ **Geração de cópia de segurança:** sistema de *backup* integrado ou associado, possibilitando a recuperação total ou parcial de dados e informações.
- ✓ **Independência do meio físico de armazenamento:** permite que os dados e informações sejam transpostos de um meio para outro sem que isso acarrete qualquer tipo de perda ou dificuldade de acesso.
- ✓ **Restrição de acesso:** capacidade de restringir o acesso dos usuários, possibilitando ao administrador do banco de dados uma definição quanto ao uso parcial ou total aos dados e informações para cada grupo de usuários.
- ✓ **Simultaneidade de uso:** possibilitando que diversos usuários realizem operações de consulta, inserção e manutenção de dados ao mesmo tempo.
- ✓ **Uso de plataformas diferentes:** possibilidade de uso do banco de dados e informações em diferentes plataformas (processadores e/ou sistemas operacionais)

6.5 PRINCIPAIS TIPOS DE BANCOS DE DADOS E INFORMAÇÕES

Existem três tipos básicos de bancos de dados: hierárquico, de rede e relacional, cada qual com suas características específicas, conforme relatado a seguir. Embora o banco de dados relacional seja o tipo mais utilizado atualmente, ainda é possível encontrar sistemas operando com bancos de dados hierárquico e de rede.

Considerando que os bancos hierárquico e de rede foram os precursores dos modernos bancos de dados, o seu estudo possibilitará a configuração de um contexto histórico importante ao entendimento dos bancos de dados relacionais.

6.5.1 BANCO DE DADOS DO TIPO HIERÁRQUICO

Visualmente, a estrutura desse tipo de banco de dados é similar a um organograma ou a uma árvore, com níveis e subníveis associados a um nível principal (chamado de pai). Para exemplificar uma estrutura hierárquica, Zwass (1997) utiliza o exemplo de um curso. Nele, há o cadastro de uma determinada disciplina, com a indicação do seu código e nome, sala, dia da semana e horário. Associado a essa disciplina, há o professor responsável e os alunos matriculados, conforme pode ser visto na Figura 6.2.

Segundo o autor, embora esse tipo de banco de dados seja rápido e ainda possa ser encontrado em sistemas legados em uso em *mainframes*, há que se considerar a ocorrência de alguns problemas de ordem operacional. Tomando a Figura 6.2

Figura 6.2 Exemplo de estrutura de banco de dados hierárquico.

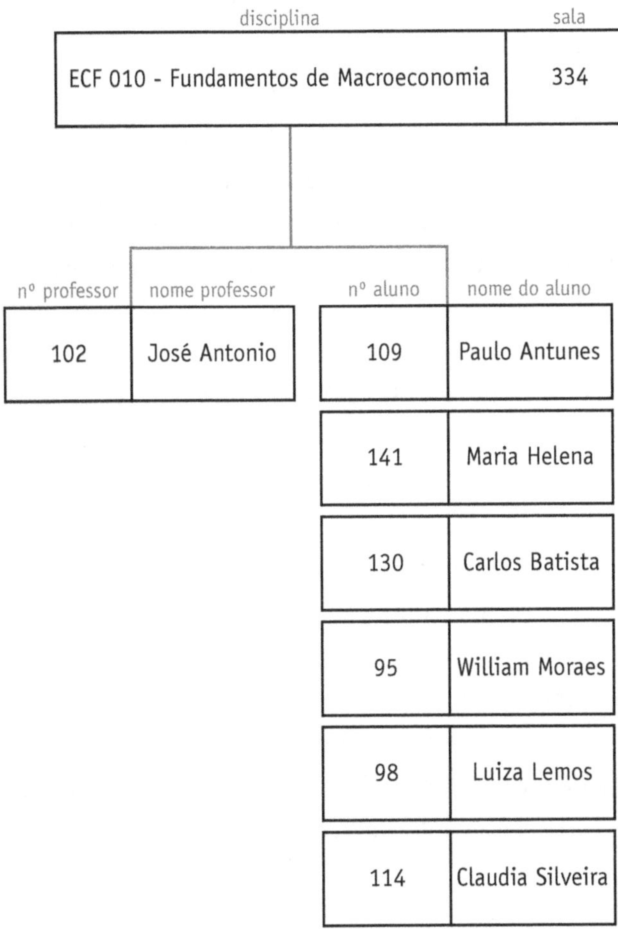

Fonte: Adaptado de Zwass (1997).

como referência, tem-se que, geralmente, os alunos cursam mais de uma disciplina, mas na estrutura hierárquica um subnível somente pode ser associado a um nível superior. Dessa forma, como fazer para indicar que um aluno cursa diversas disciplinas?

Outro tipo de problema mencionado por Zwass (1997) ocorre quando um aluno termina uma disciplina. Uma vez que ele não está mais associado a um nível superior (o nome da disciplina), deverá ser retirado do banco de dados? Certamente que não, pois é necessário manter os registros acadêmicos. A solução de problemas como esses leva à replicação de dados e à adoção de uma série de *links*, tornando a estrutura, por vezes, muito complexa. Adicionalmente, segundo Date (2000), as estruturas complexas em forma de árvore necessitam de ponteiros que descrevem os caminhos entres os diversos níveis e subníveis, o que pode dificultar ainda mais a compreensão das estruturas mais densas.

6.5.2 BANCO DE DADOS DO TIPO REDE

É importante ressaltar que, em geral, os autores que trabalham com bancos de dados referem-se a eles como bancos de dados **em rede**. Nesta obra, entretanto, utiliza-se banco de dados **do tipo rede**, uma vez que há, neste capítulo, um tópico específico sobre a utilização de bancos de dados relacionais em rede (LAN), o que poderia causar alguma confusão.

Segundo Date (2000), é chamado de **CODASYL** (Conference on Data Systems Languages) ou **DBTG** (DataBase Task Group), lembrando o grupo de trabalho (DBGT) ou a entidade que o propôs (CODASYL).

Esse tipo de banco de dados procura resolver um problema verificado no modelo hierárquico, no qual cada registro poderia ter apenas um pai. Essa limitação do modelo anterior acabava criando sistemas complexos, com vários *links* a fim de obter as relações necessárias.

Prosseguindo no exemplo mencionado por Zwass (1997), tem-se que no modelo do tipo rede, um mesmo aluno pode ser conectado a mais de um professor, uma vez que cada registro pode ter vários pais (Figura 6.3), fornecendo mais flexibilidade. Apesar disso, o banco de dados do tipo rede acaba tendo uma estrutura complexa, consumindo muitos recursos de *hardware*.

6.5.3 BANCO DE DADOS DO TIPO RELACIONAL

Além dos problemas mencionados anteriormente, e que levavam ao estabelecimento de estruturas complexas, os modelos hierárquico e em rede apenas fornecem dados e informações a partir de caminhos preestabelecidos. Relações originalmente não previstas na estrutura adotada por um determinado banco de dados somente poderiam ser viabilizadas com o redesenho dessa estrutura. Como resultado disso, não havia qualquer flexibilidade em buscar novas relações entre dados (ou informações) armazenados.

Essa forma de armazenamento de dados seria radicalmente transformada a partir das pesquisas que Edgar Frank Codd, cientista inglês, realizou nos anos 1960, envolvendo teorias sobre arranjo de dados. Em 1970, E. F. Codd publicou o artigo *A*

Figura 6.3 Exemplo de estrutura de banco de dados do tipo rede.

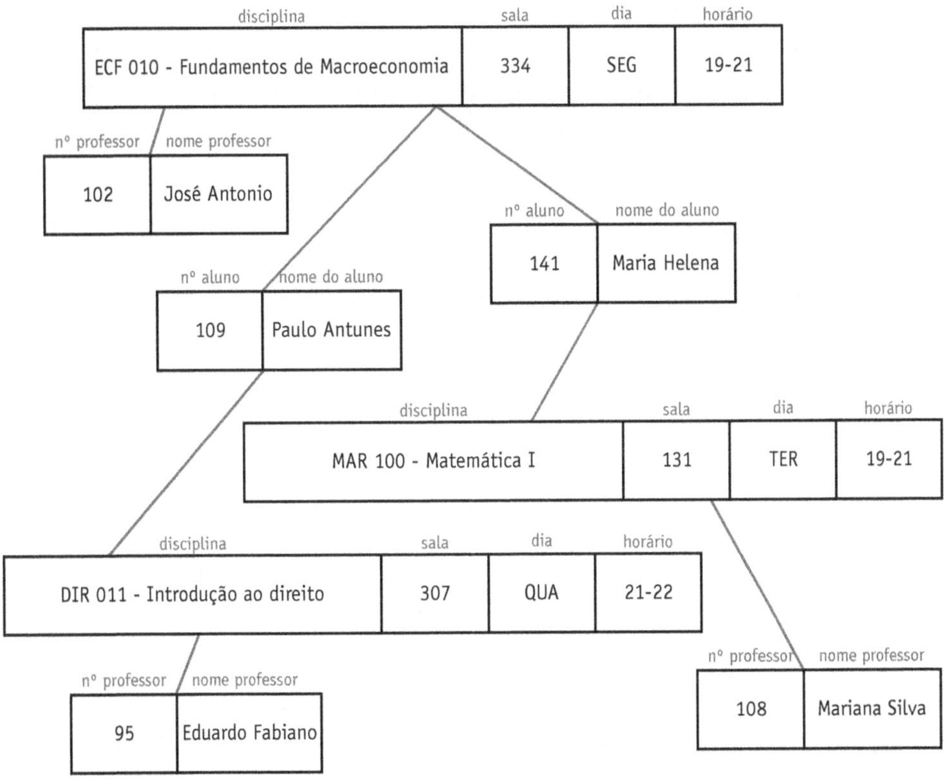

Fonte: Adaptado de Zwass (1997).

relational model of data for large shared data banks (CODD, 1970), desenvolvido a partir de pesquisas que ele realizava na IBM.

Conforme menciona esse autor, sobre os modelos hierárquico e do tipo rede, os usuários de grandes bancos de dados não deveriam ter de conhecer como os dados estão organizados na máquina (a representação interna). Para ele, as atividades dos usuários em terminais, e na maioria dos programas, não deveriam ser afetadas quando a representação interna dos dados fosse mudada.

Essas alterações na representação de dados serão freqüentemente necessárias em conseqüência de mudanças diversas, seja devido às necessidades dos usuários, seja em função do tráfego, ou mesmo em razão do crescimento natural dos bancos de dados. Entretanto, como os programas acabam ficando dependentes dos *links* e ponteiros, esses recursos não podem ser desativados sem que os programas sejam prejudicados. Com o passar do tempo, as estruturas dos bancos de dados do tipo rede ficam ainda mais complexas, tornando mais difícil sua compreensão e manutenção Codd (1970).

Os estudos de Codd levaram ao desenvolvimento do System/R, iniciado em 1974 e concluído em 1979, pelos pesquisadores da IBM, no laboratório de San Jose, Califórnia (ALVES, 2004). Esse sistema permitia a recuperação de dados, possibilitando o estabelecimento de relações diversas, sem que elas estivessem necessariamente previstas na arquitetura original do banco de dados. Dessa forma, era possível relacionar os dados apenas para a realização de uma consulta, sem a necessidade da existência de um *link* ou ponteiro previamente definido na estrutura do banco de dados. Isso tornava mais simples o entendimento da arquitetura de um banco de dados relacional. Conforme menciona Date (2000, p. 22) "...o usuário de um sistema relacional vê os dados como tabelas e nada mais do que tabelas. Em contraste, o usuário de um sistema não relacional vê outras estruturas de dados, seja em lugar das tabelas de um sistema relacional ou em adição a elas".

O projeto desenvolvido pela IBM incluía uma linguagem de manipulação de dados, denominada SEQUEL (Structured English Query Language), que utilizava comandos mais intuitivos, tornando muito mais fácil a manipulação e o relacionamento dos dados armazenados nos bancos. A SEQUEL foi sendo aprimorada, servindo como base para a SQL (Structured Query Language) que propiciava novas formas de recuperação e relacionamento de dados. Em meados dos anos 1980, essa linguagem foi padronizada pelo ANSI (American Standard Institute) e, posteriormente, pela ISO (International Organization for Standardization).

Atualmente, os bancos de dados relacionais constituem o principal modelo em uso, estando disponíveis para diversos volumes de dados, performances e plataformas, sendo encontradas desde versões de uso livre até aquelas mais onerosas, para uso em grandes corporações. Marcas com MySQL, Oracle, DB2, SQL-Server, Informix, Access, e outras, constituem opções de bancos de dados relacionais disponíveis na atualidade.

6.5.3.1 Tabelas, campos e registros

Para compreender melhor o funcionamento de um banco de dados relacional, é necessário conhecer alguns detalhes sobre a sua estrutura. Os bancos de dados relacionais são compostos por tabelas, nas quais os dados e informações são armazenados em campos específicos. Além disso, um componente importante em um banco de dados relacional é o SGBD (Sistema Gerenciador de Banco de

Dados ou DBMS — Database Management System) que organiza os dados, gerencia o acesso simultâneo dos usuários e providencia a execução de comandos SQL (Figura 6.4).

A Figura 6.4 mostra, de maneira esquemática, uma situação bastante corriqueira, na qual um mesmo sistema de gerenciamento é utilizado para armazenar diferentes bancos de dados. No exemplo apresentado, dois bancos de dados (RH e Clientes e Fornecedores) são utilizados de maneira independente. Cada um contém suas respectivas tabelas, reservadas para seus dados. Embora o gerenciador possa trabalhar com diversos bancos ao mesmo tempo, eles são considerados de maneira independente, podendo inclusive ser armazenados em diferentes equipamentos. Para referência adicional sobre armazenamento de dados e internações,

Figura 6.4 Os bancos de dados relacionais são compostos por tabelas com seus respectivos campos (que armazenam o conjunto de dados). Um mesmo sistema gerenciador pode conter diferentes bancos de dados independentes, cada qual com suas respectivas tabelas.

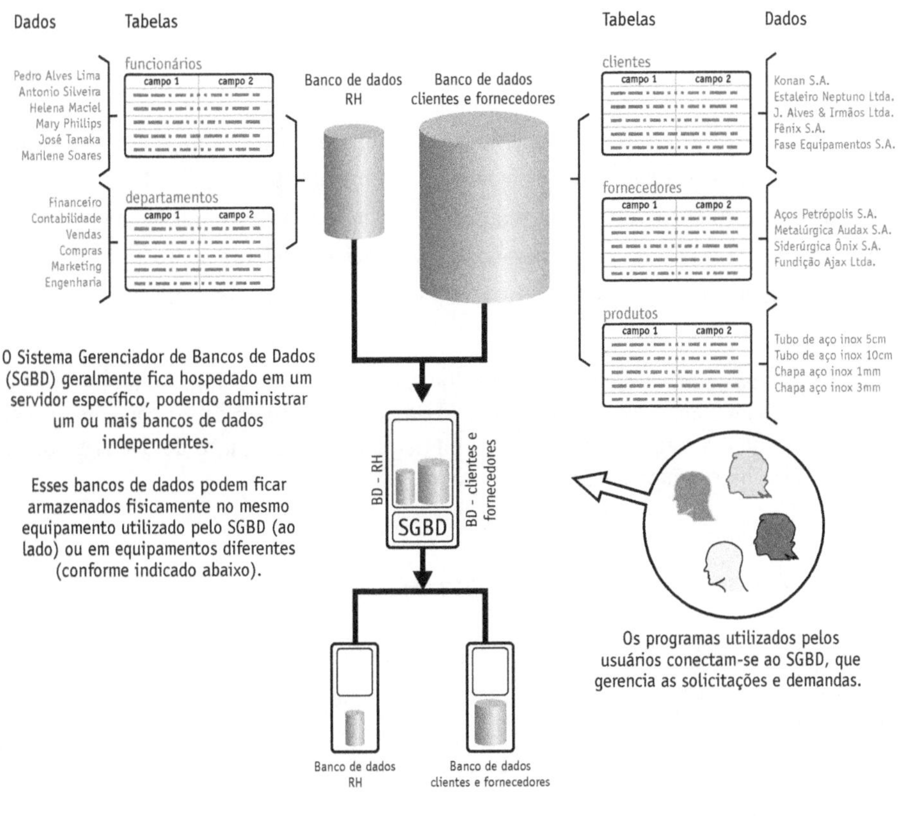

vide Quadro 6.2. Quando os usuários, por meio de aplicativos específicos, solicitam dados para um ou outro banco, caberá ao gerenciador (SGBD) cuidar dessas solicitações, encaminhando-as ao respectivo banco de dados.

A estrutura básica de uma tabela é reproduzida na Figura 6.5, sendo composta por colunas e linhas. Cada coluna está relacionada a um campo (um tipo de dado específico como nome ou endereço, por exemplo). Por sua vez, cada linha armazena um registro (um conjunto de dados associados e distribuídos pelos diversos campos), conforme pode ser visto na Figura 6.6.

Como os diversos campos estão destinados a dados específicos (nome ou endereço da empresa, por exemplo), é importante considerar os tipos de dados que podem ser armazenados e sua repercussão no que se refere ao espaço ocupado. Em geral, bancos de dados são utilizados para o armazenamento de uma grande quantidade de registros, demandando um espaço físico considerável em discos rígidos ou outros sistemas de armazenamento, com implicações que vão desde a performance para a realização de consultas, inclusões, alterações ou exclusões de dados, até no tempo gasto para fazer cópias de segurança (*backup*).

Quadro 6.2 Armazenamento de Massa ou Mass Storage.

Mass Storage: é um termo freqüentemente utilizado em computação. Refere-se ao armazenamento de grandes volumes de dados e informações. Indica o uso de dispositivos de armazenamento não volátil (ou seja, que conserva os dados e informações mesmo quando desconectados de um computador ou desprovidos de fonte de energia elétrica), tais como discos rígidos, fitas magnéticas, discos ópticos, *flash memories*, por exemplo.

Figura 6.5 Uma tabela é composta por colunas e linhas. Cada coluna está relacionada a um campo, sendo destinada ao armazenamento de dados específicos. Cada linha da tabela corresponde a um registro (um conjunto de dados associados e distribuídos pelos diversos campos).

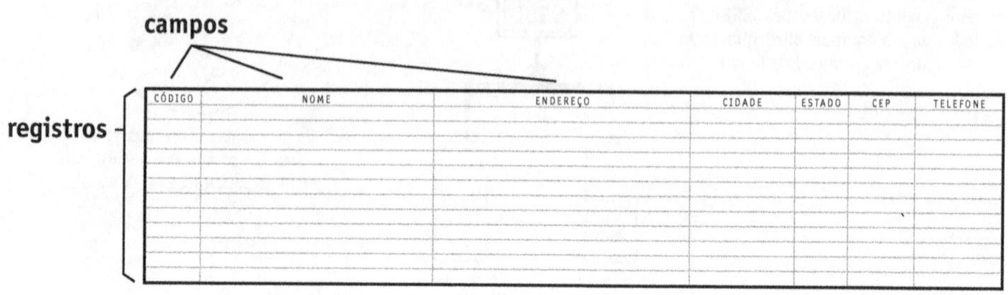

Fonte: Adaptado de Côrtes (2005).

Figura 6.6 Cada registro (linha) corresponde a um conjunto de dados associados, distribuídos pelos diversos campos (colunas).

campos

registros

CÓDIGO	NOME	ENDEREÇO	CIDADE
1	Konan S.A.	Rua Marcondes Filho, 24765	Campinas
2	Estaleiros Neptuno S.A.	Av. Mercosul, 1200	Santos
3	J. Alves & Irmãos S.A.	Estrada Velha da Serra, 494	Caçador
4	Fênix S.A.	Rua Olívio Dutra, 12	Londrina
5	Aços Petrópolis S.A.	Estrada de Petrópolis, 949	Rio de Janeiro
6	Metalúrgica Audax S.A.	Av. das Américas, 4940	Belo Horizonte
7	Siderúrgica Ônix S.A.	Av. Carlos Filho, 1003	Itabira
8	Fundição Ajax Ltda.	Rua da Alfândega, 88	Diadema

Fonte: Adaptado de Côrtes (2005).

Sendo assim, é importante considerar a natureza dos dados que serão armazenados juntamente com os principais tipos de campos disponíveis na maioria dos bancos de dados, buscando uma solução que seja a mais racional em função das circunstâncias apresentadas.

Os principais tipos de campos são CHAR, VARCHAR, TEXT, INT e FLOAT, conforme detalhado a seguir:

- ✓ **CHAR:** armazena caracteres (letras, números e caracteres especiais) que serão tratados como texto. Um número ou um conjunto de números, quando armazenados em um campo do tipo CHAR, serão considerados da mesma forma que um conjunto de letras. A capacidade de armazenamento desse tipo de campo varia de acordo com o banco de dados utilizado. Por exemplo, o Oracle aceita até 2.000 caracteres. Por sua vez, o SQL Server da Microsoft aceita 8.000 caracteres. Já o MySQL aceita textos mais curtos (com até 255 caracteres). É importante considerar que o campo do tipo CHAR tem um tamanho fixo, independente do conteúdo nele armazenado. Assim, se ele for definido para armazenar 50 caracteres, mas for utilizado para armazenar um texto menor (por exemplo, **Administração de Sistemas de Informação** com 39 caracteres), o restante será preenchido à direita com espaços em branco, completando o restante do campo (CÔRTES, 2005). Esses espaços adicionais serão retirados por ocasião da leitura desse campo.

  Algumas considerações e possibilidades: atualmente, o campo CHAR (mais antigo) não é utilizado em novos bancos de dados, sendo preterido pelo tipo VARCHAR (mais novo), devido a questões relacionadas ao espaço ocupado. Ele ainda é encontrado nos bancos de dados a fim de manter a compatibilidade com sistemas legados.

- ✓ **VARCHAR:** esse tipo é similar ao CHAR, inclusive no que se refere aos tipos de dados e à capacidade de armazenamento para o SQL Server (comportando 8.000 caracteres) e MySQL (255 caracteres). Já no Oracle, o VARCHAR aceita até 4.000 caracteres, o dobro do que o aceito pelo tipo CHAR. A grande diferença, entretanto, é que o VARCHAR não possui um tamanho fixo, mas sim um tamanho máximo. Retomando o exemplo anterior, em um campo VARCHAR com 50 caracteres (capacidade máxima), o texto **Administração de Sistemas de Informação** ocupará apenas 39 caracteres, sem espaços em branco que preencham o restante do campo. Devido a essa característica, um campo VARCHAR tende a ocupar um espaço menor no banco de dados do que o CHAR.

  Algumas considerações e possibilidades: os campos VARCHAR são indicados para textos mais longos, o que possibilita o armazenamento de informações (textos elaborados a partir do relacionamento de dados) ou mesmo de **conhecimento explícito** (que é aquele que pode ser codificado, sendo passível de transmissão por meio de uma linguagem formal e sistematizada, conforme visto no Capítulo 3). Sistemas de *blogs* ou fóruns podem servir a esses processos de transmissão de informações e difusão de conhecimento, geralmente utilizando um banco de dados para armazenar os textos inseridos pelos participantes. Nesse caso, um campo do tipo VARCHAR é uma opção a ser considerada.

  Outra possibilidade do uso dos campos VARCHAR é o armazenamento de pequenos relatórios ou pareceres sobre negócios, contatos com clientes, sugestão de investimentos ou resumo de atividades promocionais em empresas.

  Em sistemas de venda on-line, o campo VARCHAR pode ser utilizado para armazenar informações sobre os produtos, com um resumo das principais características.

- ✓ **TEXT** ou **LongVARCHAR:** utilizados para textos muito longos. O campo TEXT é utilizado pelo MySQL e pelo SQL Server, armazenando respectivamente 65535 e $2^{31}-1$ caracteres nesses dois bancos de dados. O Oracle, por sua vez, utiliza o LongVARCHAR, aceitando até 2 Gigabytes.

  Algumas considerações e possibilidades: devido a sua grande capacidade, esses dois tipos são indicados para uso em fóruns e *blogs*, possibilitando o armazenamento e a difusão de informações e de **conhecimento explícito**. De acordo com o que foi discutido no Capítulo 3, esse tipo de conhecimento é "digital" e pode ser armazenado em banco de dados, sendo acessado de maneira seqüencial (NONAKA, 1994). No processo conhecido por **externalização**, o **conhecimento tácito** passa a ser expresso sob a forma de conceitos, hipóteses ou modelos, sendo transformado em **conhecimento explícito**. Para Nonaka e Takeuchi (1997), a externalização é a chave para a criação do conhecimento (ver Capítulo 3).

Além de *blogs* e fóruns, os campos do tipo TEXT ou LongVARCHAR podem ser utilizados em jornais e revistas on-line, possibilitando o armazenamento de grandes quantidades de texto, embora não seja recomendável que textos muito longos sejam apresentados em tela.

Adicionalmente, eles podem ser utilizados para o armazenamento de relatórios, pareceres, catálogos, FAQs (frequently asked questions ou perguntas mais freqüentes), sistemas de ajuda on-line, dentre diversas outras possibilidades.

Há que se considerar, entretanto, que o uso indiscriminado desse tipo de campo poderá aumentar significativamente o tamanho do banco de dados e até mesmo comprometer a sua performance.

✓ **INT:** utilizado para o armazenamento de números inteiros. Os valores aceitos variam conforme o banco de dados utilizado.

Algumas considerações e possibilidades: é importante verificar a natureza dos dados numéricos que serão armazenados, evitando que um espaço desnecessário seja gasto no banco de dados. Determinados levantamentos ou fatos somente são expressos em números inteiros. Alguns exemplos: número de funcionários em uma empresa, número de alunos em uma escola, veículos em um estacionamento, quantidade de peças em um contêiner. Nesses casos, não há razão para que os valores correspondentes sejam armazenados como números reais. Além disso, é importante considerar que alguns bancos de dados fornecem subtipos, dentro de um mesmo grupo, ampliando as alternativas quanto à capacidade dos campos ou o espaço requerido para o armazenamento. Por exemplo, no SQL Server, o campo INT consome 4 bytes, enquanto campos especificados como SMALLINT ou TINYINT consomem, respectivamente, 2 e 1 bytes, sendo utilizados para valores mais baixos.

✓ **FLOAT:** utilizado para o armazenamento de números reais. Os valores aceitos variam conforme o banco de dados utilizado.

Algumas considerações e possibilidades: da mesma maneira como foi comentado para o campo do tipo INT, o FLOAT deve ser utilizado conforme os dados que serão armazenados. Em geral, os bancos de dados permitem especificar a precisão do campo FLOAT, sendo que o número de casas decimais amplia a quantidade de bytes consumidos. Por exemplo, no SQL Server, os campos FLOAT com até 9 casas decimais consomem 5 bytes. Entre 10 e 19 casas decimais, o número de bytes sobe para 9. Esse valor sobe para 13 bytes entre 20 e 28 casas decimais, chegando a 17 bytes entre 29 e 38 casas decimais.

Para uma otimização do espaço consumido no armazenamento, os valores têm de ser armazenados de acordo com a precisão com que foram obtidos ou calculados. Geralmente, a temperatura ambiente é medida com uma casa decimal de precisão, por exemplo. Nesse caso, de nada adianta gravar no banco de dados um valor com número excessivo de casas decimais (28,4000000000, em lugar de 28,4), o que somente consumiria espaço adicional. Outro exemplo, se a taxa de juros cobrada em um determinado financiamento é de 2,25% ao mês (ou 0,0225 ao mês) ela deverá ser armazenada em um campo com a precisão (número de casas decimais) adequada, evitando o desperdício de espaço.

✓ **Nota:** é importante considerar que os valores apresentados para o MySQL, SQL-Server e Oracle são indicados apenas como referência, podendo variar conforme a versão de cada banco de dados.

6.5.3.2 Chave primária

A chave primária é um atributo aplicado a um campo específico de uma tabela e que impede a existência de registros duplicados. Em um cadastro de clientes, por exemplo, pode ocorrer de duas ou mais pessoas terem o mesmo nome, o que poderia criar uma série de dificuldades. Para contornar esse tipo de problema, geralmente, utiliza-se o CPF ou RG, uma vez que esses números são individuais. Para facilitar a identificação de um cliente, costumeiramente, os serviços de atendimento solicitam apenas o CPF e, a partir dele, recuperam as demais informações (nome, endereço etc.).

É necessário considerar, entretanto, que por um erro no momento da digitação poderia ocorrer de duas pessoas serem cadastradas com o mesmo CPF, o que geraria uma série de problemas quando da manipulação dos dados armazenados. Para evitar esse tipo de situação, o campo destinado ao armazenamento do CPF pode receber o atributo de chave primária, impedindo, na prática, a existência de registro nulo para esse campo (uma pessoa ser cadastrada sem a indicação do CPF) ou a existência de registros duplicados (duas ou mais pessoas sejam cadastradas com o mesmo CPF).

Dessa forma, ao tentar cadastrar um registro com o CPF nulo ou já cadastrado, o banco de dados gera uma mensagem de erro, impedindo a gravação do novo registro. Essa é uma segurança adicional importante, garantindo, ao menos em parte, a integridade dos dados.

A seguir, são apresentados alguns exemplos de campos que podem receber o atributo de chave primária:

- ✓ **ISBN:** o ISBN, já mencionado anteriormente, é um identificador exclusivo para livros, possibilitando não apenas indicar uma obra, mas também a editora de origem. Em um banco de dados utilizado por uma livraria, biblioteca ou site de vendas on-line, o ISBN pode receber o atributo de chave primária, pois impede que obras diferentes sejam cadastradas com um mesmo identificador. Há que se considerar, entretanto, que caso estejam disponíveis vários exemplares do mesmo livro, isso poderá ser indicado em um campo específico em vez de cadastrar o mesmo livro várias vezes (Figura 6.7).
- ✓ **Código de barras:** praticamente todos os produtos comercializados em supermercados e lojas têm um código de barras exclusivo, facilitando sua identificação. Em um banco de dados com o cadastro de produtos, o código de barras pode ser utilizado como chave primária, impedindo que produtos diferentes sejam cadastrados com o mesmo identificador, o que traria problemas no caixa, por exemplo.

Finalizando este tópico, recomenda-se o uso de chave primária em campos numéricos, em especial números inteiros (que ocupam uma quantidade menor de bytes). Isso se explica porque a comparação de valores numéricos é mais rápida em relação ao uso de textos.

6.5.3.3 Relacionamento de tabelas

Conforme o próprio nome indica, os bancos de dados relacionais fornecem uma grande flexibilidade no que se refere ao relacionamento ou cruzamento de dados entre suas tabelas. Diferentemente do que ocorre com os bancos do tipo

Figura 6.7 Quando há diversos exemplares de um mesmo produto disponível em estoque, é possível indicar as quantidades em um campo específico, sem a necessidade de multiplicar registros iguais (o que seria bloqueado com o uso de chave primária).

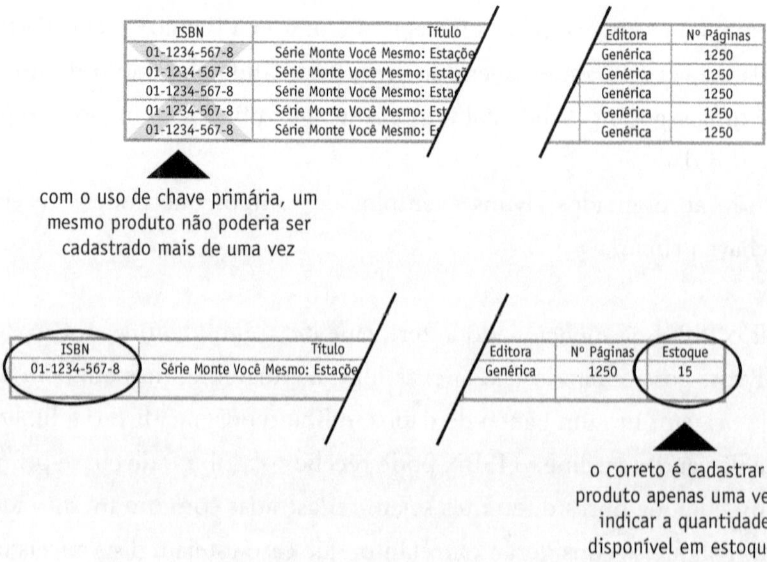

hierárquico ou rede, em um banco de dados relacional essas relações podem ser mais simples e objetivas, fornecendo alternativas que simplifiquem a estrutura das tabelas.

6.5.3.4 Relacionamento um para um

Com o uso de chave primária, é possível estabelecer um relacionamento entre duas tabelas distintas, conforme representado pela Figura 6.8. Nessa figura, tem-se na tabela 1 o cadastro de produtos (cada qual com seu respectivo código, à semelhança de um código de barras). Na Tabela 2, cada código tem o preço correspondente. Relacionando as duas tabelas pelo código (que é chave primária nas duas tabelas) é possível obter um relatório em que para cada produto é feita a indicação do respectivo preço.

Esquematicamente, a situação apresentada na Figura 6.8 é verificada em supermercados, por exemplo. Geralmente, a tabela com o cadastro de produtos sofre poucas alterações quando comparada à tabela de preços. Em função de promoções, ofertas especiais ou mesmo questões sazonais, os preços podem ser alterados com

Figura 6.8 Exemplo de relacionamento de duas tabelas com o uso de chave primária.

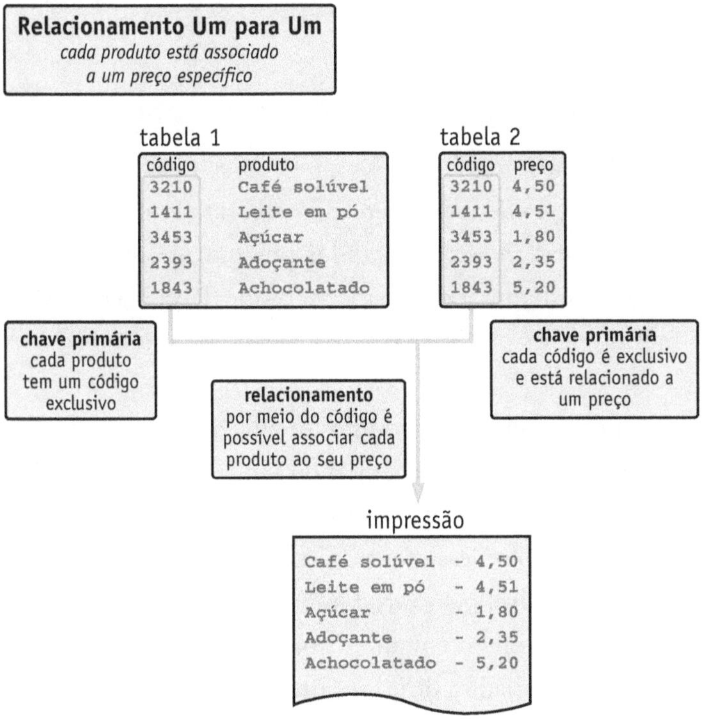

maior freqüência. Quando o consumidor vai ao caixa, o sistema verifica o código de barras e, a partir dele, identifica o produto, obtém a sua descrição e o seu preço por meio do relacionamento apresentado.

Para obter esse relacionamento, os sistemas gerenciadores de bancos de dados (SGBDs) fornecem interfaces — geralmente gráficas — em que o analista ou administrador do banco de dados poderá relacionar as tabelas existentes. Embora esse tipo de relacionamento possa ser obtido sem o uso de chaves primárias, o uso desse recurso garante que não haverá duplicidade de códigos em cada uma das tabelas, o que poderia prejudicar o relacionamento.

Complementando, algumas considerações devem ser efetuadas sobre o relacionamento de tabelas:

- ✓ Os campos utilizados no relacionamento devem ser do mesmo tipo (inteiro com inteiro, por exemplo) ou de mesma natureza (inteiro longo com inteiro convencional), dependendo do banco de dados.
- ✓ As tabelas relacionadas devem pertencer ao mesmo banco de dados.

- ✓ Deve-se priorizar o relacionamento de campos numéricos, pois a performance desse tipo de relacionamento é maior do que a obtida com a utilização de campos CHAR, TEXT ou similares.

6.5.3.5 Relacionamento um para muitos, chave estrangeira e integridade referencial

Retomando o exemplo do supermercado apresentado na Figura 6.8, verifica-se que vários produtos podem ser distribuídos por um mesmo fornecedor. Em um banco de dados bem estruturado, cada fornecedor deverá ser previamente cadastrado, antes mesmo de os produtos dele adquiridos serem introduzidos no banco de dados.

Dessa forma, quando um novo produto for adicionado no banco de dados, será associado a um fornecedor específico, criando um relacionamento denominado de *um para muitos* (um fornecedor para muitos produtos, no exemplo citado). Na Figura 6.9, tem-se o exemplo desse tipo de relacionamento, no qual o fornecedor "Fazenda Real" é responsável pelos produtos "Café solúvel" e "Leite em pó". Esse tipo de relacionamento é muito comum, ocorrendo em situações em que um tipo de registro pode estar associado a diversos outros (um professor para muitos alunos, uma agência bancária para muitos clientes, um vôo para muitos passageiros, por exemplo).

Ampliando o exemplo do supermercado, em caso de falta de um produto, será fácil verificar o fornecedor responsável, tornando mais rápida a geração de um pedido de reposição. Em certos casos, esses procedimentos podem ser bastante automatizados, fazendo com que um pedido de compra ou cotação seja disparado automaticamente (por serviços de fax disponíveis na rede local ou *e-mail*) assim que um nível crítico for atingido no estoque. Caso essa associação entre produto e fornecedor não fosse estabelecida, para cada item que estivesse em falta no estoque seria necessário pesquisar o fornecedor, consumindo tempo que poderia ser aproveitado em outras tarefas.

Cabe, entretanto, uma pergunta: caso o fornecedor seja apagado do banco de dados, como ficariam os produtos por ele distribuídos? Para evitar esse tipo de problema, além do relacionamento, é possível utilizar o recurso de integridade referencial.

Dessa forma, um produto somente poderá ser cadastrado caso o seu fornecedor já esteja cadastrado. Adicionalmente, um fornecedor não poderá ser eliminado caso

Figura 6.9 Relacionamento um para muitos com integridade referencial.

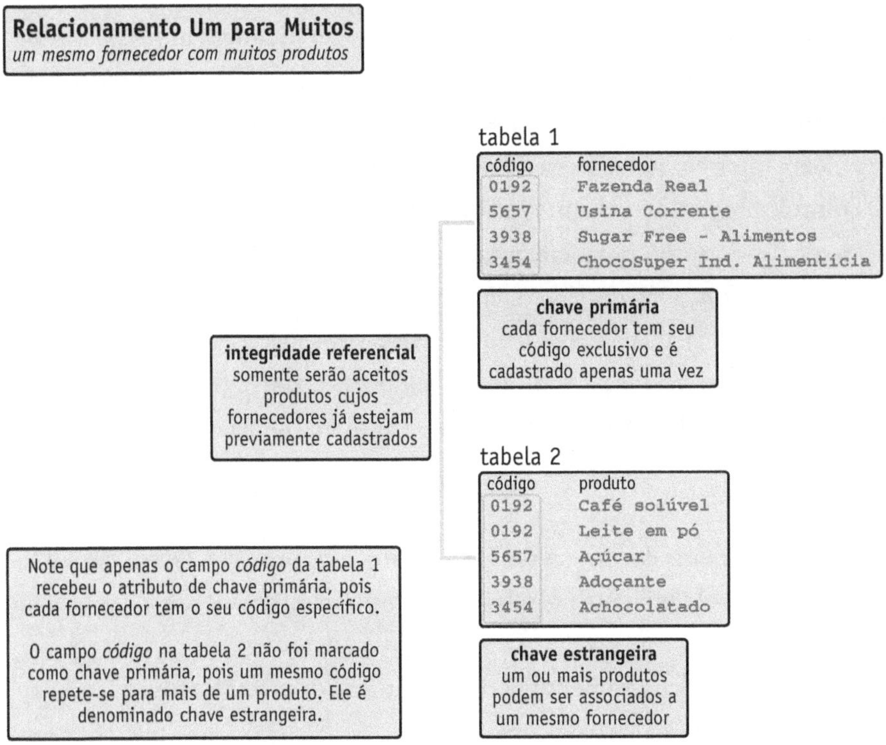

haja produtos a ele associados. Nesse caso, seria necessário eliminar os produtos associados a um determinado fornecedor para, somente então, retirá-lo do banco de dados.

Em grandes redes de supermercado, as negociações com grandes fornecedores podem ser difíceis, diante do poder econômico das empresas envolvidas. Para um grande fornecedor, é importante que os seus produtos estejam disponíveis nas grandes redes. Por outro lado, as grandes redes, cientes desse interesse, negociam preços e condições especiais de pagamento, o que pode gerar impasses. Em uma situação como essa, como proceder caso o banco de dados esteja programado para disparar automaticamente pedidos de compra ou solicitações de orçamento? Como a negociação está sendo estabelecida em um nível hierárquico superior, a tabela com o cadastro de fornecedores poderá contar com um campo ***status***, o qual poderá indicar se um fornecedor está **ativo**, **inativo** ou **em negociação**. Pedidos de compra ou solicitações de orçamento somente seriam disparados automaticamente para os clientes com *status* de ativo. Isso evitaria constrangimentos e confusões, ao efetuar pedidos para clientes inativos ou em negociação.

Além disso, com um campo desse tipo, é possível desativar um fornecedor sem que seja necessário retirar todos os produtos cadastrados. Ao atribuir o *status* de inativo, o fornecedor e seus produtos ficariam indisponíveis para os usuários e sistemas em uso, dando tempo para que seus registros sejam eliminados.

O controle propiciado pela integridade referencial melhora a qualidade do relacionamento de dados, sua perfeita integração e a ausência de dados órfãos. Na concepção de Date (2000), com a integridade referencial, o banco de dados não contém qualquer valor de chave estrangeira não associado a uma chave primária preexistente. Utilizando um exemplo prático, não haveria produtos sem fornecedores (Figura 6.9).

Quando a integridade referencial é utilizada, torna-se necessário observar as seguintes regras:

- ✓ pelo menos uma das tabelas deverá ter uma chave primária. Nesse caso, o campo da outra tabela utilizada no relacionamento será chamado de chave estrangeira (Figura 6.9);
- ✓ a chave estrangeira somente poderá conter valores (ou textos, quando aplicável) disponíveis na chave primária;
- ✓ não é possível excluir um registro de uma tabela com a chave primária se existirem registros coincidentes em uma tabela relacionada (com a chave estrangeira). Exemplificando, não é possível excluir um fornecedor se houverem produtos a ele relacionados;
- ✓ não é possível alterar um valor de chave primária caso ele esteja sendo utilizado na tabela com chave estrangeira.

6.5.3.6 Relacionamento muitos para muitos

Algumas situações podem requerer um tipo especial de relacionamento, denominado muitos para muitos. Por exemplo, um livro pode ter vários autores, e cada um desses autores pode ter escrito outros livros. De maneira similar, um professor pode ministrar aulas para vários alunos e, ao mesmo tempo, cada aluno ter aula com vários professores.

Resumidamente, no relacionamento muitos para muitos um registro em uma tabela A pode estar associado a qualquer quantidade de registros em uma tabela B. Da mesma forma, um registro na tabela B pode estar associado a qualquer quantidade de registros da tabela A.

6.5.4 A LINGUAGEM SQL

A linguagem SQL é um dos principais recursos disponíveis para acesso e manipulação de dados em bancos relacionais. Constituída de uma série de comandos em inglês, com uma estrutura razoavelmente próxima daquela utilizada em uma comunicação entre pessoas, ela se apresenta com um bom nível de padronização, especialmente quanto à consulta de dados. Apesar disso, há que se considerar a existência de comandos específicos para cada banco de dados, implementado pelos seus desenvolvedores.

No que se refere à realização de consultas, sua estrutura básica é a seguinte:

SELECT *campos desejados* **FROM** *nome da tabela*

Esse comando pode ser traduzido como:

SELECIONE *campos desejados* **DA** *nome da tabela*

A seguir, serão apresentadas diversas possibilidades quanto ao uso do SQL.

6.5.4.1 Select

A instrução **SELECT** é, possivelmente, a mais utilizada dentro do SQL, permitindo consultar os conteúdos dos campos de uma tabela. Conforme visto anteriormente, sua sintaxe é **SELECT *campos desejados* FROM *tabela*** (**SELECIONE** *campos desejados* **DA** *nome da tabela*). Uma outra opção é o uso do asterisco (*) em lugar do nome dos campos (**SELECT * FROM *tabela***). Com isso, serão apresentados os conteúdos de todos os campos da tabela indicada (Tabela 6.3).

Tabela 6.3 Exemplo de aplicação de uma consulta do tipo SELECT * FROM tabela.

Número	Nome	Departamento	Ramal	Salário
1	Daniela Reis	RH	2002	2942
2	Werner Sanches	RH	2196	2082
3	Flávio Lopes	Manutenção	2005	3307
4	Maria Martins	RH	2160	4401
5	Tamiris Machado	RH	2125	3660
6	Roberta Pinheiro	RH	2195	4401
7	Diego Machado	RH	2002	5104
8	Gilda Martins	Relações Públicas	2131	2312
9	Fabiana Souza	RH	2085	4182
10	Fabiana Franco	Logística	2125	5104

6.5.4.2 Where e operadores = > <

Adicionalmente à estrutura **SELECT**, é possível acrescentar uma condição, restringindo os dados apresentados. A cláusula **WHERE**, colocada ao final de uma instrução **SELECT**, permite restringir os resultados, seja especificando um conteúdo para um campo (por exemplo, nome = 'José Mariano'), seja um limite de valores com o uso dos operadores < (menor que) ou > (maior que). As Tabelas 6.4 a 6.8 exemplificam diversos usos:

Tabela 6.4 Exemplo de aplicação de uso do operador = (igual) em pesquisa numérica, aplicado por meio da consulta SELECT * FROM Tabela WHERE Salario = 4421

Numero	Nome	Departamento	Ramal	Salario
31	Lúcia Sanches	RH	2125	4421
50	Gilda Almeida	Diretoria	2002	4421
67	Jurandir Chagas	Telemarketing	2177	4421
84	Fabiana Fontana	Manutenção	2058	4421
86	Oswaldo Cabral	RH	2086	4421

Obs.: Nos bancos de dados recomenda-se que os nomes de campos não sejam acentuados, pois nem todos os bancos de dados aceitam caracteres especiais com essa finalidade. Por essa razão, os campos Número e Salário não foram acentuados.

Tabela 6.5 Exemplo de aplicação de uso do operador > (maior que) SELECT * FROM Tabela WHERE Salario > 1000

Numero	Nome	Departamento	Ramal	Salario
1	Daniela Reis	RH	2002	2942
2	Werner Sanches	RH	2196	2082
3	Flávio Lopes	Manutenção	2005	3307
4	Maria Martins	RH	2160	4401
5	Tamiris Machado	RH	2125	3660
6	Roberta Pinheiro	RH	2195	4401
7	Diego Machado	RH	2002	5104
8	Gilda Martins	Relações Públicas	2131	2312
9	Fabiana Souza	RH	2085	4182
10	Fabiana Franco	Logística	2125	5104

Tabela 6.6 Exemplo de aplicação de uso do operador < (menor que) SELECT * FROM tabela WHERE Salario < 800.

Numero	Nome	Departamento	Ramal	Salario
12	Guilherme Sanches	Logística	2103	414
16	Pedro Lopes	Estoque	2112	414
26	Pedro Costa	RH	2161	519
27	Roberta Moreno	RH	2085	730
43	Luciana Palmeira	Suprimentos	2125	519
66	Tamiris Souza	RH	2132	730
73	Manuel Araújo	RH	2131	414
75	Werner Cabral	Distribuição	2067	730
76	Daniela Martins	RH	2102	414
92	Ferdinando Franco	Logística	2077	414

Tabela 6.7 Exemplo de aplicação de uma consulta do tipo SELECT * FROM tabela WHERE Departamento = 'RH'.

Numero	Nome	Departamento	Ramal	Salario
1	Daniela Reis	RH	2002	2942
2	Werner Sanches	RH	2196	2082
4	Maria Martins	RH	2160	4401
5	Tamiris Machado	RH	2125	3660
6	Roberta Pinheiro	RH	2195	4401
7	Diego Machado	RH	2002	5104
9	Fabiana Souza	RH	2085	4182
19	Luciana Toledo	RH	2125	2287
22	Eliana Franco	RH	2103	3345
23	Marisa Machado	RH	2101	3660

É importante notar que o termo RH foi colocado entre aspas simples por tratar-se de um conjunto de caracteres (texto).

Tabela 6.8 Exemplo de aplicação de uso do operador = em pesquisa de texto, aplicado por meio da consulta SELECT * FROM tabela WHERE Nome = 'Guilherme Ramos'.

Numero	Nome	Departamento	Ramal	Salario
30	Guilherme Ramos	RH	2169	1855

É importante notar que o termo Guilherme Ramos foi colocado entre aspas simples por se tratar de um conjunto de caracteres (texto).

6.5.4.3 Order by

Por vezes, é necessário organizar os dados quando da realização de uma consulta. Pode ser interessante ordenar pelo nome das pessoas, pelo departamento ou mesmo pelo salário recebido, por exemplo.

Para esses casos é possível adicionar a cláusula **ORDER BY *campo*** a uma estrutura **SELECT**, conforme os exemplos apresentados nas Tabelas 6.9 e 6.10.

6.5.4.4 Like, %, and e or

A cláusula **LIKE** permite pesquisar conteúdos parecidos ou similares dentro de um campo. Em geral, a cláusula **LIKE** está associada ao operador **%** (no Access, a % é substituída pelo *), que funciona como um *coringa* em uma pesquisa. Dessa forma,

Tabela 6.9 Exemplo de aplicação de uma consulta do tipo SELECT * FROM tabela ORDER BY Departamento.

Número	Nome	Departamento	Ramal	Salário
71	Guilherme Martins	Comércio Exterior	2072	3660
57	Marisa Franco	Comércio Exterior	2158	1183
25	Guilherme Mourão	Compras	2112	2901
96	Ubiratan Reis	Compras	2131	5187
20	Werner Marcondes	Compras	2101	1092
94	Roberta Cabral	Compras	2003	3248
93	Pedro Lopes	Compras	2133	5236
36	Gilvan Maciel	Contabilidade	2103	2619
18	Manuel Esteves	Contabilidade	2131	2494
77	Tamiris Fontana	Diretoria	2112	3493
50	Gilda Almeida	Diretoria	2002	4421
80	Guilherme Toledo	Distribuição	2135	5187
54	Maria Pinheiro	Distribuição	2177	1786
75	Werner Cabral	Distribuição	2067	730
79	Geraldo Gonzales	Distribuição	2063	2312
14	Gilvan Cabral	Estoque	2177	4731
68	Vanessa Sanches	Estoque	2152	813
58	Carlos Oliveira	Manutenção	2125	1163
3	Flávio Lopes	Manutenção	2005	3307
51	Teodoro Souza	Manutenção	2003	2889
84	Fabiana Fontana	Manutenção	2058	4421

Tabela 6.10 Exemplo de aplicação de uma consulta do tipo SELECT * FROM tabela ORDER BY Nome.

Numero	Nome	Departamento	Ramal	Salario
58	Carlos Oliveira	Manutenção	2125	1163
76	Daniela Martins	RH	2102	414
1	Daniela Reis	RH	2002	2942
15	Daniela Sanches	Relações Públicas	2161	2749
62	Diego Gonzales	RH	2125	2703
7	Diego Machado	RH	2002	5104
85	Diego Rosa	RH	2101	2494
53	Eliana Araújo	RH	2101	2312
22	Eliana Franco	RH	2103	3345
32	Fabiana Almeida	Marketing	2072	5187
70	Fabiana da Silva	RH	2077	5236
78	Fabiana Fontana	RH	2196	4311
84	Fabiana Fontana	Manutenção	2058	4421
10	Fabiana Franco	Logística	2125	5104
64	Fabiana Ramos	RH	2186	5104
9	Fabiana Souza	RH	2085	4182

é possível realizar pesquisas mesmo que apenas parte do conteúdo de um campo seja especificado. Por exemplo, a Tabela 6.11 mostra uma pesquisa em que apenas o primeiro nome de uma pessoa foi especificado. O uso do operador % faz com que sejam apresentados todos os nomes que começam com Maria, por exemplo, a ocorrência Maria% é entendido como Maria + qualquer sobrenome. Na Tabela 6.11, Maria% foi colocado entre aspas simples pois se trata de um texto.

Diferentemente do que ocorre com o uso do operador =, com que um conteúdo específico deve ser indicado, a cláusula **LIKE** com o operador % apresenta maior flexibilidade, admitindo que apenas parte do conteúdo seja especificado. Seu uso é especialmente útil quando se deseja pesquisar dados sem que seja conhecido o conteúdo exato a ser procurado, tal como encontrar um cliente quando se conhece apenas uma parte do nome.

Para restringir a pesquisa, reduzindo a quantidade de registros apresentados, é possível associar cláusulas, por meio do operador **AND** (e), como no exemplo apresentado na Tabela 6.12. Nela, além de a primeira parte do nome ter sido indicada (LIKE 'Maria%'), associou-se outra condição (**AND Departamento = 'RH'**).

Assim como é possível utilizar o **AND**, que funciona como um elo de ligação entre duas condições, também é possível utilizar o **OR** (ou), possibilitando que duas condições sejam verificadas ao mesmo tempo (sem que uma interfira na outra). A Tabela 6.13 mostra um exemplo do uso do **OR**, no qual dois nomes são pesquisados de maneira independente.

Tabela 6.11 Exemplo de aplicação de uma consulta do tipo SELECT * FROM tabela WHERE Nome LIKE 'Maria%'.

Numero	Nome	Departamento	Ramal	Salario
4	Maria Martins	RH	2160	4401
11	Maria Arruda	Produção	2177	4076
54	Maria Pinheiro	Distribuição	2177	1786
72	Maria Araújo	RH	2131	5104

Tabela 6.12 Exemplo de aplicação de uma consulta com o uso de LIKE e AND por meio da aplicação da estrutura SELECT * FROM tabela WHERE Nome LIKE 'Maria%' AND Departamento = 'RH'.

Numero	Nome	Departamento	Ramal	Salario
4	Maria Martins	RH	2160	4401
72	Maria Araújo	RH	2131	5104

Tabela 6.13 Exemplo de aplicação de uma consulta com o uso de LIKE e OR por meio da aplicação da estrutura SELECT * FROM tabela WHERE Nome LIKE 'Maria%' OR Nome LIKE 'Luciana%'.

Numero	Nome	Departamento	Ramal	Salario
4	Maria Martins	RH	2160	4401
11	Maria Arruda	Produção	2177	4076
19	Luciana Toledo	RH	2125	2287
43	Luciana Palmeira	Suprimentos	2125	519
45	Luciana Esteves	RH	2101	3660
54	Maria Pinheiro	Distribuição	2177	1786
55	Luciana Pinheiro	Relações Públicas	2002	5104
72	Maria Araújo	RH	2131	5104
74	Luciana Souza	Transporte	2177	5222
95	Luciana Chagas	Tecnologia de Informação	2147	4179

6.5.4.5 AVG

Cálculos também podem ser efetuados com o uso de estruturas SQL. A cláusula **AVG** permite a verificação de médias de valores numéricos. As Tabelas 6.14 e 6.15 mostram exemplos de aplicação da cláusula **AVG**, sendo que no primeiro caso foram verificados todos os registros de uma tabela, enquanto no segundo caso os valores analisados ficaram restritos ao departamento de compras.

6.5.4.6 MIN

A cláusula **MIN** permite verificar o menor valor armazenado em um campo numérico, conforme demonstrado pelas Tabelas 6.16 e 6.17.

Tabela 6.14 Cálculo de média com a aplicação da consulta SELECT AVG (Salário) FROM tabela.

Resultado
3188,34

Tabela 6.15 Cálculo de média, incluindo cláusula WHERE para delimitar os valores pesquisados, com a aplicação da consulta SELECT AVG (Salário) FROM tabela WHERE Departamento = 'Compras'.

Resultado
3532,80

Tabela 6.16 Uso da cláusula MIN para verificar o menor valor do campo Salário em uma tabela, por meio da aplicação da estrutura SELECT MIN (Salário) FROM tabela.

Resultado
480,34

Tabela 6.17 Uso da cláusula MIN para verificar o menor valor do campo Salário em uma tabela, restrito ao departamento de compras, por meio da aplicação da estrutura SELECT MIN (Salário) FROM tabela WHERE Departamento = 'Compras'.

Resultado
480,34

6.5.4.7 MAX

Também é possível verificar o valor máximo armazenado em um registro numérico, conforme demonstrado pela Tabela 6.18.

6.5.4.8 Count

A cláusula **COUNT** informa a quantidade de registros em uma tabela, sendo possível incluir condições a fim de delimitar o conjunto pesquisado. As Tabelas 6.19 e 6.20 apresentam dois exemplos de aplicação dessa cláusula. No primeiro deles, é informada a quantidade de registros disponíveis na tabela (total de funcionários da empresa). No segundo exemplo (Tabela 6.20), é informada a quantidade de pessoas que trabalham no RH.

6.5.4.9 Select distinct

Quando da aplicação de um comando **SELECT** convencional, são retornadas todas as ocorrências que atendem à consulta realizada, mesmo quando ocorre a repe-

Tabela 6.18 Uso da cláusula MAX para verificar o maior valor do campo Salário em uma tabela por meio da aplicação da estrutura SELECT Max (Salário) FROM tabela.

Resultado
6280,12

Tabela 6.19 Quantidade de registros em uma tabela a partir da aplicação da cláusula COUNT na estrutura SELECT COUNT (Nome) FROM tabela.

Resultado
120

Tabela 6.20 Quantidade de registros que atendem a uma condição WHERE a partir da aplicação da cláusula COUNT na estrutura SELECT COUNT (Nome) FROM tabela WHERE Departamento = 'RH'.

Resultado
47

tição de registros (Tabela 6.21). Quando se faz necessário obter apenas uma relação dos conteúdos de registros mas sem repetição, é possível utilizar o comando **SELECT DISTINCT**, fornecendo resultados como no exemplo fornecido pela Tabela 6.22.

É possível agregar condições, a fim de restringir o conjunto pesquisado, obtendo informações mais específicas (Tabela 6.23).

6.5.4.10 Group by

A cláusula **GROUP BY** permite agrupar resultados apresentados, facilitando sua interpretação. O seu uso possibilita agregar valores, como no exemplo apresentado pela Tabela 6.24.

Tabela 6.21 Relação de departamentos retornada pela consulta SELECT Departamento FROM tabela. Constata-se a ocorrência de várias repetições.

Departamento
RH
RH
Manutenção
RH
RH
Relações Públicas
RH
Logística
Produção
Logística
SAC
Estoque
Relações Públicas
Estoque
Telemarketing
RH
RH
Logística
Compras
Compras
Tecnologia de Informação

Tabela 6.22 Relação de departamentos retornada pela consulta SELECT DISTINCT Departamento FROM tabela.

Departamento
Comércio Exterior
Compras
Contabilidade
Diretoria
Distribuição
Estoque
Logística
Manutenção
Marketing
Produção
Projetos
Relações Públicas
RH
SAC
Suprimentos
Tecnologia da Informação Informação
Telemarketing
Transporte

Tabela 6.23 Relação de departamentos retornada pela consulta SELECT DISTINCT Departamento FROM tabela WHERE Salário < 1000. Foram apresentados os departamentos que tenham pelo menos algum funcionário com salário inferior a 1000.

Departamento
Distribuição
Estoque
Logística
RH
Suprimentos

Tabela 6.24 Quantidade de funcionários por departamento obtida a partir do uso da expressão SELECT Departamento, COUNT (Nome) FROM tabela GROUP BY Departamento.

Departamento	Resultado
Comércio Exterior	2
Compras	5
Contabilidade	2
Diretoria	2
Distribuição	4
Estoque	6
Logística	8
Manutenção	4
Marketing	3
Produção	2
Projetos	2
Relações Públicas	4
RH	47
SAC	1
Suprimentos	1
Tecnologia da Informação	3
Telemarketing	3
Transporte	1

6.5.4.11 Between

A cláusula **WHERE** permite selecionar registros, impondo uma condição específica que funciona como filtro. No caso de registros numéricos, o uso do **WHERE** determina um valor máximo ou mínimo para os valores apresentados. Com o uso da cláusula **BETWEEN**, é possível especificar uma faixa de registros que serão apresentados, impondo um limite inferior e outro superior (tabelas 6.25 e 6.26).

6.5.4.12 Not between

O oposto da cláusula **BETWEEN** é o **NOT BETWEEN**, que indica um intervalo que não será apresentado, conforme os exemplos das tabelas 6.27 e 6.28, que são o inverso das tabelas 6.25 e 6.26.

Tabela 6.25 Com o uso da cláusula BETWEEN é possível determinar um intervalo para a apresentação de valores. Esta tabela foi obtida com a aplicação da consulta SELECT * FROM tabela WHERE Salário BETWEEN 500 AND 1500.

Número	Nome	Departamento	Ramal	Salário
20	Werner Marcondes	Compras	2101	1092
26	Pedro Costa	RH	2161	519
27	Roberta Moreno	RH	2085	730
37	Vanessa Sanches	RH	2147	1163
38	Werner Mota	RH	2086	1163
41	Ubiraci Cruz	RH	2125	1143
43	Luciana Palmeira	Suprimentos	2125	519
48	Werner Reis	RH	2077	1163
57	Marisa Franco	Comércio Exterior	2158	1183
58	Carlos Oliveira	Manutenção	2125	1163
66	Tamiris Souza	RH	2132	730
68	Vanessa Sanches	Estoque	2152	813
75	Werner Cabral	Distribuição	2067	730
91	Roberto Rosa	RH	2011	1163
98	Gilvan Bastos	RH	2002	1261

Tabela 6.26 O BETWEEN pode ser utilizado na pesquisa de textos, incluindo o operador %, conforme demonstrado pela aplicação da consulta SELECT * FROM tabela WHERE Nome BETWEEN 'M%' AND 'R%'.

Número	Nome	Departamento	Ramal	Salário
4	Maria Martins	RH	2160	4401
11	Maria Arruda	Produção	2177	4076
16	Pedro Lopes	Estoque	2112	414
18	Manuel Esteves	Contabilidade	2131	2494
23	Marisa Machado	RH	2101	3660
26	Pedro Costa	RH	2161	519
29	Oswaldo Arruda	Tecnologia de Informação	2131	3125
54	Maria Pinheiro	Distribuição	2177	1786
56	Manuel Mourão	RH	2004	4455
57	Marisa Franco	Comércio Exterior	2158	1183
72	Maria Araújo	RH	2131	5104
73	Manuel Araújo	RH	2131	414
86	Oswaldo Cabral	RH	2086	4421
93	Pedro Lopes	Compras	2133	5236
99	Marisa Araújo	RH	2196	4052

Tabela 6.27 Resultado da aplicação da consulta SELECT * FROM tabela WHERE Salário NOT BETWEEN 500 AND 1500. Os salários apresentados estão abaixo de 500 ou acima de 1500.

Número	Nome	Departamento	Ramal	Salário
1	Daniela Reis	RH	2002	2942
2	Werner Sanches	RH	2196	2082
3	Flávio Lopes	Manutenção	2005	3307
4	Maria Martins	RH	2160	4401
5	Tamiris Machado	RH	2125	3660
6	Roberta Pinheiro	RH	2195	4401
7	Diego Machado	RH	2002	5104
8	Gilda Martins	Relações Públicas	2131	2312
9	Fabiana Souza	RH	2085	4182
10	Fabiana Franco	Logística	2125	5104
11	Maria Arruda	Produção	2177	4076
12	Guilherme Sanches	Logística	2103	414
13	Werner Martins	SAC	2177	5187
14	Gilvan Cabral	Estoque	2177	4731
15	Daniela Sanches	Relações Públicas	2161	2749
16	Pedro Lopes	Estoque	2112	414

Tabela 6.28 Resultado da aplicação da consulta SELECT * FROM tabela WHERE Nome NOT BETWEEN 'M%' AND 'R%'.

Número	Nome	Departamento	Ramal	Salário
1	Daniela Reis	RH	2002	2942
2	Werner Sanches	RH	2196	2082
3	Flávio Lopes	Manutenção	2005	3307
5	Tamiris Machado	RH	2125	3660
6	Roberta Pinheiro	RH	2195	4401
7	Diego Machado	RH	2002	5104
8	Gilda Martins	Relações Públicas	2131	2312
9	Fabiana Souza	RH	2085	4182
10	Fabiana Franco	Logística	2125	5104
12	Guilherme Sanches	Logística	2103	414
13	Werner Martins	SAC	2177	5187
14	Gilvan Cabral	Estoque	2177	4731
15	Daniela Sanches	Relações Públicas	2161	2749
17	Helena Toledo	Logística	2125	1786
19	Luciana Toledo	RH	2125	2287
20	Werner Marcondes	Compras	2101	1092
21	Vania Lopes	Estoque	2003	5063
22	Eliana Franco	RH	2103	3345
24	Gilvan Mourão	Logística	2177	5187
25	Guilherme Mourão	Compras	2112	2901

6.5.4.13 Having

A cláusula **HAVING** oferece possibilidades adicionais quanto à especificação de condições, possibilitando o seu uso com a cláusula **COUNT**. Por exemplo, em uma pesquisa, deseja-se obter uma relação de filiais que tenham mais de 500 clientes cadastrados. Uma primeira opção seria o uso da consulta:

SELECT Filial, COUNT (NomeCliente) FROM tabela WHERE COUNT (NomeCliente) > 500

A estrutura dessa **consulta está errada** e não seria processada, uma vez que a cláusula **WHERE** não consegue trabalhar associada a uma cláusula **COUNT**. Nesse caso, a solução seria o uso do **HAVING**:

SELECT Filial, **COUNT** (NomeCliente) **FROM** tabela **GROUP BY** Filial **HAVING COUNT** (NomeCliente) > 500

A Tabela 6.29 apresenta o resultado do processamento da consulta com a cláusula **HAVING**:

6.5.4.14 ASC e DESC

Além de ordenar os registros é possível indicar se isso será feito em ordem crescente ou decrescente. Isso pode ser feito com o uso dos complementos **ASC** (ascendente) ou **DESC** (descendente) associados à cláusula **ORDER BY**. É importante notar que o uso da cláusula **ASC** é optativo, uma vez que essa é a condição padrão adotada pelo **ORDER BY**. As Tabelas 6.30, 6.31 e 6.32 mostram alguns exemplos.

Tabela 6.29 Resultado da aplicação da consulta SELECT Filial, COUNT (NomeCliente) FROM tabela GROUP BY Filial HAVING COUNT (NomeCliente) > 500.

Filial	Resultado
Curitiba	510
Salvador	530
Belo Horizonte	621
Recife	530
Rio de Janeiro	728
Vitória	502
Porto Alegre	610

As Tabelas 6.30 e 6.31 apresentam resultados iguais, pois o uso do complemento **ASC**, conforme mencionado, é facultativo em caso de ordenação ascendente ou crescente.

Tabela 6.30 Resultado da aplicação da consulta SELECT Nome, Salario FROM tabela WHERE Salario > 5150 ORDER BY Nome.

Nome	Salario
Fabiana Almeida	5187
Fabiana da Silva	5236
Geraldo Sanches	5187
Gilda Cabral	5222
Gilvan Mourão	5187
Guilherme Toledo	5187
Jurandir Fontana	5187
Luciana Souza	5222
Pedro Lopes	5236
Rodolfo Cruz	5187
Silvia Rosa	5187
Ubiratan Reis	5187
Vera Sanches	5236
Werner Martins	5187

Tabela 6.31 Resultado da aplicação da consulta SELECT Nome, Salario FROM tabela WHERE Salario > 5150 ORDER BY Nome ASC.

Nome	Salario
Fabiana Almeida	5187
Fabiana da Silva	5236
Geraldo Sanches	5187
Gilda Cabral	5222
Gilvan Mourão	5187
Guilherme Toledo	5187
Jurandir Fontana	5187
Luciana Souza	5222
Pedro Lopes	5236
Rodolfo Cruz	5187
Silvia Rosa	5187
Ubiratan Reis	5187
Vera Sanches	5236
Werner Martins	5187

Tabela 6.32 Resultado da aplicação da consulta SELECT Nome, Salario FROM tabela WHERE Salario > 5150 ORDER BY Nome DESC.

Nome	Salario
Werner Martins	5187
Vera Sanches	5236
Ubiratan Reis	5187
Silvia Rosa	5187
Rodolfo Cruz	5187
Pedro Lopes	5236
Luciana Souza	5222
Jurandir Fontana	5187
Guilherme Toledo	5187
Gilvan Mourão	5187
Gilda Cabral	5222
Geraldo Sanches	5187
Fabiana da Silva	5236
Fabiana Almeida	5187

6.5.4.15 Not like

Anteriormente, foi visto que a cláusula **LIKE** fornece grande flexibilidade na pesquisa de textos. De maneira similar, o seu oposto — expresso por **NOT LIKE** — pode ser usado para **excluir** registros de uma pesquisa, conforme apresentado pela Tabela 6.33.

6.5.4.16 IN

Quando se faz necessário delimitar um intervalo é possível utilizar as cláusulas **BETWEEN** e o **NOT BETWEEN** com adequação. Apesar disso, por vezes pode ser necessário indicar que resultados devem ser pesquisados apenas em determinados registros, o que pode ser obtido com o uso da cláusula **IN**, conforme exemplo apresentado na Tabela 6.34. Nesse exemplo, foram pesquisados nomes dos seguintes departamentos: Diretoria, RH e Relações Públicas. Note-se o uso da cláusula **ORDER BY Departamento, Nome**, que ordena os nomes apresentados por departamento e, dentro de cada departamento, pelo nome.

6.5.4.17 Not in

A cláusula **NOT IN** tem comportamento inverso ao da cláusula **IN** apresentada anteriormente. Seu uso exclui dos resultados os registros contidos em uma determinada condição, conforme pode ser visto na Tabela 6.35. Nessa pesquisa, foram desconsiderados os registros dos departamentos **Diretoria, RH e Relações Públicas**.

Tabela 6.33 Resultado da aplicação da consulta SELECT Nome, Ramal FROM tabela WHERE Nome NOT LIKE 'D%' ORDER BY Nome. Os registros com o campo nome iniciando com a letra D foram excluídos pelo uso do NOT LIKE 'D%'.

Nome	Ramal
Carlos Oliveira	2125
Eliana Araújo	2101
Fabiana Almeida	2072
Ferdinando Franco	2077
Flávio Lopes	2005
Geraldo Gonzales	2063
Gilvan Bastos	2002
Guilherme Almeida	2196
Helena Toledo	2125
Jurandir Reis	2125
Lúcia Sanches	2125
Maria Pinheiro	2177
Oswaldo Cabral	2086

Tabela 6.34 Resultado da aplicação da consulta SELECT Nome, Departamento FROM tabela WHERE Departamento IN ('Diretoria', 'RH', 'Relações Públicas') ORDER BY Departamento, Nome.

Nome	Departamento
Gilda Almeida	Diretoria
Tamiris Fontana	Diretoria
Daniela Sanches	Relações Públicas
Gilda Martins	Relações Públicas
Luciana Pinheiro	Relações Públicas
Vera Sanches	Relações Públicas
Geraldo Sanches	RH
Jurandir Reis	RH
Lúcia Sanches	RH
Marisa Machado	RH
Ubiraci Farias	RH
Vanessa Souza	RH

6.5.4.18 Consultando tabelas relacionadas

Com freqüência, um banco de dados possui mais de uma tabela, sendo necessário realizar consultas que envolvam tabelas relacionadas. Com o SQL isso é possível, bastando indicar as tabelas utilizadas e associar cada campo pesquisado a sua respectiva tabela (Figura 6.10). A Tabela 6.36 mostra um exemplo de uma consulta a tabelas relacionadas.

Tabela 6.35 Resultado da aplicação da consulta SELECT Nome, Departamento FROM tabela WHERE Departamento NOT IN ('Diretoria', 'RH', 'Relações Públicas') ORDER BY Departamento, Nome.

Nome	Departamento
Werner Marcondes	Compras
Gilvan Maciel	Contabilidade
Manuel Esteves	Contabilidade
Vanessa Sanches	Estoque
Vania Lopes	Estoque
Teodoro Souza	Manutenção
Fabiana Almeida	Marketing
Maria Arruda	Produção
Ubiraci Martins	Produção
Vania Mota	Projetos
Werner Martins	SAC
Luciana Palmeira	Suprimentos

Tabela 6.36 Resultado da aplicação da consulta SELECT Tabela_Produto.Codigo, Tabela_Produto.Produto, Tabela_Preco.Preco FROM Tabela_Preco, Tabela_Produto WHERE Tabela_Produto.Codigo = Tabela_Preco.Codigo

Código	Produto	Preço
1	Café	1,22
2	Leite	1,36
3	Ovos	1,56
4	Farinha	2,36
5	Macarrão	2,32
6	Achocolatado	4,98
7	Pão	12,39
8	Molho	7,01
9	Azeite	9,12

Tabela 6.36 *Continuação.*

Código	Produto	Preco
10	Batata	1,1
11	Ovos	2,35
12	Pão de Queijo	4,59
13	Requeijão	8,99
14	Manteiga	7,12
15	Margarina	3,02
16	Iogurte	0,25
17	Banana	0,48
18	Tomate	0,97
19	Limão	1,3
20	Laranja	1,67

Figura 6.10 Consulta simultânea, com uso de SQL, a duas tabelas relacionadas pertencentes ao mesmo banco de dados. O campo código, presente nas duas tabelas, foi utilizado para identificar um produto e seu respectivo preço.

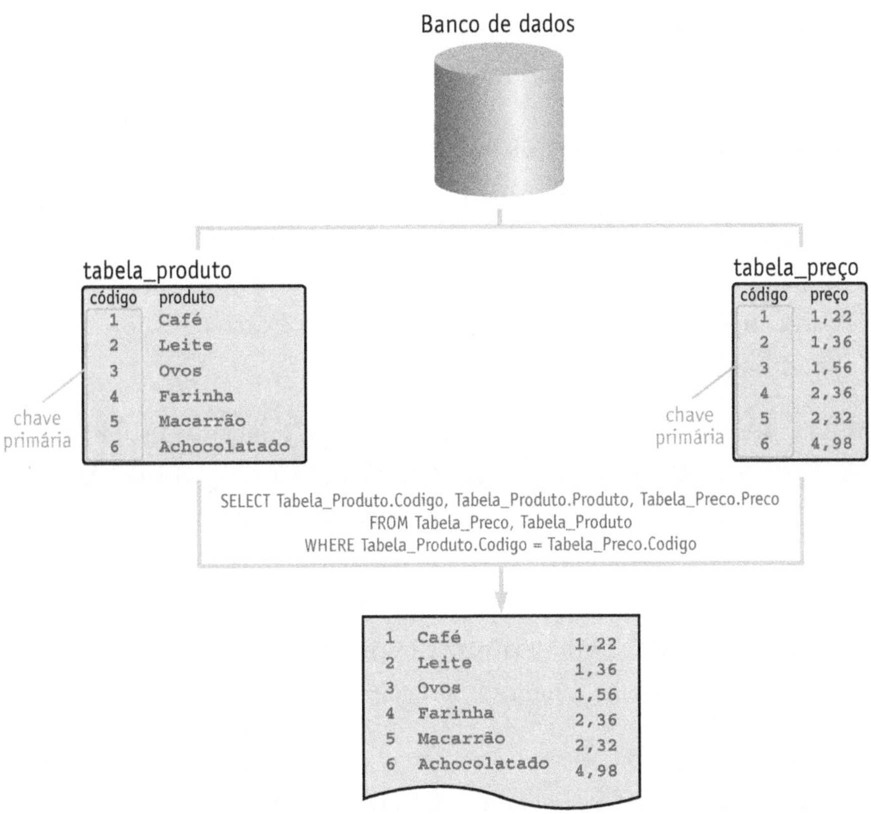

6.5.4.19 Outras possibilidades de uso do SQL

Adicionalmente ao que foi exposto, é importante considerar que o SQL fornece diversas outras possibilidades quanto à manutenção de um banco de dados. É possível, por exemplo, criar tabelas, inserir novos registros ou alterar registros preexistentes, conforme detalhado nos próximos itens.

6.5.4.20 Create table

A criação de tabelas pode ser feita diretamente no *software* administrativo utilizado para manutenção do banco de dados, ou via instrução SQL com o uso da instrução **CREATE TABLE**, conforme mostrado a seguir:

CREATE TABLE *Nome_Tabela (Nome_Campo_1 Tipo_Campo_1 (capacidade*), Nome_Campo_2 Tipo_Campo_2 (capacidade*), ..., Nome_Campo_n Tipo_Campo_n (capacidade*))*

* *Obs.: a capacidade somente é indicada para campos do tipo CHAR, VARCHAR, TEXT e similares.*

No próximo exemplo é mostrada uma instrução utilizada para criar uma tabela denominada Cadastro_Funcionarios, com os seguintes campos:

- ✓ Codigo_Funcional, tipo INT (números inteiros), com atributo de chave primária.
- ✓ Nome, tipo VARCHAR (texto), com capacidade para 65 caracteres.
- ✓ Departamento, tipo VARCHAR, com capacidade de 20 caracteres.
- ✓ Cargo, tipo VARCHAR, com capacidade para 15 caracteres.
- ✓ Salário, tipo FLOAT (números reais).

CREATE TABLE Cadastro_Funcionarios (Codigo_Funcional **INT PRIMARY KEY**, Nome **CHAR** (65), Departamento **VARCHAR** (20), Cargo **VARCHAR** (15), Salario **FLOAT**)

6.5.4.21 Insert

A instrução **INSERT** é utilizada para inserir um novo registro em uma tabela, sendo que sua sintaxe básica é indicada a seguir:

INSERT INTO *Nome_Tabela (campo_1, campo_2, ..., campo_n)*
VALUES *('texto entre aspas simpes', valor, ..., valor)*

Aproveitando a tabela criada anteriormente com a instrução **CREATE TABLE**, foi elaborado o exemplo a seguir, no qual um novo registro é cadastrado:

INSERT INTO Cadastro_Funcionarios
(Codigo_Funcional, Nome, Departamento, Cargo, Salario)
VALUES (29, 'Geraldo Maciel', 'Financeiro', 'Gerente', 4500.21)

Obs.: usualmente, as casas decimais de números reais (campo do tipo FLOAT e similares) são separadas com pontos em lugar de vírgulas.

Uma outra possibilidade é o uso da instrução **INSERT** para duplicar o conteúdo de uma tabela, o que pode ser bastante útil para a realização de testes, sem que os dados originais sejam prejudicados. Nesse caso, o **INSERT** é utilizado junto com a instrução **SELECT**:

INSERT INTO *Tabela_Copia* **SELECT * FROM** *Tabela_Original*

O exemplo mostrado a seguir insere na Tabela_Teste todos os registros contidos na tabela Cadastro_Funcionarios. É fundamental considerar que todas as tabelas devem ter a mesma estrutura e capacidade quanto à extensão dos campos:

INSERT INTO Tabela_Teste **SELECT * FROM** Cadastro_Funcionarios

6.5.4.22 Update

A instrução **UPDATE** altera o conteúdo de um ou mais campos em um ou mais registros, sendo de grande utilidade na manutenção e atualização de bancos de dados. Sua estrutura básica é mostrada a seguir:

UPDATE *Nome_Tabela*
SET *campo_1 = 'conteúdo'*
WHERE *campo_x = valor*

Os dois exemplos apresentados a seguir mostram a atualização da tabela Cadastro_Funcionarios, seja alterando o salário de um funcionário específico, seja modificando o seu cargo.

UPDATE Cadastro_Funcionarios
SET Salario = 5200
WHERE Codigo_Funcional = 29

ou

```
UPDATE Cadastro_Funcionarios
SET Cargo = 'Dirctor'
WHERE Codigo_Funcional = 29
```

É possível efetuar a manutenção de diversos registros com uma única instrução. O exemplo mostrado a seguir aumenta em R$ 1,00 os preços de produtos cujo código seja menor ou igual a 10:

```
UPDATE Tabela_Preco SET Preco = Preco + 1 WHERE Codigo <= 10
```

6.5.4.23 Delete

Com o uso de SQL é possível apagar registros com facilidade. Para isso, é utilizado o comando **DELETE**, sendo a sua sintaxe a seguinte:

```
DELETE FROM Nome_da_Tabela WHERE Condição
```

A condição pode expressar um registro específico (por exemplo, WHERE Nome = 'Roberta Pinheiro' ou WHERE Codigo = 126) ou um conjunto de registros (WHERE Nome LIKE 'Maria%' apagará todos os registros cujo campo Nome tem o conteúdo iniciado por Maria). A Figura 6.11 mostra um exemplo de aplicação do comando **DELETE**.

É importante lembrar que, em caso de tabelas relacionadas que possuam integridade referencial, um registro não poderá ser apagado se possuir uma chave primária utilizada por outra tabela. Nesse caso, será necessário apagar o registro filho (com a chave estrangeira) para depois apagar o registro pai (com a chave primária). Dessa forma, não será possível apagar um fornecedor se a ele estiver relacionado um ou mais produtos. Os produtos deverão ser apagados em primeiro lugar e, somente então, o fornecedor poderá ser finalmente excluído da tabela.

6.6 A IMPORTÂNCIA DOS ÍNDICES

A velocidade de acesso a dados, assim como a performance na realização de determinadas operações, é uma preocupação constante dos administradores de banco de dados (DBAs no jargão técnico, uma abreviatura de Database Administrators).

Figura 6.11 Resultado da aplicação do comando DELETE FROM tabela WHERE Nome = 'Roberta Pinheiro'.

Para otimizar o desempenho de um banco de dados, é possível utilizar índices, que funcionam como uma espécie de catálogo virtual sobre determinados conteúdos armazenados. Fazendo uma analogia com um livro, um índice funciona como um sumário ou índice remissivo. Certamente que um leitor poderá encontrar os conteúdos em um livro mesmo sem utilizar o sumário ou índice remissivo, entretanto isso demandará um tempo maior (que tende a ser proporcional à quantidade de páginas).

Em um banco de dados, a situação é similar. Quanto maior a quantidade de registros, maior será o tempo empregado em uma consulta, por exemplo. Com a utilização de índices, o tempo gasto em consultas ou classificação de dados pode ser substancialmente reduzido.

Por exemplo, ao longo dos anos um hospital acumulou em seu banco de dados referências sobre um grande número de pacientes em um sistema de prontuário eletrônico. Uma equipe interna de médicos está desenvolvendo uma pesquisa sobre a prevenção de infecção hospitalar. Ao pesquisar no banco de dados o termo "Infecção hospitalar" será executada uma instrução similar à apresentada a seguir:

SELECT * FROM Prontuario **WHERE** Descricao **LIKE** '%Infecção hospitalar%'

Para isso, será efetuada uma completa varredura na tabela ***Prontuario*** o que pode demandar um tempo considerável, dependendo do número de registros existentes e da quantidade de textos armazenados em cada um deles.

Com a criação de um índice, o banco de dados passa a contar com uma espécie de índice remissivo, uma lista de palavras e os registros onde elas ocorrem. Ao realizar uma consulta, o índice possibilitará a rápida identificação dos locais (registros) onde o termo pesquisado aparece.

Entretanto, o uso de índices tem suas desvantagens. Uma delas é que os procedimentos de gravação e alteração de dados têm sua performance prejudicada. Outra desvantagem é o consumo de espaço em disco, que tende a ser significativo.

Em determinadas situações, a utilização de índices poderá ser muito interessante, como é o caso dos sistemas de compra via Internet e livrarias on-line, cujo número de consultas é bastante significativo. De qualquer forma, a correta escolha dos índices em um banco de dados deve ser objeto de análise, preferencialmente, com o auxílio de um DBA (Database Administrator), da estrutura das tabelas, fluxo de dados previsto, tipos de acesso, relacionamentos, dentre outros itens.

6.7 EXECUTANDO INSTRUÇÕES SQL

As instruções SQL podem ser executadas de diversas maneiras. É importante considerar que, embora os resultados obtidos sejam iguais no que se refere a consultas, eliminação de registros, criação de tabelas ou registros e inserção de conteúdo, o local onde a instrução é executada poderá ter repercussão no desempenho obtido (Figura 6.12).

6.7.1 INSTRUÇÕES SQL CONTIDAS EM UM PROGRAMA

Quando do desenvolvimento de um programa que trabalha com um banco de dados, rotinas SQL, geralmente voltadas para a realização de consultas, inclusão e exclusão de registros, podem ser introduzidas nas instruções do programa (Figura 6.12 -1). Dessa forma, parte do processamento é executado no computador do usuário (pelo programa) e parte no equipamento onde está o banco de dados.

Figura 6.12 Formas básicas de aplicação de comandos SQL em um banco de dados.

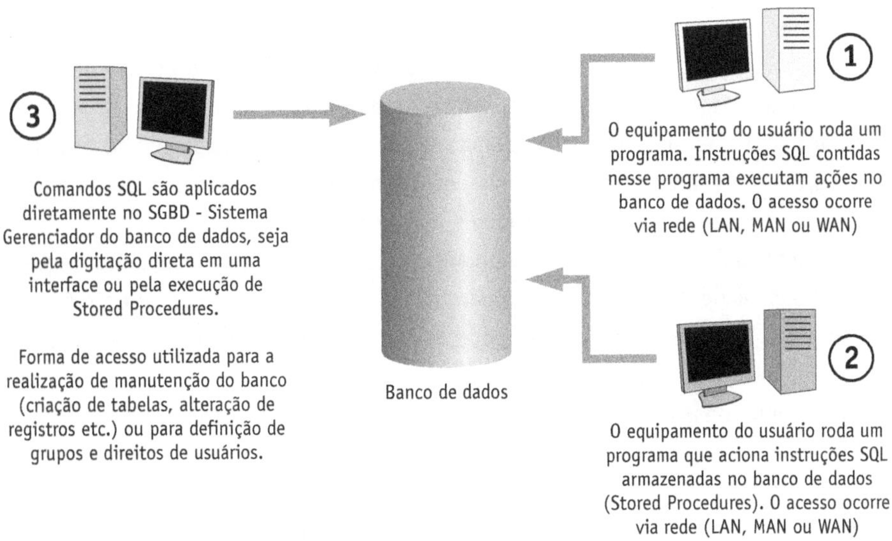

Formas de acesso: os programas podem ter acesso ao banco de dados via rede local (forma mais usual) ou via redes MAN ou WAN. Dependendo da velocidade da linha utilizada, mesmo redes de longa distância podem ter desempenho muito bom, possibilitando o acesso ao banco de dados com performance equivalente ao de uma rede local (LAN).

Dependendo da forma de acesso e de como o programa foi desenvolvido, sempre que uma consulta for realizada ela pesquisará diretamente o banco de dados (técnica denominada ***dynaset***, abreviatura de ***dynamic set***) ou então, quando o programa conectar-se ao banco de dados, será obtida uma espécie de fotografia na memória dos registros disponíveis (processo denominado de ***snapshot***). Côrtes e Scherr (2005) comentam que a primeira forma de acesso (pesquisa sendo refeita a cada solicitação) pode ser muito útil em sistemas multiusuários, nos quais os dados podem ser modificados constantemente. Com isso, a pesquisa sempre refletirá uma situação atual dos registros obtidos.

Também é necessário considerar que o ***dynaset*** pode aumentar o tráfego na rede, caso as consultas tenham de ser efetuadas com muita freqüência, situação essa que deve ser analisada em função da natureza dos negócios.

Por outro lado, no ***snapshot*** ("fotografia" dos dados), com o decorrer do tempo, o que for apresentado pode não condizer com a realidade diante da possibilidade de alterações terem sido realizadas nos registros disponíveis.

Essa forma de acesso pode economizar tráfego na rede, mas também demandar uma capacidade maior de memória e processamento de cada estação conectada via rede ao servidor de banco de dados.

Essa solução pode ser adequada a serviços de atendimento ao consumidor, pois não ocorrem alterações freqüentes nos dados armazenados. Por exemplo, se uma empresa faz alterações de dados apenas uma vez por dia — no início da manhã ou durante a noite — o ***snapshot*** pode ser uma boa alternativa, reduzindo o tráfego na rede. Mas isso vai requerer maior capacidade de cada estação na rede.

Por outro lado, em serviços de telemarketing em que ocorrem alterações freqüentes nos bancos de dados — preços, quantidades em estoque, prazos de entrega, por exemplo —, o acesso via ***dynaset*** pode ser uma melhor alternativa, uma vez que mostra registros mais atualizados.

Vantagens desse tipo de solução: com a utilização de instruções SQL contidas em programas, o processamento é distribuído, ocorrendo — conforme mencionado — em dois computadores distintos (estação e servidor de banco de dados), o que pode ser interessante a fim de aliviar a carga de trabalho do servidor.

Desvantagens desse tipo de solução: quando alguma instrução SQL contida nos programas tiver de ser alterada (devido a mudanças de nome de um campo ou na estrutura de uma tabela), todos os programas terão de ser substituídos, o que pode acarretar uma série de problemas, especialmente em grandes redes com dezenas ou mesmo centenas de equipamentos.

Como o processamento é distribuído, pode ocorrer um aumento do tráfego da rede, acarretando perda de performance da rede como um todo, caso um número excessivo de solicitações sejam transportadas ao mesmo tempo.

6.7.1.1 Utilização de Stored procedures, Views e Triggers

Os bancos de dados para uso profissional têm a capacidade de armazenar internamente rotinas escritas em SQL. Dentre essas rotinas, tem-se as Stored procedures, Views e Triggers, que podem realizar procedimentos bastante complexos. Os programas que acessam o banco de dados podem solicitar a execução dessas rotinas, que serão processadas integralmente pelo banco de dados (no computador onde ele está armazenado), contrastando com o uso de rotinas ou comandos SQL contidos nos programas (Figura 6.12 – 2).

Stored procedures: em lugar de executar comandos e consultas em um programa, é possível preparar rotinas específicas para as tarefas mais usuais, mantendo-as armazenadas no próprio banco de dados. Quando um programa demandar sua execução, ela será feita diretamente no banco de dados, economizando recursos da estação-cliente.

View: é uma espécie de tabela virtual com o resultado de uma *query* (Instrução ou consulta SQL), atualizada dinamicamente. A vantagem de uma View é que ela simplifica o processamento de ações (especialmente consultas) que são efetuadas com muita freqüência. Por exemplo, se os funcionários de uma empresa sempre realizam uma determinada pesquisa, como tabela de preços ou disponibilidade de estoque, uma View poderá reduzir o tempo de processamento, pois o resultado necessário sempre estará pronto para ser apresentado.

Trigger: é uma rotina executada no banco de dados sempre que um determinado evento ocorrer. Por exemplo, quando um produto atingir uma quantidade mínima em estoque, uma Trigger poderá ser executada e o fornecedor avisado automaticamente por *e-mail*. Isso automatiza procedimentos, sem a necessidade de intervenção dos usuários ou do administrador do banco de dados.

Essas são soluções muito utilizadas pelos profissionais que desenvolvem soluções corporativas, tendo em vista a facilidade de manutenção e possibilidade de controle de performance.

Formas de acesso: se um programa tem acesso a um banco de dados (seja localmente, seja via LAN, MAN ou WAN), a execução de Stored procedures ou o acesso a uma View poderão ser solicitados, desde que o usuário do programa (que deverá ser identificado por um *login* e senha) tenha permissão para isso.

Vantagens desse tipo de solução: é possível utilizar máquinas especialmente configuradas para armazenar os bancos de dados, atuando exclusivamente como um servidor para esse fim. Esses equipamentos podem contar com diversos processadores, boa quantidade de memória e discos rígidos ou sistemas de armazenamento rápidos e com elevado grau de confiabilidade. Dessa forma, as Stored Procedures, Views e Triggers podem ser executadas com um bom desempenho, mesmo com elevado grau de solicitação, sem onerar a performance da rede utilizada.

Quando se fizer necessária alguma alteração em uma Stored Procedure, View ou Trigger, ela pode ser implementada diretamente no servidor sem que os programas tenham de ser alterados. Isso simplifica o processo de manutenção, uma vez que não será necessário substituir programas em diversas estações de trabalho ao longo da rede.

Desvantagens desse tipo de solução: problemas podem ocorrer caso o equipamento onde o banco de dados está armazenado não tenha desempenho adequado. Como o processamento será efetuado principalmente no servidor de banco de dados, o computador poderá ficar sobrecarregado, com muitas solicitações ocorrendo simultaneamente, por isso é essencial a aquisição de máquinas que tenham facilidades de expansão.

6.7.1.2 Execução de comandos SQL no SGBD

Embora a execução de comandos SQL no Sistema Gerenciador do Banco de Dados (SGBD) seja uma solução possível, somente é considerada nos casos de manutenção do banco de dados ou testes durante o desenvolvimento ou manutenção de programas (Figura 6.12 – 3).

Os bancos de dados, usualmente, vêm com programas administrativos que permitem a criação de novos bancos de dados e tabelas, alteração em campos já existentes, desenvolvimento de comandos SQL, definição de chaves primárias, indicação de relacionamento de tabelas e especificação de integridade referencial, configuração de grupos de usuários com direitos específicos (o que cada grupo pode fazer com os diversos dados disponíveis), dentre outras facilidades.

Devido ao potencial oferecido por essas ferramentas administrativas, o acesso a elas deve ser extremamente restrito, evitando que danos possam ocorrer na estrutura do banco ou mesmo que dados sigilosos sejam acessados por usuários não autorizados.

6.8 BANCOS DE DADOS RELACIONAIS OPERADOS EM REDE

Nas empresas e organizações, a situação verificada com maior freqüência é a utilização de bancos de dados relacionais em rede (LAN, MAN e WAN ou seus correspondentes sem fio), possibilitando que os usuários de aplicativos e sistemas diversos compartilhem um mesmo conjunto de dados e informações.

Para informações adicionais: **Capítulo 7, *ERP — Sistemas Integrados de Gestão.***

6.8.1 USO DE BANCOS DE DADOS ÚNICO E INTERNO EM REDES LAN, MAN OU WAN

Para que um banco de dados possa ser utilizado em rede, é necessário que seja instalado em um servidor dentro da rede utilizada. Caberá a esse servidor receber e processar as diversas solicitações encaminhadas pela rede, distribuindo os resultados das operações aos seus respectivos solicitantes.

Embora seja possível instalar o banco de dados no mesmo servidor que gerencia e controla o acesso à rede local, geralmente, por uma questão de performance, recomenda-se a utilização de um servidor independente.

A Figura 6.13 mostra uma situação em que uma rede local (LAN) conta com um servidor exclusivo para gerenciá-la (servidor de rede) e servidores dedicados ao banco de dados a ao acesso à Internet. Ao conectar-se à rede, o usuário tem seu *login* e senha autenticados pelo servidor de rede, o qual verificará a quais serviços a pessoa tem acesso. Quando o usuário necessita utilizar o banco de dados, duas possibilidades podem ser verificadas em relação à sua autenticação:

- ✓ será necessário efetuar um segundo *login*, informando o nome do usuário e a sua senha para que o servidor de banco de dados verifique quais os serviços disponíveis (consulta, inclusão, alteração ou exclusão de dados) e quais as tabelas a que essa pessoa tem acesso.
- ✓ **não** será necessário efetuar um segundo *login* para acesso ao banco de dados, uma vez que ele já foi feito no acesso inicial. Com base nessa informação, o banco de dados terá condições de verificar as permissões de acesso.

De maneira similar, quando um usuário vai utilizar a Internet via rede local, poderá — ou não — ser necessário fornecer um *login* e senha, dependendo do nível de controle pretendido e até mesmo dos *softwares* de segurança utilizados.

Embora o mais usual seja a utilização de bancos de dados em redes locais (LAN), tem crescido o uso em redes de médio e longo alcance (MAN e WAN), devido à disponibilidade de linhas de comunicação de alta velocidade e preço acessível. Dessa forma, o acesso ao banco de dados poderá ser aberto a outras redes externas, via servidor de Internet, por exemplo (Figura 6.13).

Nesse caso, os acessos externos são recebidos por um servidor, que verifica e autentica o usuário, permitindo o acesso ao banco de dados corporativo. Com essa forma de acesso ao banco de dados é possível identificar as seguintes vantagens e problemas:

- ✓ **Vantagens:** como a base é única, todos os usuários (internos e externos) trabalham com um mesmo conjunto de dados, sem problemas de discrepância ou desatualização de dados (que podem ocorrer quando do uso de múltiplas bases).
- ✓ **Problemas:** ao permitir o acesso externo ao banco de dados, podem ocorrer problemas com a segurança, criando condições — ao menos em tese — para acessos indevidos de *hackers*.

Figura 6.13 Acesso ao banco de dados corporativo em redes remotas.

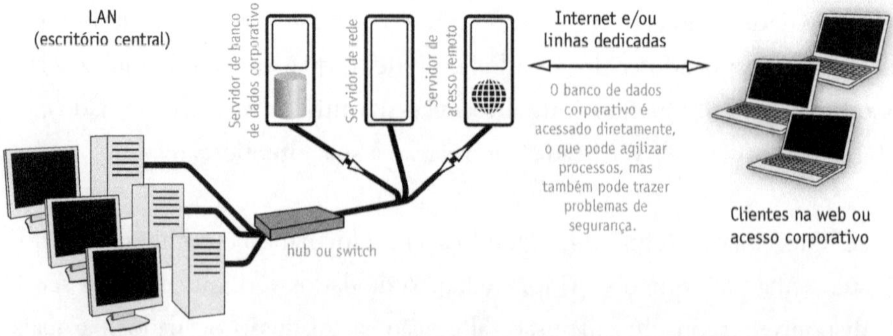

Os usuários externos podem ter problemas com a velocidade de acesso, uma vez que ela dependerá não apenas do *link* utilizado pelo servidor de acesso, mas também disponível em cada escritório regional.

O uso de linhas dedicadas à transmissão de dados, contratadas nas operadoras de telecomunicação, poderá reduzir significativamente a ocorrência desse tipo de problema.

6.8.2 USO DE BANCOS DE DADOS ESPELHO PARA REDES MAN OU WAN

Outra forma de acesso aos dados corporativos é apresentada na Figura 6.14, com a utilização de um banco de dados espelho no servidor de acesso remoto. Como o banco de dados principal (corporativo) e o banco de dados espelho estão na mesma rede, a atualização de dados poderá ser feita rapidamente com a utilização de Triggers (rotinas executadas automaticamente nos bancos de dados). Sobre as vantagens e desvantagens desse recurso, é possível ressaltar as seguintes questões:

- ✓ **Vantagens:** a segurança tende a ser maior, uma vez que o banco de dados corporativo estará mais preservado em relação a acessos externos.

  Como o processamento interno e o externo ocorrem sobre bancos de dados diferentes (processamento distribuído), é possível que isso resulte em um ganho de performance para todos os usuários.
- ✓ **Problemas:** os problemas de segurança persistem, com a possibilidade de alteração de dados contidos no banco espelho. Como esse é um banco se-

Figura 6.14 Uso de banco específico para acesso remoto, espelhando parte do conteúdo do banco de dados corporativo.

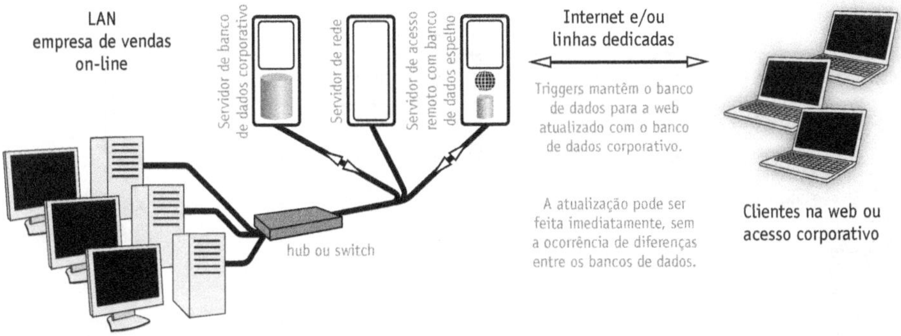

cundário, eventuais perdas ou alterações de dados e informações podem ser compensadas pela existência desses mesmos dados no banco corporativo.

Os problemas com a velocidade de acesso externo podem ocorrer, especialmente, para usuários ou escritórios que não dispuserem de linhas de conexão de alta velocidade.

É necessário considerar que a atualização ou compatibilização de dados deve ser permanente, evitando que o banco para acesso externo apresente dados não condizentes com a realidade (por exemplo, preços que foram alterados e quantidades em estoque reduzidas).

6.8.3 USO DE BANCOS DE DADOS EXTERNO EM DATA CENTER OU PROVEDOR DE ACESSO PARA REDES MAN E WAN

Uma solução que tem sido utilizada cada vez mais por empresas (especialmente aquelas voltadas para a venda on-line) é a hospedagem do banco de dados em um provedor de acesso ou Data Center, conforme esquematizado na Figura 6.15.

Grandes provedores de acesso e Data Centers possuem instalações seguras, que controlam o acesso físico e as redes de comunicação, contando com estruturas e recursos para proteger servidores e bancos de dados contra ataques externos.

Adicionalmente, eles possuem recursos para realização de *backups* (cópias de segurança), com instalações à prova de fogo para o armazenamento de fitas ou outros dispositivos de armazenamento de dados. Isso permite recuperar, facilmente, dados

Figura 6.15 Uso de banco de dados específico em Data Center ou provedor de acesso, espelhando parte do conteúdo do banco de dados corporativo.

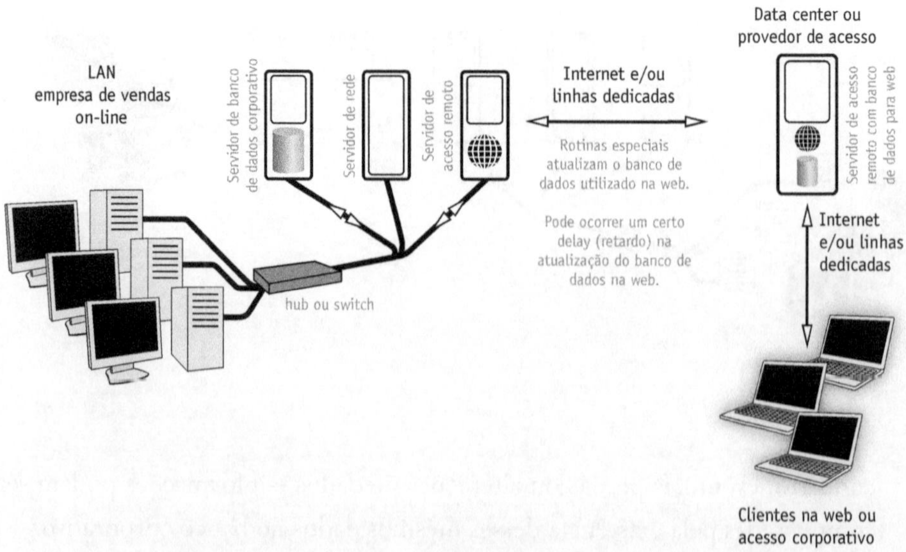

e informações eventualmente perdidos em acidentes, falhas de equipamento ou mesmo ataque de *hackers*.

Em geral, essas empresas oferecem a opção de servidores operando em paralelo. Dessa forma, ocorrendo uma falha com o servidor ou banco de dados em uso, outro equipamento entrará automaticamente em operação, com os mesmos dados e os mesmos recursos do sistema original. Essa mudança é efetuada em tempo real, sem que o usuário note qualquer perda de performance. Como os demais recursos, esse também apresenta vantagens e desvantagens:

- ✓ **Vantagens:** quando a empresa de hospedagem do banco de dados e do servidor de acesso remoto for bem selecionada, o cliente contará com uma infraestrutura adequada ao armazenamento, acesso, proteção e recuperação de seus dados e informações.
- ✓ **Problemas:** como o banco hospedado remotamente é um espelho (ao menos parcial) do banco corporativo, é necessário adotar procedimentos adequados de atualização de dados e informações.

  Enquanto algumas empresas fazem a atualização praticamente em tempo real, outras conseguem fazê-lo apenas uma vez ao dia. Nesse caso, a empresa deverá adotar procedimentos específicos, a fim de evitar problemas com a utilização de dados errados.

6.8.4 USO DE BANCOS DE DADOS ÚNICO EM DATA CENTER

Uma tendência cada vez mais efetiva entre empresas que atuam em diversos países é a adoção de um banco de dados único, hospedado em um Data Center, conforme esquematizado na Figura 6.16.

Essa arquitetura de hospedagem, com a utilização de um banco de dados único em escala mundial apresenta vantagens e desvantagens, conforme relatado a seguir:

✓ **Vantagens:** a empresa tem acesso imediato a todos os dados e informações necessários, sem necessidade de pedir a uma filial que providencie a emissão de relatórios sobre faturamento ou movimentação de recursos.
Isso agiliza a tomada de decisões em escala mundial, sendo muito adequado a empresas que atuam com a comercialização de *commodities*, agregam produtos oriundos de diferentes unidades ao redor do mundo, trabalham com movimentação de cargas em escala transcontinental, efetuam investimentos no setor financeiro internacional, e diversas outras possibilidades.

Figura 6.16 Uso de banco de dados único em Data Center.

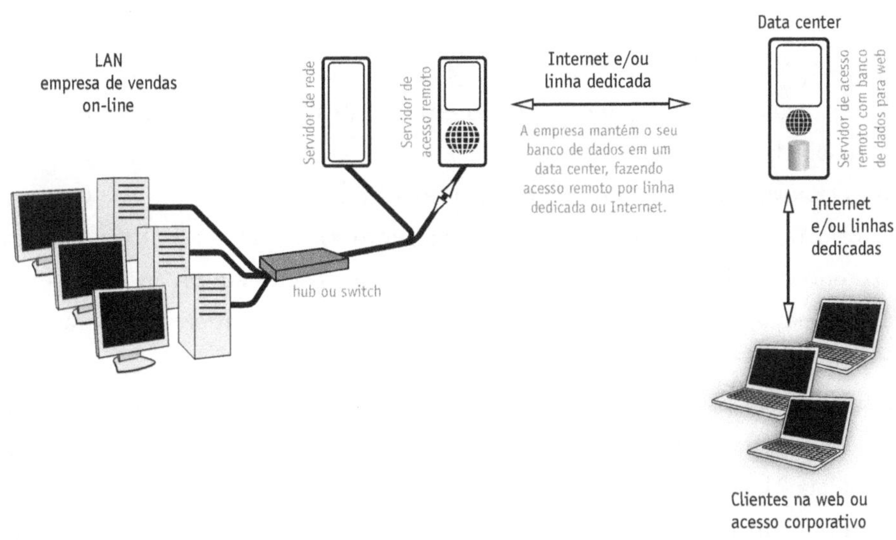

✓ **Problemas:** em caso de falhas graves (oriundas de acidentes naturais ou ataques terroristas, por exemplo), a empresa enfrentará problemas em nível mundial, com prejuízos sendo distribuídos a todas as unidades envolvidas.
Nesse caso, é fundamental contar com uma infra-estrutura paralela, e que garanta a continuidade de negócios em caso de imprevistos. Certamente, isso encarecerá o custo desse tipo de operação.
Problemas com a velocidade de acesso devem ser muito bem equacionados em todas as unidades envolvidas. Enquanto alguns países e localidades possuem uma boa infra-estrutura de telecomunicações, outras regiões podem sofrer com problemas crônicos, dificultando a realização de transações em arquiteturas desse tipo.

6.9 DATA WAREHOUSE E DATA MART

Grandes organizações necessitam, com freqüência, reunir e consolidar dados e informações originados de diferentes unidades de trabalho (como escritórios regionais, plantas industriais, centros de distribuição e representantes) a fim de extrair novas informações e obter conhecimento sobre determinadas questões, subsidiando o planejamento estratégico.

Esses dados e informações são reunidos em um Data Warehouse (depósito de dados, em uma tradução literal), que constituem repositórios de dados oriundos de bases diversas, tanto internas quanto externas à organização, relacionadas a períodos diversos de tempo.

Um Data Warehouse abrange um amplo cenário (tanto temporal, quanto geográfico), possibilitando a realização de análises e correlações em processos de extração de conhecimentos para utilização em áreas estratégicas, táticas ou mesmo operacionais da organização.

Um Data Mart (empório de dados, em uma tradução literal), por sua vez, é um repositório de dados sobre **um assunto específico**, oriundos de bases diversas, tendo como finalidade a realização de análises e correlações em processos de extração de conhecimentos para utilização em áreas estratégicas, táticas ou operacionais de uma organização.

A diferença entre um Data Warehouse e um Data Mart é que, enquanto o primeiro é mais abrangente no que se refere à natureza e origem dos dados e informações, o Data Mart trata de um assunto específico. Por exemplo, uma organização pode utilizar um Data Warehouse para agregar e consolidar dados e informações sobre produção, histórico de consumo de insumos e materiais, histórico de venda de produtos, tendências de consumo, dados demográficos e socioeconômicos, tendo em vista o planejamento de uma nova linha de produtos. Já o Data Mart pode agregar dados históricos sobre vendas realizadas por uma rede de concessionárias, a fim de efetuar projeções de vendas de modelos específicos de automóveis.

Para informações adicionais:	**Capítulo 8, *Business Intelligence, CRM, OLAP, Datamining, Data Warehouse e Data Mart.***

6.10 BANCOS DE DADOS MULTIDIMENSIONAIS

Com o relacionamento de tabelas é possível desenvolver um banco de dados multidimensional, com os dados sendo dispostos como matrizes com três ou mais dimensões (Figura 6.17). Isso abre uma série de perspectivas para a análise de dados, com diferentes níveis de profundidade.

Figura 6.17 Bancos de dados multidimensionais podem ser concebidos a partir do relacionamento de diferentes tabelas em um Data Warehouse ou Data Mart.

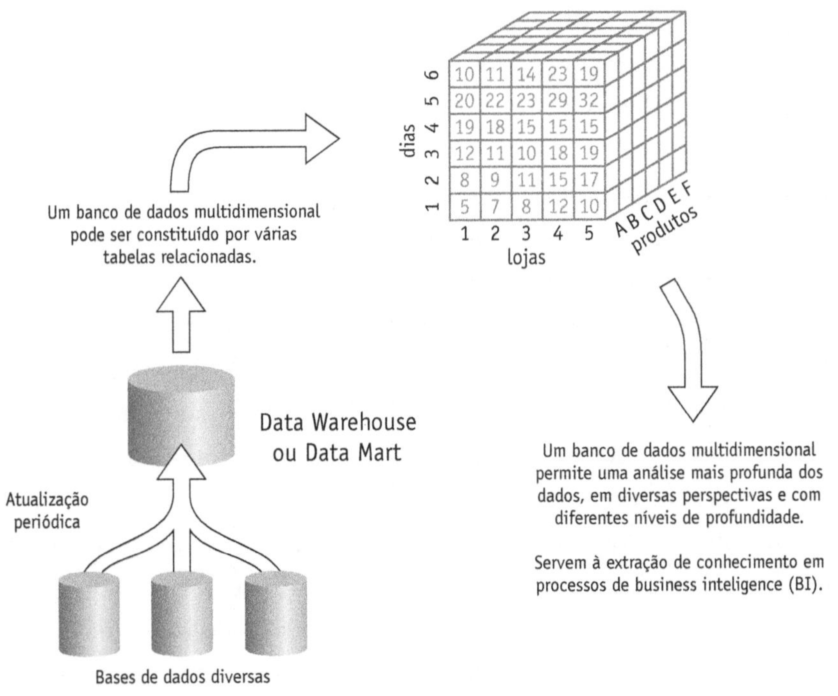

Bancos de dados multidimensionais são utilizados em processos de Business Intelligence, possibilitando extrair conhecimento sobre os negócios a partir de fontes diversas de dados.

Para informações adicionais:	**Capítulo 8, *Business Intelligence, CRM, OLAP, Datamining, Data Warehouse e Data Mart.***

6.11 OTIMIZANDO O DESEMPENHO DE UM BANCO DE DADOS

Conforme visto ao longo deste capítulo, cada vez mais as empresas dependem dos seus bancos de dados e informações, que precisam responder prontamente a uma série de solicitações. Dessa forma, o desempenho passa a ser questão de fundamental importância para a tomada de decisão, realização de negócios, prestação de serviços e correto atendimento às demandas da empresa e de seus clientes.

Embora a otimização de performance de um banco de dados seja assunto suficiente para a elaboração de um livro específico sobre o tema, é possível conseguir um bom nível de performance com a adoção das seguinte medidas:

- ✓ **Escolha do banco de dados:** obviamente esse é o ponto fundamental para a obtenção de uma boa performance. Uma escolha inadequada certamente provocará problemas além da queda de desempenho. É necessário verificar se o banco de dados adquirido tem condições de suportar um crescimento significativo na quantidade de dados e/ou usuários, o que poderá degradar a sua performance em pouco tempo.
  Adicionalmente, é fundamental verificar a capacidade do banco de dados de utilizar adequadamente *upgrades* e melhorias no servidor utilizado. Por exemplo, é necessário verificar se o gerenciador utilizado tem condições efetivas de trabalhar com servidores com mais de um processador, situação essa que pode ser necessária à medida que o banco de dados for sendo ampliado.
- ✓ **Utilização de um servidor específico:** o uso de um servidor compartilhado, atendendo tanto à administração da rede quanto ao gerenciamento do banco de dados, poderá degradar a performance de maneira significativa. Isso poderá prejudicar não apenas o desempenho do banco de dados, mas também demais serviços disponíveis na rede (por exemplo, os serviços de

impressão ou acesso a Internet). O uso de um servidor específico para o banco de dados é condição necessária para a garantia de boa performance.

É importante considerar que o volume de dados armazenados precede ao crescimento da empresa. Dessa forma, se uma empresa pretende atingir um determinado nível de crescimento em cinco anos, provavelmente para o banco de dados esse crescimento ocorrerá em três anos.

Sendo assim, é necessário considerar o uso de equipamentos com capacidade de expansão, como a adição de mais memória e a utilização de mais de um processador. Com isso, a performance poderá ser mantida mesmo diante do crescimento da quantidade de dados. Alguns sistemas operacionais e bancos de dados possuem ferramentas que monitoram o uso da memória e do processador, permitindo ao administrador do sistema verificar possíveis gargalos, considerando a ampliação da memória, a utilização de mais processadores (em máquinas projetadas para essa finalidade) ou mesmo o aumento da capacidade de armazenamento dos discos rígidos.

Adicionalmente, recomenda-se que o servidor de banco de dados tenha pelo menos dois discos rígidos, sendo um dedicado exclusivamente ao sistema operacional e outro utilizado especificamente pelo banco de dados. Como as operações de acesso a disco costumam ser mais demoradas, se o equipamento contar com um único disco rígido, ele poderá ficar sobrecarregado com as solicitações simultâneas do sistema operacional e do banco de dados, reduzindo a performance do conjunto.

✓ **Correto dimensionamento da estrutura do banco de dados:** a configuração adequada dos campos e tabelas pode contribuir para uma melhor performance do sistema. Por vezes, uma única tabela recebe uma carga excessiva de dados e informações (com vários campos contendo textos longos, por exemplo), aumentando o tempo necessário à realização de consultas e outras operações. Em casos como esse, a divisão de tabelas pode agilizar diversos processos, distribuindo as solicitações e evitando sobrecargas desnecessárias. Outra questão que pode ser considerada refere-se ao armazenamento de variáveis. Conforme visto anteriormente, campos do tipo INT podem consumir apenas 4 bytes, sendo que alguns bancos de dados dispõem de subtipos (*smallint* ou *tinyint*) que consomem espaços ainda menores. Dessa forma, em vez de armazenar o nome de um departamento ou função, pode-se associar um número inteiro a um nome, economizando espaço no banco de dados. A Figura 6.18 mostra um exemplo de como isso pode ser obtido.

Figura 6.18 Exemplos de mudanças na estrutura de armazenamento com impacto no tamanho e na performance do banco de dados.

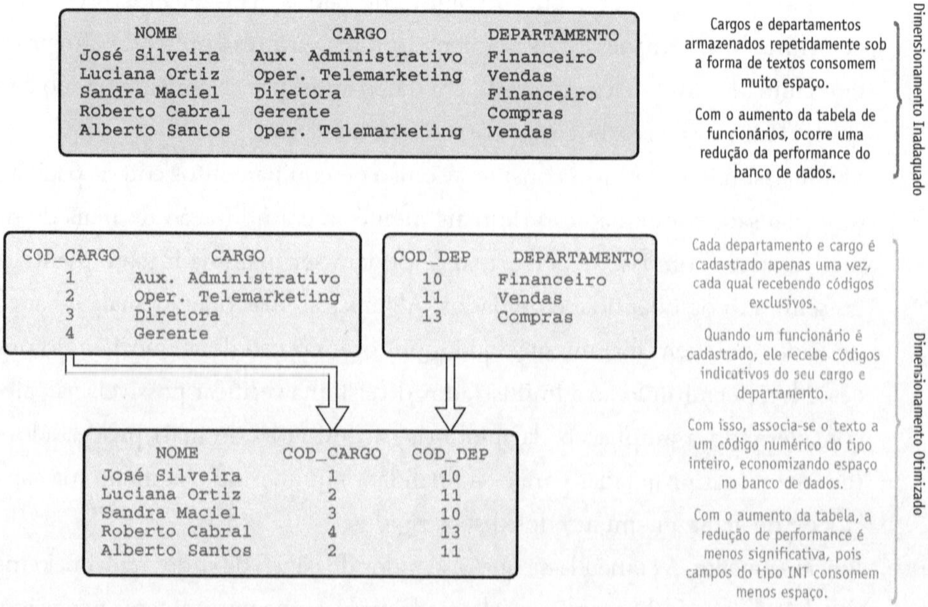

Para um melhor dimensionamento da estrutura do banco de dados, é fundamental contar com a experiência de analistas de sistemas ou profissionais certificados para o banco de dados em uso na empresa. Esses profissionais poderão aferir quais são os dados e informações necessários com maior freqüência, verificando a melhor alternativa quanto a sua alocação.

- ✓ **Utilização de índices:** conforme mencionado anteriormente, a utilização de índices pode otimizar consideravelmente processos de consultas. Seu uso, entretanto, poderá trazer problemas para processos de inserção ou alteração de dados, consumindo grande espaço em disco. O uso de índices deve merecer uma análise criteriosa, tendo em vista as potencialidades oferecidas para a obtenção de um bom desempenho do banco de dados.
- ✓ **Correta previsão do crescimento do banco de dados:** conforme mencionado, um banco de dados tende a crescer antes da empresa (ou de maneira mais acelerada do que ela). Sendo assim, é importante contar com um banco de dados que que possa ser ampliado na proporção necessária, evitando que seja um empecilho à expansão da empresa.

Para uma pequena quantidade de dados e informações ou um reduzido número de usuários, a estrutura de um banco de dados pode não influir na sua performance. É possível, entretanto, simular operações com uma grande quantidade de dados e usuários, verificando o tempo gasto nos processos críticos ou mais usuais.

Embora essas simulações demandem tempo, o custo envolvido costuma ser baixo quando comparado aos benefícios obtidos. Profissionais que já passaram pela necessidade de migrar dados de um banco para outro ou tiveram de alterar diversos aspectos na estrutura de tabelas e relacionamentos em busca de uma melhor performance, têm ciência do trabalho e dos custos que isso pode representar. A adaptação de Stored procedures, Triggers e Views, além da necessidade de reescrever várias linhas de códigos nos programas, pode consumir tempo e recursos muito superiores às simulações efetuadas nas etapas iniciais.

Dessa forma, simulações devem ser efetuadas quando da fase de especificação das tabelas e configuração da estrutura de um banco de dados. Somente assim será possível prever o comportamento e desempenho do banco de dados em situações de plena carga.

- ✓ **Prever com adequação o uso de Stored procedures, Triggers e Views:** conforme mencionado anteriormente, existem diversas vantagens no uso desses recursos. Adicionalmente, é importante lembrar que essas rotinas executadas no banco de dados demandam capacidade adicional de processamento no servidor. É necessário balancear os processamentos entre servidor e as estações, buscando otimizar os recursos disponíveis e facilitar a manutenção dos programas e do banco de dados. O uso desnecessário de Stored procedures, Triggers e Views pode sobrecarregar o servidor com solicitações que poderiam ser processadas localmente (nas estações). Por outro lado, seu uso poderá facilitar a manutenção dos sistemas em uso. Um analista de sistemas com experiência em bancos de dados ajudará o profissional encarregado de administrar sistemas de informação a balancear essas solicitações.
- ✓ **Limpeza preventiva do banco de dados:** a manutenção do banco de dados deve ser permanente. Com o passar do tempo, diversos registros não serão mais necessários para o dia-a-dia da empresa. Sua permanência nas tabelas poderá degradar o desempenho do banco de dados, uma vez que con-

sultas e operações de alteração de dados são mais demoradas em tabelas com muitos registros.

É necessário criar rotinas para que determinados dados e informações sejam retirados da tabela após um período sem utilização. Por exemplo, se a média de retorno de um cliente é de três meses, um cliente que ficar mais de nove meses ausente poderá ter o seu cadastro remanejado para uma tabela (ou banco de dados) de inativos. É importante ressaltar que esses dados não serão simplesmente excluídos, mas transferidos para áreas onde não causem prejuízo à performance do sistema, mantendo enxutas as tabelas em uso no dia-a-dia.

✓ **Documentação:** é fundamental verificar a documentação do banco de dados, mantendo-a atualizado com as informações oferecidas pelo site do fornecedor. Essa documentação técnica poderá sugerir medidas específicas para aumento da performance, fornecer atualizações necessárias à melhoria da segurança e apresentar discussões de casos que podem ajudar na elucidação de determinados problemas.

6.12 CONCLUSÃO

Os bancos de dados constituem um repositório essencial para os dados e informações da empresa, oferecendo diversas possibilidades quanto à sua configuração e uso.

Dados e informações, cada vez mais, constituem os principais ativos de muitas empresas, sem os quais as operações ficariam seriamente prejudicadas, ou mesmo inviabilizadas.

O correto dimensionamento dos bancos de dados, assim como sua administração consciente e profissional, são relevantes para o sucesso de organizações que operam nos mais diversos segmentos.

REFERÊNCIAS

ALVES, W. P. *Fundamentos de bancos de dados*. São Paulo: Érica, 2004.

CODD, E. F. "A relational model of data for large shared data banks". *Communications of the ACM*. v. 13 n. 6, June 1970. p. 377-387.

CÔRTES, P. L. *Trabalhando com banco de dados utilizando o Delphi 2005: MySQL 4, SQL Server 2000, Oracle 9i e Microsoft Office Access 2003*. São Paulo: Érica, 2005.

__________; SCHERR, R. A. *Conhecendo e trabalhando com o Visual Basic 6.0*. 9. ed. São Paulo: Érica, 2005.
DATE, C. J. *Introdução a sistemas de banco de dados*. Rio de Janeiro: Campus, 2000.
HAAG, S.; CUMMINGS, M.; DAWKINS, J. *Management information systems for the Information Age*. Nova York: Irwin/McGraw-Hill, 1998.
LAUDON, K. C.; LAUDON, J. P. *Gerenciamento de sistemas de informação*. 3. ed. Rio de Janeiro: LTC, 2001.
MATTOS, A. C. M. *Sistemas de informação: uma visão executiva*. São Paulo: Saraiva, 2005.
NONAKA, I. A Dynamic Theory of organizational knowledge creation. *Organization Science*, v. 5, nº 1, 1994.
__________; TAKEUCHI, H. *Criação do conhecimento na empresa*: como as empresas japonesas geram a dinâmica da inovação. Rio de Janeiro: Campus, 1997.
O'BRIEN, A J. *Sistemas de informação e as decisões gerenciais na Era da Internet*. 2. ed. São Paulo: Saraiva, 2004.
SILVA, L. C. *Banco de dados para a web*: do planejamento à implementação. São Paulo: Érica, 2001.
TANENBAUM, A. S. *Organização estruturada de computadores*. Rio de Janeiro: LTC, 2001.
TURBAN, E.; RAINER Jr., R.K.; POTTER, R. E. *Administração de tecnologia da informação*. Rio de Janeiro: Campus, 2003.
ZWASS, V. *Foundations of information systems*. Boston: Irwin/McGrw-Hill, 1997.

CAPÍTULO
7*

ERP — SISTEMAS INTEGRADOS DE GESTÃO

7.1 INTRODUÇÃO

O uso de Sistemas Integrados de Gestão ou Enterprise Resource Planning (ERP) pelas organizações dos mais variados tipos tem se tornado cada vez mais freqüente, trazendo ganhos importantes para os mais diversos níveis. Embora essa tendência tenha se acentuado a partir da segunda metade dos anos 1990, especialmente com a evolução dos microcomputadores, a verdade é que ela teve início — ainda que incipiente — na década de 1960, especialmente na área de produção industrial.

Dessa forma, acredita-se que o correto entendimento dos ERPs deve incluir não somente a análise de condições e perspectivas históricas ligadas à sua origem,

---

* **Este capítulo contém Material de Apoio no site: www.saraivauni.com.br.**

mas também o ambiente e os conceitos envolvidos na concepção e evolução desses sistemas, desde os seus primórdios.

Tendo em vista que esses sistemas foram concebidos para uso pela área de produção nas indústrias, adicionalmente às questões históricas, será importante verificar alguns tópicos fundamentais para a administração da produção e operações. Posto isso, será possível ampliar a abordagem e considerar a utilização do ERP em outras áreas de atividade econômica.

Firmado um bom entendimento sobre a operação básica de um ERP, serão consideradas questões importantes, tais como as vantagens no uso de sistemas integrados de gestão, sua disseminação nas empresas, desenvolvimento de um sistema integrado *versus* sua aquisição, parâmetros para a escolha de um ERP e estratégias de implantação, dentre outros necessários aos administradores de sistemas de informação.

7.2 CONSIDERAÇÃO SOBRE A INFORMATIZAÇÃO DAS EMPRESAS

A consolidação de um segmento específico demanda um tempo de maturação necessário à conformação de uma série de elementos que formam o substrato e dão a sustentação necessária ao funcionamento de uma nova atividade econômica.

Esse tempo poderá variar conforme a dinâmica e complexidade das interações entre os diversos participantes e da resposta dos consumidores (suas expectativas e o atendimento às suas necessidades). Em atividades que envolvem o uso intensivo de tecnologia, por vezes, tem-se a impressão de que o tempo de maturação é extremamente curto, mas a realidade pode ser bem diferente quando se considera o tempo gasto com pesquisa e desenvolvimento de protótipos.

Nesses segmentos com alta “tecnologia embarcada”, é importante analisar que, embora a maturação dependa do interesse inicial dos consumidores, após a sua consolidação, verifica-se uma nova onda de adesões na qual as capacidades produtivas dos grandes *players* são mais bem utilizadas. Essa espécie de segunda onda ocorre quando consumidores *tardios* percebem usos potenciais de uma nova tecnologia, verificam que outros consumidores que já aderiram estão satisfeitos e, ao mesmo tempo, encontram um conjunto de atividades que dão suporte ao uso dessa nova tecnologia (assistência técnica, acessórios, insumos etc.).

Com isso, o novo produto passa a ser o objeto de consumo de uma grande quantidade de pessoas que vêem importância e justificativa na sua aquisição. As linhas de produção passam a produzir cada vez mais, levando a uma economia de escala que acaba por reduzir paulatinamente o preço final, facilitando a adesão de novos consumidores. Então, a partir de um determinado ponto, esse ciclo virtuoso tende a se estabilizar, pelo menos até que novas tecnologias surjam e realimentem o processo.

Embora nos anos 1980, com o lançamento do IBM-PC, o segmento dos microcomputadores já se apresentasse razoavelmente consolidado, a segunda onda se caracterizaria pela adesão das empresas dos mais variados portes. Elas identificaram usos potenciais para esses equipamentos e, ao mesmo tempo, encontraram um conjunto de atividades suplementares que dão o suporte necessário a esse uso. Ficou claro que, ao comprar um computador ou uma impressora, a empresa também teria facilidade de encontrar disquetes ou para adquirir formulários contínuos, por exemplo.

Com isso, as empresas começaram a adquirir computadores tendo em vista a solução de problemas específicos, tais como agilizar a elaboração de um orçamento, facilitar a confecção de uma proposta comercial ou reduzir o tempo de confecção de um relatório técnico. É importante ressaltar, entretanto, que esse uso potencial nem sempre estava suficientemente claro, sendo que em pouquíssimas situações havia um plano bem definido que justificasse a aquisição de um microcomputador. Mesmo assim, a chegada de um primeiro microcomputador na empresa despertava curiosidade, sendo um importante sinal de prestígio para o departamento onde ele estava instalado e para os seus primeiros usuários.

Uma vez superada — nem sempre facilmente — a fase inicial de aprendizagem, o computador permitia ganhos expressivos de velocidade em determinadas tarefas. Entretanto, também é preciso considerar que a informatização das empresas ocorreu — em diversos casos — sem um planejamento efetivo. Embora cada vez mais departamentos passassem a utilizar editores de textos e planilhas, em diversas situações nem sequer havia uma padronização desses aplicativos básicos. Isso, por vezes, criava empecilhos para que um documento pudesse ser compartilhado entre setores diferentes.

Ao se considerar o uso de aplicativos mais específicos, como um controle de estoque ou contas a pagar e a receber, o problema de compatibilidade se mostrava ainda maior. Em diversos casos, os arquivos gerados nem sempre eram compatíveis com todos os aplicativos utilizados, fazendo com que os dados precisassem ser redigitados para o aproveitamento entre os diferentes sistemas.

Além disso, com o avanço do uso de redes locais ao longo da década de 1990, os problemas de compatibilidade se acentuaram. Com as redes locais, cada vez mais organizações investiram em processos de informatização e passaram a adquirir sistemas para os mais diversos departamentos. Nessa época, especialmente nas empresas de pequeno e médio portes, não havia uma cultura de informatização de processos (que permeiam diversos setores ou departamentos). Geralmente, os **aplicativos mais específicos** eram destinados a agilizar e facilitar a execução de **tarefas específicas** nos departamentos.

De certa forma, isso representava um reflexo do que ocorria em muitas organizações, onde os departamentos trabalhavam isoladamente, como se constituíssem unidades independentes de negócio, embora vinculados à mesma razão social.

Essa falta de uma visão sistêmica representava um custo para as organizações, seja pelo desperdício de recursos, seja pela redundância de atividades. Com isso, a falta de integração entre aplicativos gerava — dentre outros problemas — bases de dados dispersas, sem qualquer segurança adicional e sem que o acesso a eles fosse distribuído, de maneira coerente e organizada, às pessoas e aos departamentos que deles necessitassem.

Em meio a esse problema, as empresas que haviam passado — ou estavam passando — por processos de informatização de setores e departamentos buscavam soluções mais efetivas. Não bastava simplesmente adotar aplicativos isolados que resolvessem problemas pontuais. Algumas empresas começaram a olhar experiências que haviam sido desenvolvidas em ambientes de grande porte nas décadas anteriores, especialmente pelas indústrias de manufatura.

Ao logo dos anos 1960, 1970 e 1980, diversos sistemas foram sendo desenvolvidos e depois integrados, resolvendo problemas que muitas empresas enfrentavam na utilização dos microcomputadores. Assim, é possível que um olhar mais atento às soluções implementadas anteriormente para o ambiente dos computadores de grande porte (*mainframes*) trouxesse uma luz às organizações recém-chegadas à informatização.

No entanto, para compreender a extensão das soluções encontradas será necessário apresentar algumas considerações sobre as áreas de engenharia da produção e operações. Foram nessas áreas que determinados problemas começaram a ser resolvidos com o auxílio de *mainframes*, no início dos anos 1960. Em que pesem as limitações dos equipamentos disponíveis naquela época, sistemas conceitualmente importantes foram desenvolvidos, constituindo a base para o surgimento de uma visão sistêmica na área de informações.

7.3 PLANEJAMENTO DE RECURSOS MATERIAIS E DE MANUFATURA

Conforme mencionado anteriormente, a compreensão de algumas questões fundamentais a essa área será importante como subsídio ao entendimento de como os ERPs foram concebidos. Decisões ou caminhos percorridos, desde o início dos anos 1960, no uso do processamento de dados para a solução de problemas de manufatura geraram reflexos que se manifestam até hoje na concepção e utilização de vários desses sistemas integrados.

Com isso, será importante "abandonar" um pouco a área de sistemas e percorrer um outro universo que envolve o planejamento de demanda, capacidade produtiva, gerenciamento de estoques, lista de materiais e controle da produção.

7.3.1 ALGUMAS CONSIDERAÇÕES SOBRE O ESTOQUE

A manufatura de produtos, mesmo daqueles aparentemente mais simples, pode envolver uma série de questões que precisam ser adequadamente equacionadas. É importante garantir não apenas que o produto final esteja disponível para comercialização no prazo adequado, mas também se certificar de que o investimento realizado seja rentável para a empresa.

É necessário dispor de matérias-primas, componentes e demais itens nas **quantidades corretas**, a um **custo adequado** e no **momento certo**. Manter níveis excessivos de itens em estoque pode ser tão prejudicial à saúde financeira da empresa quanto a falta deles na linha de produção. Assim, a gestão de estoques revela-se de vital importância para a administração da produção.

Além disso, é necessário considerar que uma mesma empresa trabalha com a manufatura de itens diversos, os quais — por vezes — compartilham componentes. A conciliação dessas e de outras questões mostra-se vital para o sucesso da empresa e para a viabilidade de estratégias competitivas empreendidas.

Para compreender a importância estratégica do estoque, é interessante considerar algumas definições que certamente ajudarão num melhor entendimento sobre o tema. Segundo Davis, Aquilano e Chase (2001, p. 469), estoque é definido como sendo "a quantificação de qualquer item ou recurso usado em uma organização".

Complementando, os autores indicam que "um sistema de estoque é um conjunto de políticas e controles que monitora os níveis de estoque e determina (a) quais níveis deveriam ser mantidos, (b) quando o estoque deveria ser reposto e (c) o tamanho dos pedidos".

Por sua vez, Moreira (2004, p. 463) entende por estoque "quaisquer quantidades de bens físicos que sejam conservados, de forma improdutiva, por algum intervalo de tempo; constituem tanto os produtos acabados que aguardam venda ou despacho, como matérias-primas e componentes que aguardam utilização na produção".

Para Corrêa, Gianesi e Caon (2001, p. 49) estoques são "acúmulos de recursos materiais entre fases específicas de processos de transformação". Adicionalmente, os autores consideram que "esses acúmulos, ou estoques, proporcionam independência às fases dos processos de transformação entre as quais se encontram".

Conforme lembra Moreira (op. cit.), o estoque é um investimento que consome parte do capital da empresa. Considerando que a taxa de retorno sobre o investimento é calculada como o quociente dos lucros brutos sobre o capital, quanto maior o estoque menor será o retorno obtido. É claro que o retorno poderá sofrer a influência de uma série de outros fatores.

Em casos mais específicos, a manutenção de estoques elevados permitirá à empresa ampliar os seus ganhos. Empresas que trabalham com *commodities*, por exemplo, podem decidir pela ampliação de seus estoques quando os preços de compra apresentam-se muito favoráveis. É importante considerar, entretanto, que para a grande maioria das empresas, estoques mantidos além de um patamar estratégico podem degradar a taxa de retorno.

Outro indicador básico utilizado para o gerenciamento de estoques é a "rotação de estoques", segundo Moreira (2004). Ele é obtido pelo quociente entre o valor da produção anual e o valor médio empatado em estoques (matérias-primas, material em processo e componentes utilizados na manufatura). Quanto maior esse índice, menor as quantidades médias em estoque, o que resulta — junto com outros fatores — em maiores taxas de retorno sobre o investimento. Quando o valor obtido é igual a 50, por exemplo, isso indica que o estoque "gira" 50 vezes por ano.

Embora os estoques possam, grosso modo, incluir uma diversidade de itens (aqui entendidos como matérias-primas, peças, componentes, montagem ou submontagem, produto manufaturado ou comprado), é possível classificá-los em quatro tipos principais (CORRÊA, GIANESI e CAON, 2001; DAVIS, AQUILANO e CHASE, 2001; MOREIRA, 2004):

- ✓ **Matérias-primas, peças e itens comprados de terceiros:** utilizado para regular as taxas de suprimento, que podem variar de acordo com o fornecedor, demanda maior do que o previsto (ampliando o consumo de matérias-primas e itens diversos), prazo de vencimento, condições de armazenamento (que podem levar à deterioração de produtos ou matérias-primas), dentre outros fatores. O correto gerenciamento de estoque de matérias-primas, peças e itens comprados de terceiros deve levar em consideração não apenas as condições normais de produção (tendo em vista uma demanda preestabelecida), como ocorrências similares àquelas já mencionadas (aumento da demanda, prazos e condições de armazenamento etc.).
- ✓ **Peças e itens fabricados internamente:** o acúmulo de peças e itens fabricados internamente pode ser necessário em função de diferentes taxas de produção entre equipamentos ou processos subseqüentes. Por exemplo, um processo A é lento, demandando algumas horas ou mesmo dias para ser executado. Por outro lado, um processo B (realizado imediatamente após o processo A) é executado rapidamente. Por uma questão econômica, no entanto, o processo B somente pode ser executado para grandes lotes de peças ou itens. Dessa forma, é possível que o processo A seja executado várias vezes, promovendo um acúmulo de peças ou itens, até que um volume mínimo seja estabelecido e o processo B possa ser executado.

  Outra possibilidade é o uso de estoques estratégicos de peças e itens fabricados internamente para casos que envolvam a manutenção de equipamentos utilizados na produção.
- ✓ **Produtos semi-acabados:** similarmente ao verificado no item anterior, um estoque de produtos semi-acabados pode ser necessário tendo em vista diferentes velocidades de execução de processos, para contornar eventuais quebras ou paradas para manutenção preventiva de equipamentos.

  Adicionalmente, é importante considerar que nem sempre é possível às indústrias produzirem apenas sob demanda (por encomenda do cliente). Esse tipo de produção acontece, por exemplo, para os casos de produtos que sejam repassados a um integrador final (como uma montadora de automóveis). Em casos como esse, a empresa (em nível intermediário na cadeia produtiva) produzirá apenas o que foi previamente encomendado pelo integrador final.

  Mesmo nos casos de produção sob demanda, os fornecedores de peças ou produtos semi-acabados podem manter um estoque estratégico para contornar eventualidades (problemas com um fornecedor ou quebra de equipamentos, por exemplo).

- ✓ **Produtos acabados:** conforme já mencionado, nem sempre é possível às indústrias produzirem apenas sob demanda. Em muitos casos, é necessário armazenar produtos acabados para atender a solicitações específicas. Por exemplo, diversos segmentos industriais aceleram a sua produção no segundo semestre de cada ano, estocando produtos acabados para atender aos pedidos de final de ano (Natal).

  Em outros casos, a manutenção de estoques pode ser necessária para responder a demandas irregulares ou abruptas e que nem sempre podem ser atendidas prontamente pela produção.

Como pôde ser visto, os estoques regulam diferenças de fluxos ou taxas de produção entre equipamentos ou processos diferentes. Além disso, são importantes para o correto atendimento de demandas, regulares ou não.

Essas possibilidades devem ser previstas pela produção, buscando planejar eficazmente essas reservas (matérias-primas, itens diversos, produtos semi-acabados ou acabados), evitando prejuízos como a paralisação de linhas de produção ou a falta de produtos para atender a encomendas já realizadas. Por outro lado, é fundamental considerar as questões financeiras envolvidas no estabelecimento de estoques estratégicos e/ou reguladores, evitando o acúmulo de custos para a empresa.

Complementando, para um melhor entendimento das questões relativas ao gerenciamento de estoques, é necessário considerar os dois tipos básicos de demanda:

- ✓ **Demanda dependente:** representa a demanda de matérias-primas e itens necessários à confecção de um produto — final (produto acabado). Durante o processo de fabricação de um único automóvel, por exemplo, serão necessários cinco pneus (incluindo o estepe). Dessa forma, se uma montadora resolver produzir 5.000 veículos, serão necessários 25.000 pneus. Conseqüentemente, serão necessárias 25.000 rodas. Com isso, ao se decidir pela produção de uma certa quantidade de um produto acabado, gera-se uma demanda dependente para itens e matérias-primas que o compõem.
- ✓ **Demanda independente:** esse tipo de situação é verificada quando a demanda por um produto é resultado das ações que afetam um segmento como um todo (advindas do "mercado consumidor"). Em geral, esse tipo de demanda

ocorre com produtos finais e peças de reposição. É possível a uma empresa estimular essa demanda, investindo em promoção e marketing ou reduzindo preços ou condições de compra, por exemplo. Mesmo assim, a demanda dependerá das ações de outros concorrentes e da resposta dos consumidores.

É possível estabelecer uma discussão conceitual sobre a relação das demandas independente e dependente, uma vez que a demanda dependente por itens e matérias-primas está, ao menos de certa forma, condicionada à demanda independente pelo produto final.

Por outro lado, é importante ressaltar a existência de indústrias que trabalham para a produção de estoques (como a automobilística, de alimentos, eletrodomésticos) ou sob encomenda (fabricação de equipamentos industriais de grande porte, aparelhos hospitalares de alto custo, aviões e embarcações, por exemplo).

Para resolver questões relacionadas ao gerenciamento de estoques, controle de materiais e, posteriormente, necessidades da manufatura, a partir dos anos 1960, a indústria passou a contar com alguns sistemas que progressivamente foram agregando funções, passando a subsidiar processos completos. Esses sistemas, mencionados no Quadro 7.1 e detalhados nos próximos tópicos, serviram de base ao desenvolvimento do ERP. Será possível verificar que o grau de aplicação dos sistemas na gestão de materiais e da produção foi crescendo significativamente ao longo das décadas de 1960, 1970 e 1980. Isso ocorreu não apenas no que se refere às funções disponíveis à medida que novos sistemas foram lançados, mas também no que tange à abrangência e integração das soluções oferecidas.

Quadro 7.1 Relação dos principais sistemas que serviram de base ao desenvolvimento do Enterprise Resource Planning (ERP).

Sistema		Época de lançamento
BOMP	Bill of Material Processor	Início da década de 1960
PICS	Production Information and Control System	Final dos anos 1960
MRP	Material Requirements Planning	Início da década de 1970
COPICS	Communications Oriented Production Information and Control System	Meados da década de 1970
MRP II	Manufacturing Resource Planning	Início dos anos 1980

Para os tópicos relativos aos sistemas que antecederam ao surgimento do ERP, será mostrada uma linha de tempo (Quadros 7.2, 7.3, 7.4, 7.5, 7.6 e 7.8), a fim de fornecer uma perspectiva da sua evolução histórica.

7.3.2 BOMP — BILL OF MATERIAL PROCESSOR

No gerenciamento do estoque de materiais, busca-se uma situação ideal em que exista uma quantidade adequada de componentes e demais itens necessários à manufatura, sem que esse investimento consuma o capital da empresa além do necessário.

Essa situação ideal (ou ponto de equilíbrio) pode sofrer a influência de uma série de fatores. Por exemplo, a variação de preços pode afetar as quantidades consideradas economicamente viáveis para o armazenamento de itens e matérias-primas. Isso inclui mercadorias importadas que sofram com a variação da cotação em regime de câmbio flutuante. Ocorrências desse tipo tendem a ser constantes, ampliando as dificuldades do gerenciamento de estoques.

Essas questões tornam-se cada vez mais complexas quanto maior a quantidade de itens considerados na produção, o que torna o gerenciamento de materiais fundamental não apenas para o bom funcionamento da linha de produção como também para a saúde financeira da empresa.

Mesmo produtos aparentemente simples, como uma caneta esferográfica ou uma lapiseira, podem necessitar de uma lista de materiais razoavelmente extensa. A ausência de apenas um deles pode prejudicar a finalização do produto e, conseqüentemente, sua comercialização. A Figura 7.1a apresenta, a título de exemplo, a estrutura simplificada de produtos necessários à produção de uma caneta esferográfica. Essa forma de representação também é chamada de árvore de produto.

Embora representações gráficas possam ser interessantes para uma série de propósitos, nem sempre são adequadas a todas as necessidades da produção. Por vezes, é necessária apenas uma Lista de Materiais (Bill of Materials), para relacionar de

Quadro 7.2 Posição do BOMP na linha de tempo dos sistemas que levaram ao surgimento do ERP.

maneira mais simples os componentes utilizados na confecção de um determinado produto. Essa lista representa a estrutura de produto, contendo uma relação de itens utilizados na sua fabricação e/ou montagem, indicando também as quantidades necessárias (Figura 7.1b). Outra forma de montagem da lista de materiais é por forma indentada (Lista Indentada de Materiais ou Indented Bill of Materials). Essa representação, disponível na Figura 7.1c, permite ter uma idéia da estrutura de produtos (CORRÊA, GIANESI e CAON, 2001).

As empresas de manufatura utilizam a lista de materiais para indicar as quantidades necessárias e também gerenciar a ordem de precedência entre diversos itens e peças. Retomando o exemplo da montagem de um automóvel, as rodas somente podem ser fixadas quando os eixos e demais itens que compõem o conjunto transmissão-suspensão estiverem prontos. Da mesma forma, de nada adiante fixar as rodas em um carro que sequer passou pelo processo de pintura.

Esse constante "embate" entre as quantidades disponíveis e as quantidades necessárias dos diversos itens utilizados na montagem de um produto final começou a merecer um novo tratamento, quando as grandes indústrias passaram a adquirir computadores de grande porte (*mainframes*) no início dos anos 1960. Os profissionais envolvidos com a área de produção e operações perceberam que esses equipa-

Figura 7.1a Exemplo de árvore de produto para uma caneta esferográfica.

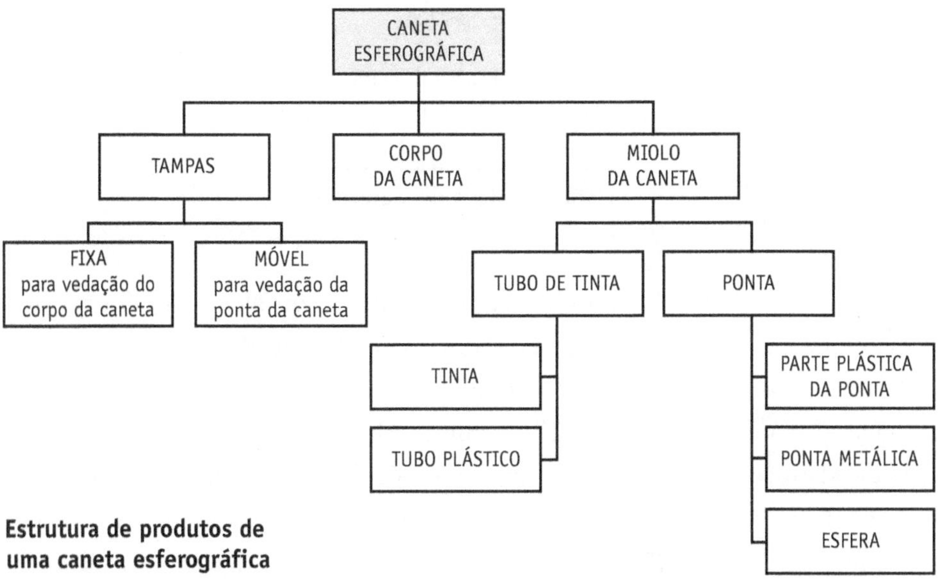

Figura 7.1b Exemplo de lista de materiais para uma caneta esferográfica.

Caneta Esferográfica

1 Tampa fixa
1 Tampa móvel
1 Corpo da caneta
1 Tubo plástico (para tinta)
1 Tinta
1 Parte plástica da ponta
1 Ponta metálica
1 Esfera

Lista de materiais

Figura 7.1c Exemplo de lista indentada de materiais para uma caneta esferográfica.

Caneta Esferográfica

.2Tampas
..1Tampa fixa
..1Tampa móvel

.1Corpo da caneta

.1Miolo da caneta
..1Tubo de tinta
...1Tinta
...1Tubo de plástico
..1Ponta
...1Parte plástica da ponta
...1Ponta metálica
...1Esfera

Lista indentada de materiais

mentos poderiam ser utilizados no equacionamento de problemas ligados ao gerenciamento de materiais, facilitando a elaboração da Lista de Materiais.

Pensando nas questões de gerenciamento de materiais, a IBM passou a oferecer, no início dos anos 1960, o BOMP — Bill of Material Processor (Processador de Lista de Materiais). O BOMP constituiu um dos primeiros esforços para o planejamento de necessidades de materiais aplicados à manufatura industrial (RICCIO, 2001; BOLSETH & SAGEGG, 2001). Esse sistema procurava facilitar a elaboração da Lista de Materiais (Bill of Materials — BOM) com a relação de itens necessários à manufatura de um determinado produto.

O BOMP da IBM partia de uma quantidade do produto acabado e calculava, de maneira automática e, a partir da estrutura do produto, as necessidades de cada peça. Dessa forma, podia ser utilizado na manufatura de qualquer produto que pudesse ter sua estrutura de materiais representada de maneira hierárquica.

7.3.3 PICS — PRODUCTION INFORMATION AND CONTROL SYSTEM

No final da década de 1960, a IBM lançava o PICS — Production Information and Control System (Sistema de Informações e Controle de Produção). Esse sistema representava um avanço sobre o BOMP, pois considerava informações sobre custos, facilitando o cálculo de valores de produtos ou operações (RICCIO, 2001).

Algumas informações apresentadas por Riccio merecem destaque:

- ✓ O PICS era dividido em módulos referentes a áreas específicas ou partes de um processo, possuindo banco de dados centralizado. Com isso, procurava atuar de maneira integrada nas diversas áreas ou processos, conceito esse que evoluiria nos anos posteriores.
- ✓ Devido a essa característica modular, a empresa podia decidir quais módulos adquirir ou por onde iniciar sua implantação.
- ✓ Dentro das possibilidades, o PICS permitia adaptações para facilitar a interface com outros programas que o cliente utilizasse.
- ✓ Apesar do PICS envolver diversas áreas, não possuía módulos para finanças, contabilidade, RH, área fiscal, e outras.
- ✓ O módulo Requirements Planning (Planejamento de Necessidades) na prática, constituía um MRP (Material Requirements Planning). Posteriormente, o Requirements Planning foi lançado como um novo produto (utilizando o nome de MRP).

Quadro 7.3 Posição do PICS na linha de tempo dos sistemas que levaram ao surgimento do ERP.

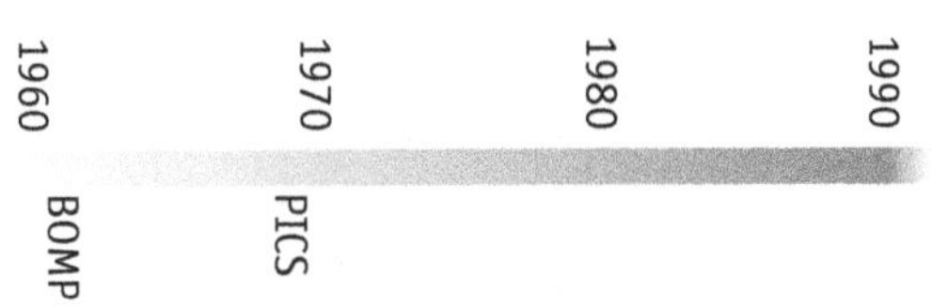

7.3.4 MRP — MATERIAL REQUIREMENTS PLANNING

No início da década de 1970, o conceito de MRP (Material Requirements Planning ou Planejamento das Necessidades Materiais) popularizou-se e os primeiros sistemas desse tipo foram instalados (RICCIO, 2001). É necessário considerar, entretanto, que o conceito relacionado a planejamento não constituía necessariamente uma novidade nessa época, estando afeito à necessidade de controle de estoques em processos industriais há vários anos.

Apesar disso, as facilidades propiciadas pela informatização dos procedimentos relacionados à área de materiais constituía um avanço significativo na resolução de problemas, muitas vezes, complexos. Para melhor compreender os avanços obtidos, algumas questões relacionadas à área de produção devem ser consideradas.

Conforme menciona Corrêa, Gianesi e Caon (2001), os sistemas de administração da produção devem permitir a tomada de decisões tais como:

- ✓ planejar as necessidades futuras da capacidade produtiva;
- ✓ planejar a compra de materiais;
- ✓ planejar níveis adequados de estoque;
- ✓ ser capaz de reagir eficazmente.

Como já foi visto, um processo de produção pode ser bastante diversificado e complexo. Atualmente, é cada vez menos freqüente a produção verticalizada, na qual uma indústria fabrica a maior parte dos itens necessários à elaboração de um produto final. Muitas indústrias encomendam itens e componentes de fornecedores previamente contratados (que atendem a especificações exclusivas) ou adquirem materiais, peças e componentes padronizados e disponíveis de diversos fornecedores. Dessa forma, a estrutura apresentada anteriormente nas Figuras 7.1a, 7.1b e 7.1c pode ser

Quadro 7.4 Posição do MRP na linha de tempo dos sistemas que levaram ao surgimento do ERP.

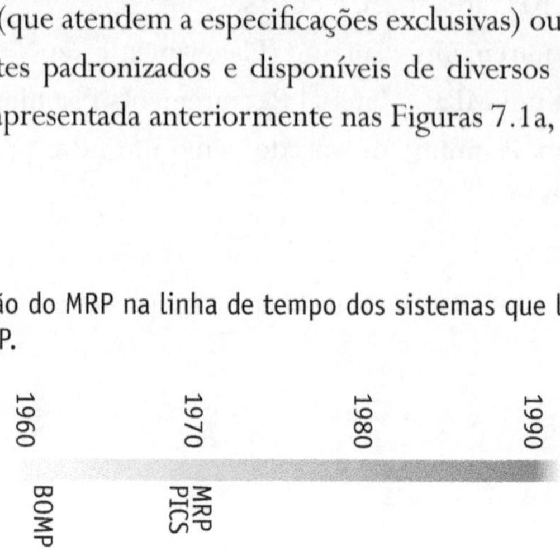

bastante complexa para determinados produtos, envolvendo diferentes processos ou fornecedores.

Ainda, é importante considerar que alguns produtos são tradicionalmente oferecidos com uma grande quantidade de opcionais. Esse é o caso dos automóveis, em que um determinado modelo pode ser oferecido em diferentes configurações.

Para os casos em que um produto possui diversas opções de itens complementares, são verificadas grandes quantidades de combinações. Nesses casos, não é viável manter uma Lista de Materiais para cada combinação possível (ou cada configuração oferecida). O usual é organizar a produção em módulos, nos quais as variantes são opções a serem escolhidas pelo cliente (OLIVEIRA, 1999). A Figura 7.2 mostra, esquematicamente e de maneira bastante simplificada, essa situação aplicada ao contexto da indústria automobilística.

Em busca de uma maior otimização das linhas de produção, freqüentemente determinados itens são utilizados em diferentes linhas ou famílias, como é o caso do motor e do conjunto de transmissão de automóveis. Nesse caso, o mesmo conjunto básico pode servir tanto a uma linha de carros esportivos compactos quanto a uma de carros médios. É claro que alguns itens específicos podem ser acrescentados a

Figura 7.2 Exemplo simplificado da modularização da estrutura de produto de um automóvel. Um mesmo modelo básico pode ser oferecido com diferentes opções. Com isso, parte dos itens são comuns, enquanto outros são específicos.

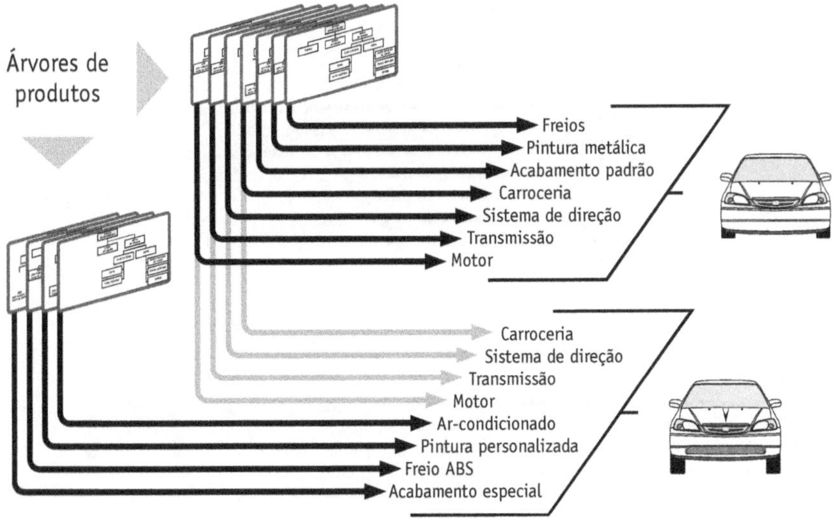

uma ou outra linha, buscando ampliar o desempenho ou promover maior economia. Uma possibilidade que pode ser considerada é que essa diferença ocorra apenas no *software* que controla a injeção eletrônica do motor. Dessa forma, é possível alterar o desempenho de um veículo, fazendo com que o motor tenha respostas mais rápidas ou seja mais econômico. Essas variações ocorrem sobre uma mesma base comum, ampliando a escala de produção e reduzindo custos.

A Figura 7.3 mostra um exemplo de veículos diferentes que podem utilizar o mesmo conjunto de motor, transmissão e freios. Isso reduz o tempo e o custo de desenvolvimento de novos produtos e promove uma economia de escala, uma vez que alguns custos de produção tendem a cair proporcionalmente ao aumento da quantidade produzida. Soluções desse tipo podem ser encontradas em outros segmentos.

A partir das considerações anteriores, é possível verificar o quão complexa pode ser a manufatura de determinados produtos e, conseqüentemente, o gerenciamento de materiais e estoques associados a cada modelo produzido.

O lançamento do MRP veio ao encontro de uma necessidade das grandes indústrias que promoviam a diversificação de sua linha de produtos no final dos anos 1960 e início dos anos 1970. Esse sistema possibilita um melhor gerenciamento de estoques, propiciando a compra apenas das quantidades necessárias e no momento

Figura 7.3 Produtos diferentes podem compartilhar módulos específicos. No exemplo, veículos diferentes são fabricados com os mesmos tipos de freio, transmissão e motor.

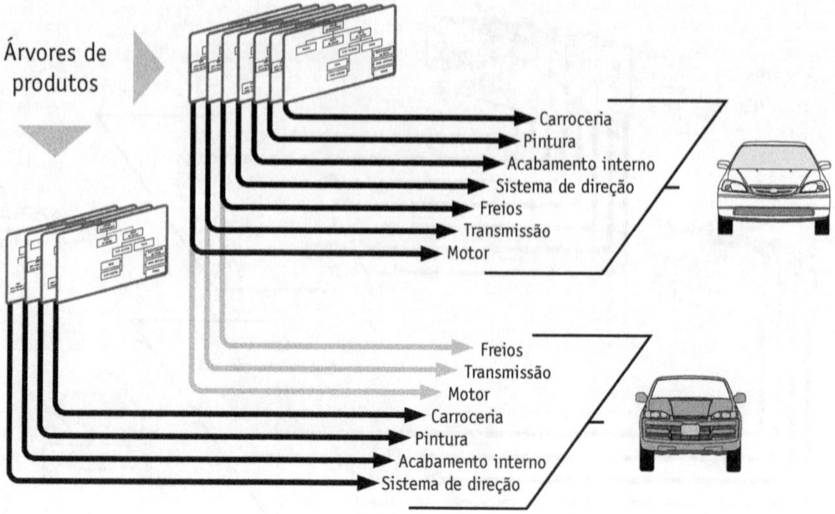

necessário, reduzindo estoques e promovendo "encontros marcados" entre componentes de um mesmo nível nas operações de montagem ou fabricação (CORRÊA, GIANESI e CAON, 2001).

7.3.5 COPICS — COMMUNICATIONS ORIENTED PRODUCTION INFORMATION AND CONTROL SYSTEM

O COPICS (Communications Oriented Production Information and Control System), ou Sistema de Informação e Controle da Produção Orientado para Comunicações, foi lançado pela IBM em meados da década de 1970 e utilizava o conceito de sistema modular.

Ele possuía 12 módulos que trabalhavam de maneira integrada, utilizando a mesma base de dados (Figura 7.4), ampliando o escopo do PICS, do qual era uma evolução. Assim como o PICS, o COPICS não possuía módulos de finanças, contabilidade, recursos humanos, área fiscal, e outros (RICCIO, 2001).

Quadro 7.5 Posição do COPICS na linha de tempo dos sistemas que levaram ao surgimento do ERP.

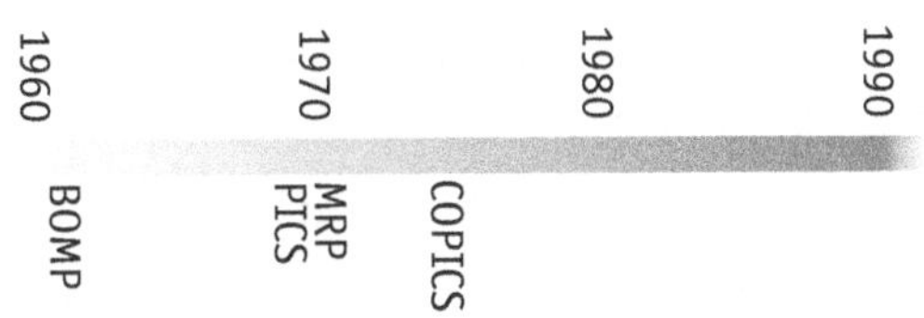

Figura 7.4 Módulos do COPICS (baseado em RICCIO, 2001).

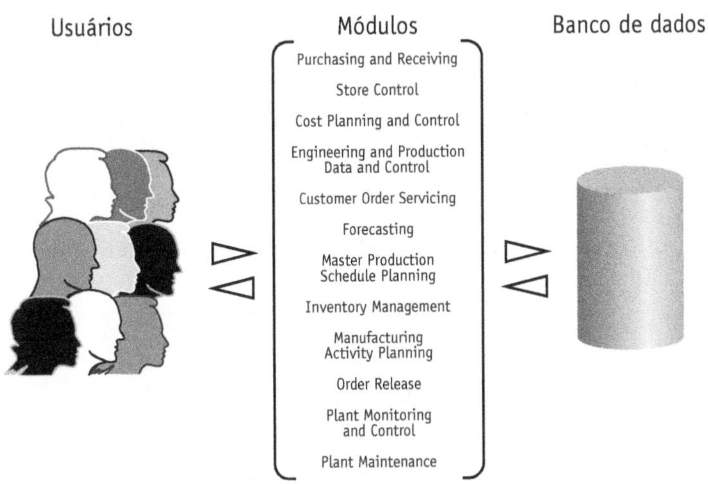

Além disso, o COPICS já possuía as funções de um MRP, distribuídas em diversos módulos. Por sua vez, o MAPICS (Manufacturing Accounting and Production Information Control System), uma evolução do COPICS da IBM, já incluía funções de um MRP II (WATERS, 1991; RICCIO, 2001), conforme explicado a seguir.

7.3.6 MRP II — MANUFACTURING RESOURCE PLANNING

Embora o planejamento de recursos materiais seja uma necessidade fundamental para qualquer indústria, não representa o único conjunto a ser considerado no processo de manufatura.

É certo considerar que a falta de um item da estrutura de produtos pode inviabilizar a produção dentro do prazo preestabelecido. Da mesma forma, é importante também levar em conta a necessidade de outros recursos, como a capacidade de equipamentos ou a disponibilidade de mão-de-obra.

A verificação das necessidades de manufatura, detectando com antecedência eventuais problemas de capacidade, permite à empresa planejar o uso racional dos recursos existentes. Em alguns casos, para atender a uma nova demanda, algumas alterações na linha de produção podem ser efetuadas, otimizando a capacidade disponível. Além disso, é possível promover alterações nos turnos de trabalho, incluindo a contratação de mão-de-obra temporária para ampliar a capacidade produtiva.

Essa inclusão do cálculo de necessidades nos sistemas MRP fez surgir um novo sistema, que calcula as quantidades de materiais utilizados e outros recursos necessários ao processo de manufatura, principalmente o tempo necessário para a realização de cada operação, facilitando a elaboração da programação e seqüenciamento da produção. No início dos anos 1980, surgia o MRP II, com uma pequena — porém importante — alteração no significado da sigla. Enquanto o MRP refere-se à Material Requirements Planning (Planejamento de Necessidades Materiais), o MRP II representa o Manufacturing Resource Planning ou Planejamento de Recursos de Manufatura (WATERS, 1991; CORRÊA, GIANESI e CAON, 2001; RICCIO, 2001).

Quadro 7.6 Posição do MRP II na linha de tempo dos sistemas que levaram ao surgimento do ERP.

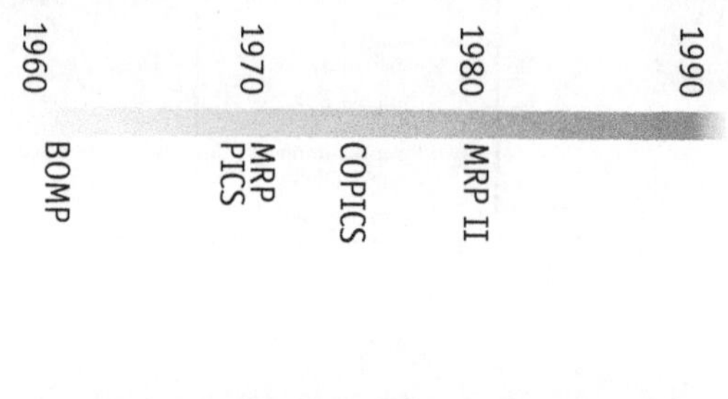

Os primeiros sistemas MRP II surgem como uma evolução natural do MRP, agregando funcionalidades diversas. Uma das iniciativas, por exemplo, foi a ampliação do COPICS que passou a constituir o MAPICS — Manufacturing Accounting and Production Information Control System, incluindo o conceito de MRP II (WATERS, 1991; JOHNSTON, 1998). Havia também o sentimento da necessidade de integrar e sincronizar todas as áreas da empresa, o que passou a ser denominado de MBC — Management By Collaboration ou Gestão pela Colaboração (RICCIO, 2001).

É importante ressaltar que os sistemas oferecidos pela IBM (como o COPICS e o MAPICS) não constituíam a única opção para o planejamento de materiais ou da manufatura. Na Europa, no final dos anos 1970, a empresa alemã SAP lançava o sistema integrado R/2, com módulos dedicados à contabilidade financeira, custos, projetos, recursos humanos, manutenção, controle de qualidade, gerência de materiais, planejamento de produção e vendas e distribuição. Riccio (2001) citando Keller (1999) destaca também a existência de sistemas tais como o BPCS da SSA e o MM II da HP, no final dos anos 1980.

Quadro 7.7 MRPII: Módulos constituintes.

Usualmente, um MRP II é constituído pelos seguintes módulos, que operam de maneira integrada:

- ✓ **MPS — Master Production Scheduling (Programação Mestre de Produção):** recebe os *inputs* do módulo de **Pedidos** e permite organizar a produção indicando o que será produzido, em que quantidade e em que período. Fornece *outputs* ao módulo de **Pedidos**, indicando a situação da produção atual, informando a previsão de atendimento de novas encomendas.
- ✓ **RCCP — Rough-Cut Capacity (Planejamento de Capacidade de Médio Prazo):** faz uma verificação preliminar das capacidades necessárias para atender a novos pedidos. Fornece subsídios à elaboração da **Programação Mestre de Produção (MPS).**
- ✓ **MRP — Material Requirements Planning (Planejamento de Necessidades Materiais):** verifica a disponibilidade de matérias-primas, peças e componentes necessários à produção prevista pela **Programação Mestre de Produção (MPS).**
- ✓ **CRP — Capacity Requirements Planning (Planejamento de Capacidade de Curto Prazo):** verifica os recursos necessários, no curto prazo, para atender à **Programação Mestre de Produção (MPS).**

7.4 ERP — ENTERPRISE RESOURCE PLANNING

Conforme pôde ser visto em tópicos anteriores, a idéia de contar com um sistema integrado que facilitasse o processamento de dados em grandes indústrias surgiu no final da década de 1960, evoluindo nas décadas de 1970 e 1980.

Segundo Mabert, Soni e Venkataramanan (2001), o termo ERP — Enterprise Resource Planning, foi cunhado pelo Gartner Group, no início dos anos 1990, para designar sistemas que ampliavam as capacidades dos sistemas MRP II. Nessa época, o Gartner Group estipulou que os sistemas ERP deveriam incluir módulos de contabilidade, finanças, vendas e distribuição, recursos humanos, gerenciamento de materiais, dentre outros, todos eles trabalhando de maneira integrada.

Atualmente, o uso do termo ERP (Enterprise Resource Planning) e outros associados, como Planejamento de Recursos Empresariais e Sistemas Integrados de Gestão, é bastante difundido em ambientes empresariais, sendo interessante verificar a opinião ou definição de alguns autores sobre esses sistemas integrados. Nas transcrições apresentadas a seguir, foram destacados alguns termos que contribuem para o entendimento dos sistemas do tipo ERP.

Para O'Brien (2004, p. 208), "o planejamento de recursos empresariais (ERP) é um **sistema interfuncional** que atua como uma estrutura **para integrar e automatizar muitos dos processos de negócios** que devem ser realizados pelas funções de produção, logística, distribuição, contabilidade, finanças e de recursos humanos de uma empresa". Prosseguindo, ele complementa "o programa ERP é uma **família de módulos de software** que apóia as atividades da empresa envolvidas nesses processos vitais internos".

Segundo Laudon e Laudon (2001, p. 16) "o planejamento de recursos da empresa (ERP — Enterprise Resource Planning) é **um sistema gerencial que integra todas as facetas da empresa**, inclusive planejamento, produção, vendas, e finanças, de forma que elas podem ser coordenadas mais de perto compartilhando a informação".

Quadro 7.8 Linha do Tempo desde o BOMP até o ERP.

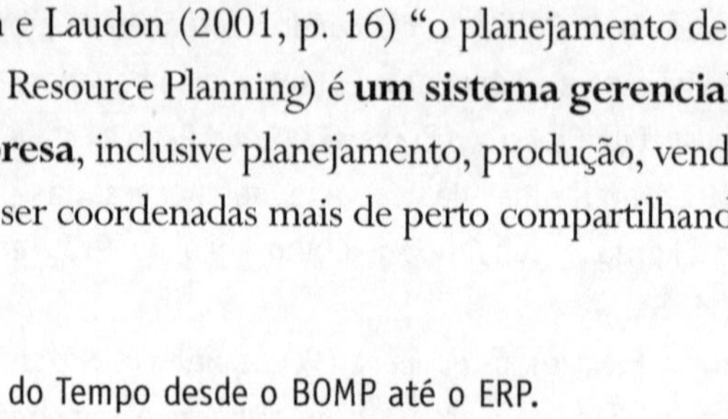

Turban, Rainer Jr. e Potter (2003, p. 13) destacam que o ERP "concentra-se em coordenar todos os recursos materiais, de produção e de economia global existentes dentro de uma empresa, geralmente **vinculando todas as áreas funcionais que contribuem de alguma maneira para a produção de determinado produto**". Além disso, segundo eles, os sistemas integrados de gestão são "**sistemas de informação muito sofisticados**, que abrangem todos os segmentos organizacionais e podem até englobar organizações aliadas, como os principais fornecedores".

Stair e Reynolds (2006, p. 138) comentam que o ERP "é um **conjunto de programas integrados** que **gerenciam as operações vitais de negócios de uma companhia**". Prosseguindo, os autores consideram que "a chave do ERP é o **monitoramento em tempo real** das funções comerciais, o que permite a análise eficiente de questões cruciais, como qualidade, disponibilidade, satisfação do cliente, desempenho e rentabilidade" (Ibidem, p. 352).

Uma constante nas diversas definições encontradas é a **abrangência** e a **integração** desse tipo de sistema. Por exemplo, O'Brien (2004) fala em "sistema interfuncional" utilizado para "para integrar e automatizar muitos dos processos de negócios". Stair e Reynolds (op. cit.) abordam um "conjunto de programas integrados". Laudon e Laudon (2001) citam "um sistema gerencial que integra todas as facetas da empresa". Por sua vez, Turban, Rainer Jr. e Potter (op. cit.) afirmam que os ERPs vinculam todas as áreas funcionais.

A partir dessas opiniões, é possível sintetizar algumas propriedades dos ERPs, além de apresentar outras considerações que ajudem a melhor caracterizar os Sistemas Integrados de Gestão:

- ✓ **Sistema modular abrangente:** os ERPs são compostos por módulos diversos, que atendem a diversas necessidades da empresa. Um Sistema Integrado de Gestão (ERP) pode incluir um grande número de módulos, cada um voltado para uma área ou processo específico, permitindo sua utilização por empresas dos mais variados segmentos. Dessa forma, uma empresa pode escolher quais módulos implantar e em qual velocidade isso será feito, facilitando seu planejamento.
- ✓ **Automatizam processos e funções:** cada módulo pode ser dedicado a uma função ou tarefa específica (compras, por exemplo), ou voltado a todo um processo (MRP II, por exemplo, que constitui um módulo de

ERPs utilizados em indústrias). Dependendo dos módulos instalados, um ERP pode permear diversas áreas da empresa, contemplando processos completos.

- ✓ **Uso de banco de dados único:** uma das principais características dos Sistemas Integrados de Gestão é o uso de um mesmo banco de dados pelos diversos módulos disponíveis. Isso facilita não apenas a integração dos módulos, mas também permite a rápida elaboração de relatórios para uso tático ou mesmo estratégico. Nesses casos, embora os dados tenham sido gerados de áreas e departamentos diversos, o fato de eles estarem armazenados em um mesmo banco de dados facilita sua recuperação e utilização. Além disso, o uso de um banco de dados único facilita a formulação e implementação de políticas de segurança, otimização do desempenho, desenvolvimento de estratégias para casos de imprevistos, dentre outras possibilidades.
- ✓ **Sistema Integrado:** os diversos módulos de um ERP trabalham de maneira integrada, trocando dados sem a necessidade de complementos específicos que promovam essa migração. Essa característica é facilitada pelo uso de um banco de dados único, uma vez que todos os módulos trabalham com um mesmo repositório.
- ✓ **Uso de boas práticas:** geralmente, um ERP é desenvolvido considerando a adoção de boas práticas de gestão. Adicionalmente, ERPs utilizados em uma gama muito grande de empresas, dos mais variados segmentos, são atualizados com maior constância, levando os produtores a reverem e aperfeiçoarem os processos utilizados. Isso é um ponto muito favorável às empresas que necessitem promover um "choque de gestão", modernizando seus processos. Nesses casos, as empresas recorrem à implantação de ERPs, que funcionam como catalisadores em planos de modernização.

  É possível encontrar em textos o uso da expressão **melhores práticas** associadas ao uso de ERPs. Considere-se, todavia, que as **melhores práticas** podem, na verdade, constituir apenas **práticas mais comuns**. É claro que uma prática muito utilizada pode indicar que ela atingiu um elevado grau de amadurecimento e eficiência, mas isso não significa que ela seja, necessariamente, a melhor. Além disso, a melhor prática para um segmento de atividade pode não ser adequada a outro. Sendo assim, nesse contexto, recomenda-se o uso das expressões "**boas práticas**" ou "**práticas mais comuns**" em lugar de "**melhores práticas**".

É importante notar que, apesar de uma disposição progressiva ao uso de sistemas modulares integrados, tendência essa já verificada desde o final dos anos 1960 e início dos anos 1970, isso ocorria quase que exclusivamente em empresas que utilizavam computadores de grande porte (*mainframes*). Nesse período, era razoavelmente comum uma organização adquirir um *mainframe* e sistemas (*softwares*) de um mesmo fabricante, o que facilitava a integração final.

7.5 A ESTRUTURA BÁSICA DE UM ERP

Atualmente, os sistemas do tipo ERP são utilizados por empresas dos mais diversos segmentos e tamanhos. É importante lembrar que, conforme discutido anteriormente, a sua origem está relacionada à área industrial, especialmente organizações de grande porte ligadas à manufatura de produtos.

Dessa forma, tem-se como questão básica para a compreensão do funcionamento de um ERP o conhecimento de sua estrutura modular para a área de manufatura industrial. Isso ajudará a compreender por que alguns sistemas, originalmente desenvolvidos para a área de produção, podem apresentar dificuldades quando utilizados em outros segmentos.

Como ponto de partida, o Quadro 7.9 e a Figura 7.5 apresenta os módulos básicos de um ERP para uma indústria de manufatura, contemplando três grandes áreas ou blocos: comercial, produção e administrativo. Cada um deles inclui os respectivos módulos, detalhados a seguir:

✓ **Comercial:** essa área é a responsável pela previsão de demanda, recepção de pedidos, estoque de produtos acabados (prontos para comercialização), expedição, faturamento e logística externa. Decide a produção de uma determinada quantidade, seja para atender a uma demanda específica, seja para suprir o estoque de produtos acabados para comercialização futura. Essa área é composta pelos seguintes módulos:

- **Previsão de demanda** — permite o cadastro e manutenção das previsões de vendas para cada filial e/ou produto, considerando diferentes períodos (incluindo demandas sazonais).
  É de fundamental importância para a empresa tendo em vista que deve buscar o melhor aproveitamento da capacidade produtiva com o menor custo possível.

Quadro 7.9 Módulos básicos de um sistema ERP para uma indústria de manufatura.

COMERCIAL	Produção	ADMINISTRATIVO
Previsão de demanda	Planejamento agregado	Contas a receber
Pedidos	MRP II Manufacturing Resources Planning	Contas a pagar
Estoque de produtos	MPS Master Production Scheduling	Contabilidade
Expedição	RCCP Rough-Cut Capacity	Finanças
Faturamento	MRP Material Requirements Planning	Folha de pagamento
Logística externa	CRP Capacity Requirements Planning	
	Controle da produção	
	Ordens de produção em execução	
	Estoque de materiais	
	Compras	
	Controle de qualidade	
	Custos	

O módulo de **Previsão de demanda** oferece *inputs* para o módulo de **Planejamento agregado,** que busca otimizar a capacidade instalada em face da demanda prevista. Da mesma forma, o módulo de **Previsão de demanda** recebe dados e informações do módulo de **Planejamento agregado**, possibilitando planejar uma demanda dentro da realidade da empresa (sua capacidade instalada e possibilidades de expansão, incluindo prazos e investimentos necessários).

- **Pedidos** — abrange cadastro e manutenção de pedidos, controle de preços, autorização do faturamento, cadastro de datas de entrega. Pode incluir análise e liberação de crédito e parcelamento de pagamentos.

  Fornece dados e informações para o **Plano mestre de produção**, que indica o que será produzido, em que quantidade e período. Da mesma forma, o **Plano mestre de produção** fornece ao módulo de **Pedidos** o *status* atual da produção, indicando o prazo de atendimento de novos pedidos.

Figura 7.5 Modularização básica de um sistema ERP.

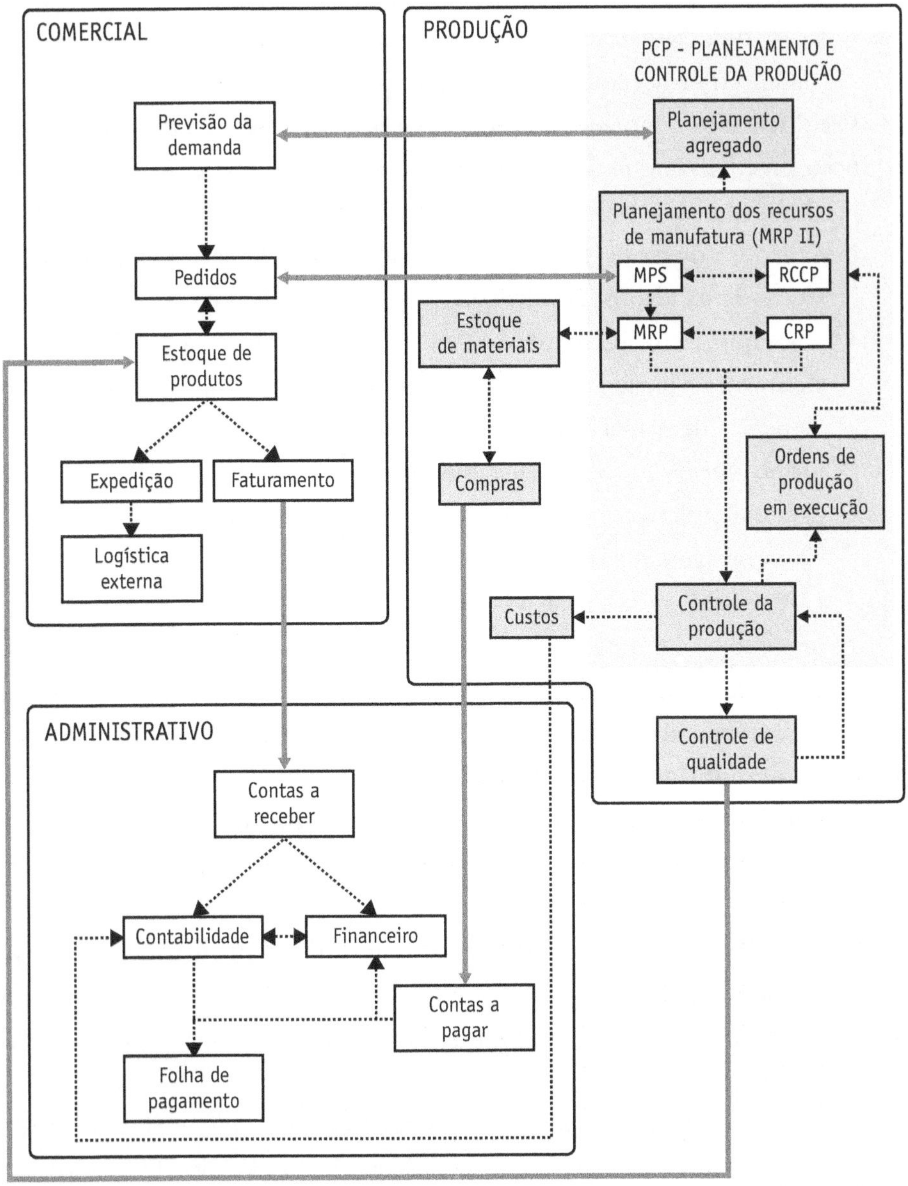

- **Estoque de produtos** — engloba o estoque de produtos acabados, incluindo anotações daqueles reservados para clientes específicos e a possibilidade de realização de inventário.
- **Expedição** — indica a remessa de produtos ao cliente, incluindo controles por lote, produto, data, cliente e transportadora.

- **Faturamento** — realiza a emissão e o cancelamento de notas fiscais. Pode incluir estatísticas e históricos de vendas para controles táticos e estratégicos.
- **Logística externa** — faz o acompanhamento de remessas efetuadas, incluindo transportadoras, rotas e previsão de chegada.

✓ **Produção:** basicamente, a produção pode ser ativada em dois casos específicos: atender a um pedido efetuado por um cliente ou suprir o estoque com produtos que serão vendidos posteriormente. Ela toma como base o **Planejamento e controle da produção**, que planeja e controla a fabricação de produtos demandados, envolvendo os seguintes módulos:

- **Planejamento agregado** — recebe *inputs* do módulo de **Previsão de demanda** e facilita a organização da capacidade produtiva disponível para atender à demanda esperada. É um módulo mais tático, ficando no meio termo entre as estratégias necessárias para manter ou ampliar a capacidade para o atendimento da demanda prevista e a parte operacional da produção propriamente dita.

  Esse módulo indica à **Previsão de demanda** qual a capacidade de atendimento da empresa (incluindo possíveis ganhos advindos de modificações de *layout* da área produtiva, alterações em processos, alocação de mão-de-obra temporária, aquisições de equipamentos etc.). Com isso, a **Previsão de demanda** pode ser efetuada dentro de um cenário realista.
- **MRP II Manufacturing Resources Planning (Planejamento de Recursos de Manufatura)** — pode ser considerado um supermódulo que congrega os seguintes módulos:

  a. MPS — Master Production Scheduling (Programação Mestre de Produção) — recebe os *inputs* do módulo de **Pedidos** e permite organizar a produção indicando o que será produzido, em que quantidade e período.

  Fornece subsídios ao módulo de **Pedidos**, indicando a situação atual da produção (via *inputs* recebidos pelo **MRP II** do módulo **Ordens de produção em execução**) e informando a previsão de atendimento de novas encomendas. Recebe *inputs* do **Planejamento de Capacidade de Médio Prazo (RCCP).**

  b. RCCP — Rough-Cut Capacity (Planejamento de Capacidade de Médio Prazo) — verifica preliminarmente as capacidades necessárias para atender a novos pedidos. Essa avaliação é preliminar e visa subsidiar a elaboração da **Programação mestre de produção (MPS)**. Caso o **RCCP** indique a inviabilidade da produção dos pedidos efetuados, o **Planejamento das Necessidades Materiais** sequer é efetuado. Nesse caso, os prazos de entrega dos pedidos em análise podem ser renegociados. Outras possibilidades, como a subcontratação de parte da produção, podem ser consideradas, dependendo da indústria e dos produtos que ela manufatura.

c. **MRP — Material Requirements Planning (Planejamento de Necessidades Materiais)** — verifica a disponibilidade de itens em estoque necessários à produção prevista pela **Programação Mestre de Produção — MPS**.

Adicionalmente, é importante considerar que parte desses itens podem estar reservados para os pedidos em processamento. Caso seja necessário, o setor de **Compras** deverá ser acionado, com a indicação das quantidades necessárias para atender aos novos pedidos. Trabalha associado com o módulo de **Planejamento de Capacidade de Curto Prazo (CRP)**.

d. **CRP — Capacity Requirements Planning (Planejamento de Capacidade de Curto Prazo)** — verifica os recursos necessários, no curto prazo, para atender a **Programação Mestre de Produção (MPS)**.

- **Controle da produção** — indica as quantidades produzidas (homens/hora e horas/máquina), informa as paradas (causa, soluções, impacto na produção), produz análises de desempenho e rendimento (por turno, por equipamento, individualmente etc.), acompanhamento de ordens de produção.
- **Ordens de produção em execução** — conforme mencionado anteriormente, esse módulo tem como objetivo informar ao **MRP II** os pedidos em processamento, sinalizando a capacidade de produção efetivamente não utilizada, os itens não reservados em estoque e que estão disponíveis para o atendimento de novas ordens de produção.
- **Estoque de materiais** — efetua o cadastro de itens necessários à produção, os controles de quantidades, de requisições, de estoque disponível, de estoque reservado e do estoque físico por lote. Realiza inventário total e parcial. Quando as quantidades necessárias à produção não estão disponíveis, aciona o módulo de **Compras** para a aquisição dos itens necessários.

- **Compras** — recebe as solicitações de aquisição de itens e matérias-primas necessários à produção (oriundos do módulo de **MRP**). O módulo de **Compras** permite o cadastro prévio de fornecedores (incluindo a respectiva análise e acompanhamento, materiais *versus* fornecedores, preços praticados, condições de pagamento e prazos de entrega). Fornece também um histórico do custo de reposição de materiais.
  Permite fazer um *follow-up* de cotações e pedidos já efetuados, incluindo entregas programadas para várias datas e vencimentos em diferentes períodos.
- **Controle de qualidade** — indica ao **Controle da produção** o nível de rejeição e motivos, possibilitando que medidas corretivas sejam desenvolvidas. Faz um histórico dos níveis de rejeição ao longo do tempo (dias, semanas, meses, por exemplo) indicando a efetividade de medidas corretivas empreendidas.
- **Custos** — permite o registro e controle dos custos de produção, incluindo médias históricas (facilitando o planejamento de atividades futuras ou a detecção de anormalidades).

- **Administrativa:** a área administrativa recebe dados e informações da área comercial (especialmente do módulo de **Faturamento**) e da área industrial (módulos de **Custo** e **Estoque de materiais**, incluindo solicitações de compras). Engloba toda a área contábil e financeira, podendo agregar um módulo de **Folha de pagamento**.

  É importante considerar, entretanto, que nem todo ERP gera folha de pagamento, uma vez que módulos desse tipo devem ser altamente parametrizáveis a fim de atender a uma série de possibilidades, como remuneração de horas extras, banco de horas e demais condições advindas de acordos sindicais.

  Outra questão semelhante ocorre com o módulo de contabilidade. Alguns sistemas desenvolvidos no exterior têm dificuldades em lidar com questões específicas da legislação de outros países. Para ERPs internacionais, o volume de vendas em alguns países é pequeno, nem sempre compensando aos desenvolvedores do sistema promover alterações no código-fonte para acomodar aspectos da legislação local. Nesses casos, para resolver essas questões, são indicados fornecedores locais que provêm o sistema ERP com complementos especificamente adaptados às necessidades do país.

  Em termos gerais a área administrativa contém os seguintes módulos:

- **Contas a receber** — recebe informações do módulo de **Faturamento,** permitindo o cadastro de contas a receber com a posição por cliente e análise do histórico de pagamentos e inadimplência. Emite duplicatas e fornece um resumo para o fluxo de caixa.
- **Contas a pagar** — recebe os informes do módulo de **Compras**, consolidando a posição por fornecedor, data de vencimento, valores, bancos e fazendo um resumo para fluxo de caixa e gerando um balancete analítico.
- **Contabilidade** — contempla todos os procedimentos e processos contábeis. Inclui plano de contas, diário, razão, balancete, balanço e demonstrativo de resultado (analítico e sintético).

  Deve permitir, quando necessário, a geração de informes eletrônicos (requeridos especialmente pelo governo federal, governos estaduais e municipais de grandes cidades).

  Mantém total integração com os módulos de **Contas a pagar**, **Contas a receber**, **Finanças** e **Folha de pagamento** (quando disponível no ERP).

  É importante lembrar que nem sempre os sistemas em uso internacionalmente possuem módulos de contabilidade adaptados às necessidades e condições impostas pela legislação de cada país, sendo necessário adquirir complementos fornecidos por desenvolvedores locais e que trabalhem de maneira integrada aos demais módulos do ERP.
- **Finanças** — recebe informações dos módulos de **Contas a pagar**, **Contas a receber**, **Contabilidade** e **Folha de pagamento**, controlando contas a receber (cobranças em aberto e recebimentos), contas a pagar (agenda de pagamentos e recursos disponíveis), movimentação de caixa, movimentação de bancos, fluxo de caixa.

  Inclui simulação de fluxo de caixa (recebendo informações sobre previsão de demandas ou entrada de pedidos, posição de estoques de materiais com previsões de compras e custos associados aos novos pedidos ou à demanda prevista).
- **Folha de pagamento** — deve ser altamente parametrizável, atendendo a diversos tipos de indústrias e seus respectivos acordos coletivos sobre remuneração de horas extras, banco de horas, e diversas outras possibilidades.

  Deve manter registros históricos que facilitem o planejamento futuro sobre contratação de mão-de-obra adicional ou temporária, abertura de novos turnos de trabalho e/ou ampliação dos turnos vigentes com horas extras em caso de aumento de demanda.

Conforme explicado anteriormente, nem sempre os ERPs fornecem módulos específicos para a geração de folha de pagamento, exatamente pela necessidade de uma elevada parametrização que contemple diversas possibilidades de acordos sindicais e determinações legais.

Alguns fornecedores de ERPs indicam a aquisição de sistemas de **Folha de pagamento** de fornecedores previamente cadastrados e que têm facilidade de integração com os demais módulos do sistema.

7.6 O FUNCIONAMENTO DE UM ERP EM UMA INDÚSTRIA

Para compreender o funcionamento de um ERP, será necessário dividir as empresas em duas categorias: quanto ao recebimento de pedidos *versus* ordens de produção. O primeiro grupo engloba as empresas que trabalham com a geração de estoques, como as montadoras de automóveis, produtoras de eletrodomésticos, indústrias da área eletrônica, por exemplo. Esses estoques serão utilizados para abastecer seus revendedores, os quais mantêm produtos em mostruário e também para pronta entrega aos clientes.

O outro grupo de empresas trabalha somente para o atendimento de pedidos, sendo que um produto é confeccionado para um cliente específico (a partir de um pedido previamente efetuado). Mesmo nesses casos, é freqüente a manutenção de estoques estratégicos de produtos acabados (desde que o produto final seja padronizado) ou semi-acabados (em caso de produtos que podem ser personalizados, mas que contenham partes padronizadas). Nesse caso, podem ser citadas as empresas fornecedoras de peças e itens para as montadoras de automóveis. Essas empresas somente produzem o que foi previamente encomendado por uma montadora, conseqüentemente, os eventuais estoques de produtos acabados ou semi-acabados têm o objetivo estratégico de compensar problemas ou atrasos na produção.

Para facilitar o entendimento dos principais processos desenvolvidos em um ERP voltado para a área de manufatura, será necessário utilizar a Figura 7.5, que mostra o relacionamento dos diversos módulos agrupados em três grandes áreas: comercial, produção e administrativa. Essa figura permitirá verificar quais módulos são utilizados desde a entrada de um pedido até a confecção do produto final, sendo importante ressaltar que todos os módulos envolvidos estão ligados ao mesmo banco de dados.

Nas empresas que trabalham para a geração de estoque, é efetuada uma **Previsão de demanda**, que alimenta o **Planejamento agregado** (pertencente ao **PCP — Planejamento e Controle da produção**). Essa previsão indicará os níveis previstos de estoque ao longo do ano, buscando preparar-se para as variações de demanda.

Quando um pedido é recebido, faz-se a verificação das posições em estoque. Havendo itens disponíveis na quantidade desejada, eles podem ser enviados ao cliente e à fatura emitida. Com isso, o módulo de contas a pagar é informado, iniciando outros processos na área administrativa (Figura 7.6).

Quando um produto solicitado não está disponível em estoque (ou quando a empresa trabalha apenas sob demanda), será necessário providenciar sua confecção. Para isso, é acionado o módulo **MRP II** (Planejamento de Recursos de Manufatura). Dentro dele,

Figura 7.6 Esquema básico dos módulos de um ERP envolvidos em um processo de venda para produtos em estoque.

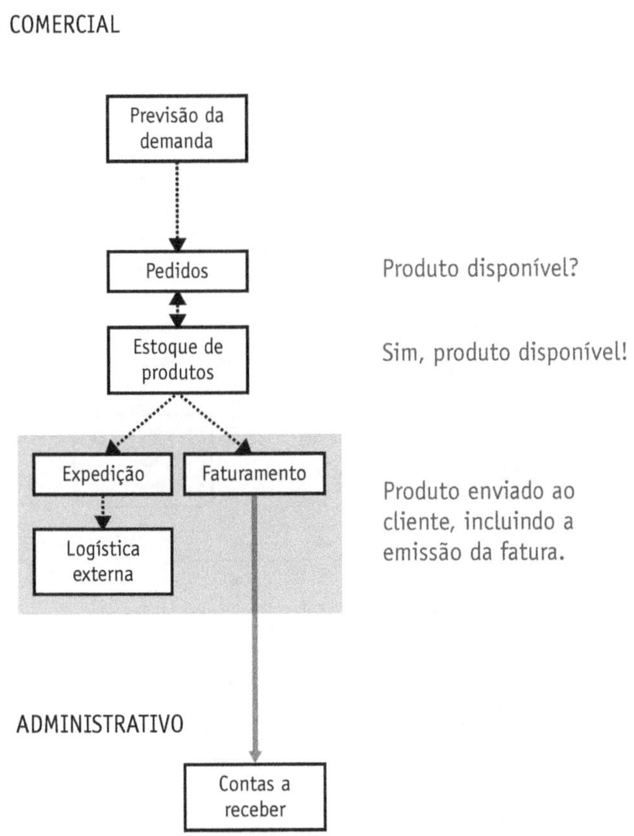

inicialmente é utilizado o **MPS** (Master Production Scheduling ou Programação Mestre de Produção), que permite organizar a produção indicando o que será produzido, em que quantidade e em que período (Figura 7.7). Nesse processo, é consultado também o **RCCP** (Rough-Cut Capacity ou Planejamento de Capacidade de Médio Prazo), que verifica preliminarmente as capacidades necessárias para atender a novos pedidos. Nesse momento, caso o **RCCP** verifique a incapacidade de atender a um novo pedido, o planejamento das necessidades materiais (via **MRP**) sequer chega a ser realizado.

Havendo condições preliminares para o atendimento do pedido, o **MPS** aciona o **MRP** (Material Requirements Planning ou Planejamento de Necessidade Materiais), que verifica a disponibilidade de materiais em estoque, levantando os itens que já estão reservados para a confecção de produtos encomendados anteriormente. Havendo falta de itens, será acionado o módulo de **Compras** para que o estoque de materiais seja reposto.

Figura 7.7 Esquema básico dos módulos de um ERP envolvidos na produção.

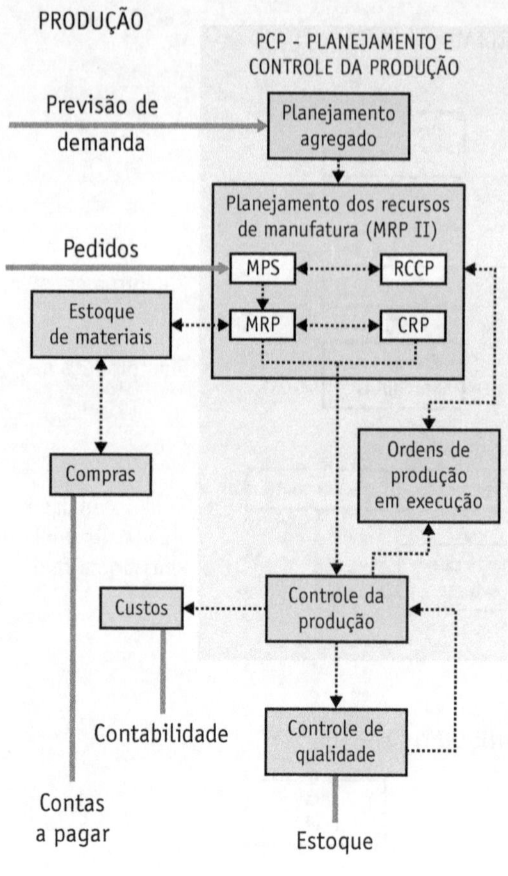

Por fim, é acionado o módulo **CRP** (Capacity Requirements Planning ou Planejamento de Capacidade de Curto Prazo), que verifica os recursos necessários, no curto prazo, para atender à Programação Mestre de Produção ou **MPS**. Com isso, encerra-se o módulo **MRP II,** e o produto pode a ser confeccionado dentro de um cronograma estabelecido.

Durante a produção, é efetuado o **Controle da produção** que indica as quantidades produzidas, analisa desempenho e rendimento e realiza o acompanhamento de paradas e seu impacto. Com o **Controle da produção,** trabalha o módulo de **Ordens de produção em execução**, que informa ao **MRP II** o que está sendo produzido, subsidiando a programação de novos pedidos (Figura 7.7).

Complementando as atividades do **Controle da produção,** é feito o **Controle da qualidade**, que mantém um levantamento histórico dos níveis de rejeição, indicando a eficácia de medidas corretivas adotadas (Figura 7.7).

Cabe ressaltar que o **Módulo de custos** (que analisa os custos de produção) pode estar englobado pela área produtiva ou administrativa, fornecendo *inputs* para a contabilidade. O mesmo ocorre com o módulo de **Compras**, que pode ficar sob a responsabilidade tanto da área produtiva quanto administrativa, fornecendo *inputs* para o módulo de **Contas a pagar**.

Todo esse processamento está atrelado, em primeira instância, ao **Planejamento agregado** (no topo da Figura 7.7), que indica ao módulo de **Previsão de demanda** (no grupo administrativo) qual a capacidade de atendimento da empresa. Com isso, a **Previsão de demanda** pode ser realizada dentro de cenários realistas.

Uma vez finalizada a produção, o estoque de produtos acabados é abastecido (para o caso de empresas que trabalham com a formação de estoque reguladores) ou enviado diretamente ao cliente, para o caso de empresas que atendem a pedidos específicos.

Ao trabalhar com dados e informações oriundos de diversas áreas da empresa, um Sistema Integrado de Gestão (ERP) pode ser utilizado para fornecer indicadores históricos e permitir a realização de simulações que ajudem a balizar as decisões tomadas.

Tanto os módulos comerciais quanto aqueles voltados à produção geram dados e informações para o grupo de módulos administrativos (Figura 7.8). O módulo de **Contas a receber** é alimentado pelo módulo de **Faturamento**, conforme mencionado anteriormente. O módulo **Contas a pagar** é alimentado pelo módulo de **Compras** (que pode ser alocado na área produtiva ou administrativa). O módulo de **Custos** também poderá ser alocado no grupo da produção ou no grupo administrativo. De qualquer forma, ele alimenta a contabilidade com dados sobre os custos de produção, permitindo não apenas a sua simples contabilização, mas também a geração de relatórios para o planejamento tático e estratégico (Figura 7.8).

7.7 ESQUEMAS BÁSICOS DE PROCESSAMENTO DE UM ERP

Verifica-se uma ampla diversidade de Sistemas Integrados de Gestão, abrangendo diferentes plataformas, bancos de dados, capacidade e forma de processamento. Embora exista uma tendência ao uso de plataformas diversificadas, com um mesmo sistema sendo oferecido para uso em diferentes ambientes, muitos ERPs estão vinculados a plataformas específicas. É fundamental ressaltar que o uso de uma plataforma requer uma equipe especializada para a configuração adequada de servidores e estações.

Além disso, deve-se considerar como os diversos módulos estão distribuídos, o que poderá refletir na capacidade e velocidade de processamento do sistema como um todo. A seguir, serão analisadas quatro possibilidades:

Figura 7.8 Esquema básico de produção e módulos associados.

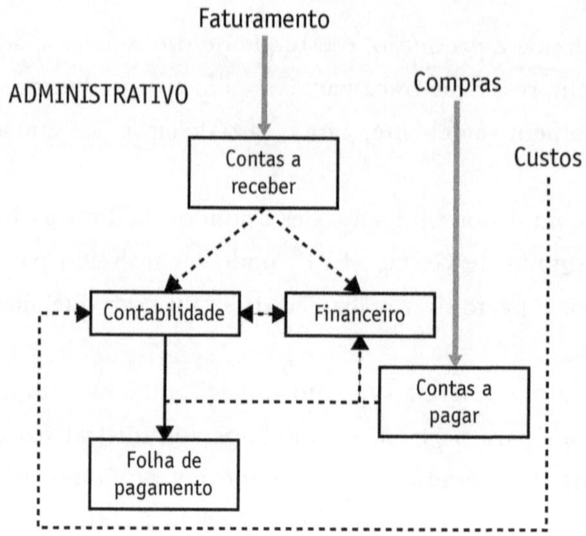

✓ 7.7.1 Módulos distribuídos pelas estações de trabalho;
✓ 7.7.2 Módulos concentrados em servidor específico;
✓ 7.7.3 Módulos e banco de dados em servidores diferenciados;
✓ 7.7.4 Módulos distribuídos em servidores geograficamente distantes e banco de dados unificado.

Para informações adicionais: **Capítulo 6, *Bancos de dados e informações.***

7.7.1 MÓDULOS DISTRIBUÍDOS PELAS ESTAÇÕES DE TRABALHO

Conforme esquematizado na Tabela 7.1, os diversos módulos do ERP ficam instalados nas estações de trabalho (usualmente constituídas de microcomputadores compatíveis com o padrão PC utilizando sistema operacional Windows). Esses equipamentos utilizam a mesma base de dados (alocada em um servidor específico).

A utilização desse esquema pode apresentar vantagens para a empresa, uma vez que ela não necessita investir em um servidor específico para o ERP. Nessa configuração, existe a possibilidade de o processamento ser efetuado diretamente em cada módulo

Tabela 7.1 Módulos do ERP distribuídos pelas estações de trabalho.

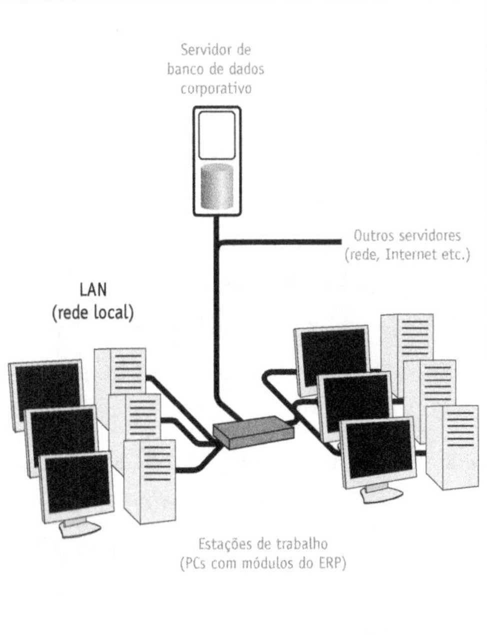

Cada estação de trabalho possui módulos específicos do ERP que funcionam com o mesmo banco de dados hospedado em um servidor exclusivo.
Parte do processamento pode ser efetuado pelos módulos, e parte no banco de dados por meio de Stored procedures, Views e Triggers.
A vantagem desse esquema é que ele não demanda um servidor específico para o ERP, reduzindo custos de aquisição e operação.
A desvantagem é que a atualização dos módulos deverá ser efetuada em cada estação individualmente, demandando tempo para que todo o parque utilizado opere com as mesmas versões. Para contornar esse problema, existem softwares que ajudam o administrador do sistema a efetuar as atualizações de maneira automática ou semi-automatizada.

ou realizado também pelo servidor do banco de dados (via Stored procedures, Views e Triggers), conforme visto no Capítulo 6.

Como o processamento pode ser distribuído pelas estações, em princípio, isso pode ampliar o desempenho geral do ERP. Entretanto, tem implicações importantes:

- ✓ **Heterogeneidade nas estações:** é necessário considerar que, em uma empresa, nem sempre todas as estações disponíveis terão o mesmo desempenho. Caso o ERP concentre o processamento nas estações, diferenças de performance poderão ocorrer em setores ou departamentos que utilizem equipamentos inferiores.

  Em geral, pessoas ligadas às tarefas operacionais (e que demandam um uso mais constante de módulos do ERP) têm acesso a equipamentos mais antigos e, conseqüentemente, com performance menor. Nesse caso, podem ocorrer problemas para efetuar lançamento de dados e informações ou na geração de relatórios, com alguns processos demorando mais do que o esperado.

  Usualmente, à medida que se percorre os escalões superiores da hierarquia, os equipamentos utilizados tendem a ser melhores e mais novos. Além disso, os níveis táticos e estratégicos tendem a utilizar menos os módulos do ERP quando comparados aos níveis operacionais. Essa conjunção de fatores — equipamentos com melhor performance e uso menos intenso do ERP — pode dar a impressão de que o balanceamento de cargas de processamento está adequado e tudo corre bem.

  É importante considerar que o processamento poderá ser efetuado — em boa parte — pelo servidor de banco de dados por meio da execução de Stored Procedures, Views e Triggers.

  A Figura 7.9 mostra essas duas possibilidades. Na primeira delas, os comandos SQL estão contidos em cada módulo. Na segunda possibilidade, os comandos SQL estão contidos no banco de dados, concentrando o processamento no servidor.

- ✓ **Atualização e manutenção do sistema:** uma outra implicação da distribuição dos módulos pelas estações é a atualização do sistema. Como o ERP estará literalmente disseminado pelas estações de trabalho, isso poderá resultar em um trabalho considerável para atualizar o sistema, sempre que modificações ou implementações forem realizadas.

Figura 7.9 Diferentes formas de interação com um banco de dados.

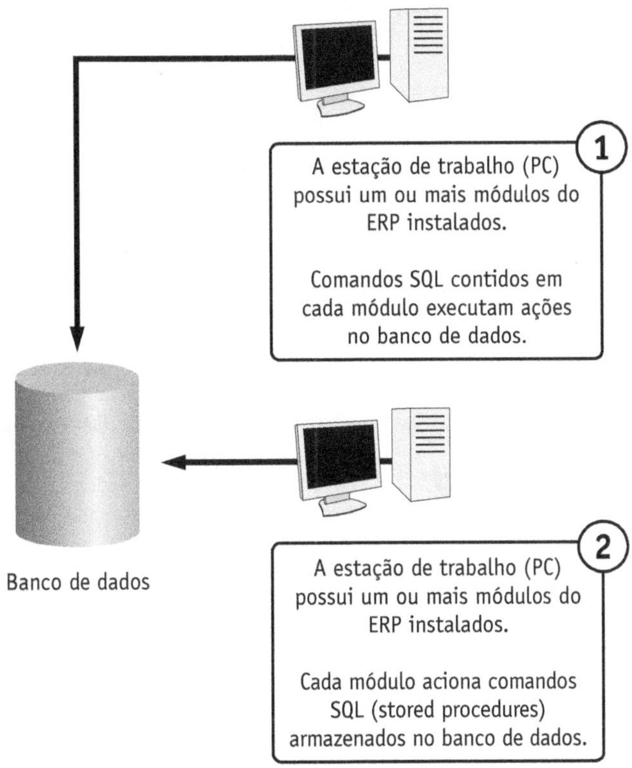

Esse problema poderá ser contornado, entretanto, com a utilização de programas específicos que possibilitam a atualização remota, seja via rede local, seja via Internet.

7.7.2 MÓDULOS CONCENTRADOS EM SERVIDOR ESPECÍFICO

Sistemas ERPs originalmente desenvolvidos para *mainframes* mantêm os módulos centralizados em um servidor específico, usualmente com um sistema operacional diferente daquele utilizado para as estações. Estas, por sua vez, acessam os diversos módulos por meio de um emulador que faz a interface com o servidor (Tabela 7.2). Com isso, o processamento fica concentrado no servidor que hospeda os módulos do ERP e no banco de dados (que pode ficar em um outro servidor).

Sobre essa configuração, algumas considerações complementares precisam ser efetuadas:

Tabela 7.2 Módulos do ERP concentrados em servidor específico.

<table>
<tr><td rowspan="5">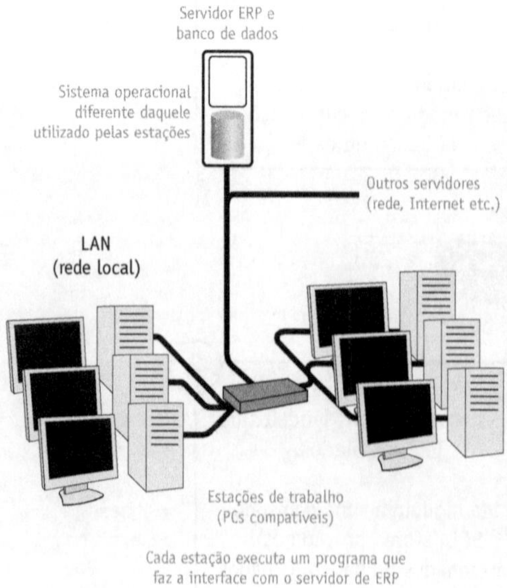
</td><td>Os diversos módulos do ERP estão concentrados em um servidor específico, usualmente utilizando sistema operacional diferente daquele usado pelas estações de trabalho.</td></tr>
<tr><td>Estas, por sua vez, acessam esses módulos por meio de um programa que faz a interface com o servidor. Usualmente, esse programa é chamado de Client.</td></tr>
<tr><td>Essa configuração pode ser simplificada, especialmente, para empresas com um pequeno número de funcionários ou com baixo fluxo de dados e informações. Nesse caso, o mesmo servidor poderá ser utilizado para os módulos do ERP e para o banco de dados.</td></tr>
<tr><td>Em ambos os casos, o processamento é concentrado no servidor do ERP e no banco de dados, demandando o uso de servidores com excelente capacidade de processamento e expansão.</td></tr>
<tr><td>Com essa arquitetura, fica mais fácil controlar o desempenho do ERP e suas atualizações, uma vez que elas ocorrem de maneira centralizada nos servidores utilizados.</td></tr>
</table>

✓ **Controle sobre o desempenho:** uma vez que o processamento será concentrado no servidor de ERP (que também hospeda o banco de dados), é possível estabelecer um melhor controle sobre o desempenho geral do sistema.
Dessa forma, ao menos em princípio, configurações mais modestas nas estações não terão reflexo significativo na utilização do sistema. Eventualmente, em estações menos sofisticadas ou operando com versões mais antigas de sistemas operacionais, podem ocorrer alguns problemas na execução do programa responsável pela interface estação–servidor.
Esse tipo de configuração, por outro lado, requer o uso de um servidor muito robusto e confiável, uma vez que ele será responsável pelo processamento dos

módulos e do banco de dados (Stored procedures, Views e Triggers). Isso se aplica não somente ao *hardware* mas também ao sistema operacional e ao banco de dados utilizado.

Geralmente, configurações desse tipo não têm um desempenho muito ágil, especialmente em sistemas modulares que utilizam arquitetura similar à utilizada por *mainframes* (ou dela derivada). Mas o importante é que esse desempenho se mantém estável mesmo com um fluxo de operações mais intenso ou uma quantidade maior de usuários.

✓ **Controle sobre as atualizações:** como todos os módulos estão concentrados em um único equipamento, as manutenções do sistema ficam facilitadas.

7.7.3 MÓDULOS E BANCO DE DADOS EM SERVIDORES DIFERENCIADOS

Uma variação do esquema de processamento envolve a utilização de dois servidores, sendo um voltado para os módulos do ERP e outro para o banco de dados (Tabela 7.3).

Essa configuração ajuda a desafogar o servidor de ERP, uma vez que o processamento pode ser realizado pelo banco de dados, com a utilização de Stored procedures,

Tabela 7.3 Módulos do ERP concentrados em servidor específico com banco de dados operando em plataforma diferente.

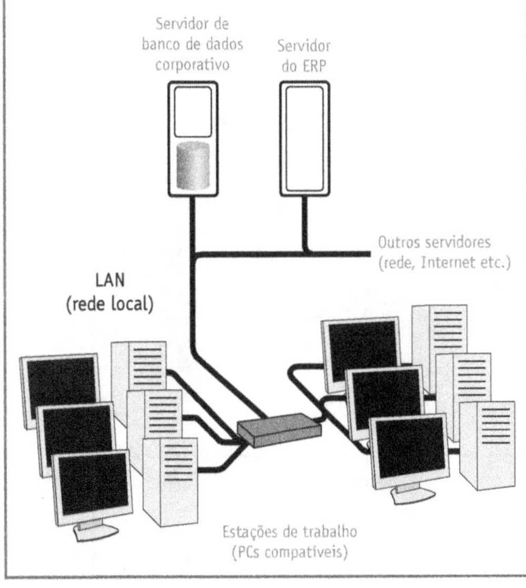

Uma variação da arquitetura apresentada na Tabela 7.2 é a utilização de um servidor específico para os módulos do ERP e outro para o banco de dados, porém ambos podendo trabalhar com sistemas o peracionais diversos.	Esse tipo de solução pode ser interessante quando se pretende preservar investimentos realizados anteriormente no licenciamento de banco de dados corporativo e, ao mesmo tempo, utilizar um ERP que trabalhe com plataforma específica e concentrado em servidor único.

Views e Triggers. Adicionalmente, essa configuração permite que o servidor de banco de dados seja de uma plataforma diferente daquele destinado ao ERP, possibilitando uma escolha mais adequada para o armazenamento e processamento de dados.

7.7.4 MÓDULOS DISTRIBUÍDOS EM SERVIDORES GEOGRAFICAMENTE DISTANTES E BANCO DE DADOS UNIFICADO

Uma solução que tem sido cada vez mais utilizada em empresas multinacionais ou transnacionais (aqui entendidas como organizações que mantêm operações, produção e estratégias internacionais, sem uma associação direta com fronteiras nacionais) é a utilização de uma base de dados única para todas as suas unidades.

Essa arquitetura, mostrada de maneira simplificada na Tabela 7.4, mantém a mesma base de dados para todas as unidades que utilizam o mesmo sistema integrado de

Tabela 7.4 Módulos específicos em servidores distribuídos por unidades geograficamente distantes operando com o mesmo banco de dados.

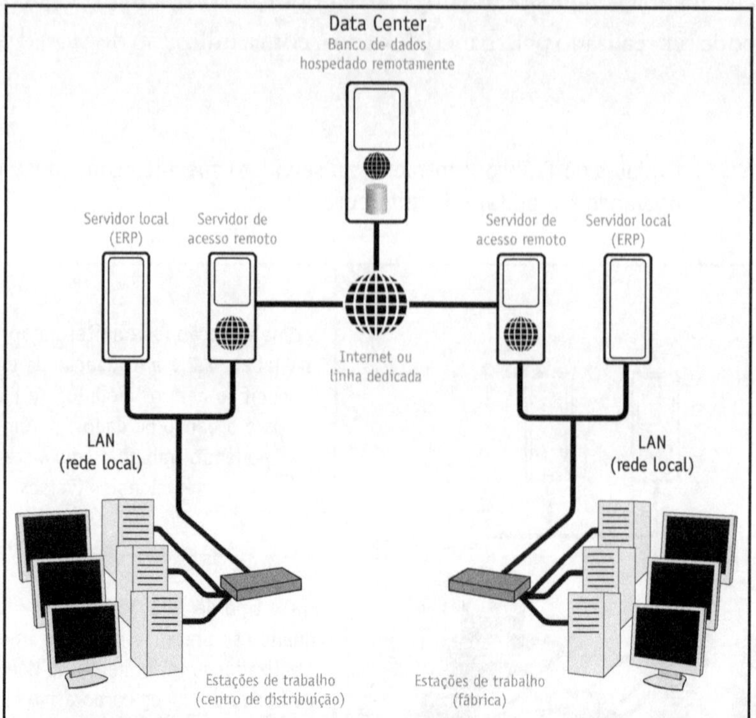

Unidades diferentes, distribuídas em locais geograficamente distantes operam módulos específicos integrados em uma base de dados única acessada remotamente e instalada em um Data Center.

gestão. No Capítulo 6, essa possibilidade foi considerada para o acesso a banco de dados corporativo, sendo apresentadas algumas vantagens e desvantagens, tais como:

- ✓ **Vantagens:** a empresa consegue acesso imediato a todos os dados e informações, sem a necessidade de efetuar solicitações ou esperar a eventual migração de dados para um outro banco de dados.

  As decisões são agilizadas e podem ser tomadas em escala mundial com base em dados e informações oriundas de diversas unidades geograficamente distribuídas.
- ✓ **Problemas:** a empresa fica suscetível a questões que podem incluir desde falhas ou baixa qualidade na comunicação de algumas unidades até eventos de amplo alcance, como acidentes naturais (terremotos, por exemplo) ou ataques terroristas.

  A correta manutenção de uma infra-estrutura de retaguarda é fundamental para a continuidade dos negócios em casos de imprevistos.

Para informações adicionais: **Capítulo 6, *Bancos de dados e informações.***

7.8 A DISSEMINAÇÃO DO USO ERP

Com a proliferação do uso dos microcomputadores a partir de meados da década de 1970 e, em especial, a partir dos anos 1980, as empresas usuárias desse tipo de equipamento começaram a enfrentar problemas que, conceitual e operacionalmente, já haviam sido resolvidos em ambientes de grande porte. Um deles era a integração de aplicativos em torno de um banco de dados comum, facilitando a migração de dados e informações.

Além disso, com os sistemas que culminaram com o surgimento dos ERPs em ambientes de grande porte houve uma maior atenção aos processos, fazendo com que os sistemas fossem pensados de maneira integrada e não mais como programas operando isoladamente. Essa era uma necessidade que muitas empresas usuárias de microcomputadores começavam a sentir.

No final dos anos 1980 e início dos anos 1990, o poder de processamento dos microcomputadores subia consideravelmente, fazendo com que os então chamados de minicomputadores perdessem espaço. Com isso, no ambiente corporativo passaram a existir duas grandes vertentes: de um lado, novos e poderosos *mainframes* (utilizados em grandes organizações e corporações) e, de outro, microcomputadores em evolução constante (utilizados por uma ampla gama de organizações), conforme esquematizado na Figura 7.10.

É importante ressaltar que entre esses dois mundos encontram-se — especialmente a partir dos anos 1990 — estações de trabalho que, usualmente, utilizam sistema operacional Unix (ou derivados), que atendem a necessidades específicas, tais como projetos CAD (Computer Aided Design ou desenho assistido por computador), CAM (Computer Aided Manufacturing ou manufatura assistida por computador), processamento de imagens, projetos de engenharia, dentre uma série de outras atividades. Por ser muito técnica e especializada, essa vertente não foi considerada na Figura 7.10, que tem por objetivo contemplar possibilidades mais usuais de utilização dos ERPs.

Organizações que trabalhavam com sistemas ERPs em *mainframes* e, ao mesmo tempo, investiam no uso de microcomputadores, passaram a contar com programas específicos que permitiam o acesso dessas máquinas ao ambiente de grande porte.

Figura 7.10 Adoção progressiva de sistemas modulares integrados desde a década de 1960.

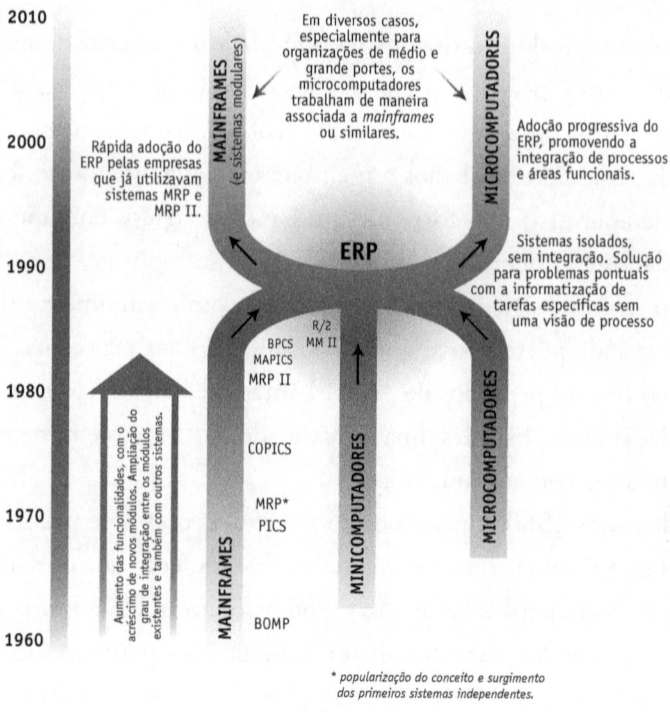

Posteriormente, verificando nos microcomputadores uma boa possibilidade de expansão de seus negócios, alguns desenvolvedores de ERPs passaram a trabalhar em versões específicas para essas plataformas (geralmente utilizando o Windows). Além disso, procuraram dinamizar a possibilidade de uso de diferentes bancos de dados, sendo que — atualmente — é bastante comum ERPs aptos a trabalhar com os principais bancos de dados relacionais disponíveis.

Hoje, os sistemas integrados de gestão são oferecidos por uma grande diversidade de empresas, atendendo a uma ampla gama de atividades e servindo a organizações dos mais variados portes. A popularização do ERP faz com que um grande número de questões ganhem relevância, sendo o seu correto entendimento e equacionamento de fundamental importância para os administradores de sistemas de informação. Freqüentemente, esses profissionais são chamados a explicar questões sobre:

- ✓ vantagens do uso de sistemas integrados de gestão;
- ✓ utilização de ERPs no comércio e na prestação de serviços;
- ✓ desenvolvimento interno *versus* aquisição;
- ✓ a escolha de um ERP;
- ✓ implantação.

7.9. PRINCIPAIS VANTAGENS DO USO DE SISTEMAS INTEGRADOS DE GESTÃO

Sempre que a implantação de sistemas integrados de gestão é discutida em reuniões de executivos, especula-se sobre as principais vantagens desses sistemas. De maneira bastante resumida, é possível indicar três vantagens do uso dos ERPs, que estão relacionadas aos processos desenvolvidos pela empresa, boas práticas de gestão administrativa e uso de base de dados única, conforme relatado a seguir:

- ✓ **Especificação de processos:** uma das questões fundamentais para o bom funcionamento e operação de um ERP é que os processos organizacionais estejam bem especificados.
  Sem essa especificação, um ERP não poderá ser operacionalmente bem utilizado, prejudicando — ou mesmo impedindo — sua utilização no dia-a-dia.

- ✓ **Adoção de boas práticas:** embora seja comum dizer que um ERP adota as melhores práticas de gestão administrativa, essa é uma questão muito relativa. A melhor prática em um determinado segmento pode não ser a melhor para outro.

  Os ERPs, entretanto, devido ao grande número de clientes, acabam levando à adoção de boas práticas (destiladas e refinadas em uma série de empresas), o que é altamente benéfico para as organizações.
- ✓ **Uso de base de dados única:** a utilização de bases de dados diversas nas organizações podem levar a alguns vícios e problemas.

  Uma base de dados unificada permite um maior controle e facilita o fluxo de dados e informações nas organizações. Também possibilita atividades de auditoria e verificação de processos, com grande repercussão na segurança e integridade dos dados e informações.

As duas primeiras vantagens são importantes para qualquer organização, mas podem ser especialmente úteis para empresas que desejam promover um "choque de gestão" diante da necessidade de se modernizar.

Por sua vez, o uso de base de dados única possibilitará que os processos bem especificados e as boas práticas adotadas contem com um bom fluxo de dados e informações e sejam mais facilmente auditadas.

7.9.1 A UTILIZAÇÃO DE ERPS NO COMÉRCIO E NA PRESTAÇÃO DE SERVIÇOS

Sendo o ERP um sistema concebido para uso em indústrias, foram necessárias algumas adaptações para sua aplicação em outros segmentos. Assim, uma empresa que compre produtos no atacado para revendê-los no varejo não precisa dos módulos relacionados à produção. Nesse caso, ao entrar um novo pedido, é feita a verificação do estoque. Havendo a quantidade desejada, é feita a expedição e o faturamento. Se a quantidade em estoque for insuficiente ou ocorrer outra situação que comprometa a operação, o módulo de Compras é acionado e os fornecedores externos contatados. Uma vez fechada a compra, o estoque é reabastecido e uma nova entrada ocorre no módulo de Contas a Pagar (Figura 7.11).

Essa é uma situação que ocorre, por exemplo, com distribuidoras de alimentos, material escolar, insumos hospitalares, medicamentos, autopeças, produtos eletrônicos, roupas etc. Mesmo assim, é importante ponderar que cada área de atividade

Figura 7.11 Modularização básica de um sistema ERP voltado para comercialização de produtos.

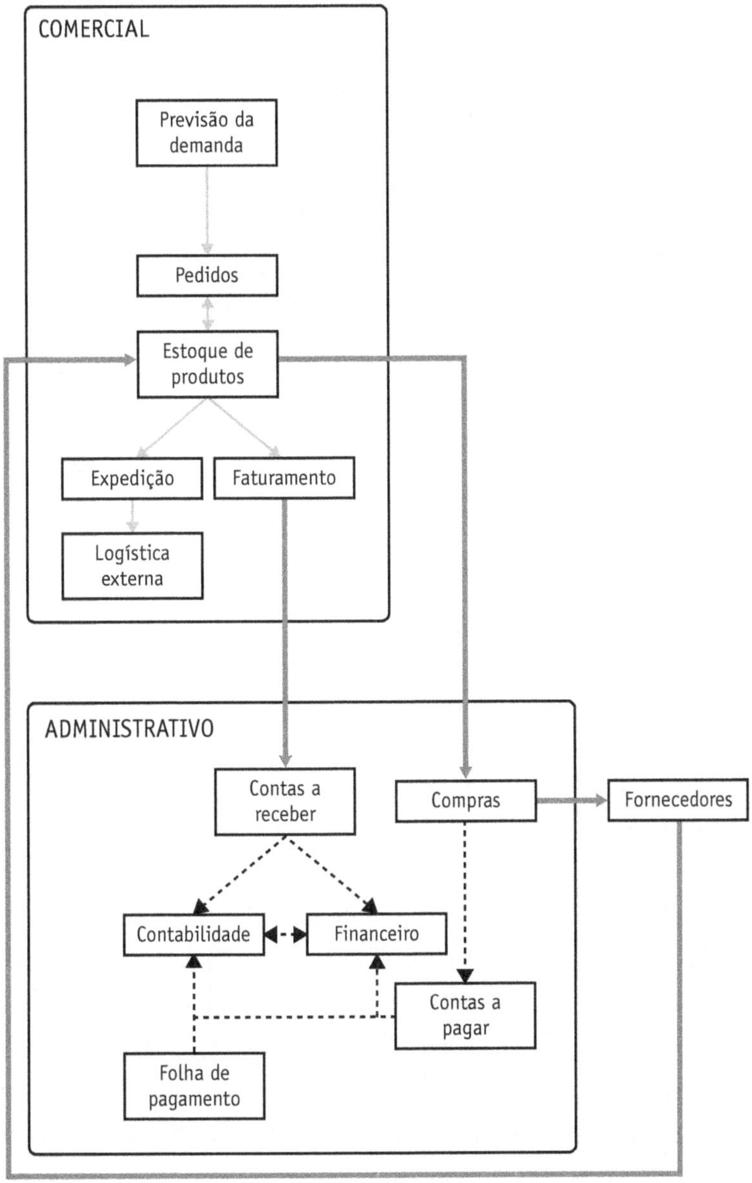

tem suas especificidades. Em vários casos, os produtos em estoque podem ficar consignados, havendo um acerto com o fornecedor após um período preestabelecido. Esse acerto inclui a devolução de mercadorias não comercializadas, situação essa que deve ser prevista no ERP como algo comum e não uma exceção.

Adicionalmente, é necessário considerar que grandes lojas e redes que trabalham com o consumidor final (pessoa física) têm movimentação de estoques e logística muito mais intensas, uma vez que será necessário distribuir os produtos por uma ampla rede de municípios. Algumas redes de supermercado ou grandes lojas possuem um ou mais depósitos ou centros de distribuição, que demandam um planejamento logístico maior do que em outros segmentos.

Além disso, a formação do preço final poderá sofrer influências sazonais (caso de produtos alimentícios) ou com a cotação de moedas estrangeiras em regime de câmbio flutuante, situações que precisariam ser abrangidas pelo ERP. Em um mesmo estoque podem ser encontrados lotes diferentes de um mesmo produto, adquiridos a preços diferentes. Em casos como esse, a formação do preço final é uma questão estratégica para a empresa. É claro que essa situação afeta não apenas supermercados ou grandes lojas, mas assumem um caráter mais intenso em segmentos altamente competitivos nos quais a movimentação de cargas é uma constante e a competição ocorre especialmente com base no preço ao consumidor final.

Por outro lado, para empresas voltadas à prestação de serviços, como a distribuição de energia elétrica, água e serviços de telecomunicações (incluindo telefonia, acesso à Internet e TV por assinatura), a estrutura mostrada na Figura 7.11 pode não ser a mais adequada. Isso acontece não apenas pelo fato de elas não comercializarem um produto, mas prestarem um serviço contínuo.

Essa situação requer a existência de uma infra-estrutura prévia (como cabos de telefonia, fios da rede elétrica ou canos de água e esgoto, por exemplo) que deve ser mantida em condições adequadas. Dessa forma, os módulos de gerenciamento de materiais (MRP) ganham especial importância, uma vez que peças e componentes de reposição devem ser adequadamente gerenciados e alocados, tanto para atender a contingências quanto para suprir demandas previamente conhecidas.

Essas empresas necessitam, em diversas situações, preparar ou reparar equipamentos antes que eles sejam efetivamente utilizados pelas equipes de campo, o que requer uma estrutura interna de apoio e manutenção. Embora elas não estejam produzindo nada — dentro de um sentido mais clássico —, essa estrutura pode ser similar àquela utilizada por algumas indústrias. Com isso, muitos módulos destinados à produção (como o MRP II) podem ser necessários. Sendo assim, para algumas empresas prestadoras de serviço, a estrutura apresentada na Figura 7.5

(Modularização básica de um sistema ERP) pode ser muito mais adequada, embora necessitem de módulos complementares. Situação similar se verifica com as companhias aéreas, uma vez que a manutenção de aeronaves requer um rígido controle de materiais e uma infra-estrutura considerável.

Uma regra prática para analisar a possibilidade de utilização de um ERP em um segmento não industrial é verificar o que substituirá o grupo de módulos da produção e como essa substituição faz interface com os demais módulos. Por exemplo, uma instituição de ensino tem seu grupo produtivo constituído por alunos e professores, sendo que cada aula pode ser entendida como um "item produzido". É claro que os módulos de PCP ou MRP II não conseguem administrar esse tipo de produção (que na verdade é uma prestação de serviço). Sendo assim, é fundamental que o grupo de módulos de produção seja substituído por um completo sistema acadêmico que permita o cadastramento de professores, alunos, cursos e respectivas disciplinas, lançamento e controle de notas e todas as demais atividades acadêmicas (Figura 7.12).

Modificações também serão necessárias, uma vez que os pedidos devem ser considerados solicitações de matrículas, ao passo que o estoque de produtos, a entrega e a logística externa inexistem (Figura 7.12).

Como pôde ser visto, o fato de os ERPs terem sido concebidos originalmente para indústrias de manufatura deamandou ajustes significativos na utilização desses sistemas por organizações que atuam em outros segmentos. Muitos dos sistemas comercialmente oferecidos evoluíram e agregaram novos módulos e opções, habilitando-se à utilização em outras áreas de atividade. Adicionalmente, outros sistemas foram desenvolvidos tendo em vista uma utilização mais plural em organizações dos mais diversos tipos.

Dessa forma, é importante considerar a natureza do ERP prospectado, verificando quais os processos abrangidos e as funcionalidades disponíveis para o segmento onde será utilizado. Essa *personalidade* do ERP é uma característica importante a ser considerada no momento em que diversos ERPs e respectivos fornecedores são analisados.

Por vezes, algumas organizações optam pelo desenvolvimento interno de um sistema integrado de gestão em vez de partir para a aquisição (ou licenciamento) de um produto comercial. Com isso esperam conseguir um nível de *customização* muito maior, tendo suas particularidades e necessidades atendidas de maneira mais efetiva.

Figura 7.12 Dependendo do segmento de atuação da empresa usuária do ERP é possível que, além da supressão dos módulos voltados à produção, sejam necessárias modificações nos módulos comerciais. Restariam com poucas alterações apenas os módulos administrativos.

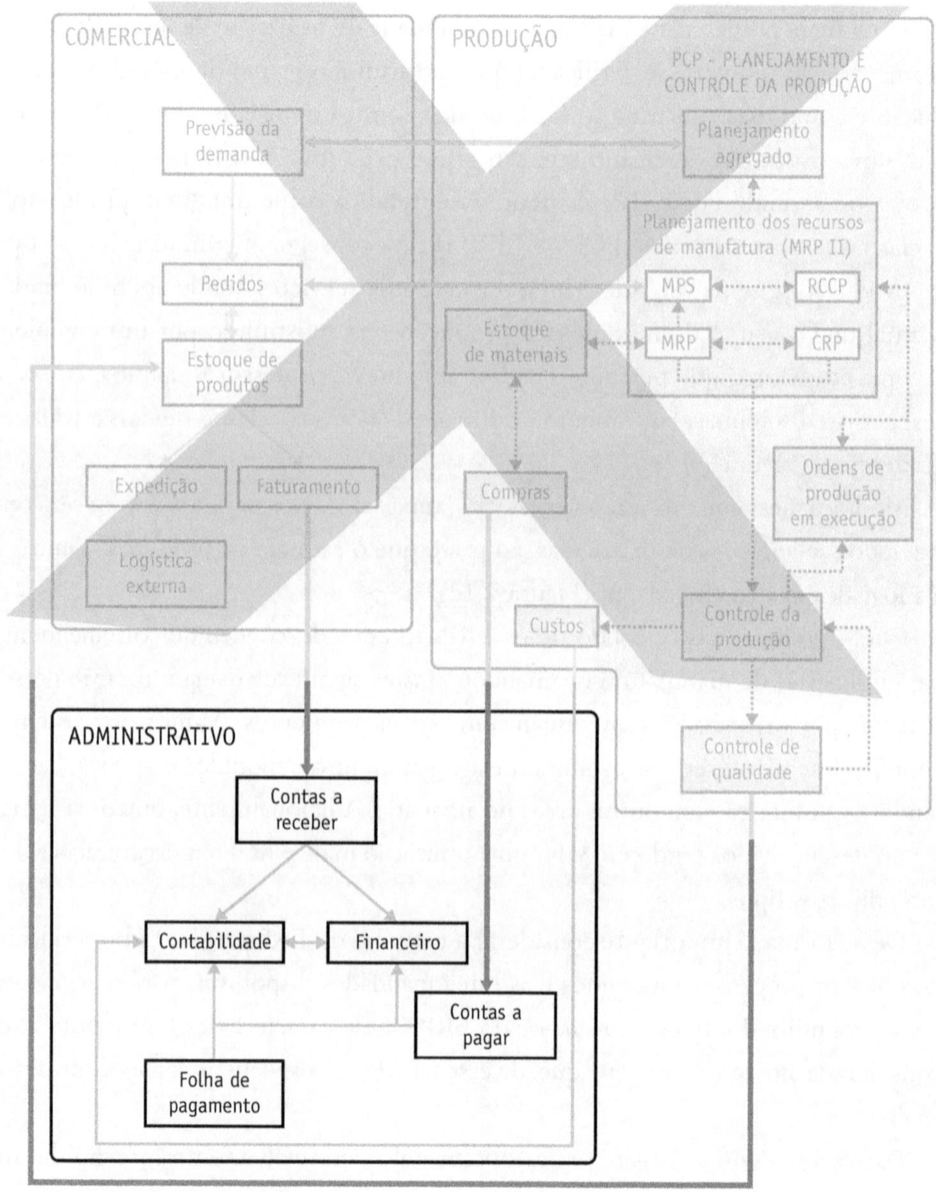

7.9.2 DESENVOLVIMENTO INTERNO *VERSUS* AQUISIÇÃO

Para comparar os aspectos favoráveis e desfavoráveis entre as opções de desenvolvimento interno e aquisição de um sistema pronto, deve-se considerar o seguinte:

1. Pontos favoráveis ao desenvolvimento interno

- ✓ **Customização total:** um dos argumentos utilizados pelos defensores do desenvolvimento interno é que o sistema será totalmente adaptado às necessidades da empresa, incluindo a incorporação de particularidades nem sempre possíveis em sistemas adquiridos de terceiros.
  ERPs disponíveis comercialmente podem ser adaptados às necessidades dos clientes, mas isso pode envolver custos adicionais. Além disso, para determinados segmentos de negócios os sistemas comerciais nem sempre conseguem fornecer soluções efetivas.
- ✓ **Domínio do código-fonte:** a empresa passa a ter controle total sobre o código-fonte, que constitui o conjunto de rotinas escritas em uma linguagem de programação, a partir da qual o sistema é desenvolvido. Isso facilita a incorporação de novos módulos ou a realização de modificações.
- ✓ **Facilidade em implantar modificações:** ao possuir o código-fonte que deu origem ao sistema, a empresa poderá implantar modificações ou incorporar novos módulos com facilidade. Isso potencialmente garante que a empresa terá um sistema sempre adequado às suas necessidades.
- ✓ **Não requer o pagamento de licenças de uso ou manutenção:** como o sistema desenvolvido é de propriedade da empresa, ela não terá de pagar licenças de uso ou manutenção. Além disso, poderá implantá-lo em outras unidades ou filiais sem a necessidade de pagamentos de licenças adicionais ou taxas de manutenção.

2. Pontos desfavoráveis ao desenvolvimento interno

- ✓ **Atividade fora do *core business* da empresa:** geralmente, as organizações que partem para o desenvolvimento de seu próprio sistema integrado de gestão fazem isso fora do seu *core business* (fora de sua atividade principal). Com isso, são obrigadas a desenvolver uma proficiência que não têm, e que envolve não apenas a contratação de programadores, mas requer analistas de sistemas e especialistas em banco de dados. Essa equipe será mais numerosa quando da concepção do sistema e do desenvolvimento dos módulos principais. Adicionalmente, esse desenvolvimento requer a participação de profissionais de diversas áreas da organização visando passar para o sistema a *expertise* interna sobre os processos desenvolvidos.

Caso isso seja efetuado, a empresa terá um custo de desenvolvimento que poderá ser até mesmo superior ao da aquisição de um sistema pronto.

Adicionalmente, é importante considerar que usualmente o prazo de desenvolvimento será maior do que aquele envolvido na implantação de um sistema já disponível comercialmente.

Em muitos casos, as organizações que partem para essa solução o fazem por terem uma equipe interna que já desenvolve pequenos sistemas para departamentos específicos. Nesse caso, o que se entende por sistema integrado de gestão é apenas a compatibilização de módulos isolados sem um foco em processos.

- ✓ **Falta de documentação do projeto:** caso a contratação da equipe de desenvolvimento seja adequadamente planejada e o trabalho bem gerenciado, o projeto deve ser documentado, para facilitar a manutenção posterior (mesmo quando realizada por equipes diferentes daquela envolvida com o desenvolvimento original).

  Sendo o desenvolvimento uma atividade fora do *core business* da empresa, isso geralmente acaba não ocorrendo. Assim, a empresa acaba ficando com dificuldade em realizar manutenções em caso de troca de membros da equipe. Com o tempo, o que se entende por sistema integrado de gestão acaba sendo nada mais do que um arremedo de pequenos sistemas interligados de maneira confusa e pouco documentados.

  Um problema decorrente dessa situação é a dependência que a empresa acaba estabelecendo com um profissional específico, em geral, um analista ou programador envolvido há mais tempo com o desenvolvimento do sistema. Essa pessoa acaba suprindo, com sua experiência no projeto, a falta de documentação dos sistemas. Caso esse profissional venha a sair da empresa, ela poderá enfrentar sérios problemas até que um novo profissional tome conhecimento do sistema, seus módulos e relacionamentos e esteja capacitado a realizar as modificações necessárias.

- ✓ **Maior suscetibilidade a fraudes e falhas:** a falta de documentação e de controle no projeto poderá facilitar a ocorrência de falhas não intencionais ou mesmo levar à configuração de fraudes.

Alterações no código-fonte ou no banco de dados, contando com a participação de algum programador ou analista da empresa, podem levar à fraude, por vezes, dificultando sua detecção.

Em alguns casos, somente uma auditoria poderá detectar isso, o que pode levar algum tempo antes que o problema seja resolvido.

- ✓ **Desatualização tecnológica:** como o custo de desenvolvimento pode ser elevado, a organização poderá optar por trabalhar com uma equipe mais enxuta, reduzindo também os investimentos em cursos de atualização.

  Além disso, ela poderá reduzir custos com a aquisição de *softwares* para o desenvolvimento (como versões mais atualizadas da linguagem de programação utilizada e *upgrade* no banco de dados).

  Como resultado, isso poderá levar a uma desatualização tecnológica do sistema desenvolvido.
- ✓ **Foco departamental e não em processos**: conforme mencionado, sistemas desenvolvidos internamente podem ter o foco na resolução de problemas **intra**departamentais específicos, sem uma visão mais abrangente e voltada para os processos que envolvem diversos departamentos e setores.

  Com isso, a integração entre os diversos módulos acaba sendo muito pouco efetiva, pois ocorre apenas por meio da simples troca de dados operacionais, sem a geração de informações para uso tático e estratégico.

3. *Pontos favoráveis à aquisição de um sistema*

- ✓ **Adoção de práticas consagradas:** um dos motivos que tem levado diversas organizações a adotarem sistemas comerciais em lugar de optarem pelo desenvolvimento interno é o uso de práticas consagradas pelos ERPs.

  ERPs desenvolvidos por empresas com tradição e *expertise* na área acabam adotando práticas mais utilizadas e aprovadas pelas empresas dos mais variados segmentos. É claro que isso pode também levar à ocorrência de problemas, uma vez que uma prática pode servir a um segmento mas não a outro.

  Entretanto, dependendo de como o ERP foi desenvolvido, ele pode ser bem parametrizável e aceitar adaptações que reduzam esse tipo de problema.
- ✓ **Foco em processos:** esses sistemas têm o foco em processos que, em muitos casos, envolvem mais do que um simples departamento.

  Durante o processo de implantação e uso de um ERP, as pessoas desenvolvem uma melhor percepção dos processos organizacionais, o que amplia e facilita a obtenção de informações que possibilitem a tomada de decisões operacionais, táticas e estratégicas.

- ✓ **Atualização do sistema:** a área de programação e desenvolvimento de sistemas faz parte do *core business* do projetista do ERP. Isso amplia as perspectivas de que esse sistema seja mantido atualizado em relação às inovações na área.
  Além disso, ao ser utilizado em diversas empresas, há uma necessidade permanente de que ele esteja atualizado e adaptado às determinações sobre arrecadação de tributos.
  Geralmente, tanto a atualização tecnológica quanto aquelas oriundas de alterações nas leis são cobertas e previstas pela manutenção mensal.
- ✓ **Maior segurança**: embora falhas possam ocorrer (e certamente elas ocorrerão), existe a tendência de que esses problemas sejam reduzidos em uma versão comercial. Isso se explica pela quantidade de usuários que trabalham com o sistema no dia-a-dia profissional, ajudando a depurar eventuais falhas.
  Outra questão a ser considerada é que a ocorrência de fraudes tende a ser reduzida, uma vez que o código-fonte não está disponível para alterações na empresa.

4. Pontos desfavoráveis à aquisição de um sistema

- ✓ **Requer o pagamento de licenças e atualizações:** a utilização de um ERP adquirido de um fornecedor externo requer, usualmente, o pagamento de licenças de instalação e uma taxa mensal de atualização.
  Embora seja possível trocar de ERP (e algumas empresas acabam optando por isso), essas substituições podem ser onerosas e, por vezes, demoradas, desestimulando as organizações.
  Essa baixa perspectiva de substituição pode ser encarada por alguns fornecedores de ERP como uma espécie de salvaguarda que permite a cobrança de taxas mais elevadas de manutenção.
- ✓ **Cria dependência em relação ao fornecedor:** acredita-se que um ERP fornecido por uma empresa especializada seja permanentemente atualizado, tanto tecnologicamente quanto no que se refere a aspectos legais.
  É necessário considerar, entretanto, que nem sempre isso ocorrerá com a velocidade desejada. Algumas alterações mais específicas, relacionadas à legislação municipal ou estadual, podem demorar algum tempo para ser incorporadas ao sistema. Isso tende a ocorrer especialmente se a base de clientes afetada pela alteração for muito pequena.

Adicionalmente, é importante prospectar a possibilidade de o sistema ser descontinuado devido a uma aquisição da empresa fornecedora por um concorrente. Nesse caso, em lugar de uma atualização tecnológica poderá ocorrer a necessidade de substituição do sistema por um outro, muitas vezes em um prazo razoavelmente curto.

Essas dependências deverão ser consideradas quando da escolha de um fornecedor para o sistema ERP a ser implantado em uma organização.

Para informações adicionais: **Capítulo 9, *Gerenciamento de projetos de sistemas e tecnologia de informação.***

7.9.3 A ESCOLHA DE UM ERP

Tendo a organização optado pela aquisição de um ERP, e não pelo seu desenvolvimento, será necessário considerar algumas questões importantes e que ajudarão a melhor escolher o produto final.

Para facilitar essa análise, os diversos itens foram agrupados em **Questões conceituais**, **Questões técnicas** e **Questões operacionais**. O primeiro grupo envolve um conhecimento sobre o perfil do ERP, das empresas usuárias, processos abrangidos, integração com outras empresas, reputação e perspectivas do fornecedor. Com isso, é possível obter um primeiro entendimento sobre o nível de adequação do ERP às necessidades da empresa.

No segundo grupo, são analisadas as plataformas e banco de dados utilizados, infra-estrutura de comunicação necessária, capacidade de processamento e estado da arte da tecnologia utilizada, dentre outras questões. Esse conhecimento técnico será importante não só para indicar os investimentos necessários à utilização do sistema e a possibilidade de evolução tecnológica, mas também a equipe técnica requerida (assim como sua *expertise*).

Por fim, no terceiro item são tratadas as ocorrências relacionadas ao dia-a-dia de operação do sistema, verificando sua facilidade de utilização, possibilidades de parametrização, suporte, treinamento e visitas técnicas, política de manutenção etc.

Questões conceituais

✓ **Perfil ou personalidade do ERP:** embora o ERP, como conceito de sistema integrado, tenha surgido na área de manufatura industrial, atualmente podem ser encontrados sistemas desse tipo voltados para as mais variadas áreas de atividade.

Quando uma organização prospecta um ERP, é importante verificar se o sistema em análise vem sendo utilizado com sucesso em empresas do mesmo ramo.

Existem sistemas que, por serem utilizados em uma ampla gama de empresas nacionais e internacionais, possuem diversos modelos de utilização para os mais variados segmentos.

Por outro lado, existem sistemas que são destinados a segmentos mais específicos, muitas vezes agregando módulos destinados a atividades restritas.

- ✓ **Perfil das empresas usuárias:** é necessário verificar qual o tamanho das empresas que utilizam o ERP em análise e se há predominância de organizações de algum segmento.

  Dessa forma, é preciso avaliar se o "perfil do ERP" é compatível com o perfil da empresa. O "perfil do ERP" está relacionado à presença de módulos diversificados e que contemplem uma série de processos, além de sua capacidade de processamento.

- ✓ **Processos abrangidos:** é importante ressaltar que módulos comuns a praticamente todas as empresas, como contabilidade, compras, contas a pagar e a receber, podem demandar especificidades de acordo com o perfil da organização, daí a necessidade de avaliar os processos abrangidos pelo ERP antes de adquiri-lo.

  A aderência entre os processos desenvolvidos na empresa e aqueles abrangidos pelo ERP deve ser avaliada. Quando ela não ocorrer, é importante analisar qual a intensidade de adaptação necessária à empresa ou ao sistema, buscando a compatibilização de ambos.

  Adicionalmente, é necessário verificar se essa adaptação (especialmente dos processos desenvolvidos pela empresa) é boa do ponto de vista estratégico e quais os custos envolvidos.

- ✓ **Necessidade de integração com outras empresas:** em diversos casos, uma filial ou unidade não tem muita escolha no que se refere ao sistema, sendo necessário utilizar o mesmo ERP do restante da organização.

  Mesmo nesses casos, é possível — e necessário — considerar quais módulos serão adquiridos diretamente do fornecedor e quais serão adquiridos de terceiros e integrados ao ERP.

  Com isso, é possível manter a compatibilidade com os demais integrantes da organização e conseguir um bom nível de customização que atenda a necessidades específicas de uma filial, por exemplo.

Quando se optar pela aquisição de módulos ou complementos fornecidos por terceiros, muitas das considerações efetuadas nestes tópicos devem ser verificadas. Adicionalmente, é importante conhecer o grau de integração que o fornecedor dos módulos complementares promove com o ERP em análise, evitando que uma possível solução se transforme em um problema a mais.

✓ **Reputação do fornecedor:** é importante verificar com outros clientes qual o nível de satisfação em relação ao produto prospectado.

Como o "nível de satisfação" é algo muito amplo, é importante analisar os seguintes aspectos:

- agilidade do suporte técnico;
- agilidade em promover alterações;
- facilidade de utilização;
- política de manutenção.

✓ **Histórico e perspectivas do fornecedor:** o segmento que envolve as empresas desenvolvedoras de ERPs tem passado por processos de compra, fusão e incorporação por outros grupos, além, é claro, do lançamento de novos produtos.

Embora isso nem sempre seja possível, tendo em vista que envolve questões comerciais sigilosas, é importante prospectar quais as perspectivas de longevidade dos fornecedores prospectados.

Uma aquisição ou fusão com outra empresa, por exemplo, poderá levar um sistema a ser descontinuado ou passar por uma série de modificações que dificultem processos de implantação no curto prazo.

Além disso, no caso de produtos importados, é necessário verificar se o distribuidor local mantém escala (quantidade de empresas usuárias) suficiente para continuar operando, oferecendo suporte técnico e treinamentos adequados.

Pode ocorrer de um produto, bem conceituado em diversos países, ainda não ter localmente uma escala de operações atraente para um representante local. Com isso, esse representante pode descontinuar suas operações e os clientes deverão recorrer a um suporte internacional.

Questões técnicas

✓ **Plataformas utilizadas:** conforme foi visto, alguns sistemas integrados de gestão trabalham exclusivamente com um tipo de plataforma enquanto outros oferecem várias opções.

A escolha de uma plataforma terá repercussão no investimento necessário com a aquisição de equipamentos e licenciamento de sistemas operacionais, contratação de equipe especializada e desempenho obtido.

É fundamental considerar todas as variáveis envolvidas **não somente para o cenário atual, mas também tendo em vista a evolução do sistema**.

Por vezes, pode ocorrer de um ERP se mostrar uma excelente aquisição para suprir as necessidades de momento da empresa, mas não oferecer a possibilidade de ampliação futura (utilizando, por exemplo, plataformas com maior capacidade de processamento).

- ✓ **Banco de dados:** como visto, muitos sistemas integrados oferecem a opção de trabalhar com diferentes bancos de dados. Isso poderá ser interessante diante da possibilidade de manter o banco de dados em uso pela empresa, evitando o licenciamento de novos produtos.

  Mesmo assim, é importante verificar se a utilização desse banco de dados atenderá aos requisitos de performance e expansão necessária.

  Outra questão que deve ser considerada quando da escolha do banco de dados é a facilidade de obtenção de suporte técnico, disponibilidade de mão-de-obra capacitada, condições comerciais para expansão e investimento necessário na aquisição e/ou licenciamento de plataformas específicas.

- ✓ **Infra-estrutura de comunicação:** cada vez mais empresas integram diferentes unidades, geograficamente distantes, com a utilização de sistemas ERP. Por exemplo, os módulos utilizados em um centro de distribuição localizado em uma grande cidade trocam dados e informações com os módulos de produção de uma unidade fabril situada no interior do estado.

  Nesse caso, não se trata de dois ERPs distintos, mas módulos específicos que trabalham com uma mesma base de dados, conforme esquema apresentado na Tabela 7.4. É necessário analisar as necessidades do sitema quanto à infra-estrutura de comunicação.

- ✓ **Capacidade de processamento:** é necessário considerar a quantidade de operações que serão efetuadas diariamente. Essa é uma informação que não está relacionada diretamente ao tamanho da empresa, embora possa sofrer a influência da quantidade de funcionários alocados nos diversos processos.

  Uma análise do fluxo de dados e informações será de fundamental importância para a escolha do sistema ERP, uma vez que ele deverá reunir condições para atender à demanda existente. Essa capacidade será altamente influenciada pela plataforma utilizada (*hardware* e sistema operacional do servidor e/ou das estações) e do banco de dados, conforme visto anteriormente.

- ✓ **Flexibilidade para o usuário ou administrador implantar modificações:** para a adequada utilização do ERP, fatalmente serão necessárias modificações ou customizações em módulos específicos.

  Alguns sistemas possuem uma linguagem de programação que facilita a implantação de complementos ou macros (rotinas preestabelecidas pelo usuário). Isso poderá ser interessante na geração de relatórios ou informes, assim como na automação de procedimentos.

  Por vezes, esse tipo de facilidade não está disponível ou não consegue atender às modificações necessárias. Nesse caso, será preciso contar com o suporte do fornecedor, ou de uma empresa a ele conveniada, para efetuar as alterações necessárias, quase sempre mediante o pagamento de taxas adicionais.

  É indicado verificar essas possibilidades e estimar o desembolso orçado para realização das modificações (o que demanda uma análise ampla do sistema, dos processos abrangidos e das interfaces utilizadas).

- ✓ **Interface com outros sistemas:** um ERP deverá estar apto a receber e exportar dados para outros sistemas, possibilitando que clientes enviem pedidos eletrônicos e fornecedores sejam avisados sobre novas demandas de matérias-primas, peças e suprimentos.

  Além disso, o ERP deverá apresentar facilidade em trabalhar com módulos do mesmo sistema instalados em outras unidades, conforme esquema já mostrado na Tabela 7.4.

  É preciso avaliar se ele trabalha com o padrão XML e derivados (ver Capítulo 2), o que facilitará a leitura e/ou geração de relatórios por outros sistemas.

  Além disso, é interessante que ele contemple a troca de dados via EDI (Electronic Data Interchange — ver Quadro 7.10).

- ✓ **Estado da arte da tecnologia utilizada:** deve-se averiguar a linguagem de programação utilizada, as opções de bancos de dados, a possibilidade de interface com outros sistemas, as plataformas disponíveis e outras que, eventualmente, estejam sendo consideradas. Essas informações são importantes para a verificação do estado da arte da tecnologia utilizada, fornecendo indicadores preciosos sobre a possibilidade de evolução do sistema.

  Uma versão antiga de uma linguagem de programação, por exemplo, indica que o desenvolvimento do sistema está tecnologicamente estacionado. Com isso, ele talvez tenha dificuldades em trabalhar com novas plataformas ou com futuras versões de sistemas operacionais, gerando problemas para a empresa.

Questões operacionais

- ✓ **Facilidade de utilização:** a interface com os usuários é de grande importância, podendo afetar a produtividade. Alguns ERPs permitem — dentro de determinados limites — a customização das interfaces utilizadas, ampliando as facilidades de utilização.
- ✓ **Parametrização:** muitos dos módulos oferecidos precisam ser parametrizáveis a fim de atenderem às necessidades específicas de cada organização e de seus processos.
  A facilidade e o nível de parametrização oferecida serão fundamentais à correta utilização do ERP. Caso contrário, será preciso solicitar ao fornecedor a modificação dos módulos a fim de que se adaptem às exigências da empresa, o que envolve investimento adicional a ser considerada.
- ✓ **Suporte técnico, treinamento e visitas técnicas:** a possibilidade de obter suporte técnico na língua nativa do país onde o sistema for utilizado é fundamental para o bom uso de um ERP.
  Além disso, é importante verificar a disponibilidade do fornecedor (ou representante) em realizar treinamentos, reciclagens e visitas técnicas que propiciem oportunidades para que dúvidas sejam esclarecidas e procedimentos revistos.
  Os valores envolvidos nessas atividades devem ser claramente especificados, indicando quais estão contidos na manutenção mensal e quais devem ser pagos em separado.
- ✓ **Política de manutenção:** ao longo da utilização de um ERP, alterações serão necessárias, seja pela adoção de novos processos, seja por modificações nas leis, ou por outros motivos.
  Em alguns casos, alterações podem ser efetuadas por meio da modificação de parâmetros em módulos específicos.
  É necessário verificar claramente o que está incluso na manutenção mensal e o que demandará o pagamento de valores adicionais ao fornecedor.

Para facilitar a análise desses diversos quesitos durante a fase de seleção de um ERP na Internet estão disponíveis alguns questionários sob o título Pesquisas para avaliação de ERP, são apresentados modelos de pesquisas que podem ser aplicadas a grupos de usuários, ampliando o escopo da análise.

Para informações adicionais:	**Capítulo 2, *Sistemas de informação: conceitos, definições e exemplos.***

Quadro 7.10 EDI Electronic Data Interchange (Intercâmbio eletrônico de dados).

O EDI é uma forma estruturada de intercâmbio eletrônico de dados e informações entre computadores, conectando diferentes sistemas (geralmente localizados remotamente).

Esse intercâmbio ocorre de maneira automatizada (ou semi-automatizada), sendo utilizado para a transmissão de pedidos, ordens de serviço, movimentações financeiras, quantidades em estoque, previsões de embarque, movimentações de carga etc.

Usualmente, o EDI é realizado por meio de linhas telefônicas convencionais (com a utilização de *modems*) ou via redes do tipo MAN (Metropolitan Area Network) ou WAN (Wide Area Network), incluindo a Internet. Em termos operacionais, ele consiste na transmissão de um arquivo com formato predefinido (por exemplo, um arquivo texto convencional, em que cada linha ou coluna contém um dado ou informação específica). Tanto o sistema transmissor quanto o receptor devem estar aptos a trabalhar com o arquivo e a respectiva formatação utilizada.

Comparativamente, é como se diferentes sistemas trocassem um *e-mail* de maneira automatizada (ou com um mínimo de interferência humana), com dados e informações formatados de maneira padronizada.

Embora as empresas possam negociar entre si padrões (ou formatações) específicos para os dados e informações transmitidos, alguns padrões foram consagrados como o EDIFACT (da ONU) e o ANSI ASC X12 (da American National Standards Institute Accredited Standards).

Atualmente, com o avanço do XML (**EX**tensible **M**arkup **L**anguage) e XBRL (**EX**tensible **B**usiness **R**eporting **L**anguage), outras formas de intercâmbio de dados e informações têm sido concebidas, constituindo-se em novas opções para as organizações.

7.10 IMPLANTAÇÃO

A implantação de um ERP é um projeto que envolve toda a empresa, requerendo não apenas a análise de questões técnicas mas, principalmente, de assuntos e processos organizacionais, por vezes, complexos.

Sobre esse assunto, foram desenvolvidos os seguintes tópicos:

- ✓ Objetivos
- ✓ Constituição de um grupo de trabalho
- ✓ Liderança
- ✓ Patrocinador forte
- ✓ Planejamento inicial
- ✓ Revisão de processos
- ✓ Resistência às Mudanças
- ✓ Conflito entre as culturas formal e informal
- ✓ Estratégias de implantação

Para informações adicionais:	**Capítulo 9, *Gerenciamento de Projetos de Sistemas e Tecnologia de Informação.***

7.10.1 OBJETIVOS

Embora o uso de um sistema integrado de gestão seja, em princípio, autojustificável, é necessário que a direção da empresa tenha em mente os problemas que pretende resolver com a adoção de um ERP, facilitando a alavancagem de recursos.

Segundo Albertão (2005), de modo geral, o problema existe mas nem sempre está perfeitamente detectado pela organização. Bergamaschi (1999) considera que devem ser verificados os objetivos da empresa em relação ao projeto, levando em conta os recursos disponíveis (como tempo, pessoal e orçamento). Bergamaschi e Reinhard (2003) destacam como fator crítico para o sucesso do projeto a importância de missões claramente definidas, incluindo a indicação de até onde se pretende chegar. Isso demanda, segundo os autores, a comunicação desse objetivo para toda a empresa.

Para informações adicionais:	**Capítulo 2, *O papel dos sistemas de informação no desenvolvimento do conhecimento e da inteligência empresarial;* Capítulo 8, *Business Intelligence, CRM, OLAP, Datamining, Data Warehouse e Data Mart.***

Sugestão 1
OBJETIVOS

Os objetivos da empresa com a adoção de um ERP devem ser bem detalhados e claramente comunicados a todos os funcionários.

7.10.2 CONSTITUIÇÃO DE UM GRUPO DE TRABALHO

Para a correta implantação de um ERP, é recomendável a constituição de um grupo de trabalho com as seguintes características:

✓ **Representatividade:** é importante que os diversos departamentos estejam representados no grupo, deixando claro que o projeto envolve a todos. Além disso, será possível obter mais subsídios para a correta detecção de problemas.
É necessário considerar, entretanto, que **essa representação nem sempre será viável do ponto de vista operacional**. Nesses casos, uma alternativa que pode ser analisada é a indicação de representantes para os principais processos da empresa.
De qualquer forma, deve-se evitar que essa equipe seja demasiadamente numerosa, o que poderá dificultar as deliberações. Essa é uma tarefa delicada, pois deve-se preservar a representatividade sem que os trabalhos fiquem inviabilizados pelo excesso de participantes.
Os representantes poderão se comunicar com os respectivos representados por meio de grupos de *e-mail*, relatando o que está sendo discutido e as deliberações que estão em andamento.
Adicionalmente, pode ser interessante utilizar um sistema de fórum de debate on-line que colete sugestões sobre temas específicos, subsidiando a equipe de trabalho como um todo.

✓ **Lideranças setoriais:** os representantes devem exercer uma boa liderança com seus representados, sendo respeitados pela capacidade de articulação, conhecimento e experiência, assim como pelo comportamento.

✓ **Bom relacionamento:** além da capacidade de liderança, os membros do grupo de trabalho deverão ter um bom relacionamento com os diversos setores envolvidos, facilitando negociações de prazos, formas de implantações, alterações em procedimentos e assuntos correlatos.

- ✓ **Disponibilidade:** de nada adianta uma pessoa preencher os requisitos anteriores se não tiver disponibilidade para se dedicar ao grupo de trabalho. É correto prever que cada membro da equipe dedicará em média cerca de 40% de seu tempo de trabalho a esse projeto. Em termos práticos, isso significa que, de um total de 40 horas semanais, ela consumirá 16 horas (algo em torno de três horas por dia).

  Em algumas etapas, essa dedicação poderá ser menor (cerca de 10% do tempo total de trabalho). Porém, em outros períodos, esse tempo poderá ser maior, consumindo quase que todo o tempo semanal disponível (especialmente em períodos de treinamento ou implantação de módulos específicos).

  Uma pessoa somente poderá ser integrada ao grupo se essa disponibilidade for efetiva, inclusive com o consentimento (ou conhecimento) dos superiores hierárquicos.

Além das características apresentadas para a seleção dos integrantes do grupo de trabalho, ele deverá contar com algumas condições que contemplem as atribuições necessárias ao correto exercício de suas atividades e funções:

- ✓ **Atribuições bem definidas:** as atribuições de cada membro da equipe deverão ser bem definidas, evitando áreas de sobreposição ou eventuais lacunas.

  Em alguns casos, sobreposições poderão ser necessárias e até mesmo importantes, permitindo que uma pessoa cuide de determinados assuntos na ausência de um colega. Mesmo nesses casos, será importante definir quem é o titular e quem é o reserva para as diversas atribuições.
- ✓ **Agenda bem definida:** a agenda do grupo, com a indicação da programação de reuniões e sua periodicidade, deverá ser estabelecida com antecedência. Sendo o ERP um projeto fundamental para toda a empresa, a agenda do grupo de trabalho deverá ter prioridade sobre qualquer outra.

  Os superiores hierárquicos de cada membro do grupo de trabalho deverão ser avisados sobre essa agenda e a relevância a ela concedida.
- ✓ **Disponibilidade de tempo:** conforme mencionado anteriormente, os membros da equipe deverão se dedicar sistematicamente às diversas atividades exigidas para o trabalho, sendo imprescindível que os superiores hierárquicos ratifiquem essa condição, inclusive com a assinatura de um documento que especifique a quantidade de horas necessárias e a agenda inicial do grupo.

✓ **Autonomia:** a alta administração da empresa precisa deixar claro qual é a autonomia concedida ao grupo de trabalho, agilizando a tomada de decisões durante a implantação. Essa autonomia precisa ser comunicada às demais instâncias da empresa.

Sugestão 2
GRUPO DE TRABALHO

As atribuições do grupo de trabalho envolvido na implantação do ERP devem ser bem especificadas e comunicadas às demais pessoas e departamentos da empresa.

Sugestão 3
CANAIS DE COMUNICAÇÃO

É fundamental criar canais de comunicação para que os funcionários colaborem com o processo de implantação, e todas as etapas sejam divulgadas. Essa colaboração poderá ser feita diretamente com o representante de cada departamento ou processo (utilizando ferramentas de comunicação em grupo, como os grupos de *e-mail*). Adicionalmente, poderão ser criados fóruns eletrônicos de debate para que os funcionários discutam determinados aspectos e apresentem sugestões ao grupo de trabalho. Falhas na comuncação podem gerar problemas iguais aos relatados no Quadro 7.11.

Quadro 7.11 Problemas na Implantação.

Trecho adaptado de um comunicado real transmitido aos funcionários e colaboradores de uma organização que estava implantando um Sistema Integrado de Gestão. Os grifos foram efetuados propositadamente a fim de ressaltar alguns problemas de implantação.

"No primeiro dia de funcionamento do ERP em nossa organização, notamos que **alguns funcionários, responsáveis pela requisição de materiais em seus respectivos departamentos, desconheciam que estava sendo implantando um ERP.** Outros, por **não terem participado dos treinamentos, não tinham o sistema instalado em seus computadores.** Esse problema foi resolvido com o Departamento de Informática, que se comprometeu a instalar em caráter urgente o módulo de requisição de materiais nos equipamentos que estão sem o sistema."

7.10.3 LIDERANÇA

Embora seja aconselhável que o processo seja conduzido por um grupo de trabalho com representantes de diversos departamentos e setores, é fundamental que esse grupo conte com um líder com os seguintes atributos:

- ✓ **Liderança natural:** reconhecidamente, algumas pessoas têm uma liderança natural, conseguindo congregar colaboradores em torno de um objetivo, extraindo de cada um contribuições importantes e voluntárias.

  Além de contar com o respeito dos demais membros do grupo de trabalho, essa pessoa deverá ter sua capacidade de comando reconhecida, especialmente pelo respeito às posições contrárias e habilidade de conciliação e de decisão.

  Além disso, pessoas que têm uma liderança natural conseguem superar com maior facilidade problemas de difícil solução. Para isso, arregimentam esforços adicionais tanto com os membros efetivamente alocados no projeto quanto com pessoas externas ao grupo.

  Durante as várias fases do projeto, o líder deverá negociar soluções que preservem os objetivos fundamentais da implantação do ERP e consigam contemporizar grupos ou movimentos contrários dentro da empresa.

  É importante considerar que os membros da equipe de implantação são funcionários de outros departamentos da empresa. Certamente, muitos procurarão defender posições departamentais no grupo de trabalho, buscando adequar determinados aspectos da implantação às necessidades específicas de seu departamento de origem.

  Caberá ao líder, junto com demais membros do grupo, verificar quando essas demandas são ou não procedentes. Nesses casos, será importante estabelecer uma linha divisória que delimite quais demandas departamentais podem colocar em risco outros aspectos da implantação, ficando ao líder a missão de negociar e conciliar questões contrárias.
- ✓ **Bom relacionamento com os diversos níveis:** uma das funções do grupo de trabalho será atuar com diversos níveis hierárquicos e em diversos departamentos.

  É preciso que a pessoa escolhida para liderar esse grupo tenha um bom trânsito e relacionamento com pessoas dos mais diversos níveis.
- ✓ **Conhecimento da empresa:** ao longo dos anos, cada empresa vai desenvolvendo sua própria história e definindo suas características (tanto positivas quanto negativas). Tudo isso acaba sendo incorporado à cultura organizacional, influenciando a concepção e o desenvolvimento de projetos.

Em qualquer organização, é possível encontrar departamentos, setores ou pessoas que aceitem as mudanças com melhor disponibilidade e interesse. Por outro lado, é previsível que alguns setores sejam resistentes a mudanças. O correto conhecimento desses e de outros aspectos da cultura organizacional será fundamental para o sucesso da implantação de sistemas integrados de gestão.

Uma pessoa que conheça a empresa, sua história, seus valores e setores (ou pessoas) mais receptivos a transformações, terá uma vantagem adicional no gerenciamento de um projeto que envolva diversos departamentos e necessite da colaboração de todos.

Em termos práticos, esse conhecimento funcionará como uma espécie de guia de viagem, sinalizando os pontos desfavoráveis, possíveis problemas e trechos onde a "velocidade de cruzeiro" poderá ser ampliada.

- ✓ **Conhecimento dos processos:** similarmente ao conhecimento da empresa, será necessário que o líder do projeto seja uma pessoa com bons conhecimentos sobre os processos desenvolvidos na organização.

  Deve-se considerar que esse conhecimento não precisa descer ao nível de detalhes, mas precisa envolver uma percepção sobre sua necessidade, abrangência e importância aos negócios da empresa.

- ✓ **Conhecimento técnico:** é importante que o líder do projeto tenha algum conhecimento técnico sobre a área de Sistemas e de Tecnologia de Informação. Embora ele não necessite ser um *expert*, é recomendável que seus conhecimentos sobre essas áreas envolvam aspectos relacionados a redes locais, banco de dados e sistemas integrados de gestão.

  Caso o líder do grupo não disponha desses conhecimentos, nada impede que sejam obtidos por meio de literatura específica, em uma fase preliminar à implantação.

Sugestão 4

SUSTENTABILIDADE AO LÍDER DO GRUPO

O líder do grupo de trabalho precisa contar com o respaldo da direção da empresa, que deverá garantir a sua sustentabilidade.
Se os demais membros do grupo de trabalho perceberem que o líder não conta com o apoio necessário, isso levará — em pouco tempo — ao esvaziamento do grupo.

7.10.4 PATROCINADOR FORTE

É essencial que o projeto conte com um patrocinador forte dentro da empresa, para garantir os recursos necessários (verba, infra-estrutura, pessoal etc.) e convocar os diversos setores e departamentos a efetivamente se envolverem com o projeto.

Esse patrocinador forte deverá ser um alto executivo da empresa, a fim de facilitar o diálogo com seus pares (outros integrantes do corpo diretivo) e deixar claro aos diversos setores e departamentos a importância dada ao projeto.

Estando convencido dos benefícios da implantação do ERP para a empresa e sabendo da importância do grupo de trabalho, o patrocinador poderá apoiar a equipe na superação de resistências naqueles setores ou departamentos que apresentem dificuldade em aceitar as mudanças (BERGAMASCHI,1999; BERGAMASCHI e REINHARD, 2003).

Sugestão 5
O PROJETO DEVE TER UM PATROCINADOR FORTE

Um alto executivo da empresa deverá ser o patrono do projeto de implantação do ERP, deixando claro para os diversos setores e departamentos a importância dada à implantação do ERP.

7.10.5 PLANEJAMENTO INICIAL

Todas as atividades e os respectivos cronogramas envolvidos na implantação de um ERP devem ser adequadamente planejados e especificados, fornecendo aos participantes um roteiro do que deverá ser desenvolvido (e quando deverá ser desenvolvido). Adicionalmente, é necessário identificar os responsáveis pelas diversas atividades e os demais participantes, assim como os recursos financeiros e materiais necessários.

Esse roteiro, que constitui o planejamento inicial, deverá ser de amplo conhecimento da empresa, estabelecendo uma área de convergência de toda a organização. Isso é fundamental para que a implantação do ERP não seja vista como um projeto que *uns poucos* estão *conduzindo com a pretensão de resolver todos os problemas da organização*.

7.10.6 REVISÃO DE PROCESSOS

Um bom ponto de partida para mostrar que a implantação de um sistema integrado de gestão envolve toda a empresa é a revisão de processos, constituindo uma oportunidade para que departamentos reflitam sobre como suas atividades estão engajadas num todo.

Para o bom andamento dessa revisão, talvez seja necessário contar com uma consultoria especializada no segmento de atuação da empresa, ajudando a oxigenar os processos com novas experiências.

Durante essa revisão, é imprescindível avaliar como o ERP escolhido lida com uma série de processos. Essa verificação — iniciada durante o processo de escolha do sistema — deverá ser ampliada e aprofundada antes da implantação efetiva. Ela será de fundamental importância para a adequada utilização do ERP, pois os processos empreendidos pela empresa deverão ser adaptados à forma como o sistema integrado de gestão *entende*, *organiza* e *processa* os fluxos de dados e informações.

7.10.7 RESISTÊNCIA ÀS MUDANÇAS

A implantação de um ERP representa um projeto que afeta toda a organização, levando à revisão e parametrização de processos, utilização de base de dados única, compartilhamento de dados e informações, maior rigidez no controle do processamento de dados, e outras modificações. É previsível, portanto, a manifestação de resistências à implantação do ERP.

- ✓ **Disseminação de dados e informações:** ao utilizar um banco de dados único e agilizar o fluxo de dados e informações, o ERP reduz consideravelmente a ação dos "donos da informação". Essas pessoas retêm dados e informações em bases isoladas em seus computadores. A liberação desses conteúdos é feita mediante negociação e troca de favores, constituindo instrumento de poder para seus "proprietários". Os "donos da informação" constituem um grupo resistente às mudanças. Superar essa situação requer não apenas habilidade política e negociação, mas também determinação hierárquica.
- ✓ **Maior controle:** sistemas "mais flexíveis" e que contenham falhas podem ser o palco ideal para fraudadores. Alguns bancos de dados — especialmente aqueles voltados para uso pessoal — permitem a alteração de registros, sem que as alterações fiquem indicadas para eventuais verificações posteriores. Isso cria uma série de possibilidades para que fraudes sejam cometidas (com a alteração de quantidades a serem entregues a um cliente, modificação de valores pagos de fornecedores etc.).

Em um ERP, por outro lado, fraudes desse tipo têm sua execução inibida pela existência de uma série de controles e a dificuldade em modificar registros diretamente no banco de dados. Geralmente, alterações em quantidades de produtos ou modificações de valores exigem que um nível hierárquico superior seja notificado.

Pessoas envolvidas em fraudes serão resistentes à implantação do ERP, especialmente quando verificarem que o novo sistema não permite a liberalidade dos procedimentos (ou sistemas) antigos.

Superar esse tipo de resistência demanda não apenas decisão e determinação hierárquica, mas também persistência.

- ✓ **Revisão de processos:** no dia-a-dia, as pessoas já estão suficientemente ocupadas com seus afazeres nas organizações. Com isso, qualquer possibilidade de alteração na rotina nem sempre é bem-vinda, pois poderá comprometer ainda mais o pouco tempo disponível. Nesse caso, algumas pessoas tendem a retardar a revisão de processos para a implantação do ERP.

  A superação desse obstáculo é mais fácil quando o cronograma é bem especificado, assim como a alocação de pessoal. Além disso, será necessário um trabalho de conscientização e envolvimento da liderança do grupo de trabalho.
- ✓ **A boa e velha planilha:** mesmo depois de superados diversos obstáculos e o ERP ter sido implantado, é possível encontrar pessoas que persistem em fazer as coisas de maneira pessoal e não integrada ao sistema. Não é difícil encontrar funcionários que deixam de utilizar módulos específicos do ERP, substituindo-os por soluções "caseiras", tais como uma planilha eletrônica ou um banco de dados pessoal.

  Esses focos de resistência devem ser eliminados de imediato, evitando que outros funcionários sigam o exemplo. As pessoas que mantêm esse comportamento devem ser (re)orientadas sobre a importância do ERP, passando por treinamentos que ajudem a superar eventuais dificuldades no uso do sistema. Infelizmente, há casos em que somente a demissão de um funcionário demasiadamente resistente consegue desestimular pessoas que adotam igual comportamento.

7.10.8 CONFLITO ENTRE AS CULTURAS FORMAL E INFORMAL

A cultura organizacional é um vasto campo de estudos para as mais diversas áreas, fornecendo amplo material para as Ciências Sociais Aplicadas, o Direito Trabalhista, a Psicologia, a Medicina do Trabalho, e outras áreas do conhecimento. Em que pese essa amplitude, é importante verificar qual o impacto da cultura organizacional na implantação e utilização de sistemas integrados de gestão.

Ao longo dos anos, toda a organização vai definindo, moldando e consolidando uma cultura própria constituída por uma coleção de crenças, valores, métodos, práticas, procedimentos e comportamentos. É correto supor que **alguns** desses constituintes (crenças, valores, práticas etc.) estejam escritos e formalizados. Entretanto, verifica-se que muitos deles não estão efetivamente oficializados, definidos, especificados ou normatizados.

Por exemplo, existem vários tipos de bancos de investimentos, muitos dos quais operando há muitos anos. Algumas dessas organizações são tradicionalmente mais ousadas, ao passo que outras são mais conservadoras. Essa diferença entre graus de conservadorismo e ousadia teve início, provavelmente, na personalidade dos sócios fundadores (ou dos controladores iniciais) e foi sendo consolidada ao longo dos anos.

Com o passar do tempo, a característica de cada banco foi sendo mais e mais percebida pelo "mercado", criando uma espécie de ciclo. Nele, investidores mais arrojados procuram bancos mais ousados, e investidores mais conservadores procuram instituições de igual perfil. Dessa forma, essas características vão sendo sedimentadas e consolidadas, constituindo uma parte da visão que os consumidores têm sobre cada organização.

Assim como a cultura organizacional é percebida e reafirmada pelos consumidores, ela também permeia — e de maneira mais intensa — os seus funcionários e colaboradores. Com o passar dos anos, e à medida que os valores, crenças, métodos e procedimentos vão sendo estabelecidos, uma empresa atrai para sua equipe cada vez mais pessoas que se adaptam a esse perfil. Não é difícil encontrar exemplos de profissionais altamente capacitados que não se enquadraram em determinada empresa, muito provavelmente porque não se adequaram à cultura organizacional vigente. Com o passar dos anos, mesmo considerando as diferenças de cada um (competência, formação, experiência, valores pessoais etc.), pessoas que trabalham em uma organização tendem a ter um comportamento profissional um pouco parecido. Isso fica mais evidente nas empresas que já estão suficientemente consolidadas com *alguns anos de estrada*, as quais desenvolveram uma visão compartilhada (dentro da acepção de SENGE, 1998).

Segundo esse autor, a visão compartilhada é uma resposta à pergunta "O que desejamos criar", sendo formada por retratos ou imagens que as pessoas têm em sua mente e coração. Essa visão é realmente compartilhada quando os integrantes de uma organização têm as mesmas imagens e o compromisso mútuo de manter essa visão, conectando-se a uma aspiração comum.

Quando da implantação de um sistema integrado de gestão, verifica-se a necessidade de perceber a cultura organizacional, buscando elementos ou atributos que auxiliem o projeto. É preciso identificar e compreender a visão mantida pelas pessoas, considerando que ela poderá estar atrelada às próprias perspectivas profissionais de cada funcionário ou colaborador. Todavia, essa não é uma tarefa fácil, tendo em vista que o uso do ERP pode ser visto como uma forma de alterar o *status quo* da empresa. Essa possibilidade de modificação do modelo vigente poderá gerar insegurança quanto ao futuro profissional de cada funcionário e colaborador.

Além disso, é possível extrair alguns aspectos mais práticos da cultura organizacional que podem servir como armadilhas à implantação de sistemas de informação, em especial de um ERP. Dentro da cultura institucionalizada da empresa, podem-se identificar dois subconjuntos formados pela cultura formal e pela informal. Segundo Côrtes e Rosochansky (2001, p. 45), a cultura formal representa "o que a empresa gostaria de ser e como ela gostaria de agir"; já a cultura informal é "a empresa como ela é, como ela age". Ampliando esse conceito, pode-se dizer que a cultura formal representa a empresa como ela foi pensada pela alta administração, incluindo desde seus objetivos até seus procedimentos operacionais. Por outro lado, a cultura informal representa a empresa como ela opera efetivamente em seu dia-a-dia.

Essas duas culturas não são excludentes, mas nem sempre as empresas conseguem compatibilizá-las, o que poderia ser uma oportunidade interessante para refinar procedimentos operacionais e instruções de trabalho. Por exemplo, quando um formulário de requisição de materiais é concebido, ele prevê uma série de campos para controles que são considerados importantes. Com o passar do tempo, as pessoas percebem que não é necessário preencher todos aqueles campos para conseguir o que se deseja. Por vezes, a recomendação vem do próprio setor responsável, que indica informalmente que um funcionário simplifique o preenchimento do formulário, tendo em vista que muitos dos campos não são utilizados.

As pessoas começam a perceber que algumas simplificações são viáveis, pois agilizam processos sem prejudicar — ao menos em princípio — o resultado final das operações. No entanto, isso nem sempre é de conhecimento dos níveis hierárquicos superiores, que continuam concebendo procedimentos operacionais mais complexos e elaborando instruções de trabalho detalhadas sem receber (ou sem criar condições para receber) um *feedback* dos níveis operacionais. Essa realimentação serviria para refinar esses processos e instruções, contribuindo para desenvolver uma visão compartilhada sobre determinados aspectos do dia-a-dia da organização.

Quando esse conflito está mal equacionado ou mal resolvido, ele emerge de maneira significativa durante a implantação de um ERP. Se as simplificações ocorrem à revelia da alta administração, isso nem sempre é repassado à equipe de analistas responsável pela adaptação ou parametrização do sistema. Quando o ERP entra em operação, as pessoas esperam preencher na tela apenas os campos utilizados nos formulários impressos, descartando aqueles não utilizados efetivamente. Tendo em vista que os analistas não foram avisados dessa possibilidade (ou não tiveram a sensibilidade de avaliar melhor a situação), o sistema ERP requisitará uma série de controles adicionais àqueles utilizados no dia-a-dia. Como resultado, as pessoas terão maior dificuldade em utilizar o novo sistema, gerando críticas e resistências.

Sugestão 6
PROCURAR COMPREENDER A CULTURA ORGANIZACIONAL

Perceber qual a Visão Compartilhada mantida pelas pessoas dentro da organização, verificando onde e como o Sistema Integrado de Gestão poderá contribuir para que elas possam prospectar novas rotas profissionais e pessoais. Identificar se o conflito entre a Cultura Formal e a Cultura Informal está ou não equacionado, evitando armadilhas que prejudiquem a implantação do ERP.

7.10.9 ESTRATÉGIAS DE IMPLANTAÇÃO

Em termos práticos, a implantação de um sistema integrado de gestão pode ser efetuada por meio de duas estratégias básicas: faseada e *big bang* (HYPOLITO e PAMPLONA, 1999). Adicionalmente, é apresentada uma terceira possibilidade, denominada de circuito fechado, e que constitui uma variação da estratégia faseada. Essas possibilidades são detalhadas a seguir:

✓ **Faseada:** o projeto é dividido em etapas (ou fases), sendo que a implantação dos diversos módulos ocorre ao longo de cada uma dessas fases.

- **Risco** — reduzido, pois a implantação geralmente envolve áreas, departamentos ou processos isolados. Mesmo assim, é fundamental considerar alternativas para o caso de falhas na implantação.
- **Duração** — é mais demorada, pois o processo é distribuído por diversas fases. Em alguns casos, essa implantação poderá ocorrer ao longo de alguns anos.
- **Desenvolvimento de interfaces** — é necessário o desenvolvimento de interfaces entre os módulos instalados e outros sistemas em uso pela empresa (que serão substituídos em fases posteriores).
- **Custo** — devido à necessidade de desenvolvimento de interfaces, o custo final é maior do que na estratégia *big bang*. Porém, deve-se considerar que o investimento (licenciamento, treinamento, implantação etc.) distribui-se ao longo de um período maior, sendo potencialmente mais atrativo para diversas empresas.

✓ ***Big bang*:** envolve a implantação de todos os módulos de uma única vez, dentro do escopo originalmente definido. Exige ser muito bem planejada, uma vez que a possibilidade de ocorrência de erros e falhas amplia-se significativamente quando comparada à implantação faseada.

- **Risco** — como a quantidade de módulos envolvidos é maior do que em cada etapa da implantação faseada, os riscos são muito mais iminentes.
- **Duração** — é bem menor do que a faseada, tendo em vista que todos os módulos são implantados em conjunto.
- **Desenvolvimento de interfaces** — não é necessário desenvolver interfaces com sistemas em uso na empresa que serão substituídos pelo ERP. Deve-se considerar, entretanto, a necessidade do desenvolvimento de interfaces com outros sistemas (não contemplados pelo ERP), situação essa também prevista para a implantação faseada.
- **Custo** — como o desenvolvimento de interfaces não é necessário (ou é bastante reduzido), o custo de uma implantação *big bang* tende a ser menor. Porém, esse investimento deverá ser efetuado em um período reduzido, o que pode não estar ao alcance da organização. Adicionalmente, é importante prever uma intensidade maior de treinamento, tendo em vista que os módulos passarão a operar todos de uma única vez. Isso poderá implicar um investimento maior para esse recurso.

✓ **Circuito fechado:** essa estratégia constitui uma variante da implantação faseada, podendo ser utilizada também na substituição de um ERP por outro. O exemplo apresentado a seguir mostra como essa implantação pode ser efetivada.

Em uma empresa que trabalhe com a compra e venda de produtos, o sistema antigo pode ser substituído em suas extremidades (módulos de compra e venda) pelos módulos do ERP, conforme apresentado na Figura 7.13. Além disso, as bases de dados antiga e nova são compatibilizadas com o desenvolvimento de um sistema específico.

Num primeiro momento (Figura 7.13, fase I), são efetuados a instalação e o teste dos módulos do ERP de compra e venda, assim como implantado o sistema que compatibilizará os dois bancos de dados.

Posteriormente, é feita a desativação do módulo de compras do sistema antigo (Figura 7.13, fase II), que é substituído pelo módulo equivalente do ERP. Com isso, as entradas de produtos serão executadas já com a utilização do ERP. Em caso de algum problema, o módulo antigo poderá ser reativado.

Em seguida, é feita a desativação do módulo de vendas do sistema antigo (Figura 7.13, fase III), com a comercialização de produtos sendo efetuada com o módulo equivalente do ERP.

Nessa fase, o sistema é alimentado em suas extremidades pelos módulos do ERP. Com isso, fecha-se o circuito, facilitando a substituição paulatina dos módulos intermediários.

Independente da estratégia de implantação escolhida, é fundamental a realização de testes antes do início da operação efetiva de cada módulo (ou do conjunto deles, no caso de a opção ser pela estratégia *big bang*). Embora seja possível voltar atrás em uma implantação, retornando à operação do sistema antigo até que *bugs* e falhas de parametrização sejam superados, politicamente, isso nem sempre é aconselhável dentro de uma organização.

O projeto de implantação (ou substituição) de um ERP envolve intensamente toda a empresa. Quando problemas graves ocorrem, a ponto de a empresa suspender temporariamente o projeto, a repercussão é sempre negativa, colocando em questionamento o novo sistema, a equipe encarregada da implantação e o fornecedor do ERP.

Dessa forma, é fundamental que testes sejam realizados, verificando não apenas o correto processamento de dados, mas também a velocidade e capacidade de trabalho

Figura 7.13 Exemplo de implantação de ERP por meio da estratégia denominada circuito fechado, como uma variante da estratégia faseada.

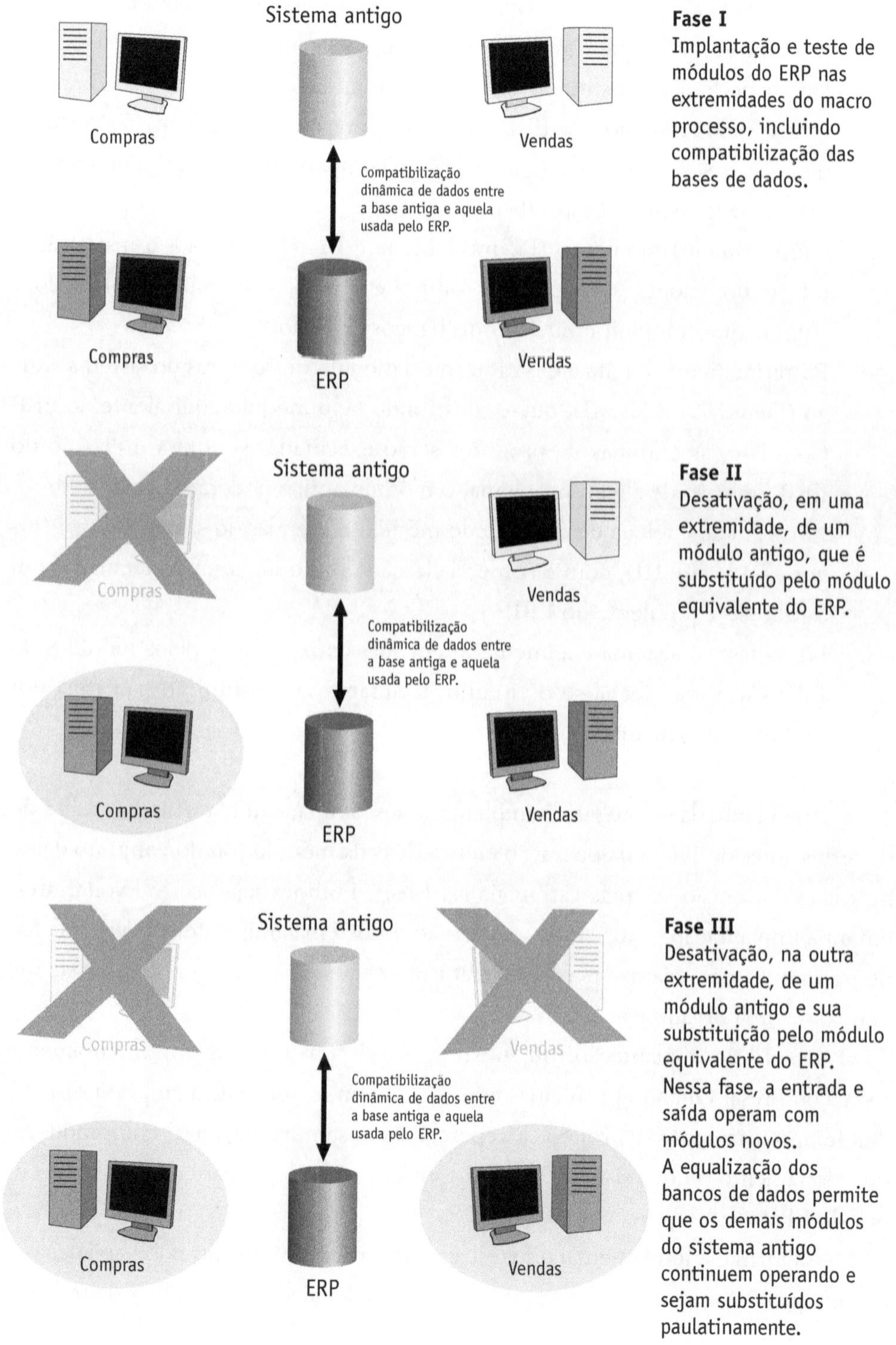

com grandes volumes de dados que representem — efetivamente — situações do dia-a-dia. Além disso, é necessário ter certeza de que as pessoas encarregadas pela operação e a equipe interna responsável pela administração e manutenção do sistema estejam aptas a trabalhar com o ERP.

7.11 SUBSTITUIÇÃO

É certo supor que, ao adotar um ERP, uma empresa acredita que vai utilizá-lo por um longo tempo. Afinal, o projeto de escolha e implantação pode assumir tal vulto que, numa primeira análise, seriam poucos os motivos que poderiam levar uma organização a pensar na substituição de um ERP. Apesar disso, por vezes, as empresas têm necessidade de substituir seu sistema integrado de gestão, o que pode ocorrer por diversos motivos. A seguir, são destacados alguns deles:

- ✓ **ERP não acompanha o crescimento da empresa:** geralmente, uma empresa adquire um ERP que é adequado às suas necessidades de momento. Com o passar do tempo, entretanto, a empresa cresce além da capacidade do ERP.
  Isso pode ocorrer seja porque a empresa ascendeu a um patamar não atendido pelo provedor do ERP, seja porque esse fornecedor não investiu o suficiente no aprimoramento do sistema e no seu desenvolvimento tecnológico.
- ✓ **ERP é descontinuado:** um sistema integrado de gestão pode ser descontinuado pelo seu desenvolvedor. Isso pode ser motivado por ocorrências que incluem problemas financeiros ou aquisições por novos controladores.
  Em ambos os casos, as organizações que utilizam o sistema podem ficar com sérios problemas, especialmente devido à falta de suporte técnico e de atualizações.
- ✓ **Adoção de ERP único em todas as unidades:** mesmo grandes corporações podem não ter adotado um ERP padronizado. Nesses casos, cabe a cada unidade decidir individualmente sobre qual sistema ERP deverá ser utilizado.
  Isso poderá gerar problemas na transmissão de dados e informações entre unidades diferentes, levando à geração de interfaces específicas para compatibilizar diferentes ERPs.
  Para resolver esse tipo de problema, muitas organizações têm optado pela padronização do ERP, levando todas as suas unidades a adotarem o mesmo sistema.

Em casos assim, uma unidade pode ser forçada a utilizar um novo ERP, apesar de estar plenamente confortável com o sistema em uso.

- ✓ **Aquisição da empresa por novos controladores:** situação similar à verificada no item anterior ocorre quando uma empresa é adquirida por novos controladores ou é incorporada por uma outra organização.

  Nesses casos, ela poderá ser forçada a adotar o mesmo ERP utilizado pelas outras empresas do grupo.

Embora o processo de troca de um ERP possa ser bastante trabalhoso, a empresa que passa por isso já apresenta uma vantagem inicial sobre aquela que está sendo iniciada no universo dos sistemas integrados de gestão:

- ✓ **Reativar o grupo de trabalho:** o grupo de trabalho envolvido na implantação do ERP original poderá ser reativado, com eventuais alterações e modificações.

  Isso facilitará a execução das tarefas, tendo em vista que já existe — ao menos parcialmente — uma cultura disseminada sobre as atividades de um grupo dedicado à implantação de um ERP.
- ✓ **Aprender com erros antigos:** previsivelmente, erros e falhas ocorrerão em qualquer projeto, havendo sempre o que pode ser melhorado e aperfeiçoado.

  Os problemas encontrados na implantação anterior do ERP poderão ser evitados ou minimizados, uma vez que são de conhecimento da empresa ou pelo menos de parte do grupo de trabalho. Essa experiência será de grande valia para que não ocorram (ou, ao menos, sejam rapidamente superados) determinados problemas.
- ✓ **Cultura ERP já disseminada:** a existência de uma cultura disseminada sobre o uso de um ERP reduzirá o tempo de implantação, considerando que as pessoas já estão acostumadas ao uso de um sistema integrado de gestão.

  A experiência acumulada pelos funcionários e colaboradores será de grande importância e utilidade na substituição do sistema, reduzindo passos e agilizando etapas.
- ✓ **Menor intensidade na revisão de processos:** conforme comentado anteriormente, a implantação de um ERP demanda a revisão de processos dentro da empresa.

Nessa situação, diversos processos têm de ser revistos e adequados ao novo sistema. Isso poderá facilitar a sua substituição, uma vez que a intensidade de alteração de processos poderá ser menor nesse novo projeto.

Embora a substituição de um ERP por outro seja trabalhosa, não há motivo para que seja mais difícil do que a implantação original, desde que o novo sistema seja melhor (ou no mínimo similar) ao que está sendo substituído.

No mais, o processo de substituição de um ERP mantém semelhanças com a implantação original, guardadas as devidas proporções, em relação a determinados problemas (como revisão de processos, por exemplo) que foram equacionados da primeira vez.

7.12 CONCLUSÃO

Como pôde ser visto ao longo deste capítulo, um amplo espectro de assuntos circunda os sistemas do tipo ERP. Concebido para a área de manufatura industrial, esses sistemas tiveram seu escopo ampliado e passaram a ser utilizados por organizações dos mais diversos segmentos. A correta utilização dos sistemas integrados de gestão envolve uma série de considerações e percepções, discutidas ao longo deste capítulo.

REFERÊNCIAS

ALBERTÃO, E. S. *Sistemas de gestão empresarial*: metodologia para avaliação, seleção e implantação para pequenas e médias empresas. 2. ed. São Paulo: Iglu, 2005.

ALVES, W. P. *Fundamentos de bancos de dados*. São Paulo: Érica, 2004.

BERGAMASCHI, S. "Um estudo sobre projetos de implementação de sistemas para gestão empresarial". Tese de Doutorado. Faculdade de Economia, Administração e Contabilidade. São Paulo: Universidade de São Paulo — USP, 1999.

_____________; REINHARD, N. "Fatores críticos de sucesso para a implementação de sistemas de gestão empresarial". In: SOUZA, C.A.; SACCOL, A. Z. (Org). *Sistemas ERP no Brasil (Enterprise Resource Planning)*: teoria e casos. São Paulo: Atlas, 2003.

BOLSETH, S.; SAGEGG, O. J. "ERP in manufacturing network". *I International conference Proceeding*. University Synergy Program, 2001.

CODD, E. F. "A relational model of data for large shared data banks". *Communications of the ACM*. v. 13 n. 6, June 1970. p. 377-387.

CORRÊA, H. L.; GIANESI, G. N. I.; CAON, M. *Planejamento, programação e controle da produção — MRP II / ERP*: conceitos, uso e implantação. 4. ed. São Paulo: Atlas, 2001.

CÔRTES, P. L. *Sistemas operacionais*: fundamentos. 2. ed. São Paulo: Érica, 2005.

_____________; ROSOCHANSKY, M. *Webmarketing* — estabelecendo vantagens competitivas na Internet. São Paulo: Érica, 2001.

CÔRTES, P. L. *Trabalhando com banco de dados utilizando o Delphi 2005: MySQL 4, SQL Server 2000, Oracle 9i e Microsoft Office Access 2003*. São Paulo: Érica, 2005.

______________; SCHERR, R. A. *Conhecendo e trabalhando com o Visual Basic 6.0*. 9. ed. São Paulo: Érica, 2005.

DATE, C. J. *Introdução a sistemas de banco de dados*. Rio de Janeiro: Campus, 2000.

DAVIS, M. M.; AQUILANO, N. J.; CHASE, R. B. *Fundamentos da administração da produção*. 3. ed. Porto Alegre: Bookman, 2001.

GAITHER, N.; FRAZIER, G. *Administração da produção e operações*. 8. ed. São Paulo: Pioneira-Thomson Learning, 2002.

GIL, A de L. *Fraudes informatizadas*. 2. ed. São Paulo: Atlas, 1999.

______________. *Qualidade total em informática*. 3. ed. São Paulo: Atlas, 1999.

______________. *Segurança em informática*. 2. ed. São Paulo: Atlas, 1998.

______________. *Sistemas de informações contábil financeiros*. 3. ed. São Paulo: Atlas, 1999.

HAAG, S.; CUMMINGS, M.; DAWKINS, J. *Management information systems for the Information Age*. Nova York: Irwin/McGraw-Hill, 1998.

HAMEL, G. *Liderando a revolução*. Rio de Janeiro: Campus, 2000.

______________; PRAHALAD, C. K. *Competindo pelo futuro*: estratégias inovadoras para obter o controle do seu setor e criar os mercados de amanhã. Rio de Janeiro: Campus, 1995.

HYPOLITO, C. M.; PAMPLONA, E. O. "Sistemas de gestão.integrada: conceitos e considerações em uma implantação". *XIX Encontro Nacional de Engenharia de Produção — ENEGEP*. Anais eletrônicos. Rio de Janeiro. UFRJ. nov. 1999.

JOHNSTON, R. B. *The problem with planning: the significance of theories of activity for operations management*. (Tese de doutorado). School of Business Systems Monash University, 1998.

KELLER, E. L. "Leassons learned, manufactoring systems". *Issue*, v. 17, 1999.

LAUDON, K. C.; LAUDON, J. P. *Gerenciamento de sistemas de informação*. 3. ed. Rio de Janeiro: LTC, 2001.

MABERT, V. A.; SONI, A.; VENKATARAMANAN, M. A. "Enterprise Resource Planning: common myths versus evolving reality". *Business Horizons*, v. 44, n. 3, 2001.

MATTOS, A. C. M. *Sistemas de informação*: uma visão executiva. São Paulo: Saraiva, 2005.

MOREIRA, D. A. *Administração da produção e operações*. São Paulo: Pioneira-Thomson Learning, 2004.

NONAKA, I. "A dynamic theory of organizational knowledge creation". *Organization Science*, v. 5, n. 1, 1994.

______________; TAKEUCHI, H. *Criação do conhecimento na empresa*: como as empresas japonesas geram a dinâmica da inovação. Rio de Janeiro: Campus, 1997.

O'BRIEN, A. J. *Sistemas de informação e as decisões gerenciais na era da Internet*. 2. ed. São Paulo: Saraiva, 2004.

OLIVEIRA, C. B. M. *Estruturação, identificação e classificação de produtos em ambientes integrados de manufatura*. Dissertação de Mestrado. Escola de Engenharia de São Carlos. USP, 1999.

PORTER, M. E. *Competitive advantage*: creating and sustaining superior performance. Nova York: The Free Press, 1985.

______________. *Estratégia competitiva*: técnicas para análise de indústrias e da concorrência. 7. ed. São Paulo: Campus. 2002

RICCIO, E. L. *Efeitos da tecnologia de informação na contabilidade*: estudo de casos de implementação de sistemas empresariais integrados — ERP. Tese de Livre-Docência. Faculdade de Economia, Administração e Contabilidade. São Paulo: Universidade de São Paulo — USP, 2001.

SENGE, P. M. *A quinta disciplina*: arte e prática da organização que aprende. 2. ed. São Paulo: Best Seller, 1998.

SILVA, L. C. *Banco de dados para a web*: do planejamento à implementação. São Paulo: Érica, 2001.

STAIR, R. M.; REYNOLDS, G. W. *Princípios de sistemas de informação*: uma abordagem gerencial. São Paulo: Pioneira-Thomson Lerning, 2006.

TANENBAUM, A. S. *Organização estruturada de computadores*. Rio de Janeiro: LTC, 2001.
TURBAN, E.; RAINER Jr., R.K.; POTTER, R. E. *Administração de tecnologia da informação*. Rio de Janeiro: Campus, 2003.
WALLACE, J.; ERICKSON, J. *Hard drive*: Bill Gates and the making of the microsoft empire. New York: Wiley, 1992.
WATERS, C. D. J. *An introduction to operations management*. Oxford: Waters, 1991.
ZWASS, V. *Foundations of information systems*. Boston: Irwin/McGrw-Hill, 1997.

CAPÍTULO 8

BUSINESS INTELLIGENCE, CRM, OLAP, DATAMINING, DATA WAREHOUSE E DATA MART

8.1 INTRODUÇÃO

No Capítulo 3, discutiram-se os mecanismos que podem ser utilizados para captar novas idéias e tendências, oxigenando o processo criativo dentro da empresa e possibilitando, conseqüentemente, o desenvolvimento de novos produtos ou serviços. Para isso, foram utilizados conceitos como Inteligência Coletiva, do filósofo francês Pierre Lévy, e do desenvolvimento de conhecimento empresarial do pesquisador japonês Ikujiro Nonaka (tendo como base idéias do filósofo húngaro Michael Polanyi).

Naquele capítulo, comentou-se a importância — e até mesmo a necessidade — desse olhar para fora da organização em busca de novas idéias, conceitos ou tendências e a aplicação das técnicas de socialização, externalização, combinação e internalização. Há que se considerar, entretanto, que, em diversos casos, a resposta às dúvidas ou à solução de problemas podem ser encontradas dentro da empresa, em seus bancos de dados.

Ao longo dos anos, com a utilização de sistemas de informação dos mais variados níveis (incluindo ERPs), as organizações foram acumulando uma quantidade significativa de dados e informações sobre seus clientes e negócios. Em geral, esses dados e informações são utilizados apenas pelo processamento de transações em tempo real (OLTP — Online Transaction Processing), que constituem as operações de entrada, saída e manutenção de dados realizadas por sistemas ou módulos como controle de estoques, contas a pagar e a receber, cadastro de clientes, compras, dentre outros.

Embora o OLTP seja essencial ao dia-a-dia de uma empresa, permitindo que as operações sejam regularmente mantidas (especialmente no nível operacional), há que se considerar que o volume de dados e informações disponível pode ser utilizado também para outras finalidades. Analisando-os de maneira adequada, é possível ampliar a compreensão do próprio negócio e dos *stakeholders* (clientes, colaboradores, investidores, fornecedores e comunidade). Isso permitirá que estratégias e táticas sejam mais bem definidas e previsões possam ser efetuadas com boa chance de sucesso.

Esse assunto tem recebido o nome de Business Intelligence (BI), ou Inteligência Empresarial, um amplo arcabouço de conceitos e técnicas que buscam extrair conhecimento empresarial a partir de repositórios de dados e informações, tanto internos quanto externos. O BI busca romper com o *status* de muitos sistemas que se restringiram apenas à tarefa de transformar dados em informações, sem contribuírem, ao menos de maneira significativa, para a geração de conhecimento ou desenvolvimento de inteligência empresarial.

Neste capítulo, são discutidas algumas possibilidades que ampliam o uso dos Sistemas Integrados de Gestão (ERP), facilitando o estabelecimento de estratégias e melhorando o grau de conhecimento sobre os consumidores. O CRM, por exemplo, facilita a interação com os consumidores, promovendo o resgate do atendimento personalizado. Adicionalmente, fornece indicadores que podem ajudar a reter clientes, tarefa essa cada vez mais difícil em segmentos altamente competitivos.

Ferramentas e técnicas como o OLAP e Datamining, trabalhando com a extração de conhecimento, mostram relações desconhecidas, ajudando a caracterizar grupos de consumidores, indicando tendências e viabilizando o desenvolvimento de uma compreensão maior sobre os clientes.

O termo Business Intelligence (BI ou Inteligência Empresarial) está associado a essa capacidade de compreender o próprio negócio de modo a que previsões possam ser efetuadas com razoável chance de sucesso. A fim de exemplificar algumas possibilidades do BI, Loshin (2003) cita exemplos, como a capacidade de um gerente de vendas em predizer o montante que seus consumidores despenderão e quais produtos comprarão nos próximos seis meses. Segundo ele, nos últimos anos, a habilidade de criar, coletar e armazenar informação tem crescido mais rapidamente do que a capacidade de fazer uso significativo dessa mesma informação.

Esse cenário não é propriamente novo. Em 1945, Vannevar Bush publicava o célebre artigo *As we may think*, uma das obras que fundamentaram o desenvolvimento e a utilização de novas tecnologias de armazenamento e recuperação de informações, que afirmava que a quantidade de informação científica publicada anualmente superava a capacidade humana de análise. Com isso, temia ele, descobertas importantes poderiam ser perdidas em meio a uma quantidade crescente de informações (BUSH, 1945).

Além da capacidade de lidar adequadamente com volumes crescentes de informação, é necessário considerar a qualidade da informação obtida ou o valor a ela adicionado. Kudyba e Hoptroff (2001) citam como exemplo a possibilidade de gerentes verificarem mensalmente as quantidades que cada representante vendeu, obtendo uma relação individualizada por vendedor *versus* produto *versus* cliente. É claro, alertam os autores, que relatórios desse tipo não representam uma novidade, mas o valor adicionado à informação inclui atributos como velocidade de geração dos relatórios, maior acuidade, utilização de formatos amigáveis e facilidade de distribuir a informação e compartilhar o conhecimento.

O Business Intelligence constitui uma área de conhecimento e atuação cada vez mais promissora dentro das organizações, subsidiando processos de *Balanced Scorecard*, abrindo espaço para que os sistemas de informação contribuam ainda mais — e com maior valor agregado — para as organizações ampliarem seu autoconhecimento e também compreenderem melhor o ambiente cada vez mais complexo em que elas estão inseridas.

8.2 SISTEMAS DE PROCESSAMENTO EM LOTES

Nos primórdios da computação comercial, o processamento de dados era efetuado em lotes, em intervalos específicos de tempo. As transações de negócios (cadastro de clientes, entrada e saída de itens em estoque, operações de compra e venda, lançamentos contábeis e movimentações financeiras, por exemplo) eram acumuladas durante certo período, passavam por um preparo (como a perfuração de cartões que constituiriam a entrada de dados – Figura 8.1) e eram, então, processadas em um lote único. Posteriormente, esse processo era novamente repetido.

Segundo Côrtes (2005), os primeiros sistemas de computação requeriam um elevado grau de interação, devido à baixa capacidade de processamento e reduzida memória dos equipamentos disponíveis nos anos 1950 e 1960. Cálculos matemáticos, por exemplo, precisavam ser desmembrados em subprogramas ou sub-rotinas, cada qual requerendo a intervenção de usuários ou programadores para o seu correto funcionamento. Surgiram, então, os ***batch systems*** (sistemas em lote ou processamento em lote), nos quais poderia ser colocado um conjunto de instruções, eliminando — ou reduzindo — a necessidade de interação para a correta execução dos sucessivos programas e subprogramas. Os ***batch systems*** foram utilizados dos anos 1950 até a década seguinte.

Além de restrições quanto à capacidade de processamento e disponibilidade de memória, naquela época os *mainframes* (computadores de grande porte) tinham nos cartões perfurados a forma principal de entrada de grandes volumes de dados (Figura 8.1). Esses cartões necessitavam ser perfurados e conferidos mecanicamente antes de serem lidos e processados. Nos anos 1960 e 1970, a utilização de terminais era ainda incipiente, fazendo com que a entrada de dados e programas fosse efetuada com o auxílio de cartões perfurados.

Posteriormente, os ***batch systems*** evoluíram para um recurso denominado **SPOOLing** (Simultaneous Peripheral Operation Online), levando ao surgimento do ***spooling batch system***, que permitia a leitura preliminar de lotes de cartões e sua

Figura 8.1 Cartão Hollerith (ou Punch Card) utilizado para a entrada de dados em sistemas de grande porte, especialmente durante os anos 1960 e 70.

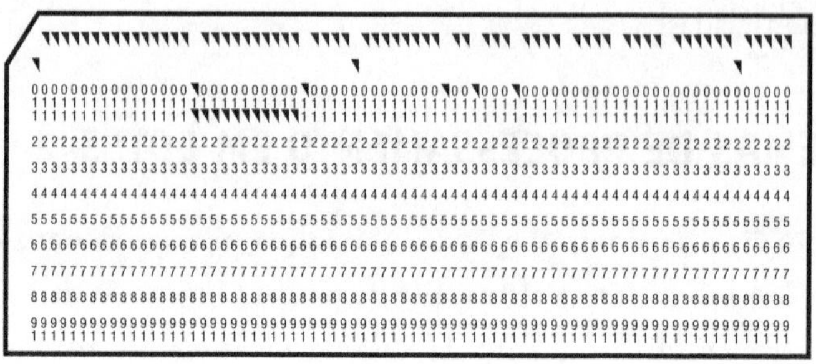

gravação em *tapes* ou discos rígidos. O mesmo recurso era utilizado para a impressão de relatórios, que poderiam ser gravados (CÔRTES, 2005).

Segundo Stair e Reynolds (2006), a periodicidade com que os lotes eram processados dependia da necessidade da empresa. Por exemplo: cartões de ponto poderiam ser processados a cada trinta dias, enquanto o sistema de contas a receber poderia processar diariamente os pagamentos efetuados pelos clientes.

8.3 PROCESSAMENTO DE TRANSAÇÕES EM TEMPO REAL — OLTP

Com a evolução e redução de custos da tecnologia, o processamento de dados passou a ser efetuado em tempo real (ou *on-line*, numa acepção mais antiga desse termo). Por exemplo, o cadastro de um cliente ou uma movimentação de estoque poderiam ser realizados diretamente por meio da utilização de um terminal ligado ao *mainframe* (computador de grande porte).

Posteriormente, com o surgimento e evolução dos microcomputadores, esses equipamentos puderam ser utilizados como terminais de computadores de grande porte ou até mesmo em substituição aos *mainframes*.

Em diversas empresas, a utilização dos computadores iniciou-se pela informatização de processos, tarefas ou procedimentos notoriamente operacionais. Sistemas (ou *softwares*) de contas a pagar e a receber, controle de estoques, elaboração de orçamentos, cadastro de clientes e fornecedores, compras, vendas e faturamento constituem alguns dos exemplos mais corriqueiros de módulos ou *softwares* utilizados especialmente nesse nível.

Esse viés operacional é verificado não apenas em *softwares* isolados. Sistemas Integrados de Gestão (ERP) possuem um componente operacional muito importante, uma vez que permitem controlar e agilizar as tarefas e os processos pertinentes ao dia-a-dia das organizações. É certo que bons ERPs fornecem informações para os níveis tático e estratégico, mas são utilizados, especialmente, pelo nível operacional, que abastece e mantém os bancos de dados com a "matéria-prima" (dados) que, uma vez processados, permitirão gerar informações para uso nos demais níveis.

Sistemas que processam dados em tempo real são conhecidos como OLTP (Online Transaction Processing, Processamento de Transações On-line ou, ainda, Processamento de Transações em Tempo Real) e têm, como característica básica, a realização de procedimentos de entrada, saída, alteração ou exclusão de dados executados de imediato no banco de dados (ALVES, 2004).

Essa necessidade de rápida manipulação dos dados, seja efetuando consultas, procedendo a alterações, seja efetuando exclusões, exerce impacto direto na forma como o banco de dados é concebido e organizado. Busca-se, geralmente, a utilização de poucos relacionamentos entre as tabelas empregadas, visto que um número excessivo poderá degradar a performance do banco de dados. Igualmente, um OLTP necessita de poucos índices na tabela, "provavelmente um ou dois, escolhidos com cuidado", segundo Macdonald e Cagle (1999). Soukup (1998), por sua vez, indica que a definição de índices demandará a realização de testes práticos, buscando otimizar a performance.

Sistemas OLTP permitem a geração de relatórios que podem ser empregados, principalmente, no nível operacional e, subsidiariamente, em decisões táticas. É necessário considerar, entretanto, que dada a forma como os bancos de dados são organizados para esses sistemas, nos quais as tabelas utilizam poucos índices e os relacionamentos são mais "econômicos" (sempre priorizando a performance), nem sempre é possível obter rapidamente informações mais amplas ou mesmo um conhecimento mais abrangente sobre alguns problemas. Essa não é uma função que sistemas OLTP consigam realizar com facilidade.

No Capítulo 3, comentou-se que muitos dos sistemas de informação apresentam limitações, restringido-se exatamente a transformar dados em informações, pouco colaborando para a geração de conhecimento ou desenvolvimento de inteligência empresarial. É certo que, nos bancos de dados relacionais, é possível desenvolver consultas em SQL (Structured Query Language, abordada no Capítulo 6) que supram os níveis tático e estratégico com a informação (e até mesmo o conhecimento) necessário à tomada de decisões com maior propriedade. Sistemas de informação, não raro, conseguem gerar relatórios e informes potencialmente úteis aos diversos níveis decisórios nas organizações.

Há que se considerar, entretanto, a existência de uma classe específica de sistemas voltados à geração de Inteligência Empresarial (BI), conforme explicado a seguir.

Para informações adicionais:	**Capítulo 3,** ***O papel dos sistemas de informação no desenvolvimento da inteligência coletiva nas empresas;*** **Capítulo 6,** ***Bancos de dados e informações.***

8.4 SISTEMAS DE APOIO À DECISÃO

A obtenção do conhecimento e o desenvolvimento da BI ganham importância a cada dia. Os competidores não são mais empresas conhecidas que operam em uma mesma área geográfica, vendendo produtos similares ou oferecendo serviços equivalentes. Muitas vezes, o principal concorrente é um *player*, até então desconhecido, que opera de um país distante, com uma nova tecnologia. Apesar da distância ou das dificuldades com o idioma, esse competidor oferece um produto ou serviço por um preço que os consumidores (até então fiéis) se dispõem a pagar, pois ele agrega valor ao que está sendo oferecido.

Em um ambiente com essas características, e diante de grandes volumes de dados e informações, é necessário contar com sistemas que facilitem a extração do conhecimento a partir de bases de dados existentes, trabalhando dentro do arcabouço maior da Business Intelligence.

Cada vez mais, alcançam importância ampliada os sistemas, que vão além do simples processamento de dados e da geração de informações. Ganham destaque os *softwares* ou sistemas de BI, ampliando a capacidade de planejamento e a tomada de decisões estratégicas. Além disso, é importante ressaltar que os conceitos e as técnicas de Business Intelligence também podem ser utilizados pelos níveis táticos e operacionais.

Para uma melhor compreensão deste tópico, é interessante resgatar brevemente alguns conceitos e considerações apresentados no Capítulo 4. Naquele capítulo, discutiu-se uma classificação dos sistemas de informação por níveis operacional, tático e estratégico, proposição essa considerada pertinente, uma vez que possibilita identificar as diferentes exigências no tocante a essas áreas. Refinando um pouco mais essa classificação, estabelece-se o seguinte:

- ✓ **Sistemas de apoio às decisões operacionais:** envolvem questões de ordem prática, necessárias ao dia-a-dia das empresas. Nesse nível, em geral, trabalha-se com dados brutos que, uma vez processados, darão origem a informações elementares e pontuais. Na maioria das vezes, são tomadas decisões de rotina sobre atividades e procedimentos estruturados. A dimensão de tempo é mais restrita, estando afeita a horas, dias ou semanas.
- ✓ **Sistemas de apoio às decisões táticas:** nesse nível, trabalha-se com uma dimensão um pouco mais ampliada de tempo (geralmente, da ordem de semanas e meses), podendo ser utilizados dados e informações históricas de curto

ou médio alcance, em busca de uma tendência futura, para facilitar a organização, o planejamento e o controle de atividades. Embora o grau de estruturação das atividades diminua em relação ao nível operacional, ele ainda existe.

✓ **Sistemas de apoio às decisões estratégicas:** as decisões são mais abrangentes e de longo prazo, sendo que suas conseqüências têm um impacto maior para a saúde e a longevidade da empresa. Usualmente, as decisões são bem menos estruturadas e levam em consideração uma série de fatores internos e externos, estabelecendo um panorama ou cenário adequado ao equacionamento e à elucidação de questões.

Em termos temporais, o horizonte de trabalho é de meses a anos (por vezes, não mais do que dois anos para determinados segmentos). Aqui, há que se fazer algumas ponderações. Em indústrias altamente competitivas e que utilizam intensamente novas tecnologias (seja no produto, na sua fabricação, seja na prestação de serviço), esse horizonte acaba sendo reduzido a alguns meses.

Por exemplo, operadoras de telefonia celular podem conceber estratégias para os próximos dois ou três anos, prospectando um crescimento ao redor de 20% ao ano no número de clientes. No entanto, estratégias de curto prazo (alguns meses) devem ser definidas, promovendo o lançamento de novos produtos ou serviços. São essas estratégias de curto prazo que viabilizarão o crescimento esperado.

Cada um desses sistemas de apoio às decisões possui características específicas, em função das demandas que devem suprir. Dentre as diversas ferramentas utilizadas pela Business Intelligence, algumas mostram-se mais adequadas a determinados níveis decisórios, conforme prospectado brevemente a seguir.

Embora não seja normalmente considerado dentro de um escopo de BI, um dos sistemas que pode ser mencionado como útil à geração de conhecimento e ao desenvolvimento de inteligência empresarial é o CRM Analítico, situação essa considerada por Dyché (2002). Esse tipo de CRM configura-se tanto como um **sistema de apoio às decisões estratégicas**, quanto um **sistema de apoio às decisões táticas**. O CRM Operacional, por sua vez, pode ser considerado um **sistema de apoio às decisões operacionais**.

Por sua vez, sistemas do tipo OLAP (On-line Analytical Processing) constituem exemplos típicos de **sistemas de apoio às decisões estratégicas**, podendo ser empregados como **sistemas de apoio às decisões táticas** e, em situações específicas e conforme as ferramentas de processamento de dados, também como **sistema de apoio às decisões operacionais.** Esse tipo de sistema utiliza o conceito de cubos de decisão. Embora esses cubos sejam matrizes com três dimensões, na prática, essas matrizes podem assumir dimensões diversas. O On-line Analytical Processing pode ser dividido em tipos específicos, como o ROLAP, MOLAP, HOLAP e WOLAP.

Além disso, uma das formas clássicas utilizadas para a geração (ou extração) de conhecimento abrangido pelo BI é o processo de mineração de dados (Datamining), em que grandes repositórios de dados e informações são analisados em busca de conhecimentos, relações e indicadores não facilmente perceptíveis. O Datamining é um processo pertinente ao **sistema de apoio às decisões estratégicas** e também ao **sistema de apoio às decisões táticas**.

A seguir, cada um desses sistemas será mais bem explorado, com a indicação de exemplos de aplicação.

Para informações adicionais: **Capítulo 4, *Tipos de sistemas de informação.***

8.5 A PERSONALIZAÇÃO DO ATENDIMENTO

Não vai muito longe o tempo em que uma pessoa entrava em uma loja perto de sua casa e era atendida pelo próprio dono ou por um funcionário que, não raro, conhecia todos os clientes. A recepção era personalizada, pois o comerciante conhecia o gosto de seus clientes, seus hábitos de consumo e suas preferências. O atendimento correto, calmo, atencioso e, fundamentalmente, personalizado, cativava os clientes, que mantinham-se fiéis.

Mas isso mudou. O tempo escasso nas grandes cidades, as grandes redes de lojas e supermercados, a cultura do *fast-food*, a forte concorrência entre pontos comerciais, as margens de lucro declinantes, sendo compensadas pelo grande volume comercializado, influenciaram a mudança de comportamento dos consumidores, ao mesmo tempo que reforçam essa tendência, em um ciclo que se auto-alimenta.

É claro que, com isso, surgiram facilidades. Quem poderia imaginar há duas décadas que o setor alimentício passaria a oferecer produtos frescos em porções individuais, limpos e prontos para o consumo? Quem poderia supor que as idas e vindas aos mecânicos de confiança pudessem ser desnecessárias pois os automóveis passariam a oferecer garantia de dois ou três anos? Quem poderia conceber que as companhias de seguro ofereceriam serviços de manutenção residencial 24 horas por dia?

A conseqüência palpável dessas facilidades foi uma mudança perceptível em diversos segmentos, com os consumidores rapidamente aderindo à novas facilidades e abandonando velhos costumes.

Essa mudança de hábitos foi sendo intensificada à medida que mais e mais pessoas deixaram o ambiente rural e migraram para as grandes cidades, fazendo com que ficassem ainda maiores. Áreas antes desocupadas passaram a concentrar populações crescentes, aumentando horizontalmente a área urbana das cidades. As distâncias cresceram e, não raro, determinados bairros passaram a concentrar uma população que passava parte do dia trabalhando ou estudando em outros locais.

As pessoas foram, paulatinamente, deixando de ter contato com o comércio local, pois o horário de trabalho e o tempo gasto no trânsito consumiam quase que todo o tempo do dia. Restavam apenas as opções dos supermercados e grandes lojas com horário de atendimento estendido. Os *shopping centers* foram se multiplicando, paralelamente ao surgimento de segmentos que passaram a atender 24 horas (como drogarias, supermercados e até mesmo lojas de material de construção).

Com isso, a personalização do atendimento foi cedendo espaço para a rapidez, grande oferta de produtos e horários flexíveis. A rotatividade em determinados segmentos comerciais faz com que dificilmente um cliente seja atendido sempre pela mesma pessoa em uma loja.

Mas os consumidores querem mais. Não basta uma ampla gama de facilidades, preços decrescentes ou garantias estendidas. As pessoas mais velhas ainda lembram dos bons tempos em que os comerciantes sabiam os nomes e preferências de seus clientes. E nessa faixa de idade são encontradas pessoas com alto poder aquisitivo, ou seja, um consumidor muito atraente para diversas empresas. Muitas pessoas querem a personalização de volta, sem abrir mão das facilidades conseguidas nas últimas décadas. Querem unir o útil ao agradável. Mesmo os mais jovens gostam de um atendimento personalizado, preservando um pouco de sua individualidade.

Como as empresas podem resolver essa questão? Como elas podem oferecer o melhor de dois mundos a seus consumidores? A resposta pode estar dentro dos sistemas da empresa, mais precisamente em seu banco de dados.

8.6 CRM — CUSTOMER RELATIONSHIP MANAGEMENT

Embora a massificação tenha se acentuado nas últimas décadas, esse é um fenômeno que remonta ao tempo em que Henry Ford, no início do século XX, passou a produzir automóveis mais acessíveis por meio da produção em série. Até então, os veículos eram produzidos artesanalmente, sendo adquiridos apenas por alguns poucos consumidores.

Posteriormente, outros fabricantes de automóveis passaram a produzir seus veículos da mesma forma, aderindo ao chamado fordismo. O mesmo ocorreu em diversos segmentos, com produtos sendo montados em linhas de produção e atendendo a uma massa crescente de consumidores. Apesar disso, na ponta final da cadeia de comercialização — o atendimento em loja, por exemplo — ainda se verificava a personalização. Mas essa forma de atendimento cedeu espaço à massificação não apenas de produtos, mas também de serviços.

Para preservar as vantagens da comercialização em massa e, ao mesmo tempo, resgatar o atendimento personalizado, as empresas voltaram-se para os seus sistemas internos e bancos de dados. Em diversos casos, elas mantêm um histórico completo das transações efetuadas pelos seus clientes, podendo obter indicadores personalizados sobre seus hábitos de consumo. Também é possível prospectar tendências e avaliar a eficácia de campanhas de marketing e promoções efetuadas. Essas possibilidades podem ser utilizadas tanto para pessoas físicas quanto para organizações, bastando que as transações estejam armazenadas em um banco de dados.

O Quadro 8.1 compara duas situações hipotéticas em uma central de *telemarketing*. Na primeira delas, um atendimento normal é efetuado, sem que dados e informações anteriores sejam utilizados para subsidiar a operação. Na segunda, é utilizado um **sistema de apoio às decisões operacionais**:

Embora seja uma situação hipotética, é necessário considerar que a Situação 2 é plenamente plausível. Com base em dados históricos, o operador de telemarketing pode ser informado das últimas compras do cliente, chamando sua atenção quando um padrão não estiver sendo seguido. No caso, o pedido originalmente efetuado excluía os cartuchos de tinta colorida. Além disso, o cliente não especificou qual o tipo de papel, nem que os CDs deveriam ser aqueles de embalagens mais econômicas.

A conseqüência imediata da Situação 2 é que o valor total da compra com atendimento personalizado foi maior. Embora as empresas necessitem ampliar seu fatura-

Quadro 8.1 Comparativo de atendimento usual e personalizado com base em dados armazenados pela empresa.

Situação 1 **Atendimento usual**	**Situação 2** **Atendimento personalizado** **(Sistema de apoio às decisões operacionais)**
— Central de atendimento da XYZ, em que posso ajudá-lo? — Boa tarde. Eu sou da empresa ABC e gostaríamos de encomendar alguns itens de escritório. — De quais produtos vocês necessitam? — Dois cartuchos de tinta preta para impressora Printer 3000, cinco pacotes de papel A4 (com 500 folhas cada), duas bobinas de fax e uma caixa com CDs graváveis. — Um momento, por favor. Vou verificar o preço total. Vocês já têm cadastro com a gente? — Sim. — Poderia passar o CNPJ? — É 01234567/0001-89. — O valor total é de R$ 125. Ele pode ser faturado em 15 dias. — E quanto ao prazo de entrega? — Amanhã, durante o horário comercial. — Está bem. Pode fechar o pedido. — Obrigado e até breve.	— Central de atendimento da XYZ, em que posso ajudá-lo? — Boa tarde. Eu sou da empresa ABC e gostaríamos de encomendar alguns itens de escritório. — Por favor, qual o CNPJ da empresa? — É 01234567/0001-89. — De quais produtos vocês necessitam? — Dois cartuchos de tinta preta para impressora Printer 3000, cinco pacotes de papel A4 (com 500 folhas cada), duas bobinas de fax e uma caixa com CD graváveis. — Pelo seu histórico de compras, talvez esteja na hora de trocar os cartuchos de tinta colorida de sua impressora. — Hum... vou verificar. *Após alguns instantes* Sim, vamos precisar. O pessoal esqueceu de solicitar. — Normalmente vocês solicitam CDs que vêm em embalagem econômica e pedem papel A4 de 90 gramas. Posso manter o padrão? — Claro. — O valor total é de R$190. Ele pode ser faturado em 15 dias. — E quanto ao prazo de entrega? — Amanhã, durante o horário comercial. — Está bem. Pode fechar o pedido. — Obrigado e até breve.

mento, esse resultado não é necessariamente o mais importante. Seria fácil elaborar um exemplo em que o inverso ocorresse. Talvez o cliente estivesse tentando adquirir algo em excesso pelos padrões usuais de consumo e fosse alertado pelo atendente. O melhor resultado é obtido pela fidelização que o atendimento personalizado pode propiciar, uma vez que o cliente percebe que o fornecedor se importa com ele, estando atento às suas necessidades.

Essa é a tônica dos sistemas do tipo **CRM** (Customer Relationship Management — Gerenciamento de Relações com os Consumidores) que fornecem subsídios a um melhor atendimento, coletam sugestões dos consumidores, prospectam tendências e avaliam a eficácia de campanhas de marketing.

No exemplo apresentado, foi verificada a utilização de um **sistema de apoio às decisões operacionais**. Entretanto, o **CRM** pode ser utilizado como **sistema de apoio às decisões estratégicas** e também como **sistema de apoio às decisões táticas**.

8.7 ERP E CRM

Conforme visto no Capítulo 7, o ERP constitui um sistema que atua em diversos processos **internos** de uma organização. Os processos **externos**, quando abrangidos pelo ERP, estão voltados para a integração com fornecedores ou distribuidores, atuando em diversos elos da cadeia de fabricação/produção ou prestação de serviços.

Apesar disso, geralmente, os processos abrangidos pelos Sistemas Integrados de Gestão envolvem de maneira tênue os consumidores (pessoas físicas ou organizações), possuindo módulos apenas para a recepção de pedidos, faturamento, expedição e logística externa (entregas).

Embora os ERPs acabem acumulando uma série de dados e informações sobre cada cliente e suas respectivas operações de compra e pagamentos efetuados, tudo isso é geralmente empregado apenas dentro de um contexto convencional, estando afeito mais às questões operacionais internas. Por exemplo, no momento em que um pedido é efetuado, uma empresa poderá utilizar os dados disponíveis para decidir as opções de pagamento que serão oferecidas a um cliente. Um histórico positivo permitirá que a empresa parcele o pagamento ou dê um prazo maior para a quitação de uma compra. Por outro lado, é possível que o ERP não forneça ao vendedor, no momento que o pedido está sendo feito, um *script* ou um indicativo sobre o perfil do cliente, marcas preferidas, quantidades usualmente adquiridas e informações adicionais que possibilitem direcionar a venda, tornando-a mais efetiva.

Em resumo, o ERP trata dos processos internos e habitualmente não fornece, ao menos em seus módulos básicos, ferramentas que aprofundem o relacionamento com os consumidores. Sendo assim, o CRM funciona como um complemento dos sistemas integrados de gestão (ERP), permitindo que a organização melhore e amplie o relacionamento com seus consumidores.

A Figura 8.2 esquematiza a atuação dos dois sistemas, tendo como ponto de referência o banco de dados, que funciona como o grande repositório de dados (e também de informações) da empresa. O sistema integrado de gestão (ERP) cuida de processos internos, como controle de estoque de materiais e produtos, ordens de serviço ou produção, custos, controle de qualidade, contas a pagar e a receber, contabilidade, dentre outros. O CRM, por sua vez, reúne, organiza e processa as informações sobre cada cliente, fornecendo subsídios para um melhor atendimento, identificando padrões de consumo, prospectando tendências, verificando a eficácia de promoções, recebendo sugestões e reclamações sobre cada atendimento prestado, serviço contratado ou produto adquirido.

Para informações adicionais: **Capítulo 7, *ERP — Sistemas Integrados de Gestão.***

Uma outra maneira de enxergar a relação entre o ERP e o CRM é expressa na Figura 8.3. Se imaginarmos uma empresa ou organização como sendo a Terra, teremos que o núcleo é formado pelo **banco de dados**. Por sua vez, a porção interna que na Terra corresponde ao manto seria constituída pelo **ERP**. A parte superficial, formada pela crosta terrestre e a biosfera, seria constituída pelo **CRM**. A crosta terrestre é parte integrante da biosfera do planeta, sobre a qual vivem os seres vivos. Nessa analogia, o **CRM** é a porção onde se localizam virtualmente os consumidores da empresa.

É necessário notar que o CRM pode ser utilizado não apenas para um relacionamento imediato com o cliente, durante a realização de uma venda, no esclarecimento de uma dúvida ou no registro de uma reclamação. Conforme lembram Turban, Rainer e Potter (2003), o CRM, vai além da realização de vendas e das operações de marketing, pois a empresa deve ser capaz de alterar a configuração de seus produtos ou serviços com base nas necessidades individuais de seus clientes.

Figura 8.2 Relacionamento ERP *versus* CRM.

Figura 8.3 O núcleo do ERP e do CRM é o banco de dados.

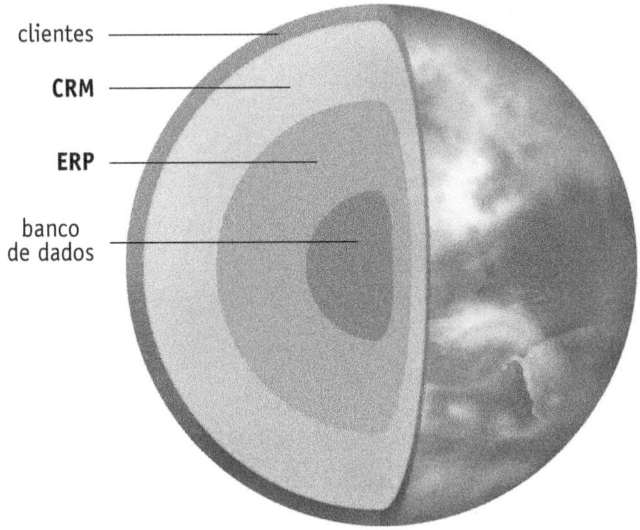

Para isso, existem diferentes tipos de CRM que podem fornecer informações para diferentes áreas e níveis dentro de uma empresa. Entretanto, antes de analisar os tipos de CRM, será importante estudar algumas questões relativas ao funcionamento básico desse tipo de sistema.

8.7.1 FUNCIONAMENTO BÁSICO DE UM SISTEMA DO TIPO CRM

Conforme mencionado anteriormente, os sistemas ERP geralmente não contemplam em seus módulos-base funcionalidades que permitam o gerenciamento de relações com os consumidores. É claro que fornecedores de sistemas integrados de gestão, atentos às necessidades de seus clientes, têm oferecido opções nesse sentido, seja por meio do desenvolvimento de módulos específicos, seja pela constituição de parcerias com desenvolvedores de sistemas CRM já consagrados.

Um ERP básico ou convencional possui módulo ou função para cadastro de clientes associado ao módulo de vendas, possibilitando a emissão de relatórios (incluindo quantidades vendidas ou serviços contratados pela sua base de clientes), conforme pode ser visto na Figura 8.4. Essa é uma fase que pode ser considerada como pré-CRM, uma vez que a empresa detém dados e informações básicas para melhor atender seus consumidores, mas não os utiliza em sua plenitude, nem dispõe de um sistema que oriente interações posteriores com o cliente.

Figura 8.4 Fase pré-CRM. A empresa mantém em seu banco de dados apenas o cadastro de clientes e o histórico de compras, mas não dispõe de sistemas que identifiquem rapidamente os pontos fortes para a concretização de uma venda.

Por exemplo, pelo histórico de um cliente seria possível verificar padrões e tendências de consumo, caso os dados e informações fossem adequadamente reunidos e processados. Isso ajudaria a identificar marcas e linhas preferidas de produtos, além de avaliar se as decisões de compra são tomadas com base no preço, forma de pagamento ou qualidade. No momento de uma transação, essas informações seriam repassadas dinamicamente ao vendedor ou profissional de atendimento, orientando a interação com sugestões do tipo:

- ✓ ofereça produtos da linha XYZ;
- ✓ ofereça desconto de 10% para pagamento à vista;
- ✓ verifique se há preferência por entrega expressa.

Nessa forma básica — ou primordial — de atuação, um CRM estaria sendo usado como um **sistema de apoio às decisões operacionais**, subsidiando e orientando a tomada de decisões durante o atendimento ao consumidor. É certo que informações desse tipo podem ser obtidas pela leitura de relatórios, mas no momento que o atendimento está sendo efetuado, o profissional não terá tempo para ler documentos em busca de orientações. Há que se dispor de sistemas — como o CRM — que façam essa "leitura" e indiquem rapidamente os pontos fortes para a concretização de uma venda.

Não raro, sistemas integrados de gestão agregam módulo para registro do histórico de atendimentos, especialmente para serviços de atendimento ao consumidor (SAC), conforme pode ser visto na Figura 8.5. Essa conjugação de cadastro de cliente e histórico de atendimentos (produtos, serviços, reclamações, sugestões) constitui uma fase proto-CRM, pois a empresa já possui os dados e informações necessários a uma maior personalização do atendimento (incluindo a possibilidade de fazer um *follow up* de reclamações e solicitações), porém não conta com sistemas específicos para isso e que orientem as operações com o consumidor.

Para um administrador de banco de dados (também chamado de DBA ou Database Administrator, no jargão técnico), um analista de sistemas ou programador, familiarizado com a estrutura do banco de dados corporativo, poderia desenvolver, a partir do proto-CRM, relatórios que fornecessem informações como:

- ✓ marcas preferidas;
- ✓ itens recentemente adquiridos;
- ✓ opções de pagamento mais utilizadas.

Mesmo assim, essa solução estaria longe de oferecer as facilidades de um CRM real, que poderia incluir um sistema de redirecionamento de respostas em face a solicitações dos clientes, por exemplo. Com isso, o sistema poderia constituir uma

Figura 8.5 Fase proto-CRM. A empresa possui módulos de cadastro, vendas e histórico de atendimentos, subsidiando sistemas básicos de telemarketing ou serviços de atendimento ao consumidor.

espécie de FAQ (Frequently Asked Questions — questões usualmente formuladas) que, a partir das indagações efetuadas por um cliente, selecionaria e apresentaria possibilidades ao funcionário responsável pelo atendimento. Sistemas desse tipo podem ser bastante complexos, dada a quantidade de opções existentes, sendo que alguns deles têm a capacidade de aprender com a inclusão automática de novos caminhos por meio de solicitações originalmente não previstas.

Esse tipo de facilidade não pode ser obtida com relatórios ou consultas pré-formatadas, carecendo de um sistema específico e que atue de maneira dinâmica (o que é possível com o CRM). Conforme pode ser visto na Figura 8.6, enquanto

Figura 8.6 Enquanto sistemas convencionais de atendimento (telemarketing) fornecem uma perspectiva limitada de atendimento aos clientes, o CRM permite uma visão de 360º das questões envoltas no relacionamento com o consumidor.

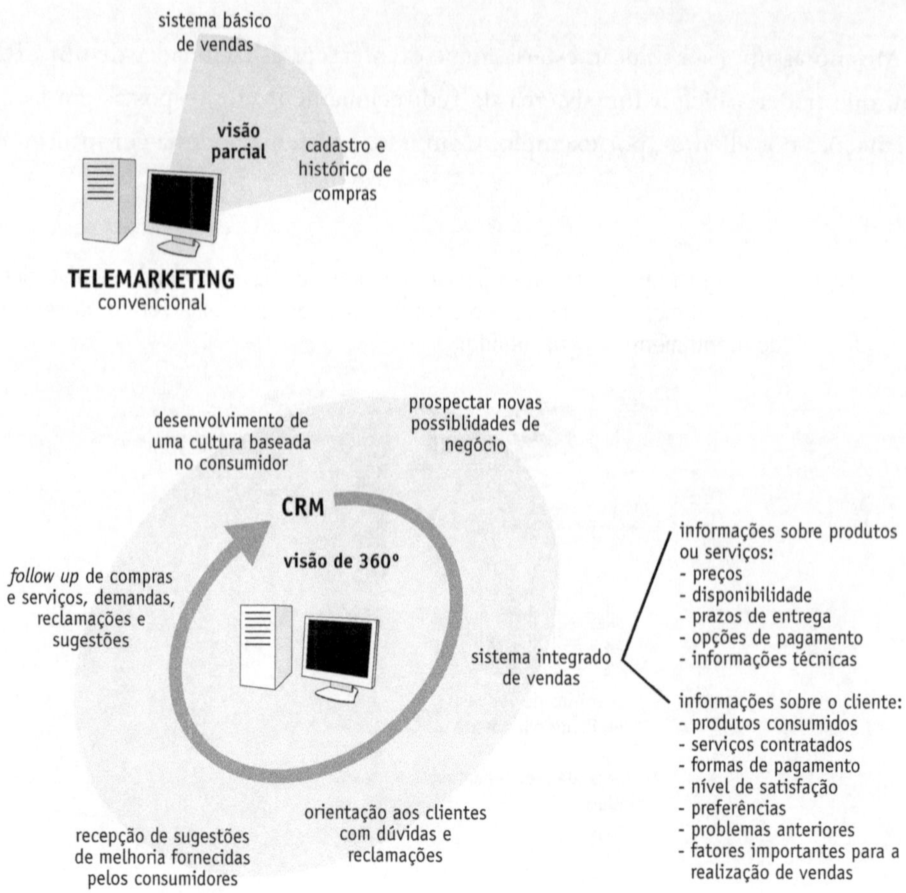

os sistemas convencionais de telemarketing ou SAC fornecem uma visão parcial do atendimento aos clientes, o CRM torna essa perspectiva mais ampla, contemplando questões tais como:

- ✓ sistema integrado de vendas;
- ✓ prospecção de novas possibilidades de negócio;
- ✓ orientação aos clientes com dúvidas;
- ✓ desenvolvimento de uma cultura baseada no consumidor;
- ✓ *follow up* de compras e serviços, demandas, reclamações e sugestões;
- ✓ recepção de sugestões de melhoria fornecidas pelos consumidores;
- ✓ orientação aos clientes com dúvidas e reclamações.

Adicionalmente, o **sistema integrado de vendas** fornece informações sobre o cliente (produtos consumidos, serviços contratados, formas de pagamento, nível de satisfação, preferências, problemas anteriores, fatores importantes para a realização de vendas), e sobre produtos ou serviços (preços, disponibilidade, prazos de entrega, opções de pagamento, informações técnicas).

A visão de 360° promovida pelo CRM permite um nível de conhecimento para uso **operacional** não oferecido pelos sistemas integrados de gestão (ERP), agregando valor às interações com os consumidores. O Customer Relationship Management, todavia, não se atém apenas a esse relacionamento direto com os consumidores. Na verdade, o CRM conta com diferentes opções, permitindo seu uso como **sistema de apoio às decisões** no nível **operacional**, **tático** e **estratégico**, conforme discutido nos próximos tópicos.

8.7.2 CRM OPERACIONAL

O CRM voltado para o chamado *front office*, empregado no relacionamento direto com o cliente, é denominado de CRM Operacional, englobando as funcionalidades apresentadas na Figura 8.6. Geralmente, ele é utilizado em substituição aos módulos convencionais de atendimento ao consumidor fornecidos por alguns sistemas integrados de gestão (ERP) e constitui um **sistema de apoio às decisões operacionais**.

Ao adquirir um sistema CRM, a empresa ainda contará com os módulos ou funcionalidades de cadastro de clientes e histórico de compras providos pelo ERP. Entretanto, o CRM Operacional (Figura 8.7) oferece vantagens em relação a esses

Figura 8.7 A empresa adota o CRM Operacional para melhorar o atendimento e a interação com os consumidores.

módulos ou funcionalidades do ERP, propiciando um melhor suporte à realização de vendas.

Segundo Madruga (2004), o CRM Operacional é utilizado em *call centers* e por equipes de vendas no relacionamento direto com os clientes. Ele possui funcionalidades diversas, como o acompanhamento de serviços e histórico de contatos, além de permitir a utilização de *scripts* inteligentes, que facilitam e orientam o relacionamento.

Para que o CRM Operacional possa interagir dinamicamente com o ERP, é preciso que ambos utilizem o mesmo banco de dados, o que inclui também o compartilhamento de tabelas específicas. Por isso, é importante que o CRM Operacional seja adquirido do mesmo fornecedor do ERP ou mantenha compatibilidade com o sistema utilizado. Essa compatibilidade tornará factível ao CRM substituir módulos específicos do ERP (como o módulo de vendas, por exemplo), possibilitando o acréscimo de novas funcionalidades e opções e agregando valor ao atendimento prestado aos clientes.

8.7.3 CRM ANALÍTICO

Embora o CRM seja dedicado, fundamentalmente, ao relacionamento com os consumidores, não se limita à interação direta com os consumidores (ou *front office*). Sua utilização pode ser ampliada com o uso do CRM Analítico (Figura 8.8), que permite analisar o comportamento do consumidor, buscando meios para avançar no relacionamento com ele.

Segundo Peres (2003), a partir do momento que numerosas informações são extraídas dos clientes e utilizadas na realização de negócios é que o CRM deixa de ser simplesmente operacional e passa a ser analítico, integrando diferentes fluxos de trabalho. De acordo com Madruga (op. cit.), o CRM Analítico é utilizado na

Figura 8.8 A empresa adota o CRM Analítico, examinando os dados e informações gerados pelo CRM Operacional e pelo Sistema Integrado de Gestão, para buscar elementos a fim de melhor definir e implementar ações estratégicas e táticas.

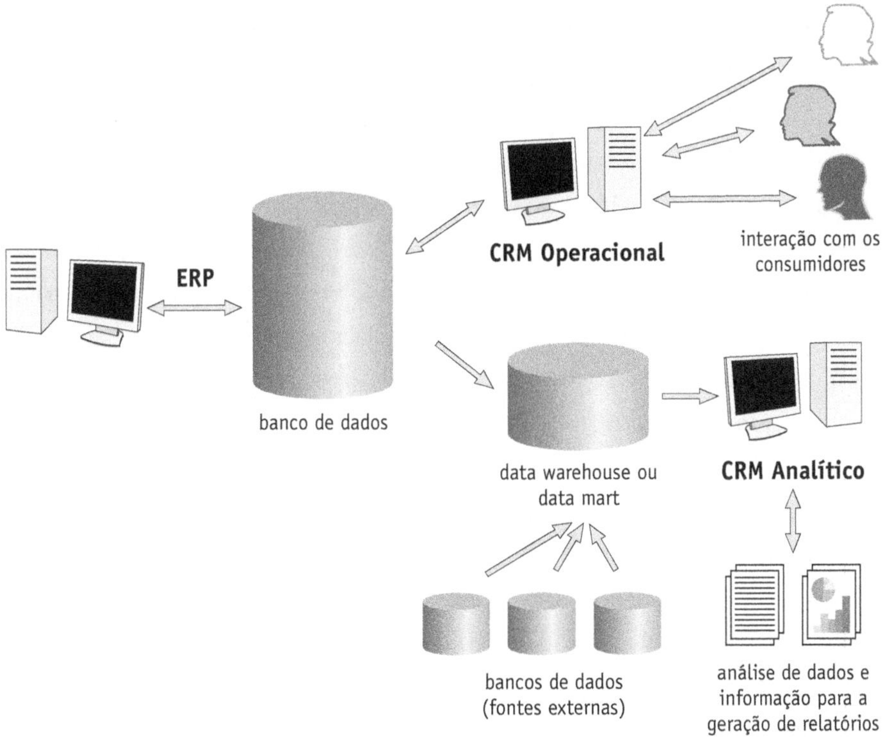

administração de campanhas de marketing, estudos sobre o comportamento do consumidor e análises sobre compras futuras. A partir da análise de dados e informações, esse sistema possibilita a geração de conhecimento e inteligência, identificando questões importantes para o aprimoramento dos negócios e facilitando a tomada de decisões de ordem tática ou estratégica. Sendo assim, o CRM Analítico pode ser considerado tanto um **sistema de apoio às decisões táticas** como um **sistema de apoio às decisões estratégicas**.

Com a sua utilização, dados e informações obtidos são analisados, facilitando o desenvolvimento de projetos e ações, tais como:

- ✓ campanhas de marketing;
- ✓ segmentação de clientes;

- ✓ pesquisa de relacionamento com os consumidores, prospectando tendências e verificando/acompanhando o comportamento de grupos segmentados;
- ✓ promoção de vendas ou serviços;
- ✓ verificação de desempenho de campanhas de divulgação ou promoção;
- ✓ análise dos motivos de sucesso ou insucesso de operações;
- ✓ tomada de decisões estratégicas.

Processos analíticos tendem a demorar mais do que transações convencionais ou OLTP (Processamento de Transações em Tempo Real), onerando o desempenho do banco de dados. É importante considerar, ainda, que a estrutura de um banco de dados utilizado em processos analíticos tende a ser bem diferente, fazendo uso de uma quantidade maior de índices e um maior número de relacionamentos entre as tabelas. É por essa razão que se recomenda o uso de repositórios específicos e destinados a armazenar um grande volume de dados (SCHWEITZER, 2004). Esses grandes bancos de dados são denominados de Data Warehouse ou Data Mart. Complementando, não raro o CRM Analítico também emprega dados externos (oriundos de representantes comerciais e franqueados, por exemplo), que alimentam o Data Warehouse ou o Data Mart.

Data Warehouse é um repositório de dados oriundos de bases diversas, tanto internas quanto externas à organização. Ele possibilita a realização de análises e correlações em processos de extração de conhecimentos para utilização em áreas estratégicas, táticas ou operacionais da organização.
Data Mart mantém o mesmo conceito do Data Warehouse, porém constitui um repositório de dados sobre um assunto específico.

8.7.4 CRM COLABORATIVO

Atualmente, diversos canais de comunicação podem ser utilizados para o relacionamento com os clientes, sendo necessário lidar com uma ampla gama de possibilidades, como centrais de telemarketing, *e-mail*, fax, correio, web, SMS (Short Message Service ou mensagens via celular), dentre outras possibilidades (Figura 8.9). O CRM Colaborativo oferece ferramentas para esse gerenciamento, ajudando a reduzir custos e melhorando a efetividade do relacionamento com os consumidores.

Em termos práticos, o CRM Colaborativo não constitui um **sistema de apoio à decisão**, sendo uma ferramenta de suporte a outras atividades. Ele é mencionado

Figura 8.9 Voltado para o gerenciamento de comunicações, o CRM Colaborativo completa, juntamente com o CRM Operacional e o CRM Analítico, o trio básico do Customer Relationship Management.

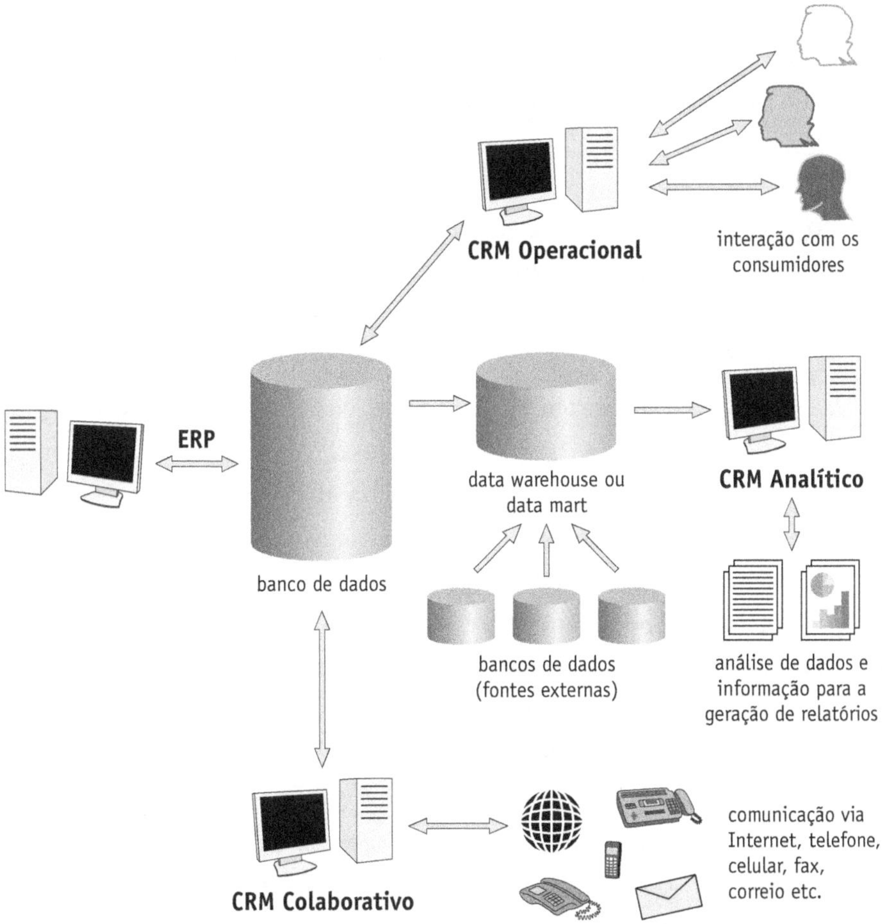

porque integra a tríade básica do CRM (interação, análise e gerenciamento de comunicação).

Entretanto, o fato de constituir uma ferramenta de apoio ao CRM Operacional e ao CRM Analítico não diminui sua importância. Uma demanda originalmente efetuada via SAC — serviço de atendimento ao consumidor (utilizando um sistema do tipo 0800 para ligações gratuitas), pode gerar respostas que serão enviadas por *e-mail*, mensagem por celular ou fax. Por exemplo, um cliente liga para o SAC informando que perdeu o boleto de pagamento bancário e necessita de uma segunda via. Essa cópia poderá ser enviada por *e-mail* ou por fax, conforme a conveniência desse cliente. O CRM Colaborativo ajuda a gerenciar esse tipo de resposta, fornecendo agilidade à empresa e facilitando a resolução do problema do consumidor.

8.7.5 CRM: BANCOS DE DADOS INDICADOS

Conforme visto, existem três tipos básicos de sistemas CRM, cada qual com finalidades específicas e necessidades diferentes em relação ao banco de dados, conforme relatado a seguir:

- ✓ **CRM Operacional:** as operações de atendimento aos clientes devem ser realizadas com rapidez e, usualmente, envolvem uma quantidade relativamente pequena de dados e informações para cada cliente. Em situações como essa, recomenda-se um banco de dados que tenha um baixo nível de relacionamento entre as tabelas existentes, pois os relacionamentos tendem a degradar o desempenho da leitura e gravação de dados. É recomendável que seja utilizada uma quantidade reduzida de índices, agilizando as operações.

  É preciso criar regras para que as tabelas de uso mais freqüente sejam periodicamente limpas de dados e informações não mais necessários, sem que isso prejudique o atendimento.
- ✓ **CRM Analítico:** esse tipo de CRM pode envolver um grande volume de dados e informações e procedimentos, por vezes, demorados. Como o CRM Analítico é utilizado para a tomada de decisões estratégicas ou táticas (e não operacionais), o maior tempo de processamento não chega a ser um problema. No entanto, é fundamental que o CRM Analítico seja efetuado em base de dados separada daquela empregada para o CRM Operacional. Isso se explica não só pelo processamento conjunto de um grande volume de dados e informações — o que acaba degradando a performance do banco de dados — mas também porque o CRM Analítico poderá envolver o uso de tabelas com um maior grau de relacionamento e índices adicionais, o que também é motivo para queda de performance.

  Conforme mencionado anteriormente, o CRM Analítico envolve o processamento de dados oriundos de fontes diversas, sendo recomendada a utilização de grandes bases de dados (Data Warehouse ou Data Mart). Com isso, poderá ser necessário preparar, filtrar e consolidar os dados externos, a fim de evitar inconsistências ou redundâncias e facilitar o processamento.
- ✓ **CRM Colaborativo:** uma parte significativa do processamento do CRM Colaborativo é feita de maneira automatizada. Por exemplo, quando uma mercadoria

enviada para a assistência técnica estiver pronta (sendo processada uma baixa na ordem de serviço), o cliente poderá ser avisado automaticamente por *e-mail* ou SMS (Short Message Service). Para isso, poderão ser utilizados Triggers disponíveis no banco de dados.

Nada impede que o banco de dados utilizado seja o mesmo do CRM Operacional, tendo em vista que o uso de Triggers e Stored Procedures, quando bem planejado, pode ser realizado sem onerar significativamente o desempenho do banco de dados. Uma possibilidade a ser considerada é que a comunicação não urgente seja efetuada em lotes, com horários predefinidos, por exemplo, quando os acessos ao banco são reduzidos.

A correta escolha e dimensionamento do banco de dados será de fundamental importância para o sucesso do CRM. É preciso avaliar as soluções de CRM, sempre que possível, utilizando um volume de dados compatível com as situações reais a serem verificadas. Isso permitirá uma escolha adequada, além de fornecer parâmetros para os ajustes necessários.

8.8 PROBLEMAS COM O CRM

Os sistemas do tipo CRM oferecem facilidades para melhorar o relacionamento com os consumidores, possibilitando um bom nível de personalização, mesmo em serviços com um grande número de clientes. É necessário considerar, entretanto, que o CRM sozinho não tem condições de resolver todos os problemas de relacionamento com os consumidores. É necessário que os funcionários que trabalham com o CRM Operacional recebam um treinamento adequado e os *scripts* reservados para interação com os clientes sejam desenvolvidos de maneira adequada.

Em segmentos altamente competitivos, como o de serviços bancários, cartões de crédito ou companhias de telefonia celular, empresas se valem insistentemente do telemarketing para vender produtos ou comercializar serviços. Apesar desse esforço concentrado, um operador de telemarketing com pouco preparo ou um sistema que não forneça o suporte necessário poderá comprometer seriamente o resultado final.

Mesmo que a empresa consiga um bom atendimento no *front office*, isso poderá não ser suficiente para resolver todos os problemas do cliente. Investimentos em infra-estrutura deverão ser feitos para que o processo de atendimento seja efetuado com sucesso, o que inclui rapidez no transporte, estoque de reposição e assistência técnica bem capacitada, por exemplo.

Para que o CRM possa ser utilizado com adequação, recomenda-se o seguinte:

- ✓ **Adoção de sistemas bem ajustados ao porte e às atividades da empresa:** é preciso verificar se o sistema CRM prospectado atende às necessidades da empresa, tanto em versatilidade quanto em capacidade de atendimento. Portanto, o sistema escolhido precisa estar apto a trabalhar com os volumes de dados e informações demandados pelos consumidores.
- ✓ **Infra-estrutura de atendimento:** a boa atuação começa pela rapidez no atendimento, o que requer um número suficiente de pessoas no *front office* e em linhas de comunicação adequadas ao tráfego.
- ✓ **Infra-estrutura no *back office*:** um bom atendimento inicial gera expectativas que precisam ser adequadamente atendidas. Talvez seja esse um dos maiores problemas relativos à utilização do CRM. Um atendimento rápido e eficiente no *front office* cria a esperança de que as demandas sejam resolvidas com igual eficiência, o que, com certeza, deve ser concretizado.
- ✓ **Repensar os processos de atendimento da empresa:** parte significativa do sucesso de um CRM está ligado aos processos de atendimento da empresa como um todo (também relacionados à infra-estrutura de suporte *back office*). A criação de protocolos de atendimento mostra-se necessária a fim de padronizar o equacionamento de problemas e definir metas de qualidade a serem alcançadas.
- ✓ **Estabelecimento de uma estratégia de relacionamento:** a empresa precisa definir claramente a estratégia de relacionamento que pretende adotar com os seus clientes para utilizar os recursos do CRM da melhor maneira possível. Dentro desse escopo, uma questão primordial é o meio utilizado para a comunicação. Por exemplo, se os clientes de uma empresa são executivos, talvez não seja uma boa prática abordá-los via telefone fixo ou celular. Nesse caso, pode ser preferível a comunicação via *e-mail*. É importante considerar, também, outros aspectos, como periodicidade dos contatos, canais para o recebimento de críticas, sugestões ou solicitações de informações adicionais, linguagem adotada e diversos outros aspectos que definirão a forma como a empresa vai se relacionar com seus consumidores
- ✓ **Treinamento:** revela-se fundamental para o sucesso do CRM. Por vezes, numa tentativa de economizar, as empresas buscam reduzir custos de

implantação e relegam o treinamento a um nível secundário, acreditando que os sistemas fornecerão todo o suporte necessário. Todavia, esse é um procedimento arriscado e que pode comprometer todo o investimento em infra-estrutura e sistemas.

Conforme lembra Kotler (1999), o custo de oferecer produtos customizados baixou ao ponto de se tornarem competitivos em relação aos produtos padronizados. Com isso, segundo ele, verifica-se o ressurgimento do marketing customizado e do marketing customizado de massa. No primeiro caso, a empresa confecciona um novo produto (a partir do zero), conforme as necessidades de um cliente. No marketing customizado de massa, a empresa desenvolve montagens ou módulos básicos que podem ser combinados de acordo com o desejo de cada cliente. Montadoras de automóveis e fabricantes de computadores conseguem atender às especificidades de seus consumidores a partir de configurações básicas, às quais são acrescentados opcionais indicados pelo cliente.

O marketing customizado de massa também pode ser verificado na prestação de serviços diferenciados. Kotler (1999) cita como exemplo uma cadeia de hotéis que guarda em seu banco de dados as preferências de seus clientes quanto a tamanho dos aposentos, andar preferido, fumante ou não-fumante, necessidade de travesseiros extras, dentre outros detalhes.

8.9 BUSINESS INTELLIGENCE E CRM

O CRM mostra-se como uma ferramenta importante aos processos de customização de massa, ajudando as empresas a fornecerem produtos, serviços e atendimento personalizados. Sua participação no desenvolvimento do BI mostra-se efetivo, especialmente com a utilização do CRM Analítico, uma vez que ele permite conhecer melhor as demandas dos clientes, suas necessidades e perspectivas, possibilitando a prospecção de tendências e auxiliando na formulação de estratégicas.

É importante considerar que, apesar de o BI ter uma utilização mais estratégica, isso se altera quando se emprega o CRM Operacional, pois ele contribui para que o Business Intelligence interaja em atividades operacionais. Isso ocorre porque este tipo de CRM orienta o atendimento no *front office* e também fornece elementos que agregam valor a essa operação, melhorando a tomada de decisões como, por exemplo, que produto oferecer ou qual a forma de pagamento sugerir.

O CRM Operacional também pode captar informações sobre problemas que estão prejudicando o relacionamento com os consumidores ou reduzindo o valor percebido por um produto adquirido ou serviço contratado. Por exemplo, uma pessoa poderá desembolsar um valor considerado elevado por um carro, mas se esse veículo corresponder às expectativas iniciais, como desempenho, conforto e segurança, esse investimento terá valido a pena. Por outro lado, se esse carro apresentar problemas (quebras sucessivas ou ruídos que comprometam o conforto), o consumidor reduzirá sua percepção sobre o valor daquele produto. Essas informações serão utilizadas pelo CRM analítico, facilitando a concepção de ações táticas e estratégicas.

8.10 OLAP — ON-LINE ANALYTICAL PROCESSING

Uma das formas primordiais de extração de conhecimento de bases de dados é a utilização da estatística descritiva. Por meio de parâmetros como média, moda, mediana, desvio padrão e curtose, é possível ter uma idéia da distribuição de valores (por exemplo, a média de vendas para cada mês do ano). Adicionalmente, histogramas e outras formas de representação gráfica facilitam a visualização dos dados analisados.

Há que se considerar, entretanto, que a estatística descritiva nem sempre fornece indicadores suficientes para compreender a massa de dados como um todo, especialmente no que se refere aos relacionamentos entre variáveis. Por exemplo, é possível saber a média de gastos dos clientes, inclusive separando-os por faixas etárias. Entretanto, não é possível, com o uso de estatística descritiva, ao menos de uma maneira relativamente simples, correlacionar clientes agrupados com o uso de diversos indicadores (faixa etária, profissão, nível de renda, região onde mora etc.).

Essa dificuldade se verificava, especialmente, no uso de bancos de dados dos tipos hierárquico e rede, utilizados nos anos 1960 e 1970. Conforme mencionado no Capítulo 6, esses dois tipos de bancos de dados apresentam estruturas complexas, que necessitam de ponteiros que descrevem os caminhos entre os diversos níveis e subníveis (DATE, 2000).

Isso faz com que sejam muito trabalhosas as tentativas de obter relações não previstas originalmente na estrutura do banco de dados. Para esses bancos, a realização de certas pesquisas envolvem o estabelecimento de ponteiros ou *links* entre campos específicos, numa operação nem sempre fácil. Caso um gerente desejasse, por exemplo, obter informações originalmente não previstas na estrutura do banco de dados, ele teria de esperar alguns dias ou semanas até que um relatório fosse elaborado.

Geralmente, decisões importantes não poderiam esperar pelo preparo desses relatórios, que, em muitos casos, consistiam apenas em relações simples e informes sobre valores totais que precisavam ser interpretados posteriormente.

Nessa mesma época, havia uma crescente busca pelo uso de sistemas integrados, conforme discutido extensamente no Capítulo 7. Soluções como o BOMP, PICS, MRP, COPICS e MRPII foram desenvolvendo o conceito de integração de sistemas, preparando o caminho para o desenvolvimento do ERP nos anos 1990. Esses sistemas estavam, especialmente em seus primórdios, mais afeitos às questões operacionais, eventualmente fornecendo subsídios à solução de problemas táticos.

Com o surgimento dos bancos de dados relacionais, a partir das pesquisas desenvolvidas por Edgar Frank Codd, esse cenário sofreria importantes modificações. O relacionamento de tabelas e a utilização da linguagem SQL tornaram mais fáceis a seleção de grupos de clientes com a adoção de diversos parâmetros.

Paralelamente ao surgimento e à evolução dos bancos de dados relacionais, ocorreram desenvolvimentos tecnológicos importantes (microcomputadores, linguagens de programação mais amigáveis e redes locais). Isso tornou possível a informatização de uma série de processos que até então eram realizados manualmente, em especial nas pequenas e médias empresas.

Para informações adicionais: **Capítulo 6, *Bancos de dados e informações;***
Capítulo 7, *ERP — Sistemas Integrados de Gestão.*

Paralelamente, a conjuntura econômica internacional foi sendo modificada a partir dos anos 1970, acentuando-se ao longo dos anos 1980 e 1990. Isso ocorreu pela conjunção de uma série de fatores, cuja análise mais detalhada escapa aos objetivos deste livro. É possível destacar, ainda que resumidamente, eventos como as crises do petróleo, a maior competitividade atingida pelos países asiáticos, o crescimento das transações comerciais entre países e o conseqüente aumento do fluxo de capitais internacionais. Isso acabou por intensificar a competição entre empresas, o que foi potencializado pelo desenvolvimento de novas tecnologias, pelo aumento de qualidade e pela redução de preços.

As estratégias competitivas passaram a ser elaboradas levando em conta situações e fatores muito mais complexos, requerendo análises cada vez mais abrangentes. Nesse ambiente, os bancos de dados relacionais passaram a cumprir um papel relevante para os sistemas de informação empresarial, habilitando gerentes e diretores a trabalharem com volumes crescentes de dados e informações. Anos mais tarde, especialmente a partir de 1990, o lançamento de microcomputadores mais ágeis e com maior poder de processamento, e de *softwares* com novos recursos e interfaces mais amigáveis, veio contribuir para que o processamento de dados e informações fosse efetuado sob novas perspectivas e diferentes dimensões.

Com isso, as análises deixaram de ser desenvolvidas considerando uma ou duas variáveis isoladamente e puderam ser feitas por matrizes multidimensionais (Figura 8.10). Surgia o conceito do **OLAP** (On-line Analytical Processing), que oferece análise multidimensional em diferentes níveis de detalhes. Concebido em 1993, por Edgar Frank Codd, o termo OLAP foi conceitualmente apresentado no artigo *Providing OLAP to user-analysts: an IT mandate*, incluindo os conceitos e regras sobre o seu uso (CODD, CODD e SALLEY, 1993).

Segundo esses autores, o modelo relacional de banco de dados oferece soluções poderosas, porém simples para a maioria das aplicações comerciais e científicas. Adicionalmente, eles comentavam, naquela época, que a quantidade de dados estava crescendo de maneira consistente nas organizações dos mais variados tipos, requerendo análises mais sofisticadas, mais rápidas e com capacidade de síntese.

Entretanto, reconhecem os autores, os sistemas para elaboração de consultas, relatórios e planilhas a partir de bancos de dados relacionais têm apresentado limitações no que se refere à sua capacidade de agregar, sumarizar, consolidar e analisar dados (mesmo com o auxílio dos SGBDs — Sistemas Gerenciadores de Banco de Dados ou DBMS — Database Management Systems). Essa deficiência é ainda maior, segundo os autores, no que diz respeito à habilidade de tratar, analisar e visualizar dados multidimensionais de uma maneira útil aos analistas de negócios.

Figura 8.10 Matrizes multidimensionais armazenam dados que podem ser analisados e correlacionados de diferentes maneiras.

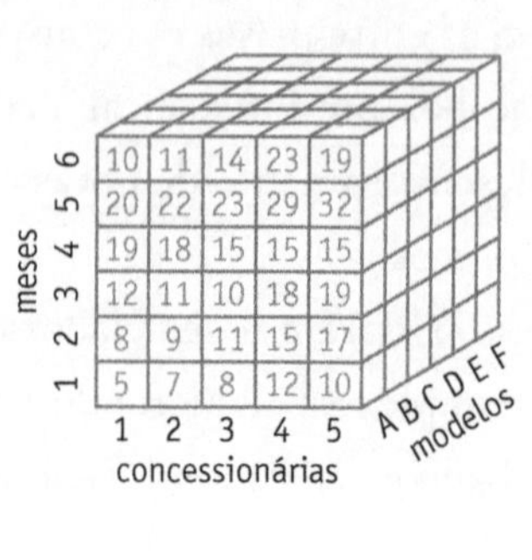

Apesar dessas limitações, Codd, Codd e Salley afirmam que os bancos de dados relacionais continuam sendo a mais apropriada tecnologia para aplicações OLAP. Acrescentam ainda que esse tipo de bancos de dados necessitam, na verdade, de ferramentas de análise de dados que complementem os sistemas usuais de gerenciamento (SGBD ou DBMS). Isso se deve ao fato de que essas ferramentas analíticas constituem — de fato — aplicações transacionais (OLTP), porém o tempo de processamento (a duração das transações) passa de segundos ou minutos para dias ou semanas. Outra importante diferença deve-se ao fato de que as aplicações OLTP usuais trabalham com dados atuais, ao passo que as ferramentas analíticas do tipo OLAP operam com dados históricos.

Adicionalmente, o On-line Analytical Processing trabalha efetuando considerações do tipo *what-if* (o que acontecerá se...) e *why* (por quê?), sobre variáveis que são repetidamente modificadas, a fim de testar cenários envolvendo fornecedores, produção, vendas, custos, e outras possibilidades. Isso amplia a quantidade e o tempo dos processamentos efetuados.

Buscando fornecer indicadores mais precisos sobre a atuação dos sistemas OLAP, Codd, Codd e Salley (1993) propõem doze regras de avaliação ou condições de operação para esses sistemas:

1. **Visão conceitual multidimensional:** a visão dos analistas de negócios deve ser, por natureza, multidimensional, contemplando diversos aspectos e questões sobre um mesmo problema. Da mesma forma, aplicações OLAP devem adotar esse tipo de conceito, facilitando a realização de interações e cálculos inter e intradimensionais em um modelo mais intuitivo.
2. **Transparência:** geralmente, ferramentas OLAP não fazem parte do conjunto de *softwares* que os usuários utilizam. Dessa forma, o OLAP deve ser concebido tendo como propósito sua integração com interfaces ou *softwares* mais comuns, para facilitar sua utilização e não impactar a performance de outros sistemas.
3. **Acessibilidade:** deve ser possível aos usuários de sistemas OLAP a elaboração de análises baseadas em esquemas conceituais mais freqüentes. Caberá à ferramenta OLAP mapear o esquema lógico do banco de dados, incluindo o acesso físico a meios não heterogêneos, efetuando as conversões necessárias à geração de relatórios sintéticos, coerentes e consistentes. Em resumo, o usuário não precisará ser um analista de sistema ou um especialista em banco de dados para utilizar adequadamente uma ferramenta OLAP.

4. **Performance consistente:** à medida que as dimensões consideradas vão sendo ampliadas, o usuário de um sistema OLAP não deverá perceber qualquer redução significativa de performance, que deverá manter-se consistente.
5. **Arquitetura cliente–servidor:** é fundamental que um sistema OLAP opere em uma arquitetura cliente–servidor, permitindo que a ferramenta analítica fique hospedada em um servidor apropriado e os usuários possam fazer uso do sistema a partir de estações PCs, ao longo de uma rede.
6. **Dimensionamento genérico:** as ferramentas disponíveis não devem privilegiar uma ou mais dimensões específicas das matrizes multidimensionais. Uma vez que elas sejam simétricas, a adição de funcionalidades deverá ser disponibilizada para qualquer dimensão existente.
7. **Manipulação dinâmica de matrizes:** o esquema físico adotado pelo OLAP deverá se adaptar ao esquema analítico utilizado. Para cada modelo de matriz, existe apenas um modelo físico otimizado e que provê o melhor uso da memória e a melhor flexibilidade na manipulação de matrizes.
8. **Sistema multiusuário:** com freqüência, diversos analistas de negócios terão necessidade de usar o sistema OLAP, que deverá ser capaz de oferecer acesso simultâneo a vários usuários, com integridade e segurança de dados.
9. **Operações transdimensionais irrestritas:** isso significa, em termos práticos, que duas ou mais células podem ser utilizadas em qualquer fórmula, independente da dimensão em que aparecem dentro do modelo analítico. As fórmulas não são restritas a uma dimensão de cada vez, sendo que seus termos podem ser modificados, incluindo atributos de qualquer dimensão. Isso significa que qualquer célula — ou intervalo de células — pode ser utilizado para cálculos a qualquer tempo.
10. **Manipulação intuitiva de dados:** a interface utilizada deve proporcionar aos usuários uma manipulação amigável e intuitiva dos dados.
11. **Relatórios flexíveis:** a geração de relatórios deve ser mais flexível do que aquela realizada com a utilização de ferramentas convencionais (oferecidas para os bancos de dados relacionais mais comuns). O desenvolvimento de consultas e relatórios a partir do uso da linguagem SQL (que poderá envolver estruturas bastante complexas) deverá ser bastante facilitada. As análises e representações de dados deverão ser agrupadas de maneira lógica em grupos representativos das situações verificadas na empresa.

12. **Sem limites para o dimensionamento e níveis de agregação:** um número ilimitado de dimensões e níveis de agregação de dados deverá ser viável, possibilitando a definição de diferentes parâmetros ou caminhos para sua consolidação.

8.10.1 CONSIDERAÇÕES SOBRE A ESTRUTURA DO BANCO DE DADOS

Bancos de dados relacionais podem ser utilizados como repositórios de dados para um sistema OLAP, conforme indicam Codd, Codd e Salley (1993) e Colossi, Malloy e Reinwald (2002). Para isso, basicamente, dois esquemas de relacionamento de tabelas têm sido utilizados: estrela (*star schema*) e floco de neve (*snowflake schema*), conforme podem ser visto na Figura 8.11.

Na estrutura em estrela (*star schema*), cada dimensão é representada por uma tabela, sendo que a tabela central contém todas as dimensões. Geralmente, Data Warehouses utilizam essa estrutura, por ser mais efetiva para a realização de pesquisas no cubo (ou matriz multidimensional), pelo fato de contar com um número menor de relacionamentos.

Por sua vez, a estrutura em floco de neve (*snowflake schema*) segrega os dados em conjuntos básicos (por exemplo, uma tabela com bairros está relacionada a uma tabela com cidades que, por sua vez, está relacionada a uma com estados). Dessa forma, o espaço ocupado acaba ficando reduzido, sendo adequado para grandes conjuntos de dados e informações.

O correto funcionamento dessas estruturas pode ser obtido por meio de *queries* em SQL. Essas consultas, desenvolvidas em Structured Query Language, podem ser bastante complexas, mas têm seu uso favorecido pela utilização de interfaces amigáveis. Com isso, apesar do grande volume de dados e do relacionamento de diversas tabelas, o On-line Analytical Processing não exige que o usuário seja um especialista em banco de dados para utilizá-lo.

8.10.2 O FUNCIONAMENTO DO OLAP E TÉCNICAS DE ANÁLISE

Uma vez compreendidos os conceitos básicos do OLAP e estabelecido um entendimento sobre a utilização dos bancos de dados relacionais para esse processamento, será possível verificar — em termos mais práticos — como o On-line Analytical Processing é organizado e quais as principais técnicas de análise.

Habitualmente, o OLAP é realizado sobre um Data Warehouse ou Data Mart, os quais constituem grandes repositórios de dados. Conforme pode ser visto na

Figura 8.11 Comparativo esquemático entre as estruturas ou esquemas *star* e *snow flake* de organização de tabelas para sistemas analíticos do tipo OLAP.

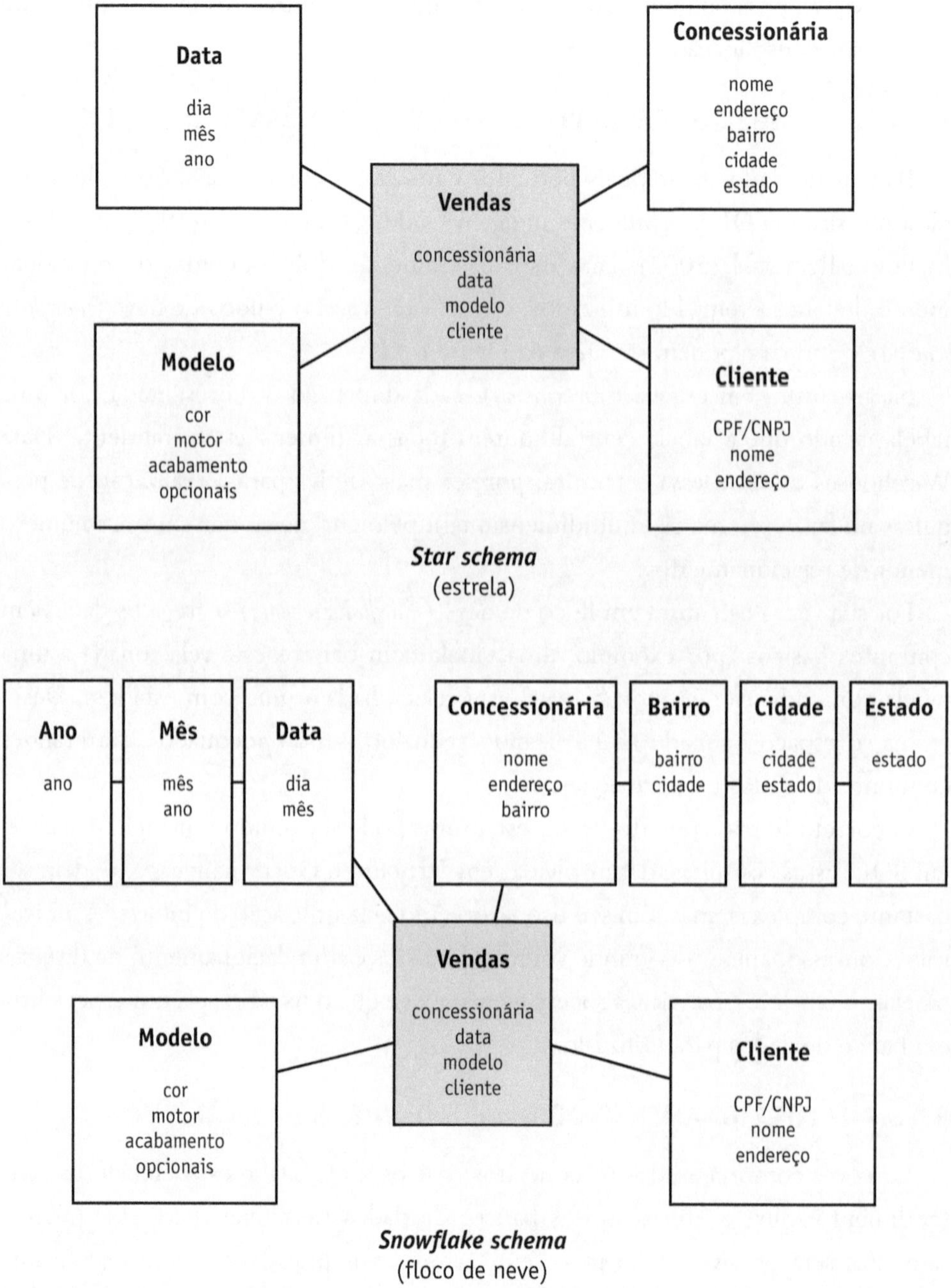

Figura 8.12, esses repositórios são abastecidos por fontes diversas (banco de dados do ERP e CRM Operacional e Colaborativo, CRM Analítico, dados externos, dentre outras possibilidades).

Esse aporte de dados, é importante mencionar, deverá ser feito com certa periodicidade, mantendo o Data Warehouse ou o Data Mart atualizados. Adicionalmente, deve-se lembrar que os dados importados deverão ter sua consistência verificada e eventuais redundâncias eliminadas. Esse processo poderá ser trabalhoso e até mesmo cansativo, dependendo da qualidade das fontes originais. Uma vez efetuada a

Figura 8.12 Dados de origens diversas podem ser consolidados em uma única base e analisados com a utilização de diversas técnicas e graus de acuidade.

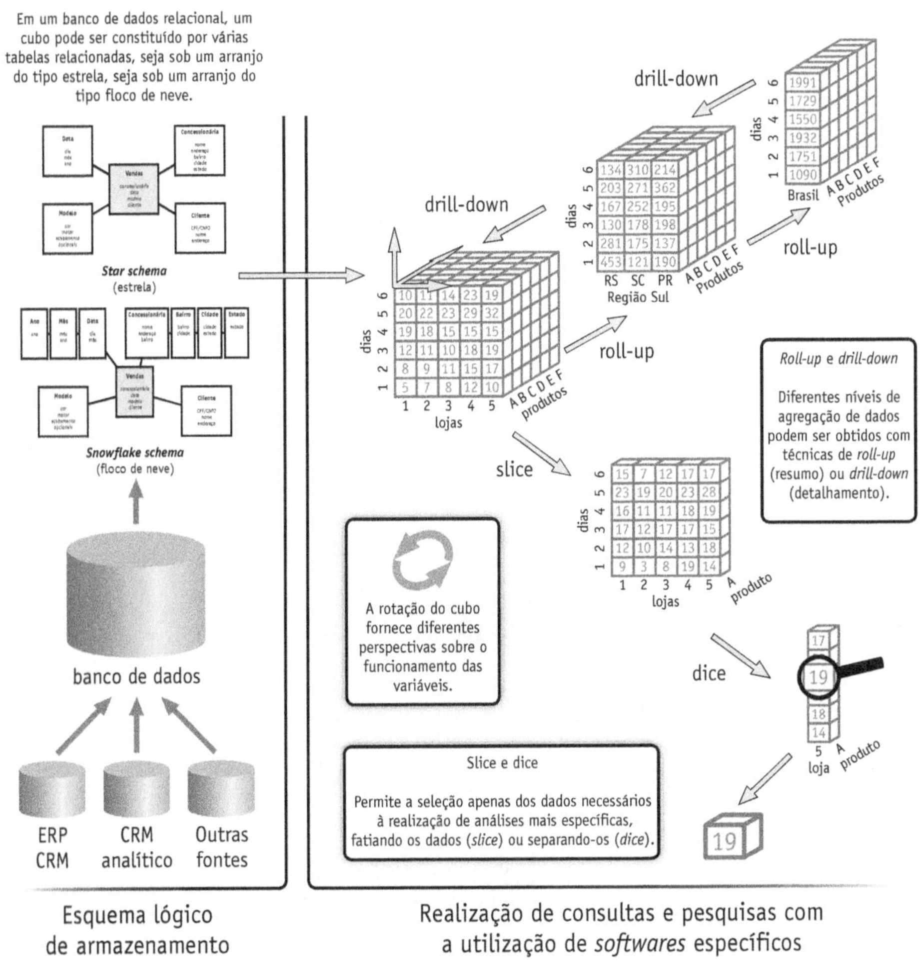

primeira importação, é possível configurar filtros e estabelecer regras que automatizem boa parte desse processo em etapas posteriores.

A partir da constituição do repositório de dados, análises podem ser empreendidas, com destaque para as seguintes técnicas (SHOSHANI, 1997; BISPO, 1998; COLOSSI, MALLOY e REINWALD, 2002; FORTULAN, 2006):

- ✓ **Rotação:** o cubo pode ser rotacionado, fornecendo diferentes perspectivas dos dados apresentados e expondo o relacionamento das variáveis sob novas perspectivas. Por exemplo, na Figura 8.12, girando o cubo, é possível analisar a relação entre produtos, lojas e dias, obtendo informações para uma loja específica (ou um grupo de lojas), para um produto específico (ou conjunto de produtos) e para um dia em particular (ou conjunto de dias).
- ✓ ***Roll-up e Drill-down*:** os dados podem ser agrupados e resumidos (*roll-up*) ou detalhados (*drill-down*). Por exemplo, na Figura 8.12, utilizando o *roll-up*, é possível agrupar as informações referentes a todas as lojas da região Sul do país, obtendo uma visão mais geral das vendas. Por outro lado, utilizando a técnica do *drill-down*, pode-se fazer o caminho oposto, detalhando as informações para níveis mais específicos. Na Figura 8.13, a técnica do *roll-up* é utilizada para agrupar as informações de lojas para cidades, de cidades para

Figura 8.13 Com o crescimento de um cubo, novos agrupamentos e correlações podem ser efetuados utilizando a técnica de *roll-up*.

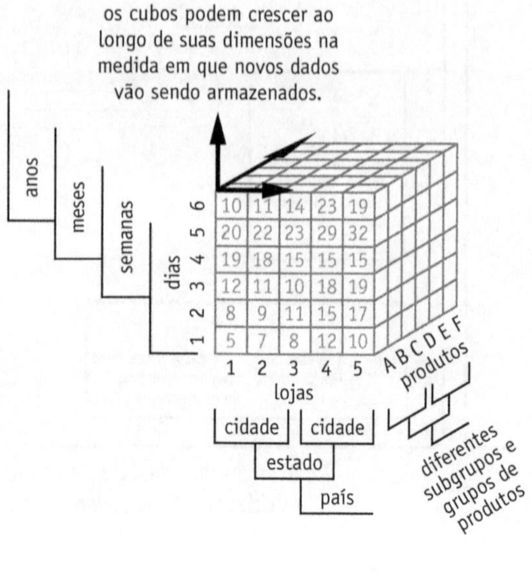

estados e de estados para todo o país. De maneira similar, na Figura 8.13, há o agrupamento de dias em semanas, semanas em meses e meses em anos.

✓ ***Slice & dice*:** técnicas que possibilitam fatiar os cubos (*slice*) ou escolher um *range* específico, oferecendo visões exclusivas ao longo de qualquer dimensão, conforme exemplificado na Figura 8.12.

A partir da aplicação das técnicas de rotação, *roll-up*, *drill-down*, *slice & dice*, gráficos e tabelas pode ser gerados, facilitando a elaboração de análises e subsidiando a tomada de decisões (Figura 8.14).

8.10.3 ROLAP, MOLAP, WOLAP E HOLAP

Embora Edgar Frank Codd, no artigo em que define o termo OLAP, defenda o uso de bancos de dados relacionais para o On-line Analytical Processing (CODD, CODD & SALLEY, 1993), é comum encontrar-se os termos ROLAP e MOLAP, procurando diferenciar — respectivamente — o Relational OLAP e o Multidimensional OLAP. Além disso, é usual o termo WOLAP. De modo geral, as diferenças e características desses três tipos são as seguintes:

✓ **ROLAP: R**elational **O**nline **A**nalytical **P**rocessing, é o OLAP desenvolvido sobre um banco de dados relacional, utilizando tecnologias padronizadas e facilmente encontradas. Os esquemas *star* e *snowflake* são aplicados sobre esse tipo de banco de dados.

Figura 8.14 Sistemas OLAP também geram gráficos e tabelas analíticas.

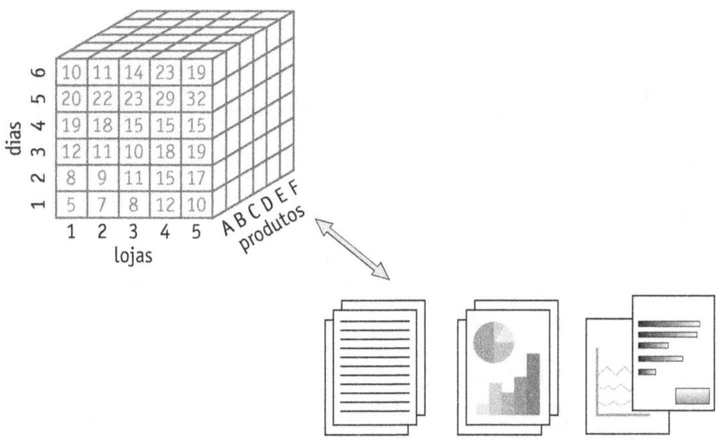

- ✓ **MOLAP: M**ultidimensional **O**nline **A**nalytical **P**rocessing, é o OLAP desenvolvido sobre bancos de dados multidimensionais, que mais facilmente se aproximam do modelo de cubos ou matrizes multidimensionais utilizadas nesse processamento.
- ✓ **WOLAP:** constitui a operação, via navegador ou *browser*, de soluções OLAP.

Além desses modelos, o termo **HOLAP** (Hybrid Online Analytical Process) também é utilizado, identificando um esquema que mistura o ROLAP e o MOLAP.

8.10.4 OLAP E BUSINESS INTELLIGENCE: ALGUMAS PERSPECTIVAS

Dentro de um projeto de Business Intelligence, as ferramentas de pesquisa (*query tools*) constituem um fator determinante de sucesso ou fracasso, segundo Biere (2003), que ainda destaca a importância dos investimentos em Data Warehouse. Geralmente, segundo o autor, as *query tools* envolvem o uso do SQL (Structured Query Language), tendo em vista que a maioria dos bancos de dados corporativos em uso são do tipo relacional.

Para informações adicionais: **Capítulo 7, *ERP — Sistemas Integrados de Gestão.***

Embora o SQL permita aos usuários não especialistas formularem consultas a bancos de dados, pesquisas mais complexas que envolvam, por exemplo, diversas tabelas e condições, podem assumir um elevado grau de complexidade. É por essa razão que os sistemas de Business Intelligence devem contar com interfaces amigáveis, fornecendo aos usuários recursos que facilitem a realização de tarefas mais elaboradas.

Como exemplo, pode-se citar um problema enfrentado por uma indústria com o consumo de energia elétrica. É usual que as indústrias contratem nas concessionárias uma cota energia mensal, o que inclui valores máximos de pico de consumo. Caso o valor total contratado mensalmente seja ultrapassado ou o pico máximo de consumo seja superado, a empresa pagará uma multa.

Para evitar problemas dessa natureza, as empresas monitoram constantemente o consumo de energia. Quando o pico de consumo está para ser superado, o nível operacional desliga algumas máquinas. Quando esse problema persiste, tornando-se freqüente, o nível tático redistribui a produção em novos turnos, evitando a sobrecarga de operações em determinados horários, reduzindo o consumo de energia elétrica. Uma alternativa que pode ser ponderada é a contratação, na concessionária de energia elétrica, de um valor mensal superior. É preciso considerar, entretanto, qual o impacto de cada uma das soluções prospectadas nos custos de produção.

Por outro lado, é importante considerar que a oferta de energia elétrica, em determinadas regiões, pode estar próxima do limite. Em situações como essa, cortes temporários de energia ou mesmo seu racionamento podem ter conseqüências graves para a saúde financeira da empresa. Diante desse cenário mais amplo, o nível estratégico preocupa-se com a possibilidade de abrir uma nova fábrica em região com maior oferta de energia (ou preços mais atraentes). Verifica-se, portanto, que cada uma das decisões tem o seu mérito, seu *timing* e sua motivação.

Para informações adicionais: **Capítulo 4, *Tipos de sistemas de informação.***

Em princípio, uma decisão operacional que implique o desligamento momentâneo de um ou mais equipamentos poderia levar em consideração apenas o consumo imediato. Sendo assim, parece lógico e justificável que, no período em que o consumo se apresenta próximo ao limite (pico), um equipamento que apresente maior consumo seja desligado.

Em termos práticos, essa ação é tomada por equipamentos pré-programados, que monitoram constantemente o consumo. Conforme o caso, uma seqüência de equipamentos é desligada automaticamente.

Cabe perguntar, no entanto, se essa seria a melhor solução para a empresa. Não seria possível agregar qualidade à decisão de desligar equipamentos, fazendo com que ela fosse tomada considerando não apenas a variável consumo, mas também o impacto desse equipamento na produção semanal ou mensal? Essa decisão operacional poderia ser mais bem avaliada com o uso de ferramentas OLAP trabalhando sobre matrizes bidimensionais, com menor grau de complexidade, conforme apresentado na Figura 8.15.

Além disso, conhecimentos prévios sobre questões táticas ou mesmo estratégicas podem melhorar a tomada de decisões. Por exemplo, "*a produção do item A é a principal nos meses de outubro, novembro e dezembro*". "*As máquinas 22 e 23 devem ser utilizadas prioritariamente, pois têm menor custo de produção*". São situações como essa que podem ser processadas em sistemas OLAP, pois trabalham sobre bases específicas ou obtidas em sistemas ERP, fornecendo informações com maior qualidade e abrangência. Essas diretrizes podem ser predefinidas e comunicadas aos funcionários operacio-

Figura 8.15 Decisões operacionais podem ser tomadas a partir de dados dispostos em matrizes com menor grau de complexidade. Um sistema de Business Intelligence pode agregar valor a essa decisão ao fornecer subsídios táticos ou estratégicos ao nível operacional.

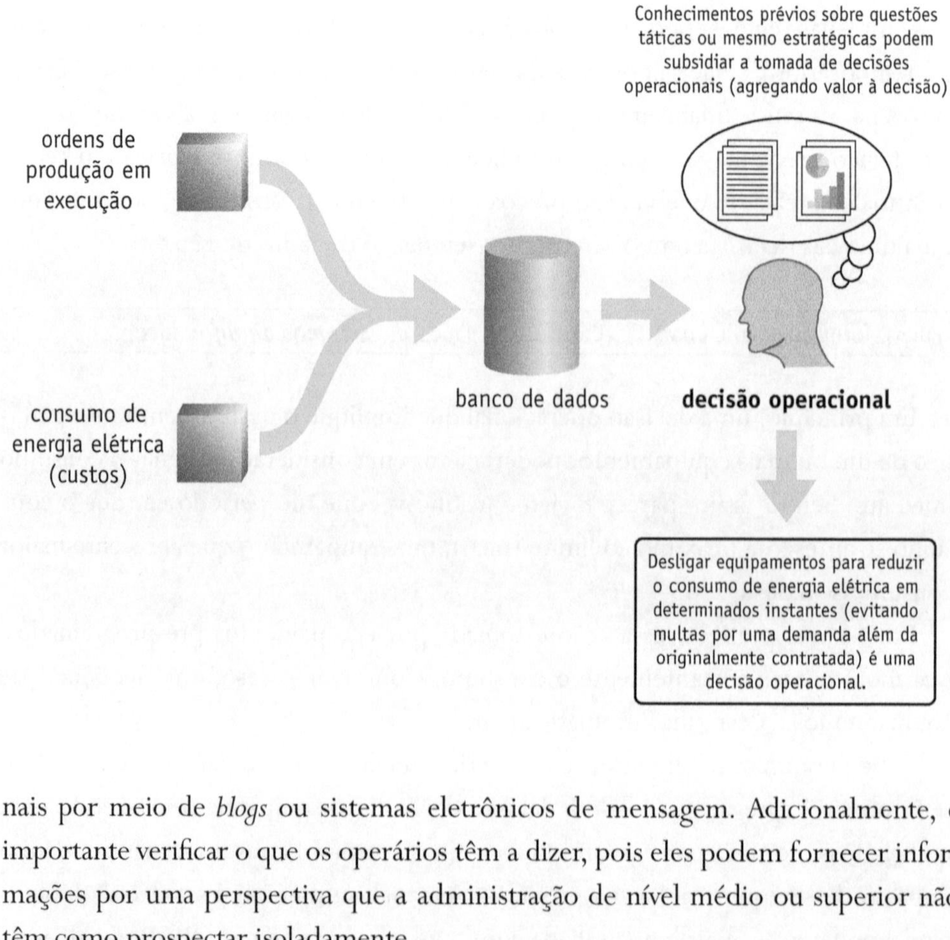

nais por meio de *blogs* ou sistemas eletrônicos de mensagem. Adicionalmente, é importante verificar o que os operários têm a dizer, pois eles podem fornecer informações por uma perspectiva que a administração de nível médio ou superior não têm como prospectar isoladamente.

No Capítulo 3, foram apresentadas duas possibilidades a serem consideradas:

1. ampliar a qualidade das interações das pessoas com o sistema de informações, permitindo que elas obtenham informações com maior **qualidade** e **abrangência**;
2. criar condições para que as pessoas tenham como **apresentar suas considerações, opiniões, propostas** e **projetos, ampliando a interatividade** com o sistema administrativo e/ou produtivo.

Para informações adicionais:	**Capítulo 3, *O papel dos sistemas de informação no desenvolvimento da inteligência coletiva nas empresas.***

No nível tático, por sua vez, considerações sobre a abertura de novos turnos deve ser feita levando em consideração o planejamento agregado, a previsão de demanda, o planejamento de recursos de manufatura, ordens de produção em execução, custos diversos, estoques de produtos acabados e RH (Figura 8.16). É necessário interagir com essas variáveis, simulando situações e verificando os resultados (ou conseqüências). Isso pode ser feito com a utilização de um sistema OLAP, trabalhando sobre uma base de dados mais específica, agilizando o processamento.

Alguns sistemas ERP permitem a realização de simulações desse tipo (envolvendo um grande número de variáveis), construindo cenários que facilitarão a tomada de decisões com melhor qualidade.

Figura 8.16 Em um sistema de Business Intelligence, cada módulo do ERP pode ser considerado uma espécie de matriz multidimensional armazenada em uma parte do banco de dados. A tomada de decisões táticas pode se realizar a partir de uma análise mais acurada que englobe diversos aspectos.

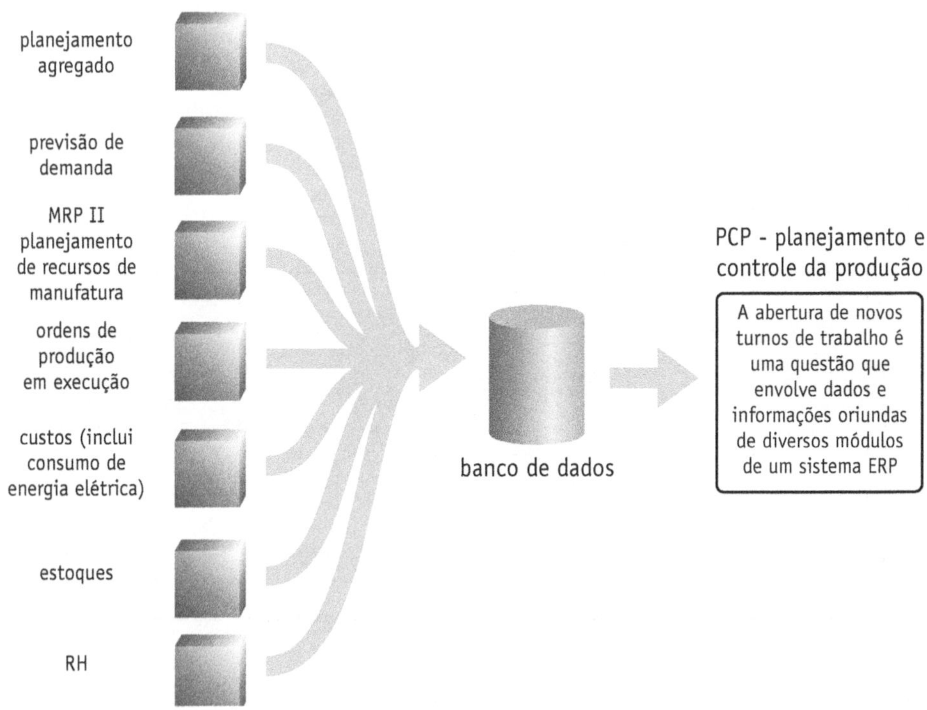

Decisões estratégicas — como a abertura de uma nova planta em outra região — precisam ser tomadas por meio da análise de dados e informações de fontes diversificadas, tanto de origem interna (da própria organização), quanto externa (variáveis ambientais, econômicas, políticas, sociais, mercadológicas, dentre outras). Elas são armazenadas em um Data Warehouse, como ilustra a Figura 8.17.

Figura 8.17 Um Data Warehouse pode ser entendido como um repositório que armazena diversos tipos de dados e informações, subsidiando a utilização de sistemas de Business Intelligence.

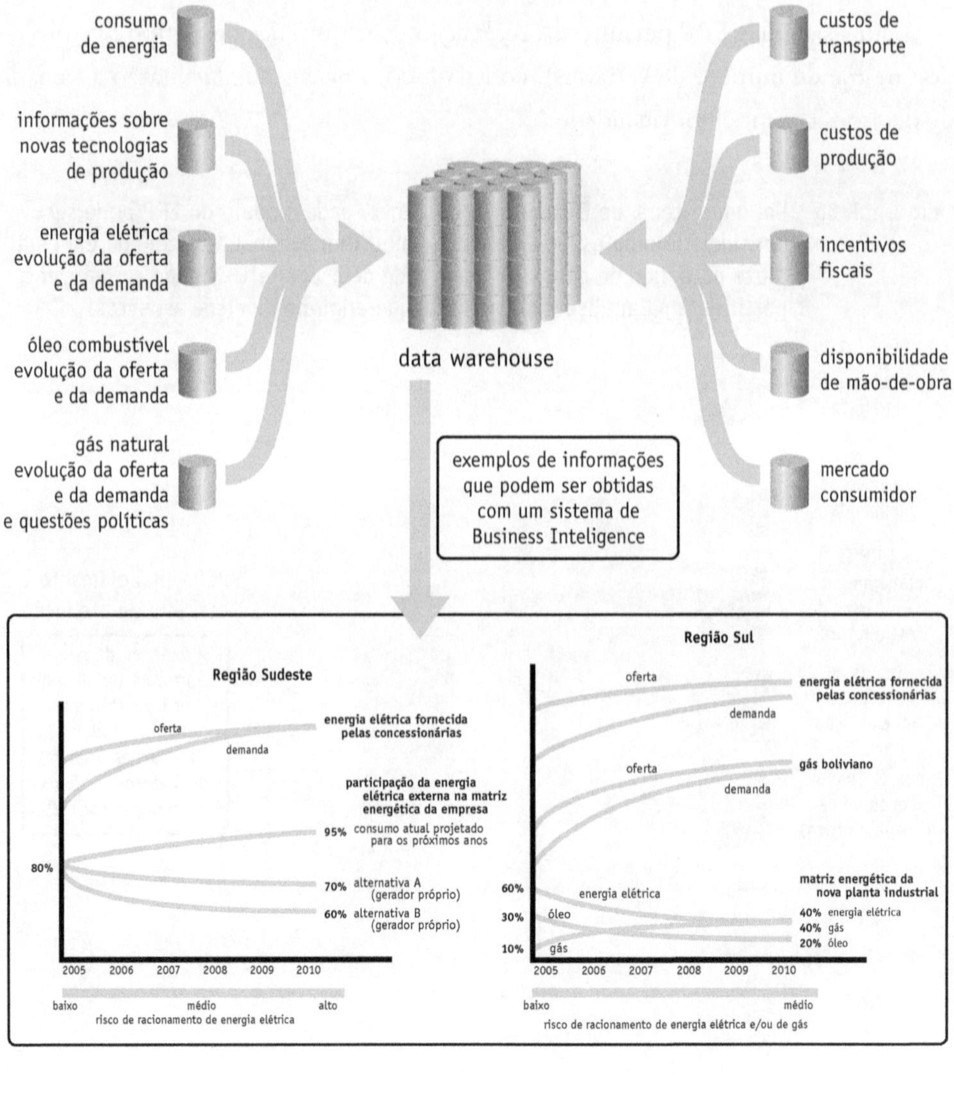

8.11 PROSPECTANDO TENDÊNCIAS E IDENTIFICANDO RELAÇÕES DE CONSUMO

Conforme foi discutido, o CRM utiliza os dados cadastrais do cliente, seu histórico de consumo, reclamações e sugestões, permitindo um atendimento personalizado. Em diversas operações comerciais, entretanto, nem sempre é possível identificar o consumidor, o que inviabiliza o uso do CRM Operacional.

Em um supermercado, por exemplo, cada cupom fiscal emitido fica registrado no sistema de informações, mas o cliente não é identificado (o supermercado não sabe o sexo, idade, região onde mora, dentre outras informações utilizáveis pelo CRM). Apesar disso, o cupom fiscal contém uma quantidade de informações que pode ser bastante útil ao entendimento de padrões de consumo e tendências.

Mantendo o exemplo do supermercado como base para o desenvolvimento do raciocínio, tem-se que esse tipo de atividade atrai quantidades consideráveis de clientes todos os dias. Mesmo tendo um grande fluxo diário, sabe-se que ele é variável, de acordo com o dia da semana ou do mês.

Para verificar se essas tendências são efetivas, bastaria analisar durante alguns meses a quantidade de cupons fiscais emitidos em cada dia da semana. Adicionalmente, poderia ser feita uma verificação dos dias do mês em que o movimento é mais intenso.

Analisando essas informações (dia da semana *versus* dia do mês), pode ser possível concluir que o primeiro final de semana do mês (logo após o pagamento do salário da maioria dos trabalhadores) será responsável pelo movimento mensal mais intenso. Isso ajudará no planejamento das operações dentro do supermercado, preparando estoques e pessoal para garantir um bom atendimento nos períodos e horários de maior demanda.

Por outro lado, dias tradicionalmente com menor movimento podem ser utilizados para a manutenção de determinadas áreas, reposição de mercadorias ou mudanças de *layout*, além de facilitarem a programação de folgas dos funcionários e colaboradores.

Também é possível prospectar — para cada dia da semana ou do mês — se existe uma disposição ao consumo de alguns produtos. Como nas grandes cidades verifica-se uma tendência crescente à aquisição de frutas e legumes em supermercados, é importante detectar se os consumidores preferem comprar esses produtos em dias específicos. Isso pode ser feito pesquisando o histórico de compras.

Ademais, é possível identificar a existência de relações de consumo entre produtos. Por exemplo, um grande supermercado verificou que aos finais de semana — especialmente aos sábados — aumenta a venda de pizzas congeladas ou semiprontas. Também percebeu que a maioria dos consumidores que levaram pizza para casa também compraram refrigerantes ou cerveja. Outra informação a ser considerada é que 50% deles acabaram levando algum tipo de sobremesa (como sorvete ou tortas geladas).

Essas informações podem ser utilizadas não apenas para reforçar o estoque desses produtos, mas também para promover alterações de *layout* das instalações ou na distribuição de produtos. Com isso, quando o consumidor for ao supermercado comprar pizza, passará perto do setor de refrigerantes e cervejas e ao lado do setor de sobremesas ou sorvetes, por exemplo. Isso servirá de "lembrete", pois uma pessoa pode ter ido ao supermercado apenas para comprar pizza mas, pelas relações de consumo existentes, é possível que ela decida adquirir produtos complementares.

Relações como essa podem não ser tão evidentes. Freqüentemente, em aulas de marketing, é citada a relação entre fraldas e cerveja. Existiria uma tendência de os homens, tendo de ir ao supermercado comprar fraldas, aproveitarem a oportunidade para comprarem cerveja. Sendo isso verdade, promoções de cervejas poderiam ser colocadas estrategicamente próximas ao setor de fraldas.

Alguns produtos específicos, embora não sejam significativos em termos de faturamento, podem atrair consumidores que acabam por levar outros itens. Por exemplo, uma loja de *jeans* vendia fivelas, cintos e *pins* da marca Harley Davidson, mas eles representavam muito pouco financeiramente. Em vista disso, um novo gerente resolveu deixar de vender esses acessórios.

Nos meses seguintes, sem uma justificativa aparente, alguns modelos mais caros de calças e jaquetas deixaram de ser vendidos, levando a uma redução de 15% do faturamento da loja. Apesar da realização de algumas promoções, esse quadro modificou-se muito pouco.

Algum tempo depois, um cliente perguntou ao gerente sobre os acessórios Harley Davidson e foi informado de que não eram mais vendidos. O consumidor argumentou que realmente ficara sabendo disso por alguns amigos motociclistas (todos proprietários de motos Harley Davidson) que eram clientes da loja, mas deixaram de freqüentá-la pela ausência dos acessórios. Mas ele resolvera certificar-se pessoalmente.

Esse cliente perguntou se não valeria a pena continuar vendendo aqueles itens, pois, freqüentemente, as pessoas que compravam os acessórios Harley Davidson acabavam levando outros produtos. Não foi difícil ao gerente perceber que havia tomado a decisão errada. Motos Harley Davidson têm um preço que varia de R$ 30 mil até mais de R$ 100 mil, ficando claro que seus proprietários representam consumidores de alto poder aquisitivo, que também compravam *jeans* mais caros (exatamente aqueles que deixaram de ter procura). Em resumo: embora os acessórios pessoais da marca Harley Davidson não apresentassem **diretamente** um faturamento significativo, eles atraiam um público específico e com alto poder aquisitivo. Ao final, esses consumidores eram responsáveis por 15% do faturamento da loja.

Relações de consumo, prospecção de tendências, agrupamento de consumidores e previsões podem ser efetuados a partir da análise de grandes volumes de dados e informações, em um processo denominado de Datamining ou, literalmente, mineração de dados, objeto do próximo tópico.

8.11.1 DATAMINING

Identificar padrões e prospectar tendências de consumo pode ser uma tarefa difícil, como mostra o exemplo anterior. No dia-a-dia das empresas, decisões que parecem lógicas e plenamente defensáveis podem se mostrar totalmente improdutivas. Pior do que uma decisão errada é sequer as pessoas terem condições de perceber onde está o erro.

A boa notícia, entretanto, é que muitas empresas têm as respostas em seu banco de dados, embora não saibam disso. No decorrer dos anos, um longo histórico de transações vai sendo armazenado no banco de dados e informações da empresa. Portanto, os padrões de consumo e as tendências manifestadas pelos consumidores estão armazenados, mas precisam ser identificados, analisados e interpretados.

Para que isso seja obtido, é necessário, literalmente, minerar os dados, o que leva a empresa a aprender mais sobre os seus clientes e facilita o desenvolvimento de inteligência empresarial.

Em termos científicos, Datamining pode ser definido como "o uso de técnicas automáticas de exploração de grandes quantidades de dados de forma a descobrir novos padrões e relações que, devido ao grande volume de dados, não seriam facilmente descobertos a olho nu pelo ser humano" (CARVALHO, 2001, p. 7).

A extração de conhecimento a partir de bases de dados também é ressaltada por Ribeiro (2004, p. 16): "o processo de Descoberta de Conhecimento em base de Dados (KDD — Knowledge Discovery in Databases) é usado para que padrões sejam extraídos das bases de dados. Esse processo possui várias etapas envolvendo preparação dos dados e mineração dos mesmos".

Para Hand, Mannila e Smyth (2001), Datamining é a análise de séries usualmente grandes de dados em busca de relacionamentos não evidentes, sumariando os resultados de maneira a tornar os dados mais compreensíveis e úteis.

Segundo O'Brien (2004, p. 143), no Datamining "os dados são processados para identificar fatores e tendências-chave nos padrões das atividades de negócios", proporcionando um procedimento útil aos gerentes na tomada de decisões estratégicas e nas operações em busca de vantagens competitivas. De maneira similar, Laudon e Laudon (2001, p. 39) comentam que "sofisticadas ferramentas de software de Datamining [...] encontram padrões em grandes volumes de dados e deduzem regras que podem ser usadas para guiar a tomada de decisão".

Datamining é um processo realizado sobre grandes repositórios de dados — Data Warehouse ou Data Mart — em busca de padrões e relações de consumo que são desconhecidos pela organização e que podem ser utilizados na tomada de decisões.

Ampliando o escopo do Datamining, Turban, Rainer e Potter (2003) chamam a atenção para o ***text mining***, no qual se verifica a aplicação do conceito de mineração de dados em arquivos de texto não estruturados ou com um grau menor de estruturação. Por meio do *text mining*, é possível identificar em uma empresa os documentos que tratem de um mesmo assunto. Os autores citam, também, a utilização do ***web mining*** na filtragem de informações (*e-mails*, revistas e jornais on-line), monitoramento de concorrentes e mineração de *logs* de acesso a sites (analisando o fluxo de visitantes, os cliques em cada página, os caminhos percorridos dentro de um site etc.).

Em um processo de mineração de dados, algumas técnicas básicas podem ser utilizadas (CARVALHO, 2001; LAUDON e LAUDON, 2001; RIBEIRO, 2004):

✓ **Associação:** uma associação está ligada a um único evento em que produtos diferentes podem ser relacionados em torno de uma mesma situação. Por exemplo, uma associação que indique que os compradores de pizza em um supermercado tendem a também adquirir refrigerantes.

- ✓ **Seqüência:** verifica-se em eventos que têm uma relação seqüencial. Por exemplo, três meses após a compra de uma TV tela plana, 35% dos consumidores adquirem um sistema de *home theater*. Outro exemplo: após a aquisição de um *freezer*, 43% dos consumidores tendem a adquirir um forno de microondas nos dois meses posteriores.
- ✓ **Classificação:** permite reconhecer ou identificar padrões ou características pertinentes a grupos específicos, possibilitando prever o comportamento de outros grupos com atributos semelhantes. Laudon e Laudon (2001) citam como exemplo o uso da classificação por empresas de telefonia ou cartão de crédito que estejam preocupadas com a evasão de clientes. Ela pode ser utilizada, segundo os autores, para identificar quais clientes têm maior propensão a deixar a empresa, propiciando o desenvolvimento de ações específicas preventivas.
- ✓ **Agrupamento ou *clustering*:** reúne os consumidores conforme suas características, identificando grupos com registros similares (comportamentos, preferências, hábitos de consumo, nível de renda, padrão aquisitivo etc.). Com isso, será possível conhecer melhor os clientes, promovendo ações de marketing e promoção de vendas que atendam grupos com atributos específicos. Por exemplo, uma loja pode separar seus clientes por segmentos de nível de renda, padrão de consumo, marcas preferidas, tipos de produtos consumidos, e outras possibilidades.

  A diferença entre a **classificação** e o **agrupamento** (ou ***clustering***) é que na primeira há um grupo conhecido com um comportamento já específico. Nesse caso, a **classificação** é utilizada para identificar outros clientes que se encaixem nesse padrão previamente conhecido, o que facilitaria a execução de ações dirigidas. Já no **agrupamento** (ou **clustering**), os grupos ainda não são conhecidos (ao menos de uma maneira mais profunda). Dessa forma, procura-se identificar a existência de grupos (ou subconjuntos) em meio aos consumidores cadastrados na base de dados.

Além dessas técnicas básicas, outras possibilidades devem ser consideradas. Carvalho (2001) chama a atenção para a **estimativa** e a **previsão**. Utilizando a primeira delas, é possível estimar, por exemplo, o padrão de consumo de famílias residentes na cidade de Curitiba, tendo como base famílias com características similares (faixa etária, nível de renda, quantidade de pessoas etc.), mas que residam em Belo Horizonte. Conforme explica o autor, estimar é determinar um valor com base em valores obtidos em situações semelhantes.

A **previsão** consiste na avaliação de um valor futuro com base no comportamento passado desse mesmo parâmetro. Com o uso da **previsão**, é possível determinar, por exemplo, o índice de uma ação na Bolsa de Valores, tendo como referência o seu comportamento nos últimos meses ou anos (CARVALHO, 2001).

Para que a mineração de dados seja efetuada de maneira correta, algumas fases devem ser obedecidas, conforme relatado a seguir e complementado pela Figura 8.18:

- ✓ **Direcionamento do foco (identificação de problemas ou necessidades):** uma organização pode utilizar o Datamining para resolver problemas específicos, como a perda de clientes, ou para obter uma melhor compreensão sobre o comportamento de seus consumidores. De qualquer forma, é importante que se tenha em mente, com antecedência, os problemas que se pretende resolver ou necessidades que se busca atender com o uso do Datamining. Isso permitirá direcionar os trabalhos para um foco específico, ampliando as possibilidades de sucesso da mineração de dados.
- ✓ **Escolha da técnica:** conforme mencionado, durante o processo efetivo de mineração dos dados, diversas técnicas podem ser utilizadas na extração do conhecimento. Para isso, o direcionamento do foco é importante, facilitando a escolha de instrumentos mais adequados. Por exemplo, uma empresa verifica uma queda abrupta no faturamento, a partir de um determinado período, sem uma explicação plausível. Essa queda se mantém até o presente, sem perspectivas claras de reversão. Poderão ser efetuadas análises específicas (técnica da seqüência ou classificação, por exemplo) que contemplem os períodos imediatamente anteriores à queda e o período pós-queda, buscando identificar mudanças em padrões ou em relações não identificadas pelos métodos convencionais (como emissões de relatórios pelo ERP). Nesse caso, a extração de conhecimento é feita com base em uma análise temporal, buscando detectar fatos específicos.

  Outro exemplo: um supermercado pretende investir em novos produtos na área de congelados, mas necessita de subsídios para identificar necessidades de seus clientes. Sendo assim, a empresa busca no Datamining relações de consumo

Figura 8.18 Etapas do processo de mineração de dados, desde a identificação de problemas e necessidades até a avaliação dos resultados obtidos.

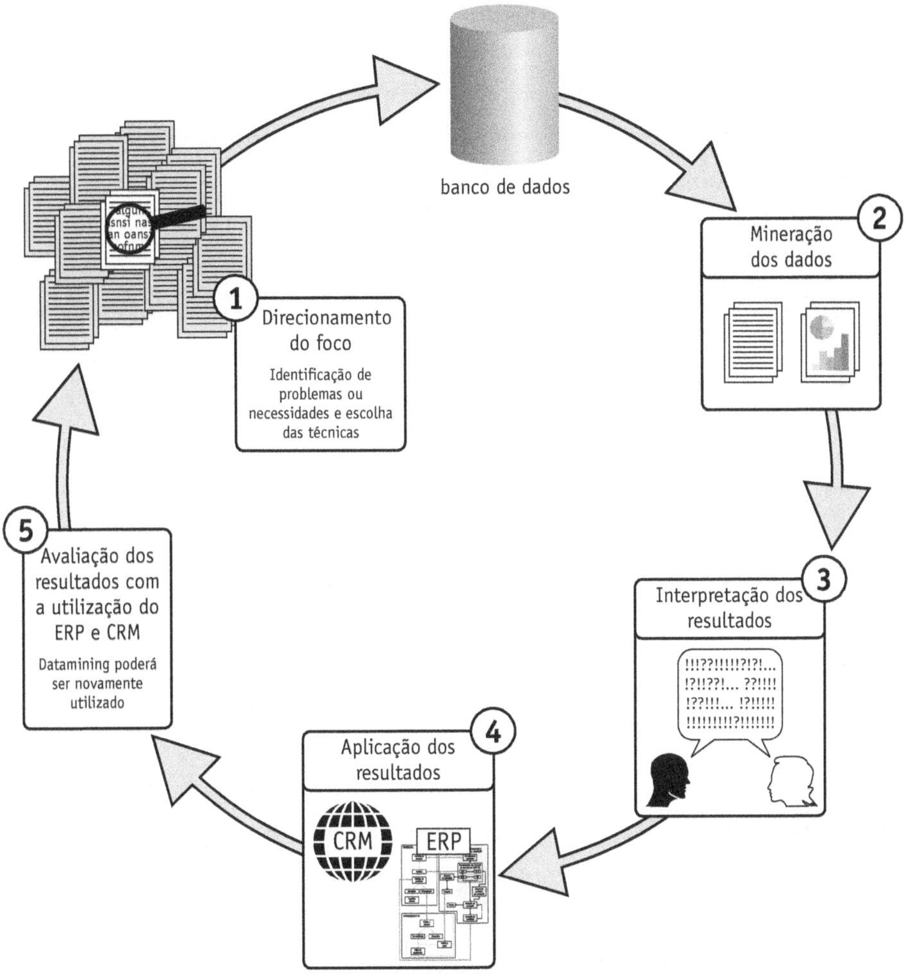

(técnica da associação) entre produtos congelados (prontos, semiprontos, crus), a fim de identificar as mais promissoras e que possam melhor direcionar seus esforços. Adicionalmente, a análise pode levar em consideração a família de produtos congelados e seu possível relacionamento com outros produtos ou hábitos de consumo, ajudando na elaboração de estratégias.

✓ **Mineração dos dados e interpretação dos resultados:** para que os dados possam ser adequadamente verificados, é necessário que estejam organizados e filtrados, evitando registros duplicados ou preenchidos incorretamente. Dependendo de como os dados originais estão organizados, essa é uma etapa que pode demandar um esforço considerável, podendo causar até mesmo alguma frustração na equipe envolvida por causa das possíveis demoras. Após essa preparação, a mineração de dados pode ser iniciada. Geralmente, os resultados são apresentados sob a forma de tabelas e gráficos e precisam ser corretamente interpretados. Para isso, é necessária uma equipe com conhecimento do negócio e, muitas vezes, consultores externos. Essa equipe terá como objetivo analisar e consolidar os resultados obtidos em um relatório para uso estratégico, sendo que documentos para uso tático e operacional também poderão ser gerados.

É importante considerar que apenas a mineração de dados pode não revelar muita coisa em um primeiro momento, havendo a necessidade de interpretação dos resultados. Não raro, mesmo após essa interpretação, a mineração é reprocessada, pois nem sempre relações podem ser obtidas ou fatos identificados numa primeira rodada, sendo exigidos refinamentos e ajustes de foco.

- ✓ **Aplicação e avaliação dos resultados:** após a geração de relatórios necessários para os diversos níveis, reuniões setoriais deverão ser realizadas visando um melhor uso dos resultados obtidos. Para fomentar esse uso, pode ser importante a presença de membros da equipe responsável pela mineração de dados, a fim de explicar como o processo foi conduzido, citando exemplos de outras empresas a título de *benchmark*. Os relatórios obtidos, quando bem utilizados, acabam por fomentar o uso do ERP e do CRM, possibilitando que decisões sejam tomadas com melhor qualidade no dia-a-dia da empresa.

8.12 CRM E DATAMINING NA WEB

Embora a Internet forneça muitas alternativas para a comunicação, ela permite que uma pessoa utilize serviços e visite sites sem se identificar. A possibilidade de se manter anônimo pode constituir, num primeiro momento, um empecilho para que os sites de venda on-line ofereçam um atendimento com alguma personalização. Mas, com a utilização do CRM ou Datamining, é possível obter resultados interessantes.

É preciso considerar, entretanto, que a mineração de dados — em seu formato originalmente concebido — é um processo usualmente demorado, exigindo a análise de grandes quantidades de dados e informações. Por outro lado, a pesquisa e a compra pela Internet são processos do tipo OLTP (On-line Transaction Processing), que envolvem acessos rápidos ao banco de dados, condição essa fundamental para o sucesso da operação. Mesmo assim, é possível conceber um processo dirigido de mineração de dados, com esquemas e filtros previamente estabelecidos, buscando fornecer respostas com uma velocidade compatível com os processos OLTP.

Para compreender melhor algumas possibilidades, é interessante analisar — ainda que rapidamente e a título de exemplo — o comportamento de um consumidor que entra em uma livraria na web. No momento inicial, esse possível consumidor não se identifica, mas algumas ações podem ser empreendidas a partir dos títulos que ele procura.

Por exemplo, supondo que uma pessoa tenha procurado o titulo *O livro vermelho do marketing*, o sistema pode verificar quais as outras obras adquiridas, com mais freqüência, em associação a essa obra, fazendo uma espécie de mineração de dados e indicado títulos adicionais, conforme pode ser visto na Figura 8.19.

O sistema parte de um padrão estabelecido por outros clientes e, dessa forma, apresenta a sugestão de outros títulos. Essa é uma tentativa de resgatar o antigo hábito dos livreiros que sugeriam títulos a um cliente, personalizando o atendimento.

Alguns sites de venda on-line aproveitam a pesquisa efetuada e gravam um *cookie* (espécie de arquivo-texto no computador do visitante), identificando os temas de interesse dessa pessoa. Quando ela retornar ao site, a página inicial poderá ser

Figura 8.19 Sites de venda on-line, habitualmente, sugerem produtos com base no principal item pesquisado.

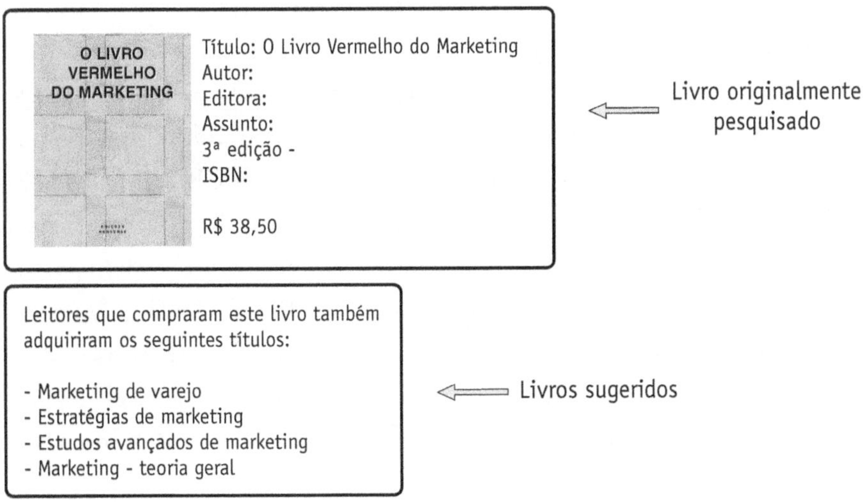

personalizada, apresentado produtos relacionados à última pesquisa realizada. Da mesma forma, quando um visitante compra alguma coisa em um site, a gravação do *cookie* também poderá ser feita. Apesar de essa ser uma forma de personalizar a página do site, isso poderá ter efeito contrário caso o mesmo computador seja utilizado por pessoas diferentes.

Mas alguns serviços oferecidos na Internet exigem que o usuário se identifique, como os bancos on-line. Nesse caso, a personalização do site pode até mesmo ser decidida pelo cliente, pois alguns bancos oferecem a opção de o usuário indicar os serviços e informações que deseja encontrar na primeira tela. Além dessa funcionalidade e com a utilização de recursos de CRM e Datamining, é possível divulgar novos serviços e produtos. Um exemplo simples consiste em oferecer um financiamento para um cliente que está com o saldo negativo. Por outro lado, à pessoa que estiver com saldo positivo poderão ser oferecidas opções de investimento. Possibilidades adicionais podem incluir a oferta de financiamento de imóvel para pessoas que se encaixem em determinado grupo (o que pode ser verificado previamente com o uso de um Datamining).

Conforme mencionado, alguns clientes podem apresentar a tendência de trocar de banco (o que pode ser identificado pela classificação de dados em um Datamining). Com isso, o banco poderá — mesmo via Internet — oferecer produtos ou condições específicas para reter esse cliente.

8.13 DATAMINING, ERP E CRM

Já foi visto que a mineração convencional de dados (Datamining) trabalha sobre um repositório (Data Warehouse ou Data Mart) com dados oriundos de diversas fontes (em especial o banco de dados utilizados pelo ERP e pelo CRM operacional). Esse processo gera conhecimentos que podem, quando utilizados adequadamente, levar a um importante incremento do uso do ERP e do CRM (Figura 8.20). Com isso, tem-se uma espécie de ciclo virtuoso, em que situações, correlações e tendências descobertas pelo processo de extração de conhecimento podem ajudar a aprimorar o uso do Sistema Integrado de Gestão (ERP) e do CRM, promovendo uma melhoria nos processos, aumento da qualidade e otimização de recursos.

A seguir, são apresentadas algumas situações, adaptadas de casos reais, que podem fornecer uma dimensão mais precisa sobre o ciclo envolvendo Datamining, ERP e CRM.

Figura 8.20 O Datamining promove a extração de conhecimentos do banco de dados, melhorando a tomada de decisões estratégicas e influindo positivamente no uso do ERP e do CRM.

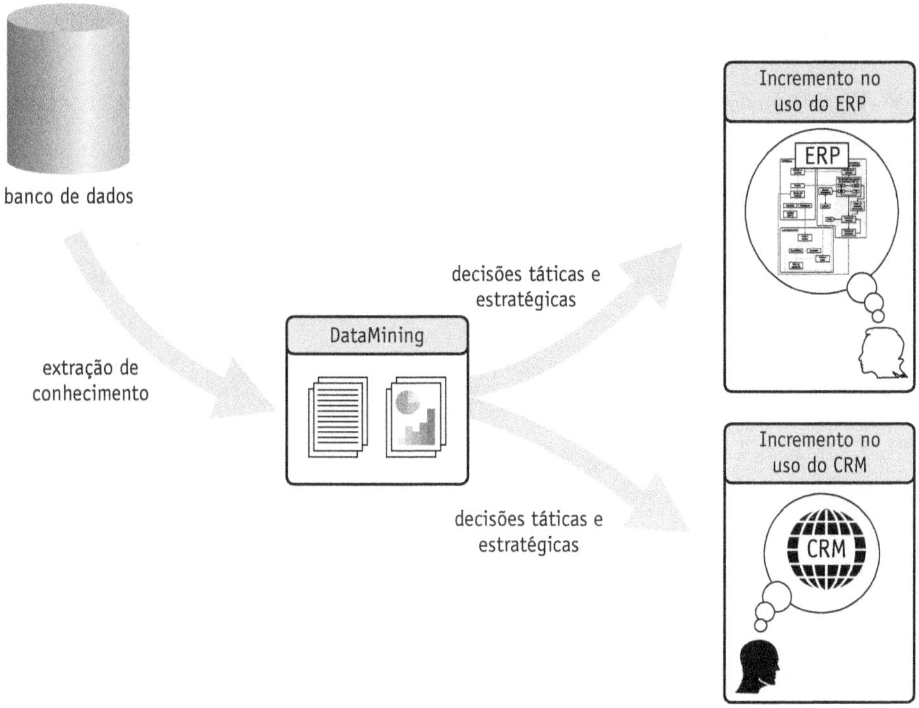

8.13.1 MELHORIA DA QUALIDADE

Montadoras de automóveis possuem diversos fornecedores, sendo que determinados itens são adquiridos de apenas um fornecedor. Entretanto, há casos em que um mesmo componente não é produzido por um fornecedor exclusivo, talvez por razões estratégicas ou para garantir continuidade no suprimento.

Utilizando a mineração de dados, uma montadora de automóveis pôde verificar que o conjunto de alarme de um modelo de veículo estava apresentando índices elevados de quebra quando utilizava componentes de um determinado fornecedor (X), fato esse até então desconhecido. Sabia-se que o índice de quebras do conjunto de alarme era elevado, mas não havia um levantamento que apontasse que o problema estava relacionado a um fornecedor específico.

Adicionalmente, constatava-se que, dada a primeira manutenção, o problema nem sempre era resolvido, voltando a se manifestar tempos depois (caso se utilizasse os conjuntos produzidos por aquele fornecedor). Entretanto, a mineração de dados indicou que esse problema raramente voltava a ocorrer quando eram utilizados conjuntos produzidos por um segundo fornecedor (Y).

Nesse ponto, as seguintes ações puderam ser tomadas:

- ✓ **Fornecedor:** ações deverão ser desenvolvidas em relação ao fornecedor X, ajudando-o a identificar a razão dos problemas e como podem ser superados.
- ✓ **ERP (I):** enquanto os problemas com o fornecedor X não forem sanados, no ERP da empresa pode ser aplicada uma regra de prioridade para solicitações de compra do conjunto de alarme, dando preferência ao fornecedor Y (com qualidade superior).
- ✓ **ERP (II):** poderá ser estabelecida uma segunda regra para que as peças de reposição enviadas às concessionárias sejam oriundas do fornecedor Y. Com isso, um veículo que tenha apresentado problemas com o alarme terá esse conjunto substituído por outro mais confiável, evitando que o problema se repita.
- ✓ **CRM (I):** o CRM operacional orientará os clientes com esse problema, encaminhando-os para as concessionárias que tenham as peças de reposição fabricadas pelo fornecedor Y.
- ✓ **CRM (II):** o CRM analítico poderá efetuar o acompanhamento — no banco de dados — dos veículos que apresentaram esse problema, verificando se foi efetivamente solucionado (o que pode ser visto pelas solicitações de manutenção efetuadas durante a garantia).

8.13.2 DESENVOLVENDO NOVOS SERVIÇOS

A quantidade de telefones móveis no Brasil tem crescido rapidamente, superando os aparelhos fixos. As operadoras de telefonia celular vêm procurando desenvolver novos serviços, agregando facilidades e oferecendo planos para os mais diversos perfis de clientes. Com a utilização de mineração de dados, uma empresa de telefonia celular constatou que, embora a quantidade de clientes estivesse em expansão, muitos dos seus usuários utilizavam o telefone fixo em suas residências em vez da telefonia móvel. Essa verificação não é tão simples de ser feita, tendo em vista o envolvimento de um número considerável de variáveis, mas a partir dela, ações específicas foram desenvolvidas, conforme relatado a seguir:

- ✓ **Questão técnica (localização da residência x estação rádio-base):** as operadoras de telefonia celular têm condições de identificar a região de origem das ligações verificando a qual das estações rádio-base o celular estava conectado.
- ✓ **Datamining (ligações x região):** com base nessa informação, foi possível detectar na conta mensal qual a porcentagem de ligações realizadas na região onde se encontra a residência do assinante. A partir desse levantamento (efetuado pelo Datamining), constatou-se que o uso do celular ocorre prioritariamente **fora da região** onde o assinante reside.
- ✓ **CRM (pesquisa com grupos de clientes):** a partir do levantamento realizado, foi concebida uma pesquisa com grupos de clientes, tendo o objetivo de verificar o comportamento dos consumidores, compreendendo as razões que levaram a um uso reduzido dos celulares em casa. Para isso, foi utilizado o CRM operacional.
- ✓ **Desenvolvimento de novos serviços:** estabelecida uma melhor compreensão sobre o comportamento de seus consumidores, a empresa de telefonia celular passou a oferecer novos serviços tais como:
    - ligações com desconto para telefones fixos pré-cadastrados pelo cliente.
    - pacote mensal de minutos de ligações a custo reduzido para telefones fixos (quando o celular for utilizado na região onde reside o assinante).
- ✓ **CRM (orientação para o lançamento dos novos serviços):** o CRM Operacional foi utilizado para orientar os clientes sobre as dúvidas relativas aos novos serviços, e também para receber as adesões dos clientes que desejassem contratá-los.
- ✓ **CRM (acompanhamento dos serviços):** o CRM Colaborativo foi utilizado para gerenciar canais de comunicação com os novos clientes, enviando — por exemplo — mensagens relativas a créditos disponíveis para os serviços contratados.
- ✓ **ERP (novas formas de faturamento):** a oferta de novos serviços e novos planos de faturamento demandou o estabelecimento de regras adicionais para o módulo de faturamento (*billing*) do sistema integrado de gestão utilizado. Com isso, os consumidores que aderiram aos novos serviços poderiam ter as cobranças efetuadas adequadamente.
- ✓ **CRM (acompanhamento das demandas dos clientes):** após a implantação dos novos serviços, o CRM operacional foi utilizado para atender às demandas dos clientes, orientando aqueles com dúvidas e verificando possíveis reclamações.

8.13.3 ATUANDO PREVENTIVAMENTE

Uma empresa de seguro-saúde buscou no Datamining uma maneira de melhorar a qualidade dos serviços prestados aos seus clientes e, ao mesmo tempo, reduzir custos operacionais. Utilizando a mineração de dados sobre uma ampla base, foi possível identificar o perfil dos clientes com tendência a determinadas doenças.

Por exemplo, sabe-se que as chances de uma pessoa apresentar problemas do coração aumentam com a idade. Outras doenças ou problemas podem potencializar a ocorrência de problemas cardíacos, como o diabetes, a hipertensão e as altas taxas de colesterol e triglicérides. Assim, pessoas dentro de uma faixa etária específica e com essas evidências apresentam maior tendência aos problemas cardíacos.

Com base nesses fatores, mais as ocorrências registradas em bancos de dados, foi possível detectar grupos com maior probabilidade de apresentar determinadas doenças, levando à adoção de ações preventivas específicas. Resumidamente, o projeto constitui-se nas seguintes etapas:

- ✓ **Datamining (caracterização de grupos de risco):** em uma primeira rodada, foi possível caracterizar grupos de risco para determinadas doenças.
- ✓ **Datamining (identificação dos clientes potencialmente em situação de risco):** posteriormente, a mineração de dados foi utilizada para identificar os integrantes de cada grupo de risco. Foram geradas relações para uso pelo CRM.
- ✓ **Desenvolvimento de ações específicas:** identificados os grupos de risco e a quantidade de clientes pertencentes a cada um deles, foi possível desenvolver ações preventivas específicas.
- ✓ **CRM (contato com os clientes):** utilizando os CRMs Operacional e Colaborativo, os integrantes de cada grupo de risco foram convidados a participar de programas específicos de prevenção. Como incentivo, foram oferecidos descontos promocionais para esses clientes, desde que aderissem aos programas.
- ✓ **CRM (contato com os médicos):** os CRMs Operacional e Colaborativo foram utilizados para informar aos médicos os detalhes desse projeto preventivo.
- ✓ **ERP (controle dos descontos promocionais):** o Sistema Integrado de Gestão (ERP) foi especialmente preparado para identificar os pacientes que aderiam aos programas, registrando o desconto promocional para cada um deles.
- ✓ **CRM (acompanhamento dos clientes):** o CRM foi utilizado para fazer um acompanhamento dos clientes que aderiram aos projetos de prevenção e,

ao mesmo tempo, reforçar a importância dessa iniciativa com aquelas pessoas que não aderiram.

- ✓ **Datamining (verificação dos grupos de risco):** posteriormente, a mineração de dados foi utilizada para verificar se a iniciativa havia dado resultado e as internações diminuído.
- ✓ **ERP (verificação do desembolso com determinados procedimentos):** com o uso do ERP, foi possível avaliar se o desembolso com determinados procedimentos havia sido efetivamente reduzido, gerando indicadores sobre o retorno financeiro do programa.

Diversas aplicações podem ser prospectadas com o uso integrado do Datamining, ERP e CRM, promovendo a geração de conhecimento a partir das informações contidas em banco de dados e possibilitando a melhora dos processos organizacionais.

É necessário considerar, entretanto, que a mineração de dados e os sistemas de gerenciamento de relações com os consumidores abrem perspectivas éticas que precisam ser consideradas e estão relacionadas ao sigilo com os dados e informações dos clientes, conforme será discutido no item 8.15. Ates, porém, será necessário discutir alguns aspectos relacionados aos grandes repositórios de dados.

8.14 DATA WAREHOUSE E DATA MART

No Capítulo 6, foi discutido o uso de bancos de dados único hospedado em um Data Center, que está sendo utilizado com freqüência cada vez maior pelas grandes corporações. No entanto, ainda prevalece o uso de bases de dados localizadas em cada unidade (fábrica ou escritório, por exemplo), mesmo para organizações que operam em diversas cidades, estados ou países.

Quando o processo de mineração de dados vai ser realizado, pode ser aplicado em um banco específico (por exemplo, um escritório regional), buscando compreender o comportamento dos consumidores de uma área específica (atendida por aquele escritório), estabelecendo relações para esse mesmo conjunto de pessoas. Por vezes, a empresa necessita analisar todo o universo de consumidores, considerando as diversas operações regionais de maneira conjunta. Essa é uma questão que precisa ser adequadamente equacionada pois, nesse caso, será necessário reunir todos esses dados em um único banco, sobre o qual será desenvolvida a mineração de dados (Datamining).

Outra questão que precisa ser ponderada é a longevidade dos dados armazenados. Grandes organizações, com um processamento significativo sendo executados diariamente, acabam tendo de enxugar seus bancos de dados com razoável freqüência. No Capítulo 6, foi comentada a necessidade de manter nas tabelas, preferencialmente, os dados mais recentes:

> "É necessário criar rotinas para que determinados dados e informações sejam retirados da tabela após um período sem utilização. Por exemplo, se a média de retorno de um cliente é de três meses, um cliente que ficar mais de nove meses ausente poderá ter o seu cadastro remanejado para uma tabela (ou banco de dados) de inativos. É importante ressaltar que esses dados não serão simplesmente excluídos, mas transferidos para áreas onde não causem prejuízo à performance do sistema, mantendo enxutas as tabelas em uso no dia-a-dia."

Todavia, o processo de Datamining trabalha sobre dados históricos, a fim de verificar mudanças de comportamento dos consumidores ou detectar relações temporais que possam indicar tendências futuras. Nesse caso, será necessário reunir novamente os dados atuais (de uso mais freqüente) com aqueles mais antigos (que possibilitarão um olhar ao longo do tempo). Por questões práticas e ligadas à performance, essa reunião de dados antigos e novos deverá ser efetuada em um novo banco de dados, sobre o qual serão aplicados processos de análise (dentre os quais se inclui o Datamining). Esse repositório que acumula material oriundo de bancos regionais e reúne dados de períodos históricos é chamado de Data Warehouse (literalmente, armazém de dados), esquematizado na Figura 8.21.

Procurando obter uma compreensão adicional sobre o termo Data Warehouse, é interessante verificar o que dizem alguns autores da área de sistemas de informação. Segundo Turban, Rainer e Potter (2003, p. 81), Data Warehouse é "um repositório de dados históricos orientados a assunto, que são organizados para serem acessíveis em uma forma permanente e aceitável para o processo analítico".

Considerando a freqüência com que os dados são reunidos, Laudon e Laudon (2001, p. 168) definem Data Warehouse como sendo "um banco de dados, com ferramentas, que armazena dados atuais e históricos de interesse potencial para os gerentes de toda a empresa". Complementando, esses autores informam que "os dados se originam em muitos sistemas operacionais centrais e de fontes externas e são copiados dentro de um banco de dados de Data Warehouse com a freqüência necessária — a cada hora, diariamente, semanalmente, mensalmente".

Figura 8.21 O Data Warehouse é um repositório de dados e informações oriundos de bases diversas, sendo utilizado em processos de Business Intelligence.

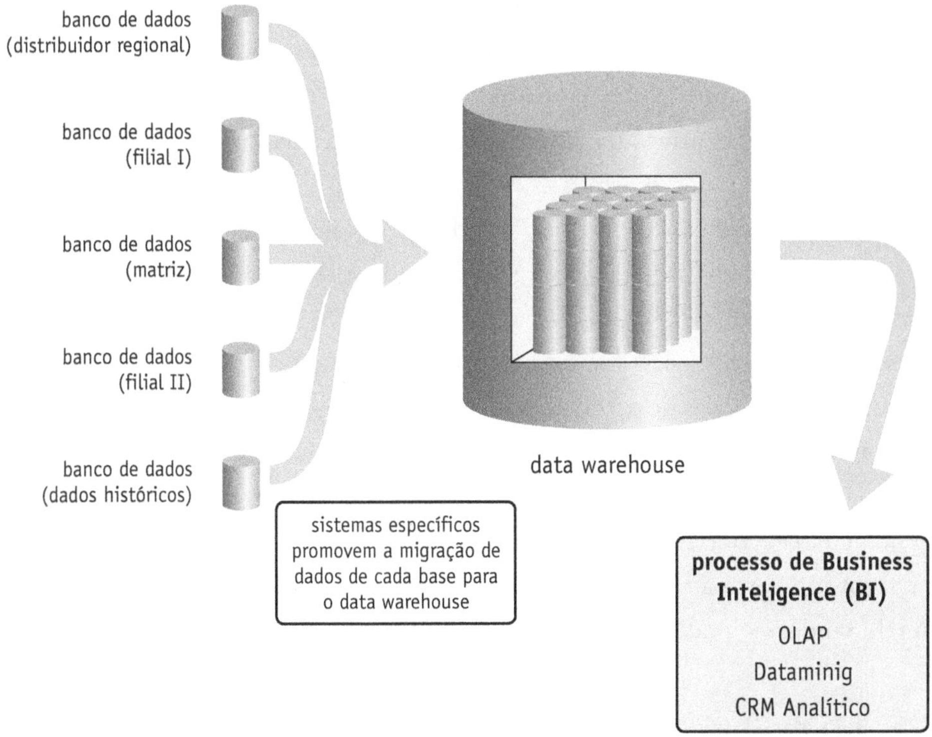

Por sua vez, O'Brien (2004, p. 142) informa que "um Data Warehouse armazena dados que foram extraídos dos vários bancos de dados de uma organização, sejam eles operacionais, externos ou de outra espécie". Prosseguindo, ele considera que o Data Warehouse "é uma fonte central de dados já trabalhados, transformados e catalogados, portanto, prontos para serem utilizados por gerentes e outros profissionais da empresa para Datamining, processamento analítico on-line e outras formas de análise empresarial, pesquisa de mercado e apoio às decisões".

Data Warehouse é um repositório de dados oriundos de bases diversas, tanto internas quanto externas à organização, relacionadas a períodos diversos de tempo. Ele abrange um amplo cenário (tanto temporal, quanto geográfico), possibilitando a realização de análises e correlações em processos de extração de conhecimentos para utilização em áreas estratégicas, táticas ou mesmo operacionais da organização.

A consolidação de dados a partir de bases diversas poderá ser feita uma única vez, para a execução de um processo único de mineração de dados, ou para constituir um processo repetido periodicamente, conforme a necessidade da organização. Por exemplo, uma organização que opera em diversos países pode optar em não manter todos os dados hospedados em um único Data Center. Entretanto, os executivos da matriz necessitarão de dados e informações consolidados a partir dos diversos bancos regionais, a fim de tomarem decisões estratégicas. Nesse caso, um Data Warehouse pode ser a solução, uma vez que agrega dados de diferentes origens, que podem ser analisados auxiliando na tomada de decisões estratégicas.

Em situações diferenciadas, uma vice-presidência ou diretoria de uma empresa pode necessitar apenas de dados específicos originados de bases diversas. Por exemplo, a área comercial de uma indústria pode requerer dados e informações relativos às vendas efetuadas pelos escritórios regionais. Nesse caso, a filosofia adotada é a mesma do Data Warehouse, porém, como os dados e informações são específicos, o repositório passa a se chamar Data Mart (empório de dados, em uma tradução literal), conforme pode ser visto na Figura 8.22.

Data Mart é um repositório de dados sobre um assunto específico, oriundos de bases diversas, tendo como finalidade a realização de análises e correlações em processos de extração de conhecimentos para utilização em áreas estratégicas, táticas ou operacionais de uma organização.

8.14.1 CONTRAPONDO DATA MART, XML E XBRL

Com a evolução de linguagens de transferência de dados via web, como **XML** (**EX**tensible **M**arkup **L**anguage) e **XBRL** (**EX**tensible **B**usiness **R**eporting **L**anguage), filiais podem gerar relatórios específicos utilizando essas linguagens. Esses documentos podem ser acessados por sistemas especiais que extrairão os dados e informações necessários, consolidando-os em um documento exclusivo.

Para informações adicionais: **Capítulo 2, *Sistemas de informação: conceitos, definições e exemplos.***

Figura 8.22 O Data Mart é um repositório de dados e informações específicos oriundos de bases diversas.

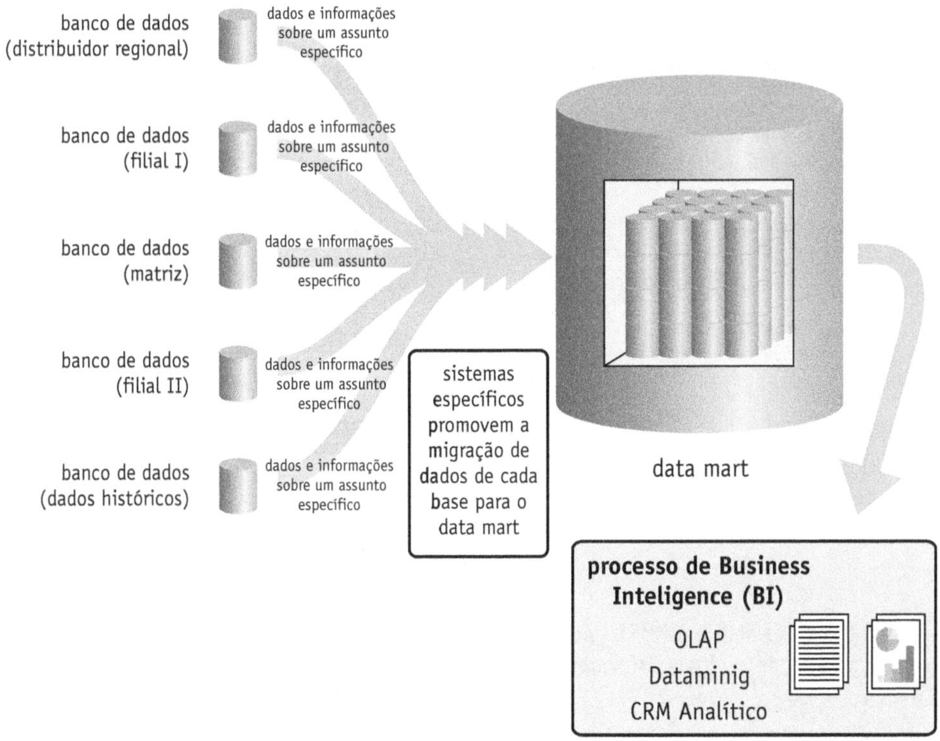

É importante ressaltar que o uso dessas linguagens não constitui uma forma de Data Mart, mas sim uma espécie de alternativa a esse recurso. O Data Mart tem condições de armazenar informações históricas, como as vendas realizadas nos últimos 12 meses (em registros diferentes do banco de dados). A extração de dados e informações a partir de linguagens XML e XBRL, por sua vez, ocorre de maneira dinâmica, trabalhando sobre dados atuais. Conseqüentemente, se os relatórios regionais forem modificados, documentos gerados a partir desses informes refletirão essa nova circunstância. A Figura 8.23 mostra, esquematicamente, como essa transferência pode ser estruturada.

Um Data Mart, assim como um Data Warehouse, necessita de atualização periódica, a menos que sejam utilizados uma única vez, o que nem sempre acontece. Sendo assim, o XML e o XBRL podem ser empregados em sistemas automatizados de aporte de dados e informações a esses repositórios (Figura 8.24).

Figura 8.23 Com o uso de linguagens como XML e XBRL, é possível extrair dados e informações de relatórios preparados por escritórios regionais, consolidando-os em um relatório geral.

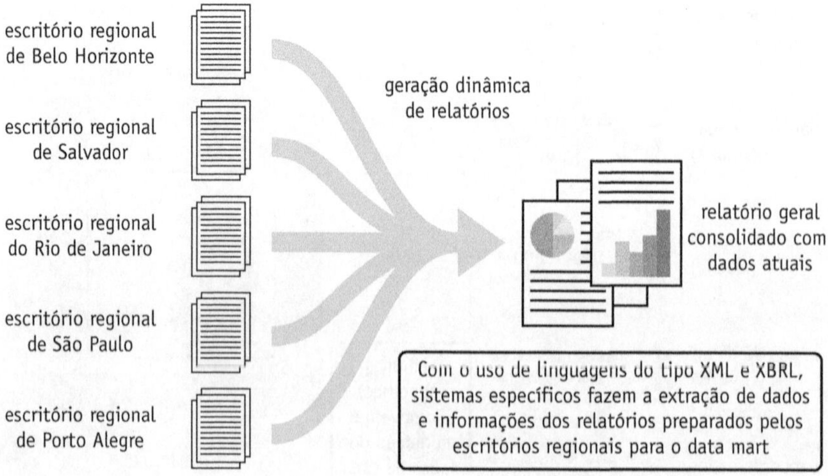

Figura 8.24 O XML e o XBRL podem ser utilizados em sistemas automatizados de aporte de dados e informações, atualizando Data Marts ou Data Warehouses.

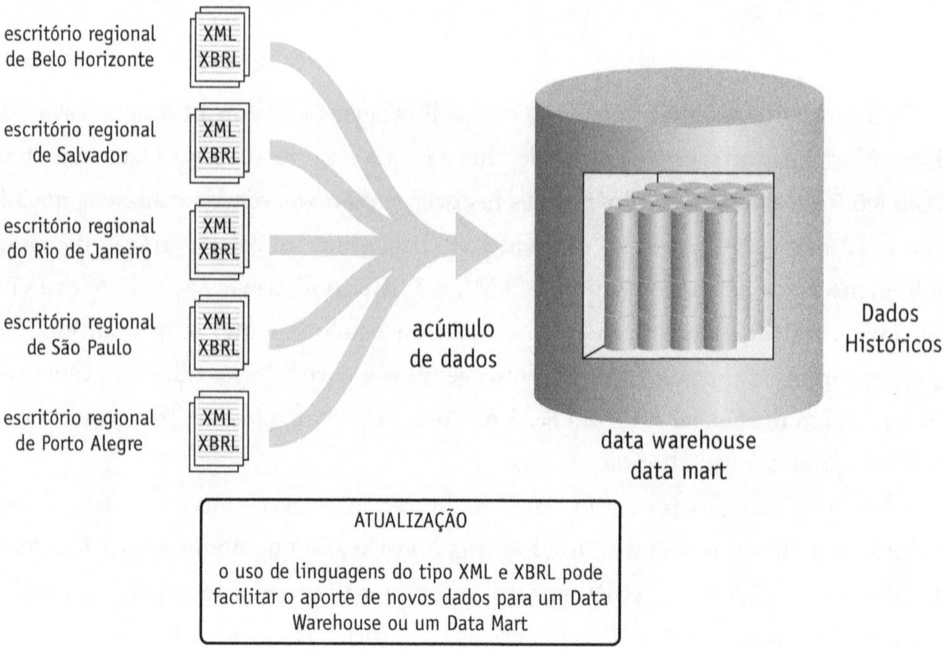

8.15 SIGILO COM OS DADOS E INFORMAÇÕES DOS CLIENTES

A conformação de um Data Warehouse ou Data Mart, com freqüência, implica o aporte de dados de fontes externas à empresa, ampliando o escopo de análise de processos de Datamining, OLAP e CRM analítico. É sabido também que as empresas acumulam dados e informações sobre seus clientes.

Diante da necessidade de obter dados externos para fomentar processos de Business Intelligence, parece natural que as empresas troquem dados entre si. Dessa forma, as análises efetuadas podem ser desenvolvidas com maior qualidade. Por exemplo: a cada dia surgem novos tratamentos e novos exames, fazendo com que a medicina evolua muito rapidamente em determinadas áreas. Isso tem possibilitado novas abordagens, seja na prevenção, seja no tratamento de doenças. Entretanto, também tem elevado os custos médicos, tornando o seu gerenciamento cada vez mais importante para as empresas de seguro-saúde.

Deve-se considerar, ainda, que existe uma forte concorrência entre as empresas que operam com seguro-saúde. Diante dessa situação, essas organizações precisam contar com uma boa rede de hospitais e médicos conveniados e fornecer serviços adicionais, buscando estabelecer algum tipo de diferenciação que mantenha ou amplie eventuais vantagens competitivas.

Posto isso, parece adequado um acordo entre uma empresa de seguro-saúde e uma grande rede de farmácias, para oferecer medicamentos com descontos aos associados. Acordos desse tipo podem ser muito úteis aos doentes crônicos, como diabéticos, hipertensos e cardíacos.

Geralmente, grandes redes de farmácia possuem cartões de fidelidade. Com eles, a cada compra, os consumidores ganham descontos e acumulam pontos que podem ser trocados por brindes, por exemplo. Essa é uma forma usual de retenção de clientes, incentivando sua fidelidade. É uma estratégia utilizada também por locadoras, lojas de departamento, supermercados e laboratórios fotográficos.

Quando um acordo entre uma empresa de seguro-saúde e uma grande rede de farmácias é celebrado, isso pode incluir a troca de dados, possibilitando — dentre outras coisas — que cada grupo divulgue aos seus clientes a oferta de descontos em alguns medicamentos. Essas bases também poderão subsidiar processos de mineração de dados, a fim de obter uma melhor compreensão do comportamento e tendência dos consumidores.

Dependendo dos dados transacionados, a empresa de seguro-saúde poderá ter acesso não apenas à relação de clientes da rede de farmácias, mas saberá o que cada um deles está comprando (quais os medicamentos e com qual periodicidade). Isso poderá indicar, por exemplo, que uma pessoa sofre de alguma doença específica. É claro que isso poderá constituir um indicador errôneo, pois talvez o medicamento não seja para consumo próprio.

Quando uma pessoa adere a um seguro-saúde, a empresa poderá solicitar que ela faça um breve *check-up* "de rotina". Sem que a pessoa saiba, essa solicitação poderá ser efetuada com base nas informações obtidas por meio do banco de dados da rede de farmácias. Cabe perguntar, porém, se o consumidor deseja que os seus dados sejam repassados sem o seu consentimento.

Outros hábitos de consumo podem ser verificados com as operadoras de cartão de crédito: que produtos ou serviços uma pessoa utiliza, quais lojas freqüenta, quanto ela gasta. A quem isso interessa? Há muitas empresas que não pensariam duas vezes em pagar por uma base de dados como essa.

A partir do momento que os dados deixam a empresa originalmente responsável pela sua coleta, perde-se o controle sobre eles. Além disso, decisões podem ser tomadas com base nesses dados, sem que a pessoa saiba o que está efetivamente ocorrendo. Por exemplo, ao prospectar uma vaga, um executivo poderá ser preterido pelo fato de apresentar índices considerados elevados de compras em farmácias, o que pode indicar problemas de saúde que ele não manifestou nas entrevistas, nem podem ser identificados em um simples exame médico. Outro exemplo: uma seguradora de automóveis poderá cobrar mais, caso verifique que o cliente freqüenta bares e restaurantes durante a madrugada (o que pode aumentar a possibilidade de envolvimento em acidentes).

Existe uma tendência de organização de movimentos civis em prol do sigilo de dados e informações, evitando que organizações repassem a terceiros algo tido como pessoal e sigiloso. Esse é um tema complexo e abrangente, tendo em vista o crescimento dos bancos de dados nas organizações, sendo necessário que as boas práticas corporativas contemplem um tratamento adequado às informações fornecidas pelos seus clientes.

8.16 BSC — BALANCED SCORECARD

Surgido no início da década de 1990, o Balanced Scorecard (Indicadores Balanceados de Desempenho) constitui um sistema de gestão concebido por Robert

Kaplan e David Norton, que se propõe traduzir a missão da empresa e sua estratégia em um conjunto de atividades, que têm sua performance monitorada segundo suas **finanças, relação com os consumidores, processos internos de negócios** e **aprendizado e crescimento** (KAPLAN e NORTON, 1996), conforme pode ser visto na Figura 8.25.

De acordo com esses autores, o surgimento da era da informação, nas últimas décadas, tem levado à obsolescência muitas das suposições sobre estratégias competitivas da era industrial. Para as empresas prestadoras de serviços, esse impacto tem sido ainda maior. Acostumadas a ambientes de baixa ou nenhuma competitividade, altamente regulados pelo governo, muitas empresas de comunicação, transporte e

Figura 8.25 O Balanced Scorecard traduz a missão e estratégia organizacional em um detalhado conjunto de medidas de desempenho, constituindo a estrutura de um sistema de gerenciamento estratégico.

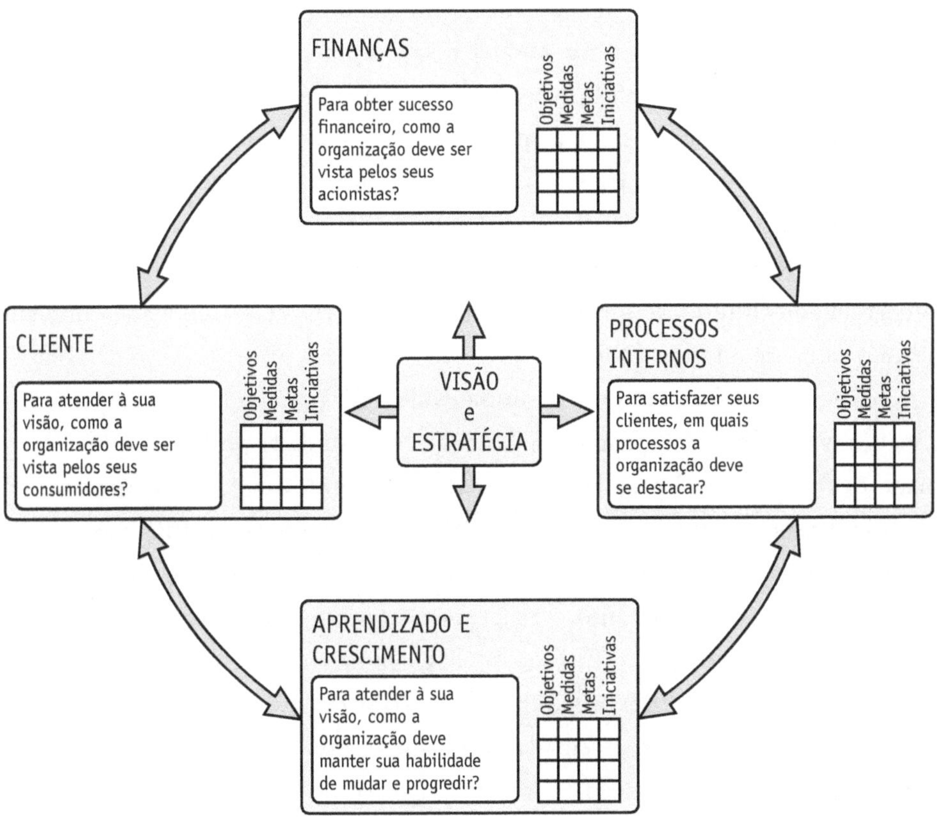

Fonte: Adaptado de Kaplan e Norton, 1996.

bancos, passaram a ter de atuar em novos contextos após uma série de processos de privatização e desregulamentação desenvolvidos em todo o mundo.

Anteriormente, foi mencionado que, em função das modificações verificadas no cenário econômico internacional a partir da década de 1970, as estratégias competitivas passaram a ser elaboradas levando em conta situações e fatores mais complexos. As análises do contexto competitivo começaram a ser desenvolvidas dentro de um espectro mais amplo, no qual o uso de referências financeiras deve ser acompanhado de outros indicadores.

Dentro desse contexto, o BSC oferece aos administradores instrumentos para melhor gerenciar as empresas, medindo o desempenho com base em indicadores financeiros e não financeiros. Assim, torna-se possível perseguir resultados e, ao mesmo tempo, monitorar o desenvolvimento de capacidades e aquisição de recursos intangíveis necessários ao seu crescimento. Lembram Yoshikuni, Galegale, Riccio e Arima (2006) que o BSC — complementando os indicadores financeiros — abrange medidas de avaliação dos clientes, processos internos a serem priorizados, investimentos em recursos humanos e em tecnologias.

Devido à crescente integração, abrangência e utilização de sistemas de informação nas organizações dos mais diversos tipos e tamanhos, o fluxo de informações deve atender não apenas às demandas operacionais, mas fornecer subsídios importantes aos níveis tático e estratégico. Dessa forma, prospecta-se um uso cada vez maior de sistemas de Business Intelligence em projetos de implantação e utilização do Balanced Scorecard. Para isso, considera-se fundamental que o projeto parta da correta constituição de um repositório de dados (Data Warehouse), conforme indicam Almanza e Prieto (2006).

Alves e Silva (2006), em uma pesquisa exploratória realizada com empresas nacionais, revelam que, em apenas 6% das empresas estudadas, o ERP contempla informações qualitativas demandadas pelo Balanced Scorecard. Além disso, na mesma pesquisa, verificou-se que em 100% das empresas analisadas, o ERP não fornece informações relativas a indicadores de performance sobre investimentos realizados em ativos intangíveis. Entretanto, destacam esses autores que, em relação à natureza quantitativa da informação, o ERP possibilita alguma análise quando, nas empresas estudadas, foi adotado o BSC. Isso indica que os sistemas integrados de gestão, via de regra, necessitam de uma camada de Business Intelligence para gerar as informações necessárias ao Balanced Scorecard (Figura 8.26). Sobre isso, é interessante destacar o trabalho de Nascimento e Reginato (2006), que tratam da importância de ferramentas de Business Intelligence na estruturação da área de controladoria, para gerar controles que antes não existiam e fornecer informações que subsidiam decisões estratégicas.

Embora os Sistemas Integrados de Gestão (ERPs) possam gerar informações para uso tático e estratégico, eles constituem mais um sistema do tipo OLTP que mantêm os processos funcionando, especialmente em nível operacional. Certamente, há ERPs que fornecem relatórios mais avançados e permitem a realização de simulações que embasam decisões táticas e estratégicas, porém isso nem sempre ocorre de maneira ampla ou facilitada. Mesmo quando se considera a possibilidade de analisar o comportamento de clientes, geralmente, os ERPs só fazem isso com a utilização de módulos específicos, relacionados ao Customer Relationship Management (CRM).

Os ERPs não têm, em sua concepção, uma preocupação com análises históricas mais amplas e abrangentes, não efetuando correlações como os sistemas OLAP nem pesquisando dados e verificando agrupamentos, como ocorre com processos do tipo Datamining. Isso foge ao escopo dos sistemas integrados de gestão, uma vez que esses processamentos são demorados e, afinal, "alguém" tem de manter a empresa funcionando (tarefa que o ERP pode cumprir com maestria).

Dessa forma, a empresa necessita ter em seu *hard-core* (chamado de OLTP na Figura 8.26) um sistema ERP, sendo bem-vindo o auxílio dos CRMs Operacional e Colaborativo. Esse núcleo manterá a empresa trabalhando em seu dia-a-dia, especialmente cuidando dos processos em nível operacional. Além disso, será possível a tomada de decisões táticas e estratégicas, ainda que o horizonte prospectado não seja tão amplo.

A partir daí, é possível sobrepor uma outra camada (Business Intelligence — BI) com sistemas do tipo Datamining, CRM Analítico e OLAP. A extração de conhecimento será, ao mesmo tempo, facilitada e aprofundada, melhorando as condições para que decisões táticas e estratégicas sejam tomadas, além de ampliar significativamente o horizonte analisado. Por último, vem a camada do Balanced Scorecard (BSC), transformando a estratégia organizacional em ações e medindo o desempenho da empresa com base em indicadores financeiros e não financeiros.

Entre as camadas se estabelece um "ciclo convectivo", que promove um fluxo de dados e informações dos níveis mais internos para os mais externos. Ao longo desse ciclo, os dados e informações são transformados em conhecimento e inteligência, colaborando para o acúmulo de experiência organizacional e realimentando o processo.

Como efeito desse "ciclo convectivo", conforme pode ser visto na Figura 8.26, tem-se a transformação do conhecimento, que é socializado (a partir do momento que é gerado pela camada de Business Intelligence, ele pode ser repartido entre as pessoas), externalizado (com a definição de estratégias) na camada BSC, combinado (gerando conhecimento sistêmico) e internalizado para as camadas internas (constituindo conhecimento operacional). Dessa forma, tem-se transposta para essas camadas as idéias de Nonaka e Takeuchi (1997), explicadas no Capítulo 3.

Tendo em vista que o "ciclo convectivo" faz com que as três camadas apresentem um relacionamento dinâmico, é possível distribuir as fases do Balanced Scorecard ao longo desse processo. A Figura 8.27 faz uma espécie de *zoom* nesse "ciclo convectivo", mostrando como as fases do BSC podem ser disseminadas nessas camadas.

Sendo assim, a fase inicial desse ciclo ocorre quando as ferramentas e os processos de Business Intelligence extraem conhecimento dos repositórios de

Figura 8.26 Superposição de camadas OLTP, BI e BSC, com a transformação de dados e informações em conhecimento e inteligência organizacional.

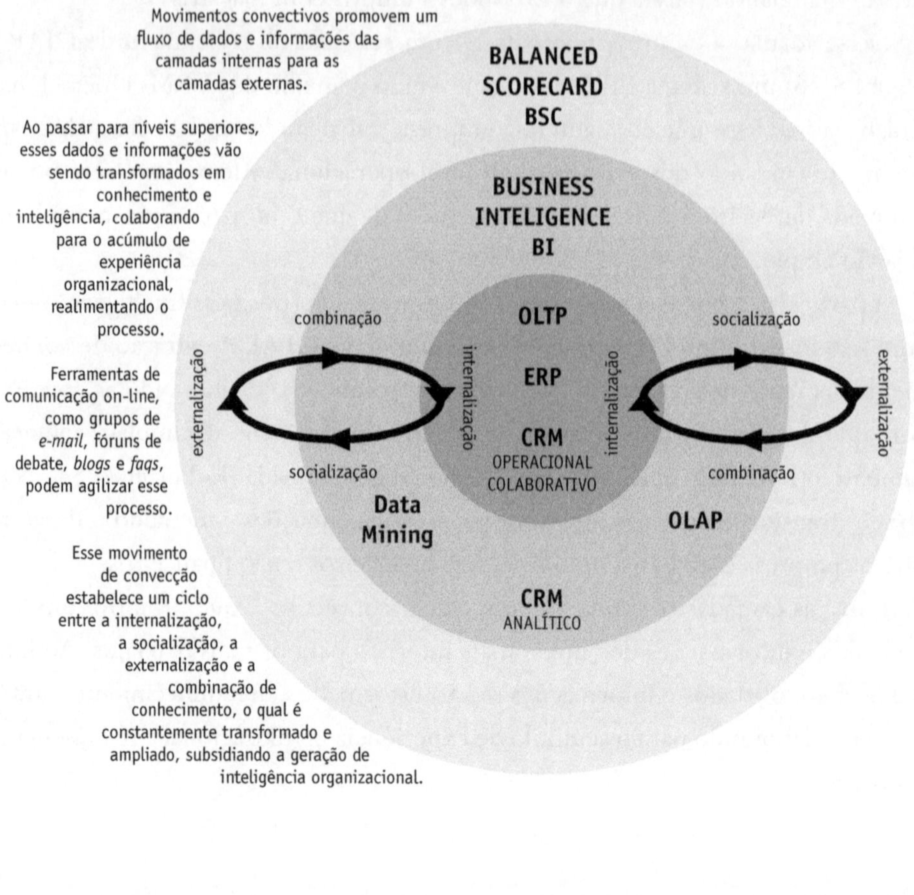

dados e informações (bancos de dados, Data Warehouse, Datamining), conforme pode ser visto na Figura 8.27. O conhecimento descoberto é compartilhado (socializado) e passa a fomentar o Balanced Scorecard (*stricto sensu*) na camada superior, onde estratégias são definidas. Nessa etapa, ocorre a externalização, com o conhecimento passando a ser expresso sob a forma de conceitos, hipóteses ou modelos. Prosseguindo, o "ciclo convectivo" volta às camadas mais internas, ocorrendo a combinação, por meio da sistematização de conceitos. Nessa fase, ocorre a troca de conhecimentos por intermédio de documentos. O ciclo se completa com a internalização, em que o desenvolvimento de conhecimento operacional alimenta a camada OLTP. Posteriormente, esse ciclo é realimentado e o processo se repete, com a geração de novos conhecimentos, o refino e a modificação daqueles gerados anteriormente.

Figura 8.27 Um *zoom* nesse "ciclo convectivo", mostrando como as fases do BSC podem ser disseminadas nessas camadas.

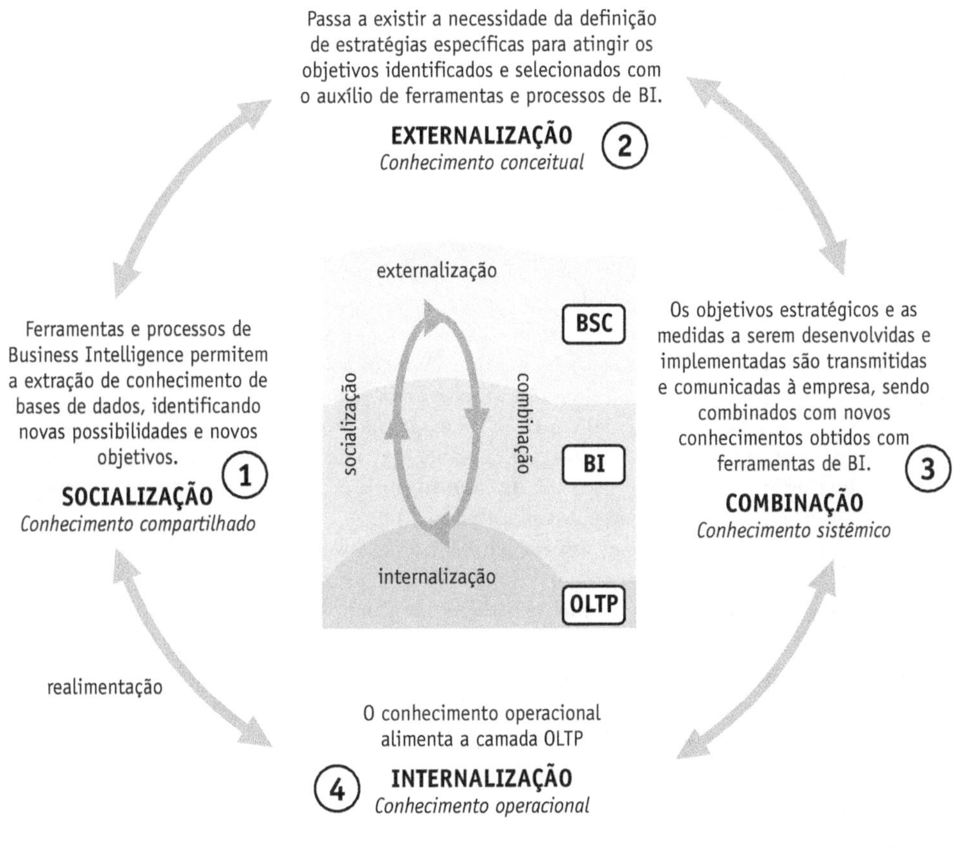

Para informações adicionais: **Capítulo 3, *O Papel dos sistemas de informação no desenvolvimento da inteligência coletiva nas empresas.***

8.17 CONCLUSÃO

Conforme pôde ser visto, o Business Intelligence constitui um amplo arcabouço de ferramentas e técnicas que ampliam os horizontes prospectados pelas empresas. Não vai muito longe o tempo em que os principais concorrentes eram conhecidos, sendo possível identificar novos movimentos, assim que eram ensejados. Atualmente, entretanto, novos concorrentes estão constantemente à espreita, fornecendo produtos e serviços com maior qualidade, menor preço e, em muitos casos, com tecnologias desconhecidas até ontem.

O BI facilita o processo de autoconhecimento, por meio do qual a empresa aprende mais sobre seu próprio negócio e seus clientes, mas vai além. Ele ainda permite um entendimento maior sobre o ambiente competitivo em que a empresa se situa, ajudando na identificação de problemas até então insuspeitados e oportunidades desconhecidas. Seu uso demonstra-se cada vez mais necessário ao estabelecimento de estratégias empresariais, subsidiando processos de Balanced Scorecard nas organizações.

REFERÊNCIAS

ALMANZA, V. C. S.; PRIETO, J. A.; "Propuesta de adaptación a metodologías de desarrollo de bodegas de datos para incluir aspectos de medición de la estrategia". In: 3º CONTECSI. Congresso Internacional de Gestão de Tecnologia e Sistemas de Informação. São Paulo, 2006. *Anais do 3º CONTECSI Congresso Internacional de Gestão de Tecnologia e Sistemas de Informação*, 2006. v. 1.

ALVES, W. P. *Fundamentos de bancos de dados*. São Paulo: Érica, 2004,

ANTUNES, M. T. P.; ALVES, A. S.; SILVA, D. P. "A adequação dos sistemas Enterprise Resources Planning (ERP) para a geração de informações contábeis gerenciais de natureza intangível — um estudo exploratório". In: 6º Congresso USP de Controladoria e Contabilidade, 2006, São Paulo. *Anais do 6º Congresso USP de Controladoria e Contabilidade*, 2006.

BIERE, M. *Business Intelligence for the Enterprise*. Upper Saddle River: Pearson Education, 2003.

BISPO, C. A. F. *Uma análise da nova geração de sistemas de apoio à decisão*. Dissertação de Mestrado: Escola de Engenharia de São Carlos, Universidade de São Paulo, 1998.

BUSH, V. "As we may think". *The Atlantic Monthly*, 176.1 (July): 101-108. Disponível em: http://www.theatlantic.com/unbound/flashbks/computer/bushf.htm, 1945.

CARVALHO, L. A. V. de. *Datamining*: a mineração de dados no marketing, medicina, economia, engenharia e administração. São Paulo: Érica, 2001.

CODD, E. F.; CODD, S. B.; SALLEY, C. T. *Providing OLAP to user analysts*: An IT-mandate. White Paper Codd Associates, 1993.

COLOSSI, N.; MALLOY, W.; REINWALD, B. "Relational extensions for OLAP". *IBM Systems Journal*, 41, n. 4, 2002. p. 714-731.

CÔRTES, P. L. *Sistemas operacionais*: fundamentos. 2. ed. São Paulo: Érica, 2005.

DATE, C. J. *Introdução a sistemas de banco de dados*. Rio de Janeiro: Campus, 2000.

DYCHÉ, J. *The CRM handbook*: a business guide to customer relantionship management. Boston: Addison-Wesley, 2002.

FORTULAN, M.R. *O uso de Business Intelligence para gerar indicadores de desempenho no chão de fábrica*: uma proposta de aplicação em uma empresa de manufatura. Tese de Doutorado: Escola de Engenharia de São Carlos, Universidade de São Paulo, 2006.

HAND, D.; MANNILA, H.; SMYTH, P. *Principles of datamining*. Cambridge, MA: MIT Press, 2001.

KAPLAN, R. S.; NORTON, D. P. *The Balanced Scorecard*: translating strategy into action. Boston: Harvard Business School Press, 1996.

KOTLER, P. *Marketing para o século XXI*. São Paulo: Futura, 1999.

KUDYBA, S.; HOPTROFF, R. *Datamining and Business Intelligence*: a guide to productivity. Hershey: Idea Group Publishing, 2001.

LAUDON, K. C.; LAUDON, J. P. *Gerenciamento de sistemas de informação*. 3. ed. Rio de Janeiro: LTC, 2001.

LOSHIN, D.; *Business Intelligence*: the savvy manager's guide. San Francisco: Elsevier Science, 2003.

MADRUGA, R. *Guia de implementação de marketing de relacionamento e CRM*. São Paulo: Atlas, 2004.

MacDONALD, M.; CAGLE, K. *Visual Basic 6 Client/Server programming gold book*. Scottsdale: The Coriolis Group, 1999.

MARTINSONS, M.; DAVISON, R.; TSE, D. "The Balanced Scorecard — a foundation for the strategic management of information systems". *Decision Support Systems*, 25(1), 71-88, 1999.

PERES, D. F. *CRM no setor bancário*: um estudo de caso em uma agência do Banco do Brasil na cidade de Londrina. Dissertação de Mestrado. Coordenadoria do Curso de Pós-Graduação em Engenharia de Produção, Universidade Federal de Santa Catarina, 2003.

NASCIMENTO, A. M.; REGINATO, L. "Um estudo de caso envolvendo Business Intelligence como instrumento de apoio à controladoria". In: 6º Congresso USP de Controladoria e Contabilidade, 2006, São Paulo. *Anais do 6º Congresso USP de Controladoria e Contabilidade,* 2006.

NONAKA, I.; TAKEUCHI, H. *Criação do conhecimento na empresa* — como as empresas japonesas geram a dinâmica da inovação. Rio de Janeiro: Campus, 1997.

O'BRIEN, A. J. *Sistemas de informação e as decisões gerenciais na era da Internet*. 2. ed. São Paulo: Saraiva, 2004.

RIBEIRO, M. X. *Mineração de dados em múltiplas tabelas fato de um Data Warehouse*. Dissertação de Mestrado. Centro de Ciências Exatas e de Tecnologia. Universidade Federal de São Carlos, 2004.

STAIR, R. M.; REYNOLDS, G.W. *Princípios de sistemas de informação*: uma abordagem gerencial. São Paulo: Pioneira-Thomson Lerning, 2006.

SCHWEITZER, A. *Pressupostos para o gerenciamento de soluções de CRM (Customer Relationship Management)*. Tese de Doutorado. Programa de Pós-Graduação em Engenharia de Produção, Universidade Federal de Santa Catarina, 2004.

SHOSHANI, A. "OLAP and Statistical Databases: Similarities and Differences". *PODS* 1997. p. 185-196.

SOUKUP, R. *Desvendando o SQL Server 6.5*. 2. ed. Rio de Janeiro: Campus, 1998.

TURBAN, E.; RAINER Jr., R.K.; POTTER, R. E. *Administração de tecnologia da informação*. Rio de Janeiro: Campus, 2003.

YOSHIKUNI, A. C.; GALEGALE, N. V.; RICCIO, E. L.; ARIMA, C. H. "A integração do BSC e EVA através da adoção do Corporate Performance Management". In: 3º CONTECSI Congresso Internacional de Gestão de Tecnologia e Sistemas de Informação, 2006, São Paulo. *Anais do 3º CONTECSI Congresso Internacional de Gestão de Tecnologia e Sistemas de Informação*, 2006. v.1.

CAPÍTULO 9*

GERENCIAMENTO DE PROJETOS DE SISTEMAS E TECNOLOGIA DA INFORMAÇÃO

9.1 INTRODUÇÃO

Embora possa chocar algumas pessoas, especialmente os profissionais da área, em muitos casos, os departamentos dedicados à área de Sistemas de Informação ou Tecnologia da Informação acabam prestando um "atendimento de balcão", oferecendo aquilo que é solicitado, sem qualquer questionamento adicional. Ao proceder assim, profissionais tecnicamente competentes acreditam que estão prestando um bom serviço ao cliente interno.

A expressão **atendimento de balcão** está relacionada ao seguinte exemplo: uma pessoa com dor de cabeça entra em uma farmácia e pede ao atendente um

* **Este capítulo contém Material de Apoio no site: www.saraivauni.com.br.**

medicamento de uso não controlado (por exemplo, ácido acetilsalicílico). Em geral, o atendente fornecerá o medicamento solicitado e perguntará se o cliente deseja mais alguma coisa. Certamente, não caberá ao funcionário da farmácia questionar se a pessoa precisa efetivamente daquele medicamento ou se ele de fato solucionará o problema dela. Essa é a premissa do atendimento de balcão: fornecer, dentro de determinadas regras, o que o cliente está solicitando, sem questionamentos desnecessários à operação. Com isso, o cliente estará tratando um sintoma (dor de cabeça) e não, necessariamente, resolvendo o problema (tratando da causa).

Um questionamento mais efetivo, que leve à identificação das causas do problema e permita verificar o procedimento mais adequado à sua solução, deverá ser feito por um médico. Esse é o **atendimento de consultório**, no qual o médico faz a anamnese do paciente, que constitui o histórico da pessoa, contendo os problemas e manifestações iniciais, analisando os sintomas clínicos e caracterizando o problema.

Para um administrador da área de informação, esse processo de anamnese implicaria um conhecimento mais amplo da organização: um pouco de sua história, a posição dentro do segmento ocupado, seus principais processos e concorrentes. É necessário, também, conhecer sua organização interna e como o conflito entre a cultura formal e a informal está equacionado (sobre isso ver Capítulo 7). Em resumo, é necessário conhecer o paciente, a fim de tratar de maneira efetiva os problemas e não os sintomas.

Para informações adicionais: **Capítulo 7, *ERP — Sistemas Integrados de Gestão***

É claro que atendimentos emergenciais serão necessários, o que implica a resolução de problemas pontuais. No entanto, quando essas emergências viram regra, tem-se o desenvolvimento de um problema sistêmico, no qual tudo é feito sem planejamento. Nesse caso, a falta de planejamento passa a ser a regra e não a exceção, com péssimos resultados, conforme discutido no próximo tópico.

Para evitar situações como essa, é necessário um **planejamento** que, em muitos casos, envolve a concepção e o **desenvolvimento de projetos**, ou seja, um esforço temporário, adequadamente organizado, visando a solução de um problema, o desenvolvimento de um novo serviço ou produto. O objetivo deste capítulo é apresentar algumas considerações sobre o gerenciamento de projetos, buscando fornecer elementos que facilitem o planejamento de atividades relacionadas à área de sistemas e tecnologia da informação. Para referências adicionais, vide Quadro 9.1.

Projeto: esforço temporário, adequadamente organizado, visando a solução de um problema, o desenvolvimento de um novo serviço ou produto.

9.2 CICLO DE VIDA DE UM PROJETO

Para melhor compreender o desenvolvimento de um projeto, sua estruturação, a quantidade de pessoas envolvidas e os recursos necessários, é importante conhecer o seu ciclo de vida. Isso ajudará a identificar os diversos momentos, a estruturação de cada um deles, assim como a necessidade de recursos. Resumidamente, o ciclo de vida de um projeto pode ser dividido em quatro fases, conforme pode ser verificado na Figura 9.1 e na relação apresentada a seguir:

- ✓ **Concepção:** nessa fase, é feita a identificação do problema ou oportunidade, são especificados os objetivos, analisados os recursos disponíveis e aqueles necessários (com a conseqüente verificação da viabilidade do projeto). Caso o projeto seja viável, será detalhado. Nesse ponto, a demanda de recursos é bastante reduzida, e o grau de estruturação é baixo. A definição da equipe adequada poderá ser iniciada, especialmente a partir da estruturação do organograma e com a indicação dos principais postos.
- ✓ **Planejamento:** durante essa fase, a estruturação do projeto passa a ser progressivamente mais intensa, o mesmo ocorrendo com o aporte de recursos. É feita a análise e o planejamento de questões operacionais, buscando constituir a base para o *start up* efetivo do projeto (que acontece na próxima fase). Há uma definição dos recursos humanos necessários (com o estabelecimento ou finalização de um organograma, incluindo a identificação do gerente do projeto e seu

Figura 9.1 Ciclo de vida de um projeto.

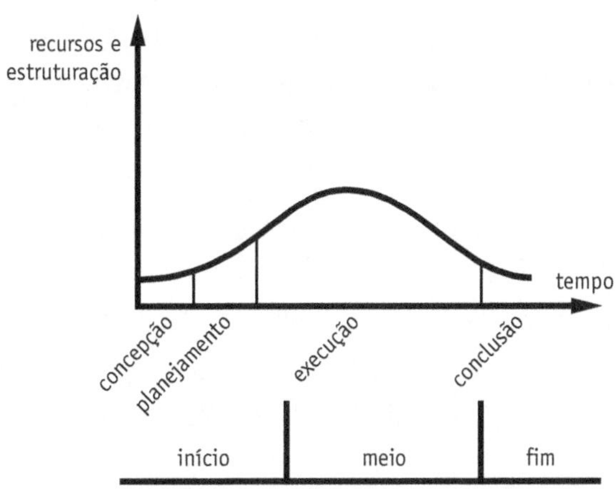

patrocinador interno, caso isso ainda não tenha sido efetuado). As atividades a serem desenvolvidas são programadas, assim como os *milestones*, ou marcos, utilizados como forma de aferir a obtenção de resultados parciais ou a conclusão de etapas específicas. Parâmetros que envolvem o controle de qualidade, segurança ou acompanhamento de tarefas também precisam ser especificados nessa fase.

✓ **Execução:** o grau de estruturação e aporte de recursos cresce ainda mais e atinge o máximo com a execução de diversas tarefas planejadas anteriormente. Nessa fase, pode ser necessário fazer a revisão de alguns prazos para etapas específicas (em função de um planejamento anterior inadequado, como resultado de variáveis ambientais ou eventualidades). Da mesma forma, revisões de orçamento e que levem a um desembolso maior, embora nem sempre desejáveis, podem ocorrer (especialmente em projetos mais longos e que sofram com variações cambiais, por exemplo). Após o período de maior intensidade, a estruturação e o empenho de recursos começa a decrescer, com o projeto se encaminhando para a sua etapa final.

✓ **Conclusão:** nessa fase, ocorre uma redução ainda maior do grau de estruturação da equipe e dos problemas a serem resolvidos. Da mesma forma, ocorre uma diminuição do aporte de recursos. Apesar disso, geralmente, não há uma diminuição do estresse da equipe envolvida, tendo em vista a necessidade de conclusão das etapas e atividades restantes. O fechamento do projeto envolve a vistoria (ou teste) do que foi feito, a homologação e a elaboração de um memorial descritivo.

Quadro 9.1 PMI

Project Management Institute (Instituto de Gerenciamento de Projetos) — www.pmi.org: é uma organização fundada em 1969, na Filadélfia (Estados Unidos), que tem publicado uma série de padrões — adotados internacionalmente — sobre gerenciamento de projetos. Em mais de 30 anos de atuação, o PMI tornou-se uma referência obrigatória para os profissionais envolvidos com a administração de projetos.

A publicação **A guide to the project management body of knowledge** (conhecida como **PMBOK Guide**), desenvolvida pelo PMI, foi reconhecida como um padrão ANSI (American National Standards Institute) para gerenciamento de projetos.

O PMI oferece dois tipos de certificação para profissionais ligados ao gerenciamento de projetos: Certified Associate in Project Management (CAPM) e Project Management Professional (PMP).

9.3 CONCEPÇÃO DO PROJETO

Essa fase tem início com a identificação de um problema ou de uma oportunidade, o que pode ocorrer tanto de maneira informal (especialmente, no que se refere às oportunidades), quanto de maneira mais organizada (geralmente, em caso de problemas).

No Capítulo 3, foram apresentadas algumas técnicas para a identificação de possibilidades ou análise de problemas. Essas técnicas poderão ser utilizadas na concepção de um projeto, ajudando a organizar os trabalhos e os fluxos de idéias nessa fase inicial.

Para informações adicionais: **Capítulo 3, *O papel dos sistemas de informação no desenvolvimento da inteligência coletiva nas empresas.***

Organizações, dos mais diversos tipos e tamanhos, sempre enfrentam algum tipo de problema. Sempre é importante verificar sua pertinência — ou urgência — diante de outras situações a serem equacionadas, e estabelecer uma relação de prioridades.

Por outro lado, quando uma oportunidade é prospectada, é necessário verificar — antes de qualquer outra atitude — o chamado **custo de oportunidade** (pragmaticamente, é o valor daquilo de que se deve abrir mão para que se possa aproveitar a oportunidade prospectada). Essa análise poderá envolver diversos setores e departamentos da empresa, o que demandará uma estratégia e um foco bem direcionados, evitando uma diluição de esforços.

Uma vez tendo se chegado à conclusão de que o **custo de oportunidade** é adequado (ou seja, é viável que a oportunidade seja aproveitada), será necessário analisar os recursos disponíveis diante daqueles necessários, o tempo requerido e a prioridade a ser dada a esse projeto, comparativamente, a outros que estejam sendo concebidos ou na fase inicial de execução.

Em termos práticos, na fase de concepção de um projeto o que se busca é identificar um problema ou oportunidade, seu impacto na organização (seja em relação a custos, agilização de processos, aumento do controle interno, retorno sobre o investimento, competitividade, retenção, seja a ampliação da quantidade de clientes, dentre outras possibilidades).

Uma vez selecionado um problema ou identificada uma oportunidade, deve ser analisado como uma ação poderá ser desenvolvida e com quais recursos. Isso permitirá avaliar a viabilidade da solução ou da oportunidade prospectada, o que indicará a pertinência (ou não) de se partir para a fase de planejamento.

Caso não seja viável desenvolver um projeto para resolver o problema ou aproveitar uma oportunidade, é importante deixar essa decisão bem documentada. Como sempre existe a possibilidade de que esse assunto seja retomado posteriormente, a documentação servirá de referência e de ponto de partida, agilizando novas discussões e considerações.

Por outro lado, tendo sido verificada a viabilidade do projeto, será necessário elaborar o **Project Charter**, que formaliza a existência de um projeto e marca o seu início. Geralmente, constam do **Project Charter** os seguintes itens:

- ✓ **Justificativa:** informa os motivos que levam ao desenvolvimento do projeto, comprovando a veracidade de sua proposição.
  Por exemplo, a melhoria da qualidade é uma demanda dos consumidores, além de permitir uma redução dos custos envolvidos em manutenção e assistência técnica. Para fundamentar a justificativa, podem ser mencionadas pesquisas realizadas com os consumidores, análises financeiras, análises de performance em processos, e outras possibilidades.
  A implantação de um ERP, por sua vez, poderá ter como justificativa a padronização dos sistemas vigentes na organização, otimizando o uso de recursos informacionais.
- ✓ **Objetivos e metas:** indica onde se pretende chegar ao final do projeto (objetivo), com a indicação de pontos a serem atingidos (metas). Enquanto o objetivo é mais genérico (apresentando uma proposta geralmente em termos qualitativos), as metas são mais específicas (usualmente com a indicação de números ou parâmetros).
  Por exemplo, a melhoria da qualidade é um objetivo, ao passo que a redução dos níveis de não-conformidade para 3% é uma meta (obviamente associada ao objetivo).
  Outro exemplo: a implantação de um sistema do tipo CRM poderá ter como objetivo melhorar o atendimento aos consumidores e estabelecer como uma das metas uma redução de 15% na evasão de clientes.
- ✓ **Expectativas:** embora um projeto conte com medidas de desempenho, que permitem aferir a eficácia das ações desenvolvidas, as expectativas em torno do projeto são de fundamental importância. Ao final, caso as expectativas

tenham sido atendidas, a sensação é de que o esforço empreendido "valeu a pena". A afirmação de que o projeto foi um sucesso pode ser até mais importante do que parâmetros e indicadores positivos referentes a medidas de desempenho.

Em relação a um projeto de aumento da qualidade, uma expectativa possível é referente à melhoria da imagem da empresa com seus clientes. É claro que isso é mensurável, podendo ser verificado por meio de pesquisas. Entretanto, a percepção de que houve redução no número de reclamações no serviço de atendimento ao consumidor e/ou um aumento no número de pedidos pode ser um bom indicativo de que as expectativas foram atendidas.

Por exemplo, as expectativas geradas pelo desenvolvimento de um projeto de mineração de dados (Datamining) podem estar relacionadas à efetiva obtenção de conhecimento sobre o comportamento dos consumidores. Esse conhecimento, por sua vez, permitirá o desenvolvimento de estratégias de retenção de clientes.

✓ **Premissas:** constituem os princípios que servem de base ou norteiam o projeto. Por exemplo, um projeto de melhoria da qualidade pode ter como premissa básica a utilização de matéria-prima superior ou o estabelecimento e difusão de normas e procedimentos.

Um projeto de implantação de uma nova rede poderá ter como ponto de partida a segurança de informações, reduzindo as possibilidades de ataques e acessos indevidos ao banco de dados.

Outro exemplo: um projeto de implantação do serviço de voz sobre IP (VoIP) de telefonia poderá ter como premissa a redução dos custos de comunicação entre unidades e escritórios localizados em cidades e estados diferentes.

✓ **Restrições:** condicionantes que devem ser seguidas durante a execução do projeto e que servem como base para decisões a serem tomadas. O projeto de melhoria da qualidade, por exemplo, não pode resultar em um aumento de custo superior a 3%.

Um projeto de implantação de um novo sistema, que tenha como premissa a segurança de informações, poderá, ao mesmo tempo, restringir o uso de soluções ou tecnologias de segurança que degradem o desempenho geral dos sistemas. Em resumo, a segurança é necessária, mas não pode prejudicar a velocidade ou o desempenho.

- ✓ **Recursos necessários:** identifica e enumera os recursos necessários (pessoal, equipamentos, materiais, consultoria, tecnologia e informações.

  É possível que nesse momento a quantidade de recursos necessários não esteja disponível, nem a empresa se disponha a buscá-los por meio de financiamentos ou conte com benefícios fiscais que auxiliem na sua execução.

  Esse é um momento crítico em que a viabilidade de um projeto pode ficar comprometida, retardando o seu início ou até mesmo cancelando-o.
- ✓ **Relacionamento com outros projetos:** é possível que o projeto idealizado esteja relacionado a outros em andamento na empresa, seja por associação direta, seja por atenderem a interesses comuns. Isso deverá ser indicado, buscando identificar pontos de sinergia e um possível compartilhamento de recursos e equipes, reduzindo o investimento necessário.

  Por exemplo, um projeto de melhoria da qualidade pode encontrar afinidades com outro que busque desenvolver melhores condições de atendimento ao consumidor. Como os dois projetos afetarão diretamente os clientes da empresa, é provável a ocorrência de pontos comuns que, uma vez adequadamente explorados, poderão levar a uma diminuição de tempo em determinadas etapas e redução dos investimentos necessários.

  Um projeto de implantação de um ERP pode beneficiar-se de outro projeto que vise a modernização da rede local e a aquisição de novos equipamentos, por exemplo.
- ✓ **Medidas de desempenho:** é fundamental que as medidas de desempenho sejam adequadamente definidas nessa fase do projeto, pois constituirão indicadores dos resultados obtidos. Elas permitirão aferir os ganhos gerados pelas diversas etapas, possibilitando que medidas corretivas sejam empreendidas antes que o projeto chegue à fase final.

  Por exemplo, quando do encerramento de uma etapa, determinado processo deveriam ser executado em 5 minutos. Entretanto, medições práticas constaram um acréscimo de 2 minutos ao tempo original. Análises posteriores verificaram que o treinamento oferecido aos operários foi insuficiente, demandando medidas corretivas.
- ✓ **Nome do patrocinador (*sponsor*) e do gerente do projeto:** é necessário que o nome do patrocinador (executivo pertencente à direção da empresa e interessado direto no sucesso do projeto) seja especificado. Caberá a ele defender o projeto diante de outros diretores e fazer as negociações políticas

com a alta administração da empresa. Projetos menores (ou com uma abrangência restrita) poderão ter como *sponsor* um gerente diretamente interessado na sua execução.

Além disso, é preciso considerar que nem sempre deve existir um patrocinador, especialmente em projetos cujo foco se restringe a um departamento, por exemplo. Em casos como esse, a figura do *sponsor* e do gerente do projeto podem ser ocupadas por uma mesma pessoa (o gerente do setor ou departamento).

No Project Charter, também deverá ser indicado o gerente do projeto. Caberá a ele tomar decisões táticas e operacionais, lidando com atrasos, mudanças de especificações, necessidades de alteração de cronograma, soluções de conflitos, dentre outras atividades ligadas diretamente ao dia-a-dia do projeto. Com isso, começa a ser definida uma hierarquia de comando, fundamental para o sucesso do projeto.

Na fase de concepção, algumas perguntas deverão ser respondidas, verificando a viabilidade do projeto:

- ✓ A justificativa do projeto é plausível?
- ✓ Os objetivos e metas são factíveis?
- ✓ As expectativas são realistas?
- ✓ As premissas e restrições são compatíveis com os objetivos e metas?
- ✓ Há recursos financeiros suficientes? Não havendo, como podem ser obtidos e a qual custo?
- ✓ Há equipe disponível para a sua execução? Em caso negativo, como pode ser complementada?
- ✓ Existe sinergia com outros projetos?
- ✓ As medidas de desempenho são adequadas?

A seguir, serão detalhados alguns aspectos da constituição da equipe e da documentação do projeto.

9.3.1 CONSTITUIÇÃO DA EQUIPE

Quando a viabilidade de um projeto é verificada e sua execução autorizada, marcando o final da etapa de concepção e passando ao planejamento, a constituição formal de uma equipe passa a ser necessária. Para melhor compreender algumas características, problemas e potencialidades das equipes envolvidas, é preciso analisar como ocorre o envolvimento das pessoas, principalmente durante a concepção e planejamento.

No início, especialmente durante a fase de concepção, os trabalhos são menos estruturados e a quantidade de pessoas é reduzida, o que torna o gerenciamento da equipe mais fácil.

Nessa fase inicial (concepção), o grupo se reúne com certa periodicidade a fim de analisar a viabilidade da idéia (especialmente sob os pontos de vista técnico e financeiro), sua necessidade (face à conquista de novos mercados ou redução de custos de produção, por exemplo), e qual impacto essa decisão terá sobre a empresa. É comum, durante a concepção, que outras alternativas sejam analisadas e consideradas.

Para isso, cada diretor poderá requisitar aos seus respectivos setores que preparem estudos e análises para subsidiar discussões posteriores. Por exemplo, qual o investimento previsto para construção de uma nova fábrica? A empresa poderá conduzir esse projeto com recursos próprios ou será necessário obter financiamento? Em caso de financiamento, existe alguma linha de crédito específica para isso? Qual a previsão para a quantidade de pessoas que serão envolvidas nesse projeto? Haverá necessidade de contratação de mão-de-obra adicional?

Adicionalmente, a direção da empresa poderá encomendar estudos externos, com empresas de consultoria ou consultores independentes, em busca de subsídios para uma tomada de decisão. Todas essas informações — tanto aquelas de origem interna quanto as de origem externa — serão consideradas na tomada de decisão.

Até esse ponto, a equipe principal foi composta pelos diretores, secundados pelos seus assessores. A liderança é compartilhada pelos diversos diretores e pela presidência da empresa. A necessidade de recursos, por sua vez, é reduzida, e o grau de estruturação é baixo.

É importante notar que o possível patrono (*sponsor*) do projeto já pode ser identificado. Algum diretor pode se entusiasmar mais com o projeto, seja em benefício de seu setor, seja vislumbrando possibilidades de ascensão profissional.

Outros projetos, por sua vez, nascem no nível tático e também possuem, em seu momento inicial, baixa estruturação, envolvimento de poucas pessoas e baixo consumo de recursos. Por exemplo, pode-se iniciar um projeto buscando substitutos para determinadas matérias-primas, tendo em vista a dificuldade de trabalhar com aquelas em uso. Essa necessidade poderá estar relacionada a questões de preço, qualidade, quantidades, problemas no processo ou ambientais, e diversas outras possibilidades. Na área de sistemas, poderá ser concebido um projeto para a substituição do sistema operacional por outro, seja por questões relacionadas ao valor de licenciamento, seja por desempenho ou segurança. Esse projeto deverá considerar a necessidade de investimentos em treinamento, licenciamento de novos *softwares* e suporte técnico.

Quando os projetos passam da fase de concepção para o planejamento, a estruturação passa a ser maior, assim como o envolvimento de pessoas. O que era antes algo quase informal — uma idéia, uma possibilidade — passa a assumir características oficiais, levando à formação efetiva de uma equipe.

Segundo Keelling (2002, p. 146), "a escolha dos participantes da equipe é ditada por fatores como a natureza do projeto, sua tecnologia, complexidade, as expectativas da profissão ou disciplina, a própria composição da equipe e as condições nas quais ela terá de trabalhar". Pessoas envolvidas no momento inicial — concepção — podem ser aproveitadas durante a fase de planejamento. Para isso, algumas questões precisam ser respondidas:

- ✓ Quais tarefas serão decididas por equipes terceirizadas?
- ✓ Quais tarefas serão decididas internamente?
- ✓ Qual o nível de conhecimento necessário para a execução de cada tarefa?
- ✓ Qual a quantidade de pessoas necessária para sua execução?
- ✓ Qual a disponibilidade de tempo para a execução das diversas tarefas?
- ✓ Havendo disponibilidade de tempo, há um compromentimento das diversas chefias em liberar os funcionários envolvidos?
- ✓ Será preciso treinar as pessoas envolvidas? Qual o investimento necessário?
- ✓ Será necessário contratar pessoas? Qual o investimento necessário?
- ✓ Qual o organograma do projeto (como a equipe será estruturada)?

Uma questão que deve ser considerada com especial atenção em projetos centrados em novas Tecnologias da Informação, implantação ou desenvolvimento de sistemas é que os membros técnicos (analistas, programadores, DBAs — Database Administrators — e administradores de rede, por exemplo) não aceitam de bom grado a liderança de um "não-técnico". Geralmente, para os membros técnicos, o líder deverá ser alguém com elevado *expertise* na área de concentração do projeto. Entretanto, o líder pode ter outros conhecimentos muito mais úteis ao projeto e que justificam sua posição. Por exemplo, em um projeto de implantação de um CRM, o líder pode ser um executivo com grande capacitação na área de atendimento ao consumidor. De maneira similar, em um projeto de implantação de um ERP, a liderança poderá ser exercida por um profissional da controladoria, com grande conhecimento contábil e financeiro.

É claro que o líder deverá contar com um boa assessoria para assuntos fora de seu domínio habitual, o que será especialmente necessário em projetos amplos e que envolvam diversas áreas de conhecimento.

A fim de evitar — ou contornar — resistências, é importante dar sustentabilidade ao gerente do projeto, o que pode ser feito com a participação efetiva do *sponsor*. Em casos mais críticos, pessoas podem ser excluídas, evitando que eventuais resistências sejam disseminadas.

Projetos mais amplos podem contar com lideranças específicas, subordinadas ao gerente. Exemplificando, em um projeto de implantação de um sistema integrado de gestão, algumas atividades ou especialidades poderão ser atendidas por times específicos, como infra-estrutura tecnológica e sistemas, revisão de processos, treinamento, dentre outras. Cada um desses times contará com uma liderança específica, que se reportará ao gerente do projeto.

Esse tipo de solução é viável em projetos maiores, geralmente abrangendo vários departamentos da empresa, e que envolvem conhecimentos específicos (ou mais aprofundados) em determinadas áreas. A organização em times poderá auxiliar na superação das resistências.

9.3.2 DOCUMENTAÇÃO

Deve ser constante a documentação das diversas fases que compõem um projeto, analisando — ainda que sumariamente — as alternativas apresentadas e explicando as decisões tomadas. Ao encerramento de cada fase, é fundamental que um memorial descritivo seja elaborado. Tudo isso será útil, não só por explicar o quê e porquê foi feito, mas também pela possibilidade de que esse projeto seja retomado posteriormente (em caso de ampliação de seu escopo). Adicionalmente, é preciso considerar que um projeto pode ser tomado como exemplo ou referência, dando especial ênfase à sua documentação.

Sendo assim, além do **Project Charter**, memoriais descritivos serão especialmente úteis em projetos envolvendo Sistemas e Tecnologia da Informação, sendo vislumbradas três grandes possibilidades:

- **Projetos de infra-estrutura de processamento:** envolvem a implantação ou ampliação de redes locais, instalação e *setup* de servidores, configuração de Data Warehouses e Data Marts, dentre diversas outras possibilidades. A documentação deverá incluir não apenas o projeto da estrutura física, mas também explicar as razões determinantes para as decisões tomadas, indicar a possibilidade da ocorrência de problemas (em face a restrições técnicas ou orçamentárias) e alternativas para expansão dessa infra-estrutura.
- **Implantação de sistemas:** são projetos relacionados à implantação de Sistemas de Informação (*lato sensu*), Sistemas Integrados de Gestão (ERP), sistemas do tipo OLTP (Online Transaction Processing ou Sistemas de Transações em Tempo Real), CRM Operacional e Colaborativo e sistemas analíticos (OLAP, Datamining, CRM Analítico). Um memorial descritivo deve ser elaborado para cada fase do projeto, indicando as necessidades e alternativas, além de explicar as decisões tomadas e problemas enfrentados.

  É importante ressaltar que, conforme mencionado no Capítulo 8, os Sistemas Integrados de Gestão (ERP) possuem um componente operacional muito importante, uma vez que permitem controlar e agilizar as tarefas e os processos pertinentes ao dia-a-dia das organizações. Embora seja possível encontrar opções de ERPs que forneçam informações para os níveis tático e estratégico, esses sistemas são especialmente utilizados pelo nível operacional, que abastece e mantém os bancos de dados com a "matéria-prima" (dados) que, uma vez processados, permitirão gerar informações para uso nos demais níveis. Portanto, devido a esse núcleo fortemente operacional os ERPs são aqui considerados sistemas do tipo OLTP.

  Complementando, sistemas OLPT são constantemente atualizados, sendo fundamental a existência de um memorial técnico adicional (com indicações dos diversos módulos, parâmetros, relacionamentos, tabelas e campos utilizados), que facilita qualquer modificação posterior.
- **Desenvolvimento de sistemas:** deverá ser elaborado um memorial indicando a estrutura do sistema (seus módulos, processos atendidos e como eles se relacionam entre si), a estrutura do banco de dados (tabelas, campos, relacionamentos, chaves-primárias, chaves estrangeiras) e quais módulos utilizam quais tabelas. O fluxo de dados e informações deverá ser indicado, tanto sob

a forma de um fluxograma, como por meio de um resumo descritivo. Os diversos módulos deverão ter o seu código-fonte comentado, para facilitar manutenções posteriores.

Equipes de desenvolvimento têm especial resistência à documentação do código, acreditando que isso vá retardar o desenvolvimento do sistema. Todavia, isso é necessário a fim de facilitar desenvolvimentos e manutenções posteriores.

Para informações adicionais:	**Capítulo 8, *Business Intelligence, CRM, OLAP, Datamining, Data Warehouse e Data Mart.***

9.4 PLANEJAMENTO DO PROJETO

Anteriormente, durante a fase de concepção, foram levantadas algumas questões, relacionadas a justificativa, objetivos, metas, expectativas, premissas e restrições, recursos, constituição da equipe, sinergia com outros projetos e terceirização de tarefas. Alguns desses itens são considerados dentro do **Project Charter**. Já na fase de planejamento, será necessário detalhar os seguintes itens:

- ✓ **Análise e planejamento de questões operacionais:** inclui a definição e o encadeamento de tarefas.
- ✓ **Estabelecimento ou finalização do organograma:** com base na análise e no planejamento das atividades, a equipe final deverá ser selecionada (incluindo eventuais contratações). Atividades terceirizadas também deverão ser definidas (incluindo a seleção das empresas responsáveis pelas diversas tarefas ou atividades).
- ✓ **Definição dos *milestones*:** os marcos utilizados para aferir a produtividade e o andamento do projeto deverão ser adequadamente definidos e justificados nessa fase e representados no diagrama de Gantt.
- ✓ **Definição ou indicação de parâmetros:** enquanto os *milestones* são definidos pelo gerente do projeto e sua equipe, parâmetros que envolvem o controle de qualidade e segurança podem estar especificados em normas ISO ou NBR, adotadas pela empresa. Esses parâmetros precisam ser claramente indicados e divulgados à equipe envolvida.

A seguir, serão apresentadas algumas considerações sobre a definição de tarefas e seu encadeamento. Também serão expostas algumas técnicas (ou estruturas gráficas) que poderão fornecer especial auxílio ao planejamento e à execução de um projeto.

9.4.1 DEFINIÇÃO E ENCADEAMENTO DAS TAREFAS

Conforme mencionado, na fase de planejamento deverão ser especificadas as condições para que o projeto seja executado e, posteriormente, finalizado, tendo em vista os objetivos, metas, expectativas, premissas e restrições definidos na fase de concepção.

Em seguida, será necessário indicar o trabalho que precisa ser executado, incluindo estimativas de pessoas envolvidas e o tempo a ser gasto (homens/hora). Para facilitar esse processo, deverá ser desenvolvido o **WBS (Work Breakdown Structure)** que é uma árvore por meio da qual uma tarefa é dividida em tarefas menores (Figura 9.2).

Figura 9.2 Exemplo de WBS (Work Breakdown Structure).

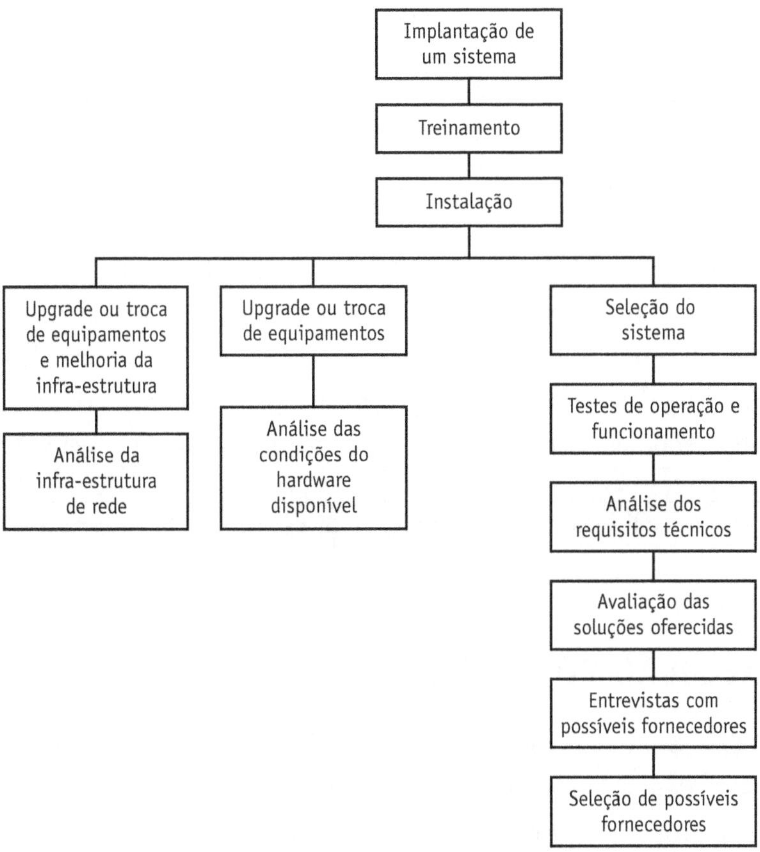

Com base no WBS, será possível especificar os recursos necessários para cada ramo (ou tarefa menor), com a indicação dos custos envolvidos e do prazo de execução. Fazendo o caminho inverso, e subindo dos pequenos ramos do WBS até os ramos maiores, será possível estimar o custo total do projeto e o prazo final.

Durante o desenvolvimento de um projeto, existe um encadeamento lógico de tarefas (algumas somente podem ser executadas após o término de outras). Essa situação pode ser representada em um diagrama **PERT** (**Program Evaluation and Review Technique**), exemplificado na Figura 9.3.

Além de facilitar a visualização da estrutura das diversas tarefas que compõem o projeto, o diagrama **PERT** permite que seja identificado o caminho crítico ou o conjunto de tarefas associadas que consumirão maior tempo (KEELLING, 2002). Em termos práticos, isso significa que a duração do projeto será igual ao tempo indicado pelo caminho crítico, e qualquer atraso em uma das tarefas que compõem esse caminho repercutirá em aumento do tempo total do projeto. Feito isso, será possível elaborar o diagrama de **Gantt**, com o cronograma das diversas tarefas a serem executadas (Figura 9.4)

Esses diagramas permitirão que as diversas tarefas sejam encadeadas, dando a real dimensão do que precisa ser feito e em qual seqüência. Também será possível dimensionar o aporte de recursos ao longo do tempo e a quantidade de pessoas envolvidas.

Entretanto, é necessário lembrar que nem sempre será fácil elaborar os diagramas WBS (Work Breakdown Structure), PERT (Program Evaluation and Review Technique) e Gantt, pois o encadeamento de tarefas envolve o aporte de recursos e o gerenciamento de pessoas. De qualquer forma, tudo isso deverá ser corretamente estruturado, tendo em vista a execução do projeto, comentada a seguir.

Para informações adicionais: **Capítulo 4, *Tipos de sistemas de informação.***

9.5 EXECUÇÃO DO PROJETO

Nessa fase, o projeto atingirá seu maior grau de estruturação e maior consumo de recursos. Além da própria execução do que foi anteriormente estabelecido, a execução do projeto envolverá — por parte do gerente — itens como:

Figura 9.3 Exemplo de diagrama PERT (Program Evaluation and Review Technique).

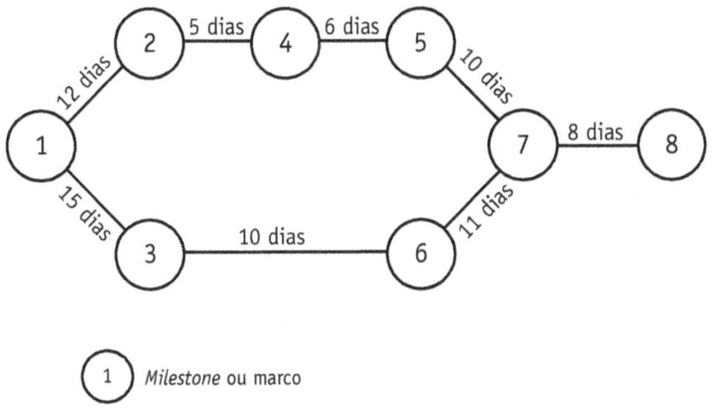

Figura 9.4 Exemplo de diagrama de Gantt com o cronograma de desenvolvimento de um projeto.

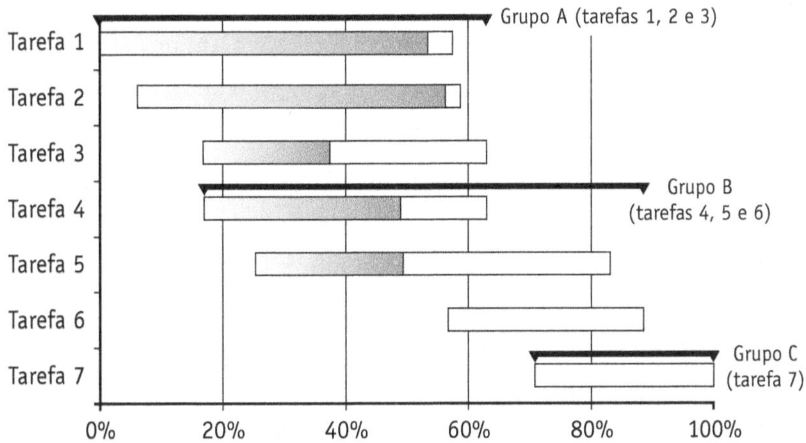

- ✓ **Acompanhamento e controle dos recursos financeiros:** nem sempre o orçamento previsto poderá ser seguido à risca. Embora o desembolso maior deva ser evitado, ele poderá ocorrer em função de fatores como: mau planejamento anterior, variação da cotação de produtos importados, aumento das tarefas a serem executadas, variáveis ou problemas não previstos etc.

  Quando isso ocorre, o gerente poderá buscar uma compensação por meio da redução do desembolso com outras atividades ou otimizando recursos disponíveis.

  Essa situação deverá ser bem documentada, para facilitar a apresentação de justificativas em caso de uma auditoria posterior.

- ✓ **Acompanhamento e controle dos recursos humanos:** a equipe originalmente concebida poderá requerer a substituição de alguns de seus integrantes. É importante ter em mente uma espécie de "reserva estratégica" de pessoas que possam ser acionadas em caso de alterações em postos-chaves ou necessidade de complementação da equipe.

  A solução de conflitos também poderá ser necessária, sempre priorizando a conclusão do projeto dentro do prazo e do orçamento especificados.
- ✓ **Verificar a necessidade de reprogramação de atividades:** problemas com fornecedores e com as equipes podem levar a uma alteração no cronograma previamente estabelecido, gerando a necessidade de reprogramar atividades. Isso pode ser motivado, dentre outras causas, por um mau planejamento anterior, variáveis fora do controle da empresa, dificuldade em obter recursos (sejam eles de ordem financeira, licenciamento ou obtenção de tecnologias ou contratação de especialistas, por exemplo).

  Diante de situações como essas, caberá ao gerente do projeto estabelecer um novo cronograma, negociando a antecipação ou o aporte de novos recursos e eventuais ampliações da equipe envolvida.

  Isso nem sempre será fácil, demandando habilidade para negociar com diversos setores envolvidos. A participação do *sponsor* será importante nessas negociações, dando suporte político às novas demandas.

  As alterações no cronograma deverão ser adequadamente documentadas e justificadas, especialmente devido ao impacto potencial no prazo do projeto e na programação financeira.
- ✓ **Verificar o atendimento às normas e aos padrões especificados:** caberá ao gerente verificar se normas e padrões estão sendo adequadamente seguidos. Buscando priorizar o cronograma original e a programação de desembolso especificada, algumas tarefas podem relegar a um segundo plano normas e padrões especificados.

  Embora isso possa agilizar o andamento do projeto, até mesmo antecipando a conclusão de determinadas fases, poderá também gerar problemas na homologação final e na fase de conclusão, retardando a finalização e aumentando o custo total do projeto.

Ao longo da execução de um projeto, após a estruturação e o desembolso atingirem um ápice, tudo vai se encaminhando para a conclusão. Ao contrário do que possa parecer, o encerramento do projeto pode concentrar uma elevada taxa de exigência aos membros restantes, aumentando o esforço pontual para a solução de problemas específicos, conforme comentado a seguir.

9.6 ENCERRAMENTO DO PROJETO

Embora seja uma fase com baixo grau de estruturação de atividade e que apresenta uma redução gradativa do aporte de recursos, o encerramento de um projeto é um período crítico, cabendo ao gestor às seguintes tarefas:

- ✓ **Finalizar atividades programadas:** algumas atividades foram intencionalmente programadas para a fase final (dentro do encadeamento natural de tarefas previstas no diagrama PERT). É importante considerar que, ao entrar na fase de encerramento, a equipe envolvida já terá passado por reduções, gerando acúmulo de serviço para os membros restantes.
- ✓ **Finalizar atividades pendentes:** problemas verificados durante a fase de execução podem adiar a conclusão de algumas tarefas. Nesse caso, ocorre uma aceleração das atividades da equipe envolvida (e que já estará em fase de redução). Isso gera um estresse maior, demandando atenção no gerenciamento de conflitos.
- ✓ **Desconstituição da equipe:** quando a fase de execução estiver sendo finalizada, a equipe envolvida começa a ser desmontada. Em caso de projetos internos, as pessoas que estão saindo acabam concentrando suas atividades em suas áreas (ou departamentos) originais ou são alocadas em novos projetos.
  É necessário programar essa desconstituição, tendo em vista que os membros restantes serão responsáveis pela conclusão de tarefas pendentes, além das atividades de encerramento. Dessa forma, eles deverão reunir habilidades suficientes para atender às demandas existentes.
- ✓ **Avaliação final:** caberá ao administrador do projeto fazer ou coordenar a avaliação dos diversos membros da equipe, fornecedores e prestadores de serviços contratados e atividades realizadas. Também será necessário indicar os resultados obtidos em atendimento aos objetivos e metas e dentro das premissas e restrições estabelecidas.
- ✓ **Elaboração dos documentos finais:** o memorial descritivo do projeto e de suas diversas fases, assim como a documentação de transferência de resultados, deverá ter sua execução coordenada pelo administrador.

- ✓ **Planejar atividades posteriores:** caberá ao gestor do projeto indicar atividades posteriores, necessidade de manutenção ou atualização do que foi desenvolvido ou implantado.

9.7 TIPOS DE PROJETO

Em princípio, é possível separar os projetos da área de Sistemas e Tecnologia da Informação em três grandes grupos:

- ✓ Projetos de infra-estrutura de atendimento e processamento;
- ✓ Implantação de sistemas;
- ✓ Desenvolvimento de sistemas.

Embora as técnicas básicas de concepção, planejamento, execução e encerramento sejam as mesmas, é certo supor que cada um desses tipos apresenta características e determinantes próprios, conforme discutido ao longo dos próximos tópicos.

9.7.1 PROJETOS DE INFRA-ESTRUTURA DE ATENDIMENTO E PROCESSAMENTO

Entende-se por Projetos de infra-estrutura de atendimento e processamento o conjunto de ações necessárias à implantação, expansão ou manutenção de redes (PAN, LAN, MAN, WAN, Wi-Fi), aquisição, manutenção programada e *upgrade* de computadores (*desktops* e servidores), distribuição de acesso à Internet, instalação de *hardware* e/ou sistemas de segurança (por exemplo, *firewall*, sistemas antivírus, *antispyware*), implantação de serviços de telefonia via Internet (voz sobre IP), atualização de *softwares* etc.

Alguns desses serviços — como a implantação e expansão de redes — geralmente são realizados por empresas especializadas (terceirizadas), embora diversas organizações estejam utilizando mão-de-obra própria para isso. Nesse caso, essas equipes internas fazem a distribuição e passagem dos cabos de rede ou a instalação física dos pontos de acesso para redes sem fio. Posteriormente, membros da área de sistemas finalizam o processo fazendo a configuração lógica dos servidores, estações de trabalho e pontos de acesso para redes *wireless*.

Quando existe um grande número de equipamentos exatamente iguais, pode-se preparar uma máquina específica (com todos os sistemas instalados e adequadamente configurados). Posteriormente, o disco rígido dessa máquina é retirado e copiado integralmente para as outras em uma operação chamada de espelhamento, realizada com o auxílio de *softwares* específicos. Com isso, todas os computadores ficarão exatamente com a mesma configuração inicial, incluindo programas e sistemas de proteção. É importante ressaltar que a configuração de rede para cada uma dessas máquinas deverá ser alterada, pois ao final do espelhamento todas estarão com o mesmo endereço na rede local, gerando conflitos.

O espelhamento pode reduzir significativamente o trabalho de instalação de sistemas em diversos equipamentos, mas somente será efetivo se todos os computadores possuírem exatamente a mesma configuração (mesmo tipo de placas, HDs etc.).

Alguns *softwares* requerem atualizações freqüentes, como os sistemas de segurança (antivírus, *antispyware* e *firewall*). Atualmente, os principais programas antivírus e *antispyware* permitem a realização de atualizações automáticas. A velocidade com que novos vírus, *trojans* e similares surgem é muito grande, demandando atualizações praticamente diárias. Esses *upgrades* podem ser programados para um determinado horário do dia. Além disso, podem ser efetuados diretamente via Internet ou buscando arquivos específicos na rede local.

A atualização direta via Internet poderá gerar um tráfego elevado em determinados momentos. Nesse caso, se as atualizações estiverem disponíveis na rede local, contribuirão para uma redução do tráfego no *link* para a Internet. Deve-se ter em mente que a equipe de sistemas deverá verificar se os arquivos disponíveis na rede local estão realmente atualizados.

A atualização de módulos do sistema ERP poderá ser feita de maneira automatizada (via rede local) ou manualmente (individualmente, em cada máquina). Isso dependerá da tecnologia utilizada pela empresa responsável pelo desenvolvimento do sistema integrado de gestão. Por sua vez, *softwares*, como editor de textos, planilhas eletrônicas, sistemas para apresentação e navegador para Internet, geralmente, requerem instalações individualizadas em cada máquina, o mesmo ocorrendo com atualizações do sistema operacional. Todo o serviço de atualização deve ser bem planejado para não demandar tempo excessivo dos funcionários da área de sistemas que têm outras tarefas a cumprir.

9.7.2 IMPLANTAÇÃO DE SISTEMAS

Entende-se por implantação de sistemas o conjunto de tarefas envolvidas desde a verificação da infra-estrutura disponível até sua eventual adequação, passando pela instalação dos programas e incluindo o treinamento dos usuários. Dessa forma, essa implantação vai além da simples instalação de *softwares* convencionais (tais como editores de texto ou planilhas eletrônicas), tendo em vista seu impacto em processos específicos desenvolvidos pela organização.

Os sistemas tratados aqui foram divididos em dois grandes grupos:

- ✓ **Sistemas de Transações em Tempo Real (OLTP):** neste grupo, estão inclusos os Sistemas Integrados de Gestão (ERP), CRM Operacional, CRM Colaborativo, sistemas específicos (como aqueles utilizados em hospitais, para controles administrativos internos, em companhias aéreas, para controle de reservas, em hotéis, para realização de reservas e tabulação de despesas dos hóspedes, instituições de ensino, no dia-a-dia acadêmico).
- ✓ **Sistemas de Business Intelligence:** aqui estão relacionados todos os sistemas que permitem a extração de conhecimento a partir de bases de dados específicas, tais como Sistemas de Apoio à Decisão (DSS — Decision Suport Systems), Sistemas de Gerenciamento de Informações (MIS — Management Information Systems), CRM Analítico, sistemas OLAP (On-line Analytical Processing), sistemas de Datamining.

Com essa divisão, será possível explorar as necessidades de cada grupo, tanto no que se refere ao *hardware* necessário, como também no que se relaciona com a metodologia de implantação, treinamento e atualização.

É importante lembrar que no Capítulo 7, com o objetivo de fornecer uma ampla abordagem sobre a implantação de ERPs, foram abordados os seguintes itens:

- ✓ Objetivos
- ✓ Constituição de um grupo de trabalho
- ✓ Liderança
- ✓ Patrocinador forte
- ✓ Planejamento inicial
- ✓ Revisão de processos
- ✓ Resistência às mudanças
- ✓ Conflito entre as culturas formal e informal
- ✓ Estratégias de implantação

Embora o Capítulo 7 trate especificamente sobre sistemas integrados de gestão, recomenda-se a leitura do tópico sobre implantação de sistemas, para obter subsídios e sugestões a respeito dos demais sistemas do tipo OLTP (Online Transaction Processing ou Sistemas de Transações em Tempo Real)

Para informações adicionais: **Capítulo 7, *ERP — Sistemas Integrados de Gestão.***

9.7.3 SISTEMAS DE TRANSAÇÕES EM TEMPO REAL — OLTP

Os sistemas OLTP têm como característica básica o atendimento às questões e aos processos operacionais necessários ao funcionamento das organizações. Ressalte-se que determinados problemas — mesmo que pontuais — poderão gerar impactos importantes em operações fundamentais. Por exemplo, caso o módulo de faturamento de um ERP apresente um problema que impeça a impressão de notas fiscais, o embarque de mercadorias poderá ser prejudicado. Prosseguindo, se a empresa onde o problema ocorreu estiver integrada a uma cadeia de suprimentos de uma indústria maior, esse problema poderá se estender a outros níveis, ampliando seu impacto original.

Sendo assim, é necessário garantir o atendimento de questões diversas e necessárias ao correto funcionamento dos sistemas OLTP (desde sua escolha até a implantação e suporte), conforme exposto na seguinte *checklist*:

✓ **Escolha do sistema:** essa é uma ampla questão que requer o conhecimento do perfil do sistema em análise, das características das empresas usuárias, dos processos abrangidos, da integração com outras empresas e sistemas, reputação e perspectivas de crescimento do fornecedor ou desenvolvedor. Além disso, devem ser analisadas questões técnicas relacionadas às plataformas e aos bancos de dados utilizados, infra-estrutura de rede e comunicação necessárias, capacidade de processamento (se é adequada às necessidades da empresa) e estado da arte da tecnologia utilizada.

Questões operacionais também devem ser consideradas com igual importância, verificando a facilidade de utilização do sistema prospectado, possibilidades de parametrização, treinamento e suporte, além de política de manutenção (fundamental para o período pós-implantação).

- ✓ **Adequação e necessidade de revisão dos processos:** sistemas OLTP, geralmente, são desenvolvidos tendo em vista o atendimento de processos (e não a solução de questões pontuais). É preciso considerar o nível de adequação do sistema que será implantado em relação aos processos em uso na organização. Havendo disparidade entre eles, será necessário rever e adequar os processos, o que requer atenção especial no planejamento do projeto de implantação.
- ✓ **Adequação da infra-estrutura disponível:** uma das questões inerentes aos sistemas OLTP é a velocidade de processamento, especialmente importante para os processos operacionais. Isso poderá exigir uma atualização da infra-estrutura disponível, envolvendo rede, servidores de rede e de banco de dados, além das estações de trabalho.

  Deve-se verificar essa necessidade, incluindo-a nas atividades do projeto. É importante considerar que, dependendo da política de implantação, o sistema poderá ser introduzido apenas parcialmente em alguns departamentos ou poderá contemplar somente alguns processos. Nesse caso, eventuais *upgrades* poderão ser realizados parcialmente, atendendo apenas aos departamentos diretamente envolvidos. Isso ajudará a diluir o investimento necessário, tornando-o mais acessível à empresa.
- ✓ **Estratégia de implantação:** usualmente, existem duas estratégias de implantação de sistemas integrados: faseada e *big bang*. Na primeira delas, a implantação é feita em fases diversas, abrangendo departamentos ou processos específicos. Ao longo do tempo — e seguindo um cronograma preestabelecido —, os sistemas legados vão sendo substituídos pelos módulos do sistema novo. Com isso, o desembolso com o licenciamento de módulos adicionais, adaptação ou *upgrade* da infra-estrutura e treinamento será diluído por um período que pode variar de alguns meses a alguns anos.

  Em contraposição a esse modelo, a estratégia *big bang* parte do princípio de que todo o sistema novo deverá entrar em operação simultaneamente (após um período de testes). Isso requer que toda a estrutura esteja preparada e todos os funcionários adequadamente treinados. É claro que essa estratégia implica um investimento mais intensivo, concentrado em um período de tempo muito menor (da ordem de alguns meses).

  Como é possível perceber, a escolha da estratégia de implantação repercutirá no planejamento de outras atividades (relacionadas à infra-estrutura, ao treinamento e ao suporte).

- ✓ **Treinamento dos usuários:** existem duas estratégias básicas de treinamento. Na primeira delas, alguns funcionários recebem um treinamento completo e funcionam como disseminadores para os demais colegas. A segunda estratégia envolve o treinamento de todos os funcionários, eventualmente com diferentes graus de intensidade ou exigência. De qualquer forma, é necessário considerar que, mesmo após o encerramento oficial do projeto de implantação, o treinamento ainda será necessário (seja para novos funcionários, seja para instruir os funcionários antigos sobre novas facilidades incorporadas ao sistema).
- ✓ **Implantação de sistema de suporte aos usuários:** é necessário analisar a capacidade do fornecedor do sistema em oferecer suporte adequado às solicitações e dúvidas dos usuários. Caso essa capacidade seja restrita ou o atendimento represente um gasto excessivo (pois poderá ser cobrado), uma alternativa interna poderá ser considerada, com a contratação (ou treinamento) de uma equipe específica para isso. Nessa situação, a constituição de uma equipe própria deverá ser considerada no planejamento das tarefas do projeto.
- ✓ **Política de manutenção e atualização (pós-implantação):** é preciso refletir sobre as políticas de manutenção e atualização após o encerramento oficial do projeto. Mesmo sendo uma situação que, em princípio, não deva preocupar o gestor do projeto de implantação, certamente recairá sobre a equipe responsável pela área de informações da empresa.

  Sendo assim, é importante indicar na documentação do projeto a necessidade de se estabelecer antecipadamente uma política eficaz, no que se refere à manutenção e atualização do sistema implantado.

Embora esse *checklist* seja um pouco extenso, deve-se verificar outros itens (ou tarefas) que poderão ser incluídos no projeto, o que dependerá de necessidades específicas de cada organização. O correto dimensionamento das tarefas facilitará o planejamento financeiro, concorrendo positivamente para o sucesso do projeto. Planejamento e visão antecipada das necessidades são quesitos essenciais para uma boa implantação de sistemas.

9.7.4 SISTEMAS DE BUSINESS INTELLIGENCE

Sistemas utilizados em processos de extração de conhecimento (Datamining) apresentam características específicas que os tornam diferentes dos sistemas de transação em tempo real (OLTP). Em primeiro lugar, há que atentar para o fato de que esses processos podem ser demorados, requerendo grande capacidade de processamento e manipulação de volumes consideráveis de dados e informações. Além disso, a mineração de dados pode requerer sucessivas rodadas de processamento e refinamento antes que os resultados apresentados sejam efetivamente utilizáveis para a formulação de estratégias.

Sendo assim, recomenda-se fortemente que esses processos sejam desenvolvidos sobre bases de dados específicas, hospedadas em servidor exclusivo. Isso evitará que sistemas tais como ERP, CRM Operacional, CRM Colaborativo e demais sistemas de informação do tipo OLTP sejam prejudicados em sua performance.

A conformação desses bancos de dados específicos (Data Warehouses ou Data Marts), conforme visto no Capítulo 8, pode exigir que diversas outras fontes (bancos de dados internos e externos à organização) sejam utilizadas. Pode ser necessário, por exemplo, que dados e informações oriundas de uma extensa rede de fornecedores ou representantes regionais sejam filtrados, consistidos e adaptados a um Data Warehouse ou Data Mart. Além disso, dados e informações internas (originadas de sistemas de informações, como ERP, CRM Operacional, CRM Colaborativo) que serão copiados para esse mesmo Data Warehouse ou Data Mart, devem passar pelos processos de filtragem, consistência e adaptação.

Dessa forma, verifica-se que o processo de extração de conhecimento ou análise de dados e informações, dentro de um escopo de Business Intelligence, somente poderá ser feito **após** a conformação de um repositório específico de dados e informações. Considere-se, também, que os dados organizacionais e ambientais (aqueles oriundos do entorno da organização, seus fornecedores, seus concorrentes, dentre outros) são alterados dinamicamente ao longo dos dias, semanas e meses. Isso implica o estabelecimento de uma estratégia de aporte constante de dados externos para esse repositório, mantendo-o atualizado.

Portanto, as tarefas ligadas à implantação do Data Warehouse ou Data Mart, assim como sua **permanente** atualização, devem merecer especial destaque no projeto. Sem uma base de trabalho sólida (dados atualizados com a freqüência necessária, sem duplicidade e com elevadíssimo grau de consistência), operando em uma plataforma (servidor e banco de dados) compatível com o volume armazenado e a extensão das análises a serem processadas, processos de Business Intelligence poderão ser inviabilizados.

Ainda, deve-se considerar que os resultados apresentados serão utilizados especialmente por executivos de médio e alto escalão, os quais necessitam de informações altamente qualificadas e uma elevada facilidade de interação com os sistemas analíticos. Isso determina que as interfaces utilizadas sejam amigáveis, intuitivas e, ao mesmo tempo, poderosas, habilitando-os à pesquisar rapidamente resultados pré-processados. Nem sempre esses executivos têm grande familiaridade com sistemas informatizados, o que exige que os *softwares* utilizados em processos analíticos possam gerar saídas compatíveis com aplicativos convencionais (como planilhas eletrônicas).

Conseqüentemente, é necessária atenção especial ao treinamento, que deverá ser prestado de maneira altamente qualificada, em tempo reduzido e, por vezes, de modo individualizado e personalizado. Parte desse treinamento poderá ser substituído por reuniões de avaliação e interpretação dos resultados analíticos obtidos, dando um caráter mais pragmático — e por que não dizer, mais agradável — a essa atividade.

Usualmente, quando se pensa na utilização de sistemas de BI, a empresa encontra-se em uma situação adequada no que se refere à infra-estrutura de rede e comunicação (como servidores de *e-mail*, ferramentas para grupos de trabalho on-line, agenda organizacional, e outras possibilidades). De qualquer forma, é importante considerar a revisão da infra-estrutura requerida e a possibilidade de *upgrades* específicos, além dos recursos necessários à constituição do Data Warehouse ou Data Mart.

Para informações adicionais: **Capítulo 8, *Business Intelligence, CRM, OLAP, Datamining, Data Warehouse e Data Mart.***

9.7.5 DESENVOLVIMENTO DE SISTEMAS

Por vezes, as empresas optam pelo desenvolvimento interno de sistemas, seja pela ausência de solução similar no mercado, seja pela necessidade de customização a processos específicos. Outra possibilidade é desenvolver módulos que complementarão sistemas em uso, atendendo a especificidades da organização.

Esse processo poderá ser contratado em empresas especializadas ou efetuado por equipe própria, sendo que a primeira alternativa é mais freqüente quando se utilizam ERPs. Como referência, vale lembrar que no Capítulo 7 foram discutidos os pontos favoráveis e desfavoráveis do desenvolvimento interno desses sistemas, comparativamente à aquisição.

Para informações adicionais: **Capítulo 7, *ERP — Sistemas Integrados de Gestão.***

Caso o sistema a ser desenvolvido tenha como objetivo complementar um outro adquirido de terceiros, é recomendável solicitar ao fornecedor que indique algumas empresas que possam efetuar esse trabalho. Geralmente, fornecedores de sistemas comerciais mantêm parcerias com *software houses* para esse tipo de serviço. Essa parceria inclui a transferência de informações técnicas que poderão agilizar o desenvolvimento, aumentando a qualidade do produto final e reduzindo o investimento necessário.

Optando pela produção externa, alguns pré-requisitos deverão ser observados:

✓ **Referências da empresa:** é importante obter referências técnicas e comerciais sobre a empresa que está sendo prospectada para a realização do trabalho. Aspectos comerciais podem ser levantados em serviços especializados em análises e informações para decisões de crédito.
Referências técnicas podem ser obtidas com outros clientes (que poderão atestar ou não a qualidade e pontualidade dos serviços realizados) ou por meio de entrevista com o corpo técnico.
Nessa entrevista, a empresa que está contratando os serviços deverá contar com um profissional técnico com experiência em desenvolvimento, a fim de avaliar a capacidade técnica do prestador de serviço para realizar o que foi proposto.

✓ **Capacidade de atendimento:** adicionalmente às referências obtidas, será necessário avaliar a capacidade de atendimento da empresa que está sendo prospectada para a realização do serviço.
Essa capacidade está relacionada, especialmente, às condições operacionais que ela efetivamente tem para cumprir os prazos propostos. Não é raro encontrar desenvolvedores com excelente capacidade técnica, mas que não têm condições de atender a uma demanda elevada de serviços. Como resultado, os prazos contratuais acabam sendo prorrogados e prejudicam todo o projeto.

✓ **Propriedade do código-fonte:** essa não é uma questão clara para muitas empresas que contratam serviços externos de desenvolvimento. Habitualmente, o desenvolvimento não inclui o código-fonte (conjunto de instruções escritas em uma linguagem de programação e que permitem a geração do programa executável). Ao final do desenvolvimento, o cliente receberá apenas o programa (o arquivo executável), sendo que qualquer modificação posterior deverá ser solicitada à empresa anteriormente contratada, criando uma dependência em relação a um fornecedor exclusivo.

O fornecimento do código-fonte — incluindo a documentação necessária — deverá ser negociado com o desenvolvedor que está sendo prospectado, o que poderá requerer pagamento adicional. Caso isso seja acertado entre as partes, deverá constar do contrato de desenvolvimento.

- ✓ **Dependência em relação ao fornecedor:** mesmo quando o código-fonte estiver disponível, é necessário se certificar de que outras empresas ou profissionais conseguem trabalhar com a tecnologia utilizada (especialmente a linguagem de programação e o banco de dados adotado para o sistema).

  Quando o código-fonte não estiver disponível, esse problema tende a ser ainda maior, pois a empresa responsável pelo desenvolvimento poderá encerrar suas atividades, deixando seus clientes sem perspectiva quando atualizações forem necessárias.

  É preciso avaliar muito bem essa situação, analisando a estrutura da empresa e se ela é compatível com a quantidade de clientes informados. Uma pesquisa sobre a sua situação comercial poderá fornecer indicativos importantes sobre a saúde financeira da empresa.

- ✓ **Integração com os sistemas em uso na empresa:** na avaliação técnica da empresa prospectada, será necessário verificar qual a sua capacidade de promover uma integração efetiva com outros sistemas em uso na organização.

  Nem sempre essa integração é fácil ou transparente, requerendo conhecimentos e informações adicionais que o responsável pelo trabalho deve possuir. Essa integração, incluindo o nível e forma, deverá constar de um memorial descritivo que acompanhará o contrato a ser firmado entre as empresas.

- ✓ **Licenciamento e distribuição:** uma organização poderá contratar o desenvolvimento de um sistema apenas para uso em um único equipamento ou para distribuição em escritórios regionais ou rede de franqueados. Quando o desenvolvimento externo for contratado, esse tipo de situação deverá ser detalhada, deixando clara a necessidade de distribuição para outras unidades, quando for preciso.

  Pode ser que a empresa desenvolvedora demande o pagamento de licenças adicionais para cada instalação complementar (existem mecanismos que permitem controlar a quantidade de cópias instaladas, seja via *hardware* ou por meio da Internet).

É importante que isso fique claro no contrato de desenvolvimento, evitando que pendências legais venham a se estabelecer.

- ✓ **Segurança:** um aspecto positivo em relação ao desenvolvimento externo é que ele é menos suscetível à realização de fraudes. Isso se explica pela maior dificuldade de um funcionário solicitar ao desenvolvedor a implantação de instruções específicas para essa finalidade.
- ✓ **Política de manutenção e atualização:** é preciso esclarecer qual é a política de manutenção e atualização do programa desenvolvido, o que inclui a verificação de prazos e valores. Isso é especialmente crítico para os casos em que o código-fonte não estiver disponível.
- ✓ **Documentação:** o sistema desenvolvido deverá ser amplamente documentado, ou seja, é preciso haver um manual para o usuário e um memorial técnico que mostre quais são as tabelas utilizadas, seus respectivos campos, relacionamentos e índices. Isso permitirá um planejamento adequado da manutenção ou da atualização do banco de dados, sendo especialmente útil na integração com outros sistemas em uso pela organização.

É claro que os itens mencionados são apenas um indicativo básico. Certamente, outros poderão ser acrescentados, de acordo com a necessidade da empresa. Por exemplo, pode ser que um cliente determine a inclusão de cláusulas específicas de sigilo em relação ao que foi desenvolvido (incluindo o código-fonte). É importante que essas condições sejam discutidas e documentadas no planejamento do projeto, não deixando para depois o equacionamento de questões críticas.

Por outro lado, pode ser que a empresa decida pelo desenvolvimento interno de sistemas específicos ou de módulos complementares a um sistema em uso. Isso pode acontecer pelas mais diversas razões, o que inclui o aproveitamento da *expertise* interna da equipe de sistemas ou preço excessivo cobrado por um desenvolvedor externo. Nesse caso, será importante considerar os seguintes aspectos:

- ✓ **Atividade fora do *core business* da empresa:** ao partir para o desenvolvimento interno de sistemas, o corpo diretivo da organização deverá estar ciente de que essa é uma atividade geralmente fora de seu núcleo central ou de sua atividade-fim. Isso não se aplica caso a atividade da empresa esteja relacionada ao desenvolvimento, produção ou comercialização de *softwares* e tecnologias associadas.

Essa decisão terá impacto direto na constituição e no gerenciamento da equipe de desenvolvimento. Adicionalmente, será necessário contar com o aporte de recursos para o licenciamento de linguagens de programação e módulos específicos para o desenvolvimento de soluções em bancos de dados. No caso de um prestador de serviço, esse investimento provavelmente já se encontra amortizado ou é diluído em vários projetos, situação que não ocorre no início do desenvolvimento interno.

- ✓ **Constituição e gerenciamento da equipe:** para desenvolver atividades fora da sua *expertise* habitual, será necessário que a empresa tenha o amplo respaldo de sua equipe de sistemas, eventualmente, contando com o auxílio de consultores externos. Obviamente, essa equipe deverá ser composta por programadores, sendo fundamental a participação de um analista de sistemas que faça toda a especificação do sistema e do banco de dados.

  Esse planejamento e especificação do sistema serão fundamentais para o sucesso do projeto, pois colabora com sua documentação.

  Além do analista de sistema, os programadores envolvidos deverão ter amplo conhecimento da linguagem e do banco de dados utilizados, comprovando experiência no desenvolvimento de sistemas compatíveis.

- ✓ **Documentação do projeto:** um dos principais problemas relacionados ao desenvolvimento é a carência de documentação. Não raro, sistemas complexos são desenvolvidos sem a elaboração de um memorial técnico que indique, ao menos, as tabelas, os campos, os relacionamentos e os índices utilizados. Além disso, são poucos os programadores que inserem comentários mais extensos em meio ao código desenvolvido, o que facilita os trabalhos de manutenção.

  É preciso uma postura firme em relação à necessidade de documentação do projeto de desenvolvimento (o que inclui o código-fonte do sistema, Stored procedures, Views e Triggers).

  A documentação do projeto acaba tendo uma finalidade didática, pois o texto resultante tornará o trabalho mais organizado e eficaz.

- ✓ **Suscetibilidade a fraudes:** uma questão que deve ser acompanhada com atenção é a possibilidade de inclusão de instruções e comandos que dêem abertura à realização de fraudes. Essa chance poderá ser reduzida, caso o banco de dados seja adequadamente estruturado, incluindo a utilização de relacionamentos específicos e do recurso da integridade referencial para o estabelecimento de controles. Auditorias no código desenvolvido poderão verificar eventuais suspeitas.

✓ **Foco departamental e não em processos:** é importante evitar que o "atendimento de balcão" contamine a equipe de desenvolvimento, fazendo com que os sistemas sejam produzidos apenas para atenderem a necessidades pontuais. Para isso, deverá ser estabelecido um protocolo que norteará os procedimentos exigidos para a solução de problemas.

✓ **Possibilidade de distribuição:** os sistemas desenvolvidos internamente poderão ser distribuídos às demais unidades da empresa, representantes comerciais e rede de franqueados usualmente sem a necessidade de pagamento de licenças de uso. Mesmo assim, bancos de dados podem requerer o pagamento de licenças adicionais para cada instalação, sendo necessário verificar as condições oferecidas pelos diversos fornecedores.

A possibilidade de distribuição de um programa desenvolvido internamente exige que o sistema esteja bem testado, documentado e conte com um bom processo de instalação, reduzindo a necessidade de suporte. Deverá ser elaborado um sistema de ajuda aos usuários, minimizando as chamadas para a elucidação de questões mais simples.

9.7.6 BANCOS DE DADOS

As especificações do sistema a ser implantado ou desenvolvido deverão contemplar o banco de dados utilizado. Existem várias opções no mercado, atendendo às mais diversas necessidades e orçamentos.

Sistemas OLTP (que trabalham com transações em tempo real), geralmente, empregam bancos de dados relacionais, como SQL Server, Oracle, My SQL e o DB2, que oferecem bom desempenho e confiabilidade. Por sua vez, bancos de dados utilizados em BI (Business Intelligence), como Data Warehouses ou Data Marts, devem ter a capacidade de trabalhar com volumes significativamente maiores de dados e informações, estruturados de maneira complexa (tabelas com vários relacionamentos e índices), o que certamente contribuirá para um decréscimo de desempenho. Bancos de dados relacionais também podem ser utilizados em aplicações OLAP, conforme mencionam Codd, Codd e Salley (1993).

Cumpre lembrar, ainda, que sistemas ligados ao BI são utilizados por uma quantidade menor de pessoas (especialmente funcionários de nível estratégico e alguns de nível tático), o que, de certa forma, compensa a redução de desempenho (comparativamente aos sistemas do tipo OLTP). Entretanto, considere-se que a natureza analítica do BI requer maior tempo de processamento, mesmo em bancos habilitados ao trabalho com grandes volumes de dados e informações. Em resumo, em que pese a menor quantidade de usuários, sistemas analíticos tendem a consumir um maior tempo de processamento em função do grande volume de dados.

Em geral, um *checklist* para escolha do banco de dados deverá incluir os seguintes requisitos:

- ✓ **Desempenho:** dependendo do nível de solicitação, bancos como SQL Server, Oracle, My SQL e o DB2 poderão apresentar desempenho equivalente. É certo que, em função de como as tabelas estão estruturadas, do relacionamento entre elas e da utilização de índices, um determinado banco poderá apresentar performance diferenciada na realização de consultas, ao passo que outro poderá ser mais ágil na atualização de tabelas.
  Geralmente, fornecedores de sistemas oferecem a possibilidade de uso de diferentes bancos, conforme o volume de dados a ser processado. Além disso, eles poderão indicar, com base na experiência adquirida com outros clientes, qual banco de dados é mais indicado para o sistema adquirido.
  Fornecedores de sistemas de mineração de dados (Datamining), OLAP e CRM Analítico poderão indicar os bancos de dados mais adequados à constituição do Data Warehouse ou Data Mart.
  De qualquer forma, durante o processo de análise de um banco de dados, é interessante fazer testes de desempenho com volumes de dados compatíveis com aqueles a serem efetivamente processados.
- ✓ **Uso de plataformas diferentes:** em aplicações do tipo OLTP, o volume de dados e informações tende a crescer rapidamente. Apesar das possibilidades de enxugar as tabelas, eliminando ou segregando dados não mais utilizados, isso nem sempre resolve o problema, fazendo com que o banco de dados perca, progressivamente, seu desempenho.
  Uma possibilidade é a mudança de plataforma de armazenamento e processamento, adotando novos tipos de computadores (com outros sistemas operacionais). É necessário avaliar isso e verificar os tipos de processadores e sistemas operacionais com que os bancos analisados estão aptos a trabalhar.

Além disso, é importantíssimo conhecer a capacidade do banco de dados em operar com máquinas com mais de um processador, tirando proveito efetivo de uma maior condição de processamento. Dependendo do caso, a troca de plataforma pode não ser necessária, sendo suficiente a adição de um ou mais processadores (além de maior quantidade de memória no equipamento) para contornar certos problemas de desempenho.

✓ **Escalabilidade e independência do meio físico de armazenamento:** essa é uma questão também ligada ao desempenho e que se refere à possibilidade de crescimento do banco de dados, sem perda significativa de performance (dentro de certos limites).

Com o passar do tempo, pode ocorrer de o esquema físico adotado para o armazenamento de dados não ser mais suficiente, em razão do crescimento do banco. Nesse caso, será necessária uma mudança no esquema físico de armazenamento (como a troca de equipamento, a utilização de discos rígidos adicionais ou a distribuição dos dados em diversos equipamentos). Quando essa situação ocorrer, a mudança deverá ser feita de maneira simples e transparente.

Esquemas alternativos de armazenamento devem ser analisados quando da escolha do banco de dados, caso se projete um elevado crescimento da quantidade de dados e informações.

✓ **Uso do banco de dados na Internet:** cada vez mais as organizações utilizam a Internet na realização de diversas atividades, como vendas diretas ao consumidor, suporte técnico, relacionamento com empresas e fornecedores, e ainda agilizando o trabalho das equipes de campo (promoção e vendas, assistência técnica etc.). É importante analisar se o banco de dados prospectado é eficiente para a utilização na Internet, especialmente, como suporte a aplicações OLTP.

Deve-se evitar o uso de um banco de dados corporativo e outro diferente na Internet (como bancos de dados fornecidos por empresas diferentes). Isso poderá dificultar a compatibilização e transferência de dados e informações.

Sendo assim, deve-se verificar as condições de licenciamento do banco de dados para a Internet, pois elas costumam diferir consideravelmente daquelas oferecidas para o uso apenas dentro da organização.

Também é necessário verificar qual a compatibilidade do banco de dados prospectado com ferramentas de desenvolvimento de soluções para a Internet.

✓ **Suporte técnico:** quando um banco de dados é analisado, deve-se verificar a situação do suporte técnico local (no país onde esse banco será utilizado). Representantes com longa atuação têm menor probabilidade de deixar o país, podendo oferecer uma garantia de que o suporte técnico estará disponível de maneira ágil e no idioma nativo.

Há um caso em que um banco de investimentos optou pela adoção de um determinado banco de dados e, dois anos depois dessa decisão, a representação local teve suas atividades encerradas. Mesmo com as facilidades propiciadas pela Internet, a equipe técnica desse banco passou a ter dificuldades na resolução ágil de algumas questões técnicas, especialmente em função de diferenças no fuso horário.

Documentação e formação profissional: a facilidade em obter documentação técnica, seja via Internet ou em livros e publicações especializadas é fundamental, ajudando a equipe da área de sistemas na administração correta do banco de dados.

Outro fator a ser considerado é a existência de cursos para a formação e o aperfeiçoamento dos administradores de banco de dados (DBA — Database Administrator).

A escolha do banco de dados acaba sendo prioritária em relação à linguagem utilizada no desenvolvimento do aplicativo, sempre considerando que parte significativa do processamento pode ser realizada no próprio banco de dados por meio de Stored procedures, Views e Triggers. A manutenção de desempenho, em função de volumes adicionais de dados e informações ou como resultado de um número crescente de usuários, especialmente em sistemas que operam via Internet, deverá ser analisada com cuidado. Caso o banco de dados apresente problemas de confiabilidade, dados e informações corrompidos por excesso de carga de trabalho ou perda de performance, todo o desempenho dos sistemas de informação em uso será afetado.

9.7.7 RECURSOS DE REDE

Em sua maioria, sistemas OLTP utilizam redes locais convencionais. Porém, é necessário sempre possuir uma margem de segurança em relação ao tráfego suportado pela rede para que se possa atender a demandas futuras. Há uma tendência de o tráfego nas redes locais crescerem devido a um maior uso da Internet e também em virtude do aumento do volume de dados processados.

Dessa forma, é importante que os *switches* e roteadores utilizados operem com folga em relação ao tráfego e também mantenham portas ociosas, facilitando a expansão em caso de necessidade. A constituição de uma rede sem fio é cada vez mais importante, tendo em vista o crescimento de equipamentos móveis em uso. Além disso, a utilização de uma rede *wireless* facilita a entrada em operação de novos computadores, dispensando a passagem de cabos. Essa solução pode ser útil em áreas industriais ou em locais onde a distribuição de cabos de rede é operacionalmente trabalhosa.

Determinados ramos de atividade, tais como editoras, agências de publicidade, *bureaus* de impressão, estúdios de rádio e TV, hospitais e laboratórios que fazem o uso intensivo de imagens digitalizadas, necessitam de redes de alta performance. Projetos especiais devem ser encomendados, sempre considerando que os arquivos (textos de livros, imagens, áudio e vídeo) tendem a possuir tamanhos muito maiores do que simples planilhas eletrônicas ou relatórios. Atenção especial também deverá ser dada à banda utilizada para comunicação via Internet.

Existe uma forte tendência de que redes Wi-Max sejam implantadas nas grandes cidades nos próximos anos. Isso facilitará a implantação de redes do tipo MAN e WAN (Metropolitan Area Network e Wide Area Network), integrando diferentes escritórios e unidades produtivas, assim como agilizando o trabalho de equipes de promoção e vendas.

Soluções como voz sobre IP têm sido cada vez mais empregadas nas organizações, para agilizar a comunicação entre setores diversos e, ao mesmo tempo, promover uma redução de despesas. Em projetos de rede, mesmo que para uso de sistemas do tipo OLTP, é importante prever a possibilidade de utilização de soluções de telefonia via Internet, evitando que a rede fique sobrecarregada quando essa solução vier a ser implantada.

9.7.8 LINGUAGENS DE PROGRAMAÇÃO

A escolha da linguagem de programação para o desenvolvimento de aplicativos ou sistemas pode ser feita em função de algumas variáveis, apresentadas a seguir:

- ✓ **Objetivo do sistema ou do aplicativo:** alguns aplicativos podem ser desenvolvidos para atender a necessidades específicas (por exemplo, atuar em processos de automação industrial), para complementar sistemas já em utilização, substituir uma série de programas utilizados ou oferecer soluções via Internet ou Intranet.

Existe uma série de linguagens disponíveis, cada qual com suas peculiaridades e características e servindo ao desenvolvimento de aplicativos dos mais variados tipos. Algumas linguagens são mais utilizadas para o desenvolvimento de aplicativos de uso genérico (incluindo soluções comerciais), enquanto outras prestam-se mais à geração de soluções específicas.

Há casos em que a empresa precisa efetuar modificações em sistemas legados, desenvolvidos em linguagens mais antigas (como COBOL ou FORTRAN, por exemplo), requerendo programadores mais experientes. Para referências adicionais, vide material disponível na Internet.

- ✓ **Banco de dados utilizado:** conforme mencionado anteriormente, a escolha do banco de dados é preponderante em relação à linguagem de programação. Dessa forma, é necessário verificar quais as linguagens de programação mais aptas ao desenvolvimento de aplicativos para o banco selecionado. Dependendo da solução prospectada, às vezes, o próprio banco de dados possui um ambiente de desenvolvimento que possibilita a geração de aplicativos e sistemas específicos.
- ✓ **Compatibilidade com outros sistemas em uso na empresa:** é importante considerar dentre as linguagens de programação analisadas aquelas que fornecem maior compatibilidade com os sistemas em uso na empresa.

  Essa compatibilidade refere-se não apenas a questões tecnológicas, mas também de interface, uma vez que a manutenção do mesmo tipo de interface reduz a curva de aprendizado na operação de novos sistemas e aumenta a produtividade.
- ✓ ***Expertise* da equipe de desenvolvimento:** além dos itens anteriores, é importante verificar qual a *expertise* da equipe de desenvolvimento (seja interna seja terceirizada). Não adianta escolher uma linguagem muito específica, se não houver facilidade em encontrar programadores para ela (ou o custo deles for proibitivo).
- ✓ **Compatibilidade com tecnologias e plataformas disponíveis na empresa:** linguagens muito específicas podem não ser compatíveis com tecnologias ou plataformas em uso na empresa. Algumas são indicadas apenas para determinados sistemas operacionais.

  Nesse caso, é importante analisar se a empresa tenciona promover uma alteração de plataforma a curto prazo, o que poderá inviabilizar o uso de sistemas em desenvolvimento.

9.8 CONCLUSÃO

Como pôde ser visto, o gerenciamento de projetos de Sistemas e Tecnologia da Informação pode ser trabalhoso, havendo a necessidade de abranger uma série de questões. Entretanto, ele é de fundamental importância, quando se pretende que os sistemas e as tecnologias em uso promovam ganhos de produtividade e justifiquem os investimentos realizados.

REFERÊNCIAS

CODD, E. F.; CODD, S. B.; SALLEY, C. T. "Providing OLAP to user analysts: an IT-mandate". *White Paper Codd Associates*, 1993.

CÔRTES, P.L. *ASP — Caixa de ferramentas para web*. São Paulo: Érica, 2000.

__________; SCHERR, R. A. *Conhecendo e trabalhando com Visual Basic 6.0*. 9. ed. São Paulo: Érica, 2005.

__________; SHIRAISHI, K. *Conhecendo e trabalhando com Delphi 8*. São Paulo: Érica, 2004.

__________. *Trabalhando com banco de dados utilizando o Delphi 2005*. São Paulo: Érica, 2005.

KEELLING, R. *Gestão de projetos: uma abordagem global*. São Paulo: Saraiva, 2002.

KERNIGHAN, B. W.; RITCHIE, D. *The C programming language*. 2. ed. Upper Saddle River: Prentice Hall, 1989.

LOMAX, P. *Learning VBScript*. Sebastopol: O´Reilly & Associates, 1997.

MacDONALD, M.; CAGLE, K. *Visual Basic 6 Client Server Programming Gold Bokk*. Scottsdale: Coriolis, 1999.

MANZANO, J.A.N.G. *Estudo dirigido de JavaScript*. São Paulo: Érica, 2001.

WEISSINGER, A.K. *ASP guia completo:* manual de referência rápida. Rio de Janeiro: Ciência Moderna, 1999.

CAPÍTULO 10*

AUDITORIA DE SISTEMAS, TECNOLOGIA E SEGURANÇA DA INFORMAÇÃO

*Este capítulo foi desenvolvido com a colaboração dos professores Anisio Candido Pereira** e Benedito Felipe de Souza****

10.1 INTRODUÇÃO

Atualmente, em qualquer ramo de atividade, verifica-se um uso crescente de tecnologias e sistemas de informação. Mesmo em algumas atividades artesanais, nota-se o uso de computadores para a definição de *layout* e de páginas na web para a apresentação de catálogo de itens e sua comercialização. Para corroborar essa

* Este capítulo contém Material de Apoio no site: www.saraivauni.com.br.

** **Anisio Candido Pereira**, doutor em Controladoria e Contabilidade pela Universidade de São Paulo (FEA-USP), mestre em Controladoria e Contabilidade pela FEA-USP. Professor pesquisador do Mestrado em Ciências Contábeis da Fundação Escola de Comércio Álvares Penteado.

*** **Benedito Felipe de Souza**, doutor em Ciências Contábeis pela Universidade de São Paulo (FEA-USP). Professor de disciplinas da área contábil em cursos de graduação. Professor de pós-graduação em Custos e Auditoria.

percepção, basta perceber como tem evoluído o uso de *e-mail* nas organizações nos últimos dez anos, assim como a quantidade de computadores instalados.

No Capítulo 7, ERP — Sistemas Integrados de Gestão, discorreu-se sobre a disseminação do uso dos computadores nas organizações a partir dos anos 1960 e, em especial, a partir dos anos 1970 e 1980. Entretanto, mesmo com o uso intensivo de tecnologias e sistemas de informação, além da adequação de processos a essa nova realidade e uma crescente integração de sistemas por meio das redes locais ou remotas, as organizações têm buscado garantias de que os investimentos realizados podem oferecer um retorno adequado. Além disso, a segurança de informações vem assumindo um caráter cada vez mais estratégico.

Para melhor compreender esse meio ambiente digital e verificar se os sistemas, recursos e pessoal estão sendo bem empregados e contam com a segurança necessária, as organizações têm se valido da Auditoria de Sistemas, Tecnologia e Segurança da Informação. A auditoria é uma atividade que avalia, de maneira independente, a eficiência dos controles utilizados pela organização, o desempenho das diversas áreas (em relação às respectivas atribuições e metas), a eficácia dos processos aplicados e o correto uso dos recursos disponíveis. Ela tem por objetivo assessorar a administração na elaboração de planos e definição de metas, colaborando no aperfeiçoamento dos controles internos, apontando deficiências e irregularidades que possam comprometer o desempenho organizacional.

Para as áreas de Sistemas e Tecnologia da Informação, a atividade de auditoria tem se mostrado cada vez mais necessária, especialmente devido à complexidade que o "meio ambiente digital" pode assumir nas organizações, apresentando fragilidades insuspeitadas e criando novas possibilidades para a consecução de fraudes e desvio de recursos.

Dessa forma, o estudo e a aplicação da Auditoria de Sistemas, Tecnologia e Segurança da Informação vêm se mostrando cada vez mais necessários, abrindo novas e promissoras perspectivas profissionais.

Para informações adicionais: **Capítulo 7, *ERP — Sistemas Integrados de Gestão.***

10.2 BREVE HISTÓRICO DA AUDITORIA

Para melhor compreender a abrangência e a importância da auditoria — em um sentido mais amplo —, é necessário resgatar, mesmo que brevemente, alguns aspectos históricos que poderão subsidiar um melhor entendimento da Auditoria de Sistemas, Tecnologia e Segurança da Informação.

Ainda que o termo auditoria tenha recebido mais ênfase nos países anglo-saxões, acabou assumindo sua etimologia latina original, a bem da verdade, mais por empréstimo lingüístico do que pelo sentido consagrado, uma vez que sua existência pode ser verificada muito antes do Império Romano. Auditoria provém do latim *audio/audire*, que significa ouvir, escutar, entender. Embora seja difícil precisar quando a história da auditoria teve início, verifica-se o exercício de atividades similares àquelas prestadas por uma auditoria desde a Antigüidade. Filios (1984) indica a presença de auditores no antigo Egito, onde controladores analisavam as contas das importações e exportações de trigo, o montante dos impostos arrecadados e a quantidade de frutos em geral. Por outro lado, Candau (1985) nos lembra que em Atenas no ano de 300 a.C. atribui-se a um grupo de *experts* a verificação das contas dos tesouros públicos, enquanto outro ficava encarregado das contas de todas as pessoas que ocupavam uma posição que implicasse manipulação de fundos públicos.

Segundo Franco e Marra (2001, p. 139) "a auditoria surgiu primeiramente na Inglaterra, que, como dominadora dos mares e controladora do comércio mundial, foi a primeira a possuir as grandes companhias e a primeira também a instituir a taxação do imposto de renda, baseado nos lucros das empresas". No final do século XIX, a auditoria passa a ter, na utilização anglo-saxônica, o sentido de verificação e controle por meio da análise detalhada de seu objeto (PINEDA, 1995).

De acordo com Franco e Marra (op. cit, p. 139), "já se praticava na Inglaterra a auditoria de contas públicas, desde 1314, conforme relata a Enciclopédia Britânica", e ainda afirmam os autores que "seu aparecimento como prática sistematizada [...] somente ocorreu no século XIX, quando começaram a surgir as primeiras associações de Contadores Públicos, profissionais que exercem as funções de auditor".

Nos tempos mais recentes, a auditoria, no sentido em que é mais utilizada, surgiu como conseqüência de confirmação dos registros contábeis, em virtude do aparecimento das grandes empresas e da taxação do imposto de renda, baseado nos resultados apurados em balanço. Sua evolução ocorreu paralelamente ao desenvolvimento econômico, que gerou as grandes empresas, formadas por capitais de muitos investidores, que têm na ratificação dos registros contábeis a proteção de seu patrimônio (FRANCO e MARRA, 2001).

Essa aceitação do termo auditoria vem sendo, entretanto, gradualmente ampliada durante as últimas décadas, sendo que, atualmente, o termo não é utilizado apenas como referência à revisão contábil, em seu sentido estrito, mas também para designar todo processo de controle posterior à atividade econômica, financeira, operacional e de gestão de qualquer empresa (PINEDA, 1995).

Segundo Boyton, Johnson e Kell (2002, p. 932) a "auditoria interna começou como uma função administrativa que era exercida por uma única pessoa e que consistia principalmente na verificação independente de contas, antes de seu pagamento. Com o tempo, contudo, evoluiu para uma atividade altamente profissional que se estende à avaliação da eficiência e eficácia de todas as fases das operações financeiras de uma empresa". Esses mesmos autores comentam ainda que "essas alterações levaram à formação de departamentos de auditoria interna, cujos titulares reportam-se diretamente ao conselho de administração ou seu comitê de auditoria e incluem-se entre os executivos que compõem a chamada 'gerência sênior' de uma entidade".

10.3 CONCEITOS E DEFINIÇÕES

O tópico anterior propicia um entendimento inicial sobre a auditoria, incluindo aspectos históricos. É oportuno, entretanto, conhecer as opiniões de alguns autores sobre essa área de atuação, verificando conceitualmente o que se entende por Auditoria, Auditoria Interna, Auditoria Externa e Auditoria de Sistemas, Tecnologia e Segurança da Informação.

10.3.1 AUDITORIA

Raffegeau *et al.* (1992, p. 5) adotam uma definição mais genérica, considerando o desenvolvimento de um processo cuja finalidade é emitir um juízo ou parecer: "auditoria é um conjunto de técnicas de informação e de avaliação aplicado por um profissional no **desenvolvimento de um processo coerente, com o fim de se adotar um juízo em referência a umas normas e formular uma opinião** sobre o procedimento e/ou as modalidades de realização de uma operação determinada" (grifos nossos).

Seguindo um caminho semelhante ao de Raffegeau *et al.*, Le Conte e Rebinguet (1990, p. 26) consideram que a auditoria "... é o **exame sistemático de uma situação definida** e articulada a um contexto em vistas a sua identificação, caracterização, significância e verificação, **com emissão das orientações pertinentes**".

Apesar das definições mais generalistas apresentadas por Raffegeau *et al.* (1992), e Le Cointe e Rebinguet (1990), é necessário considerar que o termo auditoria ainda possui um forte vínculo com as Ciências Contábeis. Por exemplo, Lopes de Sá (1968,

p. 19) estabelece que "**Auditoria é a técnica contábil do exame sistemático dos registros patrimoniais**, observando-os para verificar se encontram-se dentro ou fora dos limites do fim aziendal (relativo a azienda 'patrimônio público ou privado' ou 'organismo econômico voltado para a consecução de um fim determinado'), **apresentando conclusões e críticas respectivas**, através de pesquisas, interpretações, orientações e pareceres, valendo-se, para tanto, de todos os meios necessários".

10.3.2 AUDITORIA INTERNA

Segundo Almeida (2003), a expansão dos negócios demanda uma maior ênfase nos controles e procedimentos internos, uma vez que é impossível para um administrador supervisionar pessoalmente todas as atividades. Adicionalmente, torna-se necessário um acompanhamento que valide o cumprimento desses controles, atividade essa que pode ser desenvolvida por uma auditoria interna. Para Attie (1988, p. 26) "a **auditoria interna** [...] toma forma embrionária como uma atividade necessária à organização e **desenvolve-se a fim de seguir a gerência ativa, concedendo-lhe alternativas, como ferramenta de trabalho, de controle, assessoria e administração**". Com isso, ressalta-se a auditoria interna como uma atividade de suporte aos gestores organizacionais. Para o autor, a auditoria interna "é uma **função independente** de avaliação, criada dentro da empresa **para examinar e avaliar suas atividades, como um serviço a essa mesma organização**" (ATTIE, 1988, p. 28).

Perez Júnior (1998, p. 79), dando destaque a uma atuação contábil, observa que o auditor, além de revisar procedimentos, pode determinar o sistema de controle mais adequado: "os **auditores internos** têm a função de **examinar transações detalhadas, revisar procedimentos contábeis e operacionais** da empresa e **determinar o sistema de controle interno mais adequado**, assim como o **grau de observância das políticas estabelecidas** pela administração. A função da auditoria interna, quando bem organizada e se contar com pessoal competente, pode vir a ser um **importante fator no sistema de controle interno**".

De maneira similar ao proposto por Perez Júnior, Paula (1999, p. 32) define a auditoria interna como sendo uma "atividade de **avaliação independente**, que, **atuando em parceria com administradores e especialistas**, deverá **avaliar a eficiência e a eficácia dos sistemas de controle** de toda a entidade, agindo proativamente, zelando pela **observância às políticas traçadas** e **provocando melhorias, fornecendo subsídios aos proprietários e administradores para a tomada de decisão**, visando ao cumprimento da missão da entidade".

Embora não seja objetivo desta obra apresentar uma definição formal para o termo auditoria interna, a partir das considerações apresentadas pelos autores citados, é possível destacar alguns tópicos que ajudam a compreender essa atividade. Dessa forma, compete ao auditor interno, trabalhando de maneira independente, as seguintes atribuições:

- ✓ Examinar transações detalhadas.
- ✓ Analisar a eficácia dos controles adotados, promovendo sua alteração sempre que se fizer necessário.
- ✓ Verificar se os procedimentos internos estão de acordo com os controles existentes.
- ✓ Recomendar a melhoria dos procedimentos internos, sempre em observância aos controles existentes.
- ✓ Atuar em parceria com administradores e especialistas.
- ✓ Fornecer subsídios aos administradores para a tomada de decisão.
- ✓ Observar a fidedignidade e tempestividade (contabilização do fato no tempo certo) das informações contábeis com o objetivo de obter os dados mais reais possíveis para auxiliar a tomada de decisão dos gestores.

10.3.3 AUDITORIA EXTERNA

Embora possa haver alguma confusão quanto aos papéis das auditorias interna e externa — situação essa advinda do fato de ambas utilizarem técnicas similares — é importante ressaltar a existência de diferenças quanto aos seus respectivos objetivos. A auditoria interna tem como missão assessorar o corpo de administradores em uma organização, fornecendo subsídios que promovam uma gestão mais eficaz. Sendo assim, como o próprio nome indica, a auditoria interna é voltada para os interesses internos da organização.

Por sua vez, a auditoria externa tem como objetivo mostrar a situação organizacional para os sócios que não participam diretamente da administração da empresa, para órgãos reguladores, entidades financiadoras (públicas ou privadas), dentre outras possibilidades. Portanto, o seu produto (relatórios e pareceres, por exemplo) destina-se aos *stakeholders* (todas as partes interessadas, tais como clientes, colaboradores, investidores, fornecedores, comunidade, órgãos reguladores etc.).

Com isso, é importante destacar que a auditoria interna trata do exame detalhado das atividades da empresa, enquanto à auditoria externa cabe executar exames de revisão global das atividades, utilizando técnicas baseadas em testes de amostragem etc. O Quadro 10.1 indica algumas diferenças fundamentais entre as duas auditorias.

Embora Jund (2002, p. 29) destaque que, para a auditoria interna, a intensidade dos trabalhos é menor, é necessário considerar que isso pode não ser de todo representativo do que efetivamente ocorre. O trabalho diário do auditor interno acaba, por vezes, atingindo um volume superior ao da auditoria externa.

Além das diferenças expostas no Quadro 10.1, devem-se considerar as exigências demandadas por disposições legais ou administrativas, que podem ser resumidas no Quadro 10.2.

Em termos mais conceituais, é interessante verificar o que dizem alguns autores. Para Crepaldi (2000, p. 48), a auditoria externa "constitui o conjunto de

Quadro 10.1 Comparativo entre as funções e atividades das auditorias interna e externa.

ELEMENTOS	AUDITORIA EXTERNA	AUDITORIA INTERNA
Profissional	Prestador de serviços independente	Funcionário da Empresa (auditor interno)
Ação e Objetivo	Demonstrações Financeiras	Exame dos processos (operacionais, contábeis e sistêmicos).
Finalidade	Opinar sobre as Demonstrações Financeiras	Promover melhorias nos controles da empresa de forma a assegurar a proteção ao patrimônio
Relatório Principal	Parecer	Recomendações de controle interno e eficiência administrativa
Grau de Independência	Mais amplo	Menos amplo
Interessados no trabalho	A empresa e o público	A empresa
Responsabilidade	Profissional, civil e criminal	Trabalhista
Número de áreas cobertas pelo exame durante o período	Maior	Menor
Intensidade dos trabalhos em cada área	Menor	Maior
Continuidade do trabalho	Periódico	Contínuo

Fonte: Adaptado de Jund (2002, p. 29).

Quadro 10.2 Demandantes das auditorias externa e interna.

<table>
<tr><th></th><th>AUDITORIA EXTERNA</th><th>AUDITORIA INTERNA</th></tr>
<tr><td>CVM</td><td>Sociedades Anônimas de Capital Aberto</td><td rowspan="3">art. 70 CF/1988 — Empresas e Órgãos da Administração Pública

Por determinação da Matriz ou Controladora

Por determinação da Administração</td></tr>
<tr><td>BACEN</td><td>Bancos: Comerciais e de Investimentos
Financeiras
Distribuidoras de Títulos e Valores Mobiliários
Corretoras de Câmbio e Valores Mobiliários
Sociedades de Arrendamento Mercantil
Sociedades de Crédito Imobiliário
Sociedades Cooperativas de Crédito
Sociedades de Crédito Imobiliário
Empresas de Consórcios</td></tr>
<tr><td>SUSEP</td><td>Companhias e Sociedades Seguradoras</td></tr>
</table>

Fonte: Adaptado de Jund (2002, p. 30).

procedimentos técnicos que tem por objetivo a emissão do parecer sobre a adequação com que estes representam a posição patrimonial e financeira, o resultado das operações, as mutações do Patrimônio Líquido e as origens e aplicações de recursos da entidade auditada consoante as normas brasileiras de contabilidade".

Attie (1988), por sua vez, ressalta que, de forma geral, tanto a auditoria interna quanto a externa executam a mesma tarefa e utilizam as mesmas técnicas. Ambas tomam o Controle Interno como o ponto central da atuação, constituindo este o marco inicial do trabalho. Para ele, verifica-se uma interação e sincronia de trabalho entre as auditorias interna e externa.

É importante ressaltar que nem sempre as empresas que passam por uma auditoria externa contam com um auditor interno ou departamento de auditoria. Por exemplo, quando uma empresa está sendo adquirida por terceiros, dependendo de seu porte, é comum os compradores solicitarem uma auditoria externa tendo por finalidade verificar a situação financeira, contábil e legal do empreendimento.

10.3.4 AUDITORIA DE SISTEMAS, TECNOLOGIA E SEGURANÇA DA INFORMAÇÃO

Os sistemas informatizados tiveram sua aplicação tão ampliada com o passar dos anos que hoje é quase impossível imaginar uma organização sem eles. Instituições financeiras, indústrias, comércio e serviços estão estruturados em níveis de controle sobre os sistemas informatizados.

As novas tecnologias da informação e o uso intensivo de sistemas têm propiciado novos meios para a execução de fraudes e desvios. Por outro lado, a utilização cada vez maior de redes de computadores e sistemas on-line aumentam a vulnerabilidade da organização em relação a furto, perda ou alterações de informações. Por exemplo, para uma organização financeira, o cadastro e o histórico de clientes e os registros digitais de movimentações financeiras constituem importantes documentos eletrônicos que precisam ser adequadamente preservados, a fim de garantir a integridade das operações.

É interessante verificar a opinião de alguns autores sobre a função do auditor em sistemas e tecnologia da informação. Segundo Imoniama (2005, p. 16): "A auditoria em ambiente de tecnologia de informação não muda a formação exigida para a profissão de auditor, apenas percebe que as informações até então disponíveis em forma de papel são agora guardadas em forma eletrônica e que o enfoque da auditoria teria que mudar para se assegurar de que essas informações em forma eletrônica sejam confiáveis antes de emitir sua opinião". Prosseguindo, esse autor afirma que "as atividades de auditoria de tecnologia de informações, além de tentar utilizar os recursos de informática para auditar o próprio computador, também visam automatizar todos os processos de auditoria".

Por sua vez, Arima (1994) considera que a auditoria de sistemas tem por objetivo promover a avaliação dos controles internos nos sistemas de informação da empresa, efetuando recomendações para o seu aprimoramento. Adicionalmente, engloba a utilização de recursos humanos, materiais e tecnológicos pertinentes. Gil (2000) considera que a auditoria de computadores envolve aspectos terminológicos, conceituais e técnicos das áreas de auditoria, sistemas de informação e processamento eletrônico de dados.

Nesta obra, considera-se que a Auditoria de Sistemas, Tecnologia e Segurança da Informação é uma atividade independente que tem como missão avaliar a adequação das tecnologias e dos sistemas de informação utilizados, a eficácia dos controles e procedimentos de segurança existentes, a eficiência dos processos em uso, a correta utilização dos recursos disponíveis, assessorando a administração na elaboração de planos e definição de metas, colaborando no aperfeiçoamento dos controles internos, apontando deficiências e irregularidades que possam comprometer a segurança e o desempenho organizacional.

Embora o uso dos sistemas e tecnologias da informação tenha se intensificado nas últimas décadas do século XX, eles ainda constituem uma "novidade" no ambiente de muitas organizações, tendo em vista que, embora muitas pessoas utilizem esses recursos com desenvoltura no dia-a-dia, nem sempre estão atentas — ou têm informações suficientes — sobre questões de segurança. É certo que isso tem mudado com rapidez, mas certamente muitas pessoas desconhecem questões básicas relacionadas ao uso de *firewalls* e antivírus, assim como ignoram alguns procedimentos elementares de segurança.

Além disso, tecnicamente as vulnerabilidades podem manifestar-se em diversos pontos. Não raro, sistemas operacionais ou *softwares* têm de ser atualizados a fim de contornar problemas de segurança antes insuspeitados. Por ser uma área em constante inovação, *hackers* desenvolvem novas técnicas e ferramentas, além de pesquisar constantemente fragilidades de sistemas e tecnologias.

Esse "meio ambiente digital", em constante efervescência diante de novas tecnologias, novos *softwares* e serviços, requer um acompanhamento constante, buscando sistematicamente averiguar a adequação dos sistemas e recursos em uso. Portanto, há que se considerar que o auditor de sistemas, tecnologia e segurança da informação deverá manter-se constantemente atualizado. O *expertise* técnico, contudo, é condição necessária — mas não suficiente — para o exercício da atividade de auditor nessas áreas. É preciso que o profissional dedicado a essa função tenha conhecimentos sólidos sobre os processos e controles organizacionais, verificando a pertinência de determinados procedimentos e a adequação dos sistemas e tecnologias utilizados.

Resumidamente, não basta para ele apenas o conhecimento dos problemas e soluções em nível técnico (como proteger uma rede, como bloquear o acesso indevido a um servidor ou como garantir a integridade de transações eletrônicas, por exemplo). É necessário conciliar, de maneira adequada, os controles e procedimentos de segurança com os processos e necessidades administrativas, o que nem sempre é tarefa fácil.

Em organizações de pequeno e médio portes, a função de auditoria de sistemas, tecnologia e segurança da informação acaba sendo realizada pelo profissional de sistemas de informação. Isso acaba por prejudicar a autonimia desse processo, tendo em vista que esse profissional está habitualmente subordinado a uma diretoria específica, o que pode comprometer a independência das análises e recomendações efetuadas. Também é importante considerar os casos em que, sendo o auditor um funcionário do Departamento de Sistemas e Tecnologia da Informação, poderá também ter sua imparcialidade e independência prejudicadas. Conforme será verificado mais adiante neste capítulo, no Item 10.4 "Estrutura da auditoria interna", é necessário que o auditor trabalhe separadamente das pessoas cujas atividades examina, garantindo sua imparcialidade e independência.

Por outro lado, organizações dos mais diversos tamanhos têm solicitado auditorias externas, contratadas em empresas especializadas em segurança da informação, que podem fazer um diagnóstico sobre vulnerabilidades internas e externas. Esse tipo de análise poderá ser de grande valia para os profissionais das áreas de sistemas e tecnologia da informação, além de prestar auxílio importante ao auditor interno. Mesmo assim, para organizações altamente dependentes de sistemas e tecnologias da informação, recomenda-se que a auditoria interna dessas áreas seja contemplada dentro do seu organograma.

O planejamento do trabalho do auditor interno deve abranger o processo de projeto, desenvolvimento, testes e aplicação dos sistemas, preocupando-se com a estrutura lógica, física, ambiental, organizacional, de controle, segurança e proteção de dados. É sua atribuição informar a administração sobre: adequação, eficácia, eficiência e desempenho dos sistemas e respectivos procedimentos de segurança em processamento de dados.

10.4 ESTRUTURA DA AUDITORIA INTERNA

Em vista da particularidade de seu trabalho, em uma estrutura organizacional, o departamento de auditoria pode estar situado da maneira indicada na Figura 10.1.

A estrutura da auditoria interna pode variar de acordo com o porte e as circunstâncias de cada organização. Em empresas de menor porte, pode compor-se de uma estrutura com apenas uma pessoa, exercendo as atividades de planejamento e execução; em organizações de porte médio, a auditoria interna pode ser montada considerando-se um gerente e um supervisor, que exerçam a função de planejamento e controle dos serviços em andamento e um corpo de auditores que executem as tarefas e os serviços planejados.

Nas grandes organizações, que reúnem diversidade de atividades auditáveis, com elevado número de funcionários e empresas complementares, torna-se comum uma estrutura que engloba vários níveis, de diretor a auxiliares de auditoria. É necessário considerar, adicionalmente, a existência de mais de um auditor em

Figura 10.1 Relação da auditoria interna em um organograma empresarial, seja com a presença de um conselho ou apenas com a presença de um CEO.

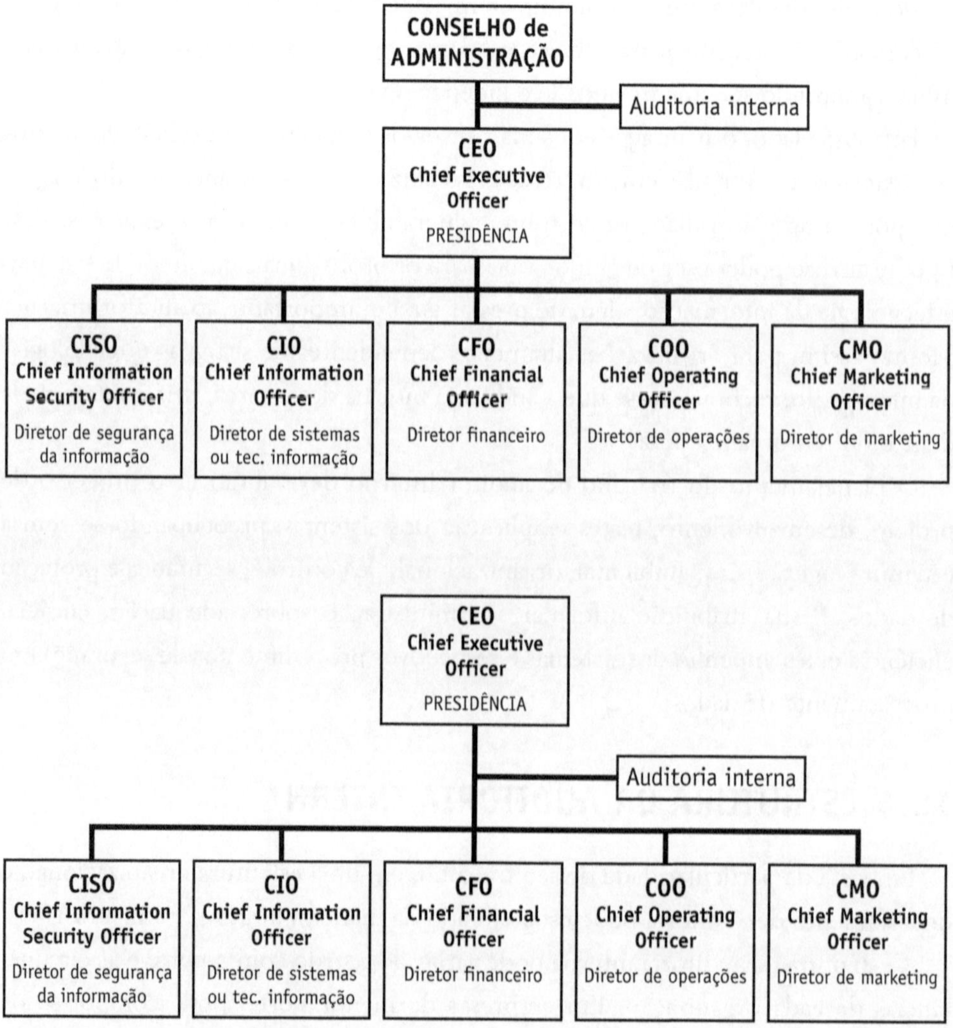

um organograma, cada qual dedicado a atividades ou áreas mais específicas de conhecimento. Por exemplo, enquanto um auditor cuida da área financeira, outro verifica as questões ambientais e um terceiro fica responsável pela auditoria de sistemas de informação.

De qualquer forma, é importante a auditoria interna situar-se em posição próxima ao mais alto comando da organização, mantendo sua independência hierárquica em relação às demais diretorias. Segundo Attie (1988), a auditoria necessita de um alto grau de imparcialidade, integridade e objetividade, tendo em vista que o seu propósito é fazer julgamentos profissionais.

Para Franco e Marra (2001), a existência de vínculo empregatício do auditor interno com a empresa auditada é meramente circunstancial. Esse vínculo decorre apenas do fato de seus serviços serem prestados com exclusividade e em tempo integral, sendo que sua subordinação à administração da empresa deve ocorrer somente sob o aspecto funcional, uma vez que suas funções devem ser exercidas com absoluta independência profissional. Apesar de a administração (CEO ou Conselho, conforme a Figura 10.1) estar em posição hierárquica superior à auditoria interna, essa administração deve sujeitar-se também ao seu controle, submetendo-se ao exame de todos os atos por ela praticados.

De acordo com Almeida (2003), o auditor interno não deve ser subordinado àqueles cujo trabalho examina, mas também não deve exercer atividades que estejam sujeitas à sua própria verificação, para não ter sua independência comprometida.

Segundo Attie (1988, p. 57), "os auditores internos somente são independentes quando podem exercer suas funções de forma livre e objetiva". Para isso, precisam contar com o apoio da alta administração e seus executivos, para que executarem seus trabalhos livres de interferência e com a colaboração dos outros setores submetidos a exame.

O mesmo autor considera que o auditor interno precisa reportar-se a uma pessoa com autoridade suficiente para transmitir independência à auditoria, assegurando ampla cobertura. Essa mesma autoridade será necessária para colocar em prática as recomendações efetuadas pelo auditor. Essa independência, entretanto, não coloca o auditor acima das normas da organização auditada. De acordo com Attie, o auditor interno, como qualquer outro funcionário da empresa, está circunscrito às normas da empresa, e lhe deve fidelidade.

Prosseguindo, Attie indica a necessidade de um documento formal que determine a constituição da auditoria interna. Nesse documento — que deverá ser aprovado pela pessoa a quem o auditor se reporta —, será definida a finalidade da auditoria, sua autoridade e responsabilidade,

Outro aspecto a ser destacado para que o auditor interno possa manter sua independência dentro da empresa diz respeito à sua experiência e qualificação profissional. Quanto maior forem sua experiência e qualificação como auditor, mais independente poderá ser na realização dos trabalhos de auditoria interna em qualquer empresa. Essa qualificação deverá ser continuada e poderá ser obtida por meio de cursos de extensão e especialização. Além disso, é muito importante, para dar maior solidez à formação, que o auditor faça um curso de pós-graduação *lato sensu* ou mestrado e/ou doutorado.

10.5 SEGURANÇA DE SISTEMAS, TECNOLOGIA E SEGURANÇA DA INFORMAÇÃO

Nos tópicos anteriores, foi apresentado um resumo sobre a história da auditoria, além da indicação dos principais tipos de questões associadas. Neste tópico, serão apresentadas algumas considerações mais específicas sobre a Auditoria de Sistemas, Tecnologia e Segurança da Informação, indicando pré-requisitos a serem considerados pelos profissionais da área. Complementando este tópico estão disponíveis dois textos na Internet. O primeiro deles discorre um pouco sobre os diferentes tipos de *hackers*, auxiliando na compreensão desse grupo. O segundo apresenta algumas questões que servem de ponto de partida para os auditores de sistemas, tecnologia e segurança da informação.

A utilização de sistemas e tecnologias da informação têm ampliado as possibilidades de fraudes e desvios, além de amplificar eventuais erros e falhas (tanto de equipamentos quanto de funcionários e colaboradores). As organizações vêm intensificando cada vez mais o uso de novas tecnologias, o que pode ser bastante positivo quando feito com critério e adequação. Por outro lado, o uso inadequado pode abrir caminho para a realização de fraudes, desvios e furtos de dados, informações ou mesmo recursos materiais, requerendo especial atenção dos auditores. Dentro desse novo ambiente, eles podem prestar especial auxílio às organizações, promovendo o uso adequado e racional das tecnologias e dos sistemas de informação.

A utilização de redes locais ou remotas tem criado uma série de facilidades dentro das organizações, inclusive para aquelas pessoas que pretendem desenvolver alguma atividade ilícita ou empreender alguma fraude. Quando as redes não estavam disponíveis, o furto de arquivos, a alteração de documentos ou a manipulação de registros em banco de dados dependia do acesso físico aos equipamentos. Era necessário entrar no departamento ou setor onde uma máquina estava instalada ou os documentos armazenados e, somente então, executar a tarefa pretendida.

Em ambientes de grande porte (*mainframes*), a preocupação com fraudes e alterações em banco de dados levou ao desenvolvimento e implementação de uma série de controles e procedimentos, dificultando a execução de atividades ilícitas. Entretanto, ficou célebre a história de um analista de sistemas de um grande banco que, na década de 1980, desviava alguns centavos de contas-correntes de diversos clientes para uma conta específica, arredondando operações. Dia após dia, centavo após centavo, essa conta fantasma tinha o seu saldo incrementado. Como descobriram? Um cliente atento ao seu saldo reclamou do arredondamento, chamando a atenção da auditoria interna do banco.

Embora o problema com vírus de computadores (ou com programas que se autoduplicavam sem autorização do usuário) não seja específico dos microcomputadores, segundo Kane (1989), foi após o surgimento e popularização dos microcomputadores que os vírus de programa ganharam destaque, contaminando equipamentos e levando à perda de dados e informações. Alguns desses pequenos intrusos apenas tornavam os equipamentos mais lentos. Outros, por sua vez, formatavam o disco rígido, levando à perda de todos os arquivos e programas nele gravados.

Com os vírus de programa, a segurança ganhava um novo componente. Além dos cuidados com a fraude e manipulação de dados e informações, passou a ser necessário instalar programas que verificassem uma quantidade crescente de vírus e códigos similares. Desde então o problema só cresceu, uma vez que os computadores passaram a trabalhar cada vez mais conectados uns aos outros, seja em redes remotas, seja locais.

Com a liberação do acesso comercial à Internet na década de 1990, o problema auferiu cada vez mais importância com a figura mítica dos *hackers* ganhando destaque na mídia. Mas os *hackers* são apenas uma parte do problema e, por vezes, parte da solução também.

Atualmente, diversas empresas de auditoria e segurança de informações recorrem a profissionais com conhecimento *hacker* para testarem sistemas e redes, verificando pontos vulneráveis.

No Brasil, a ABNT (Associação Brasileira de Normas Técnicas) lançou em 2006 a NBR ISO/IEC27001 (*Tecnologia da informação — Técnicas de segurança — Sistemas de gestão de segurança da informação — Requisitos*) que especifica requisitos para implantação, operação, monitoração e análise de sistemas gerenciadores de segurança da informação. Ela estabelece requisitos para a adoção de controles de segurança e adota como base a norma ISO/IEC 27001, apresentada pela ISO (International Organization for Standardization), em 2005. Essas duas normas constituem a base para o desenvolvimento de qualquer política de segurança da informação nas empresas e organizações, e devem ser utilizadas para os trabalhos de auditoria nessa área.

Embora esse seja um assunto extenso, é possível sintetizar alguns aspectos mais relevantes, chamando a atenção dos administradores e auditores de sistemas para tópicos que — embora revestidos de especial importância — podem passar despercebidos em um primeiro momento.

Para facilitar a apresentação desses tópicos, os riscos serão divididos em três grandes grupos: recursos físicos, recursos lógicos e recursos humanos (Figura 10.2), apresentados a seguir.

10.5.1 RECURSOS FÍSICOS

Não é de agora que os equipamentos de informática (especialmente computadores, servidores e *notebooks*) são alvo de ladrões. Com o aumento de empresas e organizações dos mais variados tipos investindo em sistemas de informação, o número desses equipamentos cresceu, tornando-se motivo para furtos, roubos e assaltos. Freqüentemente, são divulgadas notícias de que empresas tiveram todos os seus computadores furtados durante a noite ou em um final de semana, sem levantar qualquer suspeita.

É certo que equipamentos podem ser repostos até com certa facilidade, especialmente se estiverem segurados. Há que se considerar, entretanto, que a perda de dados e informações armazenados nessas máquinas pode causar um prejuízo que vai além da simples perda do equipamento. Mesmo quando a empresa conta com um *backup* (cópia de segurança) atualizado de seus dados e informações, será necessário algum tempo para que tudo volte a operar como antes. Por outro lado, se o *backup* não estiver atualizado, não puder ser adequadamente utilizado ou não estiver disponível, a extensão dos prejuízos poderá ser muito grande. Há casos em que a

Figura 10.2 A segurança da informação contempla os recursos físicos, recursos lógicos e recursos humanos, os quais se inter-relacionam e se sobrepõem.

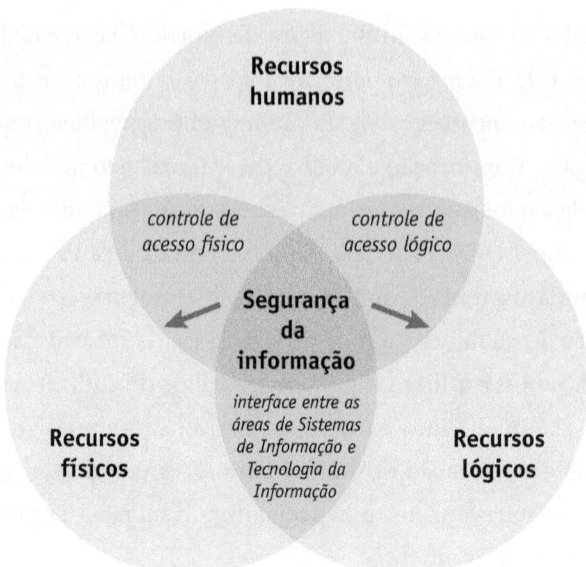

continuidade dos negócios fica seriamente comprometida. Danos causados por esse tipo de perda podem ser comparáveis aos provocados por um incêndio que destruiu quantidade significativa de documentos.

Dessa forma, a Auditoria de Sistemas, Tecnologia e Segurança da Informação deverá considerar questões que começam pela instalação física dos servidores (em local efetivamente seguro, com acesso controlado) e passam pelo tipo de informação que deverá ser armazenada nesses equipamentos. Além disso, é necessário verificar qual a política de realização de cópias de segurança (*backups*). Dependendo do volume de dados e informações e da natureza dos negócios, há casos em que, ao longo do dia, mais de uma cópia de segurança precisa ser gerada.

Entretanto, a simples realização de um *backup* não é garantia de que os dados e informações poderão ser facilmente repostos. É necessário — ou mesmo fundamental — considerar onde essa cópia de segurança será armazenada. Verifica-se que em diversas empresas as fitas, CDs ou DVDs utilizados em *backups* ficam armazenados junto aos servidores, sem qualquer proteção adicional. Em muitos casos, as pessoas argumentam que, estando o servidor em um local seguro, essas cópias também estarão. Mas em qualquer política de segurança, é imprescindível considerar que não existe segurança 100% efetiva. Deve-se prever os possíveis resultados de uma falha. É claro que o fato de os servidores estarem em local seguro, com acesso restrito e variáveis ambientais controladas (com sensores de fumaça e temperatura) **reduz** a possibilidade de que problemas ocorram. Mesmo assim, incêndios e desmoronamentos podem ocorrer, assim como assaltos.

Talvez a possibilidade da ocorrência de um incêndio seja a mais interessante do ponto de vista didático. É cada vez maior o número de empresas que adotam cofres à prova de fogo, mantendo neles as suas cópias de segurança. Após a ocorrência de um incêndio, entretanto, nem sempre o acesso ao local é liberado imediatamente, pois danos estruturais podem ter ocorrido no imóvel. Nesse caso, embora haja uma cópia de segurança colocada em um cofre adequado, poderão transcorrer alguns dias até que ela possa ser efetivamente utilizada. Em caso de desmoronamento, esse período poderá ser ainda maior. Cabe perguntar: quanto tempo a empresa pode esperar até que o *backup* possa ser utilizado?

Assim, é conveniente que cópias adicionais sejam periodicamente enviadas a locais externos, garantindo a disponibilidade praticamente imediata dos dados e informações em casos de contingência. Falar de segurança é falar de possibilidades nem sempre agradáveis, mas que precisam ser consideradas.

As situações e os problemas indicados não são específicos dos servidores. Uma organização altamente dependente dos sistemas e tecnologia da informação necessita verificar quais as condições de segurança patrimonial de toda a infra-estrutura de comunicação e processamento de dados e informações. Mesmo que uma eficiente política de segurança tenha sido adotada, caberá ao auditor verificar a existência de um plano de contingência que reduza o impacto de danos ocorridos à infra-estrutura disponível.

10.5.2 RECURSOS LÓGICOS

Conforme mencionado anteriormente, as redes de computadores permitem que diversos procedimentos sejam executados a distância, abrindo uma série de possibilidades para que informações críticas sejam acessadas, alteradas ou mesmo eliminadas indevidamente. Com as facilidades oferecidas pelos dispositivos móveis de armazenamento (*pen drives*, por exemplo) e a alternativa de gravar uma grande quantidade de arquivos em CDs ou DVDs, a cópia de informações críticas ou sigilosas pode ser feita rapidamente, sem que isso chame a atenção de outras pessoas.

Dessa forma, é necessário analisar quais funcionários deverão ter acesso lógico aos servidores, política que deverá abranger o que pode ser acessado (que pastas ou arquivos), como pode ser acessado (apenas para consulta ou com permissão para gravação ou alteração), em quais dias ou períodos (apenas nos dias e horários comerciais ou também aos finais de semana, por exemplo). Há que se considerar, além disso, a facilidade em se rastrear o que foi feito (quais os arquivos acessados por uma pessoa, e em que data e horário, por exemplo), possibilitando auditar determinados procedimentos.

Conforme já visto, os sistemas de informação devem ser auditados, operação essa que deverá contar com a colaboração de um auditor contábil a fim de verificar a veracidade das informações geradas. Esse acompanhamento deverá ser constante, uma vez que sempre existe a possibilidade de que falhas nos sistemas em uso sejam descobertas e utilizadas para a execução de fraudes.

Sistemas desenvolvidos internamente (dentro da própria empresa) podem conter vícios intencionais, facilitando a realização de desvios ou a burla de controles internos. Além dos processos de controle e auditoria interna permanentes, é preciso que o código-fonte (instruções em linguagem de programação utilizadas para o desenvolvimento do programa) seja analisado por um especialista.

A auditoria interna deverá ficar especialmente atenta aos controles existentes, sempre buscando aprimorá-los como forma de coibir atividades e procedimentos ilícitos. Nesse ponto, a participação de um auditor contábil será de grande valia, especialmente para analisar a correção dos sistemas ou módulos de sistemas que atuem em processos contábeis e financeiros.

10.5.3 RECURSOS HUMANOS

Certamente, o principal ponto a ser considerado em qualquer política de segurança de sistemas, tecnologia e segurança da informação são os recursos humanos, assunto esse que deverá ser merecedor de especial atenção nas atividades de auditoria. De pouco adianta o controle de acesso físico ou lógico se as pessoas não forem conscientizadas sobre determinados riscos e procedimentos.

Apenas para ilustrar essa questão, uma das principais técnicas utilizadas pelos *hackers* é a engenharia social, por meio da qual é possível a uma pessoa obter senhas de acesso restrito sem grandes dificuldades (ver Quadro 10.3).

Entretanto, não adianta recriminar os funcionários se eles não forem adequadamente instruídos sobre questões de segurança. Em verdade, o problema adquire conotações estruturais tendo em vista que diversas organizações não têm uma política de segurança bem definida. Como resultado disso, não é possível transmitir aos funcionários e colaboradores uma diretriz básica, que deverá ser utilizada para balizar comportamentos e determinar o que pode e o que não pode ser feito. Nesses casos,

Quadro 10.3 Engenharia social: uma das técnicas preferidas pelos *hackers*.

Em uma empresa de grande porte, uma pessoa recebe uma ligação, supostamente da área de sistemas de informação ou TI (tecnologia da informação). Essa pessoa informa que estão sendo implementadas algumas modificações no sistema de acesso à intranet, a fim de ampliar a segurança do sistema. Portanto, é necessário testar se a senha de acesso do funcionário será processada adequadamente pelo sistema em desenvolvimento. Sendo assim, o funcionário é requisitado a fornecer seus dados de acesso (inclusive a senha) para que sejam feitos alguns testes. Com certa freqüência, pessoas que recebem ligações desse tipo acabam por fornecer o que está sendo solicitado, procurando colaborar com a área de sistemas ou de TI. Na verdade, do outro lado da linha está um *hacker* que utilizará esses dados para acessar o sistema da empresa. Não é difícil supor as conseqüências.

caberá ao auditor discriminar as falhas verificadas e indicar medidas para melhor preparar os funcionários e colaboradores.

Adicionalmente, é necessário considerar que a implantação de uma política (ou conjunto de normas de procedimentos) de segurança da informação deverá levar em consideração a opinião dos funcionários. Mesmo sem um fundamento técnico adequado, as indicações dos funcionários poderão servir como orientação sobre pontos que precisam ser mais bem esclarecidos ou indicar fragilidades não previstas.

O mecanismo que permita aos funcionários apresentar dúvidas ou sugestões e relatar problemas de segurança deverá ser permanente, auxiliando a auditoria de sistemas, tecnologia e segurança da informação a aperfeiçoar a política de segurança e melhorar os controles contra acessos ou procedimentos indevidos. As sugestões, dúvidas ou informações enviadas deverão ser adequadamente respondidas aos funcionários, incentivando-os a prestar novas colaborações. Com isso, será possível detectar falhas em procedimentos ou sistemas, até mesmo antes que isso venha a comprometer a segurança de uma maneira mais efetiva.

10.6 PLANO DE CONTINGÊNCIA

Qualquer plano ou projeto de segurança deverá contemplar situações de emergência para lidar com as conseqüências de problemas graves.

O plano de contingência deverá considerar o que precisa ser feito para garantir a continuidade dos negócios, o que inclui:

- ✓ redundância nas linhas de comunicação externas (tais como linhas de transmissão de dados e acesso à Internet);
- ✓ redundância dos recursos computacionais críticos utilizados (por exemplo, contar com servidores de reserva, estações de trabalho adicionais etc.);
- ✓ alternativa para a ocorrência de algum problema com um ou mais servidores;
- ✓ local alternativo para instalação de seus servidores (incluindo a infra-estrutura necessária);
- ✓ tempo de ativação dos recursos ou infra-estrutura sobressalentes;
- ✓ utilização rápida dos *backups*;
- ✓ avaliação dos riscos e conseqüências do furto, alteração ou exclusão de dados e informações.

10.7 CONCLUSÃO

Cada vez mais cresce a importância da auditoria de sistemas, tecnologia e segurança da informação, à medida que o corpo diretivo das organizações toma consciência não somente dos benefícios advindos do uso das novas tecnologias e sistemas de informação, mas também dos riscos inerentes a esse uso.

O caminho oferecido às organizações e pessoas pela utilização de recursos computacionais e de comunicação tem se mostrado muito promissor conforme processos e atividades são reformulados, em busca de maior capacidade de processamento e comunicação mais ágil e de melhor qualidade. Há que se considerar, entretanto, que esse caminho poderá ser ainda melhor se os procedimentos e atividades forem repensados também tendo em vista uma maior atenção com segurança.

Nesse escopo, o papel da Auditoria de Sistemas, Tecnologia e Segurança da Informação vem ganhando importância, à medida que o auditor pode prestar auxílio substancial à administração, verificando os controles existentes, analisando os processos, atividades, sistemas e tecnologias, além de indicar medidas que promovam um melhor uso dos recursos disponíveis.

REFERÊNCIAS

ALMEIDA, Marcelo Cavalcanti. *Auditoria*: um curso moderno e completo. 6 ed. São Paulo: Atlas, 2003.
ARIMA, C. H. *Metodologia de auditoria de sistemas*. São Paulo: Érica, 1994.
ATTIE, William. *Auditoria interna*. São Paulo: Atlas, 1988.
BOYTON, W. C.; JOHNSON R. N.; KELL, W. G. *Auditoria*. São Paulo: Atlas, 2002.
CANDAU, P. *Audite Social*. Paris: Vuibert, 1985.
CREPALDI, Silvio Aparecido. *Auditoria contábil*: teoria e prática. São Paulo: Atlas, 2000.
FILIOS, V. P. "A concise history of auditing (3000 BC-AD 1700)". *The internal auditor*, Jul., Londres, 1984.
FRANCO, Hilário; MARRA, Ernesto. *Auditoria contábil*. São Paulo: Atlas, 2001.
GIL, A de L. *Auditoria operacional e de gestão*. São Paulo: Atlas, 1992.
__________. *Auditoria de computadores*. 5. ed. São Paulo: Atlas, 2000.
IMONIANA, Joshua Onome. *Auditoria de Sistemas de Informação*. São Paulo: Atlas, 2005.
JUND, Sérgio. *Auditoria*: conceitos, normas, técnicas e procedimentos. Rio de Janeiro: Impetus, 2002.
KANE, P. *V.I.R.U.S protection*: Vital Information Resources Under Siege. New York: Bantam Book, 1989.
LE CONTE, M.; REBINGUET, M. *L'audit de l'établissement scolaire*. Paris: Les éditiones d'Organization, 1990.
PAULA, Maria Goreth Miranda Almeida. *Auditoria interna*. São Paulo: Atlas, 1999.
PEREZ Júnior, José Hernandez. *Auditoria de demonstrações contábeis*. 2.ed. São Paulo: Atlas, 1998.
PINEDA, Pilar. *Auditoría de la formación*. Barcelona, España: Gestión 2000 S.A., 1995.
RAFFEGEAU et. al. *L'audit opérationnel*. Paris: Presses Universitaires de France, 1992.
SÁ, Antonio Lopes de. *Auditoria interna*. São Paulo: Atlas, 1968.

ÍNDICE REMISSIVO

F

G

H

I

K

L

M

T

U

V

W